한눈에 보는 성경 관통 1

한눈에 보는 성경 관통 1 개정증보판
구약편: 창세기~에스더

개정증보판 1쇄 인쇄 2023년 12월 20일
개정증보판 1쇄 발행 2023년 12월 30일
초판 1쇄 발행 2019년 7월 22일

지은이 유석영
펴낸이 유석영

펴낸곳 도서출판 진리의 일꾼
등록 2023년 4월 27일 제2023-000027호
주소 세종특별자치시 시청대로 209 금강르네상스 506호, 507호 (보람동)
전화 010-2308-1042
블로그 blog.naver.com/kingdom106-
이메일 uteacher1@hanmail.net
총판 비전북 031-907-3927

ISBN 979-11-984775-1-4 (04230)
세 트 979-11-984775-0-7

하나님 나라(왕, 땅, 백성)와
동역자 삶의 관점으로

Understanding **The Bible As One Book**

개정증보판

한눈에 보는
성경 관통

유석영 지음

1
구약편: 창세기~에스더

진리의 일꾼

성경이 우리 시대의 이야기로 다가온다

성경 66권을 관통하고 한 권처럼 읽는다는 것은 결코 쉬운 일이 아니다. 성경을 관통하여 한 권처럼 읽어내려면 우선 수없이 정독과 다독을 반복해야 하고, 66권에 꿰뚫어 흐르는 중심 사상을 찾아낼 수 있어야 한다. 그리고 그 이해를 독자들에게 설명한다는 것은 더욱 어려운 일이다. 왜냐하면 독자들이 책을 통해서 저자의 생각을 파악하기란 여간 어려운 일이 아니기 때문이다.

유석영 목사는 신구약 성경의 흐름과 맥을 짚어내는 개관에 대해 오랜 기간 연구해 왔으며, 그 관통의 주제를 '하나님 나라'로 설정했다. 국내 많은 목회자들과 신학자들이 저자의 연구에 대해 추천하는 이유는 '하나님 나라'라는 관점을 통해 성경의 흐름을 선명하고 설명하기 때문이다.

무엇보다 독자에게 하나님 나라 관점에서 각 책의 위치와 내용을 설명하기 위해 다양한 도표를 활용하여 소통하려는 노력 또한 극찬할 만하다. 이 책의 가장 큰 특징이기도 한 도표들은 성경의 흐름과 맥락을 한눈에 알아차릴 수 있게 해 준다.

이 책의 또 다른 장점 중 하나는 개관하는 데 그치지 않고 구조와 본문에 대한 성경신학적 해석과 묵상과 삶의 적용이라는 틀 가운데 성경 본문이 과거의 이야기가 아니라 우리 시대의 이야기로 경험하게 해 준다는 점이다. 본문에 대한 성경신학적 해석에서도 단순한 해석 차원이 아니라 현대를 살아가는 우리의 신앙과 연결하여 설명하고 있다.

예수 그리스도가 우리에게 가르쳐 주신 기도의 첫 번째 주제가 하나님 나라다. 그가 외친 일성도 하나님 나라였으며, 지상에서 마지막 삶의 모습도 하나님 나라에 대한 가르침이었다.

그리스도의 삶은 하나님 나라를 보여주는 것이었고, 그의 죽으심과 부활 또한 우리가 하나님 나라의 백성이 되도록 문을 여는 사건이었다. 하나님 나라의 시작으로서 창세기 읽기를 시작하는 유석영 목사의 책은 하나님 나라의 진전을 궁금하게 만드는 좋은 책이다. 성경을 연구하는, 그리고 이해하려는 모든 하나님의 백성에서 이 책을 추천한다.

강규성 교수 | 한국성서대학교 구약학

하나님 나라의 시작과 완성을 관통하다

하나님 나라의 백성으로 부름받은 우리는 자신의 전 인격을 동원하여 하나님의 창조 세계 속에서 그분의 뜻을 이루며 살아야 한다. 하나님 나라의 뜻이 이루어져야 할 현장은 각 개인의 신앙 영역뿐 아니라 나아가 그분이 우리를 보내신 피조 세계 전체다. 이러한 선교적 사명은 신약의 복음서에서만 가르치고 있는 게 아니라 성경 전체를 관통하는 주제이기도 하다.

유석영 목사는 동일한 이야기를 전하고 있다. 성경 66권이 각기 따로 떨어진 책이 아니라 하나님 나라의 시작과 완성이라는 하나의 주제를 가지고 치밀하게 짜인 한 권이라는 사실을 강조한다. 성경에 오롯이 드러나는 하나님 나라는 장소 개념이 아니라 하나님의 통치이자 다스림이요, 하나님은 지금도 우리를 이 땅에서 하나님 나라를 세우는 동반자로 부르고 계신다.

성경을 이같이 하나님 나라 관점으로 읽고 이해할 때 비로소 지금도 우리를 하나님 나라의 백성으로, 그분의 상속자로 세워 가시는 하나님을 만날 수 있다. 하나님 나라의 완성은 우리의 열심이 아닌 순종에 달려 있다. 성경이 보여주는 자명한 진리는, 하나님과의 관계가 올바르다면 전쟁에서 승리하나, 관계가 어그러지면 어떤 칼과 군사력이라 해도 실패한다는 사실이다.

따라서 제자의 삶은 특정한 신앙 형식으로 국한시켜서 정립될 수 있는 문제가 아니다. 신자의 전 존재가 얼마나 성경적 체계로 체화되어 있는지, 그리고 그것이 우리를 있게 한 바로 그 현장에서 어떻게 드러나느냐의 싸움인 것이다. 유석영 목사의 책을 통해 모든 독자가 하나님의 백성과 소유임을, 또 하나님 나라의 가치를 온전히 체득하게 되기를 소원한다. 나아가 그러한 하나님 나라의 가치를 우리 삶의 현장에서 구체화하는 선교적 제자로 자라가기를 기대한다.

송태근 목사 | 삼일교회 담임

성경을 더 읽고 싶게 만드는 책

성경은 하나님 자신과 그분의 뜻을 사람들에게 계시해 주신 말씀이다. 하나님의 영감에 의해 기록된 하나님의 말씀인 것이다. 성경은 구원의 참된 길을 알게 해 줄 뿐만 아니라 우리가 어떻게 삶을 살아낼 수 있는지 깨닫게 해 주는 진리다.

그러나 막상 성경을 읽으려고 하면 매우 쉽지 않은 일이다. 그로 인해 성경을 잘 이해할 수 있도록 도움을 주기 위한 수많은 책이 쓰였다. 그런데 유석영 목사의 「한눈에 보는 성경 관통」 시리즈는 그 많은 서적 가운데 단연 보석과 같은 책이다. '하나님 나라'라는 성경 전체의 핵심 주제로 성경을 관통하면서 맥을 잡아주기 때문이다. 간결하고 분명하게, 그리고 복음적으로 성경의 내용을 설명해 준다. 이 책은 성경을 더 읽고 싶게 만드는 책이다. 또한 성경을 읽을 때 옆에 두고 함께 보면 길잡이가 되어주는 좋은 책이다.

유석영 목사는 하나님께 받은 은사를 열정으로 감당하는 하나님의 사람이다. 우리가 성경을 잘 이해할 수 있도록 담아낸 이 책의 내용을 보며 감사하지 않을 수 없다. 절대 진리가 부정되는 포스트모더니즘 시대를 살아가는 우리에게 하나님의 절대 진리를 붙잡을 수 있도록 이끌기 때문이다.

정말 필요한 때에 좋은 책이 나온 것을 기뻐하지 않을 수 없다. 아무쪼록 많은 독자들이 이 책을 통해 성경을 가까이하고 제대로 이해하며, 성경을 사랑하고 성경적인 멋진 인생을 살아가기를 소원한다.

유관재 목사 | 전 기독교한국침례회 총회장, 성광교회 담임

들어가며
성경, 하나님 나라 관점으로 꿰뚫다

성경 66권에 대한 전체 흐름을 잡는 개관서들은 시중에 이미 많이 나와 있다. 그럼에도 '관통'이라는 키워드로 본서를 출간하게 된 데에는 지금까지 출간된 책들이 성경 각 권에 대한 개관이었을 뿐, 실제 성경 전체를 아우르는 관통이 아니기 때문이다.

성경은 약 1,600년 동안 40여 명의 사람이 기록했다. 하지만 실제 저자는 성령님 한 분으로, 하나의 의도를 가지고 성경을 기록하셨다(디모데후서 3:15-16). 따라서 성령님이 모세를 통해 창세기를 기록하실 때 이미 그다음 책인 출애굽기, 레위기 … 말라기, 마태복음 … 요한계시록까지 하나의 구도를 가지고 기록하기 시작하신 게 틀림없다.

성경 전체의 핵심 주제는 하나님 나라이다. 66권의 성경은 하나님 나라의 현현(顯現)과 완성이라는 일관된 주제를 가지고 한 권처럼 구성되어 있기 때문에 한 권으로 봐야 한다. 이미 출간된 책 가운데에도 66권에 대한 개관만큼 하나님 나라를 강조하는 책이 많다는 걸 알고 있다. 그럼에도 66권을 한 편의 드라마처럼 내용적으로 연결하되, '하나님 나라'라는 주제로 통일성 있게 유기적으로 꿰뚫어 주는 실질적인 66권에 대한 관통서가 필요하다고 느끼게 되었다. 그것이 본서를 집필하게 된 첫 번째 이유다.

또 이 책을 쓰게 된 두 번째 이유는 성경 66권을 '하나님 나라와 상속자'라는 관점으로 연결하여 성경이라는 전체 숲으로 보기 위해서다. 하나님 나라는 장소의 개념을 포함할 뿐 아니라 하나님의 통치와 다스림을 말하는데, 하나님은 당신의 나라를 세우시는 일에 동역자를 부르신다. 이를 로마서에서는 상속자, 곧 후사(heir, 後嗣)라고 말한다. 하나님의 자녀들은 곧 하나님의 상속자들이다.

미리 밝혀두는데, 본서는 각 권에 대한 개론이나 주석서가 아니다. 성경 66권을 하나님 나라 관점에서 하나로 꿰뚫어 보는 '관통'이 목적이다. 하지만 각 권의 핵심 내용과 그에 대한 설명은 충실하게 기록했다.

부족하지만 본서를 통해 성경 전체를 보는 안목이 생기기를 바란다. 또 하나님 말씀의 깊은 의미를 조금이나마 맛보고 깨달아 알게 되는, 그래서 더욱 하나님을 알고자 하는 거룩한 소원이 불 일 듯 일어나기를 기도한다.

2023년 10월
유석영

차례

01장

성경의 중심 주제: 하나님 나라

Understanding The Bible As One Book

성경은 66권인가? 한 권인가?

성경은 모두 66권으로 구성되어 있지만 결국 한 권이다. 바꿔 말하면 창세기부터 요한계시록까지 성령님에 의해 '하나님 나라의 시작과 완성'이라는 단 하나의 주제 아래 아주 치밀하게 짜인 드라마와 같은 것이다.

그런데 우리는 이 66권에 대해 통일성을 갖고 유기적으로 연결하지 못하고, 성경의 각 권을 따로따로 읽게 된다. 책들 사이의 연결점을 찾지 못하고 말이다. 하지만 성경은 66권이 각각 독립적으로 집필된 게 아니다. 각 권이 하나의 주제를 가지고 자연스럽게 흘러가는 것이다. 이제부터 본서를 통해 66권을 한 권처럼 보는 눈을 열어주고자 한다.

왜 성경을 하나의 맥락과 흐름으로 봐야 하는가?

본서는 성경을 66장으로 구성된 한 권으로 책, 즉 '한 권의 신학'적 관점으로 바라보고자 한다. 이런 시각은 성경 각 권을 개별적으로 이해하는 것이 아니라 유기적으로 통일성 있게 이해하는 데 도움이 된다. 세계적인 구약학자 크리스토퍼 라이트(Christopher Wright)도 성경의 유기적 연결성에 대해 설명한다.

> 신명기의 마지막 장이 신명기와 여호수아를 연결하듯 민수기의 마지막인 36장 13절과 신명기의 첫 부분인 1장 1~5절은 함께 두 권을 연결하는 다리를 형성한다. 정경을 이루는 책들의 연속성과 완전성(wholeness)은 분명히 드러난다.[1]

이러한 통전적(統全的, holistic) 시각은 지금까지 성경을 파편적으로 이해했던 많은 그리스도인에게 매우 유익할 것이다. 특히 성경을 부분적으로, 악의적으로 인용하여 성도들을 미혹하는 여러 이단의 공격에 대해 그리스도인들을 진리로 무장시키는 계기가 될 것이다.

성경을 탐독하는 독자들 가운데에도 수십, 수백 번을 통독해도 성경의 맥락을 이해하기 어렵다고 하소연하는 경우가 많다. 그 이유는 성경을 관통하는 흐름을 파악하고 읽기보다 일부

---

1   크리스토퍼 라이트, 『UBC 신명기』, 성서유니온, 2017년.

분을 조각조각 이해하기 때문이다. 본서는 성경의 조각들을 일관된 하나의 흐름으로 연결하여 '하나님 나라'라는 큰 그림으로 보게 한다. 나아가 하나님 나라의 동역자이자 상속자인 구원받은 성도들의 정체성과 사명을 밝히 드러내어 그리스도인으로서 어떻게 살아야 하는지도 나누고 있다.

예수 그리스도가 선포한 하나님 나라

성경 66권의 핵심 주제는 하나님 나라다. 구약 39권은 예수 그리스도에 대한 예언이며, 그 성취로 오신 예수님의 첫 설교가 바로 하나님 나라의 선포였다. 즉 공생애 사역을 시작하시면서 첫 선포가 "회개하라 천국이 가까이 왔느니라"(마태복음 3:2)였다.

> 요한이 잡힌 후 예수께서 갈릴리에 오셔서 하나님의 복음을 전파하여 이르시되 때가 찼고 하나님의 나라가 가까이 왔으니 회개하고 복음을 믿으라 하시더라 (마가복음 1:14-15)

예수님은 공생애 사역 내내 줄기차게 하나님 나라의 복음을 선포하셨다.

> 예수께서 모든 도시와 마을에 두루 다니사 그들의 회당에서 가르치시며 천국 복음을 전파하시며 모든 병과 모든 약한 것을 고치시니라 (마태복음 9:35)

또 주님이 무덤에서 부활하시고 승천하기 전 40일 동안 이 땅에 머물면서 제자들에게 가르치신 말씀도 하나님 나라였다.

> 그가 고난 받으신 후에 또한 그들에게 확실한 많은 증거로 친히 살아 계심을 나타내사 사십 일 동안 그들에게 보이시며 하나님 나라의 일을 말씀하시니라 (사도행전 1:3)

사도들의 선포한 하나님 나라

예수님의 사역을 이어받은 사도들도 하나님 나라를 선포했다.

빌립이 하나님 나라와 및 예수 그리스도의 이름에 관하여 전도함을 그들이 믿고 남녀가 다 세례를 받으니 (사도행전 8:12)

하나님의 나라를 전파하며 주 예수 그리스도에 관한 모든 것을 담대하게 거침없이 가르치더라 (사도행전 28:31)

예수님이 이 땅에 오셔서 하나님 나라를 선포하시고 승천하기 전 40일 동안 하나님 나라에 대해 말씀하셨을 뿐 아니라 집사 빌립이나 사도 바울도 하나님 나라에 관해 전파했는데, 성경은 그것을 감히 금할 자가 없었다고 기록하고 있다. 여기서 하나님 나라는 예수 그리스도를 중심으로 세워지는 나라를 의미한다. 따라서 성경 전체의 주제는 '하나님 나라'인 것이다.

묵상과 삶의 적용

1. 나는 신앙생활을 하면서 성경 말씀을 얼마나 사랑하고 있는가? 또 성경을 배우려는 최소한의 열정이 있는가?

2. 성경을 읽으면서 66권이 각기 따로가 아니라 하나님 나라라는 주제로 마치 한 권처럼 유기적으로 통일성 있게 연결되어 있다는 생각을 해 본 적 있는가?

3. 나의 신앙이 지나치게 '자기중심적'이지는 않는가? 나 중심적 시각으로 성경을 읽지 않았는가? 나의 인생이 하나님 나라의 완성을 위한 것임을 생각해 본 적 있는가?

02장

하나님 나라로 본 성경의 구조

일반적 성경 구조

구약성경을 분류하는 일반적인 구분은 모세오경, 역사서, 시가서, 선지서다. 하지만 이런 분류에는 아무런 통일성이 없기 때문에 기억에 각인되기 어렵다. 그러나 하나님 나라라는 관점으로 분류해 보면 생명체처럼 유기적으로 연결된다.

하나님 나라로 본 구약의 구조

모세오경 (창세기~신명기)	하나님 나라의 설계도와 청사진
역사서 (여호수아~에스더)	하나님 나라의 진행도
시가서 (욥기~아가)	하나님 나라 백성의 정체성과 사명선언서
선지서 (이사야~말라기)	하나님 나라 이스라엘에 대한 평가서

구약은 이스라엘을 통해 하나님 나라를 세우고자 하셨던 하나님의 역사이자 신약시대에 예수 그리스도를 통해 세우고자 하신 하나님 나라의 그림자다.

모세오경 5권(창세기~신명기)은 이스라엘을 통해 세우고자 하신 하나님 나라의 설계도다. 즉 하나님 나라의 청사진으로 당신이 꿈꾸는 나라가 어떤 나라인지를 보여주셨다.

역사서 12권(여호수아~에스더)은 모세오경이라는 설계도대로 하나님 나라가 어떻게 진행되었는지 보여주는 하나님 나라의 진행도다.

시가서 5권(욥기~아가)은 하나님 나라의 백성인 이스라엘의 정체성과 사명선언서다. 이 기록을 통해 하나님의 백성인 이스라엘은 어떤 존재이고 어떤 사명을 가진 자들인지 선명하게 보여준다.

선지서 17권(이사야~말라기)은 하나님 나라의 모형인 이스라엘에 대한 평가서인데, 모세오경을 통해 세우고자 하신 하나님 나라가 원래의 설계도대로 세워졌는지 평가하는 것이다. 마치 건물의 공사가 모두 마무리되면 감리를 통해 설계도대로 공사가 이뤄졌는지 확인받는 것과 같다. 선지서를 통해 요엘부터 말라기까지 16명 선지자들의 감리와 평가 결과, 이스라엘은 부실 공사로 판명난다. 이어 하나님은 이스라엘을 완전히 허물고 예수 그리스도를 통해 하나님 나라를 다시 세우시는 것이다.

하나님 나라로 본 신약의 구조

복음서 (마태복음~요한복음)	예수 그리스도를 통한 하나님 나라의 도래
역사서 (사도행전)	하나님 나라 교회의 시작과 확장
서신서 (로마서~유다서)	하나님 나라 교회의 정체성과 사명
예언서 (요한계시록)	하나님 나라 교회의 승리와 완성

신약도 일반적으로는 복음서, 역사서, 서신서, 예언서로 분류한다. 하지만 하나님 나라라는 주제로 보면 보다 통일성 있게 이해할 수 있다.

복음서 4권(마태복음~요한복음)은 예수 그리스도의 오심을 통한 하나님 나라의 도래를 그리고 있다. 또한 교회의 근거인 예수 그리스도의 십자가 고난과 부활이 담겨 있다. 역사서인 사도행전은 성령 강림을 통해 시작된 교회의 탄생과 확장의 역사를 보여준다. 서신서 21권(로마서~유다서)은 하나님 나라인 교회와 그리스도인들의 정체성과 사명을 밝히고 준다. 예언서인 요한계시록은 66권 성경의 완성으로서 창세기에서 시작된 하나님 나라가 완성됨을 나타낸다. 다시 말해 사탄과의 싸움에서 최종적으로 이긴 교회의 승리와 완성을 선포한다.

1. 하나님 나라 관점의 분류법을 통해 성경의 구조가 유기적으로 연결됨을 이해했는가? 그렇다면 하나님 나라의 백성이자 동역자요, 상속자인 나는 하나님이 의도하신 삶을 살기 위해서 성경을 배우는 일에 어떻게 관심을 기울일 수 있을까?

2. 나의 삶, 자녀, 가정, 교회는 하나님이 설계하신 설계도대로 세워지고 있는가? 이것을 분별하기 위해서는 우리에게 무엇이 필요할까?

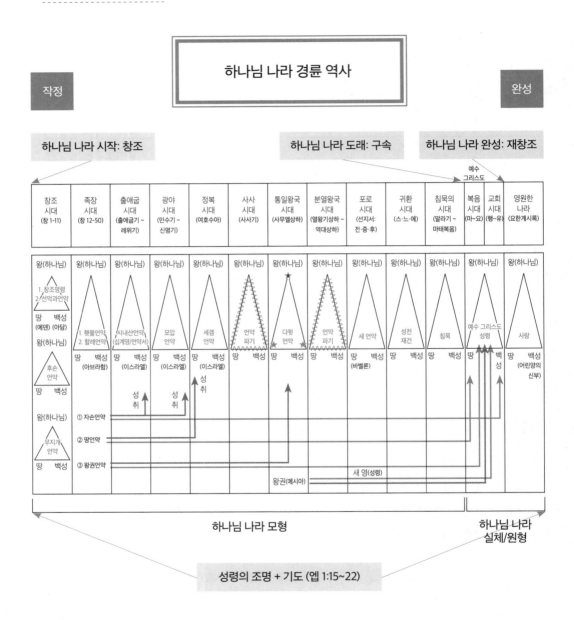

흔히 성경을 구속사(救贖史, Heilsgeschichte)나 언약사(言約史, Verbonds-Geschiedenis)로 보기도 한다. 그러나 성경은 하나님께서 당신의 나라를 시작하고 완성하시는 것이 목적이기 때문에 하나님 나라의 시작과 완성을 계획하고 이끌어가는 하나님 나라의 경륜사(經綸史)로 보는

것도 매우 타당하다. 언약의 목적도, 구속의 목적도 결국 하나님 나라를 완성하기 위함이기 때문이다.

하나님 나라의 경륜사로 본 성경의 14시대

14시대	핵심 내용
1. 창조·타락시대	하나님 나라의 시작, 천지창조와 인간 창조, 선악과, 가인 살인, 노아 홍수, 바벨탑
2. 족장시대	4대 족장사와 언약, 아브라함-이삭-야곱의 12아들-요셉
3. 출애굽시대	400년 애굽 노예 생활, 모세, 출애굽, 어린양의 피, 홍해 도하, 광야 여정, 시내산 언약, 율법, 성막
4. 광야시대	이스라엘의 불순종, 40년 광야 훈련, 모압 평지
5. 정복시대	여호수아를 통한 가나안 땅 정복
6. 사사시대	이스라엘의 타락과 12사사
7. 통일왕국시대	사무엘 선지자, 사울 왕의 실패, 다윗의 통치와 번영
8. 분열왕국시대	솔로몬의 타락과 왕국 분열 북이스라엘 10지파(북왕국 19왕) 남유다 2지파(남왕국 20왕) 여로보암의 길과 다윗의 길
9. 포로시대	북이스라엘의 멸망(앗수르), 남유다의 포로(바벨론)
10. 귀환시대	바벨론 포로 70년 1차 귀환(스룹바벨, 성전 재건), 2차 귀환(에스라, 율법), 3차 귀환(느헤미야, 성벽 재건), 타락, 말라기
11. 준비시대	말라기 이후 400년의 침묵기, 하나님의 일하심, 제국의 흥망: 바벨론-페르시아-그리스-로마
12. 복음시대	예수 그리스도의 오심과 하나님 나라의 복음 선포
13. 교회시대	성령의 강림과 교회의 시작, 교회의 확장과 고난
14. 완성시대	예수 그리스도의 재림과 사탄의 나라 심판, 교회의 승리와 하나님 나라의 완성, 새 하늘, 새 땅, 그리스도와 신부의 왕 노릇

14시대 외우는 방법

창조·족이 출애굽하여 광·복을 맞으니 사탄이 통·분히 여겨 포·기(귀)하고, 잠시 준비기를 지나 복음·교가 하나님 나라를 완성하니라

03장

하나님 나라로 본 창세기부터 여호수아까지

1. 하나님 나라로 본 창세기부터 여호수아까지

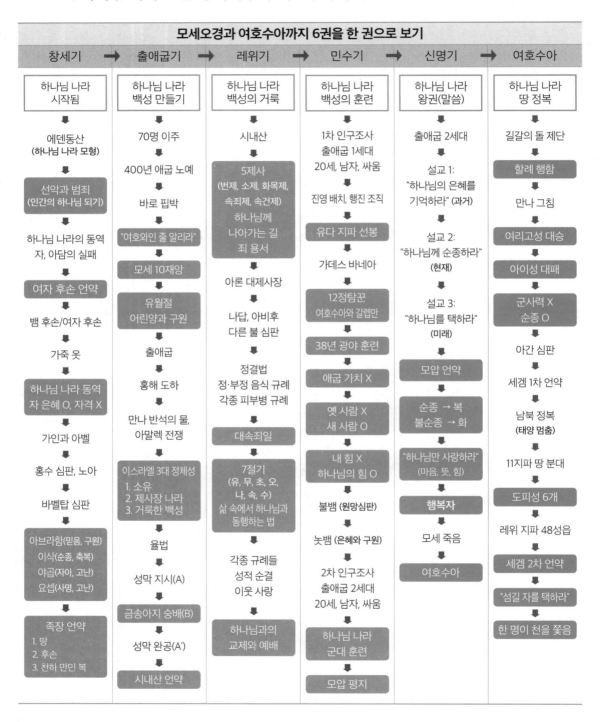

모세오경과 여호수아까지 6권을 한 권으로 보기

창세기 →	출애굽기 →	레위기 →	민수기 →	신명기 →	여호수아
하나님 나라 시작됨	하나님 나라 백성 만들기	하나님 나라 백성의 거룩	하나님 나라 백성의 훈련	하나님 나라 왕권(말씀)	하나님 나라 땅 정복
에덴동산 (하나님 나라 모형)	70명 이주	시내산	1차 인구조사 출애굽 1세대 20세, 남자, 싸움	출애굽 2세대	길갈의 돌 제단
선악과 범죄 (인간의 하나님 되기)	400년 애굽 노예	5제사 (번제, 소제, 화목제, 속죄제, 속건제) 하나님께 나아가는 길 죄 용서	진영 배치, 행진 조직	설교 1: "하나님의 은혜를 기억하라" (과거)	할례 행함
하나님 나라의 동역자, 아담의 실패	바로 핍박		유다 지파 선봉	설교 2: "하나님께 순종하라" (현재)	만나 그침
여자 후손 언약	"여호와인 줄 알리라"	아론 대제사장	가데스 바네아		여리고성 대승
뱀 후손/여자 후손	모세 10재앙	나답, 아비후 다른 불 심판	12정탐꾼 여호수아와 갈렙만	설교 3: "하나님를 택하라" (미래)	아이성 대패
가죽 옷	유월절 어린양과 구원	정결법 정·부정 음식 규례 각종 피부병 규례	38년 광야 훈련	모압 언약	군사력 X 순종 O
하나님 나라 동역자 은혜 O, 자격 X	출애굽	대속죄일	애굽 가치 X	순종 → 복 불순종 → 화	아간 심판
가인과 아벨	홍해 도하	7절기 (유, 무, 초, 오, 나, 속, 수) 삶 속에서 하나님과 동행하는 법	옛 사람 X 새 사람 O	"하나님만 사랑하라" (마음, 뜻, 힘)	세겜 1차 언약
홍수 심판, 노아	만나 반석의 물, 아말렉 전쟁		내 힘 X 하나님의 힘 O	행복자	남북 정복 (태양 멈춤)
바벨탑 심판	이스라엘 3대 정체성 1. 소유 2. 제사장 나라 3. 거룩한 백성	각종 규례들 성적 순결 이웃 사랑	불뱀 (원망심판)	모세 죽음	11지파 땅 분대
아브라함(믿음, 구원) 이삭(순종, 축복) 야곱(자아, 고난) 요셉(사명, 고난)	율법	하나님과의 교제와 예배	놋뱀 (은혜와 구원)	여호수아	도피성 6개
족장 언약 1. 땅 2. 후손 3. 천하 만민 복	성막 지시(A)		2차 인구조사 출애굽 2세대 20세, 남자, 싸움		레위 지파 48성읍
	금송아지 숭배(B)		하나님 나라 군대 훈련		세겜 2차 언약
	성막 완공(A')		모압 평지		"섬길 자를 택하라"
	시내산 언약				한 명이 천을 쫓음

본서에서는 창세기부터 여호수아까지 여섯 권을 한 권으로 보고, 이 여섯 권에 나타난 하나님 나라의 형성 과정을 유기적으로 연결하여 알아보고자 한다.

2. 하나님 나라의 3요소: 왕, 땅, 백성

국가가 성립되려면 국민, 주권, 영토의 3요소가 있어야 한다. 그런데 성경에서는 국민은 백성, 영토는 땅, 주권은 왕이라는 개념으로 묘사하고 있다. 이것이 하나님 나라의 3요소다. 성경은 창세기에서 시작된 하나님 나라가 요한계시록에 어떻게 완성될 것인지를 말하고 있다.

창세기: 하나님 나라의 시작

창세기	출애굽기	레위기	민수기	신명기	여호수아
하나님 나라 시작과 대리 통치자	하나님 나라 백성의 구원 제사장 나라	하나님 나라 백성의 거룩 예배와 삶	하나님 나라 백성의 훈련 옛사람의 죽음	하나님 나라 주권 선포 말씀 무장	하나님 나라 땅 정복 순종과 복

창세기의 핵심 주제는 하나님 나라의 시작이고, 에덴동산은 하나님 나라의 최초 모형이다. 왜냐면 에덴동산은 하나님 나라의 3요소인 왕(하나님), 땅(에덴), 백성(아담과 하와)이 완벽하게 조화를 이루고 있었기 때문이다. 하나님은 당신의 나라를 이 땅에 세우시면서 반드시 하나님을 대리할 대리 통치자(동역자, 상속자)를 부르시고, 그를 통해 이 땅을 통치하신다. 즉 아담은 하나님 나라의 대리 통치자였던 것이다.

에덴동산에서 시작된 하나님 나라는 축복의 원리가 존재했다. 먼저 왕이신 하나님은 그의 백성인 아담과 하와가 순종해야 할 명령을 주셨고, 그들은 왕이신 하나님의 말씀에 대하여 사랑에 기초한 순종을 드렸다. 백성의 사랑과 순종을 받으신 하나님은 땅을 축복하고자 그들에게 소출과 열매를 주셨다.

하나님 나라의 번성에 있어 가장 중요한 요소는, 백성이 왕이신 하나님을 사랑하여 그 말씀에 순종하는 것이다. 만일 그렇지 않다면 하나님 나라가 그 땅에 세워질 수 없다. 불행하게도 하나님께 불순종한 아담과 하와의 선악과 범죄로 인해 에덴동산에서 하나님 나라가 일시적으로 무너졌다. 그러나 하나님은 당신의 나라를 포기하지 않으시고 다시 시작하셨다.

아담의 후손인 가인과 아벨과 셋에 이어 노아시대에는 온 세상이 죄로 인해 다시 타락하게 되었다. 하나님은 홍수로 세상을 심판하셨고, 또다시 하나님 나라의 동역자인 노아를 부르셨다. 그를 통해 이 땅에 하나님 나라를 다시 세우고자 하셨다. 그럼에도 이 세상은 또다시 타락했고, 급기야 이 땅에 하나님 나라가 아닌 인간의 왕국을 건설하려고 바벨탑(성)을 쌓기까지 했다. 하나님은 결국 인간의 언어를 혼잡하게 하셔서 온 세상에 흩어 버리셨다.

이제 하나님은 온 세상 가운데 한 사람, 아브라함을 부르셔서 이스라엘 민족을 만들고자 하셨다. 이스라엘 민족을 통해 하나님 나라의 진정한 왕이신 예수 그리스도를 이 땅에 보내시기 위함이었다. 그러므로 하나님과 언약을 맺은 아브라함, 이삭, 야곱 그리고 애굽의 총리가 된 요셉은 하나님 나라의 재건을 위해 부르심을 입은 하나님 나라의 동역자인 것이다. 하나님은 이들에게 가나안 땅과 바다의 모래와 같이 많은 백성, 그리고 왕권을 약속하셨다.

그렇다면 창세기 이후로는 하나님이 약속하신 백성과 땅이 어떻게 성취되어 가는지에 대한 이야기가 펼쳐지게 될 것이다.

출애굽기: 하나님 나라의 백성 만들기

창세기	→	출애굽기	→	레위기	→	민수기	→	신명기	→	여호수아
하나님 나라 시작과 대리 통치자		하나님 나라 백성의 구원 제사장 나라		하나님 나라 백성의 거룩 예배와 삶		하나님 나라 백성의 훈련 옛사람의 죽음		하나님 나라 주권 선포 말씀 무장		하나님 나라 땅 정복 순종과 복

창세기에서 하나님 나라가 시작되었다면 출애굽기는 하나님 나라의 백성을 만드시는 과정이다. 애굽의 총리가 된 요셉의 초청으로 애굽으로 내려간 야곱과 그의 후손들 70명은 고센 땅에 정착한 후 하나님의 은혜로 수백만 명에 달하는 민족으로 번성하게 되었다. 이는 하나님이 약속하신 '백성'에 대한 언약이 성취된 것이다.

그러나 시간이 흘러 요셉을 모르는 새 왕이 이스라엘 사람들을 노예로 삼아 핍박하기 시작했다. 이에 하나님은 하나님 나라의 동역자인 모세를 보내어 이스라엘 백성을 구원하신다. 이 과정에서 애굽 왕 바로의 저항을 꺾기 위해, 그리고 여호와가 누구인지 온 세상이 알도록 하기 위해 애굽 땅에 10가지 재앙을 내리셨다.[2]

이후에 이어지는 유월절 어린양의 피, 홍해가 갈라짐, 애굽 군대의 수장, 이스라엘의 홍해 도하 등 이 모든 과정을 통해 하나님은 그의 백성인 이스라엘을 시내산으로 인도하셨다. 그리고 하나님은 율법을 선포하시기 전에 '하나님 나라 백성의 3대 정체성과 사명'을 가르치셨다. 곧 이스라엘이 '하나님의 소유(סְגֻלָּה [세굴라])'이자 '제사장들 나라(כֹּהֲנִים [코하님], 원문은 복수형)'이며, '거룩한 백성(עַם קָדוֹשׁ [암 카도쉬])'이다.

이스라엘의 3대 정체성과 사명 가운데 첫 번째는 '하나님의 소유'이다. 여기서 '소유'는 히브리어로 '세굴라'인데, 왕궁에 있는 '최고의 보물'을 말한다. 하나님이 이스라엘 민족을 향해 '최고의 보물'이라고 하신 이유는 제사장 나라인 이스라엘을 통해서만 열방과 죄인들이 하나님께 나아올 수 있기 때문이다.

두 번째와 세 번째는 '제사장들 나라와 거룩한 백성'이다. 하나님이 이스라엘에게 거룩한 백성이 되기를 요구하신 이유는 제사장 나라라는 사명 때문이다. 이스라엘이 제사장들의 나라가 되어 하나님을 드러내고 열방을 하나님께로 불러들이기 위해서는 세상과 구별된 거룩한 백성이 되어야 한다. 거룩하신 하나님을 드러내야 할 통로가 거룩하지 못하다면 하나님을 왜곡되게 드러낼 수밖에 없기 때문이다. 특히 3대 정체성 가운데 '제사장들 나라'는 그 의미가 깊다. 단수가 아닌 복수로 쓰인 것은 이스라엘 백성 한 사람 한 사람이 거룩한 제사장이 되어야 한다는 의미다.

이스라엘의 3대 정체성과 사명을 언급한 출애굽기 19장 5~6절은 선지서 17권을 풀어가는 핵심 구절이다. 선지서 17권에서 16명의 선지자가 북왕국 이스라엘과 남왕국 유다를 혹독하게 책망하는 이유는 이스라엘이 이 3대 정체성과 사명에 실패했기 때문이다. 하나님이 이스라엘 백성을 제사장 나라로 세운 것은 이스라엘만의 왕국을 세우려는 게 아니었다. 이스라엘을 통해 열방을 하나님께로 불러들이기 위함이었다. 그런데 하나님의 백성이 이 역할을 감당하지 못했기 때문에 이스라엘을 심판하실 수밖에 없었다.

---

2 출애굽기의 10가지 재앙은 요한계시록의 나팔 재앙과 대접 재앙에서 그대로 반복되고 있다. 요한계시록에 나오는 재앙들은 출애굽기의 재앙 이미지를 그대로 가져왔기 때문에 출애굽기의 10가지 재앙을 이해해야 요한계시록에 기록된 재앙의 의미도 알 수 있다. 즉 구약을 알아야 신약이 열리는 것이다. 이에 관해서는 『하나님 나라로 본 요한계시록: 승리한 어린양의 신부』(목양, 2022년)를 참조하라.

하나님이 선언하신 이스라엘의 3대 정체성과 사명은 성경 66권의 핵심 개념이며, 하나님 나라 백성의 삶의 의미와 목적이 된다.

레위기: 하나님 나라 백성의 거룩한 삶

창세기	출애굽기	레위기	민수기	신명기	여호수아
하나님 나라 시작과 대리 통치자	하나님 나라 백성의 구원 제사장 나라	**하나님 나라 백성의 거룩 예배와 삶**	하나님 나라 백성의 훈련 옛사람의 죽음	하나님 나라 주권 선포 말씀 무장	하나님 나라 땅 정복 순종과 복

레위기의 핵심 주제는 '하나님 나라 백성의 거룩'이다. 레위기는 이스라엘 백성이 시내산에서 1년간 머물렀을 때 주신 제사법과 절기 법, 기타 규례들을 다룬다. 5대 제사(번제, 소제, 화목제, 속죄제, 속건제)가 '제사를 통한 거룩'을 가르친다면 7절기와 기타 규례[정·부정 음식 규례, 피부병 규례, 유출병(流出病, bodily discharge) 규례 등]는 '삶 속에서의 거룩'을 유지하는 방법에 대해 가르치고 있다.

하나님은 출애굽기에서 하나님 나라의 백성을 만드셨고, 레위기에서는 만들어진(구원받은) 하나님의 백성들에게 거룩을 요구하신다. 이는 곧 앞서 말한 바와 같이 이스라엘은 하나님이 이 땅에 세우신 '제사장들의 나라'이기 때문이다. 그러므로 제사장들의 나라인 이스라엘은 거룩하신 하나님을 예배하고 섬기며, 열방에게 여호와 하나님이 어떤 분이신지 알려야 하는 자들이다.

민수기: 하나님 나라 백성의 군사 훈련

창세기	출애굽기	레위기	민수기	신명기	여호수아
하나님 나라 시작과 대리 통치자	하나님 나라 백성의 구원 제사장 나라	하나님 나라 백성의 거룩 예배와 삶	**하나님 나라 백성의 훈련 옛사람의 죽음**	하나님 나라 주권 선포 말씀 무장	하나님 나라 땅 정복 순종과 복

민수기의 핵심 주제는 '하나님 나라 백성의 군사 훈련'이다. 레위기에서 하나님은 이스라엘

에게 하나님 나라의 백성으로서 세상과 구별된 거룩함을 요구하셨다. 그런데 문제는 하나님이 거룩을 요구하신다고 해서 백성들이 금방 거룩해질 수 없다는 점이다.

비록 이스라엘이 구원받아 하나님의 백성이 되었지만, 그들 안에는 이미 애굽의 가치와 문화가 가득했다. 그 때문에 이스라엘의 마음에서 애굽의 것을 빼내는 일은 하루아침에 이루어지는 게 아니라 오랜 시간을 필요로 했다. 하나님은 당신의 백성을 혹독한 광야에서 40년 동안이나 거룩을 훈련하신 것이다.

만약 이스라엘이 광야에서 40년간의 훈련을 거치지 않고 가나안 땅에 곧장 들어갔다면 어떻게 되었을까? 가나안은 우상으로 가득한 땅이었는데, 세상과 구별되지 않은 자들이 그곳에 들어간다면 즉시로 가나안 문화와 죄악에 동화될 수밖에 없었을 것이다.

레위기에서 1년간 시내산에 머물렀던 이스라엘 백성은 민수기에서 가나안 땅을 향해 출발하게 된다. 그런데 출발하자마자 하나님께 원망과 불평을 쏟아냈다. 게다가 가데스 바네아에서 가나안 땅을 정탐했던 열 명으로부터 부정적인 보고를 듣게 되자 하나님을 불신하고 원망하게 되고, 이로 인해 하나님의 징계를 받았다. 이후로 출애굽 1세대가 죽기까지 38년 동안 광야에서 훈련을 받게 된다.

하나님은 38년간의 광야 훈련을 통해 하나님 나라의 백성들이 애굽과 세상의 가치뿐만 아니라 애굽과 세상에 대한 사랑을 철저히 버리기 원하셨다. 즉 광야 훈련을 통해 그들의 옛사람이 죽는 것이다. 이 38년간의 광야 훈련은 이스라엘이 '하나님 나라의 군대'로 세워지는 것을 목표로 한다. 하나님은 이스라엘 백성을 출애굽 시키기 전부터 "내 군대"(출애굽기 7:4)라고 부르셨기 때문이다. 이스라엘은 가나안 군대를 물리치고 하나님 나라를 세울 하나님 나라의 영적 군대인 것이다.

신명기: 하나님 나라의 주권인 말씀 선포

창세기	출애굽기	레위기	민수기	신명기	여호수아
하나님 나라 시작과 대리 통치자	하나님 나라 백성의 구원 제사장 나라	하나님 나라 백성의 거룩 예배와 삶	하나님 나라 백성의 훈련 옛사람의 죽음	하나님 나라 주권 선포 말씀 무장	하나님 나라 땅 정복 순종과 복

신명기의 핵심 주제는 '왕이신 하나님의 말씀 선포'다. 이스라엘이 가나안 땅에 들어가기 3개월 전에 모압 평지에서 모세가 출애굽 2세대에게 하나님의 율법을 가르친 것이 신명기다. 하나님은 이곳에서 다시 한 번 이스라엘과 언약을 맺으시는데, 이를 모압 언약이라고 한다. 모세는 40년 전 시내산에서 선포된 율법을 출애굽 2세대에게 재해석하여 강론했다.

민수기에서 이스라엘은 40년 광야 훈련을 통해 세상 가치를 빼내는 훈련을 했다면 신명기에서는 하나님의 말씀을 그들 안에 채우고 하나님의 말씀으로 무장했다. 가나안 땅을 정복하기 위해서는 하나님 나라의 가치로 무장될 필요가 있었다. 다만 가나안 땅을 정복하는 무기는 하나님의 말씀과 그 말씀에 대한 순종이었다. 그래서 신명기를 '말씀 채움과 무장'으로 요약할 수 있다.

여호수아: 하나님 나라 땅 정복

창세기		출애굽기		레위기		민수기		신명기		여호수아
하나님 나라 시작과 대리 통치자		하나님 나라 백성의 구원 제사장 나라		하나님 나라 백성의 거룩 예배와 삶		하나님 나라 백성의 훈련 옛사람의 죽음		하나님 나라 주권 선포 말씀 무장		하나님 나라 땅 정복 순종과 복

여호수아의 주제는 하나님 나라의 땅 정복이다. 모압 평지에서 하나님의 말씀으로 무장한 하나님 나라 백성들이 이제 가나안의 세상 나라를 정복하고 하나님 나라를 세우기 위해 하나님이 그들의 조상에게 약속하신 땅을 정복하러 가나안으로 들어갔다.

여호수아는 처음부터 하나님께 말씀을 청종하라는 명령을 받았다. 가나안 땅 정복은 이스라엘의 군사력에 있는 것이 아니라 하나님의 능력에 달려 있기 때문이다. 여호수아서를 읽어보면 단 한 번도 이스라엘 백성이 군사력으로 승리한 적이 없다. 오직 하나님의 말씀에 순종할 때에 이스라엘 백성이 승리했음을 볼 수 있다. 그래서 여호수아서를 요약하면 '순종을 통한 하나님 나라의 땅 정복'이다.

지금까지 살펴본 대로 창세기부터 여호수아까지 6권이 서로 유기적으로 연결된 것을 알 수 있다. 필자가 모세오경만이 아니라 여호수아까지 포함한 6권을 연결한 이유는 하나님 나라의

3요소인 '백성, 왕, 땅'이 모두 완성되려면 땅을 정복하는 과정을 기록한 여호수아서가 있어야 하기 때문이다.

1. 창세기부터 여호수아까지 하나님 나라의 형성 과정을 보면서 무엇을 깨달았는가?

2. 창세기부터 여호수아까지 6권이 따로 존재하는 게 아니라 유기적으로 통일성 있게 연결되어 있음을 보았는가? 하나님 나라의 형성 과정을 반복해서 복습한 다음, 세 사람에게 당신의 언어로 설명해 보라.

04장

창세기: 하나님 나라의 시작

하나님 나라로 본 창세기부터 여호수아까지

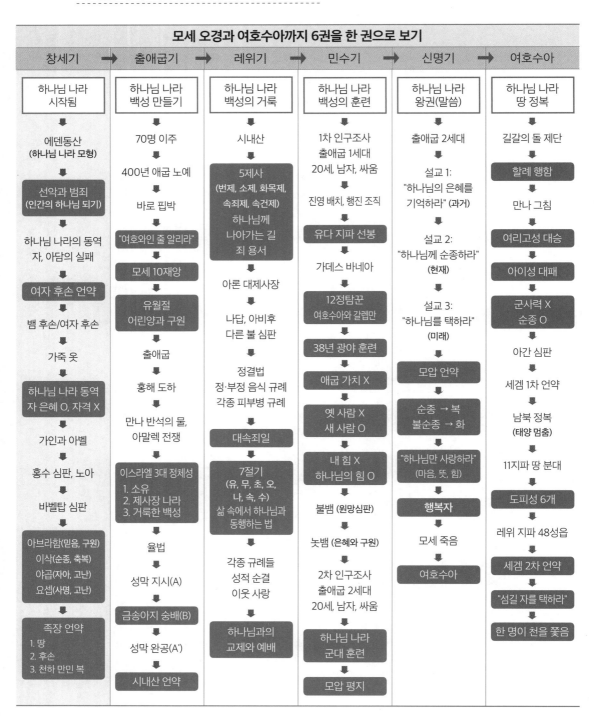

모세 오경과 여호수아까지 6권을 한 권으로 보기					
창세기 →	출애굽기 →	레위기 →	민수기 →	신명기 →	여호수아
하나님 나라 시작됨	하나님 나라 백성 만들기	하나님 나라 백성의 거룩	하나님 나라 백성의 훈련	하나님 나라 왕권(말씀)	하나님 나라 땅 정복
에덴동산 (하나님 나라 모형)	70명 이주	시내산	1차 인구조사 출애굽 1세대 20세, 남자, 싸움	출애굽 2세대	길갈의 돌 제단
선악과 범죄 (인간의 하나님 되기)	400년 애굽 노예	5제사 (번제, 소제, 화목제, 속죄제, 속건제) 하나님께 나아가는 길 죄 용서	진영 배치, 행진 조직	설교 1: "하나님의 은혜를 기억하라" (과거)	할례 행함
하나님 나라의 동역자, 아담의 실패	바로 핍박		유다 지파 선봉	설교 2: "하나님께 순종하라" (현재)	만나 그침
여자 후손 언약	"여호와인 줄 알리라"	아론 대제사장	가데스 바네아	설교 3: "하나님를 택하라" (미래)	여리고성 대승
뱀 후손/여자 후손	모세 10재앙	나답, 아비후 다른 불 심판	12정탐꾼 여호수아와 갈렙만		아이성 대패
가죽 옷	유월절 어린양과 구원	정결법 정·부정 음식 규례 각종 피부병 규례	38년 광야 훈련	모압 언약	군사력 X 순종 O
하나님 나라 동역자 은혜 O, 자격 X	출애굽		애굽 가치 X	순종 → 복 불순종 → 화	아간 심판
가인과 아벨	홍해 도하	대속죄일	옛 사람 X 새 사람 O	"하나님만 사랑하라" (마음, 뜻, 힘)	세겜 1차 언약
홍수 심판, 노아	만나 반석의 물, 아말렉 전쟁	7절기 (유, 무, 초, 오, 나, 속, 수) 삶 속에서 하나님과 동행하는 법	내 힘 X 하나님의 힘 O		남북 정복 (태양 멈춤)
바벨탑 심판	이스라엘 3대 정체성 1. 소유 2. 제사장 나라 3. 거룩한 백성		불뱀 (원망심판)	행복자	11지파 땅 분대
아브라함(믿음, 구원) 이삭(순종, 축복) 야곱(자아, 고난) 요셉(사명, 고난)	율법	각종 규례들 성적 순결 이웃 사랑	놋뱀 (은혜와 구원)	모세 죽음	도피성 6개
	성막 지시(A)		2차 인구조사 출애굽 2세대 20세, 남자, 싸움	여호수아	레위 지파 48성읍
족장 언약 1. 땅 2. 후손 3. 천하 만민 복	금송아지 숭배(B)	하나님과의 교제와 예배	하나님 나라 군대 훈련		세겜 2차 언약
	성막 완공(A')		모압 평지		"섬길 자를 택하라"
	시내산 언약				한 명이 천을 쫓음

창세기 구조

원역사(1~11장)	족장 역사(12~50장)
4대 사건 창조 - 타락 - 홍수 - 바벨탑	4대 족장 아브라함 - 이삭 - 야곱 - 요셉

창세기는 1~11장은 원역사(元歷史, Primeval History)이며, 12~50장은 족장 역사라고 불린다.

Understanding **The Bible** As **One Book**

원역사 (창세기 1~11장)

---

1. 천지창조: 하나님 나라의 시작(1~2장)

태초에 하나님이 천지를 창조하실 때 단지 아담이 살아야 할 장소가 필요해서 만드신 것은 아니다. 천지창조는 곧 하나님 나라의 시작이다.

바라의 하나님

"창조하시니라"에서 동사 '창조하다'는 히브리어 바라(ברא)이다. 히브리어에서 이 동사의 특징은 사람을 주어로 쓸 수 없으며, 무(無)에서 유(有)를 만들 때 사용하는 단어라는 것이다. 오직 하나님이 주어가 될 때 사용할 수 있는 단어다. 유에서 유를 만들 때는 '이루신다'는 의미의 아사(עָשָׂה)나 '빚는다'는 의미의 야차르(יָצַר)와 같은 단어를 사용한다. 오직 하나님만이 무에서 유를 창조하시는 바라의 하나님이신 것이다.

삼위 하나님의 창조 사역

창세기 1장의 창조 기사에는 삼위일체 하나님의 사역이 잘 담겨 있다. 먼저 하나님의 영이 수면 위를 운행하신다. 마치 어미 독수리가 새끼 독수리 위를 맴돌며 보호하듯 성령님이 지구를 감싸고 만물을 품고 계신다. 신약성경에서도 창조 사역이 언급되는데, 예수 그리스도가 이 창조 사역의 주역이라고 밝히고 있다.

이 모든 날 마지막에는 아들을 통하여 우리에게 말씀하셨으니 이 아들을 만유의 상속자로 세우시고 또 그로 말미암아 모든 세계를 지으셨느니라 (히브리서 1:2)

만물이 그로 말미암아 지은 바 되었으니 지은 것이 하나도 그가 없이는 된 것이 없느니라 (요한복음 1:3)

그는 보이지 아니하는 하나님의 형상이시요 모든 피조물보다 먼저 나신 이시니 만물이 그에게서 창조되되 하늘과 땅에서 보이는 것들과 보이지 않는 것들과 혹은 왕권들이나 주권들이나 통치자들이나 권세들이나 만물이 다 그로 말미암고 그를 위하여 창조되었고 (골로새서 1:15-16)

그렇다면 창조 기사에서 그리스도의 역할이 있어야 한다. 그런데 창조 기사에는 그리스도라는 말이 없다. 그렇다면 그리스도의 창조 사역은 어디에서 찾을 수 있을까? 답은 "이르시되"에 있다. 하나님은 "이르시되"를 통해, 즉 말씀을 통해 만물을 창조하셨다. 다시 말해 말씀이신 예수 그리스도를 통해 만물을 창조하신 것이다.

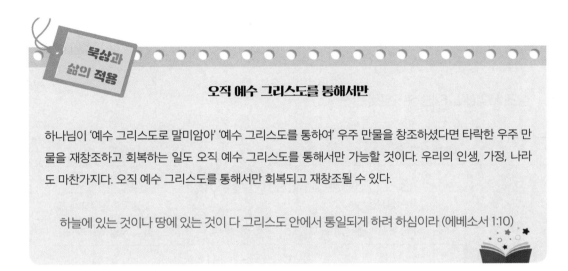

오직 예수 그리스도를 통해서만

하나님이 '예수 그리스도로 말미암아' '예수 그리스도를 통하여' 우주 만물을 창조하셨다면 타락한 우주 만물을 재창조하고 회복하는 일도 오직 예수 그리스도를 통해서만 가능할 것이다. 우리의 인생, 가정, 나라도 마찬가지다. 오직 예수 그리스도를 통해서만 회복되고 재창조될 수 있다.

하늘에 있는 것이나 땅에 있는 것이 다 그리스도 안에서 통일되게 하려 하심이라 (에베소서 1:10)

혼돈과 공허에서 질서와 충만으로

창세기 1장 2절에 "땅이 혼돈(תהו [토후])하고 공허(בהו [보후])하며"라고 기록되어 있다. 질서가 없고 텅 비어 있다는 말이다. 혼돈을 질서로, 공허를 충만으로 채운 것은 오직 '말씀'이었다. 하나님의 "이르시되(אמר [아마르])"가 선포되면 혼돈에 질서가 세워지고 공허가 충만함으로 채워졌다.

혼돈(תהו [토후])	→	"이르시되"(말씀), 하나님의 영	→	질서
공허(בהו [보후])	→	"이르시되"(말씀), 하나님의 영	→	충만
흑암(חשך [호세크])	→	"이르시되"(말씀), 하나님의 영	→	빛

하나님 말씀의 창조 능력

우리 삶에 말씀이 들어오면 삶의 질서가 세워지고, 말씀이 채워지면 공허한 삶에 충만의 역사가 일어난다. 인생에 질서가 잡히고 의미가 생기는 것은 하나님의 말씀이 내 삶에 들어올 때 생기는 것이다. 하나님의 "이르시되" 말씀의 능력을 믿고 배우고 가까이하라. 인생이 달라질 것이다.

창조 사역에 나타난 하나님의 완전

	배경(공간)을 만드심		내용을 채우심
첫째 날	빛과 어두움, 낮과 밤(창 1:3~5)	넷째 날	해, 달, 별(창 1:14~19)
둘째 날	궁창(창 1:6~8)	다섯째 날	새, 물고기(창 1:20~23)
셋째 날	바다, 육지, 식물(창 1:9~13)	여섯째 날	짐승, 사람(창 1:24~31)
일곱째 날	하나님께서 안식하심(창 2:2~3)		

하나님은 첫째, 둘째, 셋째 날의 창조를 통해 틀과 공간을 만드셨다. 이어 넷째, 다섯째, 여섯째 날의 창조를 통해 틀과 공간 안에 들어갈 내용물들을 채우셨다.

한 치 오차도 없는 하나님의 일하심

하나님은 첫째 날부터 셋째 날까지의 창조를 통해 배경(틀)을 만드시고, 넷째 날부터 여섯째 날까지는 틀에 들어갈 내용을 만드셨다. 하나님은 정확하게 일하시며 계획이 있으신 분이다. 내 삶이 복잡하게 꼬인 것만 같아도 주님은 정확하게 한 치의 오차도 없이 일하시는 분이시다. 하나님은 매우 조직적이고 치밀하고 빈틈없으신 분이기 때문이다. 틀을 만들어야 할지, 내용을 채워야 할지는 하나님이 아신다. 그분은 완전하시기 때문에 일하심도 완전하다. 완전하신 그분께 나의 인생을 드리는 것은 확실히 안전하다.

토브의 의미

"좋았더라"라는 단어는 히브리어 토브(טוֹב)이다. 토브는 창세기 1장에서 7번 나오는데 '좋았다'의 뜻을 가진다. 선악을 알게 하는 나무를 말할 때 선(善)이 토브이며, 악(惡)은 라아(רַע)이다. 그래서 선악을 알게 하는 나무는 '토브와 라아의 나무'라고 할 수 있다.

토브는 '단순히 외형이 눈에 보기에 좋았다'라는 것 이상의 의미를 가지고 있다. 히브리어에서 토브는 '어떤 피조물이 하나님이 창조하신 목적과 계획에 일치하고 있을 때 하나님의 마음에 좋은 것'을 의미한다. 하나님이 해와 달과 별을 만드시고 "좋았더라"라고 할 때에는 외형이 보기 좋았다라는 게 아니라 해든, 달이든, 별이든 각각의 자리에서 하나님의 목적과 계획을 온전하게 이루고 있기 때문에 '토브(좋았다)'라고 말하는 것이다.

묵상과 삶의 적용

'토브의 인생'을 살라

성도는 자기 자신이 보기에 좋은 인생이 아니라 하나님이 보시기에 '토브의 인생'을 살아야 한다. 내가 자신의 자리에서 하나님 나라를 위해 그분의 목적과 계획을 온전히 이루고 있을 때 하나님이 그런 나를 보시며 '토브'라고 말씀하시는 것이다. 요한복음 17장 4절에서 예수님은 "아버지께서 내게 하라고 주신 일을 내가 이루어 아버지를 이 세상에서 영화롭게 했사오니"라고 기도하신다. 이 말씀이 바로 토브를 풀어서 말씀하신 것이다.

그 날에 안식하셨음이니라

하나님은 여섯째 날까지 창조를 마치시고 일곱째 날에 안식하셨다. 이 말은 피곤해서 쉬셨다라는 말이 아니다. 지난 6일 동안의 창조 사역이 더 이상 손댈 필요 없이 완벽했기 때문에 안식하셨다라는 의미다. 따라서 성경에서의 안식은 '모든 일이 손댈 필요 없이 완전하게 완성되었다'는 것을 의미한다.

안식을 누리고 있는가?

주일은 하나님의 안식을 누리는 날이다. 그러면 주일에 담긴 안식의 의미는 무엇일까? 내 인생을 책임지시고 완성하실 하나님을 믿고 그분께 모든 염려와 걱정 근심을 맡기면서 일주일에 한 번씩 쉬는 날이 주일이다. 구약의 안식일 개념이 신약의 주일로 연결된다면 주일은 성도들이 안식을 누리는 날이어야 한다. 즉 주일마다 하나님이 내 인생을 온전히 책임지시고 완성하실 줄로 믿고 일주일에 한 번씩 수고로운 인생의 짐들을 내려놓는 날이어야 한다. 나는 과연 주일마다 안식을 누리고 있는가?

저녁이 되고 아침이 되니

창세기 1장의 창조 사역에서 하루의 단위를 "저녁이 되고 아침이 되니"(창세기 1:5)라는 말로 표현한다. 흔히 우리가 계산하는 것처럼 아침부터 시작하는 게 아니라 밤으로 시작하여 아침으로 끝나고 있다. 왜일까? 성경은 한 민족의 역사서가 아니라 구원이 무엇인지 알려주는 책이다. 즉 "저녁이 되고 아침이 되니"라는 하루 계산법은 히브리 사람들의 특별한 계산법 이상의 의미를 가진다. 어둠으로 대표되는 밤이 빛이신 예수 그리스도를 통해 낮으로 완전히 바뀌는 그리스도의 구속, 곧 재창조 사역을 담고 있다.

아담의 창조

아담은 '아파르(עָפָר)'에서 나왔는데, 그 의미가 '티끌, 먼지'이다. 하나님은 왜 생기를 불어넣어 생명을 주었던 아담을 향해 먼지 또는 티끌이라고 부르셨을까? 그것은 아담의 시작이 먼지나 티끌과 같다는 의미다. 다른 말로 하면 하나님의 영이 들어가 만물의 영장이 된 것이니 교만하지 말라는 뜻이기도 하다.

하나님의 영이 거하시는 존재

사람이 '먼지, 티끌'로 창조되었다는 점은 짐승과 다르지 않다. 그러나 분명하게 구분되는 것은 사람에게만 하나님의 호흡, 곧 영(靈)을 불어넣으셨다는 것이다.

> 여호와 하나님이 땅의 흙으로 사람을 지으시고 생기를 그 코에 불어넣으시니 사람이 생령이 되니라
> (창세기 2:7)

사람이 비로소 만물의 영장이 된 것은 하나님의 영이 임하셨기 때문이다. 하나님의 영이 사람을 사람 되게 한 것이다.

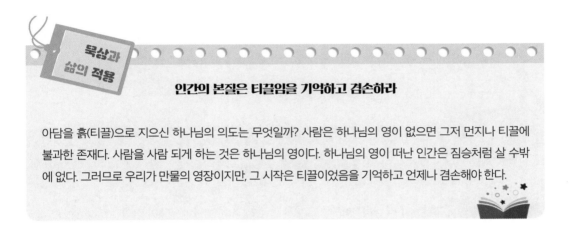

묵상과 삶의 적용

인간의 본질은 티끌임을 기억하고 겸손하라

아담을 흙(티끌)으로 지으신 하나님의 의도는 무엇일까? 사람은 하나님의 영이 없으면 그저 먼지나 티끌에 불과한 존재다. 사람을 사람 되게 하는 것은 하나님의 영이다. 하나님의 영이 떠난 인간은 짐승처럼 살 수밖에 없다. 그러므로 우리가 만물의 영장이지만, 그 시작은 티끌이었음을 기억하고 언제나 겸손해야 한다.

하나님 형상대로 창조됨

하나님은 남자와 여자를 창조하셨으며, 사람을 하나님의 형상대로 지으셨다.

> 하나님이 이르시되 우리의 형상을 따라 우리의 모양대로 우리가 사람을 만들고 그들로 바다의 물고
> 기와 하늘의 새와 가축과 온 땅과 땅에 기는 모든 것을 다스리게 하자 하시고 하나님이 자기 형상 곧
> 하나님의 형상대로 사람을 창조하시되 남자와 여자를 창조하시고 (창세기 1:26-27)

다시 말해 하나님을 닮은 존재로 지으셨다는 말이다. 이처럼 하나님의 형상대로 창조하신데에는 두 가지 이유가 있다. 첫째, 하나님과의 교제를 위해서다. 인간 외에는 어떠한 피조물도 하나님의 형상대로 지음을 받은 존재가 없다. 하나님은 피조물인 사람과 인격적인 교제를 원하시기 때문이다. 둘째, 사명을 위해서다. 보이지 않는 하나님을 이 땅에 드러내는 존재가

필요하다. 곧 하나님을 닮아서 하나님이 누구신지 보여줄 수 있는 통로가 필요한 것이다.

골로새서를 보면 예수님을 보이지 않는 하나님의 형상이라고 말씀하고 있다.

> 그 아들 안에서 우리가 속량 곧 죄 사함을 얻었도다 그는 보이지 아니하는 하나님의 형상이시요 모든 피조물보다 먼저 나신 이시니 (골로새서 1:14-15)

예수님이 이 땅에 오신 이유도 보이지 않는 하나님을 보여주려고 오신 것이다. 요한복음에서 예수님을 '말씀'이라고 한 것은 말이 가진 기능 때문인데, 말이란 누군가를 나타내고 설명하는 기능이 있다. 예수님을 말씀이라고 한 이유 가운데 중요한 한 가지는, 예수님이 보이지 않는 하나님을 드러내고 설명하는 분이시기 때문이다.

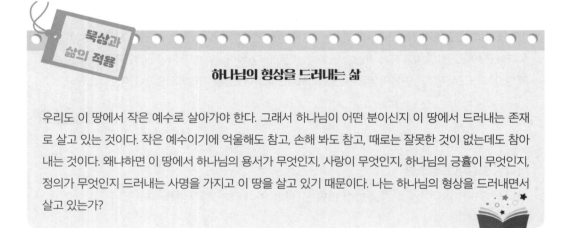

하나님의 형상을 드러내는 삶

우리도 이 땅에서 작은 예수로 살아가야 한다. 그래서 하나님이 어떤 분이신지 이 땅에서 드러내는 존재로 살고 있는 것이다. 작은 예수이기에 억울해도 참고, 손해 봐도 참고, 때로는 잘못한 것이 없는데도 참아내는 것이다. 왜냐하면 이 땅에서 하나님의 용서가 무엇인지, 사랑이 무엇인지, 하나님의 긍휼이 무엇인지, 정의가 무엇인지 드러내는 사명을 가지고 이 땅을 살고 있기 때문이다. 나는 하나님의 형상을 드러내면서 살고 있는가?

남자의 갈비뼈에서 나온 여자

하나님은 남자의 갈비뼈로 여자를 만들었다.

> 아담이 모든 가축과 공중의 새와 들의 모든 짐승에게 이름을 주니라 아담이 돕는 배필이 없으므로 여호와 하나님이 아담을 깊이 잠들게 하시니 잠들매 그가 그 갈빗대 하나를 취하고 살로 대신 채우시고 여호와 하나님이 아담에게서 취하신 그 갈빗대로 여자를 만드시고 그를 아담에게로 이끌어 오시니 아담이 이르되 이는 내 뼈 중의 뼈요 살 중의 살이라 이것을 남자에게서 취했은즉 여자라 부르

리라 하니라 (창세기 2:20-23)

여자가 남자의 갈비뼈에서 나왔다는 것은 장차 예수님의 옆구리에서 나와야 될 그리스도의 신부인 성도를 상징하고 있다. 달리 말해 신랑이신 그리스도의 옆구리에서 나오게 될 신부를 예표하는 구속사적 사건인 것이다. 십자가에서 예수님의 옆구리가 창에 찔려 물과 피를 쏟으시고 얻게 되는 그리스도의 신부를 상징하는 표현이다.

에덴동산: 하나님 나라의 모형

'기쁨(עֵדֶן [에덴])'이라는 뜻을 가진 에덴동산은 최초의 하나님 나라 모형이다. 왕이신 하나님, 땅인 에덴동산, 백성인 아담과 하와 등 하나님 나라의 세 요소가 완벽하게 갖춰져서 시작된 것이다. 그러나 남자와 여자는 하나님의 금지 명령을 어기고 선악과를 따먹음으로써 하나님의 왕권을 거부하고 그 자리에 사람이 올라가려 시도했다. 하나님 나라의 핵심은 주권이다. 백성이 왕의 주권에 순종하면 나라가 서게 되지만, 불순종하면 심판이 기다리고 있다. 이것이 하나님 나라의 기본 원리다.

하나님 나라 건설 명령

하나님이 그들에게 복을 주시며 하나님이 그들에게 이르시되 생육하고 번성하여 땅에 충만하라, 땅을 정복하라, 바다의 물고기와 하늘의 새와 땅에 움직이는 모든 생물을 다스리라 하시니라 (창세기 1:28)

"생육하고 번성하여 땅에 충만하라, 땅을 정복하라 … 다스리라"라는 말씀에 대해 다수의 학자들은 소위 문화명령(cultural mandate)이라고 묘사하는데, 그보다는 이 땅에 하나님 나라를 건설하라는 명령, 곧 '하나님 나라 건설 명령'으로 볼 수 있다. 홍수 심판 이후에도 노아에게 동일한 명령을 하시는데, 노아의 여덟 식구를 통해 다시금 하나님 나라를 재건하기를 원하시는 것이다.

하나님이 꿈꾸신 나라

하나님은 당신의 백성(자녀)들이 자원하여 기쁨으로 순종하고 사랑으로 말씀에 항복하여 나아오기를 바라신다. 즉 인격적인 파트너로 존중하는 깊은 배려가 담겨 있는 것이다. 이 세상을 창조하신 절대 권위의 하나님이 능력과 권세를 사용하는 것을 포기하시고, 피조물인 사람에게 상처받고 배반당할 각오를 하시면서까지 이런 통치 방식을 고수한다는 것은 상상할 수 없는 큰 사랑과 배려다. 삼위 하나님이 꿈꾸는 나라는 강요와 군림, 폭력과 짓밟음, 무서워서 어쩔 수 없이 하나님을 섬기는 그런 백성들로 이루어진 나라가 아니기 때문이다.

또한 사람들이 악용할 소지가 다분했고 그 가능성을 미리 내다보셨음에도 불구하고 선악과를 따먹을 수 있는 자유의지를 주셨다. 하나님보다 더 사랑하는 것이 없을 만큼 사랑하고 사랑의 노래로 하나님을 찬양하는 나라를 꿈꾸셨고 이를 이루기 위해 자유의지를 허락하셨다. 또 그런 삶이 가능하다는 것을 친히 예수 그리스도를 통해 보여주셨다.

"사랑은 죽음 같이 강하고"(아가서 8:6)라는 말씀이 있다. 죽음을 이길 수 있는 것이 있다면 그것은 아마 사랑일 것이다. 하나님은 이런 강력함으로 당신의 나라를 세우고자 하셨다. 죽음을 이기는 사랑은 폭력과 협박과 힘에 굴복하는 사랑이 아니다. 그것은 하나밖에 없는 아들을 내어주시는 사랑, 그리고 기꺼이 죄인인 우리를 위해 물과 피를 쏟으신 예수 그리스도의 사랑에 무릎 꿇고 모든 것을 드리는 것이다. 그런데 이런 사랑을 무시하고 눈으로 보았던 지도자 모세와 여호수아가 죽었다고, 또 양피 두루마리에 쓴 율법이 뭐가 대단하냐며 자기 소견에 옳은 대로 살아가는 백성이 곧 사사기에 묘사된 이스라엘 백성이다.

묵상과 삶의 적용

하나님 나라의 동역자

아담과 하와에게 하신 하나님의 명령은 하나님 나라 건설 명령이다. 아담과 하와가 생육하고 번성하여 땅을 정복해야 하는 이유도 하나님 나라를 세우기 위함이다. 마찬가지로 예수 그리스도를 통해 우리를 구원하신 이유도 하나님 나라를 세우기 위함이다. 하지만 현대를 사는 우리의 신앙은 지극히 개인적인 나의 번영과 안정 외에 관심이 없다. 하나님 나라는 결코 그런 것이 아니다. 그리스도인이라면 보이지 않는 하나님의 형상을 나타내는 자로, 하나님 나라를 세우는 자로 부름을 받았음을 잊지 말아야 한다. 나는 오늘도 하나님 나라 건설의 동역자라는 정체성과 사명으로 살고 있는가?

2. 타락: 하나님 나라의 무너짐(3장)

하나님의 안전장치

> 여호와 하나님이 그 땅에서 보기에 아름답고 먹기에 좋은 나무가 나게 하시니 동산 가운데에는 생명 나무와 선악을 알게 하는 나무도 있더라 (창세기 2:9)

하나님은 에덴동산 중앙 제일 잘 보이는 곳에 선악을 알게 하는 나무를 두시고 금령(禁令)을 내리셨다. 나무를 잘 보이는 곳에 두시고 금지하신다는 것은 사람으로 하여금 타락하도록 유도하신 것일까? 전혀 그렇지 않다. 오히려 아담을 지키고자 하신 하나님의 거룩한 안전장치였다.

아담은 동산 모든 피조물의 이름을 지어주었다. 대리 통치자로서 땅의 피조물들을 하나님 대신 통치할 수 있었고, 선악과를 제외한 모든 과실과 채소를 마음대로 먹을 수 있었다. 그러나 이것이 아담에게는 자신이 에덴동산의 주인이라고 착각하게 만드는 위험 요소이기도 했다. 이는 곧 하나님께서 아담에게 특별히 선악과 금령을 주시면서 그가 교만에 빠지지 않기를 원하셨다. "에덴동산의 주인은 네가 아니라 나 하나님이 왕이요 주인이다. 이 선악과를 볼 때마다 기억하라." 아담은 선악과를 보면서 '아! 나는 이 에덴동산의 왕이 아니구나. 나는 그저 피조물이자 하나님의 청지기일 뿐이구나'라는 것을 기억하고 깨달아야 했다.

내게 허락하지 않으신 것들에 대해 감사하는가?

아담과 하와에게 내리신 선악과 금령은 그들을 지키시려는 하나님의 사랑이자 배려다. 우리에게도 마찬가지다. 하나님이 우리에게 하지 말라고 하시는 것들은 우리를 향한 사랑의 또 다른 표현이다. 나는 하나님이 내게 허락하지 않은 것들을 보면서 원망과 불평을 하는가? 아니면 하나님의 깊은 사랑과 인도하심에 감사하고 있는가?

하나님 나라의 동역자인 아담의 실패

하나님은 당신의 나라를 건설하실 때 반드시 동역자(상속자)를 통해 세우신다. 하나님의 동역자 또는 상속자는 하나님을 대리하여 통치하는 대리 통치자이다. 아담, 노아, 아브라함, 이삭, 야곱, 요셉과 같은 족장들이 바로 동역자들이다. 하지만 그들 모두 저마다 죄의 속성으로 인해 하나님 나라를 세우는 일에 한계를 드러내면서 실패하고 말았다. 하지만 중요한 것은, 인간은 실패할지라도 하나님은 결코 실패하지 않으신다는 사실이다.

죄의 본질

> 그런데 뱀은 여호와 하나님이 지으신 들짐승 중에 가장 간교하니라 뱀이 여자에게 물어 이르되 하나님이 참으로 너희에게 동산 모든 나무의 열매를 먹지 말라 하시더냐 여자가 뱀에게 말하되 동산 나무의 열매를 우리가 먹을 수 있으나 동산 중앙에 있는 나무의 열매는 하나님의 말씀에 너희는 먹지도 말고 만지지도 말라 너희가 죽을까 하노라 하셨느니라 뱀이 여자에게 이르되 너희가 결코 죽지 아니하리라 너희가 그것을 먹는 날에는 너희 눈이 밝아져 하나님과 같이 되어 선악을 알 줄 하나님이 아심이니라 여자가 그 나무를 본즉 먹음직도 하고 보암직도 하고 지혜롭게 할 만큼 탐스럽기도 한 나무인지라 여자가 그 열매를 따먹고 자기와 함께 있는 남편에게도 주매 그도 먹은지라 이에 그들의 눈이 밝아져 자기들이 벗은 줄을 알고 무화과나무 잎을 엮어 치마로 삼았더라 (창세기 3:1-7)

뱀은 남자와 여자에게 선악과를 따먹도록 부추기면서 그들이 선악과를 먹으면 하나님처럼 될 것이라고 미혹했다. 그렇다! 인간의 모든 죄의 뿌리는 '하나님처럼 되려는 욕망'이다. 즉 창조주 하나님의 자리를 탐내고 마음에 하나님을 왕으로 두기 싫어하는 것이 죄인 것이다. 이는 "또한 그들이 마음에 하나님 두기를 싫어하매 하나님께서 그들을 그 상실한 마음대로 내버려 두사…"라는 로마서 1장 28절과 연결된다. 로마서에서는 하나님을 왕으로 모시기 거부하고 인간이 하나님이 되고 싶은 것이 죄의 뿌리라고 선언한다. 사사기의 영적 타락의 원인도 하나님을 왕으로 섬기기를 거부한 것이다.

> 그 때에 이스라엘에 왕이 없으므로 사람이 각기 자기의 소견에 옳은 대로 행했더라 (사사기 21:25)

"이스라엘에 왕이 없으므로" 정말 이스라엘에 왕이 없었는가? 결론부터 말하면 하나님이 이스라엘의 왕이시다. 그런데도 사사시대의 백성들은 왕 되신 하나님을 거부하고 자기의 소견에 옳은 대로 왕을 세운 것이다.

누가 왕인가?

아담과 하와에게 내리신 선악과 금령은 세상의 주인이 누구이고 인생의 주인이 누구인지 드러내는 것이다. 하나님만이 세상의 주인이시며, 나의 왕이시다. 죄란 하나님을 왕으로 모시기 거부하고 내가 인생의 왕으로 사는 것이다. 하나님은 나의 왕이신가? 하나님을 왕으로 고백하지만, 아직도 삶의 영역에서 내가 왕이 되어 사는 부분은 무엇인가? 물질과 시간의 주인이 하나님임을 인정하는가? 내 재능의 주인도 하나님임을 고백하는가? 가정과 교회의 왕도 하나님이시다. 이 진리에 모두가 항복한다면 가정과 교회와 나라에 하나님의 나라와 다스림이 임함을 경험하게 될 것이다.

생명 나무의 길을 막으신 하나님

죄를 범한 이후 하나님은 아담과 하와를 에덴동산에서 내보내셨다. 생명 나무의 열매를 먹고 영생할 수 있기 때문인데, 죄가 들어온 상태에서 생명 나무 열매를 먹는다면 영원토록 죄인이 되어 하나님의 심판 가운데 처하기 때문이다. 그래서 생명 나무의 길을 그룹들과 불 칼로 지키신 것이다.

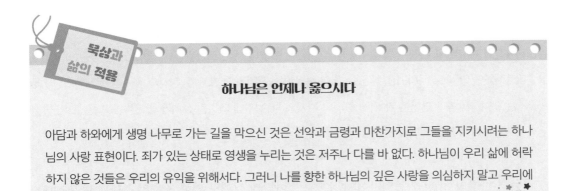

하나님은 언제나 옳으시다

아담과 하와에게 생명 나무로 가는 길을 막으신 것은 선악과 금령과 마찬가지로 그들을 지키시려는 하나님의 사랑 표현이다. 죄가 있는 상태로 영생을 누리는 것은 저주나 다를 바 없다. 하나님이 우리 삶에 허락하지 않은 것들은 우리의 유익을 위해서다. 그러니 나를 향한 하나님의 깊은 사랑을 의심하지 말고 우리에게 좋은 것을 주심을 기뻐하라.

가죽옷의 은혜

> 여호와 하나님이 아담과 그의 아내를 위하여 가죽옷을 지어 입히시니라 (창세기 3:21)

아담과 하와가 에덴동산에서 쫓겨날 때 하나님은 그들에게 가죽옷을 입혀서 내보내셨다. 이때 희생된 짐승은 아마도 양일 것이다. 아담의 아들 아벨이 양을 치는 목자라는 사실에서 유추해 볼 수 있다. 홍수 이전이므로 식용이 아닌 양을 가축으로 키운다는 것은 제사용 제물이었을 것이다. 이때 희생된 짐승은 먼 훗날 우리를 위해 희생의 피를 흘리실 예수 그리스도를 예표할 뿐 아니라 하나님의 은혜를 드러내는 것이다.

덮으시는 은혜

창세기 3장 21절에서는 아담과 하와에게 가죽옷을 입혀 주시는 하나님의 긍휼을 볼 수 있다. 죄를 짓고 쫓겨가는 아담과 하와를 그냥 보내지 않고 가죽옷을 입히셨다. 이 짐승의 가죽옷은 우리를 위해 죽으신 어린 양인 예수 그리스도의 희생과 의의 옷을 의미한다. 죄인을 버리지 않고 긍휼과 은혜를 베풀어 살리려는 하나님의 눈물겨운 사랑이다. 우리는 날마다 덮어주시는 가죽옷의 은혜 때문에 살아가는 자들임을 잊지 말아야 한다. 나아가 우리는 누군가의 허물을 덮는 자로 살고 있는가?

최초의 복음: 여자의 후손 언약

> 여호와 하나님이 뱀에게 이르시되 네가 이렇게 했으니 네가 모든 가축과 들의 모든 짐승보다 더욱 저주를 받아 배로 다니고 살아 있는 동안 흙을 먹을지니라 내가 너로 여자와 원수가 되게 하고 네 후손도 여자의 후손과 원수가 되게 하리니 여자의 후손은 네 머리를 상하게 할 것이요 너는 그의 발꿈치를 상하게 할 것이니라 하시고 (창 3:14-15)

하나님 나라의 첫 번째 동역자이자 상속자인 아담의 실패로 인해 최초의 하나님 나라(에덴동산)는 실패한 것처럼 보였다. 그러나 하나님은 예수 그리스도를 통해 무너지지 않는 하나님 나라를 세우시기 위해 '여자의 후손 언약'을 선포하신다. 두 번째 아담이자 실패하지 않을 완전한 상속자인 메시아를 예언하신 것이다. 그리고 여자의 후손(예수 그리스도)과 뱀의 후손(사탄의 세력들) 간 영적 전쟁이 계속될 것임을 말씀하신다. 여기서 한 가지 주목할 것은 여자의 후손이 단수로 표현되었다는 점이다. 즉 한 분 예수 그리스도를 통해 천하 만민이 복을 받는다는 의미다.

여자의 후손과 뱀의 후손의 싸움

창세기 3장 15절 이후로 세상의 모든 역사에는 딱 한 가지의 싸움이 있다. 여자의 후손인 예수 그리스도와 그에게 속한 하나님 나라의 백성과 뱀의 후손들의 싸움으로 이루어지고 있다. 창세기 4장에는 여자의 후손 계보에 들어 있는 아벨과 뱀의 후손 계보에 들어 있는 가인이 등장한다. 그 이후에는 셋의 족보와 가인의 족보가 대립되어 나온다. 이렇듯 여자의 후손 언약, 곧 원복음(原福音, protoevangelium) 이후에는 하나님 나라와 세상 나라가 영적인 전쟁을 벌이는 것이 인류의 역사라고 할 수 있다. 그런데 창세기 6장에서는 절대로 섞이면 안 되는 두 계열이 섞이기 시작한다. 하나님의 아들들과 사람의 딸이 섞이기 시작하는 것이다. 다른 말로 하나님 나라 백성이 세상과 똑같아지기 시작했다는 의미다.

묵상과 삶의 적용

영적 전쟁

여자의 후손 언약을 통해 인간의 역사는 이제 여자의 후손과 뱀의 후손 간 싸움의 역사가 된다. 하나님 나라를 세우려는 하나님의 거룩한 백성과 하나님 나라를 무너뜨리려는 뱀의 후손과의 싸움이 예수님의 재림 때까지 있을 것이다. 그러나 여자의 후손이신 예수 그리스도가 이미 승리하셨고, 또 이기실 것이다. 이 세상의 수많은 사건과 전쟁들 뒤에는 이런 두 계열의 영적 싸움이 있음을 잊지 말자.

뱀을 향한 저주: 영원토록 흙을 먹으리라

하나님은 아담과 여자를 미혹한 뱀을 저주하셨다. 그런데 뱀에게는 회개의 기회를 주지 않고 바로 저주하신다. 이는 뱀 안에 역사한 사탄을 저주하신 것이기 때문이다. 그런데 뱀을 향한 저주의 내용이 이상하다. 뱀이 배로 다닌다는 것은 이해가 되는데, "살아 있는 동안 흙을 먹을지니라"라는 선언이 특이하다. 뱀은 흙을 먹고 살지 않기 때문이다. 그러면 왜 하나님은 뱀에게 종신토록 "흙을 먹을지니라"라고 저주하셨을까?

흙은 하나님의 영이 떠나 육이 된 인간을 의미한다. 그래서 뱀 곧 사탄은 육적 존재가 된 인간을 지배하는 것으로 보는 견해도 있다. 그러나 이런 시각은 합당하지 않다. 구약성경 전체에서 '흙을 먹는다'라는 것이 무슨 의미인지 다른 본문에서 찾아볼 필요가 있다.

> 광야에 사는 자는 그 앞에 굽히며 그의 원수들은 티끌을 핥을 것이며 (시편 72:9)

> 왕들은 네 양부가 되며 왕비들은 네 유모가 될 것이며 그들이 얼굴을 땅에 대고 네게 절하고 네 발의 티끌을 핥을 것이니 네가 나를 여호와인 줄을 알리라 나를 바라는 자는 수치를 당하지 아니하리라 (이사야 49:23)

시편 72편 9절과 이사야 49장 23절에서는 흙을 먹는 것이 패배의 상징이라고 말한다. 고대 근동의 문화에서 두 나라가 전쟁을 하다가 한 나라가 패배하면 승리한 나라의 왕은 패배한 나라의 왕을 자기 앞에 엎드리게 하여 티끌을 핥게 했다. 티끌을 핥게 함으로써 패배자임을 공개적으로 인정하고 항복을 받아낸 것이다. 시편과 이사야서의 문맥에서 "흙이나 티끌을 먹는다"라는 말은 전쟁의 완전한 패배자를 의미한다. 다시 말해 장차 하나님의 아들이신 예수 그리스도가 승리하기 때문에 뱀인 사탄은 완벽한 패배자가 될 것을 선언하는 것이다. 성경은 성경으로 풀어야 한다.

3. 가인 계보 10대와 셋 계보 10대(4~5장)

1	2	3	4	5	6	7	8	9	10
아담	가인	에녹	이랏	므후야엘	므두사엘	라멕	야발~유발, 두발가인~나아마		
아담	(아벨) 셋	에노스	게난	마할랄렐	야렛	에녹	므두셀라	라멕	노아

창세기 4장을 보면 가인의 계보 10대가 나오고, 5장에는 셋의 계보 10대가 나온다. 그 가운데 중요 인물들을 살펴보자.

아벨과 가인

가인(קַיִן)은 '얻었다'라는 뜻이다. 아담은 왜 첫째 아들에게 '얻었다'라는 이름을 지었을까? 아담과 하와는 뱀의 머리를 깨뜨릴 '여자의 후손'을 가인이라고 생각한 것은 아닐까? 하지만 가인을 키우면서 보니 그게 아니라는 사실을 깨달았고, 두 번째 아들을 '공허하다'라는 뜻의 아벨(הֶבֶל)이라고 지었다. 인생의 공허를 느낀 것이다.

아벨의 예배: 어린 양의 피의 공로를 의지한 예배

> 아벨은 자기도 양의 첫 새끼와 그 기름으로 드렸더니 여호와께서 아벨과 그의 제물은 받으셨으나 가인과 그의 제물은 받지 아니하신지라 가인이 몹시 분하여 안색이 변하니 (창세기 4:4-5)

하나님은 가인과 그의 제물은 받지 않으시고 아벨과 그의 제물은 받으셨다. 이에 격분한 가인은 분노한 나머지 아벨을 죽이고 말았다. 왜 아벨의 제사는 받으시고 가인의 제사를 받지 않으셨을까? 그것은 구속사적 의미 때문이다. 아벨이 드린 양의 제사는 장차 어린양으로 오실 그리스도의 희생 제사를 예표한다. 아담의 죄로 인해 타락한 인간은 그 죄악을 가리지(해결하지) 않고는 하나님께 나아갈 수 없게 되었다. 즉 누군가의 희생의 피로 그 죄악을 가려야만 했다. 아벨은 양의 피를 가지고 나아갔기에 하나님이 받으신 것이다.

가인의 예배: 자기 의를 의지함

반면에 가인은 곡식을 가지고 나아갔다. 곡식 자체가 문제는 아니다. 레위기에서도 소제(素祭, grain offering)를 드릴 때 곡식 가루를 드렸다. 그러나 피 없이 드리는 곡물 제사는 반드시 다른 피제사와 함께 드리도록 했기 때문에 소제만 단독으로 드릴 수 없다. 누군가의 희생의 피와 함께 드릴 때만 받아주셨다.

그러므로 가인의 제사와 제물은 구속사적으로 볼 때 받으실 수 없는 것이었다. 또 자신의 제사가 거부된 후 가인이 하나님께 화를 낸 것을 보면 가인은 자신의 제사를 하나님이 당연히 받으셔야 한다는 자기 확신을 가지고 있었음을 미루어 짐작할 수 있다. 그러므로 가인의 제사는 아벨의 제사와 달리 자기 의를 의지하는 제사였음을 알 수 있다.

율법주의와 은혜의 영적 싸움

가인이 아벨을 죽인 것은 단지 형제간의 감정싸움이 아니다. 앞으로의 인류 역사가 자기의 의를 의지하는 율법주의자들이나 행위주의자들이 하나님의 은혜와 어린양 예수 그리스도의 피를 의지하는 자들을 핍박하고 죽이게 될 것이라는 예표적 성격을 가지고 있다. 나는 어떠한가? 나도 혹시 자기 의를 의지하고 주장하는 가인의 제사를 드리고 있지 않은가?

셋의 후손들

하나님은 죽은 아벨 대신 셋(נֵשׁ)을 주었다. 셋은 '대신하여 준 자'라는 뜻으로, 아벨의 죽음 때문에 주신 아들이다. 이 셋의 후손들이 번성하여 10대인 노아까지 이어지게 된다.

하나님이 받으시는 예배

가인과 아벨의 제사 차이를 히브리서는 '믿음'으로 설명한다. 가인은 믿음으로 드린 제사가 아니었으며, 아벨은 믿음으로 드렸다고 선언한다. 무엇에 대한 믿음일까? 곧 어린양의 피로 인한 용서에 대한 믿음이다. 가인과 아벨은 아담으로부터 선악과 사건과 에덴동산에서의 추방, 그리고 가죽옷의 의미를 익히 들어 알고 있었다. 즉 죄인이 거룩하신 하나님께로 나아가기 위해 짐승의 희생이 필요함을 알면서도 가인은 하나님이 정하신 방법으로 하지 않고 자신의 방법과 자기 의로 나아간 것이다. 하나님은 오직 그분의 은혜와 긍휼을 의지하고 나아오는 믿음의 예배를 받으신다. 나는 무엇을 의지하여 하나님께 나아가는가?

에노스: 여호와의 이름을 부름

> 셋도 아들을 낳고 그의 이름을 에노스라 했으며 그 때에 사람들이 비로소 여호와의 이름을 불렀더라
> (창세기 4:26)

셋의 후손인 에노스 때에 비로소 하나님의 이름을 불렀다. 왜 에노스 때에 와서야 처음으로 여호와의 이름을 불렀을까? 그것은 그의 이름의 뜻 때문이다. 에노스(אֱנוֹשׁ)는 '무기력한 자, 부족한 자, 연약한 자'라는 뜻을 가지고 있다. 사람은 언제 여호와의 이름을 부르며 하나님을 의지하는가? 사람은 자기 자신이 얼마나 무력하고 연약한지 깨달을 때 여호와의 이름을 찾게 된다. 스스로 대단하다고 여기는 사람은 하나님의 이름을 부르지 않는다. 되레 가인처럼 자신을 지키기 위해 성을 쌓을 뿐이다.

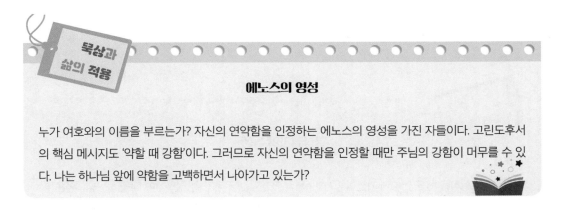

묵상과 삶의 적용

에노스의 영성

누가 여호와의 이름을 부르는가? 자신의 연약함을 인정하는 에노스의 영성을 가진 자들이다. 고린도후서의 핵심 메시지도 '약할 때 강함'이다. 그러므로 자신의 연약함을 인정할 때만 주님의 강함이 머무를 수 있다. 나는 하나님 앞에 약함을 고백하면서 나아가고 있는가?

에녹: 65세에 경험한 터닝 포인트

에녹은 365세에 죽음을 보지 않고 하나님이 그를 데려가셨다. 그는 65세부터 300년간 하나님과 동행하는 삶을 살았는데, 그렇다면 65세까지는 하나님과 동행하지 못했다고 추정할 수 있다. 무엇이 에녹으로 하여금 동행의 계기가 되었을까?

므두셀라

그것은 므두셀라의 출생과 관계있다. 에녹이 65세에 므두셀라를 낳는데, 므두셀라의 이름의 의미는 '이 아이가 죽고 나면 심판이 오고 끝이 오리라'라는 뜻이다. 므두(מוּת)는 '죽음'을 뜻

하고 셀라(שלח)는 '심판을 보내다'라는 의미다. 하나님은 므두셀라를 통해 세상을 심판하실 것에 대해 예고하셨으며, 에녹은 하나님의 계시를 받고 그분과 동행하기 시작한 것이다.

에녹은 므두셀라를 통해 이 땅에 하나님의 심판이 있으리라는 것을 알게 되었다. 이 땅과는 다른 또 다른 영원한 세상이 있다는 진리를 깨닫고 하나님과 동행하기 시작한 것이다. 즉 이 세상만이 전부가 아니라는 사실을 깨달은 것이다. 베드로전서에서는 이것을 나그네와 같은 인생(베드로전서 2:11), 히브리서에서는 더 나은 본향을 찾는 사람(히브리서 11:14)이라고 표현하고 있다.

하나님과 동행하는 삶

'동행하다'에 쓰인 할라크(הלך)라는 단어는 '산책하다, 이리저리 거닐다'라는 뜻을 가지고 있다. 하나님과 동행하는 삶은 무언가 대단한 것이 아니라 우리의 일상을 하나님과 함께 사는 것이다. 죽는 순간이 오면 이 세상에서의 내 삶도 끝나기 때문에 한 번뿐인 하나님과 동행하는 삶을 놓쳐서는 안 되는 것이다.

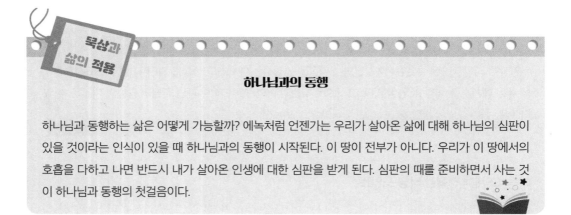

묵상과 삶의 적용

하나님과의 동행

하나님과 동행하는 삶은 어떻게 가능할까? 에녹처럼 언젠가는 우리가 살아온 삶에 대해 하나님의 심판이 있을 것이라는 인식이 있을 때 하나님과의 동행이 시작된다. 이 땅이 전부가 아니다. 우리가 이 땅에서의 호흡을 다하고 나면 반드시 내가 살아온 인생에 대한 심판을 받게 된다. 심판의 때를 준비하면서 사는 것이 하나님과 동행의 첫걸음이다.

969세에 담긴 하나님의 마음

므두셀라가 969세에 죽은 그해에 홍수 심판이 시작되었다. 성경 인물 중 가장 오래 산 므두셀라는 하나님의 마음이 담긴 장수(長壽)였다. 심판에 대한 하나님의 약속은 므두셀라의 죽음으로 시작된다. 따라서 하나님은 한 사람이라도 회개하고 돌아오기를 기다리는 마음으로 므두셀라의 삶을 연장시키신 것이다.

하나님의 긍휼을 배우라

하나님이 므두셀라를 가장 오랫동안 살게 하신 것은 할 수 있다면 홍수 심판을 미루고 싶은 마음의 표현이다. 여기서 우리는 한 영혼에 대한 하나님의 마음을 깨달아야 한다. 우리는 한 영혼에 대해 너무 쉽게 포기한다. 그래서 969년을 기다리신 하나님의 긍휼을 부어달라고 기도해야 한다. 우리 안에는 이런 긍휼이 부족하다. "주님, 우리에게 당신의 마음을 부어주세요."

라멕과 노아

셋의 후손인 라멕은 자신의 아들 이름을 노아라고 지었다. 노아(חֹנ)는 '안식, 위로'라는 뜻이다. 사람의 죄악이 세상에 가득했으므로 라멕은 노아를 통해 하나님이 세상에 위로와 안식을 주시기 바랐던 것이다.

가인과 후손들

성 쌓는 죄인들

하나님 백성 계보인 셋의 후손들은 돌단을 쌓고 여호와의 이름을 불렀다. 하지만 쫓겨난 가인은 동쪽으로 가서 아들 에녹의 이름을 따서 에녹 성을 쌓았다.

> 가인이 여호와 앞을 떠나서 에덴 동쪽 놋 땅에 거주하더니 (창 4:16)

성을 쌓는다는 것은 자신의 생명과 안전을 스스로 힘으로 지키겠다는 의지다. 반면 셋의 후손인 에노스가 단을 쌓고 여호와의 이름을 불렀다는 것은 자신의 생명과 안전을 하나님께 맡겼다는 것이다.

어떤 에녹으로 살 것인가?

셋의 후손 중 하나님과 동행한 에녹이 있지만, 가인의 계보 중에도 에녹이란 인물이 등장한다. 그는 가인의 아들로 아버지와 함께 논 땅에 자신의 이름을 딴 에녹 성을 쌓는다. 반면에 셋의 계보에 있는 야렛의 아들 에녹은 하나님과 동행하는 삶을 산다. 성경은 우리에게 어떤 에녹으로 살 것인지 묻고 있다. 자신의 미래와 안전을 위해 하나씩 긁어모아 자신의 힘으로 자기 미래를 책임지려는 가인의 아들 에녹으로 살 것인가? 아니면 미래를 하나님께 맡겨 드리고 하나님과 동행하는 야렛의 아들 에녹으로 살 것인가?

성 쌓는 인생과 제단 쌓는 인생

두 종류 인생이 있다. 하나님을 떠난 가인의 계보처럼 자신의 안전과 미래를 위해 성을 쌓는 인생과 셋의 계보처럼 하나님을 의지하여 돌 제단을 쌓고 예배하는 인생이다. 이 세상 사람들은 자신의 불안한 미래를 위해 자신의 힘을 동원하여 자신의 성을 쌓으면서 한평생 살아간다. 하지만 그리스도인은 미래를 아버지 하나님께 맡기고 제단을 쌓는 사람들이다. 나는 성을 쌓고 있는가, 아니면 제단을 쌓고 있는가?

라멕

> 라멕이 아내들에게 이르되 아다와 씰라여 내 목소리를 들으라 라멕의 아내들이여 내 말을 들으라 나의 상처로 말미암아 내가 사람을 죽였고 나의 상함으로 말미암아 소년을 죽였도다 가인을 위하여는 벌이 칠 배일진대 라멕을 위하여는 벌이 칠십칠 배이리로다 했더라 (창세기 4:23-24)

라멕은 가인의 7대손으로 성경 최초로 일부다처제를 도입한 사람이다. 그는 자신을 상하게 한 자들을 77배로 보복했다. 이는 곧 가인의 살인죄로 인한 열매이기도 하다. 한편 라멕이 낳은 4명의 자녀들로 인해 인류의 문명이 발전하기 시작했다.

4. 홍수 심판과 노아의 방주(6~9장)

하나님의 아들들과 사람 딸이 섞임

사람이 땅 위에 번성하기 시작할 때에 그들에게서 딸들이 나니 하나님의 아들들이 사람의 딸들의 아름다움을 보고 자기들이 좋아하는 모든 여자를 아내로 삼는지라 여호와께서 이르시되 나의 영이 영원히 사람과 함께 하지 아니하리니 이는 그들이 육신이 됨이라 그러나 그들의 날은 백이십 년이 되리라 하시니라 (창세기 6:1-3)

노아 시대에 하나님의 아들들과 사람의 딸들이 섞이게 된다. 창세기 6장에 나오는 하나님의 아들들을 천사라고 해석하는 학자들도 있지만, 그들은 셋의 후손으로 거룩한 백성으로 보는 것이 타당하다. 반면 사람의 딸들은 세상 백성인 가인의 후손이다. 이 두 계보가 섞였다는 것은 하나님의 백성과 세상 백성의 구별이 무너졌다는 것을 의미한다. 하나님 나라의 백성은 세상과 구별되어야 한다. 그렇지 않으면 하나님의 심판이 있다.

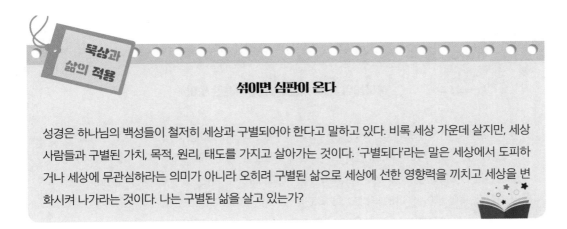

묵상과 삶의 적용

섞이면 심판이 온다

성경은 하나님의 백성들이 철저히 세상과 구별되어야 한다고 말하고 있다. 비록 세상 가운데 살지만, 세상 사람들과 구별된 가치, 목적, 원리, 태도를 가지고 살아가는 것이다. '구별되다'라는 말은 세상에서 도피하거나 세상에 무관심하라는 의미가 아니라 오히려 구별된 삶으로 세상에 선한 영향력을 끼치고 세상을 변화시켜 나가라는 것이다. 나는 구별된 삶을 살고 있는가?

하나님의 후회하심

여호와께서 사람의 죄악이 세상에 가득함과 그의 마음으로 생각하는 모든 계획이 항상 악할 뿐임을 보시고 땅 위에 사람 지으셨음을 한탄하사 마음에 근심하시고 (창세기 6:5-6)

하나님의 백성인 셋의 후손들이 가인 계보 딸들의 아름다움을 보고 자기들이 좋아하는 모든 여자를 아내로 삼기 시작했다. 하나님은 당신의 영이 사람들과 함께하심을 후회하시고 떠나시면서 세상을 심판하기로 작정하신다.

하나님의 은혜를 입은 노아

> 그러나 노아는 여호와께 은혜를 입었더라 이것이 노아의 족보니라 노아는 의인이요 당대에 완전한 자라 그는 하나님과 동행했으며 (창세기 6:8-9)

그러나 하나님은 항상 그 시대에 깨어 있는 자와 남은 자들을 세우신다. 그 사람이 바로 노아였다. 노아는 "의인이요 당대에 완전한 자"라고 소개한다. 이 말을 두고 노아가 완전무결한 자라고 오해하면 안 된다. 더 중요한 표현이 있는데, "여호와께 은혜를 입었더라"이다. 그가 의인이요 당대에 완전한 자로 인정받을 수 있었던 것은 온전히 하나님의 은혜였다. 즉 하나님의 은혜가 노아를 노아답게 만든 것이지, 그 자신이 그런 자격과 실력을 갖추고 있었다는 의미가 아니다.

하나님의 눈에 있는 은혜를 발견한 노아

창세기 6장 8절의 "노아는 여호와께 은혜를 입었더라"라는 표현을 원문으로 보면 '노아는 하나님의 눈에 있는 은혜를 발견했다'라는 의미다. 거룩한 하나님의 백성들이 세상 사람들과 구별되지 못하고 섞이게 되자 하나님은 진노하셨다. 그러나 하나님의 본심은 세상을 심판하려는 것이 아니라 사람들을 구원하고 싶어 하신다. 노아는 이런 하나님의 본심을 그분의 눈에서 읽어낼 수 있었던 것이다. 이것이 진정한 중보기도다. 하나님의 마음과 본심을 깊이 읽어내고 기도하는 자가 중보기도자다.

하나님의 이해할 수 없는 요구와 노아의 순종

하나님은 노아에게 홍수 심판을 대비하여 방주를 지으라고 명령하신다. 비 한 방울 내릴 것 같지 않은 상황 가운데 이 명령은 이해할 수 없는 것이었다. 그럼에도 노아는 하나님의 말씀에 순종한다. 방주를 짓는 동안 수많은 사람의 조롱이 있었지만, 끝까지 순종했다. 그리고 실제로 120년이 지나서 하나님의 경고는 현실이 되었다.

방주의 구조

하나의 문

방주에는 문이 하나밖에 없다. 수많은 짐승이 들어가기 위해 문이 여럿이었다면 더 좋지 않았을까? 그러나 문이 하나밖에 없다는 것은 '구원은 오직 예수 그리스도라는 문을 통해서만' 이루어진다는 것을 예표한다고 봐도 좋겠다.

> 다른 이로써는 구원을 받을 수 없나니 천하 사람 중에 구원을 받을 만한 다른 이름을 우리에게 주신 일이 없음이라 했더라 (사도행전 4:12)

위로 난 하나의 창

방주에는 위로 난 하나의 창 외에는 다른 창이 없다. 왜일까? 옆으로 난 창이었다면 홍수 심판의 참담함을 볼 수밖에 없었을 것이다. 창을 위로 냈다는 것은 땅을 보지 말고 하늘을 바라보라는 의미다.

> 그러므로 너희가 그리스도와 함께 다시 살리심을 받았으면 위의 것을 찾으라 거기는 그리스도께서 하나님 우편에 앉아 계시느니라 위의 것을 생각하고 땅의 것을 생각하지 말라 (골로새서 3:1-2)

방주 안에 들어왔다는 것은 신약적으로 구원받았음을 의미한다. 그러면 구원받은 성도들이 추구해야 할 것은 무엇인가? 아래 것과 땅의 것이 아니라 하늘의 것, 위의 것, 생명의 것, 영원한 것, 하나님 나라의 가치를 추구해야 한다.

자체 동력이 없다

또한 방주는 스스로 발동할 수 있는 동력 장치가 없다. 하나님이 이끄시는 대로 가는 것이다. 바람의 방향대로 가는 것이다. 이 말은 구원받은 성도들은 자신의 계획대로 사는 것이 아니라 오직 성령의 인도하심을 따라 살아가는 존재임을 의미한다.

역청에 담긴 십자가의 구속

방주에 역청을 칠했는데, 이 역청이란 단어가 히브리어 코페르(כפר)이다. 코페르는 '속전, 몸값, 구속의 대가'라는 의미를 가지고 있다. 노예를 돈 주고 해방시킬 때 쓰는 비용을 속전(贖錢)이라고 한다. 즉 방주는 예수님의 생명을 속전으로 치르고 우리를 구속하신 십자가의 구속 사건을 이야기하고 있다. 다시 말해 역청은 예수님의 십자가 구속을 예표한다.

홍수 심판 과정

2월 10일		7일 기다림	방주에 들어감
150일 물이 땅에 넘침	2월 17일	40일간 비 내림	홍수 시작
	3월 26일		홍수 그침
	7월 17일	150일간 물 넘침	방주 아라랏산에 머무름
150일간 땅에서 물이 줄어듦	10월 1일	40일 기다림	물 감소, 산봉우리 보임
	11월 10일	1일 기다림	까마귀 내보냄
	11월 11일	7일 기다림	내보낸 비둘기 돌아옴
	11월 19일	7일 기다림	감람나무 새 잎사귀 물고 옴
	11월 27일		비둘기 돌아오지 않음
	12월 17일	150일 끝남	땅 위에서 물이 걷힘
땅이 마름 (70일간)	1월 1일		방주 뚜껑 열림
	2월 27일		방주에서 나옴
방주 내 기간	방주에서 보낸 전체의 날수: 377일=7일(기다림)+150일(넘침)+150일(줄어듦)+70일		

2월 10일에 방주에 들어가자 7일이 지나 드디어 홍수 심판이 시작되었다. 40일간 비가 내린 기간을 포함해 150일 동안 물이 땅에 넘쳤다. 이후 150일 동안 물이 줄어들기 시작하여 땅 위에서 물이 걷히자 70일을 더 기다려 땅이 마른 후에 노아의 가족들이 방주에서 나오게 된다.

7일에 담긴 하나님의 마음

노아가 방주에 들어가자 문이 닫히고 7일 후 홍수가 시작된다. 하나님의 결정은 이미 끝났다. 120년이나 참으셨기 때문에 방주 문이 닫힌 후 바로 심판하시면 되는데, 7일이나 더 기다리신다. 이것은 므두셀라를 가장 오랫동안 살게 하신 이유와 같다. 차마 못 하시는 것이다. 하루라도 늦추고 싶고, 그사이 방주로 오는 한 사람이라도 있을까 기다리시는 마음이 아닐까?

죄인을 향한 하나님의 마음

하나님은 "모든 사람이 구원을 받으며 진리를 아는 데에 이르기를 원하시느니라"(디모데전서 2:4)라고 말씀하신다. 한 사람이라도 더 돌아오는 것이 아버지의 마음이기 때문이다. 7일에 담긴 하나님의 마음을 알았다면 우리는 복음 전하는 일에 열심을 내야 함이 마땅하다.

두 종류의 신앙: 비둘기와 까마귀

비둘기와 까마귀를 보면서 두 종류의 신앙을 보게 된다. 까마귀는 죽은 시체를 먹는 새이며, 레위기법을 보면 까마귀는 부정한 새라고 말한다. 까마귀 같은 신앙이 있다. 썩어질 것, 사망의 것, 없어질 것에 전부를 걸고 정착하는 신앙이다. 그에 반해 비둘기는 시체를 먹지 않으며, 젖은 땅에 내리지 않고 마른 땅에만 내리는 새다. 곧 이 세상이 내가 영원히 살 땅이 아니라는 것을 깨닫고 계속 하나님께로 돌아오는 성도다.

성경 속 비둘기에 담긴 의미

1. **복음의 메신저** | 예수님에게 비둘기 같은 성령이 임하셨다. 성경에서 말하는 비둘기는 메신저로서 하나님의 소식을 전한다. 비둘기 같은 성령이 임하셨다는 것은 하나님의 뜻을 전하는 메신저로 임했다는 의미다.
2. **사랑의 신부** | 아가서에서 솔로몬은 술람미 여인에게 "나의 누이, 나의 사랑, 나의 비둘기, 나의 완전한 자"(아가 5:2)라고 일컫는다. 비둘기는 암수 중 하나가 죽으면 끝까지 수절하고 원 포커스(one focus)로 한 가지 물체만 투시할 수 있다. 아가서의 비둘기는 신랑 한 분만 바라보는 신부를 의미한다.

하나님 나라 재건 명령

> 하나님이 노아와 그 아들들에게 복을 주시며 그들에게 이르시되 생육하고 번성하여 땅에 충만하라
> (창세기 9:1)

홍수 심판이 끝나고 하나님은 "생육하고 번성하여 땅에 충만하라"라고 하신다. 아담에게 하신 명령을 다시 하시는데, 이것은 하나님 나라의 재건 명령이다. 하나님 나라를 동역자이자 상속자인 노아를 통해 다시 재건하고자 하시는 것이다.

무지개 언약

> 내가 너희와 언약을 세우리니 다시는 모든 생물을 홍수로 멸하지 아니할 것이라 땅을 멸할 홍수가
> 다시 있지 아니하리라 하나님이 이르시되 내가 나와 너희와 및 너희와 함께 하는 모든 생물 사이에
> 대대로 영원히 세우는 언약의 증거는 이것이니라 내가 내 무지개를 구름 속에 두었나니 이것이 나와
> 세상 사이의 언약의 증거니라 (창세기 9:11-13)

무지개라는 단어는 케쉐트(קֶשֶׁת)인데, 원어로 '활'이란 뜻을 가지고 있다. 정확하게 말하면 '활 언약'을 맺는 것이다. 이것은 하나님이 약속을 지키시지 않으면 당신의 가슴에 활을 겨누겠다라는 스스로의 다짐이자 각오다. 곧 약속을 지켜내시겠다는 자기에 대한 맹세이자 저주인 것이다.

노아의 실패와 죄성

> 노아가 농사를 시작하여 포도나무를 심었더니 포도주를 마시고 취하여 그 장막 안에서 벌거벗은지
> 라 (창세기 9:20-21)

방주에서 나온 노아는 하나님 나라를 세우는 일에 실패하는 사건이 발생한다. 세월이 지나 노아가 포도주에 취해 하체를 벗는 일이다. 술에 취한 것도 잘한 일은 아니지만, 하체를 보였다는 것은 노아가 정욕을 드러냈음을 의미한다. 왜냐하면 '벗었다'라는 단어는 히브리어로 갈

라(ערה)인데, 레위기 18장과 20장에서 금지된 상황에서의 성교나 일반적으로 근친상간을 의미하는 '수치를 드러내다'라는 표현으로 24회 나온다.

> 사람이 그의 아버지의 아내를 취하여 아버지의 하체를 드러내지 말지니라 (신명기 22:30)

또한 히브리어로 '벗었다'는 재귀형 동사다(히트파엘 동사; 히브리어 강조동사의 중간태). 누가 시켜서 강제로 벗은 것이 아니라 스스로 벗은 것이다. 이 단어가 주로 금지된 성적 행위와 관련된다는 것과 스스로 벗은 재귀형 동사라는 점에서 이 행동은 성적인 욕망을 드러낸 것이라고 할 수 있다. 성경은 노아의 죄성을 드러내어 그가 어떤 사람인지 폭로하고 있다. 노아도 죄인이며, 선함이 없다. 단지 하나님의 은혜로 선택된 것이다.

덮는 은혜: 셈과 야벳

> 셈과 야벳이 옷을 가져다가 자기들의 어깨에 메고 뒷걸음쳐 들어가서 그들의 아버지의 하체를 덮었으며 그들이 얼굴을 돌이키고 그들의 아버지의 하체를 보지 아니했더라 (창세기 9:23)

셈과 야벳이 아버지의 하체를 옷으로 덮는다. 아담의 허물은 가죽옷으로 덮었다면 우리의 허물과 죄는 예수 그리스도의 피로 덮는다.

묵상과 삶의 적용

셈과 야벳의 영성 vs 함의 영성

하체를 벗은 노아의 허물을 보고 옷으로 하체를 덮은 셈과 야벳은 장차 그리스도께서 의의 옷으로 자신과 타인의 허물을 덮어주는 은혜의 영성을 상징한다. 반면 아비의 허물을 판단하고 정죄하면서 폭로했던 함은 자신을 의롭다 여기고 남의 허물을 정죄하는 율법주의 영성을 상징한다. 이는 앞으로 인류 역사가 주님 재림 때까지 율법주의 영성과 은혜의 영성 간 싸움이 될 것임을 시사한다. 나는 타인의 허물을 드러내고 폭로하는 함처럼 살고 있는가? 타인의 허물을 덮어주고 가리는 셈과 야벳처럼 살고 있는가?

가나안에 대한 저주

> 가나안의 아버지 함이 그의 아버지의 하체를 보고 밖으로 나가서 그의 두 형제에게 알리매 (창세기 9:22)

노아의 허물을 들추어낸 자는 가나안의 아비 함이다. 그런데 실제 저주는 함이 받지 않고 그의 아들 가나안이 받게 된다. 왜 그럴까? 여기에는 이유가 있다. 모세오경을 읽는 원독자는 출애굽 2세대다. 그들이 들어가서 정복해야 할 땅은 가나안 민족이 다스리는 땅이다. 그래서 창세기의 함이 아닌 가나안이 저주를 받는다. 다시 말해 모세는 "너희들이 앞으로 들어가야 할 가나안 땅은 배우고 본받아야 할 땅이 아니라 옛날에 저주받은 땅이다. 정복해야 할 땅이다. 그러니 그들은 너희의 종이다"라고 선포하는 것이다. 이런 해석을 원독자 관점이라고 한다.

5. 바벨탑 심판(10~11장)

노아의 후손들은 번성하여 70개의 민족이 된다. 그때까지는 언어가 하나였기서 70개 민족이 서로 의사소통을 할 수 있었다. 어느 날 사람들은 동쪽 시날 평지에 모여 바벨탑을 쌓기 시작했다. 탑 꼭대기가 하늘에 닿도록 쌓아보자는 것이다. 왜 바벨탑을 하늘에 닿도록 쌓자고 했을까? 아마도 홍수를 두려워했기 때문일 것이다. 사람들은 또다시 홍수 심판이 올 때 피할 길을 대비하기 위함이었을 수 있다. 하지만 이는 다시는 홍수로 세상을 심판하지 않겠다는 하나님의 언약을 믿지 못하는 불신앙이었다.

바벨탑 사건의 핵심은 "우리 이름을 내고"이다.

> 또 말하되 자, 성읍과 탑을 건설하여 그 탑 꼭대기를 하늘에 닿게 하여 우리 이름을 내고 온 지면에 흩어짐을 면하자 했더니 (창세기 11:4)

유대인 철학자인 알렉산드리아의 필론(Philo Alexandrinus)의 글을 보면 벽돌마다 탑을 쌓는 참여자들의 이름을 하나하나 모두 넣었다고 한다. 인간의 본분은 창조주의 이름을 높여드리는 것이지, 사람의 이름을 내는 것이 아니다. 하나님이 이를 보시고 언어를 흩으셨다. 말이 통하지 않게 되자 사람들은 전 세계로 흩어지게 되었다. 이 흩어짐은 하나님의 심판이기도 하지만, 역설적으로 "생육하고 번성하여 땅에 충만하라"라는 하나님의 명령에 대한 성취 사건이기도 하다.

노아의 후손들이 전 세계로 흩어질 때 70개 부족이었다. 또 출애굽기에서 애굽에 내려간 야곱의 후손들은 몇 명일까? 70명이 들어간다(출애굽기 1:5). 누가복음 10장 1절에서 예수님이 전도대를 파송하시는데, 몇 명을 파송할까? 70명이었다. 성경에서 숫자 '70'은 가득함과 충만함을 상징하는 숫자이기도 하지만, 온 인류의 포괄성을 의미하기도 한다.

묵상과 삶의 적용

하나 되게 하시는 성령

바벨탑 심판으로 흩으신 언어가 오순절 성령 강림으로 하나가 된다. 비록 15개국의 언어로 선포되었지만, 그 내용만큼은 십자가와 부활로 통일되어 있다. 성령이 오셔야 하나가 될 수 있음을 보여주는 사건이었다. 사실 교회가 한마음, 한뜻이 된다는 게 얼마나 어려운가? 그러나 성령님이 오시면 교회는 복음 안에서 하나가 된다. 우리 교회는 하나의 언어, 즉 복음 안에서 하나 되어 있는지 점검해 보자.

3대 족장과 요셉 (창세기 12~50장)

1. 하나님 나라를 향한 열심

하나님은 바벨탑 사건으로 인해 흩어진 인류 가운데 하나님 나라의 백성이 될 만한 민족을 만드시기 위해 갈대아인의 우르에서 우상을 조각하면서 살고 있는 아브람을 부르셨다. 그를 통해 하나님 나라를 다시 시작하면서 땅, 후손, 천하 만민의 복을 약속하셨다. 그리고 이삭과 야곱과 요셉을 통해 언약을 이루어 가신다.

본서는 창세기 주해서가 아니므로 구체적 설명은 『하나님 나라로 본 창세기』(근간)를 참고하기 바란다. 이제 3대 족장인 아브라함, 이삭, 야곱과 요셉에 대해 간략히 다루어 보자.

3대 족장과 요셉으로 살펴보는 신앙 단계

아브라함, 이삭, 야곱, 요셉을 한 명씩 구체적으로 살펴보기 전에 4명의 인물을 마치 한 사람의 신앙 성장과 성숙의 단계로 살펴보자. 이런 관점이 성경 본문과 단락들을 유기적으로 보는 데 도움이 될 것이다.

아브라함 단계 →	이삭 단계 →	야곱 단계 →	요셉 단계
은혜로 선택받고 구원받음. 믿음으로 약속받음.	하나님 자녀가 순종함으로 축복받음.	고난: 우리 안의 자아 부수기	고난: 다른 영혼을 살리기 위한 사명적 고난

아브라함 단계

믿음으로 시작하는 아브라함 단계에서 우리는 먼저 아브라함처럼 하나님의 선택을 받고, 하나님의 은혜를 믿음으로 말미암아 그분의 자녀로 거듭나고 구원받게 된다. 그리고 하나님 아버지의 보호와 인도 그리고 약속을 받는다.

이삭 단계

구원받은 우리는 이삭처럼 하나님의 약속에 순종함으로 축복을 누리게 된다.

야곱 단계

우리의 신앙이 이삭 단계를 지나면 야곱 단계를 겪게 된다. 야곱은 고난이 많았던 자다. 하나님은 그를 쓰기 위해 험악한 세월을 살게 하셨고, 많은 고난을 경험케 하셨다. 하지만 야곱의 고난은 결국 자기의 이기심과 교활함 때문에 당한 고통이었다. 하나님은 야곱의 자아를 부수기 위해 많은 사건과 사람을 동원해 그를 깨뜨리셨다. 그럼에도 야곱은 하나님의 일을 자신의 힘과 지혜로 해결하려 했다. 물론 하나님은 당신의 일을 스스로 하시는 분이다. 야곱은 자신의 지혜나 능력이 필요치 않음을 배워야 한다. 그러기 위해 수많은 고난을 통과해야만 했다.

우리도 마찬가지다. 하나님은 우리를 쓰기 위해 우리 안의 자아를 죽이고 계신다. 우리의 교만, 자랑, 이기심, 음란, 세상 사랑, 자기 열심, 자기 의, 상처와 한, 분노와 미움, 판단, 좌절, 불신앙 등을 십자가에 못 박게 하시는 단계다.

요셉 단계

야곱의 단계를 지나면 하나님은 우리를 요셉 단계로 인도하신다. 요셉 단계에서도 수많은 고난이 있지만, 요셉의 고난은 야곱의 고난과 다르다. 야곱이 자신의 자아를 부수기 위한 고난이었다면 요셉의 고난은 자신 때문이라기보다 다른 사람들을 살리기 위한 사명적 고난, 대속적 고난이라고 할 수 있다. 물론 요셉이 인간적으로 완전한 사람이라는 말이 아니다. 그도 형들의 잘못을 아버지에게 고자질하는 등 불완전한 사람이었다. 그러나 요셉을 구속자의 관점으로 보면 우리를 살리시기 위해 먼저 고난을 겪으신 그리스도의 모형이라 할 수 있다.

창세기 45장에서 애굽의 국무총리가 된 요셉은 자기를 팔았던 형들을 만나 극적으로 용서하고 화해한다. 그리고 5절에서는 "하나님이 생명을 구원하시려고 나를 당신들보다 먼저 보내셨나이다"라고 고백한다. 실제로 요셉은 애굽의 총리가 되어 형들을 살리기까지 인신매매, 종살이 10년과 옥살이 3년 등 총 13년의 죽을 고비를 겪었다. 나중에 총리가 되어 자신의 인생을 되돌아보니 이 모든 일이 하나님의 섭리였음을 깨닫게 되었다. 결국 요셉의 고난은 자신의 잘못 때문에 당한 고통이 아니라 다른 사람들의 생명을 살리기 위한 고난이었다.

하나님은 우리의 삶도 요셉 단계로 이끄신다. 누군가의 생명을 살리기 위해 우리 또한 고난을 겪기도 한다. 버릴 것이 많은 육적인 고난도 있고 살리기 위한 고난도 있다. 두 가지가 공존할 수도 있다. 그러나 고난에서 승리한다면 우리로 하여금 다른 사람의 생명을 살리는 도구로 사용하신다.

나는 어떤 단계를 살고 있나?

3대 족장과 요셉을 한 사람의 신앙 여정과 성장 단계로 보는 관점은 성경을 조각이 아닌 통일성 있게 유기적으로 연결하여 보는 것이다. 이런 안목을 갖게 되면 성경을 보는 새로운 눈이 열리게 된다. 나는 이 4가지 단계 중 어느 단계를 밟고 있는가? 구원받은 사람들은 대부분 야곱 단계와 요셉 단계를 살아가고 있을 것이다. 그렇다면 나의 고난은 자아를 부수기 위한 야곱의 고난인가? 아니면 다른 사람들의 생명을 살리기 위한 사명적 고난인가?

2. 아브라함, 하나님의 은혜와 믿음의 모델(12~25장)

키아즘 구조로 보는 아브라함 이야기(11:27~22:24)[3]

아브라함이라는 족장에 대해 키아즘 구조(Chiasm structure)로 분석하면 아브라함 이야기의

---

3 D. A. Dorsey의 연구를 기초로 B. K. Waltke가 세부적으로 분류한 동심원적 구조에 송제근과 필자의 신학적 견해를 추가했다. 송제근, "창세기의 구조와 신학", 「그 말씀」(두란노, 2003년 1월).

중심 구조는 15~17장에 있다. 15장은 횃불 언약이고 17장은 할례 언약이다. 이 두 언약이 핵심인데, 아브라함과 언약을 맺으시고 그 언약을 이루어 가시는 하나님이심을 부각시키기 때문이다. 또 15장과 17장 사이에 아브람이 하나님의 약속을 믿지 못하고 자신의 육신적 힘으로 하갈을 통해 이스마엘을 낳는 16장이 배열되어 있다. 하나님은 아무리 아브람의 씨라 할지라도 그가 하나님의 약속을 믿지 못하고 육신의 힘을 의지하여 낳은 아들 이스마엘에 대해 약속의 자손이라고 인정하지 않으셨다. 언약장인 15장과 17장 사이에 아브람의 불신앙과 허물이 드러나는 16장을 배열한 것은 아브람의 못남과 한계에도 불구하고 하나님의 언약은 변함이 없으며, 언약을 이루시는 하나님의 열심이 아브람을 이끌어 가신다는 것을 의미한다.

[A] 11:27-32: 데라의 후예
　[B] 12:1-9: 아들에 대한 약속과 아브라함의 여정 시작
　　[C] 12:10-20: 사라를 누이라 속임 / 이방 환경에서의 하나님의 보호
　　　[D] 13:1-8: 소돔에 거하는 롯
　　　　[E] 14:1-24: 소돔과 롯에 관계하는 아브라함
　　　　　[F] 15:1-21: 아브라함을 향한 언약(횃불 언약, 하나님 편)
　　　　　　[G] 16:1-16: 육신의 자녀 이스마엘 출생
　　　　　[F'] 17:1-18:15: 아브라함을 향한 언약(할례 언약, 사람 편)
　　　　[E'] 18:16-33: 소돔과 롯과 관계하는 아브라함
　　　[D'] 19:1-38: 소돔에서 탈출하는 롯
　　[C'] 20:1-38: 사라를 누이라 속임 / 이방 환경에서의 하나님의 보호
　[B'] 21:1-22:29: 아들의 탄생과 아브라함의 여정 절정
[A'] 22:20-24: 나홀의 후예

아브람을 향한 부르심과 순종(12장)

여호와께서 아브람에게 이르시되 너는 너의 고향과 친척과 아버지의 집을 떠나 내가 네게 보여 줄 땅으로 가라 내가 너로 큰 민족을 이루고 네게 복을 주어 네 이름을 창대하게 하리니 너는 복이 될지라 너를 축복하는 자에게는 내가 복을 내리고 너를 저주하는 자에게는 내가 저주하리니 땅의 모든 족속이 너로 말미암아 복을 얻을 것이라 하신지라 (창세기 12:1-3)

하나님은 갈대아인의 우르에서 우상을 숭배하면서 살던 75세의 아브람을 부르시고 3가지 복을 약속하신다. 땅과 후손과 천하 만민의 복이다. 그리고 이 복을 위해 고향과 친척과 아버지의 집을 떠나 그에게 보여 줄 땅으로 가라고 명하신다. 아브람은 여호와의 말씀을 듣고 길을 떠난다. 사랑하는 가족, 평생을 살아온 고향, 불확실한 미래 등 과연 아브람은 하나님의 명령에 순종하는 것이 쉬웠을까?

갈대아인의 우르는 당시 최고 문명의 이기를 누리는 곳이었다. 그런데 하나님은 이 안정적이고 풍부한 곳에서 굳이 떠나서 보여 줄 땅으로 가라고 명령하신다. 왜일까? 눈으로 보기에 풍부한 땅이 복이 아니기 때문이다. 하나님은 진짜 복을 주시기 원하신다.

족장 언약

하나님은 아브라함, 이삭, 야곱과 언약을 맺으신다. 족장 언약의 핵심은 '씨(후손)'를 통한 천하 만민의 복이다. 후손에 쓰인 제라(זֶרַע)라는 단어는 복수가 아니라 단수다. 이스라엘이라는 후손들이 아니라 한 사람을 통해 천하 만민에게 복을 주시겠다는 것이다. 그 한 사람은 바로 예수 그리스도다. 즉 메시아이신 예수를 통해 천하 만민의 복을 이야기하고 있다.

바울도 여러 사람을 지칭하여 자손이라 하지 않고 오직 한 사람을 가리킨다고 말한다.

> 이 약속들은 아브라함과 그 자손에게 말씀하신 것인데 여럿을 가리켜 그 자손들이라 하지 아니하시고 오직 한 사람을 가리켜 네 자손이라 하셨으니 곧 그리스도라 (갈라디아서 3:16)

하란에서 지체함

갈대아인의 우르를 떠난 아브람은 하란에서 아버지 데라와 함께 10년을 머물게 된다. 데라(תֶּרַח)는 '지체시키다'라는 뜻이며, 하란(חָרָן)은 '열매 없는 땅'이라는 뜻이다. 하란은 비옥한 초승달 지역에 자리 잡은 상업 요충지로 부유한 곳이지만, 육적인 풍족함 때문에 영적인 열매가 없는 곳이었다. 게다가 하나님은 "고향과 친척과 아버지의 집"을 떠나라고 하셨는데, 아브람은 아버지와 조카 롯을 데리고 떠난다. 이렇듯 부분적 순종은 불순종과 마찬가지다. 그 결과, 하란에서의 지체와 롯으로 인해 어려움과 아픔을 겪게 된다.

내 안의 '데라'

데라에는 '지연'이란 뜻이 있다. 아브람처럼 하나님께 나아가는 것을 방해하고 지체시키는 나의 '데라'는 무엇인가? 나의 '데라'를 해결하지 않으면 열매가 없는 '하란'에서 살게 된다는 점을 명심하라.

아브람의 죄성과 하나님의 은혜

12:1-9(a)	하나님의 일방적 선택과 은혜: 아브라함이 받은 3대 약속과 복
12:10-15(b)	아내를 누이라 속이는 아브라함
12:16-20(a')	하나님의 은혜의 간섭, 아내를 되찾음, 물질을 얻음

창세기 12장에는 세 가지 사건이 나온다. 첫 번째는 아브람이 하나님께 땅과 후손과 복을 약속받는 것이고, 두 번째는 아브람이 목숨을 건지고자 바로에게 아내를 누이라 속이고 아내를 건네는 사건이다. 세 번째는 하나님이 바로에게 나타나셔서 그를 꾸짖으시고 아브람에게 아내를 돌려주실 뿐 아니라 물질의 복을 받게 하는 사건이다.

창세기의 저자는 세 가지 사건을 굳이 붙여서 배열하는 이유가 무엇일까? 여기엔 원저자의 의도가 담겨 있다. 그것은 아브람이 받은 3가지 약속과 복이 그가 자격이 되어 받은 것이 아니라 오직 하나님의 은혜의 선물이었음을 드러내려는 것이다. 우리는 아브람에게 3대 약속을 받을 근거와 자격이 있다고 생각할 수 있다. 그러나 성경의 저자는 구조를 통해 아브람이 얼마나 못난 사람이며, 그가 하나님의 구원과 약속과 복을 받을 자격이 없는 사람임을 드러낸다. 아브람이 하나님의 선택과 구원과 축복을 받게 됨은 오직 전적인 하나님의 은혜와 긍휼이었던 셈이다.

구조에도 메시지가 있다

창세기 12장에 나오는 두 사건을 별개의 본문이 아니라 반드시 연결해서 유기적으로 해석해야 한다는 것을 설명했다. 이 두 사건을 붙여 배열한 원저자의 의도를 파악하는 것이 중요하다. 이렇게 유기적으로 보는 안목을 기르다 보면 성경을 보는 새로운 눈이 열리게 될 것이다.[4]

약속의 땅을 선택한 아브람(13장)

창세기 13장에서 아브람과 조카 롯이 헤어지게 된다. 땅이 넉넉하지 못하고 가축이 많아서 아브람의 목자들과 롯의 목자들 사이에 다툼이 점점 심해졌기 때문이다. 아브람은 롯에게 좋은 땅을 선택할 권리를 양보했다. 롯은 소알까지 온 땅에 물이 넉넉한 요단 온 지역을 택했는데, 초장이 넉넉하고 비옥한 소돔 근처였다. 롯이 선택한 땅은 눈으로 보기에 에덴동산 같고 애굽 땅처럼 좋아 보였다. 그러나 소알을 포함한 소돔과 고모라는 하나님의 심판을 받게 될 땅이었다.

아브람의 12장과 13장의 믿음이 각각 다르다

13장에서 아브람은 좋은 땅을 먼저 선택할 권리를 롯에게 양보한다. 이런 결단은 12장에서 위기의 순간에 하나님의 선하심과 신실하심 그리고 공급하심과 책임지심을 경험했기 때문이다. 12장의 아브람과 13장의 아브람은 믿음의 깊이가 다르다. 하나님이 어떤 분이신지를 경험한 아브람은 영적인 키가 13장에서 훨씬 더 커졌음을 알 수 있다.

---

4   더 자세한 내용은 본서의 "특강 2: 성경을 보는 눈"을 참조하라.

용서와 사랑으로 성숙해지는 아브람(14장)

소돔에 거주하던 아브람의 조카 롯은 그돌라오멜의 북방 연합군과 사해 연맹국인 남방 연합군 간의 전쟁 중에 북방 연합군에 의해 포로가 되어 끌려가게 된다. 이 소식을 들은 아브람은 자신의 집에서 훈련시킨 318명의 사람들을 이끌고 단까지 쫓아가서 롯과 그의 재물을 찾아왔다. 돌아올 때 살렘 왕 멜기세덱('의의 왕'이라는 뜻)을 만나 그의 환대를 받자 그에게 전리품의 십일조를 바친다. 이어 소돔 왕이 사람은 자기에게 보내고 모든 물품을 가지라고 제안했지만, 아브람은 거절하고 오직 하나님께만 영광을 돌렸다.

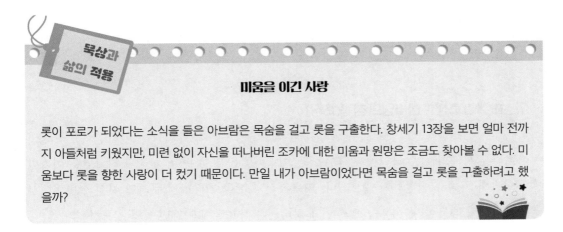

묵상과 삶의 적용

미움을 이긴 사랑

롯이 포로가 되었다는 소식을 들은 아브람은 목숨을 걸고 롯을 구출한다. 창세기 13장을 보면 얼마 전까지 아들처럼 키웠지만, 미련 없이 자신을 떠나버린 조카에 대한 미움과 원망은 조금도 찾아볼 수 없다. 미움보다 롯을 향한 사랑이 더 컸기 때문이다. 만일 내가 아브람이었다면 목숨을 걸고 롯을 구출하려고 했을까?

횃불 언약(15장)

창세기 15장에는 북방 연합군의 보복을 두려워하는 아브람에게 하나님이 나타나셔서 그를 위로하신다. 그리고 다시 한 번 아브람에게 그의 후손이 하늘의 뭇별처럼 많게 될 것을 약속하시는 장면이 나온다. 여전히 아브람은 자식이 없었지만, 여호와의 말씀을 믿고 신뢰했다.

아브람이 여호와를 믿으니 여호와께서 이를 그의 의로 여기시고 (창세기 15:6)

하나님은 아브람의 믿음을 의롭게 여기시고 확증하시기 위해 쪼갠 고기 사이로 지나면서 언약을 지켜낼 것을 맹세하셨다.

약속에 신실하신 하나님

하나님의 타는 횃불이 쪼갠 고기 사이로 지나가실 때 아브람은 잠자고 있었다. 당시 계약은 고기를 쪼개놓고 계약 당사자가 서로 쪼갠 고기 사이를 걸어가는 행위로 맺었다. 이는 약속을 어긴 사람이 고기처럼 쪼개져서 죽임을 당할 것이라는 피의 약속을 표현한 것이다. 그런데 하나님의 횃불만 고기 사이를 지나간다. 즉 아브람이 약속을 지키지 못할지라도 하나님은 반드시 지키겠다는 일방적 언약인 것이다. 그렇다. 우리는 때로는 연약하여 넘어지고 실패한다. 그러나 언약에 신실하신 하나님 때문에 소망이 있다. 하나님은 약속을 반드시 이루시는 분이기 때문이다. 나 자신만 바라보면 실망스럽기 마련이지만, 그럴 때마다 신실한 하나님을 바라보아야 한다. 신실하신 하나님 때문에 다시 힘을 내야 한다.

이스마엘의 출생과 하나님의 침묵(16장)

아브람은 사래의 여종 하갈을 취하여 아들 이스마엘을 낳게 된다. 하지만 하나님은 이스마엘을 약속의 자녀로 인정하지 않으셨다. 약속하신 후손을 기다리지 못하고 자신의 방법대로 낳은 아들이기 때문이다. 이 사건으로 인해 하나님은 아브람에게 13년 동안 침묵하신다.

불순종과 하나님의 침묵

아브람을 향한 하나님의 13년 동안의 침묵은 우리에게 중요한 메시지를 전달한다. 우리도 아브람처럼 하나님의 말씀에 불순종하고 그분을 신뢰하지 않는다면 하나님은 침묵하실 것이다. 정확히 말하면 하나님이 아무리 말씀하셔도 내게 불신앙이 있으면 하나님의 음성이 들리지 않게 된다. 만약 하나님이 침묵하신다고 느껴진다면 먼저 내가 하나님께 불순종하는 부분이 있는지 성령님께 도우심을 구하라.

할례 언약(17장)

> 아브람이 구십구 세 때에 여호와께서 아브람에게 나타나서 그에게 이르시되 나는 전능한 하나님이
> 라 너는 내 앞에서 행하여 완전하라 내가 내 언약을 나와 너 사이에 두어 너를 크게 번성하게 하리라
> 하시니 (창세기 17:1-2)

아브람의 나이 99세가 되었을 때 하나님이 다시 그에게 나타나셨다. 아브람이 이스마엘을 낳은 후 13년 만이다. 하나님은 당신을 '엘 샤다이(El Shaddai; 전능하신 하나님)'라고 계시하셨다. 그리고 그에게 "내 앞에서 행하여 완전하라"고 말씀하신다. 이는 행위의 완전이 아니라 아브람이 하나님께 믿음을 보이라는 것이다. 그리고 하나님은 아브람에게 할례를 명하시는데, 이것은 단순히 남자 성기의 일부를 자르는 것 이상의 의미를 가진다. 할례는 생명을 낳을 수 있는 능력이 나에게 없다는 것을 인정하고 항복하는 의식이다. 그래서 하나님의 백성들에게 태어난 지 8일 만에 할례를 명하신 것이다. 하나님의 백성은 생명을 낳을 수 있는 능력이 내게 있지 않고 오직 하나님께만 있음을 고백하는 자들이다. 그러므로 아브람의 나이 99세, 즉 아브람과 아내 사래가 아이를 낳을 수 있는 생산 능력이 완전히 끊겼다고 생각될 때 나타나신 것이다.

내 힘이 아닌 오직 하나님의 힘으로

할례와 이삭 출생은 매우 중요한 연관성을 갖는다. 하나님은 99세의 아브람에게 할례를 명하시고 100세에 이삭을 주셨다. 할례를 통해 아브람의 육신적 생산 능력이 끝났음을 선언하시고, 오직 하나님의 능력으로 이삭을 주셨다. 우리의 삶에도 하나님의 기적과 능력을 경험하려면 우리 자신의 힘에 할례를 행해야 한다. 나는 거룩한 할례를 내 삶의 모든 분야에서 행하고 있는가?

아브람을 아브라함으로, 사래를 사라로

보라 내 언약이 너와 함께 있으니 너는 여러 민족의 아버지가 될지라 이제 후로는 네 이름을 아브람이

라 하지 아니하고 아브라함이라 하리니 이는 내가 너를 여러 민족의 아버지가 되게 함이니라 내가 너로 심히 번성하게 하리니 내가 네게서 민족들이 나게 하며 왕들이 네게로부터 나오리라 (창 17:4-6)

하나님은 할례 이후에 아브람을 아브라함으로, 사래를 사라로 이름을 바꾸셨다. 이름은 그 사람의 정체성을 의미하는데, 아브람(אַבְרָם)은 '존귀한 아버지'이지만, 아브라함은 '열국의 아버지'란 뜻이 된다. 사라(שָׂרָה) 또한 '열국의 어머니'란 뜻이다. 데라가 아브람이라는 이름을 지었을 때는 존귀한 사람, 명성 있는 사람이 되라고 의미를 담았을 것이다. 그러나 하나님은 아브람으로 하여금 열국을 낳고 열방에게 생명의 복을 나누어 주는 열국의 아버지로 바꾸어 주셨다.

예전과 다른 인생을 살라

이름은 그 사람의 정체성과 뿌리이자 사명이다. 하나님께서 아브람과 사래의 이름을 바꾸신 것은 그들의 존재가 새로운 정체성과 사명으로 완전히 바뀌었음을 의미한다. 바뀐 이름인 아브라함과 사라는 '열국의 아버지' '열국의 어머니'라는 뜻이다. 이제 하나님은 아브라함과 사라가 열국의 조상이 되게 하실 것이다. 물론 믿음으로 말미암는 자들의 조상이다. 이들은 새 이름을 가지게 되었으므로 인생의 사명도 달라진다. 우리도 예수 믿고 난 후에 새로운 존재, 새 피조물이 되었다. 그리스도인, 하나님의 자녀, 하나님의 상속자라는 새 존재가 되었다. 다시 말해 살아갈 이유도, 목적도, 방법도 달라진 사람들이 되었다는 뜻이다.

소돔과 고모라의 멸망(18~19장)

롯이 살고 있던 소돔과 고모라는 동성애를 비롯한 죄악이 창궐함에 따라 하나님의 진노를 일으켰고, 급기야 유황불로 심판을 받아 멸망하게 된다. 하나님은 소돔과 고모라를 멸망시키기 전에 아브라함을 방문했고, 소돔과 고모라를 향한 심판을 예고하신다. 이에 아브라함은 소돔과 고모라 땅에 의인 50명, 45명, 40명, 30명, 20명, 10명을 찾으시면 하나님의 심판을 거두실 것을 빌게 된다. 그러나 소돔과 고모라는 결국 의인 10명이 없어서 멸망당하고 만다. 그 순간에도 아브라함의 조카 롯은 하나님의 심판을 피해 살아남게 되었다. 이는 롯을 향한 아브라함의 중보기도 때문임을 알 수 있다.

> 하나님이 그 지역의 성을 멸하실 때 곧 롯이 거주하는 성을 엎으실 때에 하나님이 아브라함을 생각
> 하사 롯을 그 엎으시는 중에서 내보내셨더라 (창세기 19:29)

롯의 사위들은 하나님의 경고를 농담으로 여겨 죽임을 당했다. 또한 롯의 처는 소돔과 고모라를 향한 미련을 버리지 못하고 뒤돌아보다가 소금 기둥이 되고 말았다.

또다시 아내를 누이라고 하는 아브라함(20장)

오래전 아브람은 애굽의 바로 왕이 두려워 자신의 아내 사래를 누이동생이라고 속여 바로에게 보낸 적이 있었다. 그리고 오랜 시간이 지나 블레셋의 그랄 왕 아비멜렉과 그 백성들이 두려워 또다시 아내 사라를 누이동생이라고 속여서 그랄 왕에게 보내는 일이 벌어졌다. 자신의 생명을 위해 아내를 다른 남자의 품으로 보내는 일이 두 번이나 반복된 것이다. 여기에는 아브라함의 연약함과 악함이 공존하고 있다. 사람의 본성은 쉽게 바뀌지 않는다.

그런데 이 위기에서도 하나님은 적극적으로 개입하셔서 사라를 구출해 내신다.

> 그 밤에 하나님이 아비멜렉에게 현몽하시고 그에게 이르시되 네가 데려간 이 여인으로 말미암아 네
> 가 죽으리니 그는 남편이 있는 여자임이라 아비멜렉이 그 여인을 가까이 하지 아니했으므로 그가 대
> 답하되 주여 주께서 의로운 백성도 멸하시나이까 그가 나에게 이는 내 누이라고 하지 아니했나이까
> 그 여인도 그는 내 오라비라 했사오니 나는 온전한 마음과 깨끗한 손으로 이렇게 했나이다 하나님이
> 꿈에 또 그에게 이르시되 네가 온전한 마음으로 이렇게 한 줄을 나도 알았으므로 너를 막아 내게 범
> 죄하지 아니하게 했나니 여인에게 가까이 하지 못하게 함이 이 때문이니라 이제 그 사람의 아내를
> 돌려보내라 그는 선지자라 그가 너를 위하여 기도하리니 네가 살려니와 네가 돌려보내지 아니하면
> 너와 네게 속한 자가 다 반드시 죽을 줄 알지니라 (창세기 20:3-7)

> 아브라함이 하나님께 기도하매 하나님이 아비멜렉과 그의 아내와 여종을 치료하사 출산하게 하셨
> 으니 여호와께서 이왕에 아브라함의 아내 사라의 일로 아비멜렉의 집의 모든 태를 닫으셨음이더라

(창세기 20:17-18)

재미있는 것은 이 사건 다음에 바로 이삭의 출생에 대한 단락이 연결된다는 점이다. 아브라함의 본색과 밑바닥이 드러난 사건(창세기 20장) 뒤에 하나님의 은혜와 선물인 이삭의 출생이 연결되어 있다는 것은 창세기 저자의 의도가 숨겨져 있다. 즉 아브라함이 하나님으로부터 받은 복은 자신의 의로움 때문이 아니라 전적으로 하나님의 은혜와 선물임을 강조하는 것이다.

창세기 20장	창세기 21장
아브라함의 밑바닥이 드러남	하나님의 은혜와 선물인 이삭의 출생

100세에 얻은 이삭(21장)

아브라함은 하나님의 약속대로 100세에 사라를 통해 아들 이삭을 얻게 된다. 창세기 12장에서 하나님이 하신 약속이 25년이 지나서 이루어진 셈이다. 중요한 것은, 반드시 약속을 이루시는 하나님이라는 사실이다. 하나님이 소돔과 고모라를 멸망시키기 위해 아브라함의 집을 방문하셨을 때 아브라함과 사라에게 내년 이맘때 아들이 있으리라고 약속하셨다. 그러나 사라는 하나님의 말씀을 속으로 비웃었다(이삭, יצחק [이츠하크]). 1년 후 하나님의 말씀대로 그들은 아들을 낳았고, 아들의 이름을 이삭(웃다, יצחק [차하크])으로 지었다. 하나님은 비웃음의 '이츠하크'를 진정한 웃음의 '차하크'로 바꾸셨다.

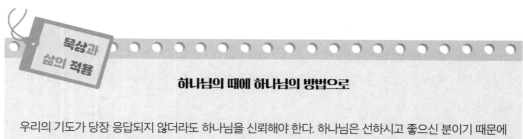

하나님의 때에 하나님의 방법으로

우리의 기도가 당장 응답되지 않더라도 하나님을 신뢰해야 한다. 하나님은 선하시고 좋으신 분이기 때문에 반드시 당신이 하신 약속을 지키신다. 아브라함은 25년 만에 약속의 성취를 경험했다. 우리도 하나님의 때를 기다려야 한다. 나의 때가 아닌 하나님의 때에, 나의 방법이 아닌 하나님의 방법으로 응답하실 것이다.

이삭을 번제물로 드리는 아브라함: 하나님을 경외한다는 의미(22장)

하나님은 아브라함의 나이 100세에 낳은 독자 이삭을 모리아산에서 번제물로 바치라는 명령을 하셨다. 아브라함으로서는 도무지 이해할 수 없는 명령이었다. 그럼에도 아브라함은 하나님의 명령에 순종했다. 사흘 길을 걸어 모리아산에 도착한 아브라함은 청년 이삭을 번제물로 드리고 죽이려고 했다. 하지만 이때 하나님이 아브라함을 급하게 부르시고는 이삭을 죽이지 못하도록 하셨다. 그제야 하나님을 향한 아브라함의 경외함을 인정해 주신 것이다.

> 사자가 이르시되 그 아이에게 네 손을 대지 말라 그에게 아무 일도 하지 말라 네가 네 아들 네 독자까지도 내게 아끼지 아니했으니 내가 이제야 네가 하나님을 경외하는 줄을 아노라 (창세기 22:12)

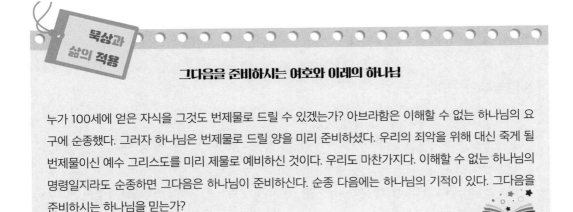

묵상과 삶의 적용

그다음을 준비하시는 여호와 이레의 하나님

누가 100세에 얻은 자식을 그것도 번제물로 드릴 수 있겠는가? 아브라함은 이해할 수 없는 하나님의 요구에 순종했다. 그러자 하나님은 번제물로 드릴 양을 미리 준비하셨다. 우리의 죄악을 위해 대신 죽게 될 번제물이신 예수 그리스도를 미리 제물로 예비하신 것이다. 우리도 마찬가지다. 이해할 수 없는 하나님의 명령일지라도 순종하면 그다음은 하나님이 준비하신다. 순종 다음에는 하나님의 기적이 있다. 그다음을 준비하시는 하나님을 믿는가?

사라의 죽음과 막벨라 굴(23장)

창세기 23장에는 아브라함의 아내 사라의 죽음을 기록하고 있다. 그는 아브라함과 함께 하나님의 언약의 파트너로서 127세를 살았다. 아브라함은 헷 족속으로부터 막벨라 굴을 은 400세겔을 주고 사서 아내를 그 굴에 매장했다.

후처 그두라와 미디안 민족의 태동(25장)

창세기 25장에서 아브라함은 말년에 그두라라는 후처를 맞아 여섯 명의 자식을 얻게 되었다. 그중 미디안이라는 아들이 있는데, 사사기에서 그의 후손은 이스라엘을 괴롭힐 민족이 된다. 물론 아내 사라가 죽은 지 오래되었기에 아브라함에게 돌볼 후처가 필요했다고 볼 수도 있다. 하지만 창세기의 저자가 그두라를 통해 미디안 민족의 태동을 암시하는 것은 아브라함의 끝이 아름답지 못함을 드러내는 것이기도 하다. 즉 자신의 생명을 위해 아내를 누이라 속였던 사건으로 아브라함 이야기를 시작하고, 세 번째 아내인 그두라를 통해 미디안을 얻은 사건으로 아브라함 이야기를 끝맺고 있다. 아브라함 이야기의 시작과 끝을 통해 아브라함도 연약한 죄인이자 하나님의 은혜가 아니면 안 되는 사람임을 드러내고 있다.

3. 이삭, 순종의 모델(21~27장)

불임 부부의 모티브(25장)

성경에서는 하나님이 구원역사를 이루어가실 때 종종 불임 부부를 등장시킨다.

> 이삭이 그의 아내가 임신하지 못하므로 그를 위하여 여호와께 간구하매 여호와께서 그의 간구를 들으셨으므로 그의 아내 리브가가 임신했더니 (창세기 25:21)

아브라함과 사라, 이삭과 리브가, 세(침)례 요한의 부모인 사가랴와 엘리사벳이 그 사례다. 왜일까? 그것은 생명을 낳고 살리는 능력이 사람이 아닌 오직 하나님께만 있으며, 하나님은 모든 불가능을 가능으로 바꾸는 전능하신 분임을 드러내기 위함이다.

전능하신 하나님

하나님이 구원 역사를 시작하실 때 불임 부부를 선택하신 이유를 알겠는가? 사람의 불가능을 능히 역전시키는 전능하신 하나님이시다. 그분이 나의 하나님이요, 나의 아버지이시다. 그러니 전능하신 하나님을 신뢰하고 다시 일어서자.

번제물로 드려지는 이삭(22장)

이삭은 순종의 모델이다. 이삭 이야기는 3대 족장 가운데 분량이 제일 적다. 그도 그럴 것이 하나님께 순종하여 복 받은 이야기밖에는 없기 때문이다. 반면에 야곱의 기사가 가장 많다. 하나님이 그의 자아를 부수는 이야기들로 가득 차 있기 때문이다.

100배의 농사의 축복(26장)

이삭이 그 땅에서 농사하여 그 해에 백 배나 얻었고 여호와께서 복을 주시므로 그 사람이 창대하고 왕성하여 마침내 거부가 되어 (창세기 26:12-13)

우물의 축복(26:14-25)

하나님은 그랄 땅에서 이삭의 농사에 100배의 축복을 주셨다. 그러자 그랄 사람들은 이삭을 시기했고, 이삭이 판 우물을 빼앗아 버렸다. 그런데 이삭은 블레셋 사람들과 싸우지 않고 장소를 옮겨 우물을 팠으며, 하나님은 그 우물에 샘이 솟아나도록 도우셨다. 그러면 또다시 사람들이 이를 시기해 이삭의 우물을 빼앗으려고 했고, 이삭 또한 기꺼이 양보하고 다른 곳으로 가서 우물을 팠다. 신기하게도 그때마다 물이 터져 나왔다. 심지어 그런 놀라운 일이 4번이나 반복된다. 이런 축복이 가능했던 것은, 창세기 22장에서 이삭 자신이 번제물이 될 것을 알면서도 죽기까지 순종하려고 했던 이삭을 하나님이 잊지 않고 축복하신 것이다.

이삭이 판 우물

에섹(עֵשֶׂק)	싯나(שִׂטְנָה)	르호봇(רְחֹבוֹת)	브엘세바(בְּאֵר שֶׁבַע)
싸움, 다툼	다투다	넓은 장소	맹세의 우물

이삭의 죄성과 연약함(27장)

그런데 이런 이삭도 아버지 아브라함과 똑같은 죄성을 드러내고 만다. 블레셋 왕 아비멜렉이 리브가를 취하려고 할 때 자신의 아내 리브가를 누이라 속여 빼앗길 뻔했다. 이삭은 리브가로 인해 자신이 죽게 될까 봐 두려워했던 것이다(창세기 26:7-11).

또 말년에는 시야가 어두워져 사람을 잘 알아보지 못했고, 에서에게 해야 할 장자의 축복을 차자인 야곱에게 하고 만다. 물론 하나님의 섭리가 있었지만, 이것은 육신의 시야가 어두워졌다는 말 이상의 의미가 있다. 이삭 역시 아내 리브가에게 하나님이 차자인 야곱을 선택하셨다는 말을 전해 들었을 것이다. 그런데도 에서가 사냥해서 가져오는 고기를 좋아했고 에서에게 장자의 축복을 하려고 했다. 성경은 인물을 높이지 않는다. 앞에 언급한 두 가지 사건을 통해 이삭 또한 죄인이며, 하나님의 은혜 없이는 살 수 없는 연약한 자였음을 드러내고 있다.

한평생 하나님의 복을 누린 이삭의 비결

창세기 22장에서 이삭은 주님께 온전히 순종하는 모습을 보였다. 이삭을 보면서 깨닫게 되는 것은, 우리 인생 가운데 정말 이해할 수 없는 주님의 요구에도 불구하고 할 수 없을 것 같은 순종을 하나님 앞에서 온전히 한다면 하나님은 그 순종을 보시고 평생 축복하신다는 것이다. 이삭이 번제물로 드려질 때 아브라함이나 이삭이 아니라 하나님이 가장 놀라시지 않았을까? 당시의 이삭은 20세를 훌쩍 넘긴 청년이었다. 125세나 되는 노년의 아버지 정도는 단박에 밀쳐내고 도망갈 수 있었다. 그러나 이삭은 본인이 제물이라는 것을 뻔히 알면서도 순종했다. 노인이 된 아브라함에게 무슨 힘이 있어 이삭을 번제단에 강제로 들어 올릴 수 있겠는가? 이해할 수 없는 하나님의 요구에 순종함으로 주님 앞에 자신을 드린 이삭에게 하나님은 이미 그다음을 준비하고 계셨다. 순종하는 자에게는 반드시 그다음을 준비하시는 하나님이심을 잊지 말자.

4. 야곱, 자아를 부수는 고난(25~49장)

키아즘 구조로 보는 야곱 이야기[5]

야곱 이야기를 키아즘 구조로 살펴보면 중앙에 열두 아들의 출산이 위치하고 있다. 이스라엘의 12지파가 될 열두 아들이 야곱 이야기에서는 가장 중요하다.

[A] 25:19-34: 하나님의 뜻을 구함 / 탄생에서의 투쟁 / 야곱의 탄생
  [B] 26:1-25: 막간-외국 궁궐에서의 리브가 / 이방과 조약
    [C] 27:1-28:9: 에서를 두려워하는 야곱-도망
      [D] 28:10-22: 사자들
        [E] 29:1-30: 하란에 도착
          [F] 29:31-30:24: 야곱의 아내들 출산
          [F'] 30:25-43: 야곱의 양떼들 출산
        [E'] 31:1-55: 하란으로부터의 탈출
      [D'] 32:1-32: 사자들
    [C'] 33:1-20: 야곱의 귀환-에서를 두려워하는 야곱
  [B'] 34:1-31: 막간-딸 디나가 외국에서 부끄러운 일을 당함 / 이방과 조약
[A'] 35:1-22: 하나님 뜻의 성취 / 탄생 위해 애씀 / 야곱이 이스라엘이 됨

하나님의 선택은 야곱(25장)

이삭의 아들은 에서와 야곱이다. 둘 중 사냥에 능한 형 에서가 인간적으로는 훨씬 남자다웠다. 말라기서에서 하나님은 "내가 야곱을 사랑했고 에서는 미워했으며"(말라기 1:2b-3a)라고 하신다. 이 말씀은 하나님이 진짜 미워하셨다라는 말이 아니라 '둘 중에 부족하고 자격이 안 되고 갖춰지지 않는 자를 구원하기를 즐겨하셨다'라는 의미를 갖고 있다. 야곱(בקעי)은 '속이는 자, 거짓말하는 자, 뒤꿈치를 잡는 자'라는 뜻을 갖고 있다. 마치 우리의 모습과 너무나 닮은

---

5 D. A. Dorsey의 연구를 기초로 B. K. Waltke가 세부적으로 분류한 동심원적 구조에서 재인용. 송제근,
    "창세기의 구조와 신학", 「그 말씀」(두란노, 2003년 1월).

야곱이다. 그러기에 야곱의 죄성을 보면서 우리의 죄성을 마주볼 수 있다.

장자권을 경홀히 여긴 에서

> 야곱에게 이르되 내가 피곤하니 그 붉은 것을 내가 먹게 하라 한지라 그러므로 에서의 별명은 에돔
> 이더라 야곱이 이르되 형의 장자의 명분을 오늘 내게 팔라 에서가 이르되 내가 죽게 되었으니 이 장
> 자의 명분이 내게 무엇이 유익하리요 야곱이 이르되 오늘 내게 맹세하라 에서가 맹세하고 장자의 명
> 분을 야곱에게 판지라 야곱이 떡과 팥죽을 에서에게 주매 에서가 먹으며 마시고 일어나 갔으니 에서
> 가 장자의 명분을 가볍게 여김이었더라 (창세기 25:30-34)

야곱에게는 사람이 가진 많은 약점이 있었지만 한 가지 장점이라면 영적인 것에 욕심이 있
었다는 것이다. 아브라함과 이삭 그리고 자신으로 이어지는 구속의 역사 계보에 들어가고 싶
은 영적인 욕심이다. 반면에 에서는 배고픔으로 인해 장자권(長子權)을 팥죽과 바꾸어 버린 자
였다. 성경은 에서에 대해 하나님의 장자권을 소홀히 여겼다고 평가한다. 어느 날 갑자기 장
자권을 팔아버린 것이 아니다. 평소 영적인 부분을 소홀히 여겼기 때문이다.

> 음행하는 자와 혹 한 그릇 음식을 위하여 장자의 명분을 판 에서와 같이 망령된 자가 없도록 살피라
> (히브리서 12:16)

나를 자랑할 수 없는 구원

인간적으로 보면 야곱보다는 에서가 훨씬 더 괜찮아 보인다. 그러나 하나님은 에서가 아닌 야곱을 영적 장
자로 선택하셨다. 여기에서 우리가 받은 구원이 무엇인지 알 수 있다. 우리가 대단하고 하나님의 자녀가
될 만한 자격이 있어서 하나님이 구원하신 것이 아니기 때문에 나의 자랑이 있을 수 없다. 복음을 제대로
깨닫는다면 결코 나를 자랑할 수 없다. 그런데도 우리는 구원받은 후에 했던 우리의 행위와 열심, 충성과
헌신을 자랑하곤 한다. 아니다. 오직 하나님과 하나님의 은혜만을 자랑해야 한다.

에서와 같은 우리

에서처럼 하나님이 주신 장자권을 경홀히 여기고 팥죽이라는 육신의 정욕을 좇아 살면 안 된다. 평소에 하나님과의 교제, 예배 생활, 기도와 말씀, 영적인 영역을 소홀히 여기는지 점검해 봐야 한다.

야곱의 죄성(27장)

야곱은 어머니 뱃속에서부터 하나님의 선택을 받았다. 그에게 자격이 있어서가 아니라 전적인 하나님의 은혜다. 무엇보다 하나님은 야곱을 통해 언약의 계보를 이어가기 원하셨다. 그것은 하나님의 때와 하나님의 방법으로 이루어질 것이다. 그런데 야곱은 하나님의 때와 방법을 기다리고 신뢰하지 않는다. 자신의 지혜와 열심과 꾀를 동원하여 이루고자 했다. 어머니 리브가와 짜고 형과 아버지 이삭을 철저히 속였다. 야곱에게 속은 이삭은 그에게 장자의 축복을 선포하게 된다. 창세기 27장에 나오는 야곱의 장자권 탈취와 더불어 거짓과 사기, 그리고 인간적인 열심으로 꾀를 낸 것은 야곱의 죄성을 잘 보여준다.

결과뿐만 아니라 과정도 아름다워야 한다

야곱은 장자권을 빼앗기 위해 에서에게 사기를 친다. 그렇게 하지 않아도 하나님이 이루실 것인데 말이다. 결과도 중요하지만 과정도 아름다워야 한다. 아무리 목적이 정당하다 해도 그 과정과 방법까지 정당하고 아름다워야 인정을 받을 수 있다. 예수 믿는 사람들은 더더욱 그래야 마땅하다.

하나님의 때와 방법을 신뢰하라

야곱은 하나님의 때와 방법을 기다리지 못했다. 하나님의 일은 하나님이 하신다. 하나님의 때와 방법을 신뢰하면서 기다려야 한다. 나는 내 인생을 향한 하나님의 때와 방법을 신뢰하고 있는가?

벧엘에서 언약을 맺으신 하나님(28장)

야곱이 브엘세바에서 떠나 하란으로 향하여 가더니 한 곳에 이르러는 해가 진지라 거기서 유숙하려고 그 곳의 한 돌을 가져다가 베개로 삼고 거기 누워 자더니 꿈에 본즉 사닥다리가 땅 위에 서 있는데 그 꼭대기가 하늘에 닿았고 또 본즉 하나님의 사자들이 그 위에서 오르락내리락 하고 또 본즉 여호와께서 그 위에 서서 이르시되 나는 여호와니 너의 조부 아브라함의 하나님이요 이삭의 하나님이라 네가 누워 있는 땅을 내가 너와 네 자손에게 주리니 네 자손이 땅의 티끌 같이 되어 네가 서쪽과 동쪽과 북쪽과 남쪽으로 퍼져나갈지며 땅의 모든 족속이 너와 네 자손으로 말미암아 복을 받으리라 내가 너와 함께 있어 네가 어디로 가든지 너를 지키며 너를 이끌어 이 땅으로 돌아오게 할지라 내가 네게 허락한 것을 다 이루기까지 너를 떠나지 아니하리라 하신지라 야곱이 잠이 깨어 이르되 여호와께서 과연 여기 계시거늘 내가 알지 못했도다 이에 두려워하여 이르되 두렵도다 이 곳이여 이것은 다름 아닌 하나님의 집이요 이는 하늘의 문이로다 하고 야곱이 아침에 일찍이 일어나 베개로 삼았던 돌을 가져다가 기둥으로 세우고 그 위에 기름을 붓고 그 곳 이름을 벧엘이라 했더라 이 성의 옛 이름은 루스더라 (창세기 28:10-19)

야곱이 형을 속여 장자권을 탈취한 일로 인해 에서는 내 아우 야곱을 죽이리라 하며 분노했다. 에서를 피해 삼촌 라반의 집으로 도망가던 야곱은 한곳에 머무르게 되었다. 이때 하나님은 야곱의 꿈에 나타나서서 하늘과 땅을 연결하는 사닥다리와 그 위에서 오르락내리락하는 천사들을 보여주셨다. 그리고 야곱에게 후손과 땅과 복을 약속하시면서 이 일을 이루기까지 야곱을 떠나지 않고 함께하시겠다고 약속하셨다. 야곱은 잠에서 깨어난 후 이곳을 벧엘(אֵל-בֵּית), 즉 '하나님의 집'이라고 이름을 지었다.

죄인을 찾아오시는 하나님

하나님은 사기를 치고 도망가는 야곱을 찾아오셔서 언약을 맺으신다. 다시 이곳 벧엘에 돌아오기까지 함께하실 것을 약속하신다. 야곱이 하나님을 찾은 것이 아니라 하나님이 야곱을 먼저 찾아오셨다. 죄인을 향한 하나님의 사랑인 것이다. 하나님이 나에게 찾아오신 때가 있었는가?

20년의 훈련(29~31장)

하나님은 야곱을 밧단아람에 있는 삼촌 라반을 통해 20년간 훈련하셨다. 라반은 조카 야곱에게 임금을 주지 않으려고 갖은 술수를 썼다. 또 자기의 딸 라헬을 좋아하는 야곱의 마음을 이용하여 큰딸 레아를 야곱에게 들여보냈다. 하나님은 '사기꾼, 거짓말쟁이, 뒤통수치는 자'인 야곱을 훈련시키기 위해 더 센 라반을 그에게 붙이신 것이다. 야곱의 기질을 다스리기 위해 더 악한 라반을 사용하셨다. 야곱을 다듬기 위한 하나님의 방법이었다.

사람과 환경을 통해 훈련하시는 하나님

우리도 마찬가지다. 하나님은 나를 다듬기 위해 사람과 환경을 사용하신다. 내 주변에 나를 힘들게 하고 어렵게 하는 사람들이 있는데, 그들을 피하고 미워하면 더 센 상대를 만나게 된다. 나에게 허락하신 모든 사람과 환경은 하나님이 나를 빚으시고 다듬는 도구임을 잊지 말자.

7년을 며칠 같이

야곱은 자신이 사랑하는 라헬을 얻기까지 많은 수고를 했다. 7년을 수고했으나 라반의 술수로 인해 언니 레아를 아내로 얻고, 다시 라헬을 얻기 위해 7년을 더 일했다. 그러나 성경은 야곱이 7년을 며칠 같이 여겼다고 말한다.

> 야곱이 라헬을 위하여 칠 년 동안 라반을 섬겼으나 그를 사랑하는 까닭에 칠 년을 며칠 같이 여겼더라 (창세기 29:20)

사랑하면 쉽다

여기에 신앙생활의 비결이 있다. 하나님을 사랑하면 봉사하는 것이 결코 수고로 느껴지지 않는다. 야곱은 라헬을 사랑하기에 7년을 며칠 같이 여겼다. 신앙생활의 본질은 충성과 열심이 아니라 하나님을 향한 사랑이다. 사랑하면 모든 것이 쉬워지지만 사랑이 없으면 모든 것이 짐이 된다. 하나님을 사랑하는가? 아니면 하나님의 일이 짐이 되고 있는가?

열두 아들(29~30장)

야곱은 20년의 훈련 가운데 4명의 아내를 얻어 12명의 아들을 얻게 되는데, 이 열두 아들이 나중에 이스라엘의 12지파가 된다.

레아	실바	빌하	라헬
르우벤, 시므온, 레위, 유다, 잇사갈, 스불론	갓, 아셀	단, 납달리	요셉, 베냐민

야곱을 축복하시는 하나님(30~31장)

20년간 야곱을 종처럼 부렸던 삼촌 라반은 야곱의 품삯을 열 번이나 속였다(창세기 31:7). 그러자 야곱도 자신의 몫을 챙기기 위해 계략을 세운다. 버드나무, 살구나무, 신풍나무 가지의 껍질을 벗겨서 개천의 물 구유에 놓고 양 떼가 그것을 보고 물을 먹게 했다. 그러자 양들이 점이 있고 아롱지고 얼룩얼룩한 새끼들을 낳게 되었다. 이로 인해 라반과 맺은 약속대로 이런 새끼들은 모두 야곱의 소유가 되었다. 비록 야곱의 계략이 있었지만, 하나님은 야곱을 축복하셔서 20년간의 수고에 넘치도록 축복하셨다.

마하나임의 은혜(32장)

하나님이 야곱을 위해 사자들을 보내시는데, 이름이 마하나임(מחנים)이다. 마하나임은 '두 군대, 하나님의 군대'라는 뜻인데, 곧 하나님의 두 군대다. 그런데 왜 두 군대일까? 야곱은 레아와 자식들을 먼저 보내고 라헬 가족들은 두 번째로 남겨두었다. 그게 두 떼다. 그래서 하나님이 마하나임, 즉 두 군대를 보내신다. 야곱이 자신의 방패막이로 보낸 두 떼에 상응하게 하나님은 두 군대를 보내어 보호하신다. 야곱의 죄성이 깊을수록 하나님의 은혜도 더욱 깊다.

끝까지 술수를 부리는 야곱

야곱은 이제 라반을 떠나 평생의 짐이었던 형 에서를 만나려고 갔다. 그러나 형 에서가 400명의 군대를 거느리고 온다는 소식을 듣고 자기의 소유와 아내들을 두 떼로 나누었다. 이후 아내와 자식들은 얍복강을 건너게 하고 자신은 건너지 않고 홀로 남았다. 두려움과 죄의식이 그를 괴롭혔고, 불안과 답답함 때문에 여차하면 도망가겠다는 심산이었을 수도 있다.

얍복강의 씨름

밤에 일어나 두 아내와 두 여종과 열한 아들을 인도하여 얍복 나루를 건널새 그들을 인도하여 시내를 건너가게 하며 그의 소유도 건너가게 하고 야곱은 홀로 남았더니 어떤 사람이 날이 새도록 야곱과 씨름하다가 자기가 야곱을 이기지 못함을 보고 그가 야곱의 허벅지 관절을 치매 야곱의 허벅지 관절이 그 사람과 씨름할 때에 어긋났더라 그가 이르되 날이 새려하니 나로 가게 하라 야곱이 이르되 당신이 내게 축복하지 아니하면 가게 하지 아니하겠나이다 그 사람이 그에게 이르되 네 이름이 무엇이냐 그가 이르되 야곱이니이다 그가 이르되 네 이름을 다시는 야곱이라 부를 것이 아니요 이스라엘이라 부를 것이니 이는 네가 하나님과 및 사람들과 겨루어 이겼음이니라 야곱이 청하여 이르되 당신의 이름을 알려주소서 그 사람이 이르되 어찌하여 내 이름을 묻느냐 하고 거기서 야곱에게 축복한지라 그러므로 야곱이 그 곳 이름을 브니엘이라 했으니 그가 이르기를 내가 하나님과 대면하여 보

앉으나 내 생명이 보전되었다 함이더라 그가 브니엘을 지날 때에 해가 돋았고 그의 허벅다리로 말미
암아 절었더라 그 사람이 야곱의 허벅지 관절에 있는 둔부의 힘줄을 쳤으므로 이스라엘 사람들이 지
금까지 허벅지 관절에 있는 둔부의 힘줄을 먹지 아니하더라 (창세기 32:22-32)

홀로 남은 야곱에게 하나님이 찾아오셔서 씨름을 거셨다. 이제까지 야곱은 사람과의 씨름
을 평생 해왔던 자다. 그러나 이제부터 사람이 아닌 하나님과 씨름하는 자로 바뀐 것이다. 새
벽까지 이어진 이 싸움은 단순히 기도를 말하는 본문이 아니다. 야곱을 꺾어 놓으시려는 하나
님의 손길에 야곱이 온 힘을 다하여 저항하는 것이다.

마침내 주의 사자는 야곱의 허벅지 관절을 쳤는데, 야곱이 항복하지 않자 최후 수단을 쓴 것
이다. 이만큼 야곱의 자아는 강력했다. 허벅지 관절은 엉덩이뼈로 몸을 지탱해주는 관절이다.
달리 말해 야곱이 의지하고 있던 마지막 힘을 박살 내신 것이고, 그제야 야곱은 항복하게 된다.
그리고 야곱은 하나님께 축복을 구했다. 야곱이 누군가의 도움을 구하면서 산 사람은 아니었
다. 그러나 이 얍복강 씨름으로 인해 하나님의 축복을 구하는 인생으로 바뀐 것이다.

저는 자가 된 야곱

주의 사자가 허벅지 관절을 친 후 야곱은 '저는 자'가 되었다. 이 부분은 매우 중요하다. 야
곱이 허벅다리로 말미암아 절었다는 것은 단순한 육신의 장애를 말하는 것이 아니라 자기의
힘으로는 걷지 못해 누군가를 의지하여 사는 존재가 되었다는 영적인 의미가 담겨 있다.

묵상과 삶의 적용

저는 자의 인생에 주신 축복

야곱은 허벅지 관절이 어긋나서 평생을 저는 자의 삶을 살게 되었다. 그러나 이것은 오히려 축복이다. 절
었다는 것은 분명 혼자의 힘으로는 걸을 수 없어 누군가를 의지하거나 지팡이를 의지할 수밖에 없다는 말
이다. 하나님 없이 혼자의 힘으로 살아왔던 야곱이 이제는 하나님의 도움에 의지할 수밖에 없는 인생이 된
것이다. 저는 자가 된 것이 사람의 눈에는 복이 아니라고 생각할 수 있겠으나 영적으로 보면 혼자 힘으로
는 설 수 없어 하나님을 의지하는 복 받은 인생인 것이다.

야곱에서 이스라엘로

하나님은 저는 자가 된 야곱의 이름을 이스라엘(יִשְׂרָאֵל)로 바꾸셨다. '사기꾼, 속이는 자'에서 이스라엘이라는 이름으로 바꾸신 것이다. 일반적으로 이스라엘을 '하나님과 겨루어 이긴 자가 되었다'라고 해석하는데, 어떤 학자들은 엘(El)이라는 단어를 목적어가 아닌 주어로 간주하기도 한다. 즉 엘(אֵל)은 하나님이고(주어), 사라(שָׂרָה)는 '다스리다'라는 뜻이므로 '하나님이 다스리신다'라고 해석하는 견해도 합당하다.

문맥상으로 볼 때 이 견해가 훨씬 타당하다. 야곱은 허벅지 관절이 어긋나면서 하나님과 더 이상 두 다리로 걸을 수 없게 되었다. 그래서 '하나님과 겨루어 이긴 자가 되었다'라는 해석 문맥상 어색하다.

야곱은 저는 자가 된 후에야 하나님의 손에 잡힌 자가 되었다. 스스로 살아온 존재가 이제 하나님께 의지하는 자가 되었다. 즉 하나님이 통치하시고 하나님이 다스리는 자가 된 것이다. 그런데 재미있는 것은 하나님이 야곱의 믿음의 정도에 따라 이름을 바꿔가며 부르신다는 점이다. 예를 들어, 디나 사건 때는 다시 야곱이라고 부르신다.

형 에서와의 화해(33장)

20년 전 형의 장자권을 빼앗은 일로 인해 야곱은 그동안 형 에서를 피해 살아왔다. 그러나 이번에는 에서를 만날 수밖에 없는 상황이 되었다. 그는 모든 가족과 재물들을 먼저 보내고 얍복 나루에서 홀로 남아 잔꾀를 부렸다. 하지만 하나님의 손에 의해 허벅지 관절이 어긋나면서 다리를 저는 신세가 되었다. 그리고 이튿날 형 에서를 만났다. 20년간 복수만 꿈꾸던 형 에서는 막상 다리를 저는 동생 야곱을 보자 그만 불쌍한 마음이 들어 야곱을 끌어안고 울고 말았다. 하나님이 형 에서의 마음을 만지시고 그로 하여금 동생 야곱을 불쌍히 여기는 마음을 주신 것이다.

자기는 그들 앞에서 나아가되 몸을 일곱 번 땅에 굽히며 그의 형 에서에게 가까이 가니 에서가 달려와서 그를 맞이하여 안고 목을 어긋맞추어 그와 입맞추고 서로 우니라 (창세기 33:3-4)

내가 죽으면 하나님이 일하신다

야곱이 풀지 못한 평생의 문제가 바로 에서다. 그러나 야곱이 얍복 나루에서 그의 자아가 무너지고 하나님의 다스림을 받는 자가 되자 하나님이 야곱을 위해 일하기 시작하셨다. 신자도 마찬가지다. 하나님은 내가 무언가 하는 것을 원치 않으신다. 그저 내가 온전히 십자가에서 죽기를 바라신다. 내가 죽으면 그다음부터 하나님이 일하시기 때문이다.

디나 강간 사건(34장)

야곱은 평생의 짐이었던 에서의 문제가 해결되자 가나안 땅으로 가는 여정을 멈추고 말았다. 우리의 문제가 해결되었다면 사실은 그다음이 더 중요하다. 하나님께로 한 걸음 더 나아가야 한다. 그런 가운데 야곱이 레아에게서 낳은 외동딸 디나가 추장 세겜에게 강간을 당하게 되었다. 이에 격분한 오빠들 중 시므온과 레위가 디나와의 결혼 조건으로 할례를 받은 세겜 남자들을 죽였다. 자신의 안일함이 빚은 참사로 인해 야곱은 충격을 받게 된다.

이 사건에서 아이러니한 것이 있는데, 레위가 나중에 제사장 지파가 된 점이다. 레위는 디나 강간 사건 때 가장 적극적으로 살인을 저질렀다. 하나님은 합당치 않을 것 같은 자를 골라 가장 거룩한 직무인 제사장으로 임명한 것이다. 즉 오직 하나님의 은혜로 세워진 것이다.

벧엘로 올라가자(35장)

하나님은 디나 강간 사건과 살인 사건으로 인해 충격에 빠진 야곱에게 벧엘로 올라오라고 명령하신다. 벧엘이 어떤 곳인가? 에서로부터 장자권을 속여 빼앗은 뒤 라반에게 도망치다 잠든 곳으로, 이곳에서 하나님을 만나 약속을 받았던 하나님과의 첫사랑의 장소이자 사명의 장소이며, 은혜의 장소였다. 곧 하나님이 계신 집이었다. 야곱은 이 벧엘로 올라가야만 했다. 이에 야곱과 함께했던 사람들이 모든 이방 신상들을 야곱에게 주자 야곱은 세겜 상수리나무 아래에 묻고 벧엘로 올라가 제단을 쌓고 하나님께로 나아갔다.

나의 벧엘로 올라가자

야곱은 에서의 문제가 해결되었다고 안심하고 머물러 있다가 딸이 강간을 당하는 아픔을 경험했다. 그는 문제가 해결된 후 바로 벧엘로 올라가야 했다. 우리도 마찬가지다. 각자의 벧엘로 올라가야 한다. 처음으로 하나님을 만난 곳, 하나님의 은혜가 부어졌던 곳, 하나님의 약속을 받았던 곳, 하나님께 사명을 받은 곳으로 올라가야 한다. 나는 안일함에 머물러 있는가, 아니면 벧엘로 올라가고 있는가?

라헬의 죽음과 베냐민의 출생

야곱이 가장 사랑했던 라헬은 벧엘을 떠나 베들레헴(에브랏) 길에서 둘째 아들을 낳다가 죽게 되었다. 그녀는 둘째 아들의 이름을 베노니(בֶּן־אוֹנִי; 슬픔의 아들)라고 불렀지만, 야곱은 베노니의 이름을 베냐민(בִּנְיָמִין; 오른편의 아들, 존귀한 아들)으로 바꾸어 불렀다.

잃게 되면 잃으리로다(43장)

세월이 흘러 야곱은 노년이 되었다. 라헬에게서 요셉과 베냐민을 얻었지만, 벧엘에서 에브랏으로 가는 노정에서 라헬과 사별하게 되었다. 그런데 요셉에 대한 야곱의 지나친 총애 때문에 질투에 눈이 먼 형들은 급기야 요셉을 애굽 상인에게 팔아 버렸다. 그럼에도 요셉은 13년 후 애굽의 총리가 되고, 형들을 시험하기 위해 베냐민을 데려오라고 요구했다. 그제야 이 사실을 알게 된 야곱은 베냐민을 내어준다. 이때 했던 말이 "내가 자식을 잃게 되면 잃으리로다"이다.

> 네 아우도 데리고 떠나 다시 그 사람에게로 가라 전능하신 하나님께서 그 사람 앞에서 너희에게 은혜를 베푸사 그 사람으로 너희 다른 형제와 베냐민을 돌려보내게 하시기를 원하노라 내가 자식을 잃게 되면 잃으리로다 (창세기 43:13-14)

여태껏 요셉이 죽었다고 생각했던 야곱은 이제 베냐민마저 어떻게 될지 모르는 상황에 처하게 되었다. 그러나 야곱은 베냐민을 포기한다. 하나님이 그의 마지막 끈을 자르시려는 것을 알았기 때문이다. 그사이에 야곱은 하나님께 가장 소중한 것을 드릴 수 있을 만큼 빚어진 것이다.

야곱의 마지막 내려놓음

야곱에게 있어 막내 베냐민은 자신의 마지막 희망이자 사랑이요, 의지요, 삶의 이유였다. 그런데 하나님은 그것마저 내려놓으라 하신다. 우리도 마찬가지다. 마지막까지 놓지 못하는 나의 '베냐민'은 무엇인가? 하나님은 내게 그것을 요구하신다. 마치 아브라함에게 이삭을 요구하듯, 야곱에게 베냐민을 요구하듯 내게도 가장 소중한 것을 요구하신다. 나는 나의 이삭과 베냐민을 내려놓을 수 있는가?

야곱의 열두 아들(49장)

야곱이 죽기 전에 12명의 아들을 축복한다. 12명의 아들에 대한 예언은 이스라엘 역사에서 그대로 이루어졌다. 예를 들어, 레위나 시므온의 경우 흩어지게 될 것이라고 예언했다. 실제로 시므온은 유다 지파에 합병되어 지파 자체가 없어졌고, 레위 지파는 48개 성읍에 말씀 사역자로 파송되어 흩어졌다. 또 유다 지파는 사자(獅子) 지파로서 홀이 유다 지파에서 나올 것이라고 했는데, 실제로 유다 지파가 남왕국을 주도하게 되면서 다윗이 나오게 된다.

험악한 세월

노년의 야곱은 "내 나그네 길의 세월이 백삼십 년이니이다 … 험악한 세월을 보내었나이다"(창세기 47:9)라고 고백한다. 130세에 애굽 땅으로 들어가서 147세에 죽는다. 창세기 족장 가운데 야곱의 분량이 가장 많은 것은 야곱 안에 하나님이 다루고 깨뜨리셔야 할 자아가 강력했기 때문이다. 험악한 세월은 하나님이 주시려던 게 아니라 야곱의 욕심과 탐욕 때문에 빚어진 것이다. 그가 하나님의 뜻대로 순종했다면 이삭처럼 순탄한 삶을 살았을지 모른다. 우리도 날마다 십자가에 자신의 자아를 못 박아야 한다.

연령순	이름	뜻	축복순	어머니	상징	야곱의 예언	모세의 예언	비고
1	르우벤	괴로움을 권고하심	1	레아	끓는 물	탁월치 못함 (창 49:3, 4)	사람 수가 적지 않음(신 33:6)	부친의 첩과 통간. 주전 9세기 모압에 멸망당함. 가장 먼저 멸망당한 지파
2	시므온	들으심	2~3	레아	잔해하는 칼	저주를 받아 분산됨 (창 49:5-7)	-	분노와 혈기로 파괴적 활동. 가나안에서 받은 땅이 박토여서 유다 지파와 동행. 흩어져 지냄
3	레위	더불어 연합함		레아			여호와를 위하여 살게 하소서 (신 33:8-11)	분노와 혈기로 파괴적 활동. 전국에 흩어져 백성들에게 율법을 가르치고 제사 업무를 주관 (민 35:2)
4	유다	여호와를 찬송함	4	레아	새끼 사자	장자권 얻음, 왕이 되어 통치함 (창 49:8-12)	통치, 대적과 싸워 이김 (신 33:7)	영적 장자로서의 품격 소유. 유다 지파에서 다윗과 예수가 탄생함(마 1:3)
5	단	심판관, 재판장	7	빌하	뱀과 독사	백성을 심판할 것 (창 49:16-18)	사자 새끼 (신 33:22)	강력한 힘과 강직한 성품 소유 (수 19:47). 구원받아 인친 자의 목록에 나오지 않음(계 2:4-8)
6	납달리	경쟁함, 씨름	10	빌하	놓인 암사슴	아름다운 소리를 발함(창 40:21)	은혜와 복이 족함 (신 33:23)	갈릴리 호수 주변의 기름진 땅을 소유했고, 웅변과 음악적 기질이 풍부함(삿 5장)
7	갓	복됨	8	실바	전사	용감, 사방에서 공격당해도 승리 (창 49:19)	광대케 됨 (신 33:20~21)	이방인과의 접촉이 필연적이었음(대상 5:18)
8	아셀	기쁨	9	실바	기름진 식물	비옥한 토지에서 농사지어 왕의 음식 공급(창 49:20)	사랑받음, 땅이 올리브나무로 가득함(신 33:24)	갈멜산 북방 해변의 옥토를 불하받음(수 19:24-31)
9	잇사갈	값, 보상	6	레아	건강한 나귀	농사일, 노동, 섬김, 토지를 좋아함 (창 19:14, 15)	장막에 거함, 바다의 풍부를 누림 (신 33:18)	느긋한 기질과 강한 힘 소유 (대상 12:32)
10	스불론	더불어 거함	5	레아	해변의 배	해변에 거함 (창 49:13)	밖으로 나감 (신 33:18)	지중해 해안 지역을 불하받음 (수 19:10-16)
11	요셉	더하심	11	라헬	무성한 가지	무성한 가지가 담을 넘음 (창 49:22-26)	재물의 복, 땅을 차지함 (신 33:13-17)	에브라임, 므낫세 두 지파를 배출하여 두 지파 몫의 축복을 누림(창 49:8-22)
12	베냐민	오른손의 아들	12	라헬	이리	호전적, 물어뜯는 이리와 같이 승리 (창 49:27)	여호와의 사랑을 입은 자 (신 33:12)	호전적 생활 와중에도 안전을 유지함(삿 20:12-40)

5. 요셉, 사명을 위한 고난(37~50장)

키아즘 대칭 구조로 보는 요셉 이야기[6]

[A] 37:2-11: 도입-요셉 역사의 시작

　[B] 37:12-36: 야곱이 요셉의 죽음을 애도함

　　[C] 38:1-30: 막간-지도자가 된 유다

　　　[D] 39:1-23: 요셉이 애굽의 노예가 됨

　　　　[E] 40:1-41:57: 바로의 총애로 총리가 된 요셉이 애굽을 구함

　　　　　[F] 42:1-43:34: 형제들의 애굽행

　　　　　　[G] 44:1-34: 요셉의 시험 통과

　　　　　　[G'] 45:1-28: 요셉이 자신을 형들에게 드러냄

　　　　　[F'] 46:1-27: 애굽으로의 이민

　　　　[E'] 46:28-47:12: 바로의 총애로 요셉이 자신의 가족을 구함

　　　[D'] 47:13-31: 애굽인을 노예로 만듦

　　[C'] 48:1-49:28: 막간-지도자로 축복받는 유다

　[B'] 49:29-50:14: 야곱의 죽음을 요셉이 애도함

[A'] 50:15-26: 결론-요셉 역사의 마지막

요셉 이야기를 키아즘 구조로 보면 중앙에는 창세기 45장이 있다. 요셉이 형들을 용서하고 서로 화해하는 장면인데, 예수 그리스도를 통해 우리가 하나님의 용서와 긍휼을 입게 되는 구원을 예표하는 것이다.

하나님의 꿈을 꾸다(37장)

하나님은 17세의 요셉에게 당신의 꿈과 계획을 알리신다. 꿈에서는 형들의 곡식 단이 요셉의 곡식 단을 둘러서서 절을 했다. 또 다른 꿈에서는 해와 달과 열한 별이 요셉에게 절을 했다.

6　D. A. Dorsey의 연구를 기초로 B. K. Waltke가 세부적으로 분류한 동심원적 구조에서 재인용. 송제근, "창세기의 구조와 신학", 「그 말씀」(두란노, 2003년 1월).

그러나 요셉이 꾼 꿈은 자신의 꿈과 야망이 아니라 하나님 나라를 세우시려는 하나님 그분의 꿈이었다. 또 두 가지 꿈은 앞으로 요셉을 통해 이루실 하나님의 계획을 담은 그분의 꿈이었다. 장차 요셉이 애굽의 총리가 되어 형제들을 만났을 때 일어날 일들을 미리 보여주신 것이다.

언약 성취의 통로

요셉은 17세에 꿈을 꾸고 30세에 애굽의 국무총리가 되었다. 70명의 가문과 애굽 백성을 살리고 수많은 이방 민족까지 살리는 인생을 살았다. 요셉은 예수 그리스도를 미리 보여주는 인물이면서 하나님이 아브라함에게 약속하신 민족에 관한 언약을 이루는 통로가 되었다. 70명이 200만 명 이상의 민족으로 성장할 때까지 그 모든 모판 또는 자궁 역할을 했던 사람이다.

묵상과 삶의 적용

내 꿈인가, 하나님의 꿈인가?

요셉의 꿈을 두고 하나님 나라를 세우시려는 하나님의 꿈으로 보지 않고 요셉 개인의 꿈으로 보는 경향이 있다. 특히 젊은이들의 집회에서 나타나는 현상이다. "우리가 꿈을 꾸면 하나님이 이루어 주신다"라는 주장이 그것이다. 하지만 이런 해석은 성경의 의도와 맞지 않다. 하나님은 우리의 꿈과 야망을 이루어 주시는 분이 아니라 하나님의 꿈을 위해 우리를 부르시고 동역하기를 바라시는 분이다. 그것이 요셉 이야기의 핵심이다. 그럼에도 하나님의 꿈을 꾼 요셉에게 닥치는 현실은 고난 그 자체였다. 꿈 때문에 요셉은 상상할 수 없는 고난을 겪어야 했다. 그래서 하나님의 축복의 통로가 될 자들은 반드시 고난을 겪는다는 사실을 잊지 말자. 지금 꾸고 있는 나의 꿈은 과연 하나님의 꿈인가?

시작되는 고난(37:12~41장)

요셉이 하나님의 꿈을 꾸기 시작하자 그에게 시작된 것은 오히려 고난이었다. 물론 고자질 같은 다듬어지지 않은 그의 성품 때문에 초래한 면도 있지만, 근본적으로는 하나님의 꿈을 마음에 담은 것에서 시작되었다. 형들이 요셉을 보면서 '꿈꾸는 자'라고 말한 것은 이런 사실을 잘 나타낸다. 게다가 요셉을 편애한 야곱도 한몫했다.

인신매매와 10년의 종살이(37:12~38장)

요셉을 시기한 형들은 요셉을 은 20냥에 미디안 사람 상인에게 팔아 버렸다. 비록 배다른 형제라 할지라도 형제인데 말이다. 미디안 사람들에 의해 애굽으로 끌려간 요셉은 보디발 장군의 집으로 팔려갔다. 그는 애굽 왕 바로의 최측근으로 권력의 중심에 서 있는 친위대장이었다. 요셉을 총리로 세우기 위해 하나님의 손길이 개입하신 것이다.

강간 누명과 3년의 옥살이(39~40장)

그곳에서 다시 한번 고난의 바닥을 치게 되는데, 10년간 충성을 다한 보디발의 아내로 인해 강간범이라는 누명을 쓰고 감옥에 투옥된 것이다. 요셉은 "내가 어찌 이 큰 악을 행하여 하나님께 죄를 지으리이까"(창세기 39:9)라는 고백으로 보디발 아내의 잠자리 요구를 거절했다. 그가 유혹을 이길 수 있던 비결은 '하나님 앞에서(Coram Deo)' 사는 삶의 자세 때문이다.

격분한 보디발의 아내는 요셉을 강간 미수범으로 몰아 보디발에게 고소했다. 그런데 보디발의 처리가 의아하다. 당시 노예는 파리 목숨보다 못했으므로 그 자리에서 죽여도 문제될 게 없었다. 그런데 보디발은 요셉을 죽이지 않고 왕의 죄수를 가두는 곳에 투옥시켰다. 이 또한 하나님의 섭리와 일하심 가운데 있다. 이제 요셉의 새로운 고난이 3년 옥살이와 함께 시작되었다.

기가 막힌 하나님의 섭리와 일하심

요셉을 애굽의 총리로 세우고자 하시는 하나님의 섭리와 일하심은 한 치의 오차도 없다. 요셉이 보디발 장군의 집 노예로 팔린 것, 강간범으로 몰려 3년이나 옥살이를 한 것, 그 감옥에서 술 맡은 관원장을 만나 꿈을 해몽한 것 등 이 모든 일 뒤에는 기가 막힌 하나님의 손길이 있었다. 요셉은 그것을 전혀 알지 못했다. 우리의 삶도 마찬가지다. 하나님이 우리의 앞길을 인도하신다. 아무 일도 안 하시는 것 같지만, 현상 너머에서 하나님이 일하신다. 그 어떤 최악의 순간에도 하나님의 섭리를 신뢰해야 한다.

요셉의 형통

창세기에는 요셉의 종살이 10년과 옥살이 3년 기간 내내 이해할 수 없는 표현을 사용하고 있다. 그것은 "여호와께서 요셉과 함께하신다"(창세기 39:2, 3, 21, 23) "여호와께서 요셉을 형통하게 하신다"(창세기 39:2, 3, 23)라는 말씀이다. 요셉의 고난을 보자면 도무지 이해할 수 없는 말씀이다.

하나님이 함께하시는데, 오랜 고난과 밑바닥 인생이 웬 말인가? 하나님이 형통하게 하신다는데 10년 종살이는 웬 말이고, 3년의 감옥 생활이 웬 말인가? 여기에 중요한 메시지가 있다. 성경의 형통은 우리의 형통과 다르다. 우리의 형통은 고난과 고통에서 해방되어 우리의 소원이 거침없이 이루어지는 것을 뜻하지만, 하나님의 형통은 하나님의 뜻과 목적이 이루어져 가는 것을 말한다.

비록 요셉의 현실은 점점 밑바닥으로 곤두박질치고 있지만, 그를 애굽의 총리로 세우고자 하시는 하나님의 계획은 착오 없이 진행되고 있다. 이것이 성경이 말하는 형통이다. 우리를 향한 하나님의 계획이 이루어지는 것이다. 우리의 삶은 과연 형통한가?

두 가지 꿈 해몽(40장)

요셉은 옥살이하는 가운데 그곳에서도 많은 사람의 신망을 얻게 된다. 그러던 중 왕의 최측근이라 할 수 있는 술 맡은 관원장과 떡 굽는 관원장이 감옥에 갇히게 되었다. 어떤 정치적인 이유가 있겠지만, 요셉을 총리로 세우고자 하시는 하나님의 계획 안에서 그들 또한 역할을 하고 있을 뿐이었다. 요셉은 이 두 사람이 꾼 꿈을 해몽해 주었다. 떡 굽는 관원장은 요셉의 해몽대로 죽음을 맞게 되고, 술 맡은 관원장은 복직하게 되었다.

요셉을 잊었더라

요셉은 복직하는 술 맡은 관원장에게 자신을 기억해 줄 것을 부탁했다. 하지만 그는 요셉을 기억하지 못하고 잊어버렸다.

술 맡은 관원장이 요셉을 기억하지 못하고 그를 잊었더라 (창세기 40:23)

하나님은 요셉의 인간적인 기대를 완전히 끊어 놓으셨다. 즉 술 맡은 관원장이 요셉을 잊은 것도 하나님의 일하심이다. 아직 바로가 꿈을 꾸지 않았기 때문이다. 요셉을 감옥에서 나오게 하실 때가 아닌 것이다. 바로의 꿈을 해석할 자가 없을 때 하나님은 술 맡은 관원장에게 요셉을 기억나게 하실 계획이다.

바로의 꿈과 하나님의 일하심(41장)

어느 날 바로가 꿈을 꾸었다. 살진 암소 7마리가 먼저 보이고 이후에 야윈 암소 7마리가 살진 소를 잡아먹는 꿈이었다. 아무도 해석하지 못하고 있을 때 하나님은 술 관원장에게 요셉을 기억나게 하셨고, 바로 앞에 요셉을 세우셨다. 7년의 풍년과 7년의 흉년을 해석한 요셉의 해석에 감동 받은 바로는 그를 총리로 발탁하게 된다.

사브낫바네아, 30세에 총리가 되다

요셉을 총리로 임명한 다음, 바로는 그에게 새 이름을 부여했다. 사브낫바네아(Zaphenath-Paneah), '생명의 부양자' 또는 '하나님이 말씀하시니 그가 살았다'라는 뜻이다. '생명의 부양자'는 하나님이 요셉을 통해 앞으로 하실 일을 잘 드러내는 이름이다. 요셉은 이 이름처럼 자신의 가문뿐만 아니라 애굽과 열방 백성들의 생명을 기근으로부터 지키고 부양해야 할 사명이 있다. 그러기 위해서는 먼저 하나님이 요셉을 말씀으로 살리셔야 한다. 우리도 이런 사브낫바네아의 사명이 있다. 누군가를 하나님의 말씀으로 살려내고, 그 생명을 양육해야 하는 사명이다.

므낫세와 에브라임의 축복

요셉은 결혼해서 두 아들을 낳았다. 첫째 므낫세(מְנַשֶּׁה)는 '잊어 버리다'라는 뜻이고, 둘째는 에브라임(אֶפְרַיִם)은 '번성하다'라는 뜻이다. 두 아들의 이름은 요셉의 회복을 드러내고 있다. 하나님은 요셉의 13년간의 고난과 아픔을 모두 잊게 하시고 회복시켜 주셨다. 또 이제부터 요셉과 70명의 가문은 애굽 땅에서 보호를 받으면서 번성하여 땅에 충만하게 될 것이다.

때가 되면 므낫세와 에브라임의 축복을 주실 하나님을 믿어야 한다. 하나님은 우리에게 과거의 고난을 잊을 만큼 회복시켜 주시고, 나아가 우리의 삶을 번성케 하시는 분임을 신뢰해야 한다.

형들에 대한 1차 테스트(42장)

요셉은 기근 때문에 애굽에 식량을 사러 온 형들에게 정탐꾼의 누명을 씌웠다. 그동안 형들이 얼마나 변했는지 시험해 보기 위함이었다. 요셉은 둘째 형인 시므온을 가둔 후 형들에게 막내 베냐민을 데려올 것을 요구했다.

형들에 대한 2차 테스트(43~44장)

유다가 아버지 야곱을 설득하여 막냇동생 베냐민을 요셉에게 데려왔다. 그러자 요셉은 베냐민의 자루에 은잔을 몰래 넣어 그를 도둑으로 몰았다. 이에 유다는 베냐민을 살리기 위해 자신이 요셉의 종이 될 것을 자청했다. 결국 형제들의 우애를 확인한 요셉은 자신이 동생임을 밝히게 된다.

요셉의 용서(45장)

요셉은 형들에게 22년 전 그들이 팔아버린 동생이 자신임을 밝히자 형들은 두려워 떨었다. 이때 요셉은 자신이 13년간 겪은 고난의 이유를 하나님의 섭리로 풀어내면서 형들을 용서하게 된다.

> 당신들이 나를 이 곳에 팔았다고 해서 근심하지 마소서 한탄하지 마소서 하나님이 생명을 구원하시려고 나를 당신들보다 먼저 보내셨나이다 이 땅에 이 년 동안 흉년이 들었으나 아직 오 년은 밭갈이도 못하고 추수도 못할지라 하나님이 큰 구원으로 당신들의 생명을 보존하고 당신들의 후손을 세상에 두시려고 나를 당신들보다 먼저 보내셨나니 (창세기 45:5-7)

> 너희는 이같이 요셉에게 이르라 네 형들이 네게 악을 행했을지라도 이제 바라건대 그들의 허물과 죄를 용서하라 하셨나니 당신 아버지의 하나님의 종들인 우리 죄를 이제 용서하소서 하매 요셉이 그들이 그에게 하는 말을 들을 때에 울었더라 그의 형들이 또 친히 와서 요셉의 앞에 엎드려 이르되 우리는 당신의 종들이니이다 요셉이 그들에게 이르되 두려워하지 마소서 내가 하나님을 대신하리이까 당신들은 나를 해하려 했으나 하나님은 그것을 선으로 바꾸사 오늘과 같이 많은 백성의 생명을 구원하게 하시려 하셨나니 당신들은 두려워하지 마소서 내가 당신들과 당신들의 자녀를 기르리이다 하고 그들을 간곡한 말로 위로했더라 (창세기 50:17-21)

하나님의 섭리를 깨달으면 미워할 이유가 없다

애굽의 총리가 된 요셉은 자신을 애굽에 팔아버린 형들을 22년 만에 만나 그들을 용서했다. 요셉의 인격이 좋아서가 아니라 자신이 겪었던 삶의 고난을 하나님의 섭리 안에서 녹여내고 소화했기 때문에 용서할 수 있었던 것이다. 그렇다. 내게 닥친 모든 고난과 나를 힘들게 한 사람들 모두 하나님이 나를 귀히 쓰시는 그릇으로 만들기 위한 하나님의 도구일 뿐이다. 모두 하나님의 섭리를 위한 도구들이다.

전능자로 말미암나니(49장)

요셉은 17세에 하나님의 꿈을 꾼 일 때문에 고난의 삶을 살았다. 그러나 고난을 견디고 승리한 요셉의 삶은 담장을 넘은 가지처럼 많은 사람에게 다가가 그들의 삶을 살리는 도구가 되었다. 이는 모두 전능하신 하나님으로 말미암은 것이다.

> 요셉은 무성한 가지 곧 샘 곁의 무성한 가지라 그 가지가 담을 넘었도다 활 쏘는 자가 그를 학대하며 적개심을 가지고 그를 쏘았으나 요셉의 활은 도리어 굳세며 그의 팔은 힘이 있으니 이는 야곱의 전능자 이스라엘의 반석인 목자의 손을 힘입음이라 (창세기 49:22-24)

사브낫바네아로 살라

요셉의 일생은 쉽지 않은 삶이었다. 그의 인생 전체는 하나의 목적, 즉 생명을 살리고 부양하는 자인 '사브낫바네아'의 사명에 맞춰져 있었다. 우리도 마찬가지다. 하나님은 우리를 누군가의 생명을 살리고 책임지는 사브낫바네아로 사용하기를 원하신다. 그러한 삶이 가장 복된 삶이기 때문이다.

05장

출애굽기: 하나님 나라 백성 만들기

하나님 나라로 본 창세기부터 여호수아까지

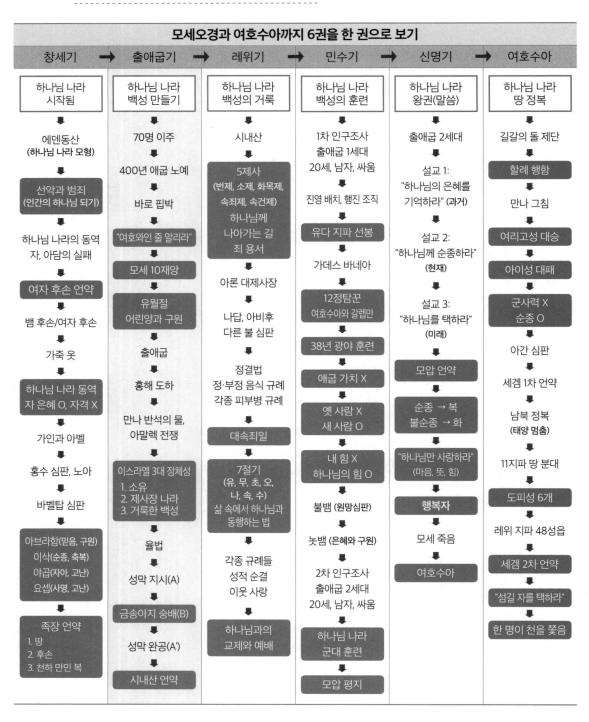

모세오경과 여호수아까지 6권을 한 권으로 보기

창세기 ➡	출애굽기 ➡	레위기 ➡	민수기 ➡	신명기 ➡	여호수아

하나님 나라 시작됨
- 에덴동산 (하나님 나라 모형)
- 선악과 범죄 (인간의 하나님 되기)
- 하나님 나라의 동역자, 아담의 실패
- 여자 후손 언약
- 뱀 후손/여자 후손
- 가죽 옷
- 하나님 나라 동역자 은혜 O, 자격 X
- 가인과 아벨
- 홍수 심판, 노아
- 바벨탑 심판
- 아브라함(믿음, 구원) 이삭(순종, 축복) 야곱(자아, 고난) 요셉(사명, 고난)
- 족장 언약
  1. 땅
  2. 후손
  3. 천하 만민 복

하나님 나라 백성 만들기
- 70명 이주
- 400년 애굽 노예
- 바로 핍박
- "여호와인 줄 알리라"
- 모세 10재앙
- 유월절 어린양과 구원
- 출애굽
- 홍해 도하
- 만나 반석의 물, 아말렉 전쟁
- 이스라엘 3대 정체성
  1. 소유
  2. 제사장 나라
  3. 거룩한 백성
- 율법
- 성막 지시(A)
- 금송아지 숭배(B)
- 성막 완공(A')
- 시내산 언약

하나님 나라 백성의 거룩
- 시내산
- 5제사 (번제, 소제, 화목제, 속죄제, 속건제) 하나님께 나아가는 길 죄 용서
- 아론 대제사장
- 나답, 아비후 다른 불 심판
- 정결법 정·부정 음식 규례 각종 피부병 규례
- 대속죄일
- 7절기 (유, 무, 초, 오, 나, 속, 수) 삶 속에서 하나님과 동행하는 법
- 각종 규례들 성적 순결 이웃 사랑
- 하나님과의 교제와 예배

하나님 나라 백성의 훈련
- 1차 인구조사 출애굽 1세대 20세, 남자, 싸움
- 진영 배치, 행진 조직
- 유다 지파 선봉
- 가데스 바네아
- 12정탐꾼 여호수아와 갈렙만
- 38년 광야 훈련
- 애굽 가치 X
- 옛 사람 X 새 사람 O
- 내 힘 X 하나님의 힘 O
- 불뱀 (원망심판)
- 놋뱀 (은혜와 구원)
- 2차 인구조사 출애굽 2세대 20세, 남자, 싸움
- 하나님 나라 군대 훈련
- 모압 평지

하나님 나라 왕권(말씀)
- 출애굽 2세대
- 설교 1: "하나님의 은혜를 기억하라" (과거)
- 설교 2: "하나님께 순종하라" (현재)
- 설교 3: "하나님를 택하라" (미래)
- 모압 언약
- 순종 → 복 불순종 → 화
- "하나님만 사랑하라" (마음, 뜻, 힘)
- 행복자
- 모세 죽음
- 여호수아

하나님 나라 땅 정복
- 길갈의 돌 제단
- 할례 행함
- 만나 그침
- 여리고성 대승
- 아이성 대패
- 군사력 X 순종 O
- 아간 심판
- 세겜 1차 언약
- 남북 정복 (태양 멈춤)
- 11지파 땅 분대
- 도피성 6개
- 레위 지파 48성읍
- 세겜 2차 언약
- "섬길 자를 택하라"
- 한 명이 천을 쫓음

출애굽기의 구조

출애굽(1-19장)	시내산 언약과 성막(20-40장)			
1-19장 출애굽 → 시내산	20-24장	25-31장	32-34장	35-40장
1) 출애굽 사건들 2) 광야에서 시내산까지 사건들	언약 체결 (시내산)	성막 지시(a)	금송아지 우상 숭배 사건(X)	성막 완성(a')

출애굽기의 주제는 하나님 나라의 백성을 만드는 것이다. 하나님은 이 땅에 하나님 나라의 모형을 세우기 위해 이스라엘이라는 한 민족을 먼저 세우셨다. 그리고 400년간 애굽의 노예로 있던 이스라엘을 모세를 통해 구원해 내서서 시내산으로 인도하시고 율법과 성막을 주셨다. 율법을 주심으로 비로소 국가로서의 체계를 잡게 된 것이다.

출애굽기는 크게 두 부분으로 나눠진다. 1~19장은 이스라엘 백성이 출애굽하여 시내산까지 오는 과정이다. 20~40장까지는 모세가 시내산에 올라가서 율법과 함께 성막을 지으라는 명령을 받고 내려와서 성막을 완성하는 과정이다.

출애굽의 구원(출애굽기 1~19장)

1. 400년 동안의 번성(1장)

출애굽기 1장에서 야곱과 그의 후손 70명이 애굽으로 이주했다. 한편 누가복음을 보면 예수님이 전도대를 파송하시는데, 70명을 세워 파송하신다(누가복음 10:1). '70명'이 상징하는 것은 세상을 정복하러 가는 하나님 나라의 일꾼, 하나님 나라의 군대라고 할 수 있다.

야곱의 가문이 애굽으로 들어갈 때 70명이었는데, 나올 때는 장정만 60만 명이었다. 처와 자식까지 계산한다면 아마 200만 명은 족히 넘었을 것이다. 400년 동안 하나님은 큰 민족을 이루게 하셨다. 아브라함과 맺으신 언약을 이루신 것이다. 아브라함에게 "내가 네게 큰 복을 주고 네 씨가 크게 번성하여 하늘의 별과 같고 바닷가의 모래와 같게 하리니"(창세기 22:17)라는 언약을 이루셨다. 그리고 예비하신 요셉을 통해 이 모든 준비를 하셨다. 요셉은 모판이자 영적 자궁 역할을 한 것이다.

요셉을 모르는 바로

요셉을 모르는 새 애굽 왕은 번성한 이스라엘 민족이 애굽에게 위협이 되자 산아 제한 정책을 통해 이스라엘 백성을 핍박하기 시작했다.

모세의 애굽과 관련된 애굽 왕들[7]

B.C. 1580	B.C. 1526	B.C. 1486	B.C. 1446	B.C. 1406
18대 왕조	모세 출생	모세의 광야 생활	출애굽	가나안 입성
아흐모세 1세 등극	하트셉수트 공주	투트모세 3세	아멘호테프 2세	
요셉을 모르는 새 왕	모세를 양자로 삼음	하트셉수트 공주의 아들	모세를 대적함	여호수아

출애굽기 1장에서는 애굽에서 요셉을 알지 못하는 새로운 바로가 등극했다고 말하고 있다. 이때가 애굽의 제18왕조 때다. 애굽의 유구한 역사를 보면 다른 민족에게 왕권을 빼앗긴 적이 거의 없었다. 다만 128년 정도 타민족에게 왕권을 빼앗긴 적 있는데, 힉소스(Hyksos) 왕조 때다. 셈족 계열인 힉소스인들이 애굽에 유입되기 시작하면서 그들이 정권을 차지하게 된다. 제15왕조인 힉소스 왕조만 본토인이 아닌 외부 민족이 정권을 차지했으며, 타민족에 대해 관대한 정책을 폈다.

요셉이 국무총리가 됐던 때도 바로 힉소스 왕조 때였다. 그렇지 않으면 본토인이 아닌 타민족 출신을 국무총리로 세울 수 없었을 것이다. 하나님은 이미 세상 역사 가운데 들어가서 애굽을 셈족 계통의 힉소스 왕조로 바꾸고 요셉이 총리 자리에 오를 수 있도록 모든 환경을 만들어 놓으셨다. 즉 세상 역사의 주관자도 하나님이시다. 힉소스 왕조가 애굽을 다스리는 동안 요셉을 총리로 만드시고 야곱의 후손 70명을 고센 땅으로 불러들이셨다. 그리고 이스라엘 민족을 400년 동안 200만 이상의 큰 민족을 이루게 하셨다.

제15왕조인 힉소스 왕조는 본토 왕조인 제18왕조의 아흐모세 1세(Ahmose I)에 의해 패망했다. 이때부터 요셉을 모르는 왕들이 계속 나오게 된다. 제18왕조의 세 번째 왕인 투트모세 1세(Thutmose I), 네 번째 왕 투트모세 2세(Thutmose II)가 그렇다. 모세를 갈대 상자에 건져내서 양자로 삼아준 하트셉수트(Hatshepsut) 공주는 투트모세 1세의 딸이다. 모세는 공주가 어머니 역할을 하게 되면서 왕자의 신분으로 40년간 자라게 되었다. 나중에 모세가 애굽으로 돌아와서 출애굽 전쟁을 하게 되는 왕은 아멘호테프 2세(Amenhotep II)다.

---

7   출애굽 시기에 대해서는 '이른 출애굽설'과 '늦은 출애굽설'이 있다. 본서에서는 전통적인 '이른 출애굽설' 을 수용했다.

역사의 주인은 하나님

에스겔서 1장을 보면 바퀴의 "모양과 구조는 바퀴 안에 바퀴가 있다"라고 한다. 겉의 바퀴가 세상 역사를 이야기한다면 그 세상 역사를 돌리는 안쪽 바퀴는 하나님의 섭리라고 할 수 있다. 세상 역사가 흘러가고 있지만, 그것을 섭리하시고 그 과정 가운데 간섭하시는 하나님의 바퀴가 있다. 세상 역사의 주인이신 하나님은 곧 우리의 주인이시다. 우리를 만들고 빚으실 뿐 아니라 그다음을 준비하고 계심을 믿어야 한다. 나는 하나님이 내 인생의 주인 되심을 신뢰하는가?

하나님의 출애굽 작전 시작

하나님이 이스라엘 백성을 가나안 땅으로 보내기 위해 첫 번째로 시작하신 일은 요셉을 알지 못하는 왕이 이스라엘 민족을 핍박하도록 하는 것이었다. 그들에게는 투트모세 1세의 핍박이 쉽지 않았을 것이다. 이 핍박 때문에 못 견디고 나가게 되는데, 정치적으로 보면 이스라엘을 핍박한 이유가 있었다. 정치적 야망이 컸던 투트모세는 전 제국을 정복하고자 하는 꿈이 있었다.

외국 정복 전쟁을 많이 계획했는데, 아무리 노예라고 해도 인구가 200만 이상이나 된다는 것은 그를 불안하게 만들었다. 애굽 병력을 이끌고 정복 전쟁을 나간 사이에 반란이 일어난다면 속수무책이기 때문이다. 그래서 외국 정복 전쟁을 나가기 위해 산아 제한 정책을 펼치고 핍박을 시작하게 되었다. 투트모세의 야망으로 시작된 핍박을 통해 하나님은 모세를 준비시키시고 그 리더를 따를 수 있는 상황으로 이끌어 가셨다. 이처럼 하나님은 고난을 통해서 나를 만들어 가신다. 핍박을 통해서 그다음을 준비하고 계신다.

2. 모세를 준비하시는 하나님(2장)

모세의 인생 전반부 40년은 자기 힘으로 살았던 기간이었다. 광야 40년은 하나님께 훈련받는 기간이었으며, 나머지 40년은 하나님의 종으로 순종하여 이스라엘 백성을 구원하는 일에 쓰임 받는 기간이었다.

애굽 공주의 양자가 된 모세

이스라엘 백성을 구원하시고자 하나님께서 한 지도자를 예비하셨는데, 바로 모세다. 하나님이 이스라엘 백성을 구원하기 위해 최초로 하신 일은 지도자가 될 모세를 태어나게 하는 것이었다. 하나님의 일을 감당할 사람을 준비시키는 것은 그 무엇보다 중요하다. 그래서 하나님은 아무리 급해도 한 사람이 제대로 준비될 때까지 기다리신다. 바꿔 말하면 이 글을 읽고 있는 독자들 한 사람 한 사람 모두 하나님의 일을 위해 준비된 중요한 사람이라는 말이기도 하다.

또한 하나님은 모세를 바로 왕의 살해 위협에서 구출할 뿐 아니라 공주의 양자가 되게 하여 40년 동안 애굽의 언어와 학문을 배우게 하셨다. 당시 중근동에서 문자를 가지고 있던 문명은 애굽뿐이었다. 그중에서도 글자를 읽고 쓸 수 있는 유일한 계층은 제사장이나 왕족들이었다. 출애굽을 통한 하나님의 역사를 기록해야 할 사람으로 하나님은 모세를 선택하신 것이다. 모세는 40년 동안 학문을 익히고 왕자로서 리더십 훈련을 받았다. 그가 배운 모든 것들이 백성들을 지도하고 성경을 기록할 때 사용된 것이다. 이것이 또한 나중에는 모세오경을 기록할 수 있는 토대가 되었다. 하나님의 일하심에는 빈틈이 없다.

부르짖는 이스라엘

이스라엘 백성이 고된 노동으로 말미암아 여호와 하나님께 탄식하고 부르짖기 시작했다. 하나님은 이스라엘 백성의 고통 소리를 들으시고 조상 아브라함과 이삭과 야곱에게 약속하신 언약을 기억하사 그들을 구원하셨다. 핍박이 이스라엘 백성에게는 힘들고 어려운 시기였지만, 이 고난 때문에 부르짖으며 기도하기 시작한 것이다.

애굽의 바로 왕 입장에서는 수백만 명의 이스라엘 민족이 고센 땅에 산다는 것 자체가 항상 정치적 위협으로 간주되었다. 아무리 노예라 할지라도 언제 정치적 반란을 일으킬지 모르기 때문이다. 이런 이스라엘 백성을 학대할수록 더욱 번성하니 바로는 근심할 수밖에 없었다. 그런데 하나님은 바로의 이런 핍박을 사용하셔서 이스라엘 백성들이 하나님을 찾고 부르짖게 하셨다. 이에 하나님은 이스라엘 백성을 돌보시고 그들을 기억하셨다.

한 사람의 지도자가 중요하다

이스라엘 백성이 고된 노동으로 말미암아 부르짖는 상황에서도 하나님은 먼저 모세 한 사람을 준비하시는 일에 전력을 기울이셨다. 백성을 구원하는 일도 급하지만, 이 백성을 제대로 이끌 지도자가 더 중요하기 때문이다. 하나님은 제대로 준비된 사람을 원하신다. 지도자 한 명이 제대로 서면 수많은 사람이 살 수 있기 때문이다. 반면에 지도자가 바로 세워지지 않으면 수많은 사람이 고통을 겪을 수밖에 없다. 그러므로 나 한 사람이 제대로 서는 것은 그저 개인의 문제가 아니다. 하나님 나라에 매우 중요한 일이다. 나 한 사람을 우습게 생각하지 마라. 나에게 많은 사람이 달려 있음을 항상 잊지 마라.

3. 모세의 자아를 죽이는 훈련, 광야에서의 40년(3~4장)

모세는 어머니 요게벳을 통해 자신이 히브리 민족이라는 사실과 이스라엘 백성을 구원해야 할 사명이 있음을 교육받았을 것이다. 그래서 그의 나이 40세 때 자기 민족을 돌아보는 연민의 마음이 있었다. 출애굽기 2장에서는 모세가 자신의 동포들이 노역하고 있는 라암셋에 가서 실제로 고되게 노동하는 것을 보니 핍박과 압제가 너무 심했다. 게다가 히브리 사람, 곧 자기 형제를 애굽 사람이 치는 것을 보자 모세는 애굽 사람을 쳐 죽이게 된다.

민수기 12장에서 모세가 구스 여자를 취한 것에 대해 미리암과 아론이 모세를 비방하고 대항한다. 이 말을 들은 하나님은 "이 사람 모세는 온유함이 지면의 모든 사람보다 더하더라"(민수기 12:3)라고 말씀하신다. 이것이 모세의 본모습일까?

아마도 모세의 본모습은 출애굽기에 나타난 혈기 왕성하여 성질이 사람을 쳐 죽일 정도로 대단했던 그 모습일 것이다. 이런 모세를 하나님은 광야 40년의 생활 가운데 다듬으셨다. 모세 안에 있는 성질과 혈기를 빼내시고 다듬어 온유의 사람으로 빚으신 것이다. 산상수훈의 "온유한 자는 복이 있나니"(마태복음 5:5a)에서 온유는 헬라어로 프라우스(πραυς)이다. 이 단어는 '외부의 힘에 의해 길들여진 상태'를 말한다. 40년의 광야 생활 동안 모세는 길들여진 것이다.

40세의 혈기 왕성한 모세는 '내가 한번 이스라엘 민족을 구해내 보겠다'라는 마음으로 개입

했지만, 백성들이 오히려 "누가 너를 우리를 다스리는 자와 재판관으로 삼았느냐?"(출애굽기 2:14a)라고 하면서 지도자로 인정하지 않았다. 40세 모세의 인간적 열심은 애굽 병사를 죽이고 광야로 도망가야 하는 결과를 가져왔다.

하나님이 80세의 모세를 부르실 때까지 광야에서 혹독한 고독의 시간을 보내게 하셨다. 광야에서의 40년은 모세의 자아가 죽고 자신의 힘으로 민족을 구원하겠다는 자기 의가 무너지는 기간이었고, 철저히 사람들에 의해 잊히는 시간이었다. 모세가 쓰임 받기 위해서는 자신의 생각, 능력, 계획, 의로움이 완전히 죽기까지의 시간이 필요했던 것이다. 그러므로 광야에서의 40년은 하나님의 사람으로 만들어지는 시간이었기에 낭비되는 무의미한 시간이 결코 아니다.

묵상과 삶의 적용

광야에서의 훈련은 모두에게 있다

모세는 광야에서 40년간 훈련을 받았다. 훈련의 내용은 오직 하나, '내 힘으로 할 수 있는 것이 아무것도 없구나'라고 고백하면서 항복하는 것이었다. 광야는 그런 곳이다. 예수 믿는 모든 사람은 광야의 과정을 겪게 되는데, 이곳에서 하나님이 요구하시는 것을 익혀야 한다. 내가 아닌 하나님만 철저히 의지하는 법을 배워야 한다. 이 광야에서의 훈련은 길 수도 있고 짧을 수도 있다. 다만 광야에서의 시간을 단축시키는 비결은 철저히 하나님만 의지하는 것이다. 우리의 호흡마저도 하나님께 있음을 알고 항복하는 것이다.

4. 하나님의 부르심과 모세의 사명(3장)

떨기나무에 임하신 하나님의 불

80세의 모세는 하나님의 부르심을 받았다. 사람의 판단에서는 쉽게 납득하기 어려운 부분이 있다. 아브라함도 그렇고 모세도 그렇다. 좀 더 젊은 나이에 불러서 쓰시면 좋았을 텐데 하는 아쉬움이 든다. 아브라함을 75세에 부르시고 모세도 80세에 부르셔서 사명을 주셨다. 지팡이를 의지해야 할 때 부르셨지만, 이것이 성경의 법칙이다. 내가 할 수 있다고 자신할 때는 쓰시지 않고 '내가 내 힘으로 할 수 없습니다'라고 고백할 때 하나님이 사용하신다.

호렙산

하나님은 호렙산에서 모세를 부르셨다. 출애굽기 3장에서는 시내산을 의도적으로 호렙산으로 묘사하고 있다. 호렙(חרב)은 '황폐한 곳'이라는 의미다. 그렇다. 하나님은 모세의 인생이 황폐해져 있을 때 부르셨다. 우리도 마찬가지다. 우리의 인생이 호렙산과 같이 황폐해진 그 자리에서 만나주신다. 실패의 자리, 절망의 자리, 자포자기의 자리에서 우리를 만나주시고 다시 시작하라고 손 내밀어 주신다.

어느 날 떨기나무에 하나님의 불이 임했다. 불타는 떨기나무는 광야에서 볼 수 있는 흔한 광경이었지만, 그날은 평상시 보던 광경이 아니었다. 불은 타고 있는데 떨기나무가 타서 재로 떨어지지 않았다. 모세가 본 불은 세상의 불과 다른 것이었다. 이 사건을 통해 하나님은 모세에게 어떤 메시지를 주시려고 했을까?

> "나는 떨기나무 안에 있는 불이니라. 내가 내 백성 이스라엘을 구원할 것인데, 네 안의 불이 아니라 나의 불, 곧 하늘의 불로 구원할 것이다. 너와 이스라엘 백성은 광야에서 흔하고 보잘것없고 쓸모없는 떨기나무와 같은 존재이지만, 내가 너에게 임할 것이고 너와 함께할 것이다."

세상의 불이 아니라 하나님의 불로 일하시겠다는 표현이 아닐까? 우리의 행위와 의가 아니라 예수 그리스도 안에서 이루신 그분의 불과 의로 일하시겠다는 복음을 담은 것이다.

거룩한 땅이니 네 발에서 신을 벗으라

모세가 가까이 가서 불붙은 떨기나무를 보았다. 이때 하나님이 모세에게 말씀하신다. "네가 선 곳은 거룩한 땅이니 네 발에서 신을 벗으라"(창세기 3:5b) 주전 1,500년경 중근동에서 신을 벗는다는 것은 종들이 하는 일을 의미하므로 다른 의미로 '권리 포기'라고 할 수 있다. 나는 당신의 종입니다. 지금부터 신을 벗어 드리니 나의 권리나 나의 시간은 없습니다. 나의 힘, 에너지, 인생, 목적, 심지어 목숨까지도 신을 벗어 드린 당신께 있습니다. 모든 결정권과 주권이 당신에게 있습니다. 나는 이제 당신의 명령대로 살 뿐, 내 뜻대로 사는 존재가 아닙니다'라는 뜻이다.

성경에서 신을 벗으라고 하는 장면은 몇 번쯤 나올까? 여호수아서에서는 여호와의 군대 대장이 여호수아에게 "신을 벗으라"(여호수아 5:15)고 명령한다. 또 룻기 4장에서는 계대결혼(繼代結婚)을 거부했던 '기업 무를 자'가 보아스 앞에서 자신의 신을 벗어서 포기하는 행위를 한다.

특히 여호수아서에서는 여리고성 전투에 앞서 여호와의 군대 장관이 먼저 "네 발에서 신을 벗으라"라고 말한다. 이는 '앞으로 가나안 정복 전쟁에 대한 모든 권한은 내게 있고 너는 순종할 뿐이니라. 내가 너희를 인도할 것이며, 너는 따라오기만 하면 승리할 것이다. 이 전쟁은 너의 뜻과 너의 방법과 지혜와 능력으로 이길 수 있는 게 아니다. 너는 종으로서 주인의 지시와 인도에 순종할 때 이길 수 있다. 이것은 나의 전쟁이다'라고 선포하기 위해 신을 벗으라고 명령하신다.

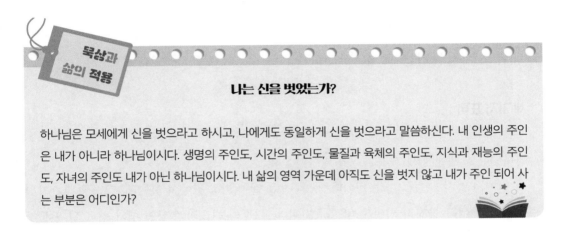

묵상과 삶의 적용

나는 신을 벗었는가?

하나님은 모세에게 신을 벗으라고 하시고, 나에게도 동일하게 신을 벗으라고 말씀하신다. 내 인생의 주인은 내가 아니라 하나님이시다. 생명의 주인도, 시간의 주인도, 물질과 육체의 주인도, 지식과 재능의 주인도, 자녀의 주인도 내가 아닌 하나님이시다. 내 삶의 영역 가운데 아직도 신을 벗지 않고 내가 주인 되어 사는 부분은 어디인가?

떨기나무 같은 우리 인생

떨기나무는 대추나무처럼 가시가 돋아 있고 뿔처럼 단단한 조각목(棗角木)이다. 광야에서 제일 흔한 나무인데, 모세가 성막을 지을 때 기본 재료가 바로 이 떨기나무인 조각목이었다. 아카시아 계통의 나무인데, 가구로 쓸 수 없고 장작으로 쓰기에도 마땅치 않은 쓸모없는 나무다. 떨기나무는 이스라엘 백성과 지금 모세를 상징하는데, 이처럼 쓸모없는 조각목이 성막의 기본 재료로 된 것이다. 하나님은 아무짝에도 쓸모없고 광야에서 흔한 떨기나무를 예수와 그리스도의 교회를 상징하는 성막의 주재료로 사용하셨다.

지금도 우리처럼 쓸모없는 자들을 사용하셔서 교회를 상징하는 성막의 주재료로 쓰신다. 다만 조각목을 그대로 쓰시는 것이 아니라 금이나 은, 동 같은 다른 것으로 씌워서 사용하신다.

나는 스스로 있는 자니라

모세가 하나님께 이름을 묻자 "나는 스스로 있는 자이니라(אהיה אשר אהיה [에흐예 아쉐르 에흐예])"라고 당신의 이름을 계시하신다. 하나님은 영원 전부터 스스로 계신 자이시다. 지음을 받거나 누군가로부터 정체성을 배워야 하는 분이 아니다. 홀로 존재하시고, 홀로 창조하시고, 홀로 주관하시고, 홀로 완성이신 분이시다. 모세에게 당신의 이름을 '여호와'로 계시하신 것은, 하나님의 백성을 구원하여 출애굽 시키는 일은 스스로 있는 자, 곧 여호와가 홀로 하시는 일임을 드러낸다.

5. 애굽으로 돌아가는 모세(4장)

세 가지 표적

하나님은 모세에게 세 가지 표적을 말씀하신다.

첫 번째는 뱀의 꼬리를 잡는 것이다. 뱀을 잡을 땐 머리를 잡아야 하는데, 꼬리를 잡으라고 하셨다. 여기에는 상징적 의미를 내포하고 있다. 애굽의 대표적 우상인 뱀과 뱀을 왕관에 장식하고 있는 바로 왕을 상징한다. 즉 바로의 세력을 사로잡게 될 것임을 미리 보여주신 것이다. 이 표적을 통해 모세는 하나님의 방법을 온전히 신뢰할 수 있었을 것이다.

두 번째는 모세가 가슴에 손을 넣었다가 내어보니 나병이 되었고, 다시 넣었다가 내어보니 손이 본래의 살로 되돌아오는 표적이었다. 여기에도 분명한 의도가 있다. 성경에서 나병은 죄를 상징한다. 손을 품에 넣었더니 나병이 생긴 것은 '모세, 너는 여전히 품 안에 죄악이 가득한 죄인일 뿐이다. 네 안에 선한 것이 없는 존재임을 잊지 말라'고 말씀하시는 것이다.

세 번째는 물이 피로 변하는 표적이다. 이것은 출애굽 때 첫 번째 재앙인 나일강의 물이 피로 변하는 심판을 미리 보여주신 것이다. 애굽 사람들에게 있어 나일강은 단순한 강이 아니라 번영과 생명을 주는 '신'이었다. 그런데 하나님은 애굽 사람들이 신으로 믿고 있는 우상들을 심판하시겠다는 의미다.

거절하는 모세

하나님의 계획을 들은 모세는 그 부르심을 거절했다. 세 가지 표적을 보았음에도 그는 "나는 입이 뻣뻣하고 혀가 둔한 자니이다" "보낼 만한 자를 보내소서"라고 이유를 대면서 말이다. 모세가 하나님의 부르심을 거절한 데는 마음의 상처와 좌절이 그만큼 컸기 때문이다. 40년 전 이스라엘 백성들의 거절, 자신에 대한 좌절과 무력감, 속절없이 흘러간 세월, 하나님을 향한 불신 등 모세에게는 하나님의 부르심을 거절할 수밖에 없는 이유가 많았다. 그럼에도 하나님은 모세를 설득하신다.

> 여호와께서 그에게 이르시되 누가 사람의 입을 지었느냐 누가 말 못 하는 자나 못 듣는 자나 눈 밝은 자나 맹인이 되게 했느냐 나 여호와가 아니냐 이제 가라 내가 네 입과 함께 있어서 할 말을 가르치리라 (출애굽기 4:11-12)

여전히 "보낼 만한 자를 보내소서"라고 하면서 자신의 생각을 꺾지 않는 모세에게 하나님은 형 아론을 대변인으로 붙이시고 모세와 아론의 입에 하나님이 함께하시겠다고 말씀하신다.

피 남편

출애굽기 4장에서는 모세가 바로를 만나기 위해 아내와 아들들을 나귀에 태우고 애굽으로 가게 된다. 모세가 애굽으로 가는 도중에 하나님이 갑자기 그를 죽이려고 했다. 모세의 자녀들이 할례를 하지 않았기 때문이다. 그래서 아내 십보라가 아들의 포피를 베어 모세의 발에 가져다 댐으로써 죽음을 면하게 되었다. 이 사건에 대한 학자들의 해석은 다양하게 엇갈린다. 본서에서는 이 '피 남편' 사건이 복음을 담고 있음을 설명하고자 한다.

비록 모세가 백성을 구원하는 일꾼으로 쓰임 받게 받지만, 모세 자신도 죄인이기 때문에 누군가의 희생이 필요로 했다. 모세는 자기 아들의 할례로 인한 포피와 피 때문에 심판을 면한다. 이것은 나중에 출애굽의 열 번째 심판인 장자 재앙 때 어린양의 피를 문설주와 인방(引枋, top of the doorframe)에 바른 이스라엘 백성만이 죽음의 심판을 면할 것을 예표한다. 또 궁극적으로는 하나님의 아들 예수 그리스도가 십자가에서 피 흘리심으로 우리가 죽음의 심판을 면

하고 살아날 것임을 예표하고 있다.

6. 바로와 싸우는 모세(5~10장)

모세는 하나님의 사명을 받고 애굽으로 내려가서 애굽의 우상들과 영적 전쟁을 벌였다. 겉으로 보기에는 바로 왕과의 싸움으로 보이지만 실제로는 영적인 싸움이었다. 왜냐하면 10가지 재앙은 모두 애굽 사람들이 신으로 믿고 의지하는 우상들이기 때문이다.

10가지 재앙과 타파된 애굽의 우상들[8]

순서	재앙	성경 구절	깨뜨린 애굽의 우상들
1	피로 변한 강	출 7:14-25	나일강의 수호신 크눔(Khnum), 주관 신 하피(Hapi)
2	개구리	출 8:1-15	부활과 다산의 신 헤케트(Heket)
3	이(각다귀)	출 8:16-19	흙의 신 셉(Seb)
4	파리	출 8:20-32	파리의 신 우아티트(Uatchit)
5	가축의 돌림병	출 9:1-7	황소의 신 아피스(Apis), 암소의 신 하도르(Hathor)
6	악성 종기	출 9:8-12	의술의 신 임호텝(Imhotep), 질병의 신 세크메트(Sekhmet)
7	우박	출 9:13-35	하늘의 여신 누트(Nut), 대기의 신 수(Shu)
8	메뚜기	출 10:1-20	메뚜기 재앙을 막는 신 세라피아(Serapia)
9	3일간의 흑암	출 10:21-29	태양의 신 라(Ra), 태양의 여신 세케트(Sekhet)
10	처음 난 것의 죽음	출 11:1-12:36	생명의 창조신 오시리스(Osiris), 수호신 이시스(Isis)

하나님은 애굽 전역에 재앙을 부으셨다. 피, 개구리, 이, 파리, 돌림병, 악성 종기, 우박, 메뚜기, 흑암, 처음 난 것의 죽음 등 10가지 재앙은 각각 애굽의 신을 상징했다. 피 재앙은 나일강을 지키는 수호신 크눔(Khnum)과 하피(Hapi)에 대한 심판이었고, 개구리 재앙은 부활과 다

---

8 박근범, 『New 성경의 파노라마』(서울: 쿰란출판사, 2004), 100.

산의 신인 헤크트(Heket)에 대한 심판이었다.

한편 요한계시록 16장에는 최후의 전쟁인 아마겟돈 전쟁이 벌어진다. 개구리 같은 더러운 세 영이 용의 입과 짐승의 입과 거짓 선지자의 입에서 나온다(요한계시록 16:13). 그것은 귀신의 영으로서 개구리 같은 모양의 귀신이 마지막 전쟁에서 어둠의 세력들의 입에서 나온 것이다. 그런데 왜 개구리 같은 모양일까?

이는 곧 요한계시록이 구약과 연결되어 있기 때문이다. 출애굽기 8장에 묘사된 두 번째 개구리 재앙의 성격을 이해할 필요가 있다. 애굽 사람들에게 있어 개구리가 어떤 존재인지 안다면 마지막 때 용과 적그리스도와 거짓 선지자의 입에서 토해내는 개구리 같은 귀신이 무엇인지 알 수 있다. 마지막 때에 적그리스도의 입에서 물리적인 형태의 개구리가 나온다는 것이 아니다. 여기에는 상징을 담아서 말하고 있다.

애굽에서 개구리는 다산의 신이다. 이 땅에서 부귀와 영화와 물질을 보장해 주는 신이자 잘 먹고 잘살게 해 주는 물질의 신이다. 그렇다면 용, 적그리스도, 거짓 선지자가 마지막 때에 사람들을 개구리 영의 메시지로 미혹하는 것이 아마겟돈 전쟁의 실체인 것이다. 아마겟돈 전쟁은 핵전쟁이나 제3차 세계대전이 아니라 진리의 영적 전쟁이자 입의 전쟁이며, 개구리와의 전쟁이다. 잘 먹고 잘살게 해 준다는 거짓 복음과 십자가의 좁은 길을 전하는 참 복음 간의 전쟁을 아마겟돈 전쟁이라 말하고 있다.

아홉 번째 재앙이 태양신 라(Ra)에 대한 심판이었다. 하나님이 삼 일 동안 태양을 흑암으로 가리셨는데, 애굽에서의 태양은 신이고 바로(Pharaoh)는 태양의 아들이다. 하나님은 태양을 흑암으로 가리는 아홉 번째 재앙을 통해 태양은 신이 아니라 우상이자 헛된 것이라고 말씀하신다.

마지막 재앙인 처음 난 것의 죽음은 애굽이 섬기는 생명의 신에 대한 심판이었다. 애굽 사람들은 죽은 자를 부활시키고 생명을 준다는 오시리스(Osiris)라는 신을 섬겼다. 하나님은 열 번째 재앙을 통해 "너희가 믿고 있는 생명을 준다는 오시리스에게 구해 보라. 그것이 너희를 살릴 수 있겠는가"라고 말씀하신다.

열 가지 재앙을 차례차례 진행하신 것은 하나님이 애굽의 신들을 한 번에 쓸어버릴 능력이 없어서가 아니다. 그들이 목숨처럼 여기면서 자신들의 생명과 안전을 지켜주리라 믿었던 신들이 얼마나 헛된 것인지 애굽 백성과 이스라엘 백성 모두에게 폭로하신 것이다. "이것들은 헛된 것이며, 하나님의 피조물에 불과하기에 너희를 지켜줄 수 있는 진정한 신이 아니다. 너희를 진정으로 지키는 신은 나 여호와뿐이다"라고 선포하신 것이다.

나는 이 시대의 우상과 싸우고 있는가?

요한계시록의 나팔 재앙과 대접 재앙은 출애굽기의 10가지 재앙의 이미지를 그대로 적용한다. 마지막 때 하나님의 심판의 성격 또한 우상에 대한 심판임을 드러내는 것이다. 애굽 시대처럼 세상 사람들이 의지하고 있는 헛된 우상들을 심판하시는 것이 나팔 재앙과 대접 재앙이다. "물질, 명예, 학벌, 돈 등 이 모든 것들을 너희를 지켜낼 수 없으며, 결국 헛된 우상에 불과하다. 너희를 진정으로 지킬 수 있는 자는 나 하나님뿐이다. 그러므로 내게 돌아오라"고 선포하신다.

바로의 4대 타협

하나님의 심판이 계속 이어지자 바로는 모세에게 타협을 제시한다.

첫째, 제사를 드리되 애굽 땅에서 제사해라(출애굽기 8:25). 둘째, 너무 멀리 가지 마라(출애굽기 8:28). 이 두 가지에는 의미심장한 메시지가 있다. '예수 믿고 신앙생활을 해도 세상을 떠나지 마라. 너무 깊이 예수 믿지 말라'라는 (사탄의) 메시지인 것이다.

셋째, 남자만 가라(출애굽기 10:11). 넷째, 소유는 남겨두라(출애굽기 10:24). 이 두 가지에도 동일한 의미가 있다. '하나님 믿고 예수 믿어도 네가 소중히 아끼는 것은 하나님께 드리지 말고 세상에 남겨두고 나머지를 드려라'라는 뜻이다.

나는 세상과 타협하며 살고 있는가?

바로의 4대 타협안은 사탄의 전략과도 같다. 사탄은 우리를 계속 세상에 붙잡아 놓으려고 한다. 계속 세상에 근거를 두면서 항상 적당히 신앙생활을 할 것을, 하나님과 세상에 한 발씩 딛고 적당히 신앙생활하라고 요구한다. 나의 신앙생활은 어떠한가?

7. 유월절 어린 양의 피(11~12장)

유월절 어린양이신 그리스도

드디어 마지막 재앙인 처음 난 것의 죽음이 시작되었다. 애굽의 모든 장자와 첫 새끼들이 죽는 것이다. 반면 이스라엘 백성은 유월절 어린양의 피를 문설주와 인방에 발라 구원을 받았다. 이날을 유월절이라고 하는데, 유월(逾越, Passover)은 '넘어간다'라는 뜻이다. 죽음의 심판이 어린양의 희생의 피가 발라진 이스라엘 백성의 집은 넘어갔다. 이 유월절 어린양은 십자가에서 피를 흘려 우리를 죽음에서 건지실 예수 그리스도를 예표하고 있다.

무교병, 고난의 떡

하나님은 이스라엘 백성에게 누룩 없는 떡인 무교병(無酵餅, unleavened bread)을 먹으라고 하셨다. 누룩은 죄를 상징하는데, 누룩이 떡을 부풀리듯 죄는 사람을 부패시킨다. 무교병은 죄 없으신 예수 그리스도를 상징한다. 즉 하나님의 백성들이 구원 이후에 죄를 멀리하는 성결의 삶을 살 것을 요구하시는 것이다. 그리고 무교병을 쓴 나물과 함께 먹었기 때문에 '고난의 떡'으로 이해되었는데, 애굽의 고난을 기억하라는 의미이다.

> 유교병을 그것과 함께 먹지 말고 이레 동안은 무교병 곧 고난의 떡을 그것과 함께 먹으라 이는 네가 애굽 땅에서 급히 나왔음이니 이같이 행하여 네 평생에 항상 네가 애굽 땅에서 나온 날을 기억할 것이니라 (신명기 16:3)

서서 허리띠를 띠고 지팡이 집고 급히 먹으라

하나님은 모세와 아론을 통해 유월절 밤에 양고기를 불에 구워 무교병과 쓴 나물과 함께 먹으라고 명하셨다. 이때 "허리에 띠를 띠고 발에 신을 신고 손에 지팡이를 잡고 급히 먹으라"(출애굽기 12:11)고 하셨다. 애굽 땅은 이스라엘 백성이 머무를 땅이 아니기 때문에 빨리 떠나야 할 것을 전달하시면서 구원의 긴급성을 의미하고 있다. 지팡이를 잡으라는 것 또한 하나님의 백성은 앞으로 자신들의 힘이 아니라 하나님의 힘을 의지하여 살아야 함을 말씀하고 있다.

수많은 잡족들이 함께하다

이스라엘 백성들이 애굽을 빠져나올 때 수많은 잡족들이 함께했다고 말씀하고 있다. 이는 하나님의 구원이 단지 이스라엘에게만 국한된 것이 아니라 온 세상 열방들의 구원을 목표하고 있음을 의미하고 있다.

> 이스라엘 자손이 라암셋을 떠나서 숙곳에 이르니 유아 외에 보행하는 장정이 육십만 가량이요 수많은 잡족과 양과 소와 심히 많은 가축이 그들과 함께 했으며 (출애굽기 12:37-38)

8. 구름 기둥과 불기둥으로 인도하심(13장)

홍해의 광야 길로 인도하시는 하나님

하나님은 이스라엘 백성을 홍해의 광야 길로 인도하셨다. 라암셋에서 출발해 위쪽 해안 길로 간다면 그리 오래지 않아 가나안까지 갈 수 있다. 호렙산에서 가데스 바네아까지도 열 하룻길에 불과했다(신명기 1:2). 하나님은 왜 그 길로 인도하시지 않는지 이유를 말씀하셨다. 그 길로 간다면 호전적인 블레셋 사람들과의 전쟁이 염려되었고, 이로 인해 마음을 돌이켜 애굽으로 돌아갈까 하여 홍해의 광야 길로 인도하신 것이다(출애굽기 13:17).

그런데 그보다 더 중요한 이유가 있다. 출애굽기 3장에서 하나님이 모세를 부르실 때 "네가 그 백성을 애굽에서 인도하여 낸 후에 너희가 이 산에서 하나님을 섬기리니"(출애굽기 3:12)라고 하셨다. 그 말씀을 이루시기 위해 홍해를 건너 시내산에 이르게 하셨다. 또 시내산에서 613가지 율법을 주시기 위해서도 열 하룻길밖에 안 되는 해안 길을 두고 밑으로 내려와서 홍해의 광야 길로 가게 하셨다.

하나님의 의도

하나님이 우리를 막다른 길로 인도하실 때가 있다. 그러나 우리를 죽이려고 홍해 바다로 인도하시는 것이 아니라 홍해를 가르기 위해 인도하시는 것이다. 시편 77편 19절에는 "주의 길이 바다에 있었고 주의 곧은 길이 큰 물에 있었으나"라는 표현이 있다. 우리는 바닷속에 준비하신 주의 길을 믿음으로 미리 바라보는 자가 되어야 할 것이다.

불기둥과 구름 기둥으로 인도하시는 하나님

여호와께서 그들 앞에서 가시며 낮에는 구름 기둥으로 그들의 길을 인도하시고 밤에는 불기둥을 그들에게 비추사 낮이나 밤이나 진행하게 하시니 낮에는 구름 기둥, 밤에는 불기둥이 백성 앞에서 떠나지 아니하니라 (출애굽기 13:21-22)

하나님은 출애굽한 이스라엘 백성들을 앞장서서 인도하셨다. 하나님의 임재를 상징하는 불기둥과 구름 기둥이 백성들을 인도한 것이다. 뜨거운 광야에서 낮에는 구름 기둥으로 그늘을 만들어 주셨고, 추운 밤에는 불기둥으로 길을 밝혀 주심으로 보호해 주셨다.

9. 홍해에서 시내산까지의 여정(11~19장)

출애굽기 11~19장까지는 애굽을 탈출한 후 시내산까지의 여정이고, 20장부터는 시내산에서 율법을 받은 후 성막을 완성하는 장면이 나온다. 간략히 요약하면, 13~14장은 홍해 도하, 15장은 미리암과 이스라엘 백성의 찬양과 3일 뒤의 원망, 16장은 만나 기적, 17장은 반석에서 나오는 물 그리고 아말렉과의 전투, 18장은 이드로의 조언과 천부장·백부장·십부장의 조직, 19장은 시내산 언약으로 마무리를 짓는다. 이 시내산 언약의 핵심은 3대 정체성의 선포다. 즉 너희는 내 소유가 되겠고 제사장 나라가 되며, 거룩한 백성이 되리라는 것이다.

출애굽기 20~24장에서는 십계명이 선포되는데, 그 핵심은 하나님 사랑과 이웃 사랑이다. 이어 25~31장에서는 성막 제작에 대해 지시하셨다. 32~34장은 금송아지 숭배와 하나님의 심판, 그리고 모세의 중보에 대해 다루고 있다. 마지막으로 35~40장에서는 성막을 짓고 완공하기까지의 과정이 기록되어 있다.

시작되는 원망과 불평(14장)

이스라엘 백성이 홍해 앞에 도착했다. 뒤에서 바로의 군대가 바짝 추격해 오자 백성들은 하나님과 모세를 원망하기 시작했다. "당신이 우리를 이끌어내어 이 광야에서 죽게 하느냐? 애굽 사람을 섬기는 것이 광야에서 죽는 것보다 낫겠노라"고 하면서 불평했다.

이스라엘 백성은 총 40년 동안 광야 생활을 했다. 그런데 민수기 19장과 20장 사이인 38년의 기간에 대한 광야 기록이 없다. 가데스 바네아에서부터 38년 동안 어떤 훈련을 받았는지 구체적인 기록이 없다. 그런데 광야 생활 40년 중 초기와 후기 2년만 따져 봐도 대략 12~13번이나 불평했다. 만약 38년의 기록이 적혔다면 수십 번, 수백 번 불평했을 것이다.

모든 문제 앞에서 이스라엘 백성은 무조건 원망했다. 반면에 모든 문제 앞에서 한 사람만은 무조건 기도했다. 어떤 상황이 벌어져도 원망과 불평만 하는 사람이 있고, 어떤 문제와 어려움 앞에서도 항상 무릎 꿇는 사람이 있다. 무릎 꿇는 사람이 바로 모세다.

홍해 도하와 세(침)례(14장)

홍해 도하의 기적은 신약적 관점에서 예수님과 우리가 함께 죽고 함께 사는 예수 안에서의 세(침)례를 의미한다. 세례가 죽음을 의미한다는 점에서 하나님이 가데스 바네아까지 칠 일 길로 인도하신 것이 아니라 홍해를 정면으로 맞닥뜨려야 하는 아랫길로 인도하신 데에는 성도의 신앙 여정에서 죽음 없이는 시작할 수 없기 때문이다. 또 모세처럼 광야에서 이스라엘 백성들의 자아가 죽어가는 여정을 거쳐야 비로소 약속의 땅에 들어갈 수 있는 것이다.

미리암과 백성의 찬양(15장)

홍해를 건넌 이스라엘 백성은 미리암을 중심으로 그들을 구원하신 여호와 하나님을 찬양하고 경배했다. 구원받은 성도들에게도 이런 기쁨의 찬양이 있다. 홍해를 가르시고 구름 기둥과 불기둥으로 보호해 주시고 인도하시는 하나님을 체험했기에 찬양하지 않을 수 없었다. 하나님의 택함을 받는 백성들은 영원토록 삼위 하나님께 경배와 찬양을 드리는 존재이다.

마라의 쓴 물과 원망과 불평(15장)

홍해를 건넌 이스라엘 백성은 수르 광야로 들어가게 되었다. 수르 광야는 애굽과 가나안 땅의 경계선이다. 수르(שור)는 '벽'이란 뜻이다. 애굽과 가나안의 벽, 세상 가치와 하나님 나라 가치 사이의 벽인 것이다.

홍해를 건넌 이스라엘 백성의 기쁨에 찬 경배와 찬양은 3일 만에 막을 내리고 만다. 왜냐하면 백성이 도착한 곳이 '쓴맛'이라는 뜻의 마라(הרה)였는데, 이 샘의 물이 써서 먹을 수가 없기 때문이었다. 그러자 백성은 서서히 그들 안에 있는 죄성이 드러나며 하나님과 모세를 원망하고 불평했다. 사흘 전 하나님이 홍해를 갈라 마른 땅처럼 건너가게 하신 일을 기억한다면 이런 원망과 불평은 있을 수 없다. 홍해를 가르기까지 하신 하나님께 구하기만 하면 해결해 주실 것인데 말이다. 결국 하나님을 믿지 않는다는 그들의 불신을 드러낸 것이었다. 원망과 불평의 근본적인 이유는 하나님에 대한 불신이다.

여호와 라파(15장)

모세는 백성의 불평을 듣고 곧바로 하나님께 기도했다. 백성들은 늘 불평하고 모세는 늘 기도한다. 모세가 하나님께 부르짖자 하나님은 한 나무를 가리키셨고, 그것을 마라의 샘에 던졌다. 그랬더니 마라의 쓴 물이 단물로 바뀌었다. 이 '한 나무'는 우리를 위해 죽으신 예수님의 나무 십자가를 예표한다. 이때 하나님은 자신을 여화와 라파(יהוה רפא)로 계시하셨는데, '치료하는 여호와'라는 뜻이다.

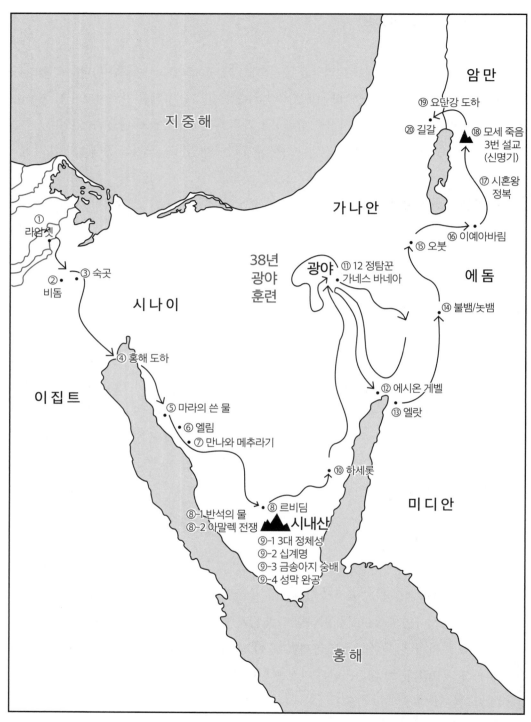

지중해

가나안

암 만

① 라암셋
② 비돔
③ 숙곳

시 나 이

이 집 트

④ 홍해 도하

⑤ 마라의 쓴 물
⑥ 엘림
⑦ 만나와 메추라기

38년
광야
훈련

광야

⑪ 12 정탐꾼
가네스 바네아

⑭ 불뱀/놋뱀

⑮ 오봇

⑯ 이예아바림

⑲ 요단강 도하
⑳ 길갈
⑱ 모세 죽음
3번 설교
(신명기)

⑰ 시혼왕
정복

에 돔

⑫ 에시온 게벨
⑬ 엘랏

⑩ 하세롯

미 디 안

⑧-1 반석의 물
⑧-2 아말렉 전쟁
⑧ 르비딤
시내산

⑨-1 3대 정체성
⑨-2 십계명
⑨-3 금송아지 숭배
⑨-4 성막 완공

홍 해

광야 40년의 여정 (라암셋→시내산까지 체류 1년 / 시내산→가데스 바네아까지 1년 / 가데스 바네아→가나안 입성까지 38년)

마라의 원망 사건과 여호와 라파

마라의 원망 사건과 던져진 한 나무, 그리고 여호와 라파는 매우 중요한 연결을 가진다. 또 이 사건의 신약적 의미도 중요하다. 아무리 하나님의 은혜로 구원받았다 해도 우리 안에는 여전히 죄성이 강력하게 남아 있다는 것을 마라의 원망 사건이 잘 보여 준다. 그래서 구원받았다 해도 우리는 예수 그리스도의 은혜와 하나님의 치료하심이 있어야 하는 존재이다. 이스라엘 백성은 앞으로도 그들 안에 있는 죄성을 제거하기 위해 날마다 십자가에 자신을 못 박고 하나님의 만지심으로 치유받아야 한다.

엘림의 열두 샘(15장)

이스라엘 백성이 마라에서 3일만 더 참았다면 열두 샘이 준비된 엘림에서 하나님의 예비하심을 맛보았을 것이다. 그러나 그 사흘을 못 참고 불평했다. 하나님은 엘림의 샘을 주시기 전에 먼저 마라의 고난을 주셨다. 고난의 순간에 원망하기보다 기도하며 인내하면 하나님은 반드시 엘림을 준비하신다. 엘림은 종려나무를 뜻하는데, 중근동에서는 기쁨과 승리를 상징한다.

신분의 구원과 수준의 구원[9]

신분의 구원과 수준의 구원을 구별해야 한다. 신분의 구원이라는 것은 우리가 구원받았을 때 얻었던 하나님의 자녀라는 신분을 말한다. 그러나 신분의 구원을 받았다고 해서 우리가 하루아침에 하나님의 자녀다운 인격과 수준이 되는 것이 아니다. 그러므로 우리는 날마다 수준의 구원을 이루어가야 한다. 예수님과 함께 하나님 나라를 다스릴 수 있는 수준의 구원을 경험하는 것이다.

9　신분의 구원과 수준의 구원은 박영선 목사의 「박영선 성경강해 시리즈-로마서」(세움, 2010-2013년)에 나오는 개념을 기초로 했다.

신 광야의 만나(16장)

이스라엘 백성은 수르 광야를 떠나 신(סין) 광야로 들어갔다. 신 광야는 '가시 잡목'이란 뜻이다. 가시 잡목만 보이는 수르 광야에서 백성들은 먹을 것 때문에 또다시 원망하게 되고, 그들이 곧 하나님 앞에서 가시 잡목과 같은 존재임을 드러내고 만다.

또다시 원망하는 백성들

이스라엘 백성은 광야에서 양식이 떨어지자 또다시 원망하기 시작했다. 이런 백성들에게 하나님은 40년간 매일 아침 만나를 내려 먹을 것을 공급해 주셨다. 한 번도 주리고 배고프게 하지 않으셨다.

만나(מן)는 '이게 무엇인가?'라는 뜻이다. 백성들은 이와 같은 것을 전에 본 일이 없었다. 그처럼 하나님이 준비하신 '예수 그리스도'라는 참 만나 또한 사람들이 상상하지 못했던 하나님의 지혜인 것이다.

매일 하나님을 의지하라

하나님은 만나를 내려주시되, 하루치만 허락하셨다. 다음 날을 위해 더 거두어도 썩게 되어 먹을 수 없었고, 욕심을 부릴 이유가 없었다. 하나님도 불편하지 않으셨을까? 일주일치를 주면 손이 덜 번거로우셨을 텐데 매일 챙겨주셨다. 그것은 아무리 오늘 만나의 기적을 경험했다고 해도 내일은 다시 하나님을 신뢰해야만 살아갈 수 있음을 배우게 하기 위함이었다. 믿음으로 살아간다는 것이 무엇인가? 곧 날마다 하나님을 의지하는 법을 배우는 것이다.

매일 하늘을 바라보라

이스라엘 백성이 만나를 얻기 위해서는 매일 아침 밖으로 나가서 하늘을 바라보아야 했다. 만나는 하늘에서부터 내렸기 때문이다. 구원 얻은 성도는 땅의 가치를 바라보는 자가 아니다. 하늘의 가치를 바라보고 사는 자임을 잊어서는 안 된다.

참 만나, 생명의 떡이신 예수 그리스도

매일 아침 하늘에서 내리는 만나는 신약시대에 우리를 위해 이 땅에 오신 참 만나이자 생명의 떡이신 예수 그리스도를 예표한다. 예수님은 요한복음 6장에서 오병이어의 기적을 일으키신 후 자신을 참 만나로 계시하셨다.

> 기록된 바 하늘에서 그들에게 떡을 주어 먹게 했다 함과 같이 우리 조상들은 광야에서 만나를 먹었나이다 예수께서 이르시되 내가 진실로 진실로 너희에게 이르노니 모세가 너희에게 하늘로부터 떡을 준 것이 아니라 내 아버지께서 너희에게 하늘로부터 참 떡을 주시나니 하나님의 떡은 하늘에서 내려 세상에 생명을 주는 것이니라 그들이 이르되 주여 이 떡을 항상 우리에게 주소서 예수께서 이르시되 나는 생명의 떡이니 내게 오는 자는 결코 주리지 아니할 터이요 나를 믿는 자는 영원히 목마르지 아니하리라 (요한복음 6:31-35)

반석의 물과 생수 역사 (17장)

르비딤에 도착한 이스라엘 백성들은 또다시 목마르다는 이유로 원망했다. 그러자 모세가 하나님께 부르짖었고, 하나님은 한 반석을 지정하시고 지팡이로 치라고 하셨다. 그러자 그 반석에서 물이 터져 나왔다. 그런데 17장 6절에서 "너는 그 반석을 치라 그것에서 물이 나오리니"라는 말씀이 나오기 전에 "내가 호렙산에 있는 그 반석 위 거기서 네 앞에 서리니"라고 말씀하셨다. 이 구절의 구속의 의미, 구원의 의미를 살펴보면 반석 위에 서 계신 예수님이 맞아서 신령한 물이 나오는 것이다.

이 기적은 일차적으로 우리를 위해 십자가에서 물과 피를 쏟으실 그리스도와 성령의 생수 역사를 의미한다. 바울은 이 표적에 대해 신령한 반석에서 신령한 음료를 마신 것이라고 구속적 의미를 설명하면서 반석이 곧 그리스도이심을 확증하고 있다(고린도전서 10:4).

아말렉과의 전투와 영적 전쟁 (17장)

르비딤에서 이스라엘은 아말렉과 전투를 벌이게 되었다. 아말렉 족속은 에서의 후손들로 사무엘상 15장의 아각 왕과 에스더서에서 유대인을 말살시키려고 했던 하만 등이 아말렉의 후손들이다.

우리 안에 있는 아말렉 세력

이 전투는 단순히 아말렉이 이스라엘 백성을 쳤다는 의미가 아니다. 아말렉은 우리 안에 있는, 육신의 정욕을 좇아 사는 옛사람의 죄성을 상징한다. 우리 안에는 여전히 육신을 추구하는 세력들이 존재한다.

아말렉과 싸워 이기는 길

아말렉 전투에서 모세가 손을 들고 기도하면 이스라엘이 이기고, 모세가 손을 내리면 아말렉이 이기는 상황이 벌어졌다. 왜일까? 바울은 "각처에서 남자들이 분노와 다툼이 없이 거룩한 손을 들어 기도하기를 원하노라"(디모데전서 2:8)고 말했다. 손을 든다는 것은 하나님만이 하실 수 있다는 것을 고백하는 항복의 의미이기 때문이다. 바꿔 말하면 단순히 기도한다는 것이 아니라 "저는 할 수 없으니 하나님이 하시옵소서"라는 전적인 항복과 의존의 상징인 것이다.

여호와 닛시

승리한 백성들은 여호와 닛시(יהוה נסי)의 하나님을 찬양했다. 이 단어는 '여호와의 깃발'이라는 뜻으로, 승리하신 하나님을 선포하고 있다. 이 사건이 가나안에 대한 영적 정복 전쟁에서 큰 의미를 갖는다. 우리가 싸워야 할 진짜 가나안 정복 전쟁은 우리의 힘과 군사력으로 싸우는 전쟁이 아니라 하나님께 항복하고, 하나님만 의지하면서 하나님이 승리하시는 전쟁이라는 사실을 말해 준다.

이드로의 조언과 하나님 나라의 동역자(18장)

모세의 장인인 이드로가 모세를 찾아와서 조언했다. 모세의 짐이 너무 과중했기에 백성 가운데 능력 있는 사람들을 세워 짐을 나누라고 했다. 즉 하나님을 두려워하고 진실하며 의로운 자들을 살펴서 천부장, 백부장, 오십부장, 십부장으로 삼아 재판의 일을 나누게 했다. 이제 이 지도자들은 모세와 동역하게 되었다. 마찬가지로 성도들도 하나님 나라를 세우는 하나님의 동역자다.

시내산 앞에서의 3대 정체성 선포(19장)

출애굽기 19장에서 하나님은 시내산 앞에서 모세를 통해 이스라엘의 3대 정체성을 선포하셨다. "너희는 모든 민족 중에서 내 소유(סְגֻלָּה [세굴라])가 되겠고 너희가 내게 대하여 제사장(כֹּהֵן [코헨]) 나라가 되며 거룩한 백성(גּוֹי קָדוֹשׁ [암 카도쉬])이 되리라"(출애굽기 19:5b-6a)

내 소유

세굴라는 그 사람의 소유 중에서 가장 소중한 보물을 말할 때 쓰는 단어다. 열방을 하나님께로 불러들이는 유일한 통로이기에 구원받은 성도는 하나님께 보물 중 보물인 것이다.

제사장 나라

'내 소유' '제사장 나라' '거룩한 백성'의 세 어구 중 제일 중요한 것은 제사장 나라다. 제사장은 하나님과 죄인들 사이의 통로인데, 하나님은 제사장을 통해 사람들에게 다가가시고 사람들은 제사장을 통해 하나님께로 나온다. 하나님이 이스라엘을 구원하신 이유가 그들을 통해 열방을 향한 제사장 나라로 쓰시기 위함이었다.

거룩한 백성

그러나 하나님의 통로인 우리는 하나님을 흘려보내는 자들이기에 거룩하지 않으면 하나님의 은혜가 온전하게 흘러갈 수 없다. 그래서 신자는 세상과 구별된 거룩한 삶을 살아야 한다. 이 3대 정체성은 3대 사명이기도 하다. 하나님 안에서 내가 누군지 알아야 어떻게 살지 결정되기 때문이다. 신약에서 베드로 사도 또한 동일한 말을 하고 있다.

> 그러나 너희는 택하신 족속이요 왕 같은 제사장들이요 거룩한 나라요 그의 소유가 된 백성이니 이는 너희를 어두운 데서 불러 내어 그의 기이한 빛에 들어가게 하신 이의 아름다운 덕을 선포하게 하려 하심이라 (베드로전서 2:9)

3대 정체성의 중요성

하나님이 시내산에서 이스라엘 백성에게 주신 3대 정체성은 구약 전체를 이끌어가는 중요한 핵심 주제다. 제사장 나라는 하나님이 이스라엘을 애굽에서 구원하신 목적을 드러내기 때문에 거룩한 삶을 통해 이방을 여호와께로 돌아오게 해야 했다. 즉 그들은 하나님의 세굴라(소유)인 것이다. 그러나 이스라엘 백성들은 3대 사명 모두 실패했을 뿐 아니라 실은 관심도 없었다. 그래서 하나님은 수많은 선지자들을 보내어 회개를 촉구하셨다. 이스라엘의 멸망은 제사장 나라와 거룩한 백성이라는 사명을 외면한 결과였다. 선지서 17권에서의 책망은 모두 3대 정체성과 사명을 잃어버린 이스라엘을 향한 경고이자 회개의 촉구였다.

이 3대 정체성과 사명은 신약시대를 살고 있는 성도들에게도 베드로 사도가 동일하게 선포하고 있다. 우리는 예수님에게 영혼들을 이끌어 오는 왕 같은 제사장으로서 부름을 받았다. 따라서 세상의 가치와는 구별된 거룩한 백성으로 살아야 한다. 그럴 때 우리는 하나님의 소유다운 소유가 될 수 있다. 그러므로 우리는 삶의 목적, 자세, 태도가 어떠해야 하는지 진지하게 고민하고 기도해야 한다.

출애굽기 12~19장의 신약적 해석과 적용

출애굽기는 예수 그리스도가 이루신 구속 사역의 예표라는 측면에서 신약적 해석과 적용이 가능하다. 한편으로는 구원받은 한 사람의 신앙 여정으로도 적용할 수 있다. 이렇게 해석하는 데에는 성경적 근거가 있다. 사도 바울은 홍해 도하 사건을 두고 "모세에게 속하여 다 구름과 바다에서 세례를 받고"(고린도전서 10:2)라고 해설한다. 단순한 표적 사건이 아니라는 것이다. 바울은 1,500년 전에 일어난 홍해 도하 기적을 구속사적 사건으로 이해하고 신약적 해석과 적용을 하고 있다. "모세에게 속하여"라는 말씀은 예수 그리스도를 상징하는 모세를 통해 온 백성이 세(침)례를 받은 것으로 적용한다.

형제들아 나는 너희가 알지 못하기를 원하지 아니하노니 우리 조상들이 다 구름 아래에 있고 바다 가운데로 지나며 모세에게 속하여 다 구름과 바다에서 세례를 받고 다 같은 신령한 음식을 먹으며 다 같은 신령한 음료를 마셨으니 이는 그들을 따르는 신령한 반석으로부터 마셨으매 그 반석은 곧 그리스도시라 (고린도전서 10:1-4)

세례가 무엇인가? 옛사람이 예수와 함께 죽고 예수와 함께 새사람으로 거듭나는 것이다. 바울은 홍해 도하 기적을 신약시대의 세례(침례) 사건으로 풀고 있다. 모세는 곧 모든 사람과 연합하고 있는 예수 그리스도를 예표한다. 신약에서는 우리가 예수와 연합하여 그와 함께 죽고 다시 살아나실 때 함께 살아난 사건으로 말하고 있다. 또 출애굽기 16장의 만나 기적도 예수 그리스도라는 신령한 음식으로, 반석에서 생수가 터진 사건도 그리스도의 몸이 깨져서 그의 몸에서부터 나오는 생수로 해석하고 있다. 3가지 기적 사건에 대해 신약적으로 적용한다면 출애굽기에 나오는 모든 사건에 대해서도 구속사적·신약적으로 해석하고 적용할 수 있다. 이처럼 출애굽기를 구원받은 신자의 신앙 성장 단계로 본다면 출애굽기가 좀 더 입체적으로 보일 것이다.

출애굽기 13~40장의 신약적 의미

장 구분	사건	장소	신약적 의미
13장	유월절 어린양	애굽	예수 그리스도의 피 구원
14장	홍해 도하	홍해	세(침)례
15장	1. 찬양 2. 원망	술 광야	찬양 죄성
16장	만나	신 광야	생명의 말씀
17장	반석의 물	르비딤	성령의 역사
17장	아말렉 전쟁	르비딤	영적 전쟁
18장	동역자 세움	르비딤	동역자
19~24장	율법	시내산	하나님 나라의 법(하나님 사랑과 이웃 사랑)
32~34장	우상 숭배	시내산	자기 숭배와 자기 사랑
25~31장, 35~40장	성막 은혜	시내산	은혜와 죄 용서

출애굽 사건의 구속사적 의미

출애굽기 13장은 신자가 유월절 어린양이신 예수님의 십자가 보혈로 죄사함을 받는 것이다. 14장의 홍해도하는 신자가 예수님과 함께 죽고 예수와 함께 사는 세례를 의미한다.

출애굽기 15장의 미리암과 백성들이 찬양하는 장면은 신자들이 죄사함을 받고 새사람으로 다시 태어난 후 구원의 하나님을 높이고 찬양하고 경배를 보여준다. 구원받고 난 다음에 예수님과 함께 죽고 새 인생이 시작되면서 찬양이 시작되고 새 노래가 시작된다. 또한 구원받은 자에게는 구원의 감격이 있다. 그렇지만 그것이 오래가지 않는다. 초신자 시절의 감격이 오래 남았는가? 때로는 환경에 밀려, 현실적으로 마라라는 쓴 물 때문에 신자도 때로는 원망을 하고 불평도 한다. 그때부터 여호와 라파이신 하나님이 우리 안에 있는 죄성을 치료해 가시는 것이다.

출애굽기 16장의 만나 사건은 신자가 생명의 양식으로 날마다 양육 받는 단계이다. 매일매일 하나님의 말씀을 먹고 말씀을 의지하여 살아가는 삶이다. 또 우리 안에 있는 옛날의 죄성을 치료하시는 방법은 하나님의 말씀이다. 하나님이 말씀으로 우리를 치유하시고 회복시키시며 빚어가시는 것이다.

출애굽기 17장의 반석의 물은 예수 그리스도를 통한 성령의 역사를 의미한다. 하나님이 우리를 말씀으로 채우시면 우리 안에 성령의 생수가 샘솟게 된다. 하지만 그와 동시에 시작되는 일이 있다. 바로 영적 전쟁이다. 우리 안에 있는 아말렉 세력, 즉 자신의 육신의 자아와 싸워 이기는 단계이다. 다시 말해 하나님의 말씀과 성령의 충만함을 입고 내 안의 아말렉과 싸우는 것이다.

출애굽기 18장은 모세가 그 사역을 천부장, 백부장, 십부장과 함께 동역하는 것처럼 신자가 하나님 나라의 일꾼으로 동역하게 됨을 의미한다. 구원받고 옛 자아가 죽고 새 자아로 살게 되면서부터 하나님을 예배하고 찬양하는 삶이 시작된다. 하지만 우리 안에 여전히 죄성도 남아 있어서 하나님이 우리를 예수 그리스도의 형상을 닮아가도록 완성의 자리까지 계속 치료하신다. 그 도구는 말씀과 성령이며, 날마다 성령의 역사로 우리를 다듬어 가신다. 우리 안에 있는 아말렉 자아를 말씀과 성령이라는 도구로 계속 싸워 이기게 하시며, 그다음에는 하나님 나라의 동역자, 상속자의 사명을 감당케 하신다.

구원받은 자들은 위의 단계를 거치면서 결국 하나님 나라의 동역자로 세워지게 된다. 하나님은 나 하나 천국 가게 하려고 구원하신 게 아니다. 신자의 삶은 반드시 하나님 나라를 예수 그리스도와 함께 세우는 일꾼으로 서야 한다.

시내산 언약과 성막(출애굽기 20~40장)

1. 시내산 언약과 율법(20~24장)

남편과 아내의 법

출애굽기 20~40장에서는 율법을 받고 성막을 완성한다. 출애굽기에서 이스라엘 백성은 시내산 언약을 맺게 되고, 신명기에서는 모압 언약을 맺었다. 시내산 언약은 출애굽기 1세대와 맺은 언약이며, 모압 언약은 출애굽 2세대와 맺은 언약이다. 여호수아서에서는 가나안 땅에 들어가 1차와 2차 세겜 언약을 맺게 되는데, 장소에 따른 분류인 것이다.

시내산 언약에는 십계명으로 대표되는 613가지 계명이 있다. 어느 랍비의 분석에 의하면 '하라'는 계명은 248개, '하지 말라'는 계명은 365다. 사람의 뼈가 248개인데, 신앙의 뼈대가 온전히 서려면 하나님이 하라고 명하시는 248개의 계명만 열심히 해도 잘 세워질 수 있다. 그러나 시내산 언약은 단순히 '하라' '하지 말라'에 대한 행위 언약이 아니었다. 이사야 62장, 호세아 2장, 예레미야 31장 등을 보면 시내산 언약이 남편이신 하나님과 아내인 이스라엘의 부부의 법이라고 말씀하고 있다.

이는 너를 지으신 이가 네 남편이시라 그의 이름은 만군의 여호와이시며 네 구속자는 이스라엘의 거룩한 이시라 그는 온 땅의 하나님이라 일컬음을 받으실 것이라 (이사야 54:5)

마치 청년이 처녀와 결혼함 같이 네 아들들이 너를 취하겠고 신랑이 신부를 기뻐함 같이 네 하나님

이 너를 기뻐하시리라 (이사야 62:5)

가서 예루살렘의 귀에 외칠지니라 여호와께서 이와 같이 말씀하시기를 내가 너를 위하여 네 청년 때의 인애와 네 신혼 때의 사랑을 기억하노니 곧 씨 뿌리지 못하는 땅, 그 광야에서 나를 따랐음이니라 (예레미야 2:2)

여호와의 말씀이니라 배역한 자식들아 돌아오라 나는 너희 남편임이라 내가 너희를 성읍에서 하나와 족속 중에서 둘을 택하여 너희를 시온으로 데려오겠고 (예레미야 3:14)

내가 네게 장가 들어 영원히 살되 공의와 정의와 은총과 긍휼히 여김으로 네게 장가 들며 (호세아 2:19)

예레미야 31장은 소위 새 언약장이다. 여기서 옛 언약인 시내산 언약을 어떻게 평가하는지 보자.

여호와의 말씀이니라 보라 날이 이르리니 내가 이스라엘 집과 유다 집에 새 언약을 맺으리라 이 언약은 내가 그들의 조상들의 손을 잡고 애굽 땅에서 인도하여 내던 날에 맺은 것과 같지 아니할 것은 내가 그들의 남편이 되었어도 그들이 내 언약을 깨뜨렸음이라 여호와의 말씀이니라 (예레미야 31:31-32)

하나님은 이스라엘과 새 언약을 맺으려고 하셨다. 그 이유는 하나님의 백성들이 옛 언약을 깨뜨렸기 때문이다. 그런데 옛 언약의 핵심은 남편과 아내의 법이라고 말씀하신다. 시내산 언약을 맺을 때 하나님이 이스라엘의 남편이 되고 이스라엘은 하나님의 아내가 되었다고 선언하셨다.

바꿔 말하면 시내산 언약에서 613개의 율법은 남편과 아내가 서로의 사랑을 지속하기 위해 지켜야 할 상호 간의 법을 선포하신 것이다. 율법은 사랑하는 부부간의 사랑의 법이었다. 그래서 하나님은 호세아서에서 이스라엘 백성이 바알을 숭배하고 앗수르와 바벨론과 애굽을 의지하는 것에 대해 영적 간음으로 여기셨다. 하나님의 진노가 간음하는 아내를 향한 남편의 분노임을 알아야 호세아서를 이해할 수 있고 하나님의 불같은 진노도 이해할 수 있는 것이다.

십계명의 제1계명은 "너는 나 외에는 다른 신들을 네게 두지 말라"다. 히브리어 원문을 보면 '나 외'라는 어구는 알 파님(פָּנַי)인데, '내 얼굴 앞에'라는 뜻이 있다. "나와 네 얼굴 사이에 다른 아무것도 끼어들게 하지 마라. 나보다 더 사랑하는 것이 아무것도 없게 하라'는 의미다. 결론적으로 제1계명 자체가 이미 부부의 관계임을 보여주는데, 이것을 깨뜨렸다는 것이다.

율법을 주신 목적

하나님과의 사귐, 교제를 위함이다

하나님의 은혜로 구원받은 백성이 가장 먼저 할 일은 하나님과의 거룩한 교제, 곧 사귐이다. 하나님과의 깊은 교제 가운데 채워진 사랑과 긍휼을 이웃에게 흘려보내고 하나님께로 인도하여 구원하길 원하신다. 그러려면 먼저 마음과 뜻 그리고 힘과 목숨을 다하여 하나님을 사랑해야 한다. 그러면 하나님 사랑을 통해 이웃과 원수까지 사랑하고 열매 맺게 된다.

죄인임을 인정하고 항복하라고 주신 율법

하나님은 물론 율법을 지켜내라고 주셨지만, 오히려 숨겨진 의도라면 인간의 힘으로는 지켜낼 수 없음을 인정하고 항복하도록 하기 위함이었다. 즉 사람 안에는 하나님의 법을 지킬 수 있는 의지나 능력이 없는 것을 깨닫고 항복하여 하나님의 은혜와 긍휼로 사는 존재임을 고백하게 하려는 의도였다. 은혜 없으면 안 되는 자, 긍휼이 없으면 안 되는 자, 내 안에는 나뿐만이 아니라 다른 사람을 살려낼 자격과 능력이 전혀 없음을 인정하고 항복하라는 뜻이었다.

이것을 마태복음 5장 3절에서는 "심령이 가난한 자"라고 표현한다. 이때 '가난하다'라는 단어는 헬라어로 프토코스(πτωχός)인데, 당장 먹지 않으면 굶어 죽기 직전의 아사 상태에 놓였음을 의미한다. 그런데도 예수님은 이것을 복이라고 말씀하신다. 내 안에 하나님도, 나 자신도, 이웃도 사랑할 능력이 없어서 은혜만 의지하는 항복의 복이라는 것이다.

만약 하나님이 목사로 부르셨다면 그것은 축복이다. 도무지 말씀대로 살 수 없음을 인정하고 제일 먼저 항복하라고 부르신 것이다. 사도 바울이 수없이 은혜의 복음을 역설한 데는 그가 깨달은 복음의 진수가 오직 은혜이기 때문이다. 말라기 4장 6절에서는 "돌이키지 아니하면 두렵건대 내가 와서 저주로 그 땅을 칠까 하노라"라고 말씀하신다. 구약의 마지막에서도 결국 율법을 주셨음에도 저주받고 심판받을 수밖에 없는 한계로 끝맺는다. 그래서 예수 그리스도, 은혜가 우리에게 오신 것이다.

십계명의 내용

십계명에서 1~4계명은 위로 마음을 다해 하나님을 사랑하라는 것이고, 5~10계명은 이웃을 사랑하라는 것이다. 제사장 나라인 이스라엘에게는 위로 하나님을 사랑하고 옆으로 이웃 사랑을 통해 열방과 민족에게 하나님의 사랑을 흘려보내어 그들이 하나님 나라의 복을 보고 흠모하여 하나님 나라로 돌아오게 하는 사명이 있다. 이것이 시내산 언약의 핵심이다.

2. 성막(25~31장, 35~40장)

하나님은 율법을 주신 후 바로 성막을 짓도록 말씀하셨다. 율법으로는 의롭다 함을 받을 자가 아무도 없기 때문이다. 그래서 예수 그리스도의 십자가의 대속적 죽음을 예표하는 성막 제사를 주셨다. 일시적이지만 짐승의 피로 죄 용서의 길을 보여주시는 것이다. 출애굽기 25~31 장은 성막 제작에 대한 지시이며, 35~40장은 성막의 제작과 완공을 보여준다.

3. 금송아지 숭배 사건(32~34장)

출애굽기 25~40장의 키아즘 구조[10]

성막 지시(a)	안식일(B)	금송아지 우상 숭배(b)			안식일(B')	성막 완공(a')
25~31장	31:12~17	32~34장			35:1~3	35~40장
		우상 범죄	모세의 중보기도	하나님의 용서		

---

10 박근범, 『New 성경의 파노라마』(서울: 쿰란출판사, 2004), 109.

출애굽기 25~40장은 재미있는 구조로 되어 있다. 성막 지시와 성막 완공 사이에 금송아지 숭배 사건이 들어 있다(출애굽기 32~34장). 이런 구조를 샌드위치 구조라고 한다.[11] 샌드위치 구조는 가운데가 핵심인데, 하나님의 은혜와 긍휼이 이스라엘의 죄악을 감싸고 있는 모양이다. 성막은 곧 하나님의 긍휼과 은혜를 상징하는 곳이다. '인간의 죄악이 드러날수록 하나님은 긍휼과 은혜로 덮으시고 감싸서 그들을 품고 가신다'라는 메시지를 샌드위치 구조 가운데 드러내고 있다. 하나님의 은혜가 죄악으로 가득한 우리를 감싸고 포기하지 않고 끝까지 완성해 내신다. 즉 하나님의 은혜와 긍휼 때문에 우리가 사는 것이다.

금송아지를 만든 이유

이때 아론과 백성들이 만들었던 금송아지는 애굽에서 인도하신 하나님을 형상으로 만든 것이다. 처음부터 애굽의 신을 만들려고 했던 것이 아니라 하나님을 만들려고 했었다. 그들이 이해한 하나님은 애굽의 황소 신이었다. 이스라엘 백성은 하나님에 대해 애굽의 신인 소처럼 자신들을 위해 풍요와 부귀를 주고 영화를 가져다주는 신으로 이해했던 것이다.

나중에 북왕국 이스라엘의 초대 왕인 여로보암이 두 개의 금송아지를 만들어 벧엘과 단에 두었다(열왕기상 12:25-33). 즉 이스라엘 백성이 이해했던 하나님은 소처럼 우리에게 부귀와 영화와 축복을 내려주시는 신이었다. 도무지 하나님 나라와 거룩에는 관심이 없었고 그저 이 땅에서 복을 주시는 하나님으로 만든 것이다.

---

11 마가복음에는 샌드위치 구조가 잘 드러난다. 마가복음 11장에서 주님은 무화과나무를 저주했는데, 다음 날 말라비틀어져 죽었다. 그 사이에는 성전 청결 사건이 있다. 이는 깨끗하게 하시려는 의도가 아니라 성전 기능이 끝났다는 파괴 선언이다. 마태는 "무화과나무가 곧 마른지라"(마 21:19)라고 표현했다. 반면에 마가는 예수님이 무화과나무에게 이르시는 것(막 11:12-14)을 a로, 무화과나무가 마른 것(막 11:20-26)을 a'로, 그리고 가운데에 성전 청결 사건을 끼워 놓았다. 성경에는 충돌되는 부분이 있다. 다만 마태와 마가의 신학이 서로 다르고, 강조점이 다를 뿐이다. 성전 청결 사건이 공생애 초기에도 있었고 말기에도 있었다고 보는 학자들이 있다. 그러나 신학적 의도가 있을 뿐이다. 마가복음 5장에서는 회당장 야이로의 딸이 병들자 부탁을 받고 가서(막 5:21-24) 아이를 살리셨다(막 5:35-43). 중간에 12년 동안 혈루증을 앓던 여자가 예수님의 옷에 손을 대고 고침을 받는다(막 5:25-34). 샌드위치 구조는 가운데가 중요하다. 무화과나무는 유대교를 상징하는 나무. 그런데 무화과나무를 저주하심으로 성전의 기능이 끝났음을 선포하신다. 마가복음에는 샌드위치 구조가 제일 많이 나온다. 자세한 내용은 필자의 마가복음 강해 『복음의 통치와 제자도』(근간)를 참조하라.

하나님의 진노: 네 백성

하나님은 시내산에 올라와 있는 모세에게 백성의 타락에 대해 말씀하셨다. 그리고 이스라엘 백성을 "네 백성," 즉 '모세, 너의 백성'이라고 호칭하셨다. 지금까지 "내 백성"이라 하셨던 하나님께서 더 이상 이 백성은 내 백성이 아니라고 말씀하신다.

> 여호와께서 모세에게 이르시되 너는 내려가라 네가 애굽 땅에서 인도하여 낸 네 백성이 부패했도다 (출애굽기 32:7)

하나님은 모세의 간구를 들으시고 이스라엘 백성들을 용서해 주는 대신, 당신은 그들과 함께 가나안으로 올라가지 않으시겠다고 말씀하신다.

> 너희를 젖과 꿀이 흐르는 땅에 이르게 하려니와 나는 너희와 함께 올라가지 아니하리니 너희는 목이 곧은 백성인즉 내가 길에서 너희를 진멸할까 염려함이니라 하시니 (출애굽기 33:3)

모세의 중보기도: 생명책에서 지우소서

모세는 이스라엘을 버리고 모세를 통해 새 백성을 만드시겠다는 하나님의 진노 선언에 목숨을 걸고 중보했다. 이스라엘을 버리시려거든 생명책에서 자신의 이름을 지워 달라고 요청했다.

> 그러나 이제 그들의 죄를 사하시옵소서 그렇지 아니하시오면 원하건대 주께서 기록하신 책에서 내 이름을 지워 버려 주옵소서 (출애굽기 32:32)

모세의 기도를 들으신 하나님은 당신이 친히 이스라엘과 동행할 것을 말씀하셨다.

> 모세가 여호와께 아뢰되 보시옵소서 주께서 내게 이 백성을 인도하여 올라가라 하시면서 나와 함께 보낼 자를 내게 지시하지 아니하시나이다 주께서 전에 말씀하시기를 나는 이름으로도 너를 알고 너

도 내 앞에 은총을 입었다 하셨사온즉 내가 참으로 주의 목전에 은총을 입었사오면 원하건대 주의 길을 내게 보이사 내게 주를 알리시고 나로 주의 목전에 은총을 입게 하시며 이 족속을 주의 백성으로 여기소서 여호와께서 이르시되 내가 친히 가리라 내가 너를 쉬게 하리라 모세가 여호와께 아뢰되 주께서 친히 가지 아니하시려거든 우리를 이 곳에서 올려 보내지 마옵소서 (출애굽기 33:12-15)

이러한 모세의 모습은 장차 우리를 위해 대신 하나님의 심판을 받아 죽으신 예수님을 미리 보여주는 것이다.

특강 1: 성막에 담긴 메시지

성막의 모습과 구조

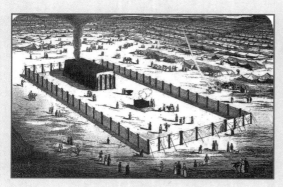
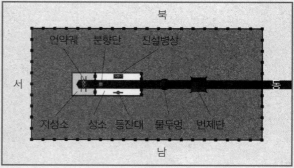

성막은 하나님이 그분의 백성과 함께 거하실 곳을 두는 데 목적이 있었다. 때로 성막은 정교하게 짠 휘장을 씌운 성소와 지성소를 포함하는 천막을 가리킨다. 그러나 다른 곳에서 성막은 천막 주위로 세마포 울타리를 두른 뜰을 포함하는 전체를 가리킨다.

성막의 위치

성막은 이스라엘의 중앙에 배치되어 있다. 유다 지파를 중심으로 동쪽에 세 지파, 남쪽에 세 지파, 서쪽에 세 지파, 북쪽에 세 지파씩 12지파가 성막을 중심으로 나뉘어 있다. 이것은 성막이 이스라엘의 중심이었음을 말한다. 또한 우리의 삶도 예수 그리스도를 중심으로 하여 신앙생활을 해야 한다는 것을 의미하고 있다.

성막을 보는 3가지 관점

성막을 볼 때 3가지 관점으로 보아야 한다. 첫째로 성막은 기본적으로 예수님을 의미하는 것이므로 당연히 기독론의 관점으로 보아야 한다. 둘째로 교회가 무엇이고 어떻게 세워야 할지에 대한 교회론으로 보아야 한다. 셋째로 신앙이란 무엇인가를 고민하는 신앙론으로 보아야 한다.

성막의 재료

성막의 기본 재료는 대부분 아카시아 종류인 조각목 또는 떨기나무다. 하지만 그 자체로 사용한 것은 아니다. 번제단은 놋으로 싸고 떡상과 분향단은 금으로 싸는데, 이것은 복음을 담고 있음을 의미한다.

조각목인 떨기나무는 광야에서 흔한 나무다. 교회론으로 보자면 주님은 교회를 세우실 때 흔하고 쓸모없고 자격 없는 조각목과 같은 우리를 세우셔서 만들어 가신다. 그런데 그냥 쓰시지 않고 금이나 은이나 놋으로 덮어서 사용하신다. 즉 은혜를 입히시고 믿음을 더하셔서 사용하시는 것이다. 만약 놋이나 금이 벗겨진다면 원래의 조각목이 보이게 될 것이다. 마찬가지로 은혜가 벗겨지면 자아가 그대로 나오게 된다.

동쪽의 하나의 문

성막에는 동쪽으로 문이 하나밖에 없다. 이 문은 9미터 정도의 크기다. 이스라엘 백성이 200만이 넘는데도 불구하고 동쪽으로 문 하나밖에 없다는 것은 구원의 문이 예수 그리스도 한 분밖에 없음을 말하는 것이다. 요한복음에서는 예수님이 자신을 가리켜 "나는 양의 문이라"(요한복음 10:7b)고 말씀하신다.

번제단

문을 지나면 번제단이 위치해 있다. 번제단에는 4개의 뿔이 있는데, 성경에서는 뿔이 능력을 상징한다. 고린도전서 1장 18절에서 "십자가의 도가 … 하나님
의 능력이라"고 말씀하고 있다. 번제단 위 4개의 뿔은 사방으로 펼
쳐져 있는데, 이것은 온 세상을 구원하실 수 있는 십자가 복음의 능
력을 상징한다.

제사의 절차

죄를 지은 자들은 제사장 앞에 희생 짐승을 데리고 와서 자기의 죄를 고백한다. 그리고 난
후 이 희생 짐승을 죽이는 일도 본인이 직접 하게 된다. 제사장이 아니라 제사자가 잡는 것이
다. 제사장이 하는 역할은 제사자가 잡은 제물을 번제단에 올려주고 태우는 일만 도와주는 것
이다.

또한 제사자는 자신이 직접 짐승의 각을 뜨고 목을 잘라야 한다. 왜 이것을 제사자 본인이
직접 하게 했을까? 그만큼 죄 용서가 어렵다는 것을 가르쳐 주시고자 한 것이다. 그 후에 번제
단에 올린 제물은 모두 태워야 한다.

제물의 종류

부자는 소를, 형편이 중산층이라면 염소나 양을, 형편이 어려운 사람들은 비둘기를 희생 짐
승으로 드렸다. 하나님은 이렇게 각자의 형편에 따라 제물을 선택하도록 해 주셨다. 여기까지
가 성막의 뜰이며, 일반 백성이나 제사장 모두 들어갈 수 있는 곳이다.

놋 물두멍

번제단 다음에는 물두멍이 있다. 물두멍의 기본 재료는 여인들의 놋 거울
이다. 여기서부터는 제사장만 들어갈 수 있는 지역이며, 일반 백성은 접근할
수 없다. 구약시대에는 당연히 그러했지만, 베드로전서 2장 9절에서 모든 성
도는 왕 같은 제사장이라고 하셨기 때문에 신약시대 성도들은 모두 지성소
까지 들어갈 수 있는 자격이 주어졌다.

제사장들은 번제단에서 제사드리면서 더럽혀진 핏자국이나 먼지 등을 물두멍에서 모두 씻
어내고 성소에 들어가야 한다. 출애굽기에서 제사장들이 물두멍에서 손발을 정결하게 하지

않고 성소에 들어오면 죽이시겠다고 했기 때문이다. 물론 성경에서는 실제로 죽은 제사장이 기록되어 있지 않다.

성막의 문과 번제단 그리고 물두멍까지를 성도의 영적 단계로 볼 수 있다. 문을 통해서 구원을 받은 후 번제단을 통해서 십자가를 통한 죄 용서를 받게 된다. 그다음 단계에서는 성도로서 합당한 삶의 태도를 요구하신다. 물로 상징되는 말씀으로 날마다 우리의 손과 발과 얼굴을 씻는 정결한 삶, 거룩한 삶, 성화의 삶을 요구하시는 것이다.

성소의 세 기구

떡상

12개의 진설병 | 성소에 들어가면 오른쪽에 떡상이 있다. 떡상 위에는 12덩이의 떡이 있는데, 이는 이스라엘의 12지파를 상징한다. 달리 말해 열두 지파에게 생명의 양식을 공급하시는 하나님의 말씀의 능력을 상징하는 것이다.

일주일마다 새로운 떡 | 12개의 떡은 일주일에 한 번씩 새것으로 교체한다. 이 떡은 제사장들이 배고플 때마다 성소에 들어와서 떡을 먹고 허기를 보충한 뒤 다시 나가서 사역했던 그런 떡이다. 이것은 성도들이 하나님의 일을 감당할 때 지치고 허기진 몸과 마음을 하나님의 말씀으로 채우고 공급받아 다시 채운 후 나가서 삶을 감당해야 한다는 의미다.

순금 등잔대

빛을 밝히는 촛대 | 성소 내 왼쪽에는 금촛대가 있다. 금촛대의 잔은 살구 모양이며, 성소 안을 밝히는 역할을 한다. 성소는 4겹의 덮개로 덮여 있기 때문에 어둡다. 금촛대의 불빛이 성소를 환히 밝혀 주게 된다.

마지막 4번째 덮개는 해달의 가죽이다. 광야에서의 40년 동안 햇빛과 바람을 견디기 위해 검고 질긴 것으로 덮었다. 성막 밖에서는 마지막 덮개인 해달 가죽만 보이기 때문에 성소가 얼마나 화려한지 상상하기 어렵다. 그런데 실제로 제사장들이 들어가는 순간 그 영광에 압도된다. 떡상과 분향단이 순금이고 등잔대도 순금이기 때문이다.

예수를 믿는다는 것은 이런 것이다. 밖에서 볼 때는 별것 없어 보인다. 그래서 믿지 않는 사람들이 볼 때 왜 예수를 믿는지 알 수 없다. 그러나 말씀과 기도와 성령이라는 그 깊이를 경험한 사람들만이 그 어떠함을 깨닫게 되는 것처럼 성소로 들어가야만 화려한 영광을 맛볼 수 있다. 마당에만 있으면 신앙생활의 깊은 맛을 알지 못한다. 그래서 이사야 1장 12절에서 하나님은 "너희가 내 앞에 보이러 오니 … 내 마당만 밟을 뿐이니라"고 책망하신다.

살구 모양의 등잔 | 순금 등잔대는 살구꽃 모양이다. 아론의 지팡이에서 난 싹이 살구꽃이었다. 살구꽃은 제일 먼저 피는 꽃으로 부활을 상징한다.

순금으로 만들어진 등잔대 | 제단, 떡상, 분향단은 모두 조각목 위에 놋과 금을 입혔지만, 순금 등잔대만큼은 오직 금을 녹여 일일이 망치를 두드려 만들었다. 「미드라쉬(midrash)」라는 구약의 주석서를 보면 모세가 몇 번을 시도하다가 실패했다고 기록되어 있다. 그만큼 만들기 어렵다는 뜻이다. 오랜 시간 두드리고 다듬어서 살구꽃 모양을 만들어야 하는데 쉽지 않았다. 그래서 순금 등잔대를 만드는 시간이 가장 오래 걸렸다고 한다. 순금 같은 성도는 단번에 나오지 않는다. 오랜 기간 고난을 통해 빚어져야만 나오는 것이다.

떡상은 말씀, 곧 생명의 떡 되신 예수님을 상징하는 것이고, 분향단은 우리를 위해서 영원토록 기도하시는 대제사장, 중보자이신 예수님을 상징한다. 순금 등잔대는 요한복음 8장에서 "나는 세상의 빛이니"라고 하셨던 빛 되신 예수님을 상징한다. 그래서 하나님은 성막에서 꺼지면 안 되는 두 가지를 말씀하셨는데, 번제단의 불과 순금 등잔대의 불은 절대로 꺼지지 않도록 요구하셨다.

교회는 십자가의 복음이 늘 선포되어야 하는 곳이며, 교회는 성령의 역사가 늘 일어나야 하는 곳이며, 또한 교회는 어두운 세상에 진리의 빛을 늘 비춰야 하는 곳이다. 이 교회의 사명을 잃으면 안 된다. 순금 등잔대에 감람유를 부어 태우는데, 이는 성령의 역사를 상징한다. 떡상은 말씀을, 분향단은 기도를, 순금 등잔대는 성령을 상징하는 것이다.

요한계시록에서 주님은 일곱 촛대를 보여주시는데, 그것은 곧 일곱 교회다. 성령님이 요한에게 마지막 시대의 교회를 의도적으로 촛대로 보여주신 이유가 뭘까? 마지막 때의 진짜 교회는 어두운 세상에 성령과 복음으로 빛을 발하여 어두움을 진리로 밝혀내는 교회라고 말씀하신다. 성막에서 유독 순금 등잔대를 가리켜 교회로 비유하시는 것으로 볼 때 주님이 마지막 때 의도하시는 교회가 명백해진다. 복음의 빛을 명확하게, 진리를 분명하게 밝히는 교회다.

분향단

성소 정면에는 분향단이 있으며, 분향단에도 4개의 뿔이 있다. 분향단은 기도를 가리키는데, 능력이 있음을 말하고 있다. 분향단의 4개의 향에도 깊은 의미가 담겨 있다. 자세한 내용은 필자의 『하나님 나라로 본 출애굽기』(근간)를 참고하기 바란다.

지성소와 법궤

성소에 들어가면 정면에 휘장이 있다. 휘장에는 하나님의 천사를 상징하는 그룹들이 그려져 있고, 휘장 안쪽은 지성소로서 법궤가 놓여 있다. 이 지성소에는 대제사장만 일 년에 딱 한 번 짐승의 피를 들고 들어갈 수 있었다. 법궤 위, 즉 시은소 위에 수송아지의 피를 뿌려서 일 년에 한 번씩 모든 백성의 죄사함을 받았다.

법궤 안에는 3가지 물건이 있다. 십계명 돌판, 싹 난 지팡이, 만나가 그것이다. 이 3가지는 무엇을 의미하는 것일까? 그 위에 피가 부어졌다는 것으로 볼 때 법궤 안의 3가지 물건은 인간의 죄성을 의미하는 것으로 볼 수 있다. 깨진 십계명은 인간의 금송아지 숭배 때문에 나온 죄성을 의미하고, 싹 난 지팡이는 아론의 권위에 도전한 고라 자손의 교만을 상징한다. 만나 또한 어떤 면에서는 인간의 죄악을 드러내고 있다. 출애굽기 16장에서 하나님을 원망하고 불평할 때 만나를 주셨기 때문이다. 이스라엘 백성들의 죄성과 불평은 지금도 계속되고 있다. 아마도 이렇게 각색해 볼 수 있을 것이다.

주님이 나의 환경을 바꿔 주시면, 나에게 재물의 복을 주시면, 우리 교회에 부흥을 주시면, 나의 목회 환경을 바꿔 주시면, 나의 사업 환경을 바꿔 주시면 내가 더 잘할 수 있고 더 잘 섬길 수 있습니다. 주님이 환경을 안 바꿔 주셔서 내가 이렇게 원망하고 불평할 수밖에 없습니다. 주님이 나의 환경을 바꿔 주세요. 주님이 재물의 복을 부어주세요. 주님이 나의 사업을 형통하게 해 주세요. 주님이 우리 교회를 축복하셔서 천 명 교회로 부흥시켜 주세요. 주님이 복 주시면 나의 태도가 당장 바뀔 것입니다. 내가 주님을 나의 최고로 모시겠습니다. 나의 원망과 불평을 거둘 수 있도록 환경을 바꿔 주세요. 문제는 내게 있는 게 아니라 환경을 바꿔 주지 않으신 주님께 있어요.

지금도 우리는 이렇게 주님을 원망하고 불평하고 있다. 그러나 하나님은 우리의 신앙 실패의 본질이 환경 때문이 아니라 우리 안에 있음을 지적하신다. 환경을 바꿔 주고, 사업을 형통하게 해 주고, 교회를 부흥시켜 주고, 재물의 복을 준다고 해도 하나님을 섬기는 우리의 신앙은 여전할 것이다. 그럼에도 하나님은 우리에게 만나를 주신다. 만나를 주시고 환경을 바꿔줘도 불평은 여전하다. 하나님은 환경을 바꾼다고 해서 우리의 내면이 바뀌지 않음을 알고 계신다. 그럼에도 깨닫고 굴복하게 하시려고 만나를 주신다.

환경 바뀐다고 해결될 문제가 아니다. 그래서 우리의 속을 바꿔 주실 성령이 오시는 새 언약장이 예레미야 31장에 기록되어 있다. 하나님의 말씀에 대한 불순종을 드러내는 깨진 돌판, 인간의 불순종을 의미하는 싹 난 지팡이, 인간의 원망과 불평을 보여주는 만나까지 모두 인간이 누구인가를 담아내고 있다. 그 죄성 위에 피가 뿌려져서 죄악을 덮어야만 우리가 살 수 있음을 법궤는 잘 보여주고 있다.

06장

레위기: 하나님 나라 백성의 거룩

하나님 나라로 본 창세기부터 여호수아까지

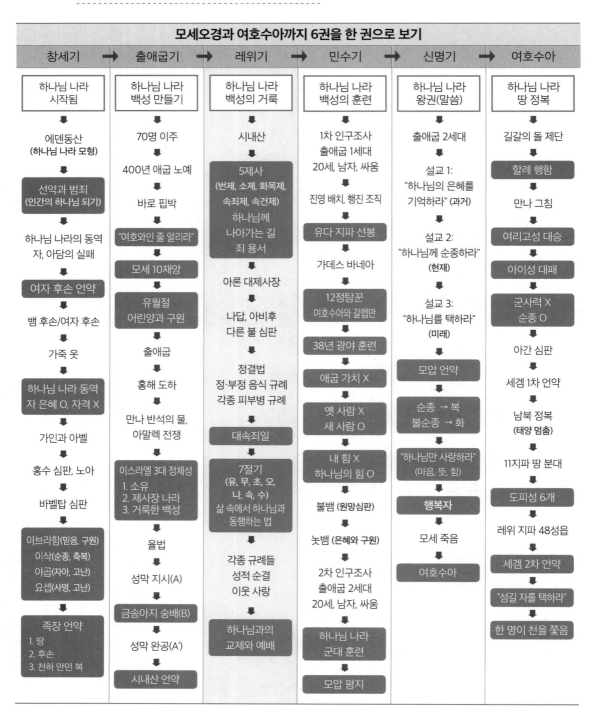

모세오경과 여호수아까지 6권을 한 권으로 보기					
창세기	출애굽기	레위기	민수기	신명기	여호수아

하나님 나라 시작됨
- 에덴동산 (하나님 나라 모형)
- 선악과 범죄 (인간의 하나님 되기)
- 하나님 나라의 동역자, 아담의 실패
- 여자 후손 언약
- 뱀 후손/여자 후손
- 가죽 옷
- 하나님 나라 동역자 은혜 O, 자격 X
- 가인과 아벨
- 홍수 심판, 노아
- 바벨탑 심판
- 아브라함(믿음, 구원) 이삭(순종, 축복) 야곱(자아, 고난) 요셉(사명, 고난)
- 족장 언약 1. 땅 2. 후손 3. 천하 만민 복

하나님 나라 백성 만들기
- 70명 이주
- 400년 애굽 노예
- 바로 핍박
- "여호와인 줄 알리라"
- 모세 10재앙
- 유월절 어린양과 구원
- 출애굽
- 홍해 도하
- 만나 반석의 물, 아말렉 전쟁
- 이스라엘 3대 정체성 1. 소유 2. 제사장 나라 3. 거룩한 백성
- 율법
- 성막 지시(A)
- 금송아지 숭배(B)
- 성막 완공(A')
- 시내산 언약

하나님 나라 백성의 거룩
- 시내산
- 5제사 (번제, 소제, 화목제, 속죄제, 속건제) 하나님께 나아가는 길 죄 용서
- 아론 대제사장
- 나답, 아비후 다른 불 심판
- 정결법 정·부정 음식 규례 각종 피부병 규례
- 대속죄일
- 7절기 (유, 무, 초, 오, 나, 속, 수) 삶 속에서 하나님과 동행하는 법
- 각종 규례들 성적 순결 이웃 사랑
- 하나님과의 교제와 예배

하나님 나라 백성의 훈련
- 1차 인구조사 출애굽 1세대 20세, 남자, 싸움
- 진영 배치, 행진 조직
- 유다 지파 선봉
- 가데스 바네아
- 12정탐꾼 여호수아와 갈렙만
- 38년 광야 훈련
- 애굽 가치 X
- 옛 사람 X 새 사람 O
- 내 힘 X 하나님의 힘 O
- 불뱀 (원망심판)
- 놋뱀 (은혜와 구원)
- 2차 인구조사 출애굽 2세대 20세, 남자, 싸움
- 하나님 나라 군대 훈련
- 모압 평지

하나님 나라 왕권(말씀)
- 출애굽 2세대
- 설교 1: "하나님의 은혜를 기억하라" (과거)
- 설교 2: "하나님께 순종하라" (현재)
- 설교 3: "하나님를 택하라" (미래)
- 모압 언약
- 순종 → 복 불순종 → 화
- "하나님만 사랑하라" (마음, 뜻, 힘)
- 행복자
- 모세 죽음
- 여호수아

하나님 나라 땅 정복
- 길갈의 돌 제단
- 할례 행함
- 만나 그침
- 여리고성 대승
- 아이성 대패
- 군사력 X 순종 O
- 아간 심판
- 세겜 1차 언약
- 남북 정복 (태양 멈춤)
- 11지파 땅 분대
- 도피성 6개
- 레위 지파 48성읍
- 세겜 2차 언약
- "섬길 자를 택하라"
- 한 명이 천을 쫓음

레위기의 구조

레위기는 1~17장의 전반부와 18~27장의 후반부로 나눌 수 있다. 전반부는 죄인이 어떻게 하나님께 나아가 용서받는가에 대한 가르침이라면(5대 제사), 후반부는 용서받은 하나님의 백성이 삶 속에서 어떻게 하나님과 동행하며 거룩한 삶을 살 것인가를 가르치고 있다(시민법, 7대 절기).

주제: 하나님과의 사귐과 거룩	
5대 제사, 제사장 위임식, 정결법	시민법, 7대 절기
1~16장	17~27장
"나는 거룩하니"	"너희도 거룩하라"

문학적 구조(교차 대칭 구조)[12]

```
a. 제사법(1-7장)
   ① 5대 제사(백성에게, 1-5장)
   ② 5대 제사(제사장에게, 6-7장)
   b. 제사장 위임식 및 첫 임무 수행(8-10장)
      c. 정결법(정·부정 음식, 피부병, 유출병 등, 11-15장)
         D. 대속죄일(온 이스라엘의 속제, 16장)
      c'. 성별 규정(피 규례, 성 등, 17-24장)
         ① 백성들의 성별(17-20장)
         ② 제사장의 성별(21-22장)
         ③ 7대 절기 규례 및 성막과 제단 관리(23-24장)
   b'. 가나안 땅에서의 성별과 복·저주: 25-26장)
a'. 서원과 성별(27장)
   ① 사람 ② 짐승 ③ 집 ④ 밭 ⑤ 십일조
```

레위기의 핵심 주제는 출애굽기에서 어린양의 피로 구원받아 만들어진 하나님 나라 백성들

---

12 김중은, 『거룩한 길 다니리: 설교를 위한 레위기 연구』(서울: 한국성서학연구소, 2001년).

의 거룩함이다.

거룩을 요구하시는 이유

거룩은 세상과의 구별이고 하나님을 닮아감이다. 하나님은 당신의 백성들을 가나안에 들여보내기 전에 먼저 거룩을 요구하시는데, 두 가지 이유 때문이다.

첫째, 하나님 나라 백성들이 거룩하신 하나님과 교제하려면 반드시 거룩과 성결이 필요하다. 거룩 자체가 목적이 아니라 아버지와의 깊은 사귐이 목적이다.

둘째, 가나안 땅을 정복하기 위해서는 하나님의 백성들은 가나안 족속들과 다른 존재, 다른 목적, 다른 가치, 다른 자세, 다른 원리로 살아가야 하는 거룩한 존재여야만 하기 때문이다.

이러한 세상과의 구별, 즉 거룩함 없이 가나안 땅에 들어간다면 그곳에서 하나님 나라를 세우기는커녕 오히려 가나안의 바알 숭배에 빠져 버릴 것이 분명하다. 그러므로 레위기에 나오는 5대 제사와 7대 절기 및 정결 규례 등 각종 규례들이 복잡해 보이기는 하지만, 실제로는 구원받은 하나님의 백성들이 거룩을 지키는 방법들을 제시하고 있다.

1. 5대 제사(1~7장)

하나님과의 교제를 위해서는 아무리 구원받은 백성이라 할지라도 삶 속에서 죄악을 범할 때마다 성막에 나아와서 희생 짐승의 피로 씻어야만 했다. 구원받을 때도 예수 그리스도의 피가 필요한 것처럼 구원 이후에도 예수의 피로 날마다 씻겨서 거룩해져 가야 한다. 이스라엘 백성이 드리는 5대 제사에는 자원제(自願祭)인 번제, 소제, 화목제가 있고, 의무제(義務祭)인 속죄제, 속건제로 나뉜다. 이 제사들은 백성들이 하나님께로 나아가는 길과 하나님과 교제하는 길을 제시한다.

1~5장에서는 5대 제사가 소개되는데, 번제, 소제, 화목제, 속죄제, 속건제 순으로 나와 있다. 그런데 6~7장에서 다시 5대 제사가 반복된다. 1~5장에서의 5대 제사는 백성들에게 가르치는 제사법이고, 6~7장의 5대 제사는 제사장들의 집도 측면에서 제사를 어떻게 집례하고 섬겨야 하는지에 대해 기록했다. 따라서 순서와 관점이 약간 다를 뿐 내용은 비슷하고, 6장과 7장의 순서가 바뀌어 있다. 즉 번제, 소제, 속죄제, 속건제, 화목제 순으로 배열되어 있다.

번제

가죽을 제외한 모든 것들을 태우는 것이 번제(燔祭, burnt offering)다. 번제는 '전부를 드려 바친다'는 의미를 가지고 있다. 번제의 히브리어 단어는 올라(עֹלָה)인데, '올려 바친다'라는 헌신을 의미하는 제사를 뜻한다.

소제

소제(素祭, grain offering)는 가루로 잘게 빻아서 생채로 드리거나 볶아서 드리는 제사이다. 이는 감사제로서 단독으로 드리지 못하고 피 제사와 함께 드려야 했다. 즉 번제나 화목제와 같이 드릴 수 있다. 즉 예수의 피가 있어야 그것에 대한 감사제가 될 수 있기 때문이다. 신약적 의미로 해석해 보면, 번제는 우리를 위해 모든 것을 헌신하신 예수님을 상징하는 것이다. 또 소제는 우리를 위해 하늘 보좌를 버리고 내려와 자신의 몸을 부수면서까지 희생한 예수님의 십자가 사건을 의미한다.

화목제

번제, 소제, 화목제(和睦祭, peace offering)는 모두 자원제다. 드려도 되고 안 드려도 되는데, 드리고 싶은 열정이 있을 때 항상 자원함과 감사로 드렸던 제사들이다. 이스라엘 백성의 신앙이 좋을 때는 3가지 제사를 종종 드렸다. 화목제는 제사자와 제사장이 모두 먹을 수 있다. 하나님께 드리는 몫과 제사장이 먹을 수 있는 몫, 그리고 제사자의 몫이 나뉘어 있었다. 기름과 콩팥은 하나님께 드리고, 제사장은 앞가슴살과 넓적다리살을 먹었다. 남은 것은 제사자의 몫으로 자기 친척이나 이웃들과 나눠서 모두가 함께 먹을 수 있도록 한 것이 화목제다.

단 다음 날 아침까지 모두 먹어야 한다는 조건이 있었다. 즉 많은 양의 고기를 혼자 먹는 게 아니라 이웃과 함께 베풀면서 먹을 수 있도록 한 유일한 제사였다. 그래서 로마서 3장 25절에서 하나님이 예수를 화목제물로 세우셨다는 말씀은 예수님이 하나님을 만족시킬 뿐 아니라 죄인인 우리도 만족시켜 주신다는 의미이다. 모든 자에게 화평과 평안을 주신 화목제물이었다. 이런 제사에서도 가난한 자, 빈궁한 자, 약한 자, 못 먹는 자를 향한 하나님의 배려를 짐작할 수 있다.

속죄제

속죄제(贖罪祭, sin offering)는 죄를 속하기 위해서 드리는 제사다. 의무제로서 일 년에 한 번씩 7월 10일 대속죄일에 모든 백성의 죄를 용서받아야 했다.

속건제

속건제(贖愆祭, guilt offering) 역시 죄에 관련된 제사로서 율법에 대해 알지 못하여 실수로 죄를 범했거나 상대방에게 해를 끼쳤을 때 피해 입은 이웃에게 배상하고 난 후 흠 없는 숫양으로 드리는 제사다. 즉 하나님의 성물에 손해를 끼쳤거나 이웃에게 물질적 피해를 줬을 때 물질적으로 반드시 갚아 주어야 할 때 드렸던 제사다. 물질적 보상이 따랐고 자기가 입힌 피해 금액에 1/5을 더하여 갚은 뒤에 드리는 제사였다.

5대 제사의 구속사적 의미와 적용

제사의 종류	그리스도의 성취	신자의 적용
번제	그리스도의 십자가 헌신	삶의 헌신과 산 제사
소제	죄 없으신 그리스도의 희생과 충성	구속에 대한 감사와 충성의 삶
화목제	하나님과 죄인을 위한 화목제물	화목의 직분을 맡은 자
속죄제	죄악을 대신 지신 대속 제물	허물을 짊어지는 사랑의 삶
속건제	죄악의 삯을 생명으로 치르심	구체적인 회개와 보상

5대 제사의 핵심 내용[13]

번호	명칭	제물	제사 방법	제물의 몫			성경
				하나님	제사장	제사자	
1	번제	• 흠 없는 수소 • 흠 없는 숫염소, 숫양 • 산비둘기, 비둘기 새끼	가죽을 제외한 모든 제물을 불살라 태움	가죽을 제외한 모든 부분	가죽	없음	레 1:3-17 레 6:8-13 레 8:18-21 레 9:12-14, 16
2	소제	• 피 없는 곡식으로 고운 가루, 기름, 유향 • 번철 또는 화덕에 기름을 섞어 구운 무교병, 무교전병 • 볶아 찧은 첫 이삭	• 번제와 화목제에 함께 드림 • 고운 가루에 기름, 유향, 소금을 섞어 단에 불사름 • 첫 이삭을 볶아 기름, 유향과 함께 단에 불사름	소제물 중 기념물로 여호와께 불사른 부분	여호와께 불살라지지 않은 나머지 부분	없음	레 2:1-16 레 6:14-23 레 7:12-13 레 8:26 레 9:16-17

13 본 도표는 『톰슨 Ⅱ 주석성경』(서울: 기독지혜사, 2000년)에서 발췌.

번호	명칭	재물	제사 방법	제물의 몫 하나님	제물의 몫 제사장	제물의 몫 제사자	성경
3	화목제	• 흠 없는 암소, 수소 • 흠 없는 숫양, 암양 • 염소	• 내장의 기름과 두 콩팥과 그 위의 기름, 간에 덮인 꺼풀을 단에 불사름 • 가슴을 요제(搖祭)로, 뒷다리를 거제(擧祭)로 삼음	기름과 그의 단에서 불살라진 부분	요제로 드려진 가슴과 거제로 우편 뒷다리	나머지 부분을 성막 뜰에서 먹음 • 감사	레 3:1-17 레 7:12, 16
4	속죄제	• 제사장: 수송아지 • 회중: 수송아지 • 족장: 숫염소 • 평민: 어린 암양 • 가난한 자: 비둘기 두 마리(하나는 속죄 제물, 하나는 번제물) • 극빈자: 고운 가루 1/10 에바	• 내장의 기름과 두 콩팥과 그 위에 기름, 간에 덮인 꺼풀을 단에 불사름 • 제사장과 회중 전체의 속죄 제물 가죽과 모든 고기, 머리, 다리, 내장, 똥을 진 바깥에서 불사름	기름과 그의 단에서 불살라진 부분	족장 또는 평민의 속죄 제물 중 불살라지지 않은 나머지 고기 부분	없음	레 4:1, 13, 22 레 5:13 레 6:24-30 레 8:1, 4-17
5	속건제	• 성물의 범죄, 금령을 범한 자: 흠 없는 숫양 • 사람에 범죄: 흠 없는 숫양	• 불사름 • 범죄한 물건의 보상으로 1/5을 더함				레 5:1-4, 15, 16 레 6:7 레 7:1-7

2. 제사장 위임식(8~9장)

레위기 9장은 제사장의 위임식이다. 제사장들은 사역을 시작하기 전에 먼저 일주일 동안 위임식을 거쳐야 했다. 가장 중요한 것은, 제사장들이 먼저 자신을 짐승의 피로 씻고 물로 정결케 한 다음에 기름을 머리에 부었다.

이것은 신약시대의 왕 같은 제사장이자 모든 구원받은 성도들이 어떤 삶을 살아야 하는지 잘 드러내는 부분이다. 신자는 먼저 정결함이 있어야 하고 성령의 충만함을 입어야 한다. 우리가 먼저 정결하지 않고 성령의 기름 부으심을 입지 않는다면 어떻게 세상의 죄인들을 예수님께로 인도할 수 있겠는가?

3. 나답과 아비후의 다른 불(10장)

> 아론의 아들 나답과 아비후가 각기 향로를 가져다가 여호와께서 명령하시지 아니하신 다른 불을 담아 여호와 앞에 분향했더니 불이 여호와 앞에서 나와 그들을 삼키매 그들이 여호와 앞에서 죽은지라 (레위기 10:1-2)

레위기 10장은 첫 번째 대제사장인 아론의 아들 나답과 아비후의 타락과 심판에 대한 것이다. 제사장이던 두 아들은 제사장 위임식이 끝난 뒤 제사드리기 위해 분향단에서 향을 피울 때 번제단의 불로 하지 않고 다른 불을 사용했다. 왜 다른 불을 사용했는지 정확히 알 수는 없지만, 이 사건 후 제사장이 성소에 출입할 때는 독주를 삼가라는 하나님의 지시가 있는 것으로 볼 때(레위기 10:9) 번제단의 불이 아닌 것을 사용한 것은 술 취한 상태에서 저지른 것일 수 있다. 만약 술에 취하여 성막에서 제사드렸다면 그 자체가 이미 심판의 대상이다.

분향단은 번제단에 있는 불씨를 불 담는 그릇에 담아 성소로 들어가서 향을 피우게 되어 있다. 그런데 나답과 아비후가 다른 불씨로 분향을 했고, 갑자기 여호와의 불이 나와서 나답과 아비후를 그 자리에서 삼켜버렸다. 하나님의 진노가 얼마나 큰지 아론에게 울지도 말라고 하셨다(레위기 10:6).

다른 불

나답과 아비후가 분향단에 다른 불을 사용한 것은 레위기에서 중요한 핵심 사건이다. 분향단은 기도를, 번제단은 십자가를 상징한다. 교회는 십자가의 복음에서 나오는 불로 기도하고 부흥해야 하는데, 십자가의 복음이 아닌 다른 불, 다른 복음, 다른 예수, 다른 영을 허용하는 것은 잘못된 것이다. 바울은 고린도교회 성도들이 다른 복음을 용납하는 것에 대해 심하게 책망했다.

> 만일 누가 가서 우리가 전파하지 아니한 다른 예수를 전파하거나 혹은 너희가 받지 아니한 다른 영을 받게 하거나 혹은 너희가 받지 아니한 다른 복음을 받게 할 때에는 너희가 잘 용납하는구나 (고린도후서 11:4)

교회는 오직 번제단의 불만 사용해야 한다. 구약시대 번제단의 불은 신약시대의 십자가 사건과 복음을 상징하는 것이다. 하나님은 오직 번제단에서 나오는 불로 복음을 전하기 원하신다. 더디든, 크든, 작든 오직 십자가의 불, 복음의 불로만 교회가 세워지고 부흥할 수 있어야 한다. 지금 이 시대에 십자가의 불과 복음의 불로 하지 않고 사람들이 좋아하는 다른 불로 하는 교회들, 극단적 신비주의나 번영신학으로 사람들을 끌어모으려는 교회들은 반드시 하나님의 심판이 있을 것이다.

4. 정·부정 짐승 규례(11장)

레위기 11장에는 정한 동물, 부정한 동물, 정한 새, 부정한 새, 정한 음식, 부정한 음식 등등의 정·부정 규례에 대해 자세히 나온다. 레위기의 핵심 주제인 '섞이면 안 된다. 구별되어야 한다'라는 거룩 때문이다.

정한 짐승

굽이 갈라진 것

굽이 갈라진 정한 짐승만 먹도록 하신 이유는 원독자 중심으로 보아야 한다. 하나님의 백성들은 우상 숭배의 땅 가나안에 들어가서 하나님 나라를 건설해야 하는데, 이 땅의 세상 백성들과 섞이면 안 된다. 그래서 하나님은 정한 짐승이라는 규례를 통해서 바알의 문화와 가나안 땅의 가치가 섞이면 안 된다는 것을 상징적으로 선포하신 것이다.

되새김질하는 것

되새김질하는 짐승이 정한 짐승이다. 되새김질하는 짐승을 택한 이유는 명확하지 않지만, 정결한 백성은 여호와의 율법을 주야로 묵상하고 곱씹는 자이어야 함을 비유적으로 말씀한다고 여겨진다.

정과 부정의 구분[14]

종류	정한 동물	부정한 동물	관련 성경
짐승	1. 굽이 갈라진 것: 양, 소, 염소 등 2. 되새김질하는 것	정한 동물 조건에서 하나의 결격 사유라도 있는 것: 약대, 토끼, 돼지, 개, 고양이, 곰, 사자 등	레 11:3-7 신 14:6-8
조류	부정한 이외의 것	썩은 고기 취식, 맹금류, 더러운 주거지: 독수리, 솔개, 부엉이, 타조	레 11:13-29 신 14:11-20
물고기	지느러미 있는 것, 비늘 있는 것	지느러미나 비늘 둘 중 하나가 없는 것: 낙지, 장어, 뱀장어, 가오리, 고등어, 상어 등	레 11:9-12 신 14:9-10
곤충	날개가 있고 네 발로 다니며, 뛰는 것	날개가 있고 네 발로 다녀도 뛰지 못하는 것: 벌, 개미, 바퀴벌레, 기어다니는 것은 부정	레 11:20-23

거룩의 3단계

부정	정결	거룩
하나님이 창조하신 원래의 상태에서 벗어남	하나님이 창조하신 원래의 상태	하나님께 드려진 것

5. 각종 정결 규례(12~15장)

- 아이를 낳은 여인의 정결 기간(12장)

  여인이 남자아이를 낳으면 일주일간 부정하고 33일이 지나야 정결해지며, 여자아이를 낳으면 14일이 부정하고 66일이 지나야 정결해진다.
- 피부에 새긴 나병 정결 규례(13장)
- 의복이나 가죽에 생긴 곰팡이 정결 규례(13장)
- 나병 환자의 정결 기간 규례와 집의 곰팡이 정결 규례(14장)

---

14 전정진, 『레위기 어떻게 읽을 것인가?』(서울: 성서유니온, 2004년). 레위기 해석의 키는 거룩의 3중 구조를 아는 것이다. 레위기에 나타난 '거룩-정결-부정'의 3중 구조에 대해서는 영국의 문화인류학자 메리 더글라스(Mary Douglas)의 글을 참조하라. 김경열, 『레위기의 신학과 해석』(서울: 새물결플러스, 2016년).

- 유출병 정결 규례(15장)

6. 속죄일(16장)

레위기의 핵심 장은 16장으로, 속죄일(贖罪日, day of atonement)과 아사셀의 양에 관한 것이다.

속죄일의 절차

레위기의 법은 복잡해서 제사마다 드리는 짐승이나 절차가 많았다. 레위기 16장에 나오는 속죄일은 종교력으로 매년 7월 10일로 대속죄일이었다. 일 년에 한 번씩 온 백성이 회막 앞에 모여 하루를 금식했다. 그리고 백성을 대표해서 대제사장이 단독으로 제사드렸다.

대제사장 자신을 위한 절차

먼저 대제사장 복장을 모두 내려놓고 흰 세마포만 입는다. 세마포 속바지와 세마포 띠 그리고 세마포 관을 쓰는데, 그 전에 목욕을 했다. 그리고 자신도 죄인이기에 먼저 자신을 위해 속죄제를 드리는데, 이때의 제물은 수송아지다. 수송아지의 피를 받아서 지성소 안에 들어갔다.

들어가기 전에 절차가 있다. 원래 성막은 일 년에 한 번씩 지성소를 들어갈 때는 지성소 휘장 앞에 있는 분향단에 향을 피워서 성소와 지성소가 향기로 가득해야만 들어갈 수 있었다. 그러지 않으면 즉사하기 때문이다. 그러므로 아무리 피를 가지고 있어도 향이 피어올라 성소와 지성소를 모두 가렸을 때 비로소 조심스럽게 수송아지의 피를 가지고 들어갔다.

또한 대제사장의 발끝에는 방울을 매달았다. 혹시 대제사장이 죽게 되면 끌어내야 하기 때문이다. 지성소에 들어가서 그룹이 덮고 있는 시은소와 속죄소에 수송아지의 피를 한 번 뿌리고 나머지 피는 번제단 앞에 일곱 번 뿌리고 나와야 했다.

백성을 위한 절차

이제 자신의 죄를 용서받은 대제사장은 온 백성들을 위해서 다시 제사드린다. 일 년의 죄를 용서받는 제사의 제물은 숫염소였다. 숫염소의 피를 받아서 똑같은 방법으로 지성소에 들어갔다. 분향단에 향을 피워서 성소와 지성소에 향기로 가득하게 되면 다시 들어갔다. 그리고 숫염소의 피를 속죄소에 뿌리고 나오게 된다.

특이한 것은, 백성들이 속죄할 때는 한 가지 절차가 더 있다. 분향단의 네 개의 뿔에 숫염소의 피를 바르는 것이다. 그들이 일 년 동안 했던 기도도 정결하게 다시 한 번 속죄하는 것이다. 그들이 했던 기도마저도 부정한 것이 있을까 봐 일 년에 한 번씩 속죄한다는 의미다. 그리고 난 후 염소의 피를 다시 성막 뜰로 가지고 나와서 번제단에 있는 네 뿔에 발랐다. 이후 나머지 피를 번제단 밑에 일곱 번 뿌렸다.

아사셀의 염소

속죄일의 제사를 위해 처음에 염소를 두 마리를 가져왔다. 첫 염소는 백성들의 죄를 위해 잡았다. 나머지 한 마리가 그 유명한 아사셀(עֲזָאזֵל) 염소다. 이 염소의 뿔을 잡고 대제사장이 백성들 앞에서 대표로 모든 백성의 일 년 동안의 죄를 고백했다. 그러면 백성들의 죄가 이 염소에게 전가되는 것이다. 그리고 미리 선출된 사람이 이 염소를 광야로 데리고 나가서 광야에 두고 돌아왔다. 아사셀은 '떠나다'라는 의미의 '아잘'과 '염소'라는 의미의 '에즈'가 합쳐진 합성어다. 선출된 사람은 진 안으로 그냥 들어올 수 없었고, 진 밖에서 깨끗이 옷을 씻고 자기 몸을 닦은 후에야 진 안으로 들어올 수 있었다.

아사셀 염소는 분명 광야의 맹수에게 잡혀 죽게 될 것이다. 이 아사셀 염소의 개념이 속죄일의 백미였다. 아사셀 염소가 떠나가는 것을 보면서 온 백성은 '우리 대신 저 염소가 광야에서 찢겨 죽겠지. 저 염소 때문에 우리가 사는구나'라고 깨닫게 되는 것이다.

세(침)례 요한은 세례 베풀던 요단강에서 예수님이 자기에게 나아오심을 보고 "보라 세상 죄를 지고 가는 하나님의 어린 양(염소)이로다"라고 한 것이 바로 레위기 16장의 아사셀 염소를 빗대어 했던 말이다. 히브리서 13장에서는 예수님이 자기 피로써 백성을 거룩하게 하려고 성문 밖에서 고난을 받으셨다고 말하고 있다. 곧 진영 밖으로 추방됐던 아사셀을 말하는 것이다.

번제

이제 모든 죄악을 용서받은 후 마지막으로 주님께 헌신의 의미로 번제를 드렸다. 이 번제에는 두 마리의 양을 잡았다. 아론 자신과 온 백성이 앞으로 '주님 앞에 온몸을 바쳐 헌신하고 사랑하며 살겠습니다'라는 의미로 마지막 번제를 드리는 것이다. 이 번제까지 모두 끝나면 대제사장은 다시 몸을 씻고 대제사장 의복으로 갈아입으면서 대속죄일의 절차가 끝나게 되었다.

하나님과 동행하며 거룩한 삶을 사는 법(레위기 17~27장)

7대 절기와 각종 시민법은 '삶을 어떻게 거룩하게 살아낼 것인가?' '하나님과 함께, 이웃과 함께 어떻게 거룩한 삶을 살 것인가?'에 대한 내용이다. 레위기 17~27장에는 주로 7대 절기, 각종 규례, 시민법, 사회법, 성적 타락에 대한 경고 등을 모아놓은 법에 대해 말하고 있다.

1. 피를 먹지 말라(17장)

이스라엘 집 사람이나 그들 중에 거류하는 거류민 중에 무슨 피든지 먹는 자가 있으면 내가 그 피를 먹는 그 사람에게는 내 얼굴을 대하여 그를 백성 중에서 끊으리니 육체의 생명은 피에 있음이라 내가 이 피를 너희에게 주어 제단에 뿌려 너희의 생명을 위하여 속죄하게 했나니 생명이 피에 있으므로 피가 죄를 속하느니라 (레위기 17:10-11)

하나님은 짐승이나 새를 잡아서 먹을 때 피를 먹지 말라고 명령하셨다. 그 이유는 육체의 생명이 피에 있기 때문이다(레위기 17:11).

2. 성적 범죄에 대한 경고(18, 20장)

하나님은 이스라엘 백성들에게 가나안 땅에 들어가서 그 땅 사람들처럼 성적 타락에 빠지지 말 것을 경고하셨다. 그래서 친인척 간의 성관계, 근친상간, 동성애, 짐승과의 성관계 등에 대해 강력히 금지하셨다.

> 각 사람은 자기의 살붙이를 가까이 하여 그의 하체를 범하지 말라 나는 여호와이니라 네 어머니의 하체는 곧 네 아버지의 하체이니 너는 범하지 말라 그는 네 어머니인즉 너는 그의 하체를 범하지 말 지니라 (레위기 18:6-7)

> 너는 여자와 동침함 같이 남자와 동침하지 말라 이는 가증한 일이니라 너는 짐승과 교합하여 자기를 더럽히지 말며 여자는 짐승 앞에 서서 그것과 교접하지 말라 이는 문란한 일이니라 (레위기 18:22-23)

만일 이런 하나님의 경고를 듣지 않고 이스라엘 백성이 성적인 범죄를 저지른다면 땅이 그들을 토할 것이라고 말씀하셨다.

> 너희도 더럽히면 그 땅이 너희가 있기 전 주민을 토함 같이 너희를 토할까 하노라 (레위기 18:28)

3. 이웃 사랑의 법(19장)

레위기 19장에서는 하나님의 거룩한 백성들이 일상 가운데 이웃 사랑을 실천하도록 말씀하셨다. 진정한 신앙은 하나님과의 관계뿐만 아니라 이웃과의 관계에서도 거룩한 삶을 실천해야 한다.

> 너는 이스라엘 자손의 온 회중에게 말하여 이르라 너희는 거룩하라 이는 나 여호와 너희 하나님이 거룩함이니라 너희 각 사람은 부모를 경외하고 나의 안식일을 지키라 나는 너희의 하나님 여호와이니라 (레위기 19:2-3)

하나님이 가장 먼저 언급하신 이웃 사랑은 부모 사랑이다. 부모는 하나님의 대리자이기 때문이다. 그리고 화목제물의 고기를 나누어 먹을 것, 추수 때 고아와 객과 나그네와 과부를 위해 곡식과 열매를 남겨둘 것, 공정한 상거래와 공의로운 재판을 요구하고 계신다.

> 거류민이 너희의 땅에 거류하여 함께 있거든 너희는 그를 학대하지 말고 너희와 함께 있는 거류민을 너희 중에서 낳은 자 같이 여기며 자기 같이 사랑하라 너희도 애굽 땅에서 거류민이 되었었느니라 나는 너희의 하나님 여호와이니라 너희는 재판할 때나 길이나 무게나 양을 잴 때 불의를 행하지 말고 공평한 저울과 공평한 추와 공평한 에바와 공평한 힌을 사용하라 나는 너희를 인도하여 애굽 땅에서 나오게 한 너희의 하나님 여호와이니라 (레위기 19:33-36)

4. 인신제사자, 접신자와 박수무당을 처형하라(20장)

> 너는 이스라엘 자손에게 또 이르라 그가 이스라엘 자손이든지 이스라엘에 거류하는 거류민이든지 그의 자식을 몰렉에게 주면 반드시 죽이되 그 지방 사람이 돌로 칠 것이요 나도 그 사람에게 진노하여 그를 그의 백성 중에서 끊으리니 이는 그가 그의 자식을 몰렉에게 주어서 내 성소를 더럽히고 내 성호를 욕되게 했음이라 (레위기 20:2-3)

> 접신한 자와 박수무당을 음란하게 따르는 자에게는 내가 진노하여 그를 그의 백성 중에서 끊으리니 너희는 스스로 깨끗하게 하여 거룩할지어다 나는 너희의 하나님 여호와이니라 너희는 내 규례를 지켜 행하라 나는 너희를 거룩하게 하는 여호와이니라 (레위기 20:6-8)

하나님은 이방 신인 몰렉(Molech)에게 자신의 자녀를 제물로 바치는 자를 죽이라고 하셨다. 우상 숭배의 죄는 하나님이 가장 싫어하시는 죄다. 또한 하나님은 귀신의 영에 사로잡혀 미래의 길흉을 말하는 무당들을 죽이라고 하셨다. 왜냐면 하나님의 백성들은 오직 하나님 한 분만 의지하며 살아야 하는 자들이며, 하나님이 그들의 삶을 전적으로 책임지고 인도하시기 때문이다.

5. 7대 절기(23장)

7대 절기는 유월절(逾越節, פֶּסַח [페사흐]), 무교절(無酵節, מַצּוֹת [마초트]), 초실절(初實節, בִּכּוּרִים [비쿠림]), 오순절(五旬節)·칠칠절(七七節, שָׁבֻעוֹת [샤부오트]), 나팔절·신년절(新年節, רֹאשׁ הַשָּׁנָה [로쉬 하샤나]), 속죄일(贖罪日, יוֹם כִּפּוּר [욤 키푸르]), 초막절(草幕節, סֻכּוֹת [수코트])·장막절(帳幕節)·수장절(收藏節)을 말한다. 7대 절기에 담긴 구속사적 의미는 다음과 같다.

유월절은 어린양이신 예수님의 십자가 죽음을, 무교절은 죄 없으신 주님과 거룩하신 주님을 따라 죄와 싸우고 제거해야 할 신자의 삶을, 초실절은 부활의 첫 열매이신 예수님의 부활을 상징한다. 초실절부터 50일이 지나면 오순절인데, 오순절은 성령의 오심을, 나팔절은 새해의 시작인 7월 1일을 기념한다. 이스라엘은 여름이 한 해의 끝이기 때문에 새해의 시작은 7월 1일이다. 나팔절은 예수님 재림의 나팔을 의미한다. 속죄일은 예수님의 피로 인해 대속의 은혜를, 마지막으로 수장절(장막절, 초막절)은 마지막 영적 추수의 의미를 담고 있다. 마지막 심판의 날에 알곡과 쭉정이가 영원히 나뉘어서 알곡은 영원한 천국에 들어갈 것을 의미한다.

7대 절기[15]

명칭	성구	때	목적	예언적(영적) 의미
유월절	· 출 12:43-49 레 23:5 민 28:16 신 16;1-8	· 종교력의 첫째 달인 니산 (아빕)월의 14일 저녁 · 유월: '넘어 지나가다(Pass Over)'라는 뜻 · 1월 14일	· 애굽의 종살이에서 이스라엘이 구원되었음을 기념하기 위한 것 · 이스라엘의 자녀들에게 하나님이 그들의 집을 '넘어 지나갔다'는 것, 즉 이스라엘 백성의 장자를 살려 주셨다는 것을 일깨우기 위한 것(출 12:27)	· 그리스도는 우리를 위한 유월절의 어린양(요 1:29; 고전 5:7; 벧전 1:18, 19) · 유월절은 성만찬의 기초(마 26:17-30; 막 14:12-25; 눅 22:1-20) · 유월절은 어린양의 혼인 잔치를 예시(눅 22:16-18; 계 19:9)

---

15 본 도표는 『톰슨 II 주석성경』(서울: 기독지혜사, 2000년)에서 발췌.

명칭	성구	때	목적	예언적(영적) 의미
무교절	출 12:15-20 출 13:3-10 레 23:6-8 민 28:17-25 신 16:3-8	· 니산(아빕)월 15일에(1월 15~21일) 시작하여 일주일 동안 · 무교: 효소(누룩, 이스트)를 넣지 않고 만든 맛없는 빵(떡)을 먹었던 고생을 뜻함	· 애굽으로부터 급히 빠져나왔던 이스라엘 백성들의 고생을 기념하기 위한 것(출 12:39) · 무교병은 하나님께 전적으로 헌신하고 봉헌함을 상징	· 무교병은 그리스도를 상징(요 6:30-59; 고전 11:24) · 무교병은 참교회의 상징(고전 5:7, 8)
초실절	레 23:9-14	· 유월절 기간의 안식일이 지난 다음 날로, 첫 이삭 바치는 날 · 초실: 처음 거두어들인 열매 또는 곡식 · 1월 16일	· 보리 추수의 첫 소산을 바치고 봉헌하기 위한 것	· 첫 열매는 그리스도의 육적인 부활의 상징(고전 15:20-23) · 첫 열매는 모든 믿는 자들의 육체적 부활에 대한 보증(고전 15:20-23)
오순절 칠칠절	레 23:15-22 민 28:26-31 신 16:9-12	· 초실절로부터 50일째 되는 날 · 3월 6일	· 밀 추수의 첫 소산을 바치고 봉헌하기 위한 것(추수감사절) · 49일(7×7=)의 다음 날, 즉 50일째 되는 날. 旬: 열흘	· 오순절 때 성령의 부어주심이 교회에 일어남(행 2장)
나팔절 신년절	레 23:23-25 민 10:10 민 29:1-6	· 안식의 달인 7월 (티쉬리)의 첫째 날 · 7월 1일(민간력으로 7월이 신년의 시작)	· 안식의 달인 일곱 번째 달을 맞아 봉헌	· 신약성경에서는 나팔을 분다는 것이 그리스도의 재림과 연관(마 24:31; 고전 15:52; 살전 4:16)
속죄일	레 16장 레 23:26-32 민 29:7-11	· 7월(티쉬리) 10일	· 제사장과 백성 및 회막의 죄를 해마다 속하기 위한 것	· 속죄일의 궁극적 완성은 그리스도의 십자가에서 발견된다(히 9장). 이것은 구약의 어떤 다른 상징보다도 더욱 적절하게 그리스도의 구원 사역을 나타내는 것이다.
초막절 장막절 수장절	레 23:33-43 민 29:12-38 신 16:13-17	· 제7월(티쉬리) 15일부터 일주일 동안 계속되었고, 여덟째 날은 안식의 날로 절기의 절정을 이룸 · 7월 15-21일	· 이스라엘 백성이 광야를 방황할 때 하나님이 구출하시고 보호하셨다는 것을 기념하기 위한 것 · 토지의 소산을 거두어들이는 것을 마칠 때 여호와의 절기를 지키기 위한 것(레 23:39)	· 장막절은 그리스도의 천년왕국 통치에 대한 번영과 평화를 예시한다. 또 성도가 이 땅의 삶이 나그네와 같은 삶이라는 것을 보여준다. 그래서 영원한 본향인 천국을 소망하고 준비하는 삶을 살아야 한다는 의미다.

6. 안식일, 안식년, 희년 규례(25장)

이스라엘 자손에게 말하여 이르라 너희는 내가 너희에게 주는 땅에 들어간 후에 그 땅으로 여호와 앞에 안식하게 하라 너는 육 년 동안 그 밭에 파종하며 육 년 동안 그 포도원을 가꾸어 그 소출을 거둘 것이나 일곱째 해에는 그 땅이 쉬어 안식하게 할지니 여호와께 대한 안식이라 너는 그 밭에 파종하거나 포도원을 가꾸지 말며 (레위기 25:2-4)

너는 일곱 안식년을 계수할지니 이는 칠 년이 일곱 번인즉 안식년 일곱 번 동안 곧 사십구 년이라 일곱째 달 열흘날은 속죄일이니 너는 뿔나팔 소리를 내되 전국에서 뿔나팔을 크게 불지며 너희는 오십 년째 해를 거룩하게 하여 그 땅에 있는 모든 주민을 위하여 자유를 공포하라 이 해는 너희에게 희년이니 너희는 각각 자기의 소유지로 돌아가며 각각 자기의 가족에게로 돌아갈지며 그 오십 년째 해는 너희의 희년이니 너희는 파종하지 말며 스스로 난 것을 거두지 말며 가꾸지 아니한 포도를 거두지 말라 이는 희년이니 너희에게 거룩함이니라 너희는 밭의 소출을 먹으리라 (레위기 25:8-12)

레위기에서 마지막으로 살피고자 하는 것은 안식일과 안식년 그리고 희년이다. 안식일(레위기 23장), 안식년과 희년(레위기 25장)은 모두 예수 그리스도의 복음을 담고 있다. 그리고 복음을 받은 하나님의 백성들이 어떻게 사랑을 실천하는 삶을 살아야 할지에 대해 가르쳐 주고 있다.

희년을 성취하신 예수 그리스도

안식일은 일주일에 한 번씩 모든 사람과 짐승까지 노동하지 않고 쉬는 날이었다. 안식년은 7년에 한 번씩 땅도 안식하고, 종으로 사는 자들도 풀려나고, 빚도 탕감받는 해였다. 그리고 희년은 50년째 되는 해로 2년간 땅과 사람 모두 노동에서 물러나 쉬고 안식했다. 특히 희년은 중요한 의미가 있는데, 이때에는 평생 노예로 살던 사람들도 자유를 얻고 빚도 탕감을 받았으며, 빼앗긴 땅도 다시 돌려받은 해였기 때문이다.

이 희년은 예수 그리스도로 말미암아 성취되었다. 예수 그리스도가 십자가에서 우리의 채무를 대신해서 지불하셨기 때문에 더 이상 우리는 죄의 노예로 살 이유가 없어졌다. 예수님도 누가복음 4장에서 이 희년이 성취되었음을 선포하셨다.

예수께서 그 자라나신 곳 나사렛에 이르사 안식일에 늘 하시던 대로 회당에 들어가사 성경을 읽으려고 서시매 선지자 이사야의 글을 드리거늘 책을 펴서 이렇게 기록된 데를 찾으시니 곧 주의 성령이 내게 임하셨으니 이는 가난한 자에게 복음을 전하게 하시려고 내게 기름을 부으시고 나를 보내사 포로 된 자에게 자유를, 눈 먼 자에게 다시 보게 함을 전파하며 눌린 자를 자유롭게 하고 주의 은혜의 해를 전파하게 하려 하심이라 했더라 책을 덮어 그 맡은 자에게 주시고 앉으시니 회당에 있는 자들이 다 주목하여 보더라 이에 예수께서 그들에게 말씀하시되 이 글이 오늘 너희 귀에 응했느니라 하시니 (누가복음 4:16-21)

희년, 은혜 입은 자의 사랑과 섬김

희년은 우리에게 희년의 은혜를 입은 자의 사랑과 섬김이 얼마나 중요한지 가르쳐 주고 있다. 희년의 정신이 제대로 구현되고 하나님의 백성들이 희년 규례에 순종한다면 이 세상은 참으로 하나님의 공의와 정의로 가득 찬 사회가 될 것이다. 이 제도는 가난한 자, 빚진 자, 억울한 자, 사회적 약자들이 종신토록 그런 삶을 살지 않도록 배려했던 하나님의 법이기 때문이다. 50년에 한 번씩 사회적 불균형과 부자와 가난한 자의 양극화, 토지의 영구적 사유화를 금함으로써 사회적 정의가 바르게 서도록 이끌었다.

묵상과 삶의 적용

각종 제사 제도와 규례의 의미

레위기에서 볼 수 있는 각종 제사 제도 및 규례, 정·부정 짐승, 정결 규례는 예수님의 구속 사역으로 인해 성취되었다. 그러므로 신약시대의 성도들은 더 이상 문자적으로 지킬 필요가 없다. 그렇지만 각종 규례들의 근본정신은 지켜야만 한다. 그것은 삶 속에서의 거룩과 정결을 통한 세상과의 구별이다. 예수 믿는 사람은 철저히 거룩해야 하고 구별되어야 한다. 우리는 얼마나 죄로부터, 또 세상의 가치로부터 구별되기 위한 거룩한 싸움을 하고 있는가?

7. 순종과 불순종의 선택(26장)

레위기 26장에서 하나님은 이스라엘 백성이 당신의 법에 순종할 때 복을 주시지만, 그들이 말씀에 불순종하여 우상을 섬기고 악을 행할 때면 저주를 내리실 것이라고 말씀하셨다. 이러한 불순종이 계속되면 급기야 가나안 땅에서 쫓겨나게 될 것이라고 경고하셨다.

> 너희가 내 규례와 계명을 준행하면 내가 너희에게 철따라 비를 주리니 땅은 그 산물을 내고 밭의 나무는 열매를 맺으리라 너희의 타작은 포도 딸 때까지 미치며 너희의 포도 따는 것은 파종할 때까지 미치리니 너희가 음식을 배불리 먹고 너희의 땅에 안전하게 거주하리라 (레위기 26:3-5)

> 그러나 너희가 내게 청종하지 아니하여 이 모든 명령을 준행하지 아니하며 내 규례를 멸시하며 마음에 내 법도를 싫어하여 내 모든 계명을 준행하지 아니하며 내 언약을 배반할진대 내가 이같이 너희에게 행하리니 곧 내가 너희에게 놀라운 재앙을 내려 폐병과 열병으로 눈이 어둡고 생명이 쇠약하게 할 것이요 너희가 파종한 것은 헛되리니 너희의 대적이 그것을 먹을 것임이며 내가 너희를 치리니 너희가 너희의 대적에게 패할 것이요 너희를 미워하는 자가 너희를 다스릴 것이며 너희는 쫓는 자가 없어도 도망하리라 또 만일 너희가 그렇게까지 되어도 내게 청종하지 아니하면 너희의 죄로 말미암아 내가 너희를 일곱 배나 더 징벌하리라 (레위기 26:14-18)

> 너희가 원수의 땅에 살 동안에 너희의 본토가 황무할 것이므로 땅이 안식을 누릴 것이라 그 때에 땅이 안식을 누리리니 너희가 그 땅에 거주하는 동안 너희가 안식할 때에 땅은 쉬지 못했으나 그 땅이 황무할 동안에는 쉬게 되리라 (레위기 26:34-35)

07장

민수기: 하나님 나라 백성의 훈련

하나님 나라로 본 창세기부터 여호수아까지

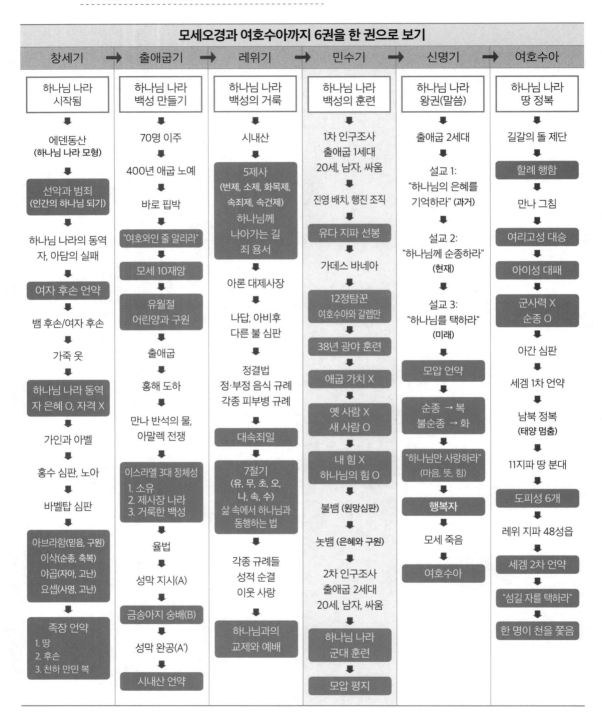

모세오경과 여호수아까지 6권을 한 권으로 보기					
창세기 →	출애굽기 →	레위기 →	민수기 →	신명기 →	여호수아
하나님 나라 시작됨	하나님 나라 백성 만들기	하나님 나라 백성의 거룩	하나님 나라 백성의 훈련	하나님 나라 왕권(말씀)	하나님 나라 땅 정복
에덴동산 (하나님 나라 모형)	70명 이주	시내산	1차 인구조사 출애굽 1세대 20세, 남자, 싸움	출애굽 2세대	길갈의 돌 제단
선악과 범죄 (인간의 하나님 되기)	400년 애굽 노예	5제사 (번제, 소제, 화목제, 속죄제, 속건제)	진영 배치, 행진 조직	설교 1: "하나님의 은혜를 기억하라" (과거)	할례 행함
하나님 나라의 동역자, 아담의 실패	바로 핍박	하나님께 나아가는 길 죄 용서	유다 지파 선봉	설교 2: "하나님께 순종하라" (현재)	만나 그침
여자 후손 언약	"여호와인 줄 알리라"	아론 대제사장	가데스 바네아	설교 3: "하나님를 택하라" (미래)	여리고성 대승
뱀 후손/여자 후손	모세 10재앙	나답, 아비후 다른 불 심판	12정탐꾼 여호수아와 갈렙만		아이성 대패
가죽 옷	유월절 어린양과 구원	정결법 정·부정 음식 규례 각종 피부병 규례	38년 광야 훈련	모압 언약	군사력 X 순종 O
하나님 나라 동역자 은혜 O, 자격 X	출애굽	대속죄일	애굽 가치 X	순종 → 복 불순종 → 화	아간 심판
가인과 아벨	홍해 도하	7절기 (유, 무, 초, 오, 나, 속, 수) 삶 속에서 하나님과 동행하는 법	옛 사람 X 새 사람 O	"하나님만 사랑하라" (마음, 뜻, 힘)	세겜 1차 언약
홍수 심판, 노아	만나 반석의 물, 아말렉 전쟁		내 힘 X 하나님의 힘 O	행복자	남북 정복 (태양 멈춤)
바벨탑 심판	이스라엘 3대 정체성 1. 소유 2. 제사장 나라 3. 거룩한 백성	각종 규례들 성적 순결 이웃 사랑	불뱀 (원망심판)	모세 죽음	11지파 땅 분대
아브라함(믿음, 구원) 이삭(순종, 축복) 야곱(자아, 고난) 요셉(사명, 고난)	율법	하나님과의 교제와 예배	놋뱀 (은혜와 구원)	여호수아	도피성 6개
족장 언약 1. 땅 2. 후손 3. 천하 만민 복	성막 지시(A)		2차 인구조사 출애굽 2세대 20세, 남자, 싸움		레위 지파 48성읍
	금송아지 숭배(B)		하나님 나라 군대 훈련		세겜 2차 언약
	성막 완공(A')		모압 평지		"섬길 자를 택하라"
	시내산 언약				한 명이 천을 쫓음

민수기의 구조

1:1-10:10	10:11-36:13		
1:1-10:10	10:11-19장		20-36장
시내산 머묾 준비(11개월 15일) ① 1차 인구조사 ② 진영과 행군 배치 ③ 유월절, 호밥	시내산 출발→ 가데스 바네아 12정탐꾼의 보고(1년) ① 출발하자마자 원망, 불평 ② 끝까지 원망, 불평	38년 광야에서의 방황과 훈련 (기록 없음)	가데스 바네아 → 요단 동편 모압 평지 도착 ① 미리암, 아론 죽음 ② 모세와 반석 사건 ③ 불뱀과 놋뱀 ④ 발락왕과 발람 선지자 ⑤ 2차 인구조사

하나님의 군대로 훈련하심

민수기는 출애굽기에서 구원받은 하나님의 백성을 가나안 땅을 점령할 거룩한 하나님의 군대로 훈련하여 바꾸어 내는 과정이다.

1~2차 인구조사

민수기에서는 두 번에 걸쳐 인구조사를 했다. 1장에서 603,550명(민수기 1:46), 26장에서 601,730명(민수기 26:51)이었다. 출애굽 1세대와 40년의 광야 시대를 거친 후 출애굽 2세대의 인구가 거의 같았다. 이 인구조사는 단순한 조사가 아니라 가나안 땅의 바알 문화와 싸울 수 있는 하나님의 군대를 의미했다. 이에 대한 근거는 남자로 20세 이상이며, 싸움에 나갈 수 있는 자로 계수한 것이다.

> 너희는 이스라엘 자손의 모든 회중 각 남자의 수를 그들의 종족과 조상의 가문에 따라 그 명수대로 계수할지니 이스라엘 중 이십 세 이상으로 싸움에 나갈 만한 모든 자를 너와 아론은 그 진영별로 계수하되 (민수기 1:2-3)

> 바로가 너희의 말을 듣지 아니할 터인즉 내가 내 손을 애굽에 뻗쳐 여러 큰 심판을 내리고 내 군대,

내 백성 이스라엘 자손을 그 땅에서 인도하여 낼지라 (출애굽기 7:4)

하나님은 이스라엘을 향해 이미 "내 군대, 내 백성"이라고 말씀하셨다. 출애굽기 7장은 아직 홍해를 건너기 전(홍해 도하 사건은 출애굽기 14장임), 즉 구원받기 전이자 피 재앙을 시작하기 전이었다. 하나님은 구원받기 전에 이스라엘 백성을 두고 "내 군대"라고 작정하셨다. 그리고 이미 이 백성을 하나님의 군대로 작정하시고 가나안의 바알 숭배 문화, 세상 문화, 21세기의 포스트모더니즘 사상을 깨뜨리는 하나님 나라의 군대로 쓰시려고 훈련하는 것이 민수기다.

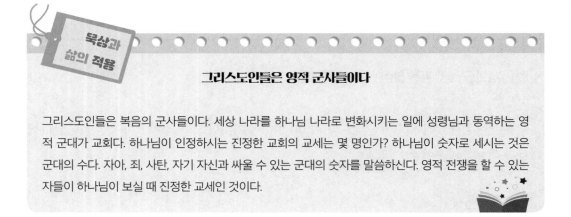

묵상과 삶의 적용

그리스도인들은 영적 군사들이다

그리스도인들은 복음의 군사들이다. 세상 나라를 하나님 나라로 변화시키는 일에 성령님과 동역하는 영적 군대가 교회다. 하나님이 인정하시는 진정한 교회의 교세는 몇 명인가? 하나님이 숫자로 세시는 것은 군대의 수다. 자아, 죄, 사탄, 자기 자신과 싸울 수 있는 군대의 숫자를 말씀하신다. 영적 전쟁을 할 수 있는 자들이 하나님이 보실 때 진정한 교세인 것이다.

애굽 가치와 세상 사랑을 비우는 훈련

이 하나님의 군대는 거룩한 군대여야 했다. 따라서 애굽 가치와 세상 사랑이 비워지고 하나님의 말씀으로 무장하여 하나님만 의지하는 군대다. 이 하나님의 군대는 가나안의 바알 왕국, 즉 사탄이 사로잡고 있는 세상 나라를 점령할 하나님 나라의 군대였다.

하나님은 이스라엘 백성 안에 있는 애굽의 가치를 광야 훈련 40년 동안 제거하셨다. 이 백성들은 400년간 애굽에서 살았기 때문에 애굽의 사상과 가치로 가득 차 있었다. 비록 어린양의 피로 하루 만에 애굽을 나왔지만, 이미 그들 내면에 가득 차 있는 애굽 사랑과 가치를 빼내야 했다. 애굽을 나오는 데는 하루밖에 안 걸렸지만, 백성 안에 있는 애굽을 빼내는 데는 40년이 걸린 셈이다.

단번에 나온 애굽, 40년간 빼낸 애굽 가치

우리도 마찬가지다. 처음 예수를 믿을 때 단번에 구원을 받았지만, 우리 안에 있는 죄성을 없애는 것은 평생의 싸움이다. 그러므로 내 안에 있는 세상 사랑과 죄성을 날마다 십자가에 못 박는 성화의 싸움을 게을리해서는 안 된다.

시내산에서의 준비(민수기 1:1~10:10)

1. 출발을 위한 준비(1:1~10:10)

1-2장	3장	4장	5장
진 편성과 행군 순서	레위인 인구조사 · 1개월 이상 남자 총계 22,273명	레위인 임무 분배 · 고핫 자손, · 게르손 자손, · 므라리 자손	3대 부정 처리 · 나병환자, 유출병 · 죄에 대한 값 · 간음 의심 아내

6장	7장	8장	9:1-10:10
나실인 서원	지휘관들의 헌물	등잔 규례 레위인을 요제로 드림	두 번째 유월절

2. 인구조사와 진 편성(1~2장)

시내산에서 하나님과 언약을 맺고 성막을 완공한 후 이스라엘 백성들은 이제 약속의 땅 가나안으로 출발한다(민수기 10:11). 그 전에 출발을 위한 여러 가지 준비를 하게 된다(민수기 1:1~10:10). 먼저 성막을 중심으로 동서남북에 3개씩 이스라엘 12지파의 진영을 배열하고 행진의 순서를 정했다. 이때 행진의 가장 선두에는 유다 지파가 섰다. 이때부터 유다 지파는 이스라엘의 지도 지파가 되었다. 이는 단지 유다 지파가 인구가 많기 때문이 아니라 유다 지파를 통해 메시아이신 예수 그리스도가 오시기 때문이다.

이스라엘 자손은 각각 자기의 진영의 군기와 자기의 조상의 가문의 기호 곁에 진을 치되 회막을 향하여 사방으로 치라 (민수기 2:2)

이와 같이 그들이 여호와께서 모세에게 명령하신 것을 따라 행진하기를 시작했는데 선두로 유다 자손의 진영의 군기에 속한 자들이 그들의 진영별로 행진했으니 유다 군대는 암미나답의 아들 나손이 이끌었고 (민수기 10:13-14)

3. 레위인의 인구조사와 역할 분담(3~4장)

또 출발 전에 하나님은 모세에게 1개월 이상인 레위인들의 인구조사를 명하셨는데, 레위인 가운데 처음 태어난 남자의 총계는 22,273명이었다.

그리고 성막에서 봉사할 레위인들의 임무를 분담하도록 하셨다. 레위 자손에는 고핫 자손, 게르손 자손, 므라리 자손이 있다. 게르손 자손은 주로 성막의 덮개, 휘장과 뜰의 휘장 문과 줄을 나르고 설치하는 일을 했고(민수기 3:25~26), 고핫 자손은 주로 성막의 기구들, 즉 증거궤와 상과 등잔대, 제단들을 나르고 설치하는 일을 했다(민수기 3:31). 므라리 자손은 주로 성막의 널판과 띠와 기둥, 받침대와 말뚝을 나르고 설치하는 일을 감당했다(민수기 3:36).

각자의 은사와 사명을 따라 충성하면 된다

하나님은 레위 자손들에게 성막에서 각자가 해야 할 고유의 임무를 나누어 주셨다. 각자의 역할은 모두 다르다. 누구는 천막을 나르고, 누구는 성막의 기구들을 나른다. 구원받은 성도들도 모두 은사와 사명이 다르다. 각자가 자신의 은사와 사명을 따라 하나님 나라를 세우는 것이다. 어떤 일이 더 귀하고, 어떤 일이 덜 귀한 것이 없다. 무엇보다 각자 자신의 고유 임무에 충성하면 된다. 나의 임무와 사명을 다른 사람들의 임무와 은사에 비교하여 시기하거나 좌절할 필요도 없다. 그저 내 역할에 충성할 때 하나님의 칭찬과 상급이 있을 것이다.

4. 출발 전의 성별(5장)

하나님은 가나안으로 출발하기 전에 이스라엘 진영의 죄악을 정결케 하는 규례와 나실인 규례를 가르치심으로 하나님의 군대인 이스라엘을 성별하셨다. 먼저 진영 내 3가지 부정을 처리하셨다. 첫째, 나병환자를 진영 밖으로 내보냈다. 둘째, 백성들 간에 지은 죄를 해결하기 위해 죗값을 온전히 갚되, 1/5을 더하여 갚을 것을 명하셨다. 셋째, 간음이 의심되는 아내를 판결하는 절차를 가르치셨다. 이 3가지 부정 처리 규례는 하나님의 군대인 이스라엘이 얼마나 정결해야 하는지를 의미한다.

5. 나실인 규례(6장)

민수기 6장에서 하나님은 일정 기간이나 평생을 구별되어 살아야 하는 나실인에 대한 규례를 가르치셨다. 하나님께 나실인 서원을 한 자들은 1개월부터 평생까지 나실인으로 서원할 수 있었다. 나실인 기간에는 포도주를 마시지 말며, 시체를 가까이하지 말아야 하고, 머리에 삭도(削刀)를 절대 대지 말 것을 명하셨다. 이 모든 것은 죄와의 구별을 의미한다.

첫째, 포도주와 독주를 멀리하라는 것은 단순히 술 취하지 말라는 것이 아니라 세상 가치에 취하지 말라는 뜻이다. 둘째, 시체를 접촉하지 말라는 것은 썩어질 것이나 사망의 것을 접촉하지 말라는 의미다. 셋째, 삭도를 대지 말라는 것은 하나님의 권위 아래 살라는 말씀이다. 성경에서 머리는 권위를 상징한다. 그러므로 하나님의 권위에 절대적으로 순종할 것을 의미하는 것이다.

6. 지휘관들의 헌물(7장)

하나님은 각 지파의 지휘관들에게 하루에 한 사람씩 제단의 봉헌물을 드리도록 요구하셨다. 이는 출발 전에 각 지파의 리더들부터 하나님께 철저히 헌신하도록 가르치신 것이다.

여호와께서 모세에게 이르시기를 지휘관들은 하루 한 사람씩 제단의 봉헌물을 드릴지니라 하셨더라 (민수기 7:11)

7. 등잔 규례와 레위인을 요제로 드림(8장)

민수기 8장에서는 가나안으로 출발하기 전에 성막의 기구 중 등잔에 대해 말씀하셨다. 특히 등잔은 금을 쳐서 만들 것을 명하셨다. 이는 어둠을 밝히는 등잔처럼 십자가의 고난과 부활하심을 통해 온 세상을 밝히러 오실 메시아이신 예수 그리스도를 예표하는 것이다.

이 등잔대의 제작법은 이러하니 곧 금을 쳐서 만든 것인데 밑판에서 그 꽃까지 쳐서 만든 것이라 모세가 여호와께서 자기에게 보이신 양식을 따라 이 등잔대를 만들었더라 (민수기 8:4)

또 아론에게 레위인들을 정결케 한 후 그들을 흔들어 바치는 요제물로 여호와 앞에 드리도록 명하셨다. 요제(搖祭, wave offering)는 제물을 드리는 자의 온전한 헌신과 하나님으로부터 받은 은혜를 상징하는데, 제물을 흔들며 드리는 제사의 한 방법이다.

아론이 이스라엘 자손을 위하여 레위인을 흔들어 바치는 제물로 여호와 앞에 드릴지니 이는 그들에게 여호와께 봉사하게 하기 위함이라 (민수기 8:11)

즉 하나님의 일을 하는 레위인은 자신의 생각, 주장, 기준, 가치관, 인생을 모두 하나님께 구별하여 드린 자임을 의미한다.

8. 두 번째 유월절(9:1~15)

애굽에서 나온 그다음 해 첫 달에 하나님은 이스라엘에게 유월절을 지키라고 명하신다.

애굽 땅에서 나온 다음 해 첫째 달에 여호와께서 시내 광야에서 모세에게 말씀하여 이르시되 이스라
엘 자손에게 유월절을 그 정한 기일에 지키게 하라 (민수기 9:1-2)

가나안으로 향해 출발하기 전에 유월절을 지킨다는 것은 의미가 있다. 유월절은 출애굽 당
시 이스라엘 백성들이 어린 양의 피로 구원을 받은 것을 기억하고 감사하는 날이다. 이 유월절
은 이스라엘이라는 나라가 누구인지, 그 시작이 어디인지, 그 목적이 무엇인지를 가르친다. 그
러므로 이스라엘이 유월절을 해마다 지킨다는 것은 그들의 소명과 사명이 무엇인지를 해마다
기억하고, 구원하신 하나님의 은혜를 감사하며, 하나님의 말씀에 순종하며 살겠다는 다짐과
도 같은 것이다.

9. 구름 기둥의 인도(9:15~23)

구름이 성막에서 떠오르는 때에는 이스라엘 자손이 곧 행진했고 구름이 머무는 곳에 이스라엘 자손
이 진을 쳤으니 (민수기 9:17)

이스라엘이 광야 길을 행진하는 동안 하나님은 구름 기둥과 불기둥으로 인도하셨다. 이스
라엘은 구름이 머물면 행진을 멈추고 진을 쳤으며, 구름이 떠오르면 행진을 시작했다. 이는 그
들이 광야에서의 여정 가운데 철저히 하나님의 인도하심을 받아야 한다는 것을 보여준다.

광야에서의 방황과 훈련(출애굽기 10:11~19장)

1. 가나안으로 출발(10장)

둘째 해 둘째 달 스무날에 구름이 증거의 성막에서 떠오르매 이스라엘 자손이 시내 광야에서 출발하여 자기 길을 가더니 바란 광야에 구름이 머무니라 (민수기 10:11-12)

행진 순서[16]

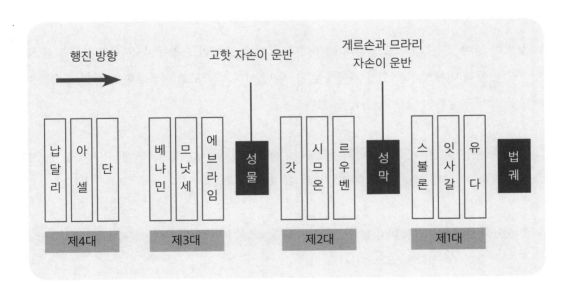

---

16 박근범, 『New 성경의 파노라마』(서울: 쿰란출판사, 2004), 117.

가나안을 향해 출발한 이스라엘은 법궤를 앞세우고 3지파씩 동쪽으로 행진했다. 선두에는 유다 지파가 앞장을 섰는데, 유다 지파에서 메시아가 오실 것이기 때문에 항상 앞서서 행진했다. 창세기 49장에서 야곱이 열두 아들을 축복할 때 유다 지파를 홀이 나오는 왕권 지파로 선포했다. 그 이후로 유다 지파가 이스라엘의 크고 작은 모든 일에서 선봉을 서게 되었다.

그리고 유다 지파의 앞에는 제사장들이, 그 앞에는 언약궤가 있었다. 이는 장차 오실 예수 그리스도, 언약의 성취자이신 그리스도, 대제사장이신 그리스도가 성도들 앞에서 인도하심을 의미한다.

호밥(10:29~32)

모세는 광야 길을 떠나기 전에 이드로의 아들 호밥에게 광야 길의 안내자, 즉 눈이 되어 달라고 부탁했다.

> 모세가 모세의 장인 미디안 사람 르우엘의 아들 호밥에게 이르되 여호와께서 주마 하신 곳으로 우리가 행진하나니 우리와 동행하자 그리하면 선대하리라 여호와께서 이스라엘에게 복을 내리리라 하셨느니라 호밥이 그에게 이르되 나는 가지 아니하고 내 고향 내 친족에게로 가리라 (민수기 10:29-30)

호밥이 광야 길을 잘 알고 있었기 때문이다. 호밥이 모세의 요청에 따라 광야에서 눈이 되어 주었는지에 대해서는 민수기 기록에 없다. 다만 사사기를 보면 이드로와 호밥의 후손들이 가나안 땅에 정착하여 사는 것을 볼 수 있다.

> 모세의 장인은 겐 사람이라 그의 자손이 유다 자손과 함께 종려나무 성읍에서 올라가서 아랏 남방의 유다 황무지에 이르러 그 백성 중에 거주하니라 (사사기 1:16)

> 모세의 장인 호밥의 자손 중 겐 사람 헤벨이 자기 족속을 떠나 게데스에 가까운 사아난님 상수리나무 곁에 이르러 장막을 쳤더라 (사사기 4:11)

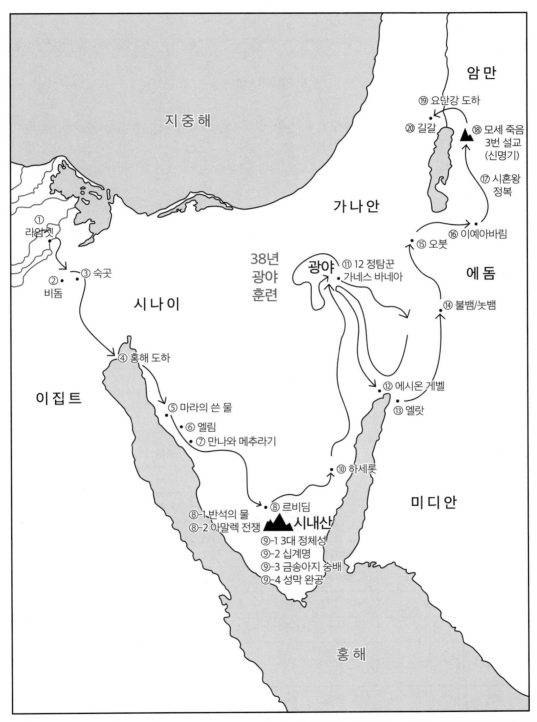

지 중 해

암 만

⑲ 요단강 도하

⑳ 길갈

⑱ 모세 죽음
3번 설교
(신명기)

가 나 안

⑰ 시혼왕
정복

① 라암셋

② 비돔

③ 숙곳

시 나 이

38년
광야
훈련

광야

⑪ 12 정탐꾼
가네스 바네아

⑯ 이예아바림

⑮ 오붓

에 돔

④ 홍해 도하

⑤ 마라의 쓴 물

⑥ 엘림

⑦ 만나와 메추라기

⑭ 불뱀/놋뱀

이 집 트

⑫ 에시온 게벨

⑬ 엘랏

⑩ 하세롯

미 디 안

⑧-1 반석의 물
⑧-2 아말렉 전쟁

⑧ 르비딤

시내산

⑨-1 3대 정체성
⑨-2 십계명
⑨-3 금송아지 숭배
⑨-4 성막 완공

홍 해

광야 40년의 여정 (라암셋→시내산까지 체류 1년 / 시내산→가데스 바네아까지 1년 / 가데스 바네아→가나안 입성까지 38년)

이 시대의 호밥

오늘날처럼 진리가 가려져 있는 영적 혼란의 시대에 진리의 말씀으로 하나님의 백성을 영적 가나안으로 인도할 호밥이 필요하다. 본서가 호밥의 눈이 되어 독자들로 하여금 성경을 펼쳐서 볼 수 있도록, 또 인생의 길을 인도하는 길잡이가 된다면 사명을 다하는 것이다. 마찬가지로 우리가 믿지 않는 자들을 그리스도와 그분의 진리로 인도하는 광야의 눈과 지팡이가 되어야 할 것이며, 믿는 자들이 바른길과 오직 한 길로 갈 수 있도록 동행하며 이끌어주는 성화의 내비게이션이 되어야 할 것이다.

광야에서 백성들의 원망과 불평

성구	장소	범죄 내용	원인	모세	결과
출 15:1-14	홍해	홍해의 죽음 위험을 원망	불신	중보	홍해를 건너게 하심
출 15:22-27	술 광야, 마라	쓴물에 대한 원망	불신	중보	쓴물을 단물로, 엘림으로
출 16:1-36	신 광야	굶주림에 대한 원망	불신	중보	만나를 허락하심
출 17:2-8	르비딤	갈증으로 인한 원망	불신	중보	호렙 반석에서 생수 주심
민 11:1-4	다베라	원망	은혜 망각	중보	불로 사름
민 11:5-35	기브롯 핫다아와	탐욕(고기)	탐욕	중보	메추라기 주심, 재앙
민 12:1-16	하세롯	모세의 권위에 대한 원망	권위 무시	중보	미리암에게 나병 주심
민 13-14장	가데스 바네아	가나안 정탐 뒤 원망	불신	중보	광야 38년 유랑 심판
민 15:32-36	?	안식일 규례 어김	율법 경시	중보	돌로 맞아 죽음
민 16:1-50	?	고라 일당의 반역	권력 야욕	중보	고라 일당 심판당함
민 20:2-13	가데스	갈증으로 인한 원망	인내 결핍	중보	물을 허락(모세의 혈기)
민 21:4-9	홍해 도상	거친 여정과 음식에 원망	습관적 불평	중보	불뱀 심판과 놋뱀 구원
민 25:1-18	싯딤	음행과 우상 숭배	이방 악습 교류	중보 비느하스	염병으로 2만 4천 명 죽음 시므리와 고스비 처단

민수기 19장과 20장 사이에는 광야 38년의 기록이 비어 있다. 즉 38년간의 원망과 불평이

생략되어 있지만, 초반 2년 동안만 약 13번 정도의 원망과 불평을 한 것을 보면 나머지 38년 동안 수백, 수천 번은 했을 것이다. 그럼에도 민수기에는 백성들의 원망과 불평만 나오는 것이 아니라 사이사이에 하나님의 은혜를 드러내셨다. 백성들의 죄악을 은혜와 긍휼로 덮으시고 인도하시는 하나님의 은혜를 나타내신 것이다.

그래서 민수기는 인간이라는 존재가 누구인지, 구원받았지만 우리 안에는 거룩하고 선한 것이 하나도 없음을 잘 보여준다. 또 인간이 오직 하나님의 은혜로 구원받았듯 구원 이후의 삶도 오직 하나님의 덮어주시는 은혜가 아니면 안 되는 존재임을 선언하는 책이다.

2. 다베라에서의 원망과 심판(11장)

이스라엘 백성이 도착한 첫 도시는 다베라(תַּבְעֵרָה; 불사름)였다. 이스라엘 백성들은 다베라에서 무슨 이유인지 정확히 묘사되어 있지 않으나 하나님과 모세를 원망했고, 이에 대해 불로 심판을 받았다. 출발하자마자 원망부터 시작한 것이다.

> 여호와께서 들으시기에 백성이 악한 말로 원망하매 여호와께서 들으시고 진노하사 여호와의 불을 그들 중에 붙여서 진영 끝을 사르게 하시매 (민수기 11:1)

기브롯 핫다아와에서의 원망과 심판

또 이스라엘 백성 중에 섞여 사는 무리들이 탐욕을 품었다. 그러자 이스라엘 백성들도 이에 영향을 받아 또다시 하나님과 모세를 원망하기 시작했다.

> 우리가 애굽에 있을 때에는 값없이 생선과 오이와 참외와 부추와 파와 마늘들을 먹은 것이 생각나거늘 이제는 우리의 기력이 다하여 이 만나 외에는 보이는 것이 아무 것도 없도다 하니 (민수기 11:5-6)

하나님은 원망하는 백성들에게 메추라기를 보내 주셨지만, 메추라기가 그들의 입에서 씹히

기도 전에 하나님은 큰 재앙으로 치셨다. 그래서 그곳 이름을 '탐욕의 무덤'이라는 뜻의 기브롯 핫다아와(קברות התאוה)라고 불렀다.

> 고기가 아직 이 사이에 있어 씹히기 전에 여호와께서 백성에게 대하여 진노하사 심히 큰 재앙으로 치셨으므로 그 곳 이름을 기브롯 핫다아와라 불렀으니 욕심을 낸 백성을 거기 장사함이었더라 (민수기 11:33-34)

우리도 마찬가지다. 탐심의 결과는 무덤, 즉 죽음이다. 성경은 탐심을 우상 숭배라고 말씀하신다. 그리스도인과 다른 인종인 세상 사람들의 탐욕-재물, 성, 권력-을 닮아가려는 것이 우상 숭배다. 우리를 돌아보고 미디어를 통해 다른 인종의 탐욕이 내게도 있다면 빨리 기브롯 핫다아와에서 나와야 한다.

> 그러므로 땅에 있는 지체를 죽이라 곧 음란과 부정과 사욕과 악한 정욕과 탐심이니 탐심은 우상 숭배니라 이것들로 말미암아 하나님의 진노가 임하느니라 (골로새서 3:5-6)

70인 장로에게 임한 하나님의 영

백성들의 계속되는 원망과 불평에 지칠 대로 지친 모세는 지도자로서의 자신의 일을 더 이상 감당할 수 없겠노라고 하나님께 탄식했다.

> 모세가 여호와께 여짜오되 어찌하여 주께서 종을 괴롭게 하시나이까 어찌하여 내게 주의 목전에서 은혜를 입게 아니하시고 이 모든 백성을 내게 맡기사 내가 그 짐을 지게 하시나이까 이 모든 백성을 내가 배었나이까 내가 그들을 낳았나이까 어찌 주께서 내게 양육하는 아버지가 젖 먹는 아이를 품듯 그들을 품에 품고 주께서 그들의 열조에게 맹세하신 땅으로 가라 하시나이까 이 모든 백성에게 줄 고기를 내가 어디서 얻으리이까 그들이 나를 향하여 울며 이르되 우리에게 고기를 주어 먹게 하라 하온즉 책임이 심히 중하여 나 혼자는 이 모든 백성을 감당할 수 없나이다 주께서 내게 이같이 행하실진대 구하옵나니 내게 은혜를 베푸사 즉시 나를 죽여 내가 고난 당함을 내가 보지 않게 하옵소서 (민수기 11:11-15)

하나님은 모세의 탄식을 들으시고 장로 70명을 장막 앞에 모으신 후 모세에게 임한 영을 부어주셨다. 70인의 장로들은 일시적이지만 예언을 하게 되었다. 그런데 기명된 자 중 엘닷과 메닷이 자기 진영에 머물면서 장막으로 나아가지 않았음에도 불구하고 그들에게도 하나님의 영이 임하여 예언했다. 모세의 시종이자 눈의 아들 여호수아는 이를 시기하여 모세에게 그들을 말리도록 요구하지만, 오히려 모세의 책망을 듣게 된다.

> 택한 자 중 한 사람 곧 모세를 섬기는 눈의 아들 여호수아가 말하여 이르되 내 주 모세여 그들을 말리소서 모세가 그에게 이르되 네가 나를 두고 시기하느냐 여호와께서 그의 영을 그의 모든 백성에게 주사 다 선지자가 되게 하시기를 원하노라 (민수기 11:28-29)

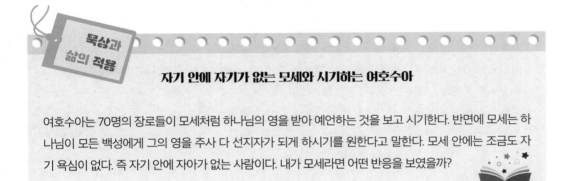

묵상과 삶의 적용

자기 안에 자기가 없는 모세와 시기하는 여호수아

여호수아는 70명의 장로들이 모세처럼 하나님의 영을 받아 예언하는 것을 보고 시기한다. 반면에 모세는 하나님이 모든 백성에게 그의 영을 주사 다 선지자가 되게 하시기를 원한다고 말한다. 모세 안에는 조금도 자기 욕심이 없다. 즉 자기 안에 자아가 없는 사람이다. 내가 모세라면 어떤 반응을 보였을까?

3. 미리암의 비난과 모세의 온유함(12장)

민수기 12장에서 모세가 구스(Cush; '검다'라는 뜻으로 노아의 아들 함의 장자. 그의 자손들이 거주하는 아프리카 북동쪽 애굽 아래 고대 누비안 왕국으로, 오늘날 에티오피아에 해당된다) 여자를 아내로 맞이했다고 말하고 있다. 이를 보고 모세의 누이이자 여선지자인 미리암과 아론이 모세를 비방했다. 하지만 모세는 예전처럼 크게 역정을 내거나 분을 내지 않았다.

> 그들이 이르되 여호와께서 모세와만 말씀하셨느냐 우리와도 말씀하지 아니하셨느냐 하매 여호와께서 이 말을 들으셨더라 이 사람 모세는 온유함이 지면의 모든 사람보다 더하더라 (민수기 12:2-3)

하나님은 모세의 온유함(ענו [아나우]; 겸손, 온유, 고난)이 온 세상에서 가장 뛰어나다고 하신다(민수기 12:3). 40년간 광야에서의 연단을 통해 겸손하고 낮아진 모세는 본인이 직접 나서지 않고 하나님께 맡겨 드렸다. 그런데 하나님은 모세를 대적한 미리암에게 나병이 발병케 하여 진 밖으로 내쫓으셨다. 쫓겨난 미리암은 하나님 앞에 회개했고, 7일 후에 돌아올 수 있었다. 우리도 마찬가지다. 교회에, 가정에, 직장에, 관계에 문제가 생겼을 때 먼저 우리의 혈기부터 드러내서는 안 된다. 하나님이 하실 수 있도록 무릎 꿇고 기도해야 한다.

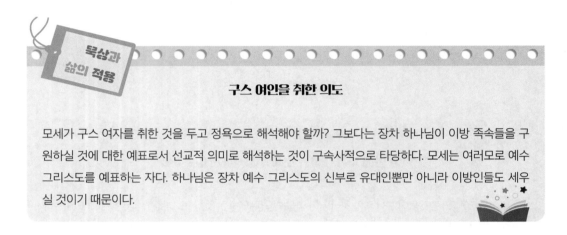

묵상과 삶의 적용

구스 여인을 취한 의도

모세가 구스 여자를 취한 것을 두고 정욕으로 해석해야 할까? 그보다는 장차 하나님이 이방 족속들을 구원하실 것에 대한 예표로서 선교적 의미로 해석하는 것이 구속사적으로 타당하다. 모세는 여러모로 예수 그리스도를 예표하는 자다. 하나님은 장차 예수 그리스도의 신부로 유대인뿐만 아니라 이방인들도 세우실 것이기 때문이다.

4. 가데스 바네아의 열두 정탐꾼과 하나님의 징계(13~14장)

이스라엘 백성들은 가데스 바네아에 이르러 12명의 정탐꾼을 가나안 땅으로 보낸다. 여기서부터 비극이 시작된다. 여호수아와 갈렙을 제외한 10명의 정탐꾼들은 정탐을 마치고 돌아와서 부정적인 말로 보고했다. 우리는 가나안 부족에 비하면 메뚜기와 같다고 표현했다.

> 거기서 네피림 후손인 아낙 자손의 거인들을 보았나니 우리는 스스로 보기에도 메뚜기 같으니 그들이 보기에도 그와 같았을 것이니라 (민수기 13:33)

반면 여호수아와 갈렙은 "그들은 우리의 먹이다. 하나님이 우리와 함께하신다"라고 보고했다.

여호와께서 우리를 기뻐하시면 우리를 그 땅으로 인도하여 들이시고 그 땅을 우리에게 주시리라 이는 과연 젖과 꿀이 흐르는 땅이니라 다만 여호와를 거역하지는 말라 또 그 땅 백성을 두려워하지 말라 그들은 우리의 먹이라 그들의 보호자는 그들에게서 떠났고 여호와는 우리와 함께 하시느니라 그들을 두려워하지 말라 하나 (민수기 14:8-9)

그럼에도 백성들은 10명의 부정적인 보고에 절망하여 메뚜기와 같은 처지라고 밤새 하나님과 모세를 원망했다. 민수기 14장에서만 '원망하다'라는 단어가 8번이나 나온다.

내 영광과 애굽과 광야에서 행한 내 이적을 보고서도 이같이 열 번이나 나를 시험하고 내 목소리를 청종하지 아니한 그 사람들은 내가 그들의 조상들에게 맹세한 땅을 결단코 보지 못할 것이요 또 나를 멸시하는 사람은 한 사람도 그것을 보지 못하리라 (민수기 14:22-23)

하나님은 이스라엘 백성들의 불신앙에 진노하셨다. 이에 가나안을 정탐한 날 수인 40일의 하루를 일 년으로 계산하여 40년 광야 훈련이 시작되었다(민수기 14:33-34). 이것은 하나님의 징계로 "내 귀에 들린 대로 내가 너희에게 행하리니" 하신 것이다.

그들에게 이르기를 여호와의 말씀에 내 삶을 두고 맹세하노라 너희 말이 내 귀에 들린 대로 내가 너희에게 행하리니 (민수기 14:28)

하나님이 제일로 싫어하시는 죄악

하나님이 제일 싫어하시는 것이 원망이다. 이것은 하나님을 신뢰하지 않는 불신앙이기 때문이다. 우리는 어떠한가? 나의 입술에 믿음의 언어가 있는가? 아니면 불신앙의 언어가 있는가?

여호와께서 모세에게 이르시되 이 백성이 어느 때까지 나를 멸시하겠느냐 내가 그들 중에 많은 이적을 행했으나 어느 때까지 나를 믿지 않겠느냐 (민수기 14:11)

5. 고라의 반란과 아론의 지팡이(16~17장)

레위 지파 고핫의 손자인 고라와 르우벤 지파의 다단과 아비람과 온 그리고 그들을 따르는 지휘관 250명이 모세와 아론을 대적하여 당을 지었다.

> 그들이 모여서 모세와 아론을 거슬러 그들에게 이르되 너희가 분수에 지나도다 회중이 다 각각 거룩하고 여호와께서도 그들 중에 계시거늘 너희가 어찌하여 여호와의 총회 위에 스스로 높이느냐 (민수기 16:3)

> 모세가 엘리압의 아들 다단과 아비람을 부르러 사람을 보냈더니 그들이 이르되 우리는 올라가지 않겠노라 (민수기 16:12)

고라와 다단과 아비람과 온의 반역을 대하는 모세의 자세는 하나님께 엎드리는 것이었다.

모세가 듣고 엎드렸다가 (민수기 16:4)

하나님은 모세와 아론을 택하신 하나님의 권위에 도전한 고라와 그 일당에 대해 땅을 갈라 심판하셨다. 땅이 그 입을 열어 그들과 그들의 집과 재물을 모두 삼켜버리게 하셨고, 반역에 가담한 250명의 지휘관을 불사르셨다. 심지어 이 사건이 벌어진 그다음 날까지도 백성들이 모세와 아론을 원망하자 하나님은 전염병으로 14,700명을 죽게 하셨다.

하나님은 누가 하나님의 택함을 받은 자인지 확실히 알게 하시려고 각 지파별로 지팡이 하나씩 성막으로 가져오라고 하셨다. 이튿날 모세가 성막 안에 들어가 보니 아론의 지팡이에만 살구꽃과 살구 열매가 열려 있었다. 이 사건을 통해 하나님은 아론을 대제사장으로 선택한 것을 재차 증명하셨다.

> 이튿날 모세가 증거의 장막에 들어가 본즉 레위 집을 위하여 낸 아론의 지팡이에 움이 돋고 순이 나고 꽃이 피어서 살구 열매가 열렸더라 (민수기 17:8)

6. 제사장의 사명과 축복(18장)

고라의 반란 사건 이후 하나님은 제사장의 사명과 축복에 대해 말씀하셨다. 하나님은 제사장 직분이 하나님의 선물이라고 말씀하신다.

> 보라 내가 이스라엘 자손 중에서 너희의 형제 레위인을 택하여 내게 돌리고 너희에게 선물로 주어 회막의 일을 하게 했나니 너와 네 아들들은 제단과 휘장 안의 모든 일에 대하여 제사장의 직분을 지켜 섬기라 내가 제사장의 직분을 너희에게 선물로 주었은즉 거기 가까이 하는 외인은 죽임을 당할지니라 (민수기 18:6-7)

가데스 바네아에서 가나안으로(민수기 20~36장)

1. 물로 인한 원망(20장)

이스라엘 백성들은 38년의 광야 훈련을 지나 다시 가데스로 왔다. 이때 모세의 누이 미리암이 가데스에서 죽게 된다. 그리고 백성들은 므리바에서 또다시 물이 없다고 모세와 아론을 원망했다. 광야에서 38년을 원망과 불평의 죄로 인해 훈련을 받았지만, 원망의 버릇은 여전했다.

> 첫째 달에 이스라엘 자손 곧 온 회중이 신 광야에 이르러 백성이 가데스에 머물더니 미리암이 거기서 죽으매 거기에 장사되니라 회중이 물이 없으므로 모세와 아론에게로 모여드니라 (민수기 20:1-2)

백성들의 원망에 모세는 그만 화를 내고 만다. 어쩌면 수십 년 동안 버릇처럼 원망하는 백성들에게 모세도 지쳤을지 모른다. 모세가 화를 내면서 두 번 반석을 치자 많은 물이 솟았다. 하지만 하나님이 이 사건을 보시고 모세와 아론에게 "너희가 나의 거룩함을 드러내지 않았으므로 너희는 가나안에 들어가지 못할 것이다"라고 말씀하셨다.

> 모세와 아론이 회중을 그 반석 앞에 모으고 모세가 그들에게 이르되 반역한 너희여 들으라 우리가 너희를 위하여 이 반석에서 물을 내랴 하고 모세가 그의 손을 들어 그의 지팡이로 반석을 두 번 치니 물이 많이 솟아나오므로 회중과 그들의 짐승이 마시니라 여호와께서 모세와 아론에게 이르시되 너희가 나를 믿지 아니하고 이스라엘 자손의 목전에서 내 거룩함을 나타내지 아니한 고로 너희는 이 회중을 내가 그들에게 준 땅으로 인도하여 들이지 못하리라 하시니라 이스라엘 자손이 여호와와 다투었으므

로 이를 므리바 물이라 하니라 여호와께서 그들 중에서 그 거룩함을 나타내셨더라 (민수기 20:10-13)

모세와 아론이 가나안에 들어가지 못한 이유

민수기 20장에서 하나님은 모세와 아론에게 "너희는 반석에게 명령하여 물을 내라 하라"고 말씀하셨다(8절). 하지만 화가 난 모세는 반석에게 "물을 내라" 하고 명령한 것이 아니라 지팡이로 반석을 두 번 쳤다. 그런데 여기에서 이 사건의 핵심 단어가 등장한다. 10절에서 모세는 자신의 속마음을 드러내며 "반역한 너희여 들으라 우리가 너희를 위하여 이 반석에서 물을 내랴"라고 외쳤다. 물을 내는 주체가 하나님이 아니라 '우리'라고 표현한 것이다. 이 사건 바로 다음에 하나님이 모세와 아론의 실패 이유를 설명하시는데, "너희가 나를 믿지 아니하고 이스라엘 자손의 목전에서 내 거룩함을 나타내지 아니한 고로"(민수기 20:12)라고 말씀하셨다.

모세와 아론이 가나안에 들어갈 수 없었던 이유는 어느 순간부터 그들은 하나님이 주관자가 되시는 일과 그동안 하나님이 해 오신 일에 대해 마치 자신들이 하는 것처럼, 자신들의 능력인 것처럼 착각하고 있었기 때문이다. 모세가 자신의 능력으로 물을 낸 것처럼 "우리가 물을 내랴"라고 말한 것은 하나님의 전능하심과 은혜를 드러내지 않았다는 반증이다.

시편 106편 32~33절은 이 사건을 두고 모세가 입술로 망령되이 말했기 때문이라고 말한다.

그들이 또 므리바 물에서 여호와를 노하시게 했으므로 그들 때문에 재난이 모세에게 이르렀나니 이는 그들이 그의 뜻을 거역함으로 말미암아 모세가 그의 입술로 망령되이 말했음이로다 (시편 106:32-33)

구속사에서 모세의 역할

모세가 가나안 땅에 들어가지 못한 두 번째 이유는 성경 전체 맥락에서 보면 모세가 맡은 역할 때문이다. 모세는 구속사라는 틀에서 율법을 대표하는 자다. 그런데 율법의 의를 대표하는 자가 하나님 나라를 상징하는 가나안에 들어갈 순 없다. 천국은 율법의 의가 아닌 하나님의 은혜를 붙드는 믿음으로 가는 곳이기 때문이다.

구속사라는 큰 틀에서 볼 때 모세의 자기 역할은 끝났다. 드라마로 치자면 중요한 역할을 맡고 있던 사람이 죽어서 다음 회부터 출연하지 않는 것처럼 모세는 이때가 구속사에서 마지막 역할이었던 셈이다. 모세는 120세였지만 여전히 눈에 총기가 있었다. 늙고 쇠약해서 끝난 게 아니라 그 역할이 끝나서 하나님이 데려가셨다라는 것을 암시하고 있다.

그러므로 가나안 땅은 예수 그리스도를 예표하는 여호수아가 이스라엘 백성을 인도하여 입성하는 것이 맞다. 율법과 율법의 행위로는 하나님 나라에 들어갈 수 없음을 알려 주기 위해 구속사에서 율법의 대표자라는 배역의 모세는 퇴장해야 했다. 그리고 오직 예수 그리스도를 통해서만, 그의 은혜를 통해서만 들어갈 수 있음을 예표하는 여호수아에게 바통을 넘겨주어야 했다.

2. 불뱀과 놋뱀(21장)

이스라엘 백성들은 에돔 왕이 통행을 거부한 까닭에 가나안까지 곧바로 가지 못하고 한참을 돌아서 가야 했다. 이 일로 인해 이스라엘 백성들의 습관인 원망과 불평이 또다시 시작되었고, 에돔은 나중에 에스겔과 오바댜 선지자 때 하나님으로부터 멸망을 선고받기도 했다. 백성이 하나님과 모세를 원망하자 하나님은 불평하는 자들에게 불뱀을 보내어 죽게 하셨다. 그러나 모세가 백성을 위하여 기도하자 하나님은 장대 위에 놋뱀을 만들어 매달고 불뱀에 물린 자들이 그것을 보면 살게 하셨다. 장대에 달린 놋뱀은 장차 십자가에 달리실 예수님을 예표하고 있다. 즉 누구든지 예수님을 바라보는 자마다 구원을 얻게 된다.

> 모세가 광야에서 뱀을 든 것 같이 인자도 들려야 하리니 이는 그를 믿는 자마다 영생을 얻게 하려 하심이니라 (요한복음 3:14-15)

놋뱀은 의미가 있다. 뱀은 죄악을 상징하고 놋(주석)은 구약에서 심판을 상징한다. 죄악을 지신 예수가 심판을 받아 우리가 살게 되는 구원을 상징하는 것이 놋뱀이다. 죄가 심판받아야 살게 된다는 것이다.

> 여호와께서 모세에게 이르시되 불뱀을 만들어 장대 위에 매달아라 물린 자마다 그것을 보면 살리라 모

세가 놋뱀을 만들어 장대 위에 다니 뱀에게 물린 자가 놋뱀을 쳐다본즉 모두 살더라 (민수기 21:8-9)

놋뱀 사건에서 '보다'라는 단어가 2번 나온다. 그런데 민수기 21장 9절에 나오는 "쳐다본즉"에서 히브리어 원형인 '보다(נבט [나바트])'는 히브리어 7동사 중 히필(Hiphil)형이다. 히필형은 <u>스스로 하는 것이 아니라 누가 시켜서 하는 사역동사(使役動詞)</u>를 의미한다. 즉 스스로 보는 것이 아니라 하나님이 보게 하신 자들만 바라보고 구원을 얻었다는 뜻이다. 아무나 볼 수 있었던 것이 아니라 하나님이 보게 하신 자만이 살 수 있었다.

3. 미디안 술사 발람(22~24장)

한편 요단강 동쪽 땅에 있던 모압 왕 발락은 이스라엘 백성이 그들의 땅으로 진군하는 것을 알게 되자 미디안 술사였던 발람을 돈으로 매수하여 모압으로 와서 이스라엘 백성을 저주하도록 요청했다. 그러나 하나님은 발람을 3번이나 막는다. 하지만 4번째에는 허락하셨다.

밤에 하나님이 발람에게 임하여 이르시되 그 사람들이 너를 부르러 왔거든 일어나 함께 가라 그러나 내가 네게 이르는 말만 준행할지니라 (민수기 22:20)

우리도 마찬가지다. 막상 하나님의 응답과는 상관없이 어차피 자신이 듣고 싶어 하는 답을 정해놓고 떼를 쓰듯 구하는 모양새다. 내 뜻과 내 계획과 내 원함을 내려놓지 않고 기도한다면 결국 하나님의 응답을, 하나님의 음성을, 하나님의 인도하심을 제대로 받을 수 없게 된다. 그래서 발람이 3번이나 저주할 때마다 하나님은 축복으로 바꾸셨다.

4번째는 발람이 메시아에 대한 예언을 하게 된다. "한 별이 야곱에게서 나오며 한 규가 이스라엘에게서 일어나서"(민수기 24:17) 다수 학자들도 이때의 한 별을 동방박사들이 예수님께 경배하러 찾아왔을 때의 그 별로 보고 있다.

예언하여 이르기를 브올의 아들 발람이 말하며 눈을 감았던 자가 말하며 하나님의 말씀을 듣는 자가 말하며 지극히 높으신 자의 지식을 아는 자, 전능자의 환상을 보는 자, 엎드려서 눈을 뜬 자가 말하기를 내가 그를 보아도 이 때의 일이 아니며 내가 그를 바라보아도 가까운 일이 아니로다 한 별이 야곱에게서 나오며 한 규가 이스라엘에게서 일어나서 모압을 이쪽에서 저쪽까지 쳐서 무찌르고 또 셋의 자식들을 다 멸하리로다 그의 원수 에돔은 그들의 유산이 되며 그의 원수 세일도 그들의 유산이 되고 그와 동시에 이스라엘은 용감히 행동하리로다 주권자가 야곱에게서 나서 남은 자들을 그 성읍에서 멸절하리로다 하고 (민수기 24:15-19)

4. 백성의 음행과 비느하스의 분노(25장)

싯딤에서 발람 술사가 이스라엘 백성들을 현혹해서 모압 여자들과 음행을 하고 모압 신들에게 절하도록 부추겼다. 이때 싯딤에서 가장 많이 음행에 가담한 지파는 시므온 지파였다. 시므온 지파 중에 시므리가 미디안 여인 고스비와 동침을 했는데, 아론의 손자인 비느하스가 '하나님을 위하여 질투하여' 창을 내리꽂아 두 사람을 죽여 버렸다. 그제야 하나님이 진노를 돌이키셨는데, 그럼에도 염병으로 인해 2만 4천 명이 죽는 참극이 벌어졌다.

여호와께서 모세에게 말씀하여 이르시되 제사장 아론의 손자 엘르아살의 아들 비느하스가 내 질투심으로 질투하여 이스라엘 자손 중에서 내 노를 돌이켜서 내 질투심으로 그들을 소멸하지 않게 했도다 그러므로 말하라 내가 그에게 내 평화의 언약을 주리니 그와 그의 후손에게 영원한 제사장 직분의 언약이라 그가 그의 하나님을 위하여 질투하여 이스라엘 자손을 속죄했음이니라 (민수기 25:10-13)

이 시대의 비느하스를 찾으시는 하나님

음행과 우상 숭배로 인한 하나님의 진노를 비느하스가 멈추게 했다. 오늘날도 마찬가지다. 이 시대의 육적 음란은 끝을 향해 가고 있다. 더하여 하나님이 아닌 다른 우상을 사랑하고 섬기는 영적 음행도 심각하다. 영적·육적 음행을 향해 거룩한 말씀의 검을 꽂을 수 있는 이 시대의 비느하스가 필요하다. 하나님은 이 시대의 영적·육적 음행에 현혹되지 않고 피 흘리기까지 싸울 수 있는 비느하스 같은 사람을 찾으신다.

5. 2차 인구조사 (26장)

염병이 끝난 후에 모세는 출애굽 2세대의 인구를 조사했다. 출애굽 1세대는 원망과 불평으로 인해 광야에서 모두 죽었다. 하나님은 새로운 세대를 통해 가나안 땅을 정복하기를 원하셨다. 2차 인구조사의 결과 이스라엘 자손의 계수된 자는 601,730명이었다.

이들이 곧 하나님 나라의 군대였다. 1차 인구조사와 비교해 보면 가장 많이 인구가 감소한 지파는 시므온 지파였다. 이는 모압 여인과의 음행으로 죽은 사람들 대부분이 시므온 지파였기 때문이다.

6. 미디안 정복 명령과 발람의 처단 (31장)

하나님은 이스라엘 자손의 원수를 미디안에게 갚으라고 하셨다. 이때 이스라엘을 타락시킨 주범인 브올의 아들 발람은 칼로 죽게 된다. 거룩한 하나님의 백성을 영적 음행과 육적 음행으로 타락시킨 모압 왕 발람은 하나님의 심판을 받았다.

우리도 이 시대의 발람을 복음의 칼로 쳐야 한다. 하나님의 자녀들을 영적·육적으로 음행하게 만드는 발람의 교훈과 싸워야 한다. 또한 발람의 교훈을 받아들이고 타락했던 버가모 교회를 향한 주님의 책망을 가슴 깊이 새겨야 할 것이다(요한계시록 2:14).

7. 요단 동쪽 땅을 요구한 지파들 (32장)

르우벤 자손과 갓 자손은 목축하기에 좋은 요단강 동쪽 땅인 야셀과 길르앗을 모세에게 요구했다. 이들에게는 가축이 많았기 때문이다. 모세가 처음에는 반대했지만, 조건부로 허락하게 된다. 이들이 요단강 서쪽 땅인 가나안을 정복할 때 함께 건너가 싸운 후에 돌아오겠다고 약속했기 때문이다.

이들의 요구는 자칫 이스라엘 진영 전체의 사기를 떨어뜨릴 수 있는 것이었다. 하나님 나라 공동체에서 일어나는 가장 큰 문제는 분열이기 때문이다. 사탄은 어떻게 해서든지 교회의 하나 됨을 깨뜨리려고 한다. 그러므로 공동체 전체가 아닌 자신들의 유익을 먼저 생각한 이들의 요구는 결코 잘한 일이 아니다. 하지만 이미 마음이 요단강 동쪽 땅에 있는 사람들로서는 그 땅을 포기할 수 없었다. 그래서 모세는 공동체의 하나 됨을 지키고자 조건부 허락을 하게 되었다. 우리도 마찬가지다. 내 개인의 생각보다 교회 공동체의 연합을 지키는 일이 더 중요하다는 것을 알아야 한다.

8. 광야 40년의 노정 회고(33장)

모세는 40년 전 출애굽에서부터 지금의 모압 평지에 이르기까지의 광야 여정을 회고했다.

광야 노정

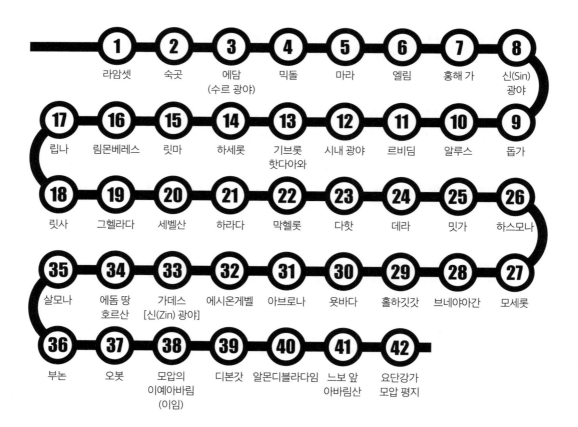

진을 치고 진을 쳤더라

민수기 33장을 자세히 보면 이스라엘 백성이 진을 친 횟수가 41번이다. 그리고 마태복음 1장에서 아브라함부터 예수까지의 족보가 41대이다(42대이지만, 실제로 세어보면 41대다).

광야 생활 40년간 진을 친 횟수 41번과 예수님의 족보 41대가 같은 것은 우연일까? 마태복음 1장의 족보는 인간의 패역함에도 언약에 신실하신 하나님 은혜의 족보이자 함께하시는 임마누엘의 족보다. 마찬가지로 광야 생활 40년간 이스라엘 백성의 패역함에도 불구하고 하나님은 은혜와 임재를 거두지 않으셨다. 41번이나 진을 피고 접는 동안 하나님은 늘 임마누엘로 함께하셨다.

08장

신명기: 하나님 나라 왕권 선포

하나님 나라로 본 창세기부터 여호수아까지

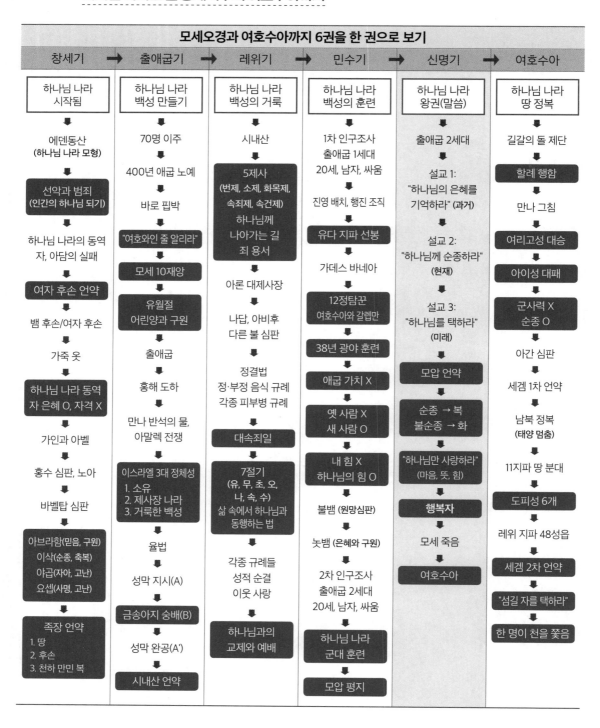

모세오경과 여호수아까지 6권을 한 권으로 보기

창세기 ➡	출애굽기 ➡	레위기 ➡	민수기 ➡	신명기 ➡	여호수아
하나님 나라 시작됨	하나님 나라 백성 만들기	하나님 나라 백성의 거룩	하나님 나라 백성의 훈련	하나님 나라 왕권(말씀)	하나님 나라 땅 정복

창세기
- 에덴동산 (하나님 나라 모형)
- 선악과 범죄 (인간의 하나님 되기)
- 하나님 나라의 동역자, 아담의 실패
- 여자 후손 언약
- 뱀 후손/여자 후손
- 가죽 옷
- 하나님 나라 동역자 은혜 O, 자격 X
- 가인과 아벨
- 홍수 심판, 노아
- 바벨탑 심판
- 아브라함(믿음, 구원) 이삭(순종, 축복) 야곱(자아, 고난) 요셉(사명, 고난)
- 족장 언약 1. 땅 2. 후손 3. 천하 만민 복

출애굽기
- 70명 이주
- 400년 애굽 노예
- 바로 핍박
- "여호와인 줄 알리라"
- 모세 10재앙
- 유월절 어린양과 구원
- 출애굽
- 홍해 도하
- 만나 반석의 물, 아말렉 전쟁
- 이스라엘 3대 정체성 1. 소유 2. 제사장 나라 3. 거룩한 백성
- 율법
- 성막 지시(A)
- 금송아지 숭배(B)
- 성막 완공(A')
- 시내산 언약

레위기
- 시내산
- 5제사 (번제, 소제, 화목제, 속죄제, 속건제) 하나님께 나아가는 길 죄 용서
- 아론 대제사장
- 나답, 아비후 다른 불 심판
- 정결법 정·부정 음식 규례 각종 피부병 규례
- 대속죄일
- 7절기 (유, 무, 초, 오, 나, 속, 수) 삶 속에서 하나님과 동행하는 법
- 각종 규례들 성적 순결 이웃 사랑
- 하나님과의 교제와 예배

민수기
- 1차 인구조사 출애굽 1세대 20세, 남자, 싸움
- 진영 배치, 행진 조직
- 유다 지파 선봉
- 가데스 바네아
- 12정탐꾼 여호수아와 갈렙만
- 38년 광야 훈련
- 애굽 가치 X
- 옛 사람 X 새 사람 O
- 내 힘 X 하나님의 힘 O
- 불뱀 (원망심판)
- 놋뱀 (은혜와 구원)
- 2차 인구조사 출애굽 2세대 20세, 남자, 싸움
- 하나님 나라 군대 훈련
- 모압 평지

신명기
- 출애굽 2세대
- 설교 1: "하나님의 은혜를 기억하라" (과거)
- 설교 2: "하나님께 순종하라" (현재)
- 설교 3: "하나님를 택하라" (미래)
- 모압 언약
- 순종 → 복 불순종 → 화
- "하나님만 사랑하라" (마음, 뜻, 힘)
- 행복자
- 모세 죽음
- 여호수아

여호수아
- 길갈의 돌 제단
- 할례 행함
- 만나 그침
- 여리고성 대승
- 아이성 대패
- 군사력 X 순종 O
- 아간 심판
- 세겜 1차 언약
- 남북 정복 (태양 멈춤)
- 11지파 땅 분대
- 도피성 6개
- 레위 지파 48성읍
- 세겜 2차 언약
- "섬길 자를 택하라"
- 한 명이 천을 쫓음

신명기 구조[17]

첫 번째 설교 (1-4장)	두 번째 설교 (4-26장)	세 번째 설교 (27-30장)	모세의 마지막 사역 (31-34장)
하나님이 하신 일 (과거)	이스라엘 향한 하나님의 기대(현재)	하나님이 하실 일(미래)	
은혜를 생각하라	사랑하고 순종하라	복과 저주를 선택하라	모세의 마지막 사역
뒤를 돌아보라	위를 바라보라	앞을 바라보라	행복자로다!
· 출애굽과 광야 여정 회고 · 요단 동편 정복 회고	· 십계명(5장) · 율법의 근본 원리(6-11장) → 사랑과 순종 · 세부적 규례(12-26장) ① 의식법 → 하나님 사랑 ② 시민법 → 이웃 사랑	가나안 땅에서의 언약 서약식 거행 명령 · 세발산(세겜) 그리심산 → 여호수아가 아이성 승리 후 지킴(여호수아 8:30-35) · 복과 저주의 경고(28장) · 모압 언약 → 2세대들과 언약 체결(29-30장)	· 새 지도자 여호수아 ① 여호수아 후계 임명(민수기 27장) ② 배반 예언 · 모세의 노래 ① 백성의 언약 배반 ② 심판과 하나님의 구원 · 모세의 12지파 축복 ① 시므온 지파 없음 ② 결론: 이스라엘이여! 너는 행복자로다 · 모세의 죽음 → 30일 애곡
과거 하나님의 역사를 기억함	시내산 율법을 다시 설명함.	2세대들과 모압에서 언약을 갱신함(체결)	

신명기는 출애굽기와 레위기에서 주셨던 하나님의 계명을 재해석하는 책이다. 신명기는 모세오경의 결론이고, 이후 역사서(여호수아~에스더)의 서론이기도 하다. 모세는 죽기 전에 모압 평지에서 출애굽 2세대에게 출애굽의 기적과 광야 생활 40년을 다시 해석하면서 총 3번의 설교를 했다. 첫 번째 설교는 애굽 땅에서 어떻게 구원받았는지, 두 번째 설교는 그분의 말씀을 지키며 사랑하는 것에 대하여, 세 번째 설교는 하나님을 선택할 것인지, 바알을 선택할 것인지 미래에 대한 설교였다.

---

17 브루스 윌킨슨·케네스 보아, 정인홍·곽철호 역, 『한눈에 보는 성경』(서울: 디모데, 1999년), 90.

1. 첫 번째 설교(1~4장)

모세의 첫 번째 설교에서는 출애굽 사건과 민수기에서의 40년 광야 생활을 회상하고 있다. 단순히 회상하는 것이 아니라 과거의 일들을 영적인 메시지를 담아서 해석했다. 따라서 첫 번째 설교의 핵심 주제는 '하나님의 은혜를 기억하라'이다.

출애굽 2세대들에게 율법을 다시 선포하다

모세가 요단 저쪽 모압 땅에서 이 율법을 설명하기 시작했더라 일렀으되 (신명기 1:5)

오직 너는 스스로 삼가며 네 마음을 힘써 지키라 그리하여 네가 눈으로 본 그 일을 잊어버리지 말라 네가 생존하는 날 동안에 그 일들이 네 마음에서 떠나지 않도록 조심하라 너는 그 일들을 네 아들들과 네 손자들에게 알게 하라 네가 호렙 산에서 네 하나님 여호와 앞에 섰던 날에 여호와께서 내게 이르시기를 나에게 백성을 모으라 내가 그들에게 내 말을 들려주어 그들이 세상에 사는 날 동안 나를 경외함을 배우게 하며 그 자녀에게 가르치게 하리라 하시매 (신명기 4:9-10)

다음 세대에게 성경을 가르쳐라

모세는 생애 마지막까지 다음 세대를 향해 말씀을 선포했다. 한국 교회도 이와 같아야 한다. 2017년 통계에서 기독교 인구는 약 750만 명 정도로 낮아졌다. 이대로라면 20~30년 뒤에는 250~300만 명까지 낮아질 전망이다. 반면 한국의 모슬렘은 100만 명으로 성장할 것이라 예측한다. 모세가 죽을 때까지 다음 세대를 말씀으로 섬겼듯 우리도 다음 세대에게 말씀을 가르치지 않으면 한국 교회에 희망은 없다.

가데스 바네아 사건 회고

우리 하나님 여호와께서 우리에게 명령하신 대로 우리가 호렙 산을 떠나 너희가 보았던 그 크고 두려운 광야를 지나 아모리 족속의 산지 길로 가데스 바네아에 이른 때에 내가 너희에게 이르기를 우리 하나님 여호와께서 우리에게 주신 아모리 족속의 산지에 너희가 이르렀나니 너희의 하나님 여호와께서 이 땅을 너희 앞에 두셨은즉 너희 조상의 하나님 여호와께서 너희에게 이르신 대로 올라가서 차지하라 두려워하지 말라 주저하지 말라 한즉 너희가 다 내 앞으로 나아와 말하기를 우리가 사람을 우리보다 먼저 보내어 우리를 위하여 그 땅을 정탐하고 어느 길로 올라가야 할 것과 어느 성읍으로 들어가야 할 것을 우리에게 알리게 하자 하기에 (신명기 1:19-22)

모세는 38년 전 가데스 바네아에서 가나안 땅으로 열두 정탐꾼을 파송한 사건을 회고했다. 본문을 자세히 보면 하나님은 가데스 바네아에서 열두 정탐꾼을 파송하라고 하신 적이 없음을 알 수 있다. 이것은 백성들의 요구였다.

내가 너희에게 말하기를 그들을 무서워하지 말라 두려워하지 말라 너희보다 먼저 가시는 너희의 하나님 여호와께서 애굽에서 너희를 위하여 너희 목전에서 모든 일을 행하신 것 같이 이제도 너희를 위하여 싸우실 것이며 광야에서도 너희가 당했거니와 사람이 자기의 아들을 안는 것 같이 너희의 하나님 여호와께서 너희가 걸어온 길에서 너희를 안으사 이 곳까지 이르게 하셨느니라 하나 이 일에 너희가 너희의 하나님 여호와를 믿지 아니했도다 그는 너희보다 먼저 그 길을 가시며 장막 칠 곳을 찾으시고 밤에는 불로, 낮에는 구름으로 너희가 갈 길을 지시하신 자이시니라 (신명기 1:29-33)

광야 40년 동안 이스라엘을 돌보신 하나님

네 하나님 여호와께서 네가 하는 모든 일에 네게 복을 주시고 네가 이 큰 광야에 두루 다님을 알고 네 하나님 여호와께서 이 사십 년 동안을 너와 함께 하셨으므로 네게 부족함이 없었느니라 하시기로 (신명기 2:7)

그러므로 여호와의 말씀을 준행하라

이스라엘아 이제 내가 너희에게 가르치는 규례와 법도를 듣고 준행하라 그리하면 너희가 살 것이요 너희 조상의 하나님 여호와께서 너희에게 주시는 땅에 들어가서 그것을 얻게 되리라 내가 너희에게 명령하는 말을 너희는 가감하지 말고 내가 너희에게 내리는 너희 하나님 여호와의 명령을 지키라 (신명기 4:1-2)

오직 너희의 하나님 여호와께 붙어 떠나지 않은 너희는 오늘까지 다 생존했느니라 내가 나의 하나님 여호와께서 명령하신 대로 규례와 법도를 너희에게 가르쳤나니 이는 너희가 들어가서 기업으로 차지할 땅에서 그대로 행하게 하려 함인즉 너희는 지켜 행하라 이것이 여러 민족 앞에서 너희의 지혜요 너희의 지식이라 그들이 이 모든 규례를 듣고 이르기를 이 큰 나라 사람은 과연 지혜와 지식이 있는 백성이로다 하리라 우리 하나님 여호와께서 우리가 그에게 기도할 때마다 우리에게 가까이 하심과 같이 그 신이 가까이 함을 얻은 큰 나라가 어디 있느냐 오늘 내가 너희에게 선포하는 이 율법과 같이 그 규례와 법도가 공의로운 큰 나라가 어디 있느냐 (신명기 4:4-8)

우상 숭배 금지

그리하여 스스로 부패하여 자기를 위해 어떤 형상대로든지 우상을 새겨 만들지 말라 남자의 형상이든지, 여자의 형상이든지, 땅 위에 있는 어떤 짐승의 형상이든지, 하늘을 나는 날개 가진 어떤 새의 형상이든지, 땅 위에 기는 어떤 곤충의 형상이든지, 땅 아래 물 속에 있는 어떤 어족의 형상이든지 만들지 말라 또 그리하여 네가 하늘을 향하여 눈을 들어 해와 달과 별들, 하늘 위의 모든 천체 곧 너희의 하나님 여호와께서 천하 만민을 위하여 배정하신 것을 보고 미혹하여 그것에 경배하며 섬기지 말라 (신명기 4:16-19)

너희는 스스로 삼가 너희의 하나님 여호와께서 너희와 세우신 언약을 잊지 말고 네 하나님 여호와께서 금하신 어떤 형상의 우상도 조각하지 말라 네 하나님 여호와는 소멸하는 불이시요 질투하시는 하나님이시니라 (신명기 4:23-24)

이스라엘을 향한 하나님의 사랑과 축복

여호와께서 네 조상들을 사랑하신 고로 그 후손인 너를 택하시고 큰 권능으로 친히 인도하여 애굽에서 나오게 하시며 너보다 강대한 여러 민족을 네 앞에서 쫓아내고 너를 그들의 땅으로 인도하여 들

여서 그것을 네게 기업으로 주려 하심이 오늘과 같으니라 (신명기 4:37-40)

2. 두 번째 설교(5~26장)

두 번째 설교는 40년 전에 받았던 십계명과 율법을 다시 반복해서 상세하게 설명하고 있다.

십계명

1계명

나는 너를 애굽 땅, 종 되었던 집에서 인도하여 낸 네 하나님 여호와라 나 외에는 다른 신들을 네게 두지 말지니라 (신명기 5:6-7)

2계명

너는 자기를 위하여 새긴 우상을 만들지 말고 위로 하늘에 있는 것이나 아래로 땅에 있는 것이나 땅 밑 물 속에 있는 것의 어떤 형상도 만들지 말며 그것들에게 절하지 말며 그것들을 섬기지 말라 나 네 하나님 여호와는 질투하는 하나님인즉 나를 미워하는 자의 죄를 갚되 아버지로부터 아들에게로 삼 사 대까지 이르게 하거니와 나를 사랑하고 내 계명을 지키는 자에게는 천 대까지 은혜를 베푸느니라 (신 5:8-10)

3계명

너는 네 하나님 여호와의 이름을 망령되이 일컫지 말라 나 여호와는 내 이름을 망령되이 일컫는 자를 죄 없는 줄로 인정하지 아니하리라 (신명기 5:11)

4계명

네 하나님 여호와가 네게 명령한 대로 안식일을 지켜 거룩하게 하라 엿새 동안은 힘써 네 모든 일을 행할 것이나 일곱째 날은 네 하나님 여호와의 안식일인즉 너나 네 아들이나 네 딸이나 네 남종이나 네 여종이나 네 소나 네 나귀나 네 모든 가축이나 네 문 안에 유하는 객이라도 아무 일도 하지 못하게 하고 네 남종이나 네 여종에게 너 같이 안식하게 할지니라 너는 기억하라 네가 애굽 땅에서 종이 되었더니 네 하나님 여호와가 강한 손과 편 팔로 거기서 너를 인도하여 내었나니 그러므로 네 하나님 여호와가 네게 명령하여 안식일을 지키라 하느니라 (신명기 5:12-15)

5계명

너는 네 하나님 여호와께서 명령한 대로 네 부모를 공경하라 그리하면 네 하나님 여호와가 네게 준 땅에서 네 생명이 길고 복을 누리리라 (신명기 5:16)

6계명

살인하지 말지니라 (신명기 5:17)

7계명

간음하지 말지니라 (신명기 5:18)

8계명

도둑질 하지 말지니라 (신명기 5:19)

9계명

네 이웃에 대하여 거짓 증거하지 말지니라 (신명기 5:20)

10계명

네 이웃의 아내를 탐내지 말지니라 네 이웃의 집이나 그의 밭이나 그의 남종이나 그의 여종이나 그의 소나 그의 나귀나 네 이웃의 모든 소유를 탐내지 말지니라 (신명기 5:21)

신명기의 핵심 주제: 사랑

핵심은 "사랑하라, 순종하라"이다. '사랑하라'라는 단어가 신명기에만 24번 나온다. 하나님이 이스라엘 백성들에게 원하시는 것은 그들이 마음과 뜻과 힘을 다하여 유일하신 여호와 하나님 한 분만을 사랑하는 것이다.

이스라엘아 들으라 우리 하나님 여호와는 오직 유일한 여호와이시니 너는 마음을 다하고 뜻을 다하고 힘을 다하여 네 하나님 여호와를 사랑하라 (신명기 6:4-5)

그런즉 너는 알라 오직 네 하나님 여호와는 하나님이시요 신실하신 하나님이시라 그를 사랑하고 그의 계명을 지키는 자에게는 천 대까지 그의 언약을 이행하시며 인애를 베푸시되 (신명기 7:9)

이스라엘아 네 하나님 여호와께서 네게 요구하시는 것이 무엇이냐 곧 네 하나님 여호와를 경외하여 그의 모든 도를 행하고 그를 사랑하며 마음을 다하고 뜻을 다하여 네 하나님 여호와를 섬기고 내가 오늘 네 행복을 위하여 네게 명하는 여호와의 명령과 규례를 지킬 것이 아니냐 (신명기 10:12-13)

그런즉 네 하나님 여호와를 사랑하여 그가 주신 책무와 법도와 규례와 명령을 항상 지키라 (신명기 11:1)

내가 오늘 너희에게 명하는 내 명령을 너희가 만일 청종하고 너희의 하나님 여호와를 사랑하여 마음을 다하고 뜻을 다하여 섬기면 (신명기 11:13)

너희가 만일 내가 너희에게 명하는 이 모든 명령을 잘 지켜 행하여 너희의 하나님 여호와를 사랑하고 그의 모든 도를 행하여 그에게 의지하면 (신명기 11:22)

오늘 네 하나님 여호와께서 이 규례와 법도를 행하라고 네게 명령하시나니 그런즉 너는 마음을 다하고 뜻을 다하여 지켜 행하라 (신명기 26:16)

곧 내가 오늘 네게 명령하여 네 하나님 여호와를 사랑하고 그 모든 길로 행하며 그의 명령과 규례와 법도를 지키라 하는 것이라 그리하면 네가 생존하며 번성할 것이요 또 네 하나님 여호와께서 네가 가서 차지할 땅에서 네게 복을 주실 것임이니라 (신명기 30:16)

네 하나님 여호와를 사랑하고 그의 말씀을 청종하며 또 그를 의지하라 그는 네 생명이시요 네 장수

이시니 여호와께서 네 조상 아브라함과 이삭과 야곱에게 주리라고 맹세하신 땅에 네가 거주하리라

(신명기 30:20)

신앙의 본질인 사랑

"하나님을 사랑하라"라는 말씀은 신명기에서 처음 나온다. 이전까지는 '경외'라는 단어를 사용하다가 신명기에서부터 "하나님을 사랑하라"라는 말씀으로 바뀐다. 신앙의 본질이 경외를 넘어서 하나님을 향한 사랑이라고 말하는 것이다. 신앙의 본질은 사랑이다. 사랑하면 순종도 쉽다. 그래서 요한1서 5장 3절에서도 하나님을 사랑하면 계명들은 무거운 것이 아니라고 말씀하신다.

요한복음 14장 21절에서 예수님도 "나의 계명을 지키는 자라야 나를 사랑하는 자니"라고 가르치신다. 그래서 베드로가 예수님을 부인하고 다시 만났을 때 "나를 사랑하느냐"라는 예수님의 3번의 질문 앞에서 "내가 주님을 사랑하는 줄 주님께서 아시나이다"라는 진정한 고백을 하게 된다. 이후에야 비로소 "내 양을 먹이라"라는 사명이 주어지게 된다(요한복음 21:15-17). 목양의 사명 이전에 사랑이 먼저인 것이다.

주님은 당신을 향한 사랑이 있는 자에게 목양 사명을 맡기신다. 주님을 향한 사랑 때문에 양 떼를 사랑하는 것이다. 주님 사랑이 메마르면 아무리 노력해도 사랑할 수 없다. 짐이 무겁고, 성도도 보기 싫고, 교회가 힘들고, 사역이 힘들고, 그러다 지역이나 교회를 옮겨 다시 사역해 보려고 하지만 똑같은 결과를 가져올 뿐이다. 왜냐하면 신앙의 본질이 사랑이기 때문이다.

하나님은 그의 백성이 전심으로 사랑하고 순종할 때 복을 주시겠다고 말씀하신다. "그러나 만일 하나님을 사랑하지도 않고 율법에 순종하지도 않으면 땅이 너를 토해낼 것이다. 복이 임하지 않고 오히려 저주가 임할 것이다"라고 모세를 통해 경고하십니다. 그래서 복과 저주의 선포가 신명기 27~29장에 나옵니다.

하나님이 세우고자 하시는 거룩한 나라는 하나님의 법으로 다스려지는 나라다. 백성들이 왕이신 하나님을 마음으로 사랑하여 율법에 순종할 때 그 땅과 백성에게 영육 간의 복이 임하는 나라다. 그 중심에는 사랑이 있다. 말씀과 사랑과 순종은 삼위일체이며, 신명기에서는 이것을 말하고 있다.

신명기 30장에 계명은 무거운 짐이 아니라고 말씀하고 있다. 사랑하면 지킨다고 말씀하신다. 말씀에 순종하고 지키려면 그 중심에 마음을 다한 사랑이 존재한다. 즉 마음이 떠나면, 사랑이 떠나면 순종할 수 없다는 것을 이야기하고 있다. 신명기에서 말하는 것은 말씀에 순종하고 지키는 것은 사랑과 마음의 문제임을 가르쳐 준다. 사랑하면 쉽고 사랑이 없으면 힘들고 지치게 된다.

신명기의 키아즘 구조의 중심: 하나님을 사랑하라[18]

신명기를 키아즘 구조로 보면 6~8장의 쉐마 본문이 중심이 된다. 즉 "마음을 다하고 성품을 다하고 뜻을 다하여 주 너희 하나님을 사랑하라"가 신명기의 중심이다.

A(과거의 실패와 불행)	X(시내산 언약 설명)			A'(축복과 저주의 미래) (모압 언약 체결)
첫째 설교	둘째 설교			셋째 설교
	십계명	순종과 사랑(6~11장)	세부법, 제의법	

신명기에는 '마음'이라는 단어가 50번, '땅'이라는 단어가 190번 등장한다. 이 두 단어를 연결해서 생각해 보면 이스라엘 백성들이 가나안 땅에 들어가서 최우선에 두고 해야 할 일은 마음과 뜻을 다해 하나님을 사랑하는 것이다. 그 마음이 잘 지켜질 때 땅을 유지하고 지켜낼 수 있게 된다. "나를 사랑하라. 그다음은 내가 책임진다"라는 것이 하나님의 마음이다.

묵상과 삶의 적용

진짜 순종과 가짜 순종

하나님이 원하시는 순종은 하나님을 사랑하는 마음으로 하는 순종이다. 그러므로 하나님을 향한 사랑이 없는 순종은 가짜다. 예를 들어, 복을 받기 위해 순종하는 것도 진정한 순종이 아니며, 하나님이 두려워서 하는 순종도 신명기에서 말하는 진정한 순종이 아니다. 나는 어떤 순종을 드리고 있는가?

다음 세대에게 가르치라

오늘 내가 네게 명하는 이 말씀을 너는 마음에 새기고 네 자녀에게 부지런히 가르치며 집에 앉았을

---

18 박근범, 『New 성경의 파노라마』(서울: 쿰란출판사, 2004년), 124.

때에든지 길을 갈 때에든지 누워 있을 때에든지 일어날 때에든지 이 말씀을 강론할 것이며 너는 또 그것을 네 손목에 매어 기호를 삼으며 네 미간에 붙여 표로 삼고 또 네 집 문설주와 바깥 문에 기록할 지니라 (신명기 6:6-9)

순종과 축복

네 하나님 여호와께서 네 조상 아브라함과 이삭과 야곱을 향하여 네게 주리라 맹세하신 땅으로 너를 들어가게 하시고 네가 건축하지 아니한 크고 아름다운 성읍을 얻게 하시며 네가 채우지 아니한 아름 다운 물건이 가득한 집을 얻게 하시며 네가 파지 아니한 우물을 차지하게 하시며 네가 심지 아니한 포도원과 감람나무를 차지하게 하사 네게 배불리 먹게 하실 때에 너는 조심하여 너를 애굽 땅 종 되 었던 집에서 인도하여 내신 여호와를 잊지 말고 네 하나님 여호와를 경외하며 그를 섬기며 그의 이 름으로 맹세할 것이니라 (신명기 6:10-13)

여호와께서 우리에게 이 모든 규례를 지키라 명령하셨으니 이는 우리가 우리 하나님 여호와를 경외 하여 항상 복을 누리게 하기 위하심이며 또 여호와께서 우리를 오늘과 같이 살게 하려 하심이라 (신 명기 6:24)

불순종과 우상 숭배에 대한 경고

너희는 다른 신들 곧 네 사면에 있는 백성의 신들을 따르지 말라 너희 중에 계신 너희의 하나님 여호 와는 질투하시는 하나님이신즉 너희의 하나님 여호와께서 네게 진노하사 너를 지면에서 멸절시키 실까 두려워하노라 (신명기 6:14-15)

너는 그들이 조각한 신상들을 불사르고 그것에 입힌 은이나 금을 탐내지 말며 취하지 말라 네가 그 것으로 말미암아 올무에 걸릴까 하노니 이는 네 하나님 여호와께서 가증히 여기시는 것임이니라 너 는 가증한 것을 네 집에 들이지 말라 너도 그것과 같이 진멸 당할까 하노라 너는 그것을 멀리하며 심 히 미워하라 그것은 진멸 당할 것임이니라 (신명기 7:25-26)

이스라엘을 선택하신 이유

너는 여호와 네 하나님의 성민이라 네 하나님 여호와께서 지상 만민 중에서 너를 자기 기업의 백성으로 택하셨나니 여호와께서 너희를 기뻐하시고 너희를 택하심은 너희가 다른 민족보다 수효가 많기 때문이 아니니라 너희는 오히려 모든 민족 중에 가장 적으니라 여호와께서 다만 너희를 사랑하심으로 말미암아, 또는 너희의 조상들에게 하신 맹세를 지키려 하심으로 말미암아 자기의 권능의 손으로 너희를 인도하여 내시되 너희를 그 종 되었던 집에서 애굽 왕 바로의 손에서 속량하셨나니 (신명기 7:6-8)

오늘 네 하나님 여호와께서 이 규례와 법도를 행하라고 네게 명령하시나니 그런즉 너는 마음을 다하고 뜻을 다하여 지켜 행하라 네가 오늘 여호와를 네 하나님으로 인정하고 또 그 도를 행하고 그의 규례와 명령과 법도를 지키며 그의 소리를 들으리라 확언했고 여호와께서도 네게 말씀하신 대로 오늘 너를 그의 보배로운 백성이 되게 하시고 그의 모든 명령을 지키라 확언하셨느니라 그런즉 여호와께서 너를 그 지으신 모든 민족 위에 뛰어나게 하사 찬송과 명예와 영광을 삼으시고 그가 말씀하신 대로 너를 네 하나님 여호와의 성민이 되게 하시리라 (신명기 26:16-19)

천대까지 인애를 베푸시는 하나님

그런즉 너는 알라 오직 네 하나님 여호와는 하나님이시요 신실하신 하나님이시라 그를 사랑하고 그의 계명을 지키는 자에게는 천 대까지 그의 언약을 이행하시며 인애를 베푸시되 그를 미워하는 자에게는 당장에 보응하여 멸하시나니 여호와는 자기를 미워하는 자에게 지체하지 아니하시고 당장에 그에게 보응하시느니라 그런즉 너는 오늘 내가 네게 명하는 명령과 규례와 법도를 지켜 행할지니라 (신명기 7:9-11)

이방 나라를 두려워 마라

네가 혹시 심중에 이르기를 이 민족들이 나보다 많으니 내가 어찌 그를 쫓아낼 수 있으리요 하리라마는 그들을 두려워하지 말고 네 하나님 여호와께서 바로와 온 애굽에 행하신 것을 잘 기억하되 네 하나님 여호와께서 너를 인도하여 내실 때에 네가 본 큰 시험과 이적과 기사와 강한 손과 편 팔을 기억하라 네 하나님 여호와께서 네가 두려워하는 모든 민족에게 그와 같이 행하실 것이요 네 하나님 여호와께서 또 왕벌을 그들 중에 보내어 그들의 남은 자와 너를 피하여 숨은 자를 멸하시리니 너는 그들을 두려워하지 말라 너희의 하나님 여호와 곧 크고 두려운 하나님이 너희 중에 계심이니라 (신명기 7:17-21)

40년 광야 훈련의 이유

네 하나님 여호와께서 이 사십 년 동안에 네게 광야 길을 걷게 하신 것을 기억하라 이는 너를 낮추시며 너를 시험하사 네 마음이 어떠한지 그 명령을 지키는지 지키지 않는지 알려 하심이라 너를 낮추시며 너를 주리게 하시며 또 너도 알지 못하며 네 조상들도 알지 못하던 만나를 네게 먹이신 것은 사람이 떡으로만 사는 것이 아니요 여호와의 입에서 나오는 모든 말씀으로 사는 줄을 네가 알게 하려 하심이니라 이 사십 년 동안에 네 의복이 해어지지 아니했고 네 발이 부르트지 아니했느니라 너는 사람이 그 아들을 징계함 같이 네 하나님 여호와께서 너를 징계하시는 줄 마음에 생각하고 네 하나님 여호와의 명령을 지켜 그의 길을 따라가며 그를 경외할지니라 (신명기 8:2-6)

교만과 하나님을 망각함에 대한 경고

내가 오늘 네게 명하는 여호와의 명령과 법도와 규례를 지키지 아니하고 네 하나님 여호와를 잊어버리지 않도록 삼갈지어다 네가 먹어서 배부르고 아름다운 집을 짓고 거주하게 되며 또 네 소와 양이 번성하며 네 은금이 증식되며 네 소유가 다 풍부하게 될 때에 네 마음이 교만하여 네 하나님 여호와를 잊어버릴까 염려하노라 여호와는 너를 애굽 땅 종 되었던 집에서 이끌어 내시고 너를 인도하여 그 광대하고 위험한 광야 곧 불뱀과 전갈이 있고 물이 없는 간조한 땅을 지나게 하셨으며 또 너를 위하여 단단한 반석에서 물을 내셨으며 네 조상들도 알지 못하던 만나를 광야에서 네게 먹이셨나니 이는 다 너를 낮추시며 너를 시험하사 마침내 네게 복을 주려 하심이었느니라 그러나 네가 마음에 이르기를 내 능력과 내 손의 힘으로 내가 이 재물을 얻었다 말할 것이라 네 하나님 여호와를 기억하라 그가 네게 재물 얻을 능력을 주셨음이라 이같이 하심은 네 조상들에게 맹세하신 언약을 오늘과 같이 이루려 하심이니라 (신명기 8:11-18)

네 하나님 여호와께서 그들을 네 앞에서 쫓아내신 후에 네가 심중에 이르기를 내 공의로움으로 말미암아 여호와께서 나를 이 땅으로 인도하여 들여서 그것을 차지하게 하셨다 하지 말라 이 민족들이 악함으로 말미암아 여호와께서 그들을 네 앞에서 쫓아내심이니라 네가 가서 그 땅을 차지함은 네 공의로 말미암음도 아니며 네 마음이 정직함으로 말미암음도 아니요 이 민족들이 악함으로 말미암아 네 하나님 여호와께서 그들을 네 앞에서 쫓아내심이라 여호와께서 이같이 하심은 네 조상 아브라함과 이삭과 야곱에게 하신 맹세를 이루려 하심이니라 그러므로 네가 알 것은 네 하나님 여호와께서 네게 이 아름다운 땅을 기업으로 주신 것이 네 공의로 말미암음이 아니니라 너는 목이 곧은 백성이니라 (신명기 9:4-6)

내가 너희를 알던 날부터 너희가 항상 여호와를 거역하여 왔느니라 (신명기 9:24)

거짓 선지자를 죽이라

너희 중에 선지자나 꿈 꾸는 자가 일어나서 이적과 기사를 네게 보이고 그가 네게 말한 그 이적과 기사가 이루어지고 너희가 알지 못하던 다른 신들을 우리가 따라 섬기자고 말할지라도 너는 그 선지자나 꿈 꾸는 자의 말을 청종하지 말라 이는 너희의 하나님 여호와께서 너희가 마음을 다하고 뜻을 다하여 너희의 하나님 여호와를 사랑하는 여부를 알려 하사 너희를 시험하심이니라 너희는 너희의 하나님 여호와를 따르며 그를 경외하며 그의 명령을 지키며 그의 목소리를 청종하며 그를 섬기며 그를 의지하며 그런 선지자나 꿈 꾸는 자는 죽이라 이는 그가 너희에게 너희를 애굽 땅에서 인도하여 내시며 종 되었던 집에서 속량하신 너희의 하나님 여호와를 배반하게 하려 하며 너희의 하나님 여호와께서 네게 행하라 명령하신 도에서 너를 꾀어내려고 말했음이라 너는 이같이 하여 너희 중에서 악을 제할지니라 (신명기 13:1-5)

만일 어떤 선지자가 내가 전하라고 명령하지 아니한 말을 제 마음대로 내 이름으로 전하든지 다른 신들의 이름으로 말하면 그 선지자는 죽임을 당하리라 하셨느니라 네가 마음속으로 이르기를 그 말이 여호와께서 이르신 말씀인지 우리가 어떻게 알리요 하리라 만일 선지자가 있어 여호와의 이름으로 말한 일에 증험도 없고 성취함도 없으면 이는 여호와께서 말씀하신 것이 아니요 그 선지자가 제 마음대로 한 말이니 너는 그를 두려워하지 말지니라 (신명기 18:20-22)

십일조

너는 마땅히 매 년 토지 소산의 십일조를 드릴 것이며 (신명기 14:22)

매 삼 년 끝에 그 해 소산의 십분의 일을 다 내어 네 성읍에 저축하여 너희 중에 분깃이나 기업이 없는 레위인과 네 성중에 거류하는 객과 및 고아와 과부들이 와서 먹고 배부르게 하라 그리하면 네 하나님 여호와께서 네 손으로 하는 범사에 네게 복을 주시리라 (신명기 14:28-29)

안식년

매 칠 년 끝에는 면제하라 면제의 규례는 이러하니라 그의 이웃에게 꾸어준 모든 채주는 그것을 면제하고 그의 이웃에게나 그 형제에게 독촉하지 말지니 이는 여호와를 위하여 면제를 선포했음이라 이방인에게는 네가 독촉하려니와 네 형제에게 꾸어준 것은 네 손에서 면제하라 네가 만일 네 하나님 여호와의 말씀만 듣고 내가 오늘 네게 내리는 그 명령을 다 지켜 행하면 네 하나님 여호와께서 네게 기업으로 주신 땅에서 네가 반드시 복을 받으리니 너희 중에 가난한 자가 없으리라 네 하나님 여호와께서 네게 허락하신 대로 네게 복을 주시리니 네가 여러 나라에 꾸어 줄지라도 너는 꾸지 아니하겠고 네가 여러 나라를 통치할지라도 너는 통치를 당하지 아니하리라 네 하나님 여호와께서 네게 주신 땅 어느 성읍에서든지 가난한 형제가 너와 함께 거주하거든 그 가난한 형제에게 네 마음을 완악하게 하지 말며 네 손을 움켜 쥐지 말고 (신명기 15:1-7)

공의로운 재판

너는 재판을 굽게 하지 말며 사람을 외모로 보지 말며 또 뇌물을 받지 말라 뇌물은 지혜자의 눈을 어둡게 하고 의인의 말을 굽게 하느니라 (신명기 16:19)

왕 규례

반드시 네 하나님 여호와께서 택하신 자를 네 위에 왕으로 세울 것이며 네 위에 왕을 세우려면 네 형제 중에서 한 사람을 할 것이요 네 형제 아닌 타국인을 네 위에 세우지 말 것이며 그는 병마를 많이 두지 말 것이요 병마를 많이 얻으려고 그 백성을 애굽으로 돌아가게 하지 말 것이니 이는 여호와께서 너희에게 이르시기를 너희가 이 후에는 그 길로 다시 돌아가지 말 것이라 하셨음이며 그에게 아내를 많이 두어 그의 마음이 미혹되게 하지 말 것이며 자기를 위하여 은금을 많이 쌓지 말 것이니라 그가 왕위에 오르거든 이 율법서의 등사본을 레위 사람 제사장 앞에서 책에 기록하여 평생에 자기 옆에 두고 읽어 그의 하나님 여호와 경외하기를 배우며 이 율법의 모든 말과 이 규례를 지켜 행할 것이라 그리하면 그의 마음이 그의 형제 위에 교만하지 아니하고 이 명령에서 떠나 좌로나 우로나 치우치지 아니하리니 이스라엘 중에서 그와 그의 자손이 왕위에 있는 날이 장구하리라 (신명기 17:15-20)

나와 같은 선지자

네 하나님 여호와께서 너희 가운데 네 형제 중에서 너를 위하여 나와 같은 선지자 하나를 일으키시리니 너희는 그의 말을 들을지니라 (신명기 18:15)

3. 세 번째 설교(27~30장)

세 번째 설교의 핵심 주제는 이스라엘 백성들이 가나안 땅에 들어갔을 때 순종하여 축복의 길을 걸어갈 것인지, 아니면 끝내 불순종하여 심판을 당하고 저주의 길로 갈 것인지 스스로 선택하라는 것이다. 즉 앞의 두 설교와 달리 세 번째 설교는 미래에 관한 설교다.

순종과 복

네가 네 하나님 여호와의 말씀을 삼가 듣고 내가 오늘 네게 명령하는 그의 모든 명령을 지켜 행하면 네 하나님 여호와께서 너를 세계 모든 민족 위에 뛰어나게 하실 것이라 네가 네 하나님 여호와의 말씀을 청종하면 이 모든 복이 네게 임하며 네게 이르리니 성읍에서도 복을 받고 들에서도 복을 받을 것이며 네 몸의 자녀와 네 토지의 소산과 네 짐승의 새끼와 소와 양의 새끼가 복을 받을 것이며 네 광주리와 떡 반죽 그릇이 복을 받을 것이며 네가 들어와도 복을 받고 나가도 복을 받을 것이니라 여호와께서 너를 대적하기 위해 일어난 적군들을 네 앞에서 패하게 하시리라 그들이 한 길로 너를 치러 들어왔으나 네 앞에서 일곱 길로 도망하리라 여호와께서 명령하사 네 창고와 네 손으로 하는 모든 일에 복을 내리시고 네 하나님 여호와께서 네게 주시는 땅에서 네게 복을 주실 것이며 여호와께서 네게 맹세하신 대로 너를 세워 자기의 성민이 되게 하시리니 이는 네가 네 하나님 여호와의 명령을 지켜 그 길로 행할 것임이라 땅의 모든 백성이 여호와의 이름이 너를 위하여 불리는 것을 보고 너를 두려워하리라 여호와께서 네게 주리라고 네 조상들에게 맹세하신 땅에서 네게 복을 주사 네 몸의 소생과 가축의 새끼와 토지의 소산을 많게 하시며 여호와께서 너를 위하여 하늘의 아름다운 보고를 여시사 네 땅에 때를 따라 비를 내리시고 네 손으로 하는 모든 일에 복을 주시리니 네가 많은 민족에게 꾸어줄지라도 너는 꾸지 아니할 것이요 여호와께서 너를 머리가 되고 꼬리가 되지 않게 하시며 위에만 있고 아래에 있지 않게 하시리니 오직 너는 내가 오늘 네게 명령하는 네 하나님 여호와의 명령을 듣고 지켜 행하며 내가 오늘 너희에게 명령하는 그 말씀을 떠나 좌로나 우로나 치우치지 아니하고 다른 신을 따라 섬기지 아니하면 이와 같으리라 (신명기 28:1-14)

불순종과 저주

네가 만일 네 하나님 여호와의 말씀을 순종하지 아니하여 내가 오늘 네게 명령하는 그의 모든 명령과 규례를 지켜 행하지 아니하면 이 모든 저주가 네게 임하며 네게 이를 것이니 네가 성읍에서도 저주를 받으며 들에서도 저주를 받을 것이요 또 네 광주리와 떡 반죽 그릇이 저주를 받을 것이요 네 몸의 소생과 네 토지의 소산과 네 소와 양의 새끼가 저주를 받을 것이며 네가 들어와도 저주를 받고 나가도 저주를 받으리라 (신명기 28:15-19)

생명을 택하라

내가 오늘 하늘과 땅을 불러 너희에게 증거를 삼노라 내가 생명과 사망과 복과 저주를 네 앞에 두었은즉 너와 네 자손이 살기 위하여 생명을 택하고 네 하나님 여호와를 사랑하고 그의 말씀을 청종하며 또 그를 의지하라 그는 네 생명이시요 네 장수이시니 여호와께서 네 조상 아브라함과 이삭과 야곱에게 주리라고 맹세하신 땅에 네가 거주하리라 (신명기 30:19-20)

4. 모압 언약

모세가 모압 평지에서 세 번의 설교를 모두 끝낸 뒤 출애굽 2세대와 계약을 맺고 언약식을 체결했다. 이것이 모압 언약이다.

> 또 모세가 이 율법을 써서 여호와의 언약궤를 메는 레위 자손 제사장들과 이스라엘 모든 장로에게 주고 모세가 그들에게 명령하여 이르기를 매 칠 년 끝 해 곧 면제년의 초막절에 온 이스라엘이 네 하나님 여호와 앞 그가 택하신 곳에 모일 때에 이 율법을 낭독하여 온 이스라엘에게 듣게 할지니 곧 백성의 남녀와 어린이와 네 성읍 안에 거류하는 타국인을 모으고 그들에게 듣고 배우고 네 하나님 여호와를 경외하며 이 율법의 모든 말씀을 지켜 행하게 하고 또 너희가 요단을 건너가서 차지할 땅에 거주할 동안에 이 말씀을 알지 못하는 그들의 자녀에게 듣고 네 하나님 여호와 경외하기를 배우게 할지니라 (신명기 31:9-13)

하나님은 이스라엘 백성이 장차 가나안 땅에 들어가면 세겜을 중심으로 위쪽에 있는 에발산으로 여섯 지파가 올라가고, 아래에 있는 그리심산에 여섯 지파가 올라갈 것을 명하셨다. 에발산으로 올라간 여섯 지파에게는 불순종했을 때 내리는 저주를 선포하라고 하셨다. 반면에 그리심산으로 올라간 여섯 지파에게는 순종할 때 주시는 하나님의 축복을 선포하라고 하셨다. 이 일은 여호수아 8장에서 아이성을 정복하고 난 다음에 세겜 땅에 들어가서 실제로 여섯 지파를 에발산으로 올리고, 다른 여섯 지파를 그리심산으로 올려서 축복과 저주를 선포하셨다. 이것이 1차 세겜 언약이다.

특이한 것은 에발산에서 저주만 선포하는 것이 아니라 저주를 선포한 후에 제사를 드리라고 하셨다. 번제를 드리라는 것이다. 저주로 끝내시는 게 아니라 저주를 회복할 계획까지 갖고 계신 하나님이시다.

하나님은 이스라엘 백성이 가나안 땅에 들어가면 그리심산에서 약속했던 것처럼 율법에 순종하여 축복을 누리며 태평성대로 살지 못할 것을 미리 아셨다. 또 율법을 어겨서 심판과 저주를 받을 것까지 알고 계셨다. 그래서 주님이 그것을 십자가로 회복시킬 대안까지 미리 일러주면서 시작하시는 것이다. 그래서 그리심산에서는 번제를 드리라는 말이 없지만, 에발산에서는 번제까지 드리라고 말씀하셨다. 여호수아 8장에서는 실제로 번제를 드리게 된다.

5. 모세의 죽음

모세가 죽을 때 나이 백이십 세였으나 그의 눈이 흐리지 아니했고 기력이 쇠하지 아니했더라 이스라엘 자손이 모압 평지에서 모세를 위하여 애곡하는 기간이 끝나도록 모세를 위하여 삼십 일을 애곡하니라 모세가 눈의 아들 여호수아에게 안수했으므로 그에게 지혜의 영이 충만하니 이스라엘 자손이 여호와께서 모세에게 명령하신 대로 여호수아의 말을 순종했더라 그 후에는 이스라엘에 모세와 같은 선지자가 일어나지 못했나니 모세는 여호와께서 대면하여 아시던 자요 여호와께서 그를 애굽 땅에 보내사 바로와 그의 모든 신하와 그의 온 땅에 모든 이적과 기사와 모든 큰 권능과 위엄을 행하게 하시매 온 이스라엘의 목전에서 그것을 행한 자이더라 (신명기 34:7-12)

모세 자신과 이스라엘 백성들을 바라보면서 이처럼 "여호와의 복을 받은 민족이 어디 있는가"라고 하면서 "이스라엘이여 너는 행복한 사람이로다"라고 선포하는 것이다.

이스라엘이여 너는 행복한 사람이로다 여호와의 구원을 너 같이 얻은 백성이 누구냐 그는 너를 돕는 방패시요 네 영광의 칼이시로다 네 대적이 네게 복종하리니 네가 그들의 높은 곳을 밟으리로다 (신명기 33:29)

그리고 절대로 가나안에서 우상 숭배하지 말 것을 경고하지만 하나님께서 모세에게 '이 백성이 결국은 가나안 땅에 들어가서 나를 배반하고 나를 떠나고 우상 숭배를 할 것이다'라고 이야기한다. 하나님은 이미 자기를 떠날 것을 예언한 것이다.

6. 지도자 여호수아의 임명

모세는 자신이 죽고 난 후 백성들을 인도할 후계자로 여호수아를 임명했다.

모세가 여호수아를 불러 온 이스라엘의 목전에서 그에게 이르되 너는 강하고 담대하라 너는 이 백성을 거느리고 여호와께서 그들의 조상에게 주리라고 맹세하신 땅에 들어가서 그들에게 그 땅을 차지

하게 하라 (신명기 31:7)

7. 모세의 노래

모세가 신명기 32장에서는 노래를 부르며 12지파를 축복했다.

내가 알거니와 내가 죽은 후에 너희가 스스로 부패하여 내가 너희에게 명령한 길을 떠나 여호와의
목전에 악을 행하여 너희의 손으로 하는 일로 그를 격노하게 하므로 너희가 후일에 재앙을 당하리라
하니라 그리고 모세가 이스라엘 총회에 이 노래의 말씀을 끝까지 읽어 들리니라 하늘이여 귀를 기울
이라 내가 말하리라 땅은 내 입의 말을 들을지어다 내 교훈은 비처럼 내리고 내 말은 이슬처럼 맺히
나니 연한 풀 위의 가는 비 같고 채소 위의 단비 같도다 (신명기 31:29-32:2)

하나님이 이스라엘이라는 작은 민족을 애굽에서 구원하시고 광야 40년 동안 인도하시며
그들을 훈련하셨다라는 내용으로 노래하고 있다.

여호와께서 그를 황무지에서, 짐승이 부르짖는 광야에서 만나시고 호위하시며 보호하시며 자기의
눈동자 같이 지키셨도다 마치 독수리가 자기의 보금자리를 어지럽게 하며 자기의 새끼 위에 너풀거
리며 그의 날개를 펴서 새끼를 받으며 그의 날개 위에 그것을 업는 것 같이 여호와께서 홀로 그를 인
도하셨고 그와 함께 한 다른 신이 없었도다 (신명기 32:10-12)

그럼에도 이스라엘은 그들을 구원한 여호와 하나님의 은혜를 망각하고 원망하면서 하나님
을 업신여겼다.

그런데 여수룬이 기름지매 발로 찼도다 네가 살찌고 비대하고 윤택하매 자기를 지으신 하나님을 버
리고 자기를 구원하신 반석을 업신여겼도다 그들이 다른 신으로 그의 질투를 일으키며 가증한 것으
로 그의 진노를 격발했도다 (신명기 32:15-16)

8. 각 지파를 향한 모세의 축복

하나님의 사람 모세가 죽기 전에 이스라엘 자손을 위하여 축복함이 이러하니라 (신명기 33:1)

모세가 죽기 전에 이스라엘의 각 지파를 향한 축복을 선포했다. 흥미로운 것은, 모세의 축복 기도에서 시므온 지파가 빠졌다는 점이다. 마찬가지로 요한계시록 7장에서는 단 지파가 빠졌다. 시므온 지파가 왜 빠졌는지는 정확히 알 수 없다. 다만 싯딤에서 저지른 시므온 지파의 음행과 관련이 있을 것으로 추정된다. 시므온 지파는 이 음행으로 인해 수만 명이 죽고 말았다. 따라서 가나안 땅에 들어갈 지파 가운데 가장 적은 수가 시므온 지파였다.

9. 민수기, 신명기, 여호수아 간의 흐름

민수기	➡	신명기	➡	여호수아
옛 자아를 비워냄		하나님의 말씀으로 무장		하나님의 말씀에 순종하여 가나안 땅을 정복

민수기는 이스라엘 백성 안에 있는 죄성을 비워내는 과정이었고, 여호수아는 말씀에 순종하여 땅을 차지하는 과정이었다. 그 사이에 신명기가 들어 있다. 신명기가 중간에 있다는 것은 민수기에서 애굽과 세상에 대한 사랑을 비운 뒤 여호수아서에서 땅을 차지하기 전에 신명기에서 하나님의 말씀으로 채우고 무장하라는 의미다.

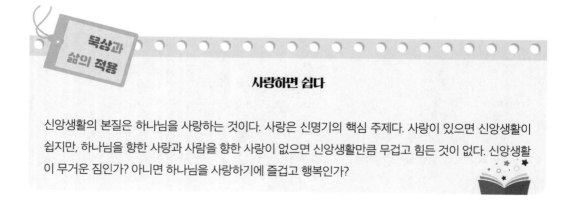

묵상과 삶의 적용

사랑하면 쉽다

신앙생활의 본질은 하나님을 사랑하는 것이다. 사랑은 신명기의 핵심 주제다. 사랑이 있으면 신앙생활이 쉽지만, 하나님을 향한 사랑과 사람을 향한 사랑이 없으면 신앙생활만큼 무겁고 힘든 것이 없다. 신앙생활이 무거운 짐인가? 아니면 하나님을 사랑하기에 즐겁고 행복인가?

09장

여호수아: 하나님 나라의 땅 정복

하나님 나라로 본 창세기부터 여호수아까지

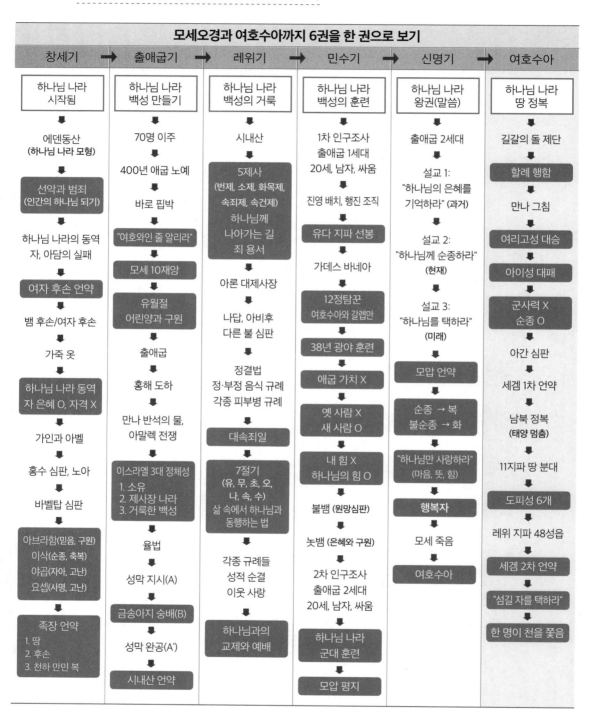

모세오경과 여호수아까지 6권을 한 권으로 보기

창세기 →	출애굽기 →	레위기 →	민수기 →	신명기 →	여호수아
하나님 나라 시작됨	**하나님 나라 백성 만들기**	**하나님 나라 백성의 거룩**	**하나님 나라 백성의 훈련**	**하나님 나라 왕권(말씀)**	**하나님 나라 땅 정복**
에덴동산 (하나님 나라 모형)	70명 이주	시내산	1차 인구조사 출애굽 1세대 20세, 남자, 싸움	출애굽 2세대	길갈의 돌 제단
선악과 범죄 (인간의 하나님 되기)	400년 애굽 노예	5제사 (번제, 소제, 화목제, 속죄제, 속건제) 하나님께 나아가는 길 죄 용서	진영 배치, 행진 조직	설교 1: "하나님의 은혜를 기억하라" (과거)	할례 행함
하나님 나라의 동역자, 아담의 실패	바로 핍박		유다 지파 선봉	설교 2: "하나님께 순종하라" (현재)	만나 그침
여자 후손 언약	"여호와인 줄 알리라"	아론 대제사장	가데스 바네아	설교 3: "하나님을 택하라" (미래)	여리고성 대승
뱀 후손/여자 후손	모세 10재앙	나답, 아비후 다른 불 심판	12정탐꾼 여호수아와 갈렙만		아이성 대패
가죽 옷	유월절 어린양과 구원	정결법 정·부정 음식 규례 각종 피부병 규례	38년 광야 훈련	모압 언약	군사력 X 순종 O
하나님 나라 동역자 은혜 O, 자격 X	출애굽	대속죄일	애굽 가치 X	순종 → 복 불순종 → 화	아간 심판
가인과 아벨	홍해 도하	7절기 (유, 무, 초, 오, 나, 속, 수) 삶 속에서 하나님과 동행하는 법	옛 사람 X 새 사람 O	"하나님만 사랑하라" (마음, 뜻, 힘)	세겜 1차 언약
홍수 심판, 노아	만나 반석의 물, 아말렉 전쟁		내 힘 X 하나님의 힘 O	행복자	남북 정복 (태양 멈춤)
바벨탑 심판	이스라엘 3대 정체성 1. 소유 2. 제사장 나라 3. 거룩한 백성	각종 규례들 성적 순결 이웃 사랑	불뱀 (원망심판)	모세 죽음	11지파 땅 분대
아브라함(믿음, 구원) 이삭(순종, 축복) 야곱(자아, 고난) 요셉(사명, 고난)	율법	하나님과의 교제와 예배	놋뱀 (은혜와 구원)	여호수아	도피성 6개
족장 언약 1. 땅 2. 후손 3. 천하 만민 복	성막 지시(A)		2차 인구조사 출애굽 2세대 20세, 남자, 싸움		레위 지파 48성읍
	금송아지 숭배(B)		하나님 나라 군대 훈련		세겜 2차 언약
	성막 완공(A')		모압 평지		"섬길 자를 택하라"
	시내산 언약				한 명이 천을 쫓음

하나님 나라가 세상 나라를 정복하다

가나안 정복(1-12장)	가나안 분배(13-24장)
① 요단강 도하 ② 길갈: 기념돌 제단, 할례, 유월절 지킴, 만나 그침 ③ 정복 　· 중부: 여리고, 아이 　**1차 세겜 언약(8장): 가나안 정복의 도구** 　· 남부: 야일론 기적, 아모리 족속 5왕 　· 북부: 메롬 물가 전투, 하솔 왕과 북부 동맹	· 동편: 르우벤, 갓, 므낫세 반 지파 · 서편: 9지파 + 므낫세 반 지파 · 레위 지파 48개 성 분배 · 도피성 6개: 요단 서 3개, 요단 동 3개 **2차 세겜 언약(24장): 가나안 안식 유지 도구**

여호수아는 크게 2부분으로 나뉘어 있다. 1장부터 12장까지가 가나안 땅을 정복하는 과정이고, 13장부터 24장까지 정복한 땅을 분배하는 과정이다. 하나님 나라의 땅은 저절로 주어지는 것이 아니라 민수기에서 훈련받은 하나님 나라의 백성(군대)이 (신명기의) 하나님의 말씀으로 무장하여 가나안 땅을 지배하는 세상 나라, 바알 숭배를 무너뜨리고 그 땅에 하나님 나라를 세우는 것이다. 그러므로 하나님의 나라는 저절로 세워지는 것이 아니라 영적 전쟁을 통해 세워지는 것이다.

또 언약으로 보면, 하나님이 창세기 15장에서 "너희들이 4대 만에 애굽에서 나와서 가나안 땅을 정복할 것이다"라고 말씀하고 있는데, 이는 아모리 족속이 죄악에 관영함을 심판하겠다고 하셨다. 그러므로 가나안 정복 전쟁은 영적으로 보면 가나안 족속의 죄악의 패역함이 극에 달했기 때문에 하나님이 하나님 나라의 군대를 통해 심판하시는 성격을 갖고 있다.

가나안 정복 전쟁의 신약적 의미

여호수아를 본격적으로 살피기 전에 가나안 정복 전쟁의 신약적 의미를 먼저 살펴보고자 한다.

첫 번째 의미 | 가나안 정복 전쟁은 하나님이 이미 승리하신 전쟁이지만, 이스라엘 백성들과 함께 마무리하시는 것처럼 예수 그리스도가 이미 이루신 십자가의 부활과 승리를 교회와

함께 마무리하시는 것과 같은 의미다. 신약시대의 영적 전쟁은 우리의 싸움이 아니라 예수님이 이미 십자가를 통해 승리하신 싸움을, 교회가 예수님과 함께 선포하고 정리하는 것이라고 볼 수 있다.

모든 것을 하나님이 미리 정리해 두시지만, 마지막 정리는 항상 이스라엘 백성이 하시게 했다. 다른 말로 하면 모든 것은 이미 십자가와 부활, 성령님의 능력으로 해결하시고 마지막을 우리가 거두게 하심으로 우리로 해야 할 일을 할 수 있게 하신 것이다. 하나님은 영광의 승리, 축복을 다 준비해 놓으시고 하나님 나라의 상속자인 교회와 성도가 그 모든 것을 취하게 해 놓으신 것이다. 따라서 내가 취하지 않으면 진정한 내 것이 될 수 없다. 또한 신약 교회와 성도들의 영적 싸움도 마치 이스라엘 백성과 여호수아가 하나님의 전략과 하나님의 지시와 말씀에 순종하여 온전히 말씀 안에 서 있을 때 하나님이 친히 싸우시는 전쟁과 동일하다는 것이다.

가나안 정복의 성패가 백성의 군사력에 있지 않고 하나님과의 관계에 달려 있었던 것처럼 신약시대의 교회에 맡겨진 영적 싸움도 눈에 보이는 싸움이 아니라 하나님과의 관계에 성패가 달려 있다는 의미이다. 즉 교회가 온전히 하나님과 교제하면 친히 방패가 되어 주시고 모든 전쟁에 승리하시겠다는 것이다.

두 번째 의미 | 가나안 정복 전쟁은 또한 성도의 내면 안에서 이뤄지는 하나님 나라의 승리로 볼 수 있다. 왕이신 하나님이 하나님 나라 백성 내면에 있는 죄악들을 정복해 가는 것이다. 이미 예수 그리스도의 통치가 임했지만, 여전히 그 주권에 굴복되지 않은 영역에 하나님의 거룩함과 통치가 임하는 영적인 싸움이다.

세 번째 의미 | 한 가정과 도시, 나라에 하나님 나라가 외적으로 확장되는 측면으로도 볼 수 있다. 가나안의 정복은 단지 이스라엘 백성들의 먹고 마시는 생존의 차원을 의미하지 않는다. 구원받은 자녀, 하나님 나라의 상속자들이 가정, 학교, 직장, 도시, 나라에 보내져 그 땅에 하나님의 통치가 일어나는 나라를 세우고자 하시는 것이다.

우리도 다르지 않다. 먹고살기 위해서 들어가는 사람과 그곳에 하나님의 나라를 십자가 복음으로 세우기 위해서 들어가는 사람은 삶의 태도, 가치관이 근본적으로 다를 수밖에 없다. 가나안 땅에 들어가는 목표가 삶의 방법을 좌우하게 된다.

신약적으로는 하나님이 이 땅에 나를 보내신 이유가 무엇인지에 대한 삶의 태도에 적용할 수 있다. 단순히 잘 먹고 잘살기 위해 이 땅에 보내신 것이 아니라 가나안 일곱 족속의 바알 숭배를 무너뜨리고 그곳을 십자가의 복음과 성령의 사역으로 하나님 나라로 재건하기 위해서임을 깨닫는다면 분명한 삶의 태도가 나올 것이기 때문이다.

하나님께서 아브라함에게 너희 후손이 4대 만에 이 땅으로(가나안) 돌아오게 될 것이라 약속하셨다. 아모리 족속(가나안 일곱 족속의 대표격)에게 관영한 죄악을 심판하는 것도 그 목적 중 하나다. 세상 나라와 그들의 죄악을 심판하시기 위해 하나님의 백성을 투입하는 것이다. 하나님의 자녀들이 그곳에 있다는 것은 이미 영적 전쟁이 시작되었다는 것을 의미한다.

물론 영적 전쟁이므로 일반적인 물리적 전쟁과는 모양새가 완전히 다르다. 우리의 삶은 믿지 않는 사람들보다 양심적이고 도덕적, 윤리적이어야 하며 거룩해야 한다. 하나님은 하나님의 자녀를 세상의 빛과 소금으로 부르셨다. 그러므로 하나님의 자녀 된 우리는 세상 사람들에게 본이 되고 덕을 베풀어야 한다.

가나안 정복 전쟁(여호수아 1~12장)

1. 정복 준비(1~2장)

여호수아를 선택하신 이유

모세가 죽고 난 후 여호수아가 지도자가 되었다. 하나님은 왜 여호수아를 모세 다음의 지도자로 선택하셨을까? 몇 가지로 추정해 보면, 첫째로 하나님의 은혜의 선택이라고 할 수 있다. 둘째로 광야 40년 동안 모세 곁을 한결같이 섬긴 유일한 사람이다. 이것은 결코 쉽지 않은 일이다. 셋째로 그는 기도의 사람이다. 모세가 장막에서 기도를 마치고 난 후에도 그는 남아서 기도를 했다(출애굽기 33:11). 넷째로 그는 믿음의 사람이다. 그는 갈렙과 함께 가나안 땅을 정탐했을 때 다른 정탐꾼과는 달리 믿음의 보고를 한 사람이다. 여기에 하나님이 사람을 세우시는 중요한 법칙이 있다. 하나님은 환경이나 배경을 보는 것이 아니라 믿음의 사람, 기도의 사람을 세우신다. 그리고 사람을 섬기되 한결같이 섬기는 사람을 세우신다.

말씀을 지켜 행하라

1장에는 여호수아가 정복 전쟁을 위한 준비를 한다. 하나님은 여호수아에게 "좌로나 우로나 치우치지 말고 율법을 지켜 행하라"라고 요구하신다. 우리가 익히 알고 있는 전쟁은 전략과 군사 훈련, 조직을 짜야 한다. 하지만 하나님께서는 여호수아와 백성에게 이런 것을 요구하신 것이 아니라 오직 좌로나 우로나 치우치지 말고 말씀을 순종하라고 하신다. 율법을 준수하라고 하신다. 하나님은 여호수아를 군사 영웅으로 부르시지 않으셨다. 전쟁의 승패는 오직 하나님께 전적으로 달린 것이다.

바꿔 말하면 "너도 율법을 지키고, 백성들로 하여금 율법을 지키게 만들어라"라는 것이다. 여호수아는 군사적 영웅으로 부름을 받은 것이 아니라 말씀의 종으로 부름을 받은 것이다. 그렇다면 누가 전쟁을 하는 것일까? 하나님께서 직접 하시겠다는 것이다. 여호수아를 자세히 보면 그는 한 번도 군사력으로 정복한 적이 없다. 모든 전쟁은 하나님께서 지휘하시고, 전리품을 취하기 위해 창칼을 든 적은 한 번이다.

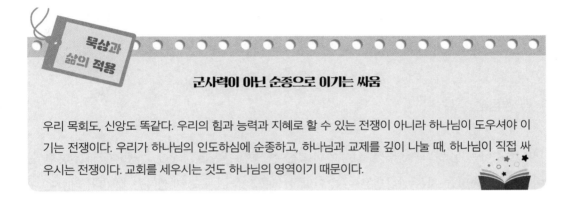

군사력이 아닌 순종으로 이기는 싸움

우리 목회도, 신앙도 똑같다. 우리의 힘과 능력과 지혜로 할 수 있는 전쟁이 아니라 하나님이 도우셔야 이기는 전쟁이다. 우리가 하나님의 인도하심에 순종하고, 하나님과 교제를 깊이 나눌 때, 하나님이 직접 싸우시는 전쟁이다. 교회를 세우시는 것도 하나님의 영역이기 때문이다.

이미 주었다

하나님은 여호수아에게 "네가 발바닥으로 밟는 땅을 주었다"라고 하신다. 아직 정복도 하지 않았는데 "이미 주었다"라는 것이다. 이런 것을 예언적 과거라고 한다. 미래 일이지만 너무나 확실해서 이미 이루어진 것처럼 표현하는 방식이다.

발바닥 사역

그런데 하나님은 왜 "발바닥으로 밟는 곳을 주었다"라고 표현하셨을까? 숨은 뜻이 있다. 발바닥으로 밟으려면 우선 신을 벗어야 한다. 권리를 포기하고 전적인 순종을 의미하는 것이다.

그러므로 발바닥으로 밟는 것을 다 주겠다는 것은 여호수아의 힘이 아닌 하나님의 힘에 의지할 때 승리할 것이라는 뜻이다. '이 정복 전쟁은 네 힘으로 하는 것이 아니다. 너는 내가 하라고 하는 일을 순종해야 합니다'는 의미로 발바닥 사역을 요구하신 것이다. "너는 내 말씀을 듣고 전략을 듣고 그대로 하는 나의 종이다. 너는 나의 종일 뿐이고 통로일 뿐이다"라는 것이다.

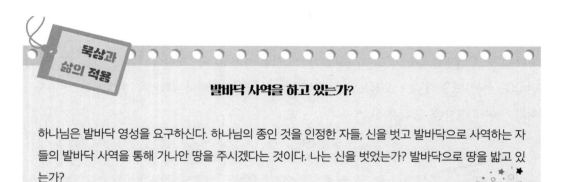

묵상과 삶의 적용

발바닥 사역을 하고 있는가?

하나님은 발바닥 영성을 요구하신다. 하나님의 종인 것을 인정한 자들, 신을 벗고 발바닥으로 사역하는 자들의 발바닥 사역을 통해 가나안 땅을 주시겠다는 것이다. 나는 신을 벗었는가? 발바닥으로 땅을 밟고 있는가?

두 정탐꾼

여호수아는 두 명의 정탐꾼을 보내는데 그중 한 명인 살몬은 나중에 기생 라합과 결혼한다. 여기서 알 수 있는 것은 하나님은 이미 이방 선교를 염두에 두고 계신다는 것이다. 라합은 여리고성의 기생으로 여호수아의 두 정탐꾼을 숨겨준 기지를 발휘했었다. 여호수아서에는 안 나오지만, 마태복음 1장에 가면 살몬이 라합을 통해 낳은 보아스의 계보가 곧 예수 그리스도의 계보가 됨을 알 수 있다.

2. 요단강 도하(3장)

가장 범람할 시기의 요단강

여호수아 3장에서는 이스라엘 백성이 요단강을 건너 가나안으로 들어간다. 이 시기는 요단강 폭이 약 1킬로가 넘을 정도로 일 년 중 가장 물이 범람할 때다. 왜 하나님은 이럴 때 요단강을 건너라고 하신 것일까?

이 일을 통해 하나님의 능력을 보이시고자 하신 것이다. 우리 앞에 홍해나 요단강처럼 가로 막고 있는 것이 있다면 그것은 우리를 절망하게 하고 고생시키려고 하시는 것이 아니라 그것을 열어주시고 인도하시는 하나님 당신의 능력을 보여주시고, 믿음으로 건너가는 길임을 깨닫게 해 주시고자 하시는 축복의 길임을 기억해야 한다.

언약궤가 앞장서다

하나님은 제사장들에게 하나님의 언약궤를 메고 가장 먼저 앞서 건너도록 하셨다. 언약궤를 멘 제사장들이 믿음으로 발을 디디자 요단강이 갈라졌다.

이스라엘 백성이 홍해 바다를 건널 때는 미리 갈라놓으셨다. 이것을 신약적으로 적용해보면 우리가 처음 구원을 받을 때 우리가 한 일은 아무것도 없음을 의미한다. 처음부터 끝까지 오직 하나님께서 예수 그리스도 안에서 준비하시고 성취하셨다. 하지만 요단강은 제사장들이 믿음의 첫발을 디뎠을 때 가르셨다. 즉 구원도 마찬가지이지만 구원 이후의 삶 또한 믿음으로 살아가야 함을 보여주는 것이다. 믿음이 얼마나 중요한지를 깨달아야 함을 가르치신 것이다.

또 하나 중요한 것은 언약궤가 함께해야 한다는 것이다. 제사장들은 반드시 언약궤를 메고 요단강에 첫걸음을 내디뎌야 했다. 언약궤는 하나님의 상징을 나타내는데 그분이 함께하셔야 요단강이 갈라질 수 있다. 하나님이 함께하시자 범람하듯 창궐한 요단강이 잠잠해졌다. 문제가, 문제가 되지 않는다. 중요한 것은' 하나님이 함께하시는가'이다. 요단강보다 더 창궐한 강이 우리 앞에 놓여 있다 한들 하나님이 함께하시면 문제가 되지 않는다. 갈라진다. 그러나 하나님이 계시지 않으면 요지부동이다.

홍해와 요단강의 구원론적 차이

홍해는 구원을 상징하는 것이므로 예수 그리스도의 단독 사역이다. 즉 우리와 함께 해 보겠다는 것이 아니다. 예수 그리스도 홀로 십자가를 지시고 부활하신 후 완전한 구원을 이루시고 우리에게 그 길을 걸어오라고 하시는 것이다. 그러나 요단강은 구원 이후의 사건이다. 축복을 열어가는 길이다. 요단강은 믿음으로 순종하여 발을 내디딜 때 갈라진다. 손 놓고 있으면 되는 길이 아니다. 그래서 요단강이 갈라질 때와 홍해가 갈라질 때가 다른 것이다. 구원 이후이기 때문이다. 하나님께서 하시지만 우리의 순종을 통해 일하심을 가르쳐 주고 계신다. 따라서 순종하지 않았다면 요단강은 갈라지지 않았을 것이다.

3. 길갈의 5대 사건(4~5장)

이스라엘 백성은 요단강을 건너 길갈에 도착한다. 그곳에서 4가지의 사건이 일어나는데 기념비 두 개를 세운 것, 유월절을 지킨 것, 만나가 그친 것, 할례를 행한 것이다.

기념비

여호수아는 길갈에서 두 개의 기념비를 세운다. 길갈은 '굴러가다'라는 뜻을 지니고 있다. 애굽의 수치, 광야 40년의 고난과 아픔이 모두 굴러가는 것이다. 여호수아는 처음에 기념비를 요단강 한복판에 세운다. 그곳에 12지파를 상징하는 12돌을 세워놓는데, 물이 덮여서 다시 길갈에 와서 세우게 된 것이다. 이것은 이스라엘의 옛사람이 요단강에 잠겨 죽은 것을 의미한다. 그리고 길갈에서 새로운 삶을 시작해야 함을 동시에 의미하기도 한다.

유월절을 지킨다는 것

유월절을 지킨다는 것은 구원의 은혜를 기억한다는 것이다. 그래서 유월절이 중요하다. 그런데 이스라엘의 전 역사를 살펴보면 겨우 6번밖에 지키지 않는다. 그만큼 그들이 구원의 은혜를 망각하고 있다는 증거다.

만나가 그치다

광야 40년 동안 날마다 기적처럼 내려온 만나는 더 이상 내리지 않고 이제부터는 직접 농사를 지어 먹으라고 하시는 것이다. 길갈에서 만나가 그치고 농사를 해서 살아야 한다는 것은 더 이상 초월적 기적으로 인도하시는 것은 끝나고 말씀으로 인도하시겠다는 하나님의 의지를 표현하신 것이라고 보셔야 할 것이다.

기적 신앙과 말씀 신앙

신앙의 초기 때는 하나님이 기적 같은 많은 일을 보여주신다. 그러나 그때가 지나면 말씀으로 인도하신다. 자꾸 기적을 추구하는 것은 위험하다. 하나님은 진리로 우리를 인도하십니다. 기적 신앙에서 말씀 신앙으로 성장해야 한다.

할례를 행하다

길갈에서 제일 중요한 사건은 할례 사건이다. 이 할례 명령이 중요한 것은 여호수아 5~6장에 나오는 여리고 정복 전쟁 앞에 있다는 점이다. 곧 있을 여리고 전투를 위해 군사 훈련을 해도 모자랄 판에 할례를 한 것은 최악의 전술이다. 남자들이 다 할례 중에 있는데 여리고 군대가 쳐들어오면 전부 몰살당할 수 있기 때문이다. 할례는 전략도 전술도 아니다. 이것을 다 아시는 하나님은 왜 할례를 명하셨을까? 그것은 바로 가나안 땅의 정복 전쟁이 오직 하나님의 힘으로만 가능하다는 것을 가르치시기 위함이다. 백성이 순종할 때 하나님께서 직접 전쟁에 나서서서 싸워 승리하시겠다는 것이다. 이런 하나님의 가르침에 할례를 하여 순종한 여호수아나 이스라엘 백성들도 대단한 것이다.

창세기 17장에 나오는 할례와 여호수아서에 나오는 할례는 의미는 모두 '너의 능력으로 되는 것이 아니라 오직 여호와의 힘으로 성취하는 것'임을 증명하는 즉, 복음을 담아 놓는 사건이다.

신을 벗어라

할례를 시행하자 군대 장관이 나타나 신을 벗으라고 한다. '너의 권리와 너의 생각, 너의 계획을 포기하여라. 내가 하겠다'라는 뜻이다.

4. 중부 전투(6~7장)

여리고성 전투의 승리(6장)

중부 전투가 들어간다. 하나님은 여리고성을 하루 한 바퀴씩 돌고 마지막 날에는 일곱 바퀴를 돌아서 총 13바퀴를 돌도록 하신다. 맨 앞에 법궤를 세우고 침묵으로 돌라고 하셨다. 마지막 날, 여리고성은 하나님 앞에 순종할 때 무너졌다. 이스라엘 백성은 단 한 번도 창과 칼을 사용하지 않았다. 하나님께서 하시고 백성은 전리품만 취했다.

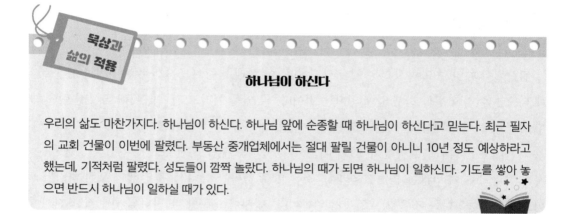

하나님이 하신다

우리의 삶도 마찬가지다. 하나님이 하신다. 하나님 앞에 순종할 때 하나님이 하신다고 믿는다. 최근 필자의 교회 건물이 이번에 팔렸다. 부동산 중개업체에서는 절대 팔릴 건물이 아니니 10년 정도 예상하라고 했는데, 기적처럼 팔렸다. 성도들이 깜짝 놀랐다. 하나님의 때가 되면 하나님이 일하신다. 기도를 쌓아 놓으면 반드시 하나님이 일하실 때가 있다.

아이성 전투의 패배와 승리(7~8장)

여리고성 전투에서 대승을 거둔 여호수아는 아이성에서 대패하고 만다. 이유는 하나님께 묻지 않고 준비했기 때문이다. 여리고성의 승리로 인해 여리고보다 훨씬 작은 아이성을 공격할 때는 하나님께 묻지도 않고 3천 명을 보낸다. 아이성은 '폐허 더미'라는 뜻이다. 그러니 하나님의 도움 없이도 넉넉히 이기리라 생각한 것이다. 그러나 결과는 대패다. 이스라엘 군사가 36명이 죽는다.

여기서 모세와 여호수아의 리더십 차이가 드러난다. 모세는 크든 작든 모든 결정 앞에서 하나님께 질문하고 구한 자이다. 반면에 여호수아는 그 깊이가 사뭇 다르다. 나중에 기브온 민족이 화친을 청할 때도 하나님께 묻지 않고, 다 해진 가죽 부대와 곰팡이 슨 떡을 보고는 당연

히 멀리서 온 민족이라고 착각하여 화친조약을 맺는다. 모세는 모든 문제를 하나님 앞에 가져
가 질문하는 반면 여호수아는 작은 문제라고 여기면 하나님께 묻지 않았다.

인생 승리의 열쇠는 순종

난공불락의 여리고성을 정복할 때 여호수아는 구체적으로 하나님께 묻고 지시를 받아 승리한다. 그러나 아
이성 정복 때는 하나님께 어떻게 싸워야 할지 묻지 않는다. 이것을 우리의 신앙에 적용해 보면 개인과 가정
사에 아주 중요한 부분은 엄청나게 기도하며 하나님께 묻지만 자기가 봤을 때 사소하다고 생각하는 문제에
서는 아예 기도할 생각조차도 하지 않으며 하나님께 묻지도 않는다. 우리가 봤을 때 중요한 문제나 사소한
문제가 있는 것 같으나 하나님께는 모든 문제를 다 물어야 한다. 여호수아 또한 모세와 같은 깊은 영성을 지
녔다 할지라도 우리와 같이 여리고성을 정복하려 할 때는 겁이 나서인지 하나님께 열심히 묻고 기도했지만
아이성을 침공하려 할 때는 단 한 번도 묻지 않고 자기들의 생각대로 전략을 세워 전쟁하게 되는 것과 같다.
아이성의 실패를 통해 하나님께서 말씀하시고 싶은 것은 "너희 승리가 칼과 군사력에 있었느냐? 나에게 묻
고, 나의 지시를 받고 나와 바른 관계를 갖고 나와 함께할 때 승리한 것이 아니냐? 그런데 아이성이 아무리
작고 우스워 보여도 나에게 묻지도 않고 나의 전략을 배우지도 않으며, 내 음성을 청종하여야겠다는 생각조
차 하지 않고 너희 마음에 생각대로 움직이는 것이냐?" 하시며 패배하게 하신 것이다.

아이성의 패배의 원인을 하나님께 묻자 하나님은 아간을 지목하신다. 아간이 여리고성에
서 가죽옷, 금 오십 개, 은 이백 개 정도 훔친다. 하나님이 절대 아이 성에서 어떤 것도 취하지
말라고 하신 명령을 불순종한 것이다. 히브리어로 아간의 뜻이 근심거리, 두통거리인데, 우리
나라 말로 하면 골칫거리라는 뜻을 가진 사람이다.

여호수아는 2차 아이성 전투를 위해 삼만 명의 군사들을 동원했고, 2차 전투가 끝날 때까지
그의 단창을 든 손을 내리지 않았다.

> 아이 주민들을 진멸하여 바치기까지 여호수아가 단창을 잡아 든 손을 거두지 아니했고 (여호수아
> 8:26)

가나안 정복은 군사력에 있지 않다는 것이 '현실' '진실'이다. 상대방의 군사력이나 이스라엘 군사력은 전혀 중요하지 않다. 하나님의 말씀에 순종하는가에 모든 성패가 달려 있다. 군사력의 규모가 아니라 하나님과의 관계가 그 결정권을 가지고 있는 것이다.

하나님과의 관계가 핵심이다

성도가 하나님과의 관계가 깊고 나눔이 있을 때 그 삶이 영적인 승리를 누릴 수 있지만, 관계가 되지 않으면 삶 또한 무너지게 된다. 지금 우리의 삶이 하나님과의 관계가 어떤지, 또 나의 삶은 어떤지, 무너지거나 무너진 곳은 없는지 살펴봐야 한다. 하나님께 얼마나 순종하는지, 바른 관계 속에 있는지 확인해야 한다. 하나님과의 관계가 올바로 되어 있다면 전쟁에 승리하지만, 하나님과의 관계가 어그러져 있으면 어떤 칼과 군사력이라 할지라도 실패한다. 다른 말로 하면 하나님께서 성도의 승리를 바라시고 승리를 주시고 싶으셔도 관계가 틀어져 있으면 하나님도 어쩔 도리가 없게 된다. 여리고 전쟁의 승리와 아이성의 실패는 이것을 대표적으로 드러내는 사건이다.

아골 골짜기를 소망의 문으로 바꾸신 예수 그리스도

여호수아는 아간을 아골 골짜기에서 처형한다. 아골은 '고통'을 의미한다. 훗날 호세아 선지자는 하나님께서 아골 골짜기를 소망의 문으로 삼으실 것을 예언한다.

> 거기서 비로소 그의 포도원을 그에게 주고 아골 골짜기로 소망의 문을 삼아 주리니 그가 거기서 응대하기를 어렸을 때와 애굽 땅에서 올라오던 날과 같이 하리라 (호세아 2:15)

아골 골짜기가 소망의 문이 되는 것은 그냥 된 것이 아니라 인간의 죄악을 홀로 지고 십자가에서 물과 피를 흘리고 당신의 생명을 속전 값으로 치르신 예수 그리스도의 대속의 죽으심이 있었기 때문이다.

5. 세겜 1차 언약(8장)

아이성의 실패를 맛본 여호수아는 다시 하나님의 명령에 순종하여 이번엔 아이성을 정복한다. 그 후 세겜에서 하나님과 백성 사이에 언약을 맺는다. 언약의 내용은 하나님의 율법에 순종한다는 약속이다. 아이성에서 죽을 만큼 쓴맛을 보고 난 후 세겜 언약을 하게 된다. 같은 지역에서 2번의 언약이 이뤄졌는데 모세가 했던 것은 모압 평지에서 했기 때문에 모압 언약이라고 부른다. 가나안 땅에 들어간 이후에 이 언약은 세겜 언약이라고 한다.

> 네 하나님 여호와께서 네가 가서 차지할 땅으로 너를 인도하여 들이실 때에 너는 그리심 산에서 축복을 선포하고 에발 산에서 저주를 선포하라 (신명기 11:29)

6. 기브온 족속과의 화친(9장)

가나안에 나는 히위 족속인 기브온 족속은 하나님의 백성인 이스라엘을 두려워하여 화친을 맺기 위해 여호수아에게 거짓말을 한다. 그만큼 이스라엘과 함께하시는 하나님이 두려웠던 것이다. 그들은 마치 먼 곳에서 온 족속인 것처럼, 헤어진 전대, 기운 가죽 부대, 곰팡이 난 떡을 가지고 길갈로 찾아온다. 여호수아와 이스라엘 백성들은 하나님께 묻지도 않고 이들과 화친을 맺어 버린다. 나중에 이 사실을 안 여호수아는 화친의 약속 때문에 이들을 치지 못하고, 이들로 성막에서 나무를 패고 물을 긷는 일을 하게 한다.

> 무리가 그들의 양식을 취하고는 어떻게 할지를 여호와께 묻지 아니하고 (여호수아 9:14)

7. 남부 전투(9~10장)

기브온 족속을 공격한 아모리 족속의 다섯 왕

여리고성과 아이성을 정복한 후 남부로 내려가서 아모리 다섯 족속을 정복한다. 그 이유는 남부 아모리의 다섯 나라가 자신들을 배반한 기브온 족속을 공격했기 때문이다. 기브온 족속과 화친을 맺은 이스라엘은 기브온 족속을 위해 아모리의 다섯 나라를 쳐서 정복한다. 이 과정에서 아얄론 골짜기에서 태양이 멈춘 기적이 일어난다. 이때 성경은 여호수아를 향해 "하나님께서 사람의 소리를 이전까지 이렇게 들으신 적이 없으시더라"라고 표현한다.

> 그들이 이스라엘 앞에서 도망하여 벧호론의 비탈에서 내려갈 때에 여호와께서 하늘에서 큰 우박 덩이를 아세가에 이르기까지 내리시매 그들이 죽었으니 이스라엘 자손의 칼에 죽은 자보다 우박에 죽은 자가 더 많았더라 여호와께서 아모리 사람을 이스라엘 자손에게 넘겨 주시던 날에 여호수아가 여호와께 아뢰어 이스라엘의 목전에서 이르되 태양아 너는 기브온 위에 머무르라 달아 너도 아얄론 골짜기에서 그리할지어다 하매 태양이 머물고 달이 멈추기를 백성이 그 대적에게 원수를 갚기까지 했느니라 야살의 책에 태양이 중천에 머물러서 거의 종일토록 속히 내려가지 아니했다고 기록되지 아니했느냐 여호와께서 사람의 목소리를 들으신 이같은 날은 전에도 없었고 후에도 없었나니 이는 여호와께서 이스라엘을 위하여 싸우셨음이니라 (여호수아 10:11-14)

태양이 멈춘 기적은 이 지역이 기브온 족속이 태양신을 섬긴 것과 관련이 있다. 즉 하나님은 태양신이 헛된 우상에 불과함을 드러내신 것이다.

8. 북부 전투(11장)

여호수아와 이스라엘 군대는 남부 전투의 대승 이후 가나안 북부로 올라가서 메롬 물가에서 하솔 왕 야빈의 연합군을 물리친다. 하나님은 여호수아에게 북부 연합군의 말들의 뒷발 힘줄을 끊고 그들의 병거를 불사를 것을 명령하신다. 이는 여호수아와 이스라엘 군대가 눈에 보이는 군사력이 아닌 오직 하나님만을 의지할 것을 요구하신 것이다.

> 그들이 그 모든 군대를 거느리고 나왔으니 백성이 많아 해변의 수많은 모래 같고 말과 병거도 심히 많았으며 이 왕들이 모두 모여 나아와서 이스라엘과 싸우려고 메롬 물 가에 함께 진 쳤더라 여호와 께서 여호수아에게 이르시되 그들로 말미암아 두려워하지 말라 내일 이맘때에 내가 그들을 이스라 엘 앞에 넘겨 주어 몰살시키리니 너는 그들의 말 뒷발의 힘줄을 끊고 그들의 병거를 불사르라 하시 니라 (여호수아 11:4-6)

9. 미정복 지역(11장)

여호수아와 이스라엘 군대는 가나안 땅의 주요 지역들을 정복했지만, 블레셋의 '가사와 가 드와 아스돗은 정복하지 못했다.

> 그 때에 여호수아가 가서 산지와 헤브론과 드빌과 아납과 유다 온 산지와 이스라엘의 온 산지에서 아낙 사람들을 멸절하고 그가 또 그들의 성읍들을 진멸하여 바쳤으므로 이스라엘 자손의 땅에는 아 낙 사람들이 하나도 남지 아니했고 가사와 가드와 아스돗에만 남았더라 (여호수아 11:21-22)

이 표현들은 앞으로 일어날 사건들과 관계되어 있는데, 이 땅을 정복하지 않음으로 인해 이 스라엘 백성이 큰 곤욕을 겪게 된다. 앞으로 이스라엘을 괴롭힐 장소 혹은 사람과 관련이 있 는 곳이 된다. 후에 삼손이 들릴라의 유혹에 빠져 머리가 깎이고 포로로 끌려간 장소가 가사이 다. 골리앗은 가드 출신이며 아스돗은 나중에 엘리 제사장의 아들들이 법궤를 빼앗겨 보관하 게 되는 장소다.

하나님께서 정복하라고 하신 땅은 모두 정복해야 한다. 남겨놓으면 나중에 그것으로 인해 치러야 할 대가가 반드시 따르게 된다. 또한 12장 마지막 부분에서는 여호수아와 이스라엘 군 대가 요단 서쪽에서 정복한 31명의 왕들이 기록되어 있다.

가나안 땅 분배(여호수아 13~24장)

1. 12지파의 땅 분배(13~24장)

13장에서 24장까지는 가나안 땅의 분배를 다룬다. 요단강 동편 땅이 너무 좋아 그 땅을 달라고 했던 르우벤, 갓, 므낫세 반 지파는 요단 동쪽을 차지한다. 그리고 남은 9지파 반은 제비를 뽑아 땅을 분배받는다.

2. 갈렙과 여호수아(14, 17, 19장)

85세가 넘은 갈렙은 아무도 안 가려고 하는 헤브론 산지를 요구한다. 헤브론 산지는 해발 1,082미터의 산지다. 팔십이 넘은 할아버지가 젊은 사람도 안 가고 싶어 했던 산지를 달라고 한다. 갈렙이 굳이 헤브론 산지를 차지하려고 했던 이유는 아브라함이 묻혀 있고, 야곱이 묻혀 있고 언약의 조상들이 묻혀 있는 곳이기 때문이다. "이 산지를 내게 주소서. 주께서 내게 약속하신 이 땅 내가 이 나이에도 개척하여 하나님의 나라를 세우겠습니다"라고 말한다.

그 날에 모세가 맹세하여 이르되 네가 내 하나님 여호와께 충성했은즉 네 발로 밟는 땅은 영원히 너와 네 자손의 기업이 되리라 했나이다 이제 보소서 여호와께서 이 말씀을 모세에게 이르신 때로부터 이스라엘이 광야에서 방황한 이 사십오 년 동안을 여호와께서 말씀하신 대로 나를 생존하게 하셨나이다 오늘 내가 팔십오 세로되 모세가 나를 보내던 날과 같이 오늘도 내가 여전히 강건하니 내 힘이 그 때나 지금이나 같아서 싸움에나 출입에 감당할 수 있으니 그 날에 여호와께서 말씀하신 이 산지를 지금 내게 주소서 당신도 그 날에 들으셨거니와 그 곳에는 아낙 사람이 있고 그 성읍들은 크고 견고할지라도 여호와께서 나와 함께 하시면 내가 여호와께서 말씀하신 대로 그들을 쫓아내리이다 하니 (여호수아 14:9-12)

헤브론이 그니스 사람 여분네의 아들 갈렙의 기업이 되어 오늘까지 이르렀으니 이는 그가 이스라엘의 하나님 여호와를 온전히 좇았음이라 (여호수아 14:14)

반면 므낫세 지파는 땅이 많으면서도 적다고 투정한다. 그때 여호수아는 투정하는 므낫세 지파에게 "스스로 개척하라"라고 책망한다.

여호수아가 그들에게 이르되 네가 큰 민족이 되므로 에브라임 산지가 네게 너무 좁을진대 브리스 족속과 르바임 족속의 땅 삼림에 올라가서 스스로 개척하라 하니라 (여호수아 17:15)

여호수아도 80세가 넘었지만 좋은 평지 대신 '딤낫 세라(Timnath Serah)'라는 산지를 얻는다.

곧 여호와의 명령대로 여호수아가 요구한 성읍 에브라임 산지 딤낫 세라를 주매 여호수아가 그 성읍을 건설하고 거기 거주했더라 (여호수아 19:50)

여호수아 14장	여호수아 17장	여호수아 19장
갈렙의 헤브론 산지 자청	므낫세 지파의 불평	여호수아의 딤낫 세라 산지 자청

3. 레위 지파를 48개 성읍으로 흩으심(21장)

여호와께서 그들의 주위에 안식을 주셨으되 그 조상들에게 맹세하신 대로 하셨으므로 그들의 모든 원수들 중에 그들과 맞선 자가 하나도 없었으니 이는 여호와께서 그들의 모든 원수들을 그들의 손에 넘겨 주셨음이니라 (여호수아 21:44)

하나님은 이미 모세를 통해 레위인을 전 국토의 48개 성으로 흩어 보내라고 하셨다. 이에 여호수아는 레위인을 전국에 흩어져 살라고 하며, 기업을 주지 않았다. 왜 하나님은 레위인을 각 지파의 성읍에 흩으신 것일까? 그것은 율법을 가르치기 위함이다.

가나안 땅 정복과 유지를 위해 가장 중요한 것은 하나님과의 관계다. 말씀에 순종하고 얼마나 친밀한 관계를 유지하느냐다. 따라서 레위인은 하나님의 말씀을 온 백성에게 제대로 가르쳐야 하며 이것은 곧 이스라엘 백성의 생존과 직결된 부분이다.

율법과 그 율법을 순종하는 것이 가나안 정복 전쟁의 핵심이었고, 이제 이 땅을 유지하고 생존하는 것이 핵심이다. 레위 지파는 바로 이 일을 위해 온 나라에 흩어진 것이다. 성막에서 예배드리는 것만이 아니라 평소에도 율법을 가르치고 지키게 하는 것이 레위 지파의 중요한 일이었다. 그렇게 하여 하나님은 전 국토에 말씀을 심으신 것이다.

레위 지파의 중요성

여호수아 한 사람의 지도력으로 백성들을 다스리는 것이 아니라 말씀을 잘 알고, 사랑하고, 말씀대로 살아가는, 말씀 사역자들이 전국에서 그 역할을 다해야 한다. 보이지 않는 곳에서 때론 작게, 때론 크게 충실하게 하고 있을 때 나라가 온전히 유지되는 것이다. 그러나 이것이 실패했다. 48개 성에서 이 사역을 제대로 했으면 사사기의 실패는 없었을 것이다. 그러므로 사사기에 나오는 백성들의 타락은 이 실패에 근거하고 있다.

사사기에 사람들이 "왕이 없으므로 자기들의 소견에 옳은 대로 행했더라"라고 했는데 왕이 없었던 이유는 레위인들이 48개 성읍으로 흩어지면서 '너희들의 왕은 하나님'이라는 율법을 제대로 가르치지 않은 세월이 오래 쌓여서 된 것이다. 즉 백성들이 하나님을 왕으로 삼지 않고 자신을 왕으로 삼게 된 이유는 백성들 자신의 타락한 죄성도 있겠으나, 레위 지파가 48개 성읍에서 하나님의 율법을 제대로 가르치지 않은 사명의 망각이라는 원인이 크다고 보는 것이다. 사사기 17~19장 레위인의 첩 토막 사건의 핵심은 레위인의 타락과 함께 이들을 책임지지 않은 이스라엘 백성의 타락이 그 원인임을 알려주는 것이다. 레위인이 먹고살 수 있도록 십일조를 하지 않았다는 것은 율법을 중요하게 여기지 않았다는 반증이다. 땅이 주어지지 않은 레위 족속은 생활비를 줘야 말씀을 연구하고 가르칠 수 있는데 채워지지 못하므로 궁여지책으로 레위 족속이 땅을 개간하여 먹고 사는 것이다.

사사기 마지막에 말씀을 버린 것이 타락의 원인이라는 것을 비추면서 깊은 의도를 감추어 놓았는데 그것은 하나님 나라의 상속자는 율법과 말씀을 지키는 자라야 한다는 것을 암시하고 있다.

4. 도피성(20장)

도피성은 지역적으로 지파와 지파 사이에 위치, 언제든지 쉽게 보호를 받게 하려고 가까운 거리에 세운다. 이 도피성은 우리의 피난처 되시는 예수님을 예표한다.

도피성에 담긴 구속사적 의미[19]

도피성	뜻	그리스도
게데스	거룩하다	죄인을 의롭게 구원하시는 분
세겜	어깨에 메다	죄의 짐을 대신 지시는 분
헤브론	친구	죄인의 친구 되시는 분
골란	기뻐하다	참 기쁨을 주시는 분
길르앗 라못	높이다, 영광	죄인을 영광의 자리로 이끄시는 분
베셀	요새, 보석	성도의 요새이며 우리의 보석이신 분

눈에 잘 띄는 산지에 길도 잘 닦아 놓았다. 의도적으로 사람을 죽인 사람을 제외하고 우연히 실수로 사람을 죽였을 때 의도성이 없는 살인자를 살리려고 도피성 제도를 둔 것이다. 서쪽에 있는 것은 위에서부터 보면 게데스(거룩), 세겜(어깨), 헤브론(친구), 동쪽은 북쪽에 골란(기쁨), 중앙쯤에 길르앗 라못(영광), 남부 쪽에 베셀(요새, 보석)이다.

게데스(거룩)는 것은 죄인인 우리를 거룩하게 하신 예수님의 사역을 상징하고, 세겜(어깨)

---

19 박근범, 『New 성경의 파노라마』(서울: 쿰란출판사, 2004년), 147.

은 우리의 짐을 지워주시는 예수님을 상징하는 것이다. 제사장들이 어깨에 6지파씩 메고 다녔음이 이를 표현한 것이다. 헤브론(친구)은 죄인인 우리를 친구 삼아주는 예수님을 말하는 것이고, 골란(기쁨)은 우리의 기쁨 되시는 주님을 말하는 것이다. 길르앗 라못(영광)은 우리를 높여주시고 우리에게 영광을 주시는 주님을 말하는 것이고, 베셀(요새) 우리의 요새요 피난처가 되시는 주님의 사역을 상징하고 있다.

대제사장의 죽음으로 생명을 얻는 살인자들

여기에 더 중요한 복음의 상징이 숨겨져 있는데 바로 도피성으로 피한 사람이 나오는 시기이다. 의도하진 않았지만 어쨌든 사람을 죽인 사람이 다시 사회로 복귀할 수 있는 시기는 바로 대제사장이 죽음에 이르렀을 때다. 그가 도피성으로 갈 당대의 대제사장이 죽음을 맞이하면 도피성에서 나와 사회로 복귀할 수 있다. 대제사장이신 예수 그리스도가 죽었을 때 우리의 살 길이 열린 것과 같은 복음을 표현한 것이다.

5. 여호수아의 고별 설교(23~24장)

여호수아가 죽기 전에 23~24장에서 고별사를 한다. 핵심은 '섬길 자를 선택하라'이다. 23장은 지도자에게 한 선포이고, 24장은 백성에게 한 선포이다.

율법 순종

그러므로 너희는 크게 힘써 모세의 율법 책에 기록된 것을 다 지켜 행하라 그것을 떠나 우로나 좌로나 치우치지 말라 (여호수아 23:6)

한 사람이 천을 쫓을 것

너희 중 한 사람이 천 명을 쫓으리니 이는 너희의 하나님 여호와 그가 너희에게 말씀하신 것 같이 너

희를 위하여 싸우심이라 (여호수아 23:10)

하나님 한 분만 사랑하라

그러므로 스스로 조심하여 너희의 하나님 여호와를 사랑하라 (여호수아 23:11)

이방인과 혼인하지 마라

확실히 알라 너희의 하나님 여호와께서 이 민족들을 너희 목전에서 다시는 쫓아내지 아니하시리니 그들이 너희에게 올무가 되며 덫이 되며 너희의 옆구리에 채찍이 되며 너희의 눈에 가시가 되어서 너희가 마침내 너희의 하나님 여호와께서 너희에게 주신 이 아름다운 땅에서 멸하리라 (여호수아 23:13)

섬길 자를 택하라

그러므로 이제는 여호와를 경외하며 온전함과 진실함으로 그를 섬기라 너희의 조상들이 강 저쪽과 애굽에서 섬기던 신들을 치워 버리고 여호와만 섬기라 만일 여호와를 섬기는 것이 너희에게 좋지 않게 보이거든 너희 조상들이 강 저쪽에서 섬기던 신들이든지 또는 너희가 거주하는 땅에 있는 아모리 족속의 신들이든지 너희가 섬길 자를 오늘 택하라 오직 나와 내 집은 여호와를 섬기겠노라 하니 (여호수아 24:14-15)

여호수아가 에발산과 그리심산에서 축복과 저주의 길을 선포하고 백성들과 1차 세겜 언약을 맺었다. 그리고 여호수아가 죽기 전에 마지막으로 2차 세겜 언약을 체결한다. 이 2차 언약은 가나안 땅을 정복한 후에 맺은 것으로 가나안 땅을 유지할 수 있는 것도 오직 말씀을 순종하는 길뿐임을 강조한다. 이것이 신명기 사관이다. 하나님의 말씀을 순종하면 복이 오고, 하나님의 말씀을 불순종하면 심판이 임한다. 따라서 이스라엘이 멸망한 것은 정치적 문제가 아니라 신명기적 심판으로 보아야 마땅하다.

여호수아는 그의 고별 설교를 통해 이스라엘이 오직 하나님 한 분만을 섬길 것을 강력히 촉구한다.

6. 진정한 안식

> 여호와께서 그들의 주위에 안식을 주셨으되 그 조상들에게 맹세하신 대로 하셨으므로 그들의 모든
> 원수들 중에 그들과 맞선 자가 하나도 없었으니 이는 여호와께서 그들의 모든 원수들을 그들의 손에
> 넘겨 주셨음이니라 여호와께서 이스라엘 족속에게 말씀하신 선한 말씀이 하나도 남음이 없이 다 응
> 했더라 (여호수아 21:44-45)

여호수아서를 보면 정복이라는 단어를 쓰는 동시에 앞뒤에 '안식'이라는 단어가 따라붙는
다. 이것은 가나안의 일곱 족속이 가나안 땅이 그대로 있는 상태로는 하나님 나라의 백성이자,
상속자는 진정한 안식이 없다는 것을 의미한다. 즉 정복이 다 끝나야 안식이 온다는 것이다.

안식의 의미

복음서에 보니 예수님이 주로 바리새인들과 첨예하게 대립을 일으켰던 기적이 나온다. 38년 된 병자를 일
부러 안식일에 고치신 것인데 바리새인들이 본격적으로 예수님을 경계하고 핍박하게 된다. 안식일이 과
연 어떤 의미가 있었기에 예수님이 의도적으로 안식의 개념을 흔들고 계신 것일까?

　하나님과 예수님이 원래 의도하셨던 참 안식의 의미는 다 잊어버리고 안식일의 형식과 껍데기뿐인 전
통만 남아 있는 바리새인들에게 안식일의 의미가 무엇인지 일깨우기 위해 흔들고 계신 것이다. 사실 복음
서에 보면 예수님이 청중들에게 말씀하시는 것 같으나 사실은 거기에 살짝 끼어들어 예수님의 말을 꼬투
리 잡아 감옥에 넣으려는 소수의 바리새인들에게 말씀하고 계신 것이다. (구약의 흐름을 모르면 복음서
자체가 의외로 이해하기가 어렵다.) 예수님이 그렇게 흔들고 깨우고 싶으셨던 것은 바리새인들의 우매
함과 전통이 어디서부터 굳어졌는지를 알게 되는 것이다.

　성경에 안식이 제일 먼저 나왔던 것은 천지창조 사건인데 하나님이 7일째 안식했다는 의미는 더 이상
일을 하고 싶어도 6일째까지 했던 창조가 너무나 완벽했기 때문에 7일째는 쉬셨으며, 그런 의미로 8~9일
째가 없는 것으로 보인다. 만약 피곤해서 쉬셨다면 8일째부터는 또다시 천지창조의 미진한 부분을 이어
가셨으리라고 본다. 이것을 여호수아에 연결하면 가나안 정복이 다 끝나야 그 백성에게 안식이 있다는 것
이다.

마지막 안식의 날까지

신약적으로 보면 아직 교회를 통해 하나님께서 십자가의 복음과 성령의 사역으로 구할 자들, 택한 자들을 다 구원하실 때까지 하나님은 쉬지 않으신다는 것이다. 그래서 안식일에 왜 병을 고치느냐고 했을 때 안식일이라도 내 아버지 하나님께서 일을 다 못 끝내셨기 때문에 내 아버지가 아직도 구원 사역을 위해 안식일이라 할지라도 일하고 계시니 나도 일한다고 말씀하신 것이다. 이 말은 교회가 하나님께서 십자가의 복음과 성령으로 온 세상 중에 하나님의 자녀로 창세 전부터 구원받을 자들로 택하신 자들을 전 세계 곳곳에 소수민족의 모든 자까지도, 예정된 민족들까지 다 구원해 내실 때까지 십자가의 복음으로 정복하실 때까지, 하나님은 쉬시지 못하시기 때문에 우리도 쉬지 말아야 한다.

7. 사사들의 타락과 실패 암시

예루살렘 주민 여부스 족속을 유다 자손이 쫓아내지 못했으므로 여부스 족속이 오늘까지 유다 자손과 함께 예루살렘에 거주하니라 (여호수아 15:63)

그들이 게셀에 거주하는 가나안 족속을 쫓아내지 아니했으므로 가나안 족속이 오늘까지 에브라임 가운데에 거주하며 노역하는 종이 되니라 (여호수아 16:10)

이스라엘이 여호수아가 사는 날 동안과 여호수아 뒤에 생존한 장로들 곧 여호와께서 이스라엘을 위하여 행하신 모든 일을 아는 자들이 사는 날 동안 여호와를 섬겼더라 (여호수아 24:31)

이스라엘의 대표 지파인 유다 지파와 에브라임 지파가 여부스 족속과 가나안 족속을 쫓아내지 못했다는 것은 일종의 복선이다. 즉 여호수아 사후에 있게 될 사사시대의 타락을 암시한다. 또한 하나님이 행하신 모든 일을 아는 자들이 생존하고 있는 동안만 여호와를 섬겼다는 말은 하나님을 아는 자들이 죽고 난 후에는 여호와를 섬기지 않고 떠날 것을 의미하는 것이다.

다음 세대를 말씀으로 세워야 한다

다음 세대를 하나님의 말씀으로 양육해야 할 이유는 분명하다. 사사기의 타락은 말씀을 모르는 세대들이
일어났기 때문이다. 오늘도 마찬가지다. 다음 세대들이 하나님과 말씀을 모른다면 우리에게는 미래가 없
다. 그러기에 교회마다 다음 세대 사역에 목숨을 걸어야 한다.

10장

사사기: 하나님 나라가 무너지다

왕이신 하나님을 거부하는 백성

사사기, 백성이 왕이신 하나님을 거부하다

사사기	룻기
왕이신 하나님을 거부하는 본 백성	하나님을 왕으로 고백한 이방 여인
하나님 나라 백성의 자격: 누가 하나님 나라의 백성인가?	

사사기와 룻기의 비교

사사기		룻기
하나님 나라로 본 백성의 실패	⟷	하나님 나라 백성이 아닌 이방인의 구원과 승리
제사장과 백성의 타락으로 인한 하나님 나라의 무너짐	⟷	이방인 여인의 후손 다윗이 세우게 될 하나님 나라의 회복

여호수아가 하나님 나라의 3요소 중 땅의 정복이고, 사사기가 왕에 관한 내용이라면 룻기는 하나님 나라 백성에 관한 내용이다. 하나님 나라의 백성이 아니었던 모압 여인 룻이 어떻게 하나님 나라 백성으로 들어오게 되는가에 관한 것이다. 요약하면 원래 상속자는 아니지만 언약을 붙듦으로써 상속자의 자격을 얻게 된다는 내용이다. 비록 이방 민족일지라도 하나님의 약속과 십자가를 붙드는 자들은 누구든지 하나님 나라의 백성이 될 수 있지만, 아무리 육신적 혈통으로 태어난 이스라엘 백성이라도 하나님의 언약을 거부하면 하나님 나라에서 제외될 수 있음을 의미한다.

여호수아와 사사기에 대한 구속사적 적용

여호수아	사사기
가나안의 주력 세력들을 정복함	가나안의 잔존 세력을 정복하라
구속사적 의미: 예수님의 십자가와 부활로 사탄의 머리를 깨뜨리심	구속사적 의미: 교회가 사탄의 잔존 세력을 정복하라

여호수아서는 여호수아와 이스라엘 군대가 가나안 땅의 주력 민족들을 정복하는 기록이며, 사사기는 가나안 땅에 남아 있는 미정복 민족들을 정복하라는 하나님의 명령을 담은 기록이다(물론 이 사명에 이스라엘은 철저히 실패했다). 이를 구속사적·신약적으로 적용해 보면 여호수아서는 예수께서 십자가의 죽으심과 부활하심으로 사탄의 머리를 깨뜨리는 것을 의미하고, 사사기는 예수님의 교회가 주님의 재림 때까지 이 땅에서 사탄의 잔존 세력들을 정복하고 하나님 나라를 세워가는 것을 의미한다고 볼 수 있다.

여호수아, 사사기, 룻기 비교

여호수아(a)	사사기(X)	룻기(a')
이스라엘의 순종 → 승리	이스라엘의 불순종 → 고통	이방 여인의 순종 → 축복

사사기의 구조[20]

A	B	X							B'	A'
정복 실패		타락 - 심판 - 구원							이스라엘의 몰락	
1:1-3:6		3:7-16:31							17-21:25	
유다 지파 강조	베냐민 실패 / 단 지파 실패	a	b	c	x	c'	b'	a'	단 지파 우상 / 베냐민 몰락	유다 지파 강조
		옷니엘	에훗 삼갈	드보라 바락	기드온 아비멜렉	돌라 야일	입다	삼손		

사사기는 12명의 사사의 삶과 사역에 관한 책이다. 사사는 '재판관'이라는 뜻이 있다. 사사기를 키아즘 구조로 보면 중앙에 사사들의 행적이 배치되어 있고, 그 중앙에는 기드온이 있다. 1장에서 이스라엘은 가나안에 대한 완전한 정복에 실패하고 쫓아내지 못한 족속과 함께하게 된다. 이것은 신앙의 실패와 타락으로 이어지게 된다. 결국 마지막 부분에 나오는 사사기

---

20 박근범, 『New 성경의 파노라마』(서울: 쿰란출판사, 2004년), 154.

17~19장의 민족 분열과 전쟁, 미가의 신상 숭배 등 죄악들이 만연하게 된다.

가나안의 잔존 세력을 남기신 이유

> 여호와께서 이스라엘에게 진노하여 이르시되 이 백성이 내가 그들의 조상들에게 명령한 언약을 어기고 나의 목소리를 순종하지 아니했은즉 나도 여호수아가 죽을 때에 남겨 둔 이방 민족들을 다시는 그들 앞에서 하나도 쫓아내지 아니하리니 이는 이스라엘이 그들의 조상들이 지킨 것 같이 나 여호와의 도를 지켜 행하나 아니하나 그들을 시험하려 함이라 하시니라 여호와께서 그 이방 민족들을 머물러 두사 그들을 속히 쫓아내지 아니하셨으며 여호수아의 손에 넘겨 주지 아니하셨더라 (사사기 2:20-23)

하나님은 여호수아기 가나안의 모든 민족을 정복하도록 하지 않으시고, 일부 이방 민족들을 남겨두었다. 그 이유는 이스라엘 백성이 하나님께 순종하고 하나님의 도를 지켜 행하나 아니하나를 시험하시려고 하셨던 것이다.

유다 지파가 선봉에 서라

그래서 사람들이 묻는다. "어느 지파가 선봉에 서야 합니까?" 하니 하나님이 "유다 지파가 선봉에 설지어다"라고 하신다.

> 여호수아가 죽은 후에 이스라엘 자손이 여호와께 여쭈어 이르되 우리 가운데 누가 먼저 올라가서 가나안 족속과 싸우리이까 여호와께서 이르시되 유다가 올라갈지니라 보라 내가 이 땅을 그의 손에 넘겨 주었노라 하시니라 (사사기 1:1-2)

사사기 전체에서 유다 지파가 계속 선봉에 서게 되고 마지막 장에 베냐민 지파와의 전쟁을 주도한 지파도 유다 지파다. 왜냐하면 유다 지파에서 다윗과 오실 메시아를 암시하고 있기 때문이다. 룻기도 유다와 베들레헴과 관계된 흘러가는데 사무엘상부터 등장하는 다윗왕을 위한 배경을 준비하고 있다. 유다 지파는 가나안 족속과 브리스 족속를 물리치고 아도니 베섹 왕을 처단한다. 그리고 헤브론을 정복한다.

1. 서론: 가나안 정복 실패와 원인(1:1~3:6)

쫓아내지 못했더라

"쫓아내지 못했더라"가 1장에서만 9번 나온다. 이스라엘이 쫓아내지 못했던 가나안 족속들은 철병거를 가지고 있었던 민족이었기 때문에 군사력으로는 쫓아내기가 절대로 쉽지 않았을 것이다. 하지만 앞서 살펴보았듯이 여호수아서에서는 군사력은 중요한 포인트가 아니다. 하나님의 백성이 하나님께 순종하면 하나님이 이기게 하셨다. 그런데 그것을 까맣게 잊고 상대방의 군사력과 철병거를 보고 쫓아낼 엄두도 내지 않는 것이다. 그러자 가나안 족속들은 결심하고 그 땅에 거주했다. 오히려 단 지파는 아무리 족속에게 패배하고 산지로 쫓겨나가게 된다.

> 므낫세가 벧스안과 그에 딸린 마을들의 주민과 다아낙과 그에 딸린 마을들의 주민과 돌과 그에 딸린 마을들의 주민과 이블르암과 그에 딸린 마을들의 주민과 므깃도와 그에 딸린 마을들의 주민들을 쫓아내지 못하매 가나안 족속이 결심하고 그 땅에 거주했더니 (사사기 1:27)

> 아모리 족속이 단 자손을 산지로 몰아넣고 골짜기에 내려오기를 용납하지 아니했으며 결심하고 헤레스 산과 아얄론과 사알빔에 거주했더니 요셉의 가문의 힘이 강성하매 아모리 족속이 마침내는 노역을 했으며 (사사기 1:34-35)

내 안에 죄와의 싸움을 멈추지 마라

이스라엘 백성은 여호수아가 죽고 난 후 가나안 땅의 미정복지에 남아 있는 가나안 부족을 쫓아내는 일을 중단했다. "이 정도면 되겠지" 하는 안일함이 문제였다. 우리도 마찬가지이다. 영적 싸움에는 휴전이 없다. 내 안의 죄악과 적당히 타협하는 것이 아니라 내 안에 있는 죄악의 영향력이 소멸하기까지 날마다 십자가에 나 자신을 못 박아야 한다.

옆구리의 가시

이러한 상황을 보시고 주님께서 "너희들은 내 명령에 순종하지 않았다. 이 족속들이 네 옆구리의 가시가 될 것이다"라고 책망하신다.

> 그러므로 내가 또 말하기를 내가 그들을 너희 앞에서 쫓아내지 아니하리니 그들이 너희 옆구리에 가시가 될 것이며 그들의 신들이 너희에게 올무가 되리라 했노라 (사사기 2:3)

'옆구리의 가시'로 번역된 말은 히브리어로 차드(צַד)인데, 이 단어는 '옆'이란 뜻이다. 그러므로, 이스라엘이 쫓아내지 않은 이방 민족들은 이스라엘의 옆구리, 즉 그들의 아내가 될 것이라는 의미로도 해석할 수 있다. 실제로 사사기 2장과 3장에 보면 이방 여인들을 아내로 삼는다. 즉 통혼한 것인데, 그래서 옆구리의 가시가 아니라 옆구리의 아내가 될 것이라는 번역도 틀린 것은 아니다. 하나님을 알지 못하는 세대는 하나님의 명령을 버리고 이방 족속과 통혼을 한다. 이것이 다 하나님이 누구인지를 알지 못해서 나오는 결과다. 마침내 하나님께서 이스라엘 백성을 이방 민족에게 압제를 당하게 하셔서 돌이키게 하신다.

보김의 울음

하나님의 심판이 예고되자 이스라엘 백성은 보김(בֹּכִים)에서 통곡을 한다. 보김은 '울음'을 뜻한다. 그러나 이상한 것은 징계 앞에서 회개하고 돌이킬 생각은 하지 않고 그저 울기만 할 뿐이라는 것이다.

이것이 인간이다. 하나님의 뜻이 무엇인지 알면서도 돌이키지 않는 것이 우리의 모습이다. 이들이 흘린 눈물은 진정한 회개의 눈물이 아니라 자신들의 미래에 닥칠 심판에 대한 일시적 두려움으로 인한 눈물이다.

진짜 회개

이스라엘 백성은 울었지만 회개하지 않았다. 이것이 인간이다. 하나님의 뜻이 무엇인지 알면서도 돌이키지 않는 것이 우리이다. 이들이 흘린 눈물은 진정한 회개의 눈물이 아니라 자신들의 미래에 닥칠 심판에 대한 일시적 두려움으로 인한 눈물이었다.

하나님을 알지 못하는 다른 세대

백성이 여호수아가 사는 날 동안과 여호수아 뒤에 생존한 장로들 곧 여호와께서 이스라엘을 위하여 행하신 모든 큰 일을 본 자들이 사는 날 동안에 여호와를 섬겼더라 (사사기 2:7)

그 세대의 사람도 다 그 조상들에게로 돌아갔고 그 후에 일어난 다른 세대는 여호와를 알지 못하며 여호와께서 이스라엘을 위하여 행하신 일도 알지 못했더라 (사사기 2:10)

하나님이 행하신 일을 경험한 여호수아와 장로들의 생전에는 이스라엘 백성이 여호와를 섬겼지만, 이들이 죽고 난 후 일어난 다른 세대는 여호와를 알지 못했고, 가나안 우상들을 섬겼다.

다음 세대가 다른 세대가 되지 않기 위해서는

성경은 여호와를 알지 못하는 세대를 다른 세대로 표현한다. 그렇다. 우리의 다음 세대가 여호와를 알지 못하면 다른 세대가 된다. 그러므로 필자가 여러 차례 강조했던 것처럼 한국 교회는 다음 세대에게 성경을 가르치고 예수 그리스도의 복음을 전하여 그들로 참된 신앙을 이어받도록 목숨을 걸어야 할 것이다. 지금 우리 교회의 다음 세대는 어떠한가? 다른 세대가 되어가고 있는 것은 아닌가?

2. 본론: 사사기의 7패턴과 7사이클

12사사의 키아즘 구조[21]

a. 가나안 정복 실패(1장)
  b. 정복 실패의 원인인 신앙의 실패(2장)
    c. 옷니엘(3장)
      d. 에훗, 삼갈(3장)
        e. 드보라, 바락(4-5장)
          x. 기드온(여호와가 왕)/아비멜렉(나의 아비는 왕, 6-9장)
        e'. 돌라, 야일, 입다(10-11장)
      d'. 입산, 엘론, 압몬(12장)
    c'. 삼손(13-16장)
  b'. 미가와 단의 우상: 신앙 타락의 결과
a'. 베냐민 지파 죄악과 민족 전쟁: 가나안 정복 실패의 결과

사사기의 7패턴과 7사이클

이스라엘 자손이 여호와의 목전에 악을 행하여 바알들을 섬기며 애굽 땅에서 그들을 인도하여 내신 그들의 조상들의 하나님 여호와를 버리고 다른 신들 곧 그들의 주위에 있는 백성의 신들을 따라 그들에게 절하여 여호와를 진노하시게 했으되 (사사기 2:11-12)

여호와께서 이스라엘에게 진노하사 노략하는 자의 손에 넘겨 주사 그들이 노략을 당하게 하시며 또 주위에 있는 모든 대적의 손에 팔아 넘기시매 그들이 다시는 대적을 당하지 못했으며 (사사기 2:14)

여호와께서 사사들을 세우사 노략자의 손에서 그들을 구원하게 하셨으나 (사사기 2:16)

---

21 사사기의 중심은 기드온이다. 사사 기드온을 기점으로 그 이전 사사들과 그 이후 사사들은 격이 다르다. 또한 기드온을 기점으로 사사시대는 급격히 타락한다.

여호와께서 그들을 위하여 사사들을 세우실 때에는 그 사사와 함께 하셨고 그 사사가 사는 날 동안에는 여호와께서 그들을 대적의 손에서 구원하셨으니 이는 그들이 대적에게 압박과 괴롭게 함을 받아 슬피 부르짖으므로 여호와께서 뜻을 돌이키셨음이거늘 그 사사가 죽은 후에는 그들이 돌이켜 그들의 조상들보다 더욱 타락하여 다른 신들을 따라 섬기며 그들에게 절하고 그들의 행위와 패역한 길을 그치지 아니했으므로 (사사기 2:18-19)

하나님은 타락한 백성을 돌이키기 위해 이방 족속을 들어 이스라엘을 치게 하시고 압제 가운데 고통당하게 하신다. 그리고 백성이 부르짖으면 사사들을 세우셔서 구원하신다. 그러나 백성은 다시 타락하고 하나님을 떠나면 하나님은 다시 이방 족속을 보내 그들을 압제하도록 하신다. 정리해 보면 7가지 패턴이다.

① 땅에 평안이 임함 ➡ ② 백성들의 타락 ➡ ③ 하나님의 진노와 심판 ➡
④ 이방의 압제 ➡ ⑤ 백성의 부르짖음 ➡ ⑥ 사사를 세움 ➡ ⑦ 구원

이렇게 7가지 패턴이 사사기에는 총 7번 나온다.

사사들의 공통점: 하나님의 영이 임함

12명의 사사의 공통점이 있다. 모든 사사마다 "하나님의 영이 임하사"라는 공통 문구가 나온다. 12명의 사사는 대단한 영웅이 아니다. 사실 따지고 보면 제대로 된 인간이 없다. 그나마 갈렙의 동생인 옷니엘 정도가 괜찮았을까? 옷니엘은 메소포타미아라는 이방 민족이 이스라엘을 압제할 당시 8년 동안 아무것도 안 하고 숨어 살다가 갑자기 나타났다. 하나님의 영이 임하니까 잠깐 나타날 수 있었던 것이다.

이게 중요한 것이다. 사사기에 나오는 12명의 사사들은 대단한 사람들이 아니라 평범하다 못해 부족한 사람들이다. 심지어 입다는 기생의 사생아이자 동네 조폭이었다. 양아치였다.

사사기의 메시지는 '평범한 사람 이하의 사람들이었는데 하나님의 영이 임하자 하나님의 손에 붙들려 쓰임을 받았다. 그러니 너희도 기회가 있다. 우리도 하나님의 영이 임하면 쓰임 받을 수 있다'이다.

대부분 사사는 "하나님의 영이 감동됐다"라는 말이 한 번밖에 안 나온다. 그런데 유독 "하나님의 영이 감동됐다"라고 4번이나 나오는 사사가 있다. 삼손이다. 하나님의 영이 4번이나 감동된 삼손은 여자 문제, 정욕의 문제 하나 지키지 못해서 하나님의 영의 능력을 잃어버린다. 따라서 끝까지 자기 부인의 삶을 살아야 한다. 자기 부인이 없이 큰 교회, 큰 능력, 권세로 유명해지는 것은 복이 아니다.

3. 열두 사사[22]

사 사	출신 지파	대 적	속박 기간(년)	평화 기간(년)	특징
옷니엘 (B.C 1383-1335)	유다	메소포타미아의 구산 리사다임	8	40	갈렙의 조카, 이스라엘 최초의 사사(3:9-11)
에훗 (B.C 1316-1236)	베냐민	모압 왕 에글론	18	80	게라의 아들, 왼손잡이로 에글론을 암살함 (3:12-30)
삼갈 (B.C 1260-1250)	?	블레셋			아낫의 아들, 소 모는 막대기로 블레셋인을 물리침(3:31)
드보라 (B.C 1216-1176)	에브라임	가나안 왕 야빈	20	40	여사사, 바락과 협력하여 가나안 장군 시스라를 물리침(4:4-5:31)
기드온 (B.C 1169-1129)	므낫세	미디안	7	40	삼백 명의 용사로 승리를 거둠. 바알의 단을 훼파하여 '여룹바알(바알과 싸우는 자)'이란 별명을 얻음. 만년에 '에봇'을 우상화하고 70명의 아들을 두어 큰 혼란을 야기함(6:11-8:35)
돌라 (B.C 1120-1097)	잇사갈			23	도도의 손자. 부아의 아들(10:1, 2)
야일 (B.C 1120-1098)	므낫세 (길르앗)			22	아들 30과 30성읍을 둠(10:3-5)
입다 (B.C 1085-1079)	갓 (길르앗)	암몬	18	6	기생의 아들. 큰 승리를 얻었으나 그릇된 서원을 하여 자기 딸을 하나님께 제물로 바침 (11:1-12:7)

---

22 http://blog.naver.com/PostView.nhn?blogId=lim9217&logNo=221151123413

사사	출신 지파	대적	속박 기간(년)	평화 기간(년)	특징
입산 (B.C 1079-1072)	유다 (베들레헴)			7	아들 30명을 두어 그들을 위하여 타국의 30명의 여자를 데려오고, 딸 30명을 타국으로 시집보냄(12:8-10)
엘론 (B.C 1062-1055)	스불론			10	10년 동안 이스라엘을 다스림(12:11, 12)
압돈 (B.C 1062-1055)	에브라임			8	아들 40명과 손자 30명이 70필의 나귀를 탐(12:13-15)
삼손 (B.C 1075-1055)	단	블레셋	40	20	나실인, 성결한 생활을 하지 못하고 델릴라의 꾐에 빠져 머리카락 잘림. 죽을 때에 수많은 블레셋인을 죽임(13:2-16:31)

옷니엘

이스라엘 자손이 여호와의 목전에 악을 행하여 자기들의 하나님 여호와를 잊어버리고 바알들과 아세라들을 섬긴지라 여호와께서 이스라엘에게 진노하사 그들을 메소보다미아 왕 구산 리사다임의 손에 파셨으므로 이스라엘 자손이 구산 리사다임을 팔 년 동안 섬겼더니 이스라엘 자손이 여호와께 부르짖으매 여호와께서 이스라엘 자손을 위하여 한 구원자를 세워 그들을 구원하게 하시니 그는 곧 갈렙의 아우 그나스의 아들 옷니엘이라 여호와의 영이 그에게 임하셨으므로 그가 이스라엘의 사사가 되어 나가서 싸울 때에 여호와께서 메소보다미아 왕 구산 리사다임을 그의 손에 넘겨 주시매 옷니엘의 손이 구산 리사다임을 이기니라 그 땅이 평온한 지 사십 년에 그나스의 아들 옷니엘이 죽었더라 (사사기 3:7-11)

이스라엘은 하나님을 잊어버리고 가나안의 우상 숭배에 빠졌다. 하나님은 우상 숭배에 빠진 이스라엘을 메소포타미아의 구산 리사다임(두 배나 악함)의 손에 8년간을 넘기신다. 압제로 인해 이스라엘이 부르짖자, 하나님은 이때 첫 번째 사사로 갈렙의 조카 옷니엘(עָתְנִיאֵל; 하나님의 사자)을 구원자로 세우신다.

그는 예전에 드빌을 정복하고 갈렙의 딸 악사를 아내로 얻은 적이 있다(1:11~15). 하나님의 영이 임한 옷니엘은 메소포타미아의 구산 리사다임을 정복하고 이스라엘을 구원한다. 그가 다스린 40년 동안 이스라엘은 평안했다.

8년간 침묵한 옷니엘

메소포타미아의 구산 리사다임의 8년간의 지배 동안에 옷니엘은 한 일이 없습니다. 그가 한때 드빌을 정복한 일이 있었지만, 그것은 악사를 아내로 얻기 위함이었습니다. 그러나 그는 민족의 고통 앞에 8년이나 침묵을 했던 사람입니다. 하나님의 영이 임하자 그는 민족을 구원하는 일에 쓰임 받았습니다. 다시 말해, 옷니엘은 신앙적 영웅으로 보지 말라는 것입니다. 하나님의 영이 임하기까지 그는 민족의 고통과 압제 앞에 침묵했던 사람이었기 때문입니다. 12명의 사사들이 다 그렇습니다. 그들은 처음부터 신앙적 영웅들이 아니었다는 말입니다.

에훗

> 이스라엘 자손이 여호와께 부르짖으매 여호와께서 그들을 위하여 한 구원자를 세우셨으니 그는 곧 베냐민 사람 게라의 아들 왼손잡이 에훗이라 이스라엘 자손이 그를 통하여 모압 왕 에글론에게 공물을 바칠 때에 (사사기 3:15)

옷니엘도 대단한 사람이 아니었던 것처럼 두 번째 사사인 에훗(אהוד; 광채가 어디에 있는가?)도 마찬가지다. 에훗은 왼손잡이인데 히브리 원문에는 '오른손을 못 쓰는 사람'으로 나온다. 히브리 사람들에게 오른손을 쓴다는 것은 정상을 의미하고 왼손을 쓴다는 것은 장애, 비정상이란 뜻이다. 야곱의 막내아들 베냐민의 이름을 예로 들면 '벤'은 아들이란 뜻이고 '야민'은 오른손이란 뜻이다. '오른손의 아들들'이란 지파가 베냐민 지파다. 성경에 굳이 '오른손을 못 쓰는 사람'이라고 표현한 것은 의도적으로 기록했다는 의미다. 즉 그 또한 하나님의 쓰임을 받기에 자격 있는 사람이 아니었으나 "하나님의 영이 임하여" 위대하게 쓰임 받았음을 강조하기 위한 것이다. 그는 모압 왕 에글론을 죽이고 민족을 구원했다. 그의 시대 80년 동안 이스라엘에는 평안이 임했다.

에훗도 쓰셨다면…

에훗은 오른손을 쓰지 못하는 사람 즉, 사사로 쓰임 받기에는 자격이나 능력이 없는 자였다. 하나님은 이런 사람을 들어 민족을 구하는 구원자로 사용하셨다. 그렇다면 우리에게도 소망이 있다. 우리도 하나님의 구원을 받기에는 자격이나 능력이 없는 자였기 때문이다. 그런 우리를 예수의 피로 구원하고 하나님의 자녀로 삼으신 분이 하나님 아버지시다. 그리고 우리를 하나님 나라의 상속자와 동역자로 삼으시고, 우리를 사용하기 원하신다. 그러므로 우리는 스스로를 자랑하고 교만을 떨 이유가 하나도 없다.

삼갈

> 에훗 후에는 아낫의 아들 삼갈이 있어 소 모는 막대기로 블레셋 사람 육백 명을 죽였고 그도 이스라엘을 구원했더라 (사사기 3:31)

삼갈(שַׁמְגַּר; 칼, 검)은 "블레셋 사람을 소 모는 막대기로 육백 명을 죽였더라" 하고 끝난다. 여기서 말하고 싶은 것은 소 모는 막대기다. 이게 핵심이다. 소모는 막대기는 말마드(מַלְמֵד)인데, 이는 끝에 쇠가 달린 농기구로서, 밭을 갈 때나 소를 몰 때 사용되었다. 이는 삼갈이 대단한 용사가 아니라 평범한 농부였다는 의미다. 평범한 농부와 평범한 막대기에 하나님의 영이 임하니까 그것이 블레셋을 죽이는 하나님의 거룩한 도구로 쓰였다는 것이다. 이렇듯 평범한 사람들에게 하나님의 영이 임하시면 거룩한 칼(검)로 사용 받을 수 있다.

드보라와 바락

2명의 여인: 드보라와 야엘

> 에훗이 죽으니 이스라엘 자손이 또 여호와의 목전에 악을 행하매 여호와께서 하솔에서 통치하는 가나안 왕 야빈의 손에 그들을 파셨으니 그의 군대 장관은 하로셋 학고임에 거주하는 시스라요 야빈 왕은

철 병거 구백 대가 있어 이십 년 동안 이스라엘 자손을 심히 학대했으므로 이스라엘 자손이 여호와께 부르짖었더라 그 때에 랍비돗의 아내 여선지자 드보라가 이스라엘의 사사가 되었는데 (사사기 4:1-4)

에훗이 죽자 이스라엘은 또 하나님 앞에 악을 행했고, 하나님은 가나안 왕 하솔에게 이스라엘을 20년 동안 파셨다. 이스라엘이 하나님께 부르짖자 하나님은 여사사 드보라(דְּבוֹרָה; 꿀벌)를 일으키셨다. 그녀는 바락(בָּרָק; 번개불) 장군에게 야빈 왕과 그의 장군 시스라를 칠 것을 명했지만, 바락은 드보라의 동행을 요구한다.

여사사 드보라를 도와 가나안 왕 야빈을 물리친 바락 장군은 대단한 사람이 아니다. 그는 자기 혼자 못 싸우고 드보라를 의지해야만 하는 자였다. 야빈 왕의 장군 시스라가 죽을 때도 헤벨(호밥의 후손)의 아내 야엘이라는 여자가 시스라의 관자에 말뚝을 박아 그를 죽였다.

네 번째 사사인 드보라와 관련된 본문은 남자들이 아니라 그 당시 인격적인 취급을 받지 못했던 비천한 2명의 여인 드보라와 야엘을 부각한다. 이 2명의 여인을 통해서 하나님은 얼마든지 이스라엘을 넉넉히 구원해 내신다.

드보라와 바락의 노래
전쟁에 승리한 드보라는 시를 지어 여호와 하나님을 찬양한다.

• 세상의 큰 용사들을 치시는 하나님
깰지어다 깰지어다 드보라여 깰지어다 깰지어다 너는 노래할지어다 일어날지어다 바락이여 아비노암의 아들이여 네가 사로잡은 자를 끌고 갈지어다 그 때에 남은 귀인과 백성이 내려왔고 여호와께서 나를 위하여 용사를 치시려고 내려오셨도다 (사사기 5:12-13)

여호와여 주의 원수들은 다 이와 같이 망하게 하시고 주를 사랑하는 자들은 해가 힘 있게 돋음 같게 하시옵소서 하니라 그 땅이 사십 년 동안 평온했더라 (사사기 5:31)

• 즐거이 헌신하는 백성과 메로스를 향한 저주
이스라엘의 영솔자들이 영솔했고 백성이 즐거이 헌신했으니 여호와를 찬송하라 (사사기 5:2)
여호와의 사자의 말씀에 메로스를 저주하라 너희가 거듭거듭 그 주민들을 저주할 것은 그들이 와서

여호와를 돕지 아니하며 여호와를 도와 용사를 치지 아니함이니라 하시도다 (사사기 5:23)

기드온

사사 12명의 이미지는 기드온(גִּדְעוֹן; 벌목하는 사람) 사사를 기점으로 나눠진다. 기드온 이후에 나오는 사사들은 그 이전 사사들과는 신앙이 다르다. 그래도 옷니엘부터 기드온까지의 사사들은 신앙적으로 괜찮다. 타락도 없고 그 시대의 사명도 잘 감당했는데, 기드온 이후의 사사들은 그 이전의 사사들에 비해 질적으로 떨어진다. 기드온은 사사기의 영적 분위기를 가르는 자다. 다시 말해 기드온의 타락이 미친 영향이 그만큼 컸다는 것이다.

> 이스라엘 자손이 또 여호와의 목전에 악을 행했으므로 여호와께서 칠 년 동안 그들을 미디안의 손에 넘겨 주시니 (사사기 6:1)

이스라엘이 하나님 앞에 또 악을 행하자 하나님은 그들을 미디안의 손에 7년 동안을 넘겨 주신다. 미디안의 착취를 견디지 못한 이스라엘이 부르짖자 하나님은 기드온을 일으키신다.

소심하고 의심이 많은 사람

기드온은 소심하고 겁도 많은 사람이었다. 미디안을 피해서 몰래 타작 마당에서 타작을 했던 사람이다. 또한 하나님께 양털 표징도 구할 만큼 완전주의자 같은 성격도 있다. 이렇게 소심하고 의심 많은 사람조차도 하나님의 영을 부어 사용하셨다. 하나님이 이스라엘을 미디안의 손에서 건지시기 위해 기드온을 사용하셨다. 하나님은 어떤 사람이라도 다 하나님의 영으로 충만케 하셔서서 들어 사용하실 수 있다는 의미이다.

큰 용사여

> 여호와의 사자가 기드온에게 나타나 이르되 큰 용사여 여호와께서 너와 함께 계시도다 하매 (사사기 6:12)

하나님은 기드온을 "큰 용사여"라고 부르신다. 겁이 많고 소심한 기드온을 큰 용사라고 부르신 것은 여러 가지 의미가 있다. 첫 번째는 그가 지금은 겁 많고 소심한 자이지만, 그를 앞으로 큰 용사로 만들어 사용하시겠다는 의미라고 해석할 수 있다.

그러나 필자는 큰 용사에 대한 다른 해석을 해 보려고 한다. 성경 전체에서, 특히 사사기에서 큰 용사는 하나님 한 분이시다. 사사기는 하나님을 스스로 세상의 큰 용사가 되어 스스로 구원자로 여기는 인간의 의와 교만을 박살내시는 분으로 묘사한다. 하나님은 '인간의 큰 용사 되기' 욕망을 부수는 분이시다.

> 그 때에 남은 귀인과 백성이 내려왔고 여호와께서 나를 위하여 용사를 치시려고 내려오셨도다 (사사기 5:13)

> 이 날에 베냐민 사람으로서 칼을 빼는 자가 엎드러진 것이 모두 이만 오천 명이니 다 용사였더라 (사사기 20:46)

> 용사의 활은 꺾이고 넘어진 자는 힘으로 띠를 띠도다 (사무엘상 2:4)

그러므로 하나님이 기드온에게 "큰 용사여"라고 부르신 것은 기드온 안에 자신도 모르게 숨겨져 있는 큰 용사 되기 욕망을 지적하신 것으로도 해석할 수 있다. 훗날 기드온이 자신이 마치 이스라엘의 왕이나 된 것처럼 교만의 죄를 범하는 것을 볼 때 이런 해석이 가능하다고 할 수 있다.

바알의 단을 부수는 자
하나님은 기드온에게 그 아비 집에 있는 바알과 아세라의 제단을 부수라고 명령하신다. 이에 기드온은 아비와 사람들이 두려워 밤에 몰래 가서 이 일을 행한다. 그래서 사람들은 그의 이름을 '바알과 싸우는 사람'이란 의미의 여룹바알이라고 지어준다.

시작은 좋았지만…
그는 처음에는 시작을 잘했다. 그를 스스로 낮게 여겼다.

그러나 기드온이 그에게 대답하되 오 주여 내가 무엇으로 이스라엘을 구원하리이까 보소서 나의 집은 므낫세 중에 극히 약하고 나는 내 아버지 집에서 가장 작은 자니이다 하니 (사사기 6:15)

하나님의 구원은 숫자에 있지 않다

여호와께서 기드온에게 이르시되 너를 따르는 백성이 너무 많은즉 내가 그들의 손에 미디안 사람을 넘겨 주지 아니하리니 이는 이스라엘이 나를 거슬러 스스로 자랑하기를 내 손이 나를 구원했다 할까 함이니라 (사사기 7:2)

기드온이 미디안과 싸우려고 하자 전국에서 3만 2천 명이 모였다. 그런데 하나님은 너무 많다고 하신다. 두려워 떠는 자를 돌려보내라고 하신다. 그랬더니 1만 명이 남았다. 하나님은 그것도 많다고 하신다. 왜냐하면 구원이 숫자에 달려 있다고 오해할 것을 염려하신 것이다.

무릎 꿇지 않는 300용사

하나님은 만 명 중에 무릎 꿇고 머리를 숙여 물을 마시는 자들을 돌려보내라고 하신다.

이에 백성을 인도하여 물 가에 내려가매 여호와께서 기드온에게 이르시되 누구든지 개가 핥는 것 같이 혀로 물을 핥는 자들을 너는 따로 세우고 또 누구든지 무릎을 꿇고 마시는 자들도 그와 같이 하라 하시더니 손으로 움켜 입에 대고 핥는 자의 수는 삼백 명이요 그 외의 백성은 다 무릎을 꿇고 물을 마신지라 여호와께서 기드온에게 이르시되 내가 이 물을 핥아 먹은 삼백 명으로 너희를 구원하며 미디안을 네 손에 넘겨 주리니 남은 백성은 각각 자기의 처소로 돌아갈 것이라 하시니 (사사기 7:5-7)

그랬더니 9천7백 명이 돌아가고 딱 3백 명이 남았다. 여기서 중요한 메시지가 있다. '무릎을 꿇지 않은 자 300명'이다. 이것은 어떤 의미일까?

첫 번째 해석은 이들을 긍정적으로 해석하여, 그 시대의 시대정신에 무릎을 꿇지 않고 하나님 앞에만 무릎을 꿇고 있는 자를 의미한다고 볼 수 있다. 두 번째 해석은 무릎을 꿇지 않고, 고개를 숙이지 않고 물을 먹은 300명을 부정적으로 해석하여 '겁이 많아서 마음 편히 물도 먹지 못하는 자들'로 볼 수도 있다. 이들이 손으로 물을 움켜 입에 대고 핥은 것은 적군이 두려워

물도 맘 편히 먹지 못한 자들임을 드러낸다. 이 두 번째 해석은 하나님이 하나님의 구원이 인간의 능력이나 숫자에 달려 있지 않다고 하신 맥락과도 일치한다.

여호와를 위하여, 기드온을 위하여

> 나와 나를 따르는 자가 다 나팔을 불거든 너희도 모든 진영 주위에서 나팔을 불며 이르기를 여호와를 위하라, 기드온을 위하라 하라 하니라 (사사기 7:18)

그는 나팔과 횃불과 항아리를 가지고 미디안에게 승리한다. 그리고 "여호와와 기드온의 칼이여"라고 외친다. 그러자 하나님은 놀란 미디안 군대가 자중지란이 일어나도록 해서 서로를 치게 하심으로 승리케 하신다.

여기에 중요한 메시지가 있다. 기드온이 300용사에게 외치라고 한 말이 문제다. 그는 여호와만을 위해서가 아니라 자기 자신(기드온)을 위해서 외치라고 했다. 이것이 바로 기드온의 본심이다. 여호와만을 위하지 않는다. 여호와도 위하지만, 자기 자신을 위하기도 한다.

기드온의 타락

- 에봇 제작

> 기드온이 그들에게 이르되 내가 너희를 다스리지 아니하겠고 나의 아들도 너희를 다스리지 아니할 것이요 여호와께서 너희를 다스리시리라 하니라 기드온이 또 그들에게 이르되 내가 너희에게 요청할 일이 있으니 너희는 각기 탈취한 귀고리를 내게 줄지니라 했으니 이는 그들이 이스마엘 사람들이므로 금 귀고리가 있었음이라 무리가 대답하되 우리가 즐거이 드리리이다 하고 겉옷을 펴고 각기 탈취한 귀고리를 그 가운데에 던지니 기드온이 요청한 금 귀고리의 무게가 금 천칠백 세겔이요 그 외에 또 초승달 장식들과 패물과 미디안 왕들이 입었던 자색 의복과 또 그 외에 그들의 낙타 목에 둘렀던 사슬이 있었더라 기드온이 그 금으로 에봇 하나를 만들어 자기의 성읍 오브라에 두었더니 온 이스라엘이 그것을 음란하게 위하므로 그것이 기드온과 그의 집에 올무가 되니라 (사사기 8:23-27)

전쟁이 끝난 후 사람들이 기드온을 왕으로 추대하지만, 기드온은 거부한다. 처음에는 높아진 인기와 명성에 비례하여 겸손한 것처럼 보였다. 그런데 아니다. 나중에 그의 실제 속마음이 여실히 드러난다. 그는 많은 사람의 금과 은을 받아서 에봇을 제작한다. 에봇은 대제사장이 입는 옷인데 자기가 대제사장이나 왕처럼 제작해서 입는다.

- **70명의 아들과 서자 아비멜렉**

그리고 수많은 아내를 두고 무려 70명이나 되는 자녀들을 낳는다. 또한 첩을 통해 나머지 한 아들을 낳는데 그가 바로 '아비멜렉'이다. 그의 이름 속에 기드온의 속마음이 드러난다. 아브(אֲבִי)는 '나의 아버지'란 뜻이고 멜렉(מֶלֶךְ)은 '왕'이란 뜻이다. 즉, '나의 아버지는 왕이시다'라는 것이다. 기드온이 서자에게 지어준 이름이 '나의 아버지는 왕이다'라는 뜻으로 기드온 자신이 곧 왕이라는 뜻을 내보인 것이다.

겉으로는 왕의 자리를 거부한 척했지만, 속마음은 에봇을 제작하는 것에 이미 드러났다. 또 마지막 71번째 아들의 이름을 아비멜렉으로 짓는 것을 통해서 왕권을 탐하고 있음을 알 수 있다. 기드온이 자기 부인의 싸움에 실패하고 있다. 기드온의 급격한 실패 때문에 그다음에 나오는 사사들이라든지 민족적 분열이라든지 전쟁은 기드온 타락과 맞물려서 급격하게 진행된다.

- **아비멜렉**

아비멜렉은 기드온의 서자로서 71번째 아들이다. 그는 세겜 사람들과 결탁하여 은 70개를 받고 동네의 불량배들을 사서 오브라에 있는 아버지의 70명의 아들을 한 바위에서 모두 살해했다. 이때 유일하게 살아남은 기드온의 막내 요담은 세겜 사람들에게 비유를 들어 아비벨렉의 야망과 폭정을 경고한다(감람나무, 무화과나무, 포도나무, 가시나무).

아비멜렉이 이스라엘을 다스린 지 3년에 하나님이 아비멜렉과 세겜 사람들 사이에 악한 영을 보내시자 세겜 사람들이 아비멜렉을 배반하고 아비멜렉은 세겜 성의 사람들을 죽였다. 데베스로 도망간 사람들을 좇아가는 도중 한 여인이 맷돌 위짝을 아비멜렉의 머리 위에 던져서 아비멜렉은 두개골이 깨져 죽었다. 이는 아비멜렉이 형제 70명을 죽인 것에 대한 하나님의 보응이었다.

> 아비멜렉이 그의 형제 칠십 명을 죽여 자기 아버지에게 행한 악행을 하나님이 이같이 갚으셨고 (사사기 9:56)

돌라

아비멜렉의 뒤를 이어서 잇사갈 사람 도도의 손자 부아의 아들 돌라가 일어나서 이스라엘을 구원하니라 그가 에브라임 산지 사밀에 거주하면서 (사사기 10:1)

여섯 번째 사사인 돌라(תּוֹלָע; 벌레, 지렁이)가 일어나 이스라엘을 구원하고 23년을 이스라엘을 다스렸다.

야일

그 후에 길르앗 사람 야일이 일어나서 이십이 년 동안 이스라엘의 사사가 되니라 그에게 아들 삼십명이 있어 어린 나귀 삼십을 탔고 성읍 삼십을 가졌는데 그 성읍들은 길르앗 땅에 있고 오늘까지 하봇야일이라 부르더라 야일이 죽으매 가몬에 장사되었더라 (사사기 10:3-5)

일곱 번째 사사인 야일(יָאִיר; 빛을 밝힘)은 22년을 다스렸는데, 그는 30명의 아들과 어린 나귀 30마리, 30곳의 성읍을 소유했다. 비록 짧은 기록이지만, 사사기 저자는 그가 마치 이스라엘의 왕 같은 삶을 살았다는 다소 부정적인 메시지를 전달한다.

입다

이스라엘 자손이 다시 여호와의 목전에 악을 행하여 바알들과 아스다롯과 아람의 신들과 시돈의 신들과 모압의 신들과 암몬 자손의 신들과 블레셋 사람들의 신들을 섬기고 여호와를 버리고 그를 섬기지 아니하므로 여호와께서 이스라엘에게 진노하사 블레셋 사람들의 손과 암몬 자손의 손에 그들을 파시매 (사사기 10:6-7)

이스라엘 자손들은 더욱더 우상 숭배에 깊이 빠져들었고, 하나님은 블레셋과 암몬 족속의 손에 18년간을 이스라엘을 파셨다. 그러자 그들은 하나님께 부르짖었다. 그러나 하나님은 그들의 기도를 듣지 않으셨다. 왜냐면 그들의 부르짖음은 거짓 회개였기 때문이다.

가서 너희가 택한 신들에게 부르짖어 너희의 환난 때에 그들이 너희를 구원하게 하라 하신지라 이스라엘 자손이 여호와께 여쭈되 우리가 범죄했사오니 주께서 보시기에 좋은 대로 우리에게 행하시려니와 오직 주께 구하옵나니 오늘 우리를 건져내옵소서 하고 자기 가운데에서 이방 신들을 제하여 버리고 여호와를 섬기매 여호와께서 이스라엘의 곤고로 말미암아 마음에 근심하시니라 (사사기 10:14-16)

그러나 하나님은 당신의 백성들의 곤고로 말미암아 근심하셨다. 그리고 기생의 아들이며, 불량배인 입다(יִפְתָּח; 그가 연다)에게 하나님의 영을 부으셔서 이스라엘을 구원하게 하셨다.

길르앗 사람 입다는 큰 용사였으니 기생이 길르앗에게서 낳은 아들이었고 (사사기 11:1)

이에 여호와의 영이 입다에게 임하시니 입다가 길르앗과 므낫세를 지나서 길르앗의 미스베에 이르고 길르앗의 미스베에서부터 암몬 자손에게로 나아갈 때에 (사사기 11:29)

입다는 하나님이 자기에게 승리를 주시면 돌아올 때 만나는 첫 사람을 제물로 드리겠다고 했다.

그가 여호와께 서원하여 이르되 주께서 과연 암몬 자손을 내 손에 넘겨 주시면 내가 암몬 자손에게서 평안히 돌아올 때에 누구든지 내 집 문에서 나와서 나를 영접하는 그는 여호와께 돌릴 것이니 내가 그를 번제물로 드리겠나이다 하니라 (사사기 11:30-31)

그런데 개선 행렬에서 첫 번째로 만난 사람이 자기 딸이다. 이게 왜 중요하냐면 그 당시에 사람을 제물로 받는 신은 몰렉이다. 암몬이라는 나라가 몰렉을 섬기고 있는데, 이 암몬을 치러 가는 사사가 얼마나 이방 제사에 물들어 있었는지 하나님이 자신을 이기게 하면 하나님께 인신 제사를 드리겠다고 한다. 이것은 당시에 얼마나 많은 사람이 암몬의 우상에 물들어 있는지를 말하고 있다. 그런 사람도 하나님이 쓰셨다는 것이다.

입산

> 그 뒤를 이어 베들레헴의 입산이 이스라엘의 사사가 되었더라 그가 아들 삼십 명과 딸 삼십 명을 두었더니 그가 딸들을 밖으로 시집 보냈고 아들들을 위하여는 밖에서 여자 삼십 명을 데려왔더라 그가 이스라엘의 사사가 된 지 칠 년이라 (사사기 12:8-9)

아홉 번째 사사인 입산(אִבְצָן; 날렵)은 7년 동안 이스라엘을 다스리며 아들 30명과 딸 30명을 두었다.

엘론

> 그 뒤를 이어 스불론 사람 엘론이 이스라엘의 사사가 되어 십 년 동안 이스라엘을 다스렸더라 (사사기 12:11)

열 번째 사사인 엘론(אֵילוֹן; 어린 산양)은 10년 동안 이스라엘을 다스렸다.

압돈

> 그 뒤를 이어 비라돈 사람 힐렐의 아들 압돈이 이스라엘의 사사가 되었더라 그에게 아들 사십 명과 손자 삼십 명이 있어 어린 나귀 칠십 마리를 탔더라 압돈이 이스라엘의 사사가 된 지 팔 년이라 (사사기 12:13-14)

열한 번째 사사인 압돈(עַבְדּוֹן; 작은 종, 섬김)은 8년 동안 이스라엘을 다스리면서 아들 40명, 손자 30명, 어린 나귀 70마리를 소유했다.

삼손

> 이스라엘 자손이 다시 여호와의 목전에 악을 행했으므로 여호와께서 그들을 사십 년 동안 블레셋 사람의 손에 넘겨 주시니라 (사사기 13:1)

이스라엘이 다시 하나님께 악을 행하자 하나님은 그들을 40년간 블레셋 사람들의 손에 파셨다.

40년간 부르짖지도 않는 백성들

이스라엘 백성들은 40년간 블레셋의 압제를 받으면서도 하나님께 부르짖지 않는다. 이방 민족의 압제를 받으면서도 하나님께 부르짖지도 않는 것은 이번이 처음이다. 이스라엘 백성들이 하나님을 철저히 잊고 살고 있음을 의미한다.

나실인 삼손을 준비하시는 하나님

보라 네가 임신하여 아들을 낳으리니 그의 머리 위에 삭도를 대지 말라 이 아이는 태에서 나옴으로부터 하나님께 바쳐진 나실인이 됨이라 그가 블레셋 사람의 손에서 이스라엘을 구원하기 시작하리라 하시니 (사사기 13:5)

하나님은 단 지파 사람이며, 불임 부부인 마노아와 그의 아내에게 아들을 주시고, 그의 아들을 나실인으로 구별하도록 명령하신다. 이 아들을 통해 이스라엘을 구원하실 것을 말씀하신다.

하나님의 영이 임한 삼손

소라와 에스다올 사이 마하네단에서 여호와의 영이 그를 움직이기 시작하셨더라 (사사기 13:25)

여호와의 영이 삼손에게 강하게 임하니 그가 손에 아무것도 없이 그 사자를 염소 새끼를 찢는 것 같이 찢었으나 그는 자기가 행한 일을 부모에게 알리지 아니했더라 (사사기 14:6)

여호와의 영이 삼손에게 갑자기 임하시매 삼손이 아스글론에 내려가서 그 곳 사람 삼십 명을 쳐죽이고 노략하여 수수께끼 푼 자들에게 옷을 주고 심히 노하여 그의 아버지의 집으로 올라갔고 (사사기 14:19)

삼손이 레히에 이르매 블레셋 사람들이 그에게로 마주 나가며 소리 지를 때 여호와의 영이 삼손에게 갑자기 임하시매 그의 팔 위의 밧줄이 불탄 삼과 같이 그의 결박되었던 손에서 떨어진지라 (사사기 15:14)

육신의 정욕을 이기지 못한 삼손

삼손(שִׁמְשׁוֹן; 작은 태양)은 평생이 바쳐진 나실인으로 다른 사사들보다 더 큰 성령의 능력이 임한 자이지만, 육신의 정욕을 이기지 못해서 실패한 사사이다. 그는 육신의 정욕에 약하여 하나님의 능력과 사명을 잊어버렸다. 삼손 이야기에 나오는 여자는 3명이다(딤나 여인, 가사의 기생, 들릴라). 재미있는 것은 그가 동침했던 많은 여인 중 들릴라라는 여자의 이름은 '힘을 약화시키다'라는 뜻이다. 하나님이 주신 성령의 능력, 거룩의 능력을 약화시키는 세력이 바로 들릴라다.

죽은 사자의 몸에서 꿀을 먹다

삼손이 그의 부모와 함께 딤나에 내려가 딤나의 포도원에 이른즉 젊은 사자가 그를 보고 소리 지르는지라 여호와의 영이 삼손에게 강하게 임하니 그가 손에 아무것도 없이 그 사자를 염소 새끼를 찢는 것 같이 찢었으나 그는 자기가 행한 일을 부모에게 알리지 아니했더라 그가 내려가서 그 여자와 말하니 그 여자가 삼손의 눈에 들었더라 얼마 후에 삼손이 그 여자를 맞이하려고 다시 가다가 돌이켜 그 사자의 주검을 본즉 사자의 몸에 벌 떼와 꿀이 있는지라 (사사기 14:5-8)

수수께기와 블레셋 30명을 죽임

삼손이 그들에게 이르되 먹는 자에게서 먹는 것이 나오고 강한 자에게서 단 것이 나왔느니라 하니라 그들이 사흘이 되도록 수수께끼를 풀지 못했더라 (사사기 14:14)

여호와의 영이 삼손에게 갑자기 임하시매 삼손이 아스글론에 내려가서 그 곳 사람 삼십 명을 쳐죽이고 노략하여 수수께끼 푼 자들에게 옷을 주고 심히 노하여 그의 아버지의 집으로 올라갔고 (사사기 14:19)

여우 300마리와 홰

홰에 불을 붙이고 그것을 블레셋 사람들의 곡식 밭으로 몰아 들여서 곡식 단과 아직 베지 아니한 곡식과 포도원과 감람나무들을 사른지라 블레셋 사람들이 이르되 누가 이 일을 행했느냐 하니 사람들이 대답하되 딤나 사람의 사위 삼손이니 장인이 삼손의 아내를 빼앗아 그의 친구에게 준 까닭이라 했더라 블레셋 사람들이 올라가서 그 여인과 그의 아버지를 불사르니라 (사사기 15:5-6)

블레셋을 침: 엔학고레

이에 블레셋 사람들이 올라와 유다에 진을 치고 레히에 가득한지라 유다 사람들이 이르되 너희가 어찌하여 올라와서 우리를 치느냐 그들이 대답하되 우리가 올라온 것은 삼손을 결박하여 그가 우리에게 행한 대로 그에게 행하려 함이로라 하는지라 유다 사람 삼천 명이 에담 바위 틈에 내려가서 삼손에게 이르되 너는 블레셋 사람이 우리를 다스리는 줄을 알지 못하느냐 네가 어찌하여 우리에게 이같이 행했느냐 하니 삼손이 그들에게 이르되 그들이 내게 행한 대로 나도 그들에게 행했노라 하니라 (사사기 15:9-11)

이르되 나귀의 턱뼈로 한 더미, 두 더미를 쌓았음이여 나귀의 턱뼈로 내가 천 명을 죽였도다 하니라 그가 말을 마치고 턱뼈를 자기 손에서 내던지고 그 곳을 라맛 레히라 이름했더라 삼손이 심히 목이 말라 여호와께 부르짖어 이르되 주께서 종의 손을 통하여 이 큰 구원을 베푸셨사오나 내가 이제 목말라 죽어서 할례 받지 못한 자들의 손에 떨어지겠나이다 하니 하나님이 레히에서 한 우묵한 곳을 터뜨리시니 거기서 물이 솟아나오는지라 삼손이 그것을 마시고 정신이 회복되어 소생하니 그러므로 그 샘 이름을 엔학고레라 불렀으며 그 샘이 오늘까지 레히에 있더라 (사사기 15:16-19)

소렉의 들릴라를 사랑함

이 후에 삼손이 소렉 골짜기의 들릴라라 이름하는 여인을 사랑하매 (사사기 16:4)

들릴라가 삼손에게 이르되 당신의 마음이 내게 있지 아니하면서 당신이 어찌 나를 사랑한다 하느냐 당신이 이로써 세 번이나 나를 희롱하고 당신의 큰 힘이 무엇으로 말미암아 생기는지를 내게 말하지 아니했도다 하며 날마다 그 말로 그를 재촉하여 조르매 삼손의 마음이 번뇌하여 죽을 지경이라 (사사기 16:15-16)

머리털에 담긴 의미

삼손이 진심을 드러내어 그에게 이르되 내 머리 위에는 삭도를 대지 아니했나니 이는 내가 모태에서 부터 하나님의 나실인이 되었음이라 만일 내 머리가 밀리면 내 힘이 내게서 떠나고 나는 약해져서 다른 사람과 같으리라 하니라 (사사기 16:17)

삼손의 능력은 머리털에서 나온다. 이 말은 머리털에 무슨 신비한 능력이 있다는 것이 아니라 그가 나실인의 삶의 상징인 삭도를 대지 않는 구별된 삶, 거룩한 삶에 부으신 하나님의 능력인 것이다. 거룩의 능력을 머리털로 상징한 것이다.

두 눈이 뽑힌 삼손

블레셋 사람들이 그를 붙잡아 그의 눈을 빼고 끌고 가사에 내려가 놋 줄로 매고 그에게 옥에서 맷돌을 돌리게 했더라 (사사기 16:21)

삼손이 블레셋에 끌려갈 때 두 눈이 뽑혔다. 제가 성경은 통일성이 있다고 확신하는 이유가 있는데 남유다에 마지막 20대 왕인 시드기야가 나중에 바벨론에 끌려갈 때 두 눈이 뽑혀 갔다. 마지막 사사인 삼손도 세상 헛된 것을 보고, 정욕을 추구하며 세상을 바라봤던 두 눈이 뽑혔다. 남유다의 마지막 왕인 시드기야도 하나님 바라보지 않고 세상을 바라보던 두 눈이 뽑힌다. 그래서 사사기의 마지막 사사 삼손의 두 눈이 뽑힌 것은 시드기야가 두 눈이 뽑혀 나라가 멸망할 것에 대한 복선으로 볼 수 있다.

삼손	시드기야
두 눈 뽑힘(블레셋)	두 눈 뽑힘(바벨론)
마지막 사사	마지막 왕
회복	회복
	· 이스라엘의 회복 예표

죽을 때 죽인 수가 살아 있을 때 죽인 수보다 더 많았더라

삼손이 여호와께 부르짖어 이르되 주 여호와여 구하옵나니 나를 생각하옵소서 하나님이여 구하옵
나니 이번만 나를 강하게 하사 나의 두 눈을 뺀 블레셋 사람에게 원수를 단번에 갚게 하옵소서 하고
(사사기 16:28)

삼손이 이르되 블레셋 사람과 함께 죽기를 원하노라 하고 힘을 다하여 몸을 굽히매 그 집이 곧 무너
져 그 안에 있는 모든 방백들과 온 백성에게 덮이니 삼손이 죽을 때에 죽인 자가 살았을 때에 죽인 자
보다 더욱 많았더라 (사사기 16:30)

성경은 삼손의 죽음과 관련하여 너무 재미있는 표현을 하는데, "삼손이 살아 있을 때 죽인
사람보다 죽을 때 죽인 사람이 훨씬 많았다"라고 한다. 그렇다. 내가 뭔가를 해 보겠다고 내 힘
이 살아 있을 때는 하나님이 하실 일이 없다. 내가 하나님 안에서 죽고 사라질 때 하나님이 하
실 일이 훨씬 많은 것이다.

묵상과 삶의 적용

육신의 정욕을 다스리지 않은 능력은 위험하다

삼손은 12명의 사사 가운데 가장 큰 능력을 받은 자다. 그러나 그는 육신의 정욕을 다스리지 못해 하나님
이 주신 능력을 빼앗기기도 했다. 능력이 아무리 많아도 육신의 정욕, 이생의 자랑, 안목의 정욕을 다스리
지 않으면 한 순간에 무너지게 된다. 수많은 사람들이 능력을 구하지만 정작 구하여야 될 자아의 죽음을
구하는 일에는 소홀히 한다. 정말 우리가 구하여야 할 것은 능력이 아니라 십자가의 죽음이다.

4. 결론: 자기의 소견에 옳은 대로 행했더라

미가의 신상

미가의 신상 이야기에서 미가의 집에서 은 천 세겔을 도둑맞았는데 알고 보니 그 집 아들이 훔쳐 간 것이었다. 그 어머니는 아들을 혼내지 않고 오히려 200개의 은을 가지고 신상을 만든다. 그리고 그 신상에 제사를 드리기 위해 떠돌고 있던 한 레위 제사장을 불러 제사를 드린다. 이 사람이 바로 모세의 친손자 요나단이다.

> 단 자손이 자기들을 위하여 그 새긴 신상을 세웠고 모세의 손자요 게르솜의 아들인 요나단과 그의 자손은 단 지파의 제사장이 되어 그 땅 백성이 사로잡히는 날까지 이르렀더라 (사사기 18:30)

모세의 손자가 우상을 숭배하는 집안에 제사장으로 녹을 받아먹고 있었던 것이다.

묵상과 삶의 적용

다음 세대를 살리지 않으면 미래가 없다

미가의 집에 우상 숭배 제사를 집도했던 제사장은 바로 모세의 손자 요나단이다. 위대한 하나님의 종 모세의 손자가 우상 제사를 인도하고 있다. 참으로 안타깝다. 모세가 죽은 후 2대 만에 이 가문이 이토록 영적으로 타락할 수 있다는 것이 믿어지지 않는다. 모세가 아무리 신실한 종이라고 해도 다음 세대에 여호와 신앙이 전수되지 않았다. 그렇다. 이 나라의 미래와 우리 교회의 미래인 다음 세대를 말씀으로 세우지 않으면 우리에게도 제2, 제3의 요나단이 나오게 된다. 정신을 바짝 차려야 한다. 다음 세대에 목숨을 걸어야 한다. 그래야 이 나라가, 우리의 교회가 유럽과 같은 영적 황폐화의 길을 걷지 않게 될 것이다.

단 지파의 기업 포기와 우상 숭배

단 지파가 자기의 기업을 포기하고 위쪽으로 올라간다. 단 지파가 왜 기업을 포기했을까?

단 지파가 제비 뽑아 얻은 땅은 남쪽 지방으로 블레셋과 접경 지역이다. 블레셋은 그 당시에 가장 최고의 싸움 잘하는 민족이었다. 호전적인 민족인 이 블레셋과 싸울 자신이 없으니까 하나님이 허락한 기업을 버리고 북쪽 '라이스' 지방의 약한 족속을 내쫓고 제일 북쪽에 자리를 잡는다. 그래서 열왕기에 보면 북이스라엘의 영토, 단에서부터 브엘세바까지라고 합니다. 그래서 단이 제일 위쪽에 자리 잡는다.

하나님이 주신 사명을 버리면

단 지파는 제비 뽑아 받은 땅을 현실적인 이유로 버리고 북쪽으로 가버린다. 또한 단 지파는 북쪽 라이스로 이동할 때에 미가의 집에 있던 신상을 취하고 미가 집안의 제사장을 끌고 가서 라이스에서 우상 숭배를 한다. 후에 요한계시록 7장을 보면 단 지파가 빠져 있는데 우상 숭배자는 천국에 들어갈 수 없는 것이다. 하나님이 주신 사명, 기업을 버린 자는 하나님께서 심판하신다. 실제로 주전 722년에 앗수르가 침략할 때 제일 먼저 멸망한 지파가 단 지파다.

베냐민 지파와 지파 연합군과의 전쟁

> 이스라엘에 왕이 없을 그 때에 에브라임 산지 구석에 거류하는 어떤 레위 사람이 유다 베들레헴에서 첩을 맞이했더니 그 첩이 행음하고 남편을 떠나 유다 베들레헴 그의 아버지의 집에 돌아가서 거기서 넉 달 동안을 지내매 (사사기 19:1-2)

사사기 끝부분에는 민족 간의 전쟁이 소개되고 있다. 베냐민 지파와 나머지 지파 간의 전쟁으로 말미암아 베냐민 지파가 멸절될 위기까지 가게 된 전쟁으로 일의 발단은 결국 영적 타락이다.

베들레헴 출신의 한 제사장에게 첩이 있었는데 이것은 그 시대의 영적·도덕적 타락이 얼마나 심각했는지 보여주고 있다. 어느 날 그 첩이 집을 나가 돌아오지 않자 찾으러 나가서 돌아오는 길에 베냐민 지파의 남자들에 의해 첩은 강간을 당하고 죽게 된다. 화가 난 제사장은 첩의 시신을 토막 내 모든 지파에게 보내게 되고 실상을 알게 된 유다 지파를 비롯한 나머지 지파들이 베냐민 지파와 전쟁을 벌이게 된 것이다.

> 이에 모든 이스라엘 자손이 단에서부터 브엘세바까지와 길르앗 땅에서 나와서 그 회중이 일제히 미스바에서 여호와 앞에 모였으니 온 백성의 어른 곧 이스라엘 모든 지파의 어른들은 하나님 백성의 총회에 섰고 칼을 빼는 보병은 사십만 명이었으며 (사사기 20:1-2)

물론 베냐민 지파 가운데 불량자들의 잘못이다. 그러나 그 뿌리는 하나님의 목소리를 듣지 않고 자신을 왕 삼은 신앙의 타락과 제사장들과 백성들의 타락이 원인인 것이다. 이스라엘 10지파와 베냐민 지파와의 1차 전쟁은 베냐민 지파의 승리로 끝났고, 이때 연합군의 군사 2000명이 죽었다. 그리고 2차 전투에도 연합군은 패배했고, 18,000명이 죽었다. 그러나 3차 전투에는 연합군이 승리를 거두었다. 이때 베냐민 용사들 25,000명이 죽고 600명만 살아남게 된다.

베냐민 지파의 생존을 위한 고육책

> 이르되 이스라엘의 하나님 여호와여 어찌하여 이스라엘에 이런 일이 생겨서 오늘 이스라엘 중에 한 지파가 없어지게 하시나이까 하더니 (사사기 21:3)

> 그들이 야베스 길르앗 주민 중에서 젊은 처녀 사백 명을 얻었으니 이는 아직 남자와 동침한 일이 없어 남자를 알지 못하는 자라 그들을 실로 진영으로 데려오니 이 곳은 가나안 땅이더라 (사사기 21:12)

> 또 이르되 보라 벧엘 북쪽 르보나 남쪽 벧엘에서 세겜으로 올라가는 큰 길 동쪽 실로에 매년 여호와의 명절이 있도다 하고 베냐민 자손에게 명령하여 이르되 가서 포도원에 숨어 보다가 실로의 여자들이 춤을 추러 나오거든 너희는 포도원에서 나와서 실로의 딸 중에서 각각 하나를 붙들어 가지고 자기의 아내로 삼아 베냐민 땅으로 돌아가라 (사사기 21:19-21)

사사기의 영적 실패

하나님을 왕으로 인정치 않고, 자기 생각을 왕 삼는 시대

사사기의 영적 상태를 사사기 기자는 "이스라엘에 왕이 없으므로 자기 소견에 옳은 대로 행했더라"라고 묘사한다. 이 표현은 무려 4번이나 나온다(17, 18, 19, 21장). 이스라엘에는 분명 왕이 존재한다. 그 왕은 하나님이시다.

왕이신 하나님은 당신의 말씀으로 백성을 다스리신다. 그러나 하나님을 왕으로 인정하지 않으니까 자신의 소견에 따라 살아간다. 모두가 자기 마음대로 살았다. 그러니 당연히 하나님 나라가 무너지게 된 것이다.

왕이 없다는 것은 왕의 율법을 우습게 여겼다는 것이다

영이신 하나님은 당신의 왕권을 말씀을 통해 행사하신다. 하나님 나라의 통치 방식은 백성들이 왕의 말씀에 기쁨과 자원함으로 사랑과 순종을 드릴 때 복이 임하는 나라다. 하나님을 사랑하고 순종해야 함은 당연하다. 신명기에서 모세가 그토록 하나님을 사랑하고 그분의 말씀에 순종할 것을 촉구한 이유가 이것이다. 그런데 그 땅의 백성이 왕의 말씀을 거부하면 그 나라는 세워지지 않는 것이다.

사사시대의 영적 상태는 백성들이 왕의 말씀보다 자기의 생각에 더 큰 권위를 부여하고 자신의 기준을 절대화한 것이라고 할 수 있다. 저는 오늘날 포스트모더니즘의 정신과 사사기가 너무나 많이 닮아있다는 생각을 한다. 포스트모더니즘은 절대 진리를 부정하고 자기의 생각을 절대화하는 시대이기 때문이다.

사사들은 시대의 영웅들인가?

흔히 사사기에 나오는 12명의 사사들을 영웅으로 보려고 한다. 그런데 필자가 보기에 12명의 사사들은 신
앙의 영웅으로 보기에는 너무나 부족한 사람들이다. 장애인, 겁쟁이, 조폭, 정욕에 취약한 자들이었다. 그
런데 그들이 민족을 이방의 압제로부터 구원하는 도구로 쓰임 받은 비결은 무엇인가? 그것은 '하나님의
영'이다. 그들에게 '하나님의 영'이 임하자 그들은 다른 사람이 되었다. 우리도 마찬가지이다. 하나님의 영
이 임하면 다른 인생을 살 수 있다. 성령님을 구하자. 그래서 이 시대를 하나님께로 돌이키는 21세기의 사
사로 살아야 한다.

11장

룻기: 하나님 나라 백성의 자격

언약 붙드는 하나님의 새 백성

룻기는 본 백성 이스라엘이 하나님의 율법을 멸시하고 하나님께 등을 지고 가나안의 신들을 섬기고 있는 영적 타락의 상황에서(사사기), 본 백성이 아닌 모압의 여인이 하나님의 언약을 붙잡아 하나님의 백성이 되는 사건을 기록한다. 즉, 하나님의 본 백성은 하나님을 떠나고 있는데 오히려 언약에서 제외된 한 이방 여인이 하나님의 약속을 붙잡아 언약 백성이 됐다는 의도적인 대조이다.

하나님의 백성으로 본 구조

사사기(A)	룻기(B)	삼상~역대하(A')
본 백성의 타락	하나님 나라의 새 백성	본 백성의 타락

위 도표를 키아즘 구조로 보면 사사기가 A, 룻기는 B로, 사무엘상부터 역대하까지는 A'이다. 저는 이 배열이 의미하는 바가 있다고 생각한다. 정경학적으로는 양쪽에 사사기 하나님의 백성, 사무엘상 하나님의 백성 사이에 룻기가 배치되어 있다. 본 백성들은 하나님의 말씀을 버리고 타락하고 있는 이때 모압 여자인 이방 백성은 하나님의 말씀을 붙들어 하나님의 자녀가 되고 있다는 대칭 구조, 샌드위치 구조를 말하고 있다. 누가 하나님의 백성인가에 대한 질문에 혈통적으로 이스라엘로 태어난 것이 하나님의 백성이 아니라 구약시대 때도 유대인이든 이방인이든 하나님의 말씀을 붙잡는 자들이 하나님의 참 백성이라는 것을 이러한 구조가 보여주고 있다.

하나님의 본 백성인 이스라엘은 사사기와 사무엘상에서부터 역대하까지 하나님을 버리고 타락하고 있는 반면, 그 중앙에 한 이방 여인이 하나님의 약속을 붙들어 새로운 하나님의 백성이 된다.

마음에 할례를 받은 자가 진짜 하나님의 백성이다. 말씀을 붙들고 십자가의 은혜를 붙드는 자에게 하나님의 의가 선포되는 것이다. 마치 로마서 9~11장을 미리 보여주는 듯이 말이다. 예수 안에서는 유대인이든 이방인이든 더 이상 차별이 없이 한 새 사람으로 재창조되는 것이다.

언약적 심판으로서의 기근

룻 1장 1절에 보면 "그 땅에 기근이 있더라"라고 한다.

사사들이 치리하던 때에 그 땅에 흉년이 드니라 유다 베들레헴에 한 사람이 그의 아내와 두 아들을 데리고 모압 지방에 가서 거류했는데 (룻기 1:1)

이것은 자연적 기근이 아니라 사사기 마지막 절에 묘사된 백성의 영적 타락, 즉 하나님을 왕으로 인정하지 않고 자기의 소견에 옳은 대로 행한 것에 대한 결과다.

여호와께서 너희에게 진노하사 하늘을 닫아 비를 내리지 아니하여 땅이 소산을 내지 않게 하시므로 너희가 여호와께서 주신 아름다운 땅에서 속히 멸망할까 하노라 (신명기 11:17)

여호와께서 비 대신에 티끌과 모래를 네 땅에 내리시리니 그것들이 하늘에서 네 위에 내려 마침내 너를 멸하리라 (신명기 28:24)

신명기에서 말씀하신 언약적 징계다. 모세를 통해 하나님은 백성이 율법에 불순종할 때 징계하실 것을 예고하셨다. 그 징계 중의 하나가 기근이다. 아이러니한 것은 '떡집'이라는 이름을 가진 베들레헴에 떡이 없는 기근이 임했다는 것이다. 즉 땅의 기근이다.

룻기의 각장 주제

룻기 1장	룻기 2장	룻기 3장	룻기 4장
죽음	보아스의 사랑 룻의 언약 붙듦	결혼	생명

1장은 죽음장, 2장은 섭리장이라고 하며, 3장은 신부장, 4장은 결혼장 또는 생명장이다. 룻기는 죽음장에서 시작해서 결혼과 생명을 낳는 생명장으로 바뀌는 것으로 결말을 맺는다.

1. 죽음장(1장)

베들레헴을 떠나는 엘리멜렉과 나오미

베들레헴에 기근이 임하자 엘리멜렉과 나오미는 잠시 기근을 피하려고 이방 땅인 모압 땅에 간다. 기근의 원인이 무엇인지 하나님께 묻고 자신들의 죄악을 회개하려는 것이 아니라 그저 기근만 피해 보자는 생각인 것이다.

남편과 아들들의 죽음

나오미의 남편은 엘리멜렉인데, '하나님이 나의 왕이시다'라는 뜻이다. 그에게는 말론과 기론이라는 두 아들이 있었는데, 그들이 기근을 피해 잠시 머물렀던 모압 땅에서 남편과 두 아들을 잃게 되었다. 자신과 두 며느리 모두 과부가 된 것이다. 이 죽음에는 메시지가 있는데 아무리 어렵고 힘들더라도 하나님의 백성은 약속의 땅을 떠나서는 안 된다는 것이다. 아브라함도 창세기 12장, 약속의 땅에 기근이 오자 애굽으로 내려갔다가 아내를 빼앗길 뻔했던 위기를 겪었다.

묵상과 삶의 적용

고난의 때 하나님 자녀의 선택

나오미는 기근이 있자 약속의 땅을 잠시 떠난다. 아마 기근만 피하고 다시 올 생각이었을 것이다. 그러나 이 선택은 참혹했다. 그렇다. 하나님의 백성들은 아무리 고난의 시기를 보낸다고 해도 하나님을 떠나면 안 된다. 하나님 안에, 말씀 안에, 약속 안에, 기도의 자리에, 사명의 자리에 머물러 있어야 한다. 어렵다고 인간적인 방법을 찾는 것이 아니라 때가 되면 하나님께서 일하실 것을 믿고 기다려야 한다.

룻과 오르바의 선택

과부가 된 나오미는 이제 베들레헴으로 돌아갈 것을 결심하고 며느리인 오르바와 룻에게 선택의 자유를 준다. 오르바는 모압 땅에 머무르기로 결정하는데, 이것을 룻기 기자는 "오르바는 섬겼던 그모스 신에게 돌아갔다"라고 말한다. 그렇다. 단지 나라를 선택한 것이 아니라 하나님 인가 그모스인가를 선택했다는 것이다. 반면 룻은 비록 이방 여인이지만 시어머니 나오미를 통해 이스라엘의 하나님을 "나의 하나님"으로 고백하며 나오미를 따라 베들레헴으로 갔다.

> 그들이 소리를 높여 다시 울더니 오르바는 그의 시어머니에게 입 맞추되 룻은 그를 붙좇았더라 나오미가 또 이르되 보라 네 동서는 그의 백성과 그의 신들에게로 돌아가나니 너도 너의 동서를 따라 돌아가라 하니 룻이 이르되 내게 어머니를 떠나며 어머니를 따르지 말고 돌아가라 강권하지 마옵소서 어머니께서 가시는 곳에 나도 가고 어머니께서 머무시는 곳에서 나도 머물겠나이다 어머니의 백성이 나의 백성이 되고 어머니의 하나님이 나의 하나님이 되시리니 (룻기 1:14-16)

이것은 단지 시어머니에 대한 효도의 차원이 아닌 하나님을 왕으로 고백한 것이고, 그녀가 하나님의 백성이 되었다는 의미다.

나오미에서 마라

고행으로 돌아온 나오미는 이제 자신을 나오미(기쁨)라 부르지 말라고 한다. 마라(슬픔)라고 부르라고 한다. 그만큼 인생이 비참한 것이다. 하나님을 떠난 인생의 결국은 마라다.

회복을 준비하시는 하나님

> 나오미가 모압 지방에서 그의 며느리 모압 여인 룻과 함께 돌아왔는데 그들이 보리 추수 시작할 때에 베들레헴에 이르렀더라 (룻기 1:22)

다시 베들레헴으로 돌아온 나오미와 룻을 위해 하나님은 회복을 준비하셨다. 그들이 돌아온 시기가 보리 추수 때였다. 곡식 추수는 다 절기와 관계가 있는데 이때는 먹고살 수 없는 자들이 먹을 수 있는 시기의 절기이다. 왜냐면 하나님은 추수할 때에 가난한 자들이 먹을 수 있도록 이삭을 남겨놓으라고 명하셨기 때문이다.

네가 밭에서 곡식을 벨 때에 그 한 뭇을 밭에 잊어버렸거든 다시 가서 가져오지 말고 나그네와 고아와 과부를 위하여 남겨두라 그리하면 네 하나님 여호와께서 네 손으로 하는 모든 일에 복을 내리시리라 네가 네 감람나무를 떤 후에 그 가지를 다시 살피지 말고 그 남은 것은 객과 고아와 과부를 위하여 남겨두며 네가 네 포도원의 포도를 딴 후에 그 남은 것을 다시 따지 말고 객과 고아와 과부를 위하여 남겨두라 (신명기 24:19-21)

여호와 이레를 믿는가?

힘들다고 하나님을 떠나고 기도의 자리와 말씀의 자리와 사명의 자리를 떠나면 더 큰 고난과 아픔을 겪게 된다. 그러나 다시 돌아오면 회복이 있다. 내가 결단하고 돌아오면 보리 추수 시기를 하나님이 준비하신다. 회복의 길을 하나님이 미리 준비하신다는 것이다. 전심으로 하나님 앞에 돌아오기로 결단하면 회복은 하나님이 미리 준비하신다.

2. 섭리장(2장)

우연을 가장한 하나님의 필연적 섭리

나오미의 남편 엘리멜렉의 친족으로 유력한 자가 있으니 그의 이름은 보아스더라 모압 여인 룻이 나오미에게 이르되 원하건대 내가 밭으로 가서 내가 누구에게 은혜를 입으면 그를 따라서 이삭을 줍겠나이다 하니 나오미가 그에게 이르되 내 딸아 갈지어다 하매 룻이 가서 베는 자를 따라 밭에서 이삭을 줍는데 우연히 엘리멜렉의 친족 보아스에게 속한 밭에 이르렀더라 (룻기 2:1-3)

룻이 이삭을 줍기 위해 우연히 밭을 찾아 들어갔는데 그곳에 하나님의 섭리가 있었다. 하나님이 장차 룻의 남편이 될 보아스의 밭으로 인도하셨다. 그 많은 밭 중에 친족인 보아스의 밭으로 들어가게 된 것이 과연 우연일까? 아니면 우연을 가장한 하나님의 필연적 섭리일까?

하나님의 자녀에게는 우연이란 없다

룻이 보아스의 밭에 들어간 것이 결코 우연이 아니듯 거듭난 하나님 자녀의 삶에는 우연이란 없다. 그리스 도인에게는 하나님의 개입과 간섭이 있다. 하늘을 나는 새가 사람의 손에 의해 팔리는 것도 하나님의 허락 없이는 이루어지지 않는다고 예수님이 말씀하셨다. 우리의 삶 속에 일어나는 일 또한 하나님의 일하심이 있음을 깨달아 믿고 하나님을 더 의지하고 신뢰하는 삶을 살아가기를 바란다.

고엘 되시는 예수 그리스도

고엘의 의미

나오미는 보아스의 밭을 다녀온 룻에게 그는 '우리의 기업 무를 자'라는 것을 알려준다. 모세율법에는 고엘 제도가 있다. 고엘은 '기업을 무르는 자'란 뜻으로 예를 들어, 가까운 친족의 빚을 대신 갚아 주거나, 대신 복수해 주거나, 대신 땅을 되찾아주는 사람을 기업 무를 자인 고엘이라고 한다. 이 제도는 어떤 이유이든지 남의 종이 되어 살고 있는 친족들을 자유케 하고 그들의 신분을 회복케 하고자 하는 하나님의 사회적 공의의 한 측면이다. 또한 남편이 죽었으면 그 과부를 아내로 받아 아들을 낳게 하여 대를 이어가게 해 주는 역할도 했다.

고엘 제도는 진정한 고엘이신 예수 그리스도를 예표한다. 또한 예수 그리스도가 우리에게 주신 구원이 무엇인가를 드러낸다. 예수님은 십자가의 죽음으로 우리의 빚을 대 지불하셨다. 또 사탄에게 빼앗긴 우리의 삶을 되찾아오셨을 뿐만 아니라 부활하심으로 사망과 죄의 권세를 완전히 정복하셨다. 예수님은 우리에게 자신의 생명을 주신 완벽한 고엘이시다.

고엘이 될 자격

아무나 고엘이 되는 것이 아니라 여기에는 3대 조건이 있다. 첫째, 친족이어야 하고 둘째, 능력이 있어야 하고 셋째, 자원해야 한다. 예수님은 우리를 만드신 분이시고, 우리를 구원하시기에 조금도 부족함이 없는 전능자시며, 예수님은 우리를 위해 억지가 아닌 자원함과 기쁨으로 십자가를 진 분이시다. 우리의 고엘 되시기에 그 자격이 너무나 완벽하신 분이시다.

룻을 향한 보아스의 보호

여기를 떠나지 마라

보아스가 룻에게 이르되 내 딸아 들으라 이삭을 주우러 다른 밭으로 가지 말며 여기서 떠나지 말고 나의 소녀들과 함께 있으라 (룻기 2:8)

너를 건드리지 말라

그들이 베는 밭을 보고 그들을 따르라 내가 그 소년들에게 명령하여 너를 건드리지 말라 했느니라 목이 마르거든 그릇에 가서 소년들이 길어 온 것을 마실지니라 하는지라 (룻기 2:9)

배불리 먹임

식사할 때에 보아스가 룻에게 이르되 이리로 와서 떡을 먹으며 네 떡 조각을 초에 찍으라 하므로 룻이 곡식 베는 자 곁에 앉으니 그가 볶은 곡식을 주매 룻이 배불리 먹고 남았더라 (룻기 2:14)

곡식 다발에서 이삭을 조금씩 뽑아줌

또 그를 위하여 곡식 다발에서 조금씩 뽑아 버려서 그에게 줍게 하고 꾸짖지 말라 하니라 (룻기 2:16)

이삭을 시어머니에게 줌

그것을 가지고 성읍에 들어가서 시어머니에게 그 주운 것을 보이고 그가 배불리 먹고 남긴 것을 내어 시어머니에게 드리매 (룻기 2:18)

보아스를 향한 룻의 고백

룻이 엎드려 얼굴을 땅에 대고 절하며 그에게 이르되 나는 이방 여인이거늘 당신이 어찌하여 내게 은혜를 베푸시며 나를 돌보시나이까 하니 (룻기 2:10)

룻이 이르되 내 주여 내가 당신께 은혜 입기를 원하나이다 나는 당신의 하녀 중의 하나와도 같지 못하오나 당신이 이 하녀를 위로하시고 마음을 기쁘게 하는 말씀을 하셨나이다 하니라 (룻기 2:13)

룻에 대한 보아스의 칭찬과 다짐

- 여호와의 보상

  여호와께서 네가 행한 일에 보답하시기를 원하며 이스라엘의 하나님 여호와께서 그의 날개 아래에 보호를 받으러 온 네게 온전한 상 주시기를 원하노라 하는지라 (룻기 2:12)

- 젊은 자를 좇지 않았음, 처음보다 더 큰 인애

  그가 이르되 내 딸아 여호와께서 네게 복 주시기를 원하노라 네가 가난하건 부하건 젊은 자를 따르지 아니했으니 네가 베푼 인애가 처음보다 나중이 더하도다 (룻기 3:10)

보아스가 룻의 신앙과 삶을 칭찬한다. "네가 연소한 자를 좇아다니지 않았다"라는 것은 세상 유혹과 가치에 더럽혀지지 않아야 할 신부의 삶을 이야기하는 것이고, "네가 시어머니를 향한 이웃을 향한 사랑이 처음보다 훨씬 크다"라고 하는 것은 하나님과 이웃을 향한 사랑이 처음 사랑보다 더 큰 사랑으로 성숙되어야 함을 말씀한다. 세상을 탐하지 않고 처음 사랑보다 더 큰 사랑으로 신랑을 사랑하고 성도의 삶을 빗대어 말하고 있다.

- 빈손으로 시어머니에게 가지 마라

  이르되 그가 내게 이 보리를 여섯 번 되어 주며 이르기를 빈 손으로 네 시어머니에게 가지 말라 하더이다 하니라 (룻기 3:17)

- 일의 성취를 위해 쉬지 않는 보아스

  이에 시어머니가 이르되 내 딸아 이 사건이 어떻게 될지 알기까지 앉아 있으라 그 사람이 오늘 이 일을 성취하기 전에는 쉬지 아니하리라 하니라 (룻기 3:18)

  나는 시온의 의가 빛 같이, 예루살렘의 구원이 횃불 같이 나타나도록 시온을 위하여 잠잠하지 아니하며 예루살렘을 위하여 쉬지 아니할 것인즉 (이사야 62:1)

  예루살렘이여 내가 너의 성벽 위에 파수꾼을 세우고 그들로 하여금 주야로 계속 잠잠하지 않게 했느니라 너희 여호와로 기억하시게 하는 자들아 너희는 쉬지 말며 또 여호와께서 예루살렘을 세워 세상

에서 찬송을 받게 하시기까지 그로 쉬지 못하시게 하라 (이사야 62:6-7)

성숙해 가는 신부 룻

룻기 2장	룻기 3장
룻이 보아스의 선물을 구함	룻이 보아스 자체를 원함

룻기 2~3장에 룻이 보아스를 대하는 태도에 변화가 있음을 발견할 수 있다. 2장에서 룻은 보아스에게 떡과 물을 구했다. 보아스가 주는 외적인 선물을 구한 것이다. 하지만 3장에 들어오면 룻은 보아스가 주는 선물이 아니라 보아스 자체를 원하는 신부로 바뀌어 간다.

여호와 이레를 믿는가?

룻기 2~3장은 한 성도의 신앙의 여정이라고 볼 수 있다. 신앙이 미성숙할 때는 하나님이 내게 주시는 선물을 구하는 것도 당연하다. 그러나 신앙이 성숙하면 신부인 성도들은 신랑이 주는 선물을 구하는 것이 아니라 신랑 자체를 구하게 된다. 주의 손의 선물과 축복을 구하는 단계로부터 우리의 신앙이 시작하는 것은 당연하다. 그러나 예수님을 계속 좇으면서도 신앙이 깊어진다는 것은 그분의 선물이 아니라 그분 자신을 구하는 것이다. 나의 신앙은 지금 어떠한가?

3. 신부장(3장)

보아스는 기업 무를 자가 되어 달라는 룻의 간청을 허락한다. 그래서 3장에서는 룻이 보아스의 신부가 되기 위해 몇 가지를 준비한다. 첫째로 목욕을 하고, 둘째로 의복을 갈아입고, 셋째로 기름을 바른다. 목욕한다는 것은 신약적으로는 그리스도의 피로 씻기는 죄 용서를 말하는 것이고, 의복을 갈아입는 것은 예수님의 의의 세마포를 입혀 주시는 것을 상징한다. 기름을 바른다는 것은 성령의 기름을 부어주시는 것, 성령의 충만함을 입는 것이다.

4. 결혼장 또는 생명장(4장)

1순위자의 포기

보아스는 기업 무를 권리가 자신보다 우선한 사람에게 먼저 의사를 묻는다. 그런데 그는 이것을 포기하고 그러한 의미로 자신의 신을 벗어서 룻을 향한 자신의 고엘의 권리를 포기한다. 이 사람을 룻기의 저자는 "아무"라고 부르고 있다.

> 보아스가 성문으로 올라가서 거기 앉아 있더니 마침 보아스가 말하던 기업 무를 자가 지나가는지라 보아스가 그에게 이르되 아무개여 이리로 와서 앉으라 하니 그가 와서 앉으매 (룻기 4:1)

이것은 자신의 유익 때문에 다른 사람의 고난을 돌보지 않은 사람들에 대한 성경의 평가이다. 우리도 마찬가지다. 남을 위해 살고 다른 영혼들에 대한 사명을 저버린다면 우리도 그렇게 불릴 것이다.

다윗왕 출현 계보(4:18~22)

보아스와 룻이 결혼을 해서 낳은 후손들이 소개되는데 결국 다윗의 족보다. 이제부터 다윗을 등장시킬 수 있는 배경을 깔아 놓은 것이다.

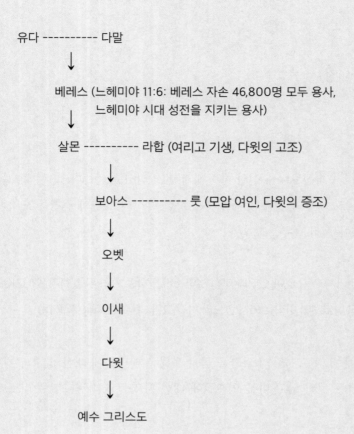

유다 ---------- 다말
  ↓
베레스 (느헤미야 11:6: 베레스 자손 46,800명 모두 용사,
       느헤미야 시대 성전을 지키는 용사)
  ↓
살몬 ---------- 라합 (여리고 기생, 다윗의 고조)
  ↓
보아스 ---------- 룻 (모압 여인, 다윗의 증조)
  ↓
오벳
  ↓
이새
  ↓
다윗
  ↓
예수 그리스도

12장

사무엘상~역대하 서론

하나님 나라의 대리 통치자인 왕의 자격과 사명은 무엇인가?

하나님 나라(이스라엘)의 진행 역사(왕과 성전)

왕의 자격 하나님 영광	왕의 사명 1 율법 순종, 공의	왕의 사명 2 예배 회복	성전 재건 신앙 부흥	성벽 재건 신앙 부흥	백성 보존 천하 만민 복
사무엘상하	열왕기상하	역대상하	에스라	느헤미야	에스더
엘가나와 한나	북왕국+남왕국	남유다	1차 귀환	3차 귀환	하만과 모르드개
⬇	⬇	⬇	스룹바벨	느헤미야	⬇
엘리 제사장	정치적 관점	다윗 왕조	성전 재건	성벽 재건	에스더 왕후
⬇	⬇	⬇	⬇	⬇	⬇
사무엘	솔로몬부터	신앙적 관점	사마리아인 방해	사마리아인 방해	죽으면 죽으리라
⬇	북: 19/0	⬇	⬇	⬇	⬇
사울(변심)	남: 20/8	족보: 아담부터	2차 귀환	신앙 개혁	하나님의 섭리
① 겸손	⬇	⬇	에스라	⬇	⬇
② 교만	왕의 사명 1	왕의 사명 2	말씀 연구, 가르침	타락	하만 처형
③ 심판	·공평과 정의로 백	·성전건축	신앙 개혁		⬇
⬇	성을 다스림	·예배 회복	⬇		부림절
다윗(전심)	·율법 순종	⬇	타락		⬇
① 카탄(말째)	·율법 가르침	다윗: 전쟁 사명			하나님의 백성을
② 하나님 영광	⬇	솔로몬: 성전			보존함
③ 넘어짐	다윗의 길	⬇			⬇
④ 회개	vs	다윗 : 역대상			유대인 되기를
⑤ 회복	여로보암의 길	솔로몬: 역대하			원하는 자
⬇	⬇				(에 8:16)
왕 자격	엘리야 엘리사				⬇
① 외모 X vs	·북왕국 멸망 →				하나님 백성의
중심 O	B.C 722 앗수르				선교적 삶
⬇	·남왕국 포로 →				
② 사람 영광 구함	B.C 586 바벨론				
vs					
하나님 영광 구함					

에스라(성전)

지성소

성전

백성

(에스더)

벽(느헤미야)

문

사무엘상~역대하 6권을 풀어가는 관점

하나님 나라의 3요소(왕, 땅, 백성) 중에서 왕 같은 제사장으로서 우리의 삶이 어떠해야 하냐를 사무엘상하, 열왕기상하, 역대상하를 통해서 살펴보고자 한다. 어떤 삶을 살아야 하나님이 기뻐하는 왕 같은 제사장의 사명을 감당할 수 있을지 보고자 한다.

사무엘상하

사무엘상하의 핵심 주제는 하나님 나라의 대리 통치자인 왕의 자격과 기준이 무엇인가에 관한 내용이다. 미리 말하자면, 하나님이 원하시는 왕은 사울처럼 사람의 영광을 구하는 자가 아니라 다윗처럼 하나님의 영광을 구하는 자다.

사무엘상하는 엘리 제사장, 사무엘 선지자, 사울과 다윗, 이 4명이 핵심 인물이다. 사울이 하나님보다 사람이 더 중요했던 왕이라면, 다윗은 사람보다 하나님이 더 중요한 자였다. 하나님이 당신의 나라의 상속자로 선택하시는 기준은 인간적인 탁월함이나 조건이 아니라 하나님 나라의 대리 통치자인 왕의 마음 중심이 하나님을 향해 있는가를 살피신다.

열왕기상하

열왕기상하의 핵심 주제도 하나님 나라의 대리 통치자인 왕의 사명이 무엇인가다. 미리 말하자면, 하나님 나라의 대리 통치자인 왕의 사명은 하나님의 율법을 준행하며, 백성들에게 의와 공의를 실현하는 것이다.

열왕기상하는 두 왕국과 39명의 왕에 대한 내용을 담고 있다. 솔로몬이 죽고 난 다음에 통일왕국이었던 나라가 북왕국 이스라엘과 남왕국 유다로 나뉘게 된다. 북왕국은 19명의 왕, 남왕국은 20명의 왕이 다스리게 되고 이 두 왕국의 멸망 과정을 기록하고 있다.

이 39명의 왕은 하나님의 평가를 받는다. 하나님 보시기에 선한 왕, 하나님 보시기에 악한 왕의 평가 기준은 '다윗의 길로 행했는가, 아니면 여로보암의 길로 행했는가'에 달려 있다. 다윗의 길이란 다윗처럼 전심으로 하나님을 사랑하고 그 율법을 지켜 행한 삶을 의미한다. 그러므로 열왕기상하의 핵심 주제는 '하나님 나라의 상속자인 왕이 하나님의 말씀을 지켜 다윗의 길로 행하는가'이다. 즉 하나님 나라의 상속자는 하나님의 말씀을 지키는 자이어야 한다.

역대상하

역대상하는 주로 남유다 왕국에 대해 썼다. 열왕기서가 북왕국 이스라엘과 남왕국 유다에 대한 정치적 관점과 선지자적 관점으로 쓰였다면, 역대상하는 남왕국 유다에 대한 신앙적 관점과 제사장적 관점으로 쓰인 것이다.

역대상하에 나타나는 핵심 주제는 하나님 나라의 상속자인 왕의 사명은 백성들의 신앙 부흥과 성전을 세우는 것이라는 것이다. 왕은 백성들이 성전에서 하나님과 만나서 하나님을 찬양하도록 이끄는 자로 백성들이 하나님의 말씀을 순종하며 살도록 인도하는 자이다.

사무엘상하, 열왕기상하, 역대상하 6권은 주로 왕에 관한 내용으로 여기에 나타난 왕의 사명은 백성에게 하나님이 누구인지 보이는 모델이다. 그가 먼저 하나님의 율법을 묵상하고 순종하여 사는 자이어야 한다. 신명기 17장에서 하나님이 왕에게 요구한 것이 바로 율법에 대한 순종이다. 왕은 하나님과 백성 사이에서 특권을 누리는 권력을 지닌 자가 아니라 백성의 대표로서, 중보자로서 하나님을 사랑하고 그 말씀을 지키는 모델로서의 삶을 살아가는 자이어야 한다.

그리고 하나님의 마음으로 백성을 다스리며 하나님의 공의가 무엇인지를 드러내야 하는 자이다. 사무엘상하, 열왕기상하, 역대상하에 나타난 왕의 사명은 공평과 정의로 백성과 땅을 다스리는 것이다. 가난한 자, 연약한 약자들을 착취하지 않고 그들을 보호하며 공평과 정의로 나라를 다스리는 사명을 받은 자들이다.

왕이 이러한 사명을 잘 감당하면 그 혜택을 온 백성이 누리는 것이고, 실패하여 하나님의 말씀을 멀리하고 불순종하고 그 결과, 공평과 정의를 버리고 착취와 억압으로 백성 위에 군림한다면 하나님의 진노와 저주로 인한 황폐화가 전 백성에게 미칠 것이라고 말한다.

왕은 백성을 다스리기 전에 하나님과의 관계에서 하나님의 생명을 받아 자신이 채우고 그것이 흘러넘쳐 백성들에게 하나님의 생명을 흘려보내는 자라는 것이다. 마치 예수님이 아버지와 깊은 생명의 교제 가운데 넘치는 그 생명을 우리에게 흘려보내신 것처럼 말이다.

주요 사건으로 본 사무엘상~역대하

사무엘상				사무엘하		열왕기상		열왕기하		역대상		역대하	
엘리	사무엘	사울	다윗	다윗 승리	다윗 실패	솔로몬	왕국 분열	북이스라엘 멸망	남유다 포로	유다 족보	다윗 업적	솔로몬 왕국 분열	남유다 포로

키아즘 구조로 본 사무엘상하[23]

A	서론	사무엘상 1-2:11	한나의 기도와 노래	
B	혼란한 정국 (왕정 이전)	사무엘상 2:12-7:17	2:12-3장	종교적 혼란 / 제사장 엘리 집 멸망
			4장-7:2	블레셋 전투와 법궤 수난과 귀환
			7:3-17	미스바 회개
X	사울	사무엘상 8-15장	왕 요구함	
			승리	
			범죄	
	갈등	사무엘상 16-31장	살해 음모	
			다윗 유랑	
			사울 몰락	
	다윗	사무엘하 1-10장	승리	
			법궤 성전	
			다윗 언약	
B'	혼란한 정국 (왕정 이후)	사무엘하 11-21장	11장	다윗의 범죄
			13-14장	암논의 근친상간과 압살롬 복수
			15-19장	압살롬 반역과 다윗의 복귀
			19:40-20장	북이스라엘의 내관과 세바의 반란
			21:1-22	3년 기근과 블레셋 전쟁
A'	결론	사무엘하 22-24장	다윗의 기도와 노래	

· 사무엘서는 아브라함에게 약속하셨던 하나님의 나라가 완성 단계로 가고 있음을 보여준

---

23 박근범, 『New 성경의 파노라마』(서울: 쿰란출판사, 2004년), 171.

다. 하나님은 이스라엘을 하나님 나라의 백성으로, 가나안을 하나님 나라의 영토로, 그리스도를 예표하는 다윗을 왕으로 등장시켜 비로소 하나님 나라의 3요소를 성취하심을 말한다.

· 사무엘상하의 시작과 끝(A와 A')이 기도와 찬송으로 싸고 있다. 사무엘서는 기도를 강조하는 기도의 신학으로 사무엘을 기도의 종으로 묘사한다. "기도하기를 쉬는 죄를 여호와 앞에 결단코 범하지 아니하고"(사무엘상 12:23)

· 두 노래의 공통점은 '기름부음 받은 왕을 통한 하나님 나라'를 강조한다. 기름부음 받은 자 다윗과 그 후손인 그리스도를 통한 하나님 나라를 강조하고 있다.

· B와 B'는 이스라엘의 혼란을 드러낸다. 누구든지 하나님께 불순종할 때 하나님의 심판과 징계가 있음을 분명히 밝히고 있다.

· 그러나 그 중심(X)에 다윗 언약이 등장한다. 인간의 불순종에도 하나님의 은혜가 하나님 백성들을 지키고, 하나님 나라를 그리스도를 통해 이루실 것을 나타낸다.

· 사무엘상 7장의 미스바 회개와 사무엘하 7장의 다윗 언약을 대조시켜 보여준다.

· 버림받은 사울과 선택된 다윗을 비교함으로써 이후 이스라엘의 왕들이 어떻게 하나님 나라를 섬겨야 할지를 보여준다. 또한 하나님 나라의 백성이자 이 땅의 대리 통치자인 우리 성도들이 어떻게 하나님 나라인 교회와 세상을 섬겨야 할지 교훈하고 있다.

13장

사무엘상: 하나님 나라 왕의 자세 1

중심인물로 본 사무엘상 구조

1~7장	8~15장	16~31장
엘리와 사무엘	사울	다윗

사무엘상하는 엘리 제사장, 사무엘, 사울, 다윗 이렇게 4명이 중심인물이라고 할 수 있다.

하나님이 기뻐하시는 왕에 대한 3대 기준

사무엘상하의 중심 주제는 하나님 나라의 대리 통치자인 인간 왕의 자세가 무엇인지를 가르치고 있다. 하나님이 기뻐하시는 왕은 첫째로 마음의 중심이 하나님께 드려진 자이며, 둘째로 하나님 말씀에 순종하는 자이며, 셋째로 사람의 영광이 아닌 하나님의 영광을 구하는 자다.

사울 왕	다윗 왕
외모	중심
불순종	순종
사람 영광	하나님 영광

엘리와 사무엘의 이야기(사무엘상 1~7장)

1. 제사장이 첩을 두고 있는 시대(1장)

> 에브라임 산지 라마다임소빔에 에브라임 사람 엘가나라 하는 사람이 있었으니 그는 여로함의 아들
> 이요 엘리후의 손자요 도후의 증손이요 숩의 현손이더라 (사무엘상 1:1)

에브라임 산지에 사는 엘가나라는 사람은 아내인 한나 외에 브닌나라는 여인을 첩으로 두고 있다. 그런데 이 엘가나는 에브라임 지파가 아니라 제사장 지파인 레위인이다.

> 사무엘은 엘가나의 아들이요 엘가나는 여로함의 아들이요 여로함은 엘리엘의 아들이요 엘리엘은
> 도아의 아들이요 (역대상 6:34)

제사장이 첩을 두고 있다는 사실은 시대가 얼마나 영적으로 어둡고 타락했는지를 드러낸다.

2. 한나의 기도

고난 중에 하는 기도

엘가나의 첩인 브닌나는 아들이 있었다. 그리고 그녀는 아들이 없는 엘가나의 본처인 한나

를 괴롭힌다. 그러자 한나는 그 괴로움으로 인하여 기도하러 여호와의 전으로 나아간다. 한나가 자식이 없었던 것은 여호와께서 그녀로 하여금 임신하지 못하도록 막으셨기 때문이다.

> 여호와께서 그에게 임신하지 못하게 하시므로 그의 적수인 브닌나가 그를 심히 격분하게 하여 괴롭게 하더라 (사무엘상 1:6)

고난은 우리를 기도하게 만든다

한나는 자식이 없는 설움 때문에 하나님께 기도하기 시작했다. 한나가 겪은 고난은 그녀로 하여금 하나님께 부르짖게 했다. 마찬가지로 우리가 겪는 고난은 견디기 어려운 과정이지만 우리로 하여금 기도하게 만든다. 고난 가운데 있다면 기도의 자리로 가라. 이미 와 기다리고 계시는 하나님을 만날 것이다.

하나님과 심정이 통한 한나

성경은 "한나가 심정이 통했더라"라고 표현하는데 누구와 통했다고 한 것일까? 하나님과 통했다는 것일 것이다. 과연 하나님의 마음은 어떠하셨기에 한나와 심정이 통했다는 것일까?

정답은 없다. 그러나 전후 사정을 보면 왜 두 분의 심정이 통했는지 알 수 있다. 한나는 아들이 없어서 고통을 당하고 있다. 이스라엘 여자에게 아들이 없다는 것은 미래가 없다는 뜻이다. 마찬가지로, 그 당시 이스라엘을 바라보시는 하나님의 눈에도 이 나라에 미래가 보이지 않는다. 이 시대는 하나님을 왕으로 대접하기를 거부하고 자신의 소견에 옳은 대로 사는 사사시대다. 하나님 입장에서도 하나님 나라를 맡길 만한 제대로 된 제사장이 없다. 대 제사장인 엘리는 눈이 어둡고 영적인 분별력을 상실했으며, 그의 아들인 홉니와 비느하스는 물질 탐욕과 성적 탐욕으로 이미 타락해 있었다. 그리고 제사장인 엘가나는 아무렇지도 않게 첩을 두고 살고 있었다. 이러니 하나님의 말씀의 비전이 희귀한 시대가 되었다. 하나님의 나라가 온전하게 서려면 하나님의 말씀을 맡은 종들이 온전히 세워져야 희망이 있는 것인데 아무리 봐도 이스라엘의 미래가 없어 보인 것이다.

이러한 때 한 여인이 자기 한과 상처 때문에 하나님께 나아왔다. 처음에는 자신의 한 때문에 기도했지만, 점점 기도가 깊어지면서 하나님은 당신의 마음을 한나에게 보여주셨다. "나도 너처럼 마음이 더 힘들다. 이 백성에게 미래가 있으려면 제사장들이 정신 차리고 하나님의 말씀을 받아서 전해야 하는데, 그럴 사람이 없구나. 그러니 네가 지금 미래가 없어서 우는 거처럼 나도 울고 싶다. 어쩜 너랑 나랑 심정이 똑같니?"라고 하신 것이다.

기도라는 게 그렇다. 처음에는 내 문제 때문에 기도했는데 깊이 들어가니까 하나님의 마음이 느껴지는 것이다. 그래서 한나도 자신의 한보다 하나님의 아픔이 더 크게 다가온 것이다. 어쩌면 하나님이 자신에게 주실 아들을 하나님께 나실인으로 바쳐 하나님의 한을 풀어드리려고 한 것인지도 모를 일이다.

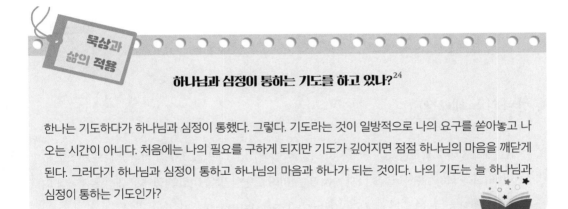

하나님과 심정이 통하는 기도를 하고 있나?[24]

한나는 기도하다가 하나님과 심정이 통했다. 그렇다. 기도라는 것이 일방적으로 나의 요구를 쏟아놓고 나오는 시간이 아니다. 처음에는 나의 필요를 구하게 되지만 기도가 깊어지면 점점 하나님의 마음을 깨닫게 된다. 그러다가 하나님과 심정이 통하고 하나님의 마음과 하나가 되는 것이다. 나의 기도는 늘 하나님과 심정이 통하는 기도인가?

3. 한나가 서원을 갚음

한나는 그녀의 아들 사무엘을 젖 떼기까지 양육한 후 그를 나실인으로 하나님께 드리게 된다. 그리고 자신이 하나님께 한 서원을 지킨다.

한나가 마음이 괴로워서 여호와께 기도하고 통곡하며 (사무엘상 1:10)

---

24 한나가 하나님과 심정이 통했다는 개념은 송태근 목사의 사무엘상 강해 설교에서 인사이트를 얻었다.

한나가 이르되 내 주여 당신의 사심으로 맹세하나이다 나는 여기서 내 주 당신 곁에 서서 여호와께
기도하던 여자라 이 아이를 위하여 내가 기도했더니 내가 구하여 기도한 바를 여호와께서 내게 허락
하신지라 (사무엘상 1:26-27)

내가 만일 한나였다면 나는 서원을 갚았을까?

한나는 사무엘을 성전에 드림으로 하나님께 한 그녀의 서원을 갚았다. 이 일이 쉬웠을까? 어렵게 얻은 아들
을 나실인으로 드리는 일에 조금도 망설임이 없었다. 사람은 화장실 들어갈 때와 나갈 때가 다르다. 만일 내
가 한나였다면 어떻게 했을까? 혹시 하나님께 한 서원이 있는가? 그리고 그 서원을 갚았는가?

4. 한나의 노래(2장)

여호와와 같이 거룩하신 이가 없으시니 이는 주 밖에 다른 이가 없고 우리 하나님 같은 반석도 없으
심이니이다 심히 교만한 말을 다시 하지 말 것이며 오만한 말을 너희의 입에서 내지 말지어다 여호
와는 지식의 하나님이시라 행동을 달아 보시느니라 (사무엘상 2:2-3)

여호와는 가난하게도 하시고 부하게도 하시며 낮추기도 하시고 높이기도 하시는도다 가난한 자를
진토에서 일으키시며 빈궁한 자를 거름더미에서 올리사 귀족들과 함께 앉게 하시며 영광의 자리를
차지하게 하시는도다 땅의 기둥들은 여호와의 것이라 여호와께서 세계를 그것들 위에 세우셨도다
(사무엘상 2:6-7)

한나는 자신의 기도를 응답하신 하나님께 노래를 지어 기도를 드린다. 그녀는 멸시당하는
자신을 높이신 하나님을 찬양한다. 하나님은 사람의 행동을 달아보시는 하나님이심을 말한
다. 그리고 하나님은 사람을 죽이기도 살리기도 하시고 스올에 내리시기도 올리시기도 하시
며, 가난하게도 부하게도 하시고 낮추시기도 높이시기도 하시는 분이시다.

5. 눈이 어두워진 엘리 대제사장(3장)

엘리의 눈이 점점 어두워 가서 잘 보지 못하는 그 때에 그가 자기 처소에 누웠고 (사무엘상 3:2)

당시 대제사장이었던 엘리는 눈이 어두웠다. 이것은 단순히 나이가 많아 노안이 왔다는 것이 아니다. 그의 영적인 눈과 분별력이 어두워져 있다는 것을 의미한다. 그의 아들 홉니와 비느하스가 성막에서 고기를 탐하고 여자를 탐해도 그냥 내버려 둔다. 그리고 하나님은 엘리에게 말씀을 전혀 하지 않으신다. 대제사장인데도 영적인 귀가 어두워 하나님은 그에게 말씀하실 수도, 말씀하고 싶지도 않으셨다. 그러니까 어린 사무엘에게 하나님은 나타나 음성을 들려주신다.

성경에서 눈이 어두워졌다는 것은 육신의 눈뿐만 아니라 하나님의 뜻을 읽어내는 눈이 어두워졌다는 것으로 보아야 한다. 이렇게 눈에 대한 모티브가 간간이 나오는데 사사기 중에 삼손이 두 눈이 뽑힌다. 남유다 백성의 마지막 왕인 시드기야가 두 눈이 뽑힌다. 그냥 어두워지고 뽑힌 것이 아니다. 하늘의 뜻을 보고 말씀을 봐야 할 눈이 세상을 향하면 어두워지게 되고 계속 그러면 뽑히는 것이 아닌가 싶다. 신약에 이르러 예수님이 마태복음에 오시어 그 눈을 밝힌다는 것이 연관되어 있다. 나의 영적인 눈은 어떠한가?

6. 물질 탐욕과 성적 타락에 빠진 엘리의 아들들(2장)

엘리의 아들들은 행실이 나빠 여호와를 알지 못하더라 (사무엘상 2:12)

엘리의 아들들인 홉니와 비느하스는 제사장으로서 여호와를 알지 못한 자들이었다. 그들은 사람들이 제사 드리러 가져오는 제물의 고기를 탐했고, 성막에서 수종 드는 여인들과 성적인 범죄를 저질렀다.

물질 탐욕과 성적 유혹에 목숨을 걸고 싸워야 한다

홉니와 비느하스가 하나님께 버림받은 것은 그들이 물질 탐욕과 성적 쾌락에 자신들을 내어주었기 때문이다. 이것은 오늘날에도 마찬가지이다. 목회자와 성도들이 가장 잘 빠지는 유혹이 물질과 성이다. 특히 목회자들은 이 두 가지와 목숨을 걸고 싸워야 한다. 이 싸움에 승리해야 하나님이 쓰실 수 있다. 나는 어떠한가? 나는 이 두 가지 죄악과 피 흘리기까지 싸우고 있는가?

너희가 죄와 싸우되 아직 피흘리기까지는 대항하지 아니하고 (히브리서 12:4)

7. 하나님의 말씀과 이상이 희귀한 시대(3장)

아이 사무엘이 엘리 앞에서 여호와를 섬길 때에는 여호와의 말씀이 희귀하여 이상이 흔히 보이지 않았더라 (사무엘상 3:1)

사무엘서 기자는 엘리 시대를 하나님의 말씀과 이상(חָזוֹן [하존]; 환상, 꿈)이 희귀한 시대라고 평가한다. 이 시대는 하나님의 말씀이 들리지 않고, 하나님이 주시는 환상과 꿈도 보이지 않는 시대였다. 왜일까? 하나님이 말씀을 안 하고 계시고, 당신의 뜻을 계시하지 않아서일까? 아니다. 하나님은 이 시대에도 당신의 뜻을 늘 보이시고, 당신의 음성을 늘 들려주고 계신데도 그것을 보고 들으려고 하는 사람도 없고, 그럴 수 있는 영적인 눈과 귀를 가진 자도 없는 것이다.

하나님은 당신의 이상을 보고 듣고 전할 사람을 늘 찾고 계신다. 지금 이 시대도 마찬가지다. 하나님의 이상이 희귀한 시대, 영적 기갈의 시대다. 아모스 선지자도 그 시대에 하나님의 말씀이 기갈을 경고했다.

주 여호와의 말씀이니라 보라 날이 이를지라 내가 기근을 땅에 보내리니 양식이 없어 주림이 아니며 물이 없어 갈함이 아니요 여호와의 말씀을 듣지 못한 기갈이라 (아모스 8:11)

홍수에 마실 물이 없다

오늘날의 전 세계 교회, 아니 한국 교회에는 기라성 같은 목회자들의 설교가 홍수처럼 넘쳐나고 있다. 맘만 먹으면 24시간 365일 설교를 들을 수 있다. 그러나 엘리 시대와 아모스 시대처럼 어쩌면 지금 이 시대도 하나님의 말씀과 이상이 희귀한 시대일 지도 모른다. 홍수에 마실 물이 없다는 말처럼, 수없이 쏟아지는 설교들 가운데 정말 하나님의 마음과 심정이 담긴 설교가 얼마나 있을까? 목회자뿐만 아니라 성도들은 한국 교회의 목회자들을 위해 목숨 걸고 기도해야 한다. 각 교회의 강단에서 하나님의 마음이 담긴 생명수 같은 말씀이 선포되도록 말이다.

8. 여호와의 등불을 지킨 사무엘

사무엘이 본격적으로 사역을 할 때 하나님은 "그의 말이 하나도 땅에 떨어지지 않게" 하셨다.

> 사무엘이 자라매 여호와께서 그와 함께 계셔서 그의 말이 하나도 땅에 떨어지지 않게 하시니 단에서부터 브엘세바까지의 온 이스라엘이 사무엘은 여호와의 선지자로 세우심을 입은 줄을 알았더라 (사무엘상 3:19-20)

왜 이런 축복이 사무엘에게 가능했을까? 그가 어렸을 때부터 늘 하나님의 등불 앞에 머물렀기 때문이다. 어린 사무엘은 늘 하나님의 등불 앞에 머물렀다.

> 하나님의 등불은 아직 꺼지지 아니했으며 사무엘은 하나님의 궤 있는 여호와의 전 안에 누웠더니 (사무엘상 3:3)

하나님의 등불은 성소 안에 있는 순금 등잔대를 말한다. 늘 하나님의 빛 아래에 머물렀다. 기도의 자리에 늘 있었다는 것이다. 그가 기도의 사람임을 말하는 것과 동시에 앞으로 해야 할 사명이 어두운 세상을 빛으로 밝혀야 함을 말하고 있다.

사무엘은 기도의 사람이었다

하나님의 이상이 희귀한 시대에 하나님은 어린 사무엘에게 나타나 말씀하셨다. 왜일까? 그는 어렸을 때부터 기도하는 사람이었기 때문이다. 그는 기도의 영성을 가진 자로 하나님의 등불 앞을 떠나지 않았다. 이 기도의 영성이 그를 하나님의 종으로 쓰임 받게 한 원동력이다. 우리도 기도의 영성을 가져야 한다. 하나님은 기도의 사람에게 하나님의 이상을 보여 주신다.

9. 블레셋과의 1~2차 전투(4장)

블레셋이 이스라엘을 침공하여 전투를 벌였고, 1차 전투에서 이스라엘은 패배하고 4천 명의 군사가 죽었다. 그래서 백성들은 실로에 있던 언약궤를 가지고 와서 블레셋과의 2차 전투를 벌였지만, 2차 전투에도 이스라엘은 대패했고, 4만의 군사가 죽었다. 그리고 언약궤는 블레셋의 아스돗에 있는 다곤 신전으로 빼앗기게 된다.

예수의 이름은 부적이 아니다

이스라엘 백성들은 하나님께 진정으로 회개하고 돌아올 마음이 없으면서 전투에 언약궤만 가지고 나가면 승리할 것으로 착각했다. 하나님의 언약궤는 부적이 아니다. 오늘날도 마찬가지다. 삶의 모든 죄악을 회개할 생각조차 없으면서 예수님의 이름을 부르며 기도 응답을 바라는 사람들이 너무나 많다. 이는 하나님의 이름을 망령되이 일컫는 죄다. 예수님의 이름은 부적이 아니다. 나는 어떠한가?

10. 다곤 신상을 무너뜨리신 하나님(5장)

다곤 신전의 다곤 신상 앞에 놓인 하나님의 언약궤는 다곤 신상을 무너뜨리신다. 이로써 하나님은 이방 신전에서 스스로 당신의 영광을 온 천하에 드러내신다. 다곤 신은 곡식과 농사의 신인데, 하나님은 사람들에게 곡식을 주는 신이 다곤이 아니라 여호와 하나님이심을 드러내신 것이다. 또한 하나님은 블레셋의 여러 도시에 독한 종기 재앙을 내리셔서 블레셋을 심판하신다. 그러자 블레셋 사람들은 여호와 하나님을 두려워하여 언약궤를 벧세메스로 옮기게 된다.

11. 아비나답의 집에 언약궤가 20년 동안 머물다(6장)

벧세메스 사람들이 여호와의 언약궤의 뚜껑을 열어본 죄로 인해 70명의 사람들이 죽임을 당한다. 하나님의 언약궤는 지극히 거룩한 것으로 사람들이 만질 수도 없는 것이었다. 그러자 사람들은 이 언약궤를 기럇여아림에 위치한 아비나답의 집으로 옮겼고, 이곳에서 언약궤는 20년 동안 머물게 된다.

12. 미스바의 회개(7장)

사무엘은 온 이스라엘 백성들을 미스바로 불러모아 회개를 요구한다. 사무엘은 백성들에게 하나님께 전심으로 돌아올 것과 이방신들을 그들의 삶에서 제거하라고 촉구한다. 이에 백성들은 그들이 여호와께 범죄했음을 회개하고 금식하며 기도한다.

> 사무엘이 이스라엘 온 족속에게 말하여 이르되 만일 너희가 전심으로 여호와께 돌아오려거든 이방 신들과 아스다롯을 너희 중에서 제거하고 너희 마음을 여호와께로 향하여 그만을 섬기라 그리하면 너희를 블레셋 사람의 손에서 건져내시리라 이에 이스라엘 자손이 바알들과 아스다롯을 제거하고 여호와만 섬기니라 사무엘이 이르되 온 이스라엘은 미스바로 모이라 내가 너희를 위하여 여호와께 기도하리라 하매 그들이 미스바에 모여 물을 길어 여호와 앞에 붓고 그 날 종일 금식하고 거기에서

이르되 우리가 여호와께 범죄했나이다 하니라 사무엘이 미스바에서 이스라엘 자손을 다스리니라
(사무엘상 7:3-6)

진짜 회개는 내 삶 속의 우상을 버리는 것이다

블레셋의 침략에 고통을 받고 있는 이스라엘 백성들이 이 위기를 벗어나기 위해 가장 먼저 해야 할 일은 이방 신들에 대한 우상 숭배를 회개하고 하나님께 전심으로 돌아오는 것이다. 그렇다. 진짜 회개는 내가 하나님보다 더 사랑하고 의지하는, 내 삶의 우상들을 과감히 제거하고 하나님만 의지하는 것이다. 오늘날 사람들은 회개의 메시지를 싫어한다. 그나마 회개한다고 하는 사람들조차도 삶의 회개가 아닌 입술만의 회개일 때가 많다. 나는 어떤가? 나는 진짜 회개를 하고 있는가?

13. 블레셋과의 3차 전투: 에벤에셀(7장)

하나님은 미스바의 회개를 받으시고 큰 우레를 내리셔서 블레셋을 물리치셨다. 이 승리 후에 사무엘은 돌단을 세우고 에벤에셀이라고 불렀다. 에벤에셀은 '하나님이 여기까지 도왔다'라는 뜻이다.

사무엘이 돌을 취하여 미스바와 센 사이에 세워 이르되 여호와께서 여기까지 우리를 도우셨다 하고 그 이름을 에벤에셀이라 하니라 (사무엘상 7:12)

그런데 에벤에셀(אבן העזר)을 히브리어로 분석하면 더 깊은 의미가 있다. 에벤(אבן)은 '돌'이란 뜻이다. 아버지를 뜻하는 아브(אב)와 아들을 뜻하는 벤(בן)을 합친 말이 에벤이다. 다시 말해 에벤은 '아버지의 아들'이다. 그리고 에제르(עזר)라는 말은 '돕다'라는 뜻이다. 그래서 이 단어들을 합쳐 보면 '아버지의 아들이 도우셨다'라는 의미이다. 신약적으로 적용해 보면 '뜨인 돌이신, 하나님 아버지의 아들이신 예수 그리스도가 도우신다'이다.

사울의 이야기(사무엘상 8~15장)

1. 사람 왕을 요구하는 백성들(8장)

사무엘이 늙게 되자 사무엘은 자신의 아들들을 사사로 세운다. 그런데 요엘과 아비야가 물질 탐욕으로 인해 재판을 굽게 하자 이스라엘 백성들은 사무엘에게 사람 왕을 요구한다. 왕이신 하나님이 이스라엘의 왕이심에도 불구하고 백성들은 블레셋과의 전쟁을 겪으면서 자신들에게도 눈에 보이는 강력한 왕이 있다면 자신들을 지켜 줄 수 있으리라 생각한 것이다. 눈에 보이지 않는 하나님을 왕으로 삼고 살기에는 불안했기에 뭐라도 눈에 보이는 것이 필요했다.

하나님은 사무엘에게 왕을 세우라고 하시면서 '이들이 너를 버린 것이 아니고 나를 버린 것이다'라고 말씀하신다.

> 우리에게 왕을 주어 우리를 다스리게 하라 했을 때에 사무엘이 그것을 기뻐하지 아니하여 여호와께 기도하매 여호와께서 사무엘에게 이르시되 백성이 네게 한 말을 다 들으라 이는 그들이 너를 버림이 아니요 나를 버려 자기들의 왕이 되지 못하게 함이니라 (사무엘상 8:6-7)

2. 사무엘의 고별 설교(12장)

물질을 탐하지 않았음

사람 왕을 요구하는 백성들에게 사무엘은 조금도 배신감이나 서운함을 드러내지 않는다. 사람들이 사무엘을 버린 것이 아니라 하나님을 버린 것이다. 사무엘은 그의 고별 설교에서 그가 평생의 사역 동안에 물질을 탐하지 않았음을 말한다.

> 내가 여기 있나니 여호와 앞과 그의 기름 부음을 받은 자 앞에서 내게 대하여 증언하라 내가 누구의 소를 빼앗았느냐 누구의 나귀를 빼앗았느냐 누구를 속였느냐 누구를 압제했느냐 내 눈을 흐리게 하는 뇌물을 누구의 손에서 받았느냐 그리했으면 내가 그것을 너희에게 갚으리라 하니 (사무엘상 12:3)

기도하기를 쉬는 죄를 범하지 않을 것

사무엘은 자신이 은퇴 후에도 이스라엘을 위한 기도를 결코 쉬지 않을 것임을 선포한다. 그는 기도하기를 쉬는 것을 중대한 죄라고까지 말한다.

> 나는 너희를 위하여 기도하기를 쉬는 죄를 여호와 앞에 결단코 범하지 아니하고 선하고 의로운 길을 너희에게 가르칠 것인즉 (사무엘상 12:23)

오직 여호와만 섬기라

사무엘은 백성들에게 그들이 마음을 다하여 오직 여호와 하나님만을 진실히 섬길 것을 촉구하고, 그렇지 않고 그들이 악을 행하면 그들이 왕과 함께 멸망을 받을 것을 경고한다.

> 너희는 여호와께서 너희를 위하여 행하신 그 큰 일을 생각하여 오직 그를 경외하며 너희의 마음을 다하여 진실히 섬기라 만일 너희가 여전히 악을 행하면 너희와 너희 왕이 다 멸망하리라 (사무엘상 12:24-25)

3. 라마 나욧에서의 사무엘의 사역

사무엘 선지자는 사역을 은퇴하고 라마에 가서 2가지 일을 했다.

첫째, 나라와 민족을 위해서 기도하기를 쉬는 죄를 범하지 않으려고 끝까지 기도했다. 기도 쉬는 것을 죄라고 생각한 것이다. 그의 영적 권세의 비결이 다른 게 아니다. 기도이다.

둘째, 선지자 학교를 세운다. 선지자 학교를 차려서 많은 후학을 양성한다. 사무엘은 미리 알았던 것이다. 이스라엘 백성들이 모압 언약과 세겜 언약을 통해 말씀에 순종하겠다고 말했지만 결국은 다 불순종해서 하나님의 마음을 아프게 할 것을 뻔히 알았다. 그때를 대비해서 백성들을 죄에서 돌이킬 말씀 사역자들을 미리 준비하고 있었던 것이다. 그때 준비된 사람이 엘리야와 엘리사다.

나중에 사울이 라마 나욧에 있는 사무엘을 찾아간 적이 있는데 사울이 그곳에서 예언하게 된다. 사무엘의 평생에 이러한 권세가 임한 것은 그가 어렸을 때부터 은퇴하고 난 이후로까지도 계속 기도의 자리에 머물러 있었던 사람이기 때문이다.

말씀 사역으로 교인들에게 바른 지식을 줄 수 있지만, 말씀과 기도가 분리돼서는 성도를 변화시킬 수 없다. 말씀의 종, 기도의 종, 그 종이 있는 라마 나욧에서는 사람들이 오면 바뀌는 역사가 있었던 것이다.

다음 세대를 책임질 말씀의 사람들을 세워야 한다

사무엘 선지자는 은퇴 후에도 라마 나욧에서 이스라엘의 미래를 책임질 사역자들을 키워내고 있었다. 그는 장차 이스라엘의 미래를 책임져야 할 선지자들을 준비한 것이다. 우리도 마찬가지다. 우리의 미래인 다음 세대를 말씀으로 세우지 않으면 우리 가정, 교회, 나라의 미래는 없다.

4. 사울 왕의 시작

작은 자로 시작한 사울

하나님은 사울을 부르신다. 사울은 가장 작은 자로 시작했다. 사무엘을 처음 만난 사울이 "나는 가장 작은 지파 베냐민 출신이고, 이 베냐민 지파 중에서도 가장 작은 가문입니다"라고 한다. 사울은 그렇게 겸손함을 겸비하며 아름답게 시작했다.

> 사울이 대답하여 이르되 나는 이스라엘 지파의 가장 작은 지파 베냐민 사람이 아니니이까 또 나의 가족은 베냐민 지파 모든 가족 중에 가장 미약하지 아니하니이까 당신이 어찌하여 내게 이같이 말씀 하시나이까 하니 (사무엘상 9:21)

사울에게 임한 하나님의 영

사울이 "하나님의 영이 임했다"라는 말이 3번 나온다. 그에게 '새 마음'을 주었다는 것이다.

> 네게는 여호와의 영이 크게 임하리니 너도 그들과 함께 예언을 하고 변하여 새 사람이 되리라 (사무엘상 10:6)

사울은 하나님의 영이 임하여 시작했다. 그러나 이런 하나님의 영의 감동이 곧 사라지고 만다. 사람의 욕심이 생기면서 하나님의 영의 감동이 아니라 탐심의 영의 감동을 받게 된 것이다.

5. 사울 왕의 범죄와 타락(13~15장)

스스로 제사를 드린 사울(13장)

사울이 결정적으로 하나님께 버림받은 사건이 나온다. 그가 왕이 된 후 블레셋이 다시 쳐들어와서 백성을 모으고 전쟁을 준비한다. 사무엘이 와서 제사를 드려야 전쟁을 하는데 사무엘이 다른 곳을 다녀오느라고 사울의 군대는 7일간을 기다리고 있었다. 그런데 아무리 기다려도 사무엘이 나타나지 않자 제사장도 아닌 사울 왕이 번제를 드려버린다. 사울이 번제를 드린 직후에 사무엘이 도착을 한다. 이때 하나님이 사울을 버리겠다고 최초로 선언을 하신다. 나중에 더 결정적인 사건은 아말렉과의 전쟁 때 벌어진다.

하나님이 사울을 버린 것은 단지 제사장이 아닌 자가 제사를 드린 월권 때문만이 아니다. 더 중요한 것이 있다. 사울 왕이 왜 제사장도 아니면서 제사를 스스로 드렸을까? 핵심은 사람들이 자꾸 자신을 떠나가는 것에 있었다. 군대를 이탈하고 자꾸 사람들이 떠나가니까 그것이 두려워 급한 마음에 빨리 제사를 드린 것이다.

> 사울은 사무엘이 정한 기한대로 이레 동안을 기다렸으나 사무엘이 길갈로 오지 아니하매 백성이 사울에게서 흩어지는지라 사울이 이르되 번제와 화목제물을 이리로 가져오라 하여 번제를 드렸더니 번제 드리기를 마치자 사무엘이 온지라 사울이 나가 맞으며 문안하매 사무엘이 이르되 왕이 행하신 것이 무엇이냐 하니 사울이 이르되 백성은 내게서 흩어지고 당신은 정한 날 안에 오지 아니하고 블레셋 사람은 믹마스에 모였음을 내가 보았으므로 (사무엘상 13:8-11)

여기서 알 수 있는 건 사울은 하나님을 두려워한 것이 아니라 사람을 두려워했다는 점이다. 사람의 영광이 아니라 하나님의 영광을 취하는 것이 하나님 나라의 동역자인 왕에게 중요한 자세다.

불순종: 아말렉과의 전투(15장)

사울은 아말렉과의 전투 과정에서 하나님께 완전히 버림받게 된다. 하나님은 아말렉과의 전쟁 승리 후에 모든 것을 다 소각하고 취하지 말라고 했다. 그런데 사울은 제사를 핑계 대고 좋은 가축을 다 취한다. 이에 사무엘은 하나님이 진정으로 원하시는 것은 제사가 아니라 삶 속에서의 순종이라고 책망한다.

> 사울이 사무엘에게 이르되 나는 실로 여호와의 목소리를 청종하여 여호와께서 보내신 길로 가서 아

말렉 왕 아각을 끌어 왔고 아말렉 사람들을 진멸했으나 다만 백성이 그 마땅히 멸할 것 중에서 가장 좋은 것으로 길갈에서 당신의 하나님 여호와께 제사하려고 양과 소를 끌어 왔나이다 하는지라 사무엘이 이르되 여호와께서 번제와 다른 제사를 그의 목소리를 청종하는 것을 좋아하심 같이 좋아하시겠나이까 순종이 제사보다 낫고 듣는 것이 숫양의 기름보다 나으니 이는 거역하는 것은 점치는 죄와 같고 완고한 것은 사신 우상에게 절하는 죄와 같음이라 왕이 여호와의 말씀을 버렸으므로 여호와께서도 왕을 버려 왕이 되지 못하게 하셨나이다 하니 (사무엘상 15:20-23)

사실 사울이 하나님의 명령을 불순종한 진짜 이유는 백성들을 두려워해서다.

사울이 사무엘에게 이르되 내가 범죄했나이다 내가 여호와의 명령과 당신의 말씀을 어긴 것은 내가 백성을 두려워하여 그들의 말을 청종했음이니이다 (사무엘상 15:24)

이런 사울의 불순종으로 인해 하나님은 사울을 완전히 버리신다.

청하오니 지금 내 죄를 사하고 나와 함께 돌아가서 나로 하여금 여호와께 경배하게 하소서 하니 (사무엘상 15:25)

사무엘의 책망

사울 왕이 백성들을 두려워해서 계속해서 하나님의 명령에 불순종하자 사무엘은 사울 왕에게 그에게 그가 처음에 하나님께 선택받았을 때 자신을 작게 여겼던 적이 있었음을 말하고 회개를 촉구하나 사울은 듣지 않는다.

사무엘이 이르되 왕이 스스로 작게 여길 그 때에 이스라엘 지파의 머리가 되지 아니하셨나이까 여호와께서 왕에게 기름을 부어 이스라엘 왕을 삼으시고 (사무엘상 15:17)

초심을 지키지 못한 사울

사울이 처음에 하나님께 부름을 받을 때는 스스로 자신을 낮추는 겸손한 태도를 보였다. 그러나 그는 초심을 지키지 못하고 교만해지고 스스로 영광을 구하며 하나님의 뜻과는 점점 멀어져 갔다. 우리도 조심해야 한다. 초심을 잃지 않고 끝까지 겸손하고 끝까지 하나님께 순종해야 한다. 시작은 너무나 좋았지만, 그 끝이 나쁜 인생을 사는 자들이 얼마나 많은가? 나는 초심을 계속 지키고 있는가?

다윗의 이야기 (사무엘상 16~31장)

1. 하나님이 소년 다윗을 부르심 (16장)

하나님은 사울의 일로 인해 슬픔에 빠져 있는 사무엘에게 더 이상 사울을 위해 슬퍼하지 말고 이새의 아들 중 한 아들에게 이스라엘의 2대 왕으로 기름을 부으라고 말씀하신다.

외모가 아닌 중심을 보시는 하나님

하나님은 이세의 여덟 아들 중에 다윗을 두 번째 왕으로 선택하셨다. 사무엘은 이새의 첫아들 엘리압이 왕처럼 늠름하고 멋있어 보였던 것 같다. 하나님은 "그의 용모와 키를 보지 말라"라고 하신다.

> 여호와께서 사무엘에게 이르시되 그의 용모와 키를 보지 말라 내가 이미 그를 버렸노라 내가 보는 것은 사람과 같지 아니하니 사람은 외모를 보거니와 나 여호와는 중심을 보느니라 하시더라 (사무엘상 16:7)

두 번째 아들인 아비나답에게 기름을 부으려 해도 하나님께서는 아니라고 하시고, 셋째 아들 삼마도 하나님은 아니라고 하신다. 그러면서 하나님은 "사람은 외모를 보거니와 나 여호와는 중심을 본다"라고 하신다. 사무엘 같은 최고의 영성가도 사람이기 때문에 그도 다음 왕을 사람의 외적 조건으로 평가하고 있었다.

다윗이 살고 있었던 베들레헴은 유대 지역에서 아주 촌 동네다. 그런데 하나님이 한 나라의 두 번째 왕을 이미 결정하셨는데 촌 동네 중에서도 촌 동네인 베들레헴의 15살도 안 된 한 소년이었다. 왜일까? 마음의 중심에 하나님을 향한 사랑이 있고, 하나님을 향한 영광이 있었기 때문이다.

다윗은 친아버지가 사무엘 선지자가 자기의 아들 중 한 사람을 왕으로 택하려고 한다는 소식을 듣고도 양을 치라고 들로 그냥 내보낼 만큼 무시당한 아들이었다. 다윗을 사랑하고 소중히 여기고 자랑스러워했다면 그렇게 할 리가 없었을 것이다.

이런 다윗을 하나님은 선택하신다. 그가 양 몇 마리를 들에서 지킬 때도 곰이 오든 늑대가 오든 그 한 마리를 지키려고 자신의 목숨을 다하는 모습을 하나님은 보신 것이다. 그리고 하나님을 향한 사랑, 특히 하나님의 영광을 위한 열심과 질투가 그 마음에 있는 것을 보시고 이 시골의 꼬마를 선택하신 것이다.

당시 예루살렘 같은 큰 도시에 있는 멋진 청년, 키 크고 잘생긴 청년들이 수도 없이 많은데도 불구하고 하나님은 다윗을 주목하고 계셨다.

카탄을 들어 쓰시는 하나님

아들 일곱 모두 왕의 자질이 아니라고 하자 아비 이새는 양을 치러 내보낸 말째 다윗을 사무엘에게 데리고 온다. 사무엘이 다윗을 보는 순간 "빛이 붉고 눈이 빼어나고 얼굴이 아름답다"라고 한다. 그 순간 하나님은 "이가 그니 기름을 부으라"라고 하신다.

이새가 다윗을 가리켜 썼던 말째라는 단어는 히브리어로 카탄(קָטָן)이다. 카탄의 뜻은 '쓸데없는 자'이다. 아버지의 눈에는 별 볼 일 없어 보였다. 다윗에 대한 세상 평가에는 '카탄'이다. 그런데 하나님 마음에는 카탄이 아니라 하나님의 마음을 사로잡은 자다. 15살도 안 된 소년이라도 그 마음 안에 하나님의 영광을 모욕하는 것을 못 견디며 자신의 목숨을 던질 만큼 하나님의 영광에 사로잡힌 열심이 있는 것이다. 세상의 눈에 쓸모 있고 가치 있어 보이는 것은 사람들보다 어깨 하나 더 있는 사울이다. 외모적으로는 그가 제격이었다. 그러나 하나님은 외모가 아닌 그 사람의 중심을 보시는 분임을 잊지 말아야 한다. 나의 중심을 보신다면 하나님은 뭐라 하실까?

카탄을 선택하신 이유는 다윗의 중심 때문이다

다윗은 '카탄'이었다. 외모를 보는 사람의 눈에는 가치 없어 보이는 소년이었지만 하나님은 다윗을 2대 왕으로 선택하셨다. 그것은 다윗의 마음 중심이 하나님의 마음에 합했기 때문이다. 그렇다. 하나님은 우리 마음의 중심이 어떠한지 꿰뚫어 보신다. 다윗은 그 마음의 중심에 하나님을 향한 사랑과 열정이 있었다. 사람들의 눈에는 '카탄'으로 보여도 하나님의 눈에는 이미 왕이었다. 나의 중심이 하나님의 마음에 합하고 있을까? 내 마음의 중심에 무엇이 들어있는지 점검해 보라.

2. 예배자 다윗과 하나님의 영이 떠난 사울

예배자 다윗

기름부음 받은 다윗은 이때부터 하나님의 영으로 감동받게 된다. 그리고 하나님은 다윗과 함께하신다.

사무엘이 기름 뿔병을 가져다가 그의 형제 중에서 그에게 부었더니 이 날 이후로 다윗이 여호와의 영에게 크게 감동되니라 사무엘이 떠나서 라마로 가니라 (사무엘상 16:13)

소년 중 한 사람이 대답하여 이르되 내가 베들레헴 사람 이새의 아들을 본즉 수금을 탈 줄 알고 용기와 무용과 구변이 있는 준수한 자라 여호와께서 그와 함께 계시더이다 하더라 (사무엘상 16:18)

여호와께서 사울을 떠나 다윗과 함께 계시므로 사울이 그를 두려워한지라 (사무엘상 18:12)

다윗이 그의 모든 일을 지혜롭게 행하니라 여호와께서 그와 함께 계시니라 (사무엘상 18:14)

여호와께서 다윗과 함께 계심을 사울이 보고 알았고 사울의 딸 미갈도 그를 사랑하므로 (사무엘상 18:28)

다윗은 예배자였다. 수금 연주가 탁월했던 다윗은 어렸을 때부터 하나님을 노래한 예배자였다. 외롭고 힘든 어린 시절을 보내며 그는 하나님을 찬양하고 예배하면서 살았던 것이다. 여기서 사무엘상의 저자가 다윗과 골리앗의 싸움 전에 다윗의 찬양 장면을 먼저 배치하는 것은 의미가 있는 것이다.

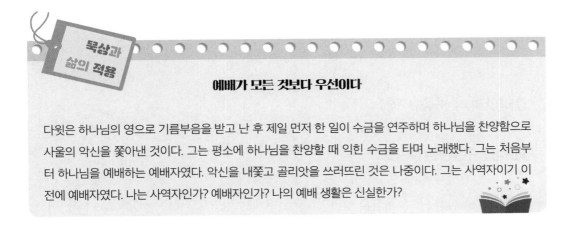

예배가 모든 것보다 우선이다

다윗은 하나님의 영으로 기름부음을 받고 난 후 제일 먼저 한 일이 수금을 연주하며 하나님을 찬양함으로 사울의 악신을 쫓아낸 것이다. 그는 평소에 하나님을 찬양할 때 익힌 수금을 타며 노래했다. 그는 처음부터 하나님을 예배하는 예배자였다. 악신을 내쫓고 골리앗을 쓰러뜨린 것은 나중이다. 그는 사역자이기 이전에 예배자였다. 나는 사역자인가? 예배자인가? 나의 예배 생활은 신실한가?

치유자 다윗

이 수금 연주에 하나님의 영의 감동이 임하자 치유의 능력이 나타나게 된다. 하나님의 영에 감동된 사람들의 찬양과 연주에는 하나님의 임재가 있다. 사람들의 영혼과 마음을 치유한다. 사울이 악신이 들려 제정신이 아닐 때 다윗의 수금 연주로 인해 그에게 내린 악신이 떠나간다.

하나님께서 부리시는 악령이 사울에게 이를 때에 다윗이 수금을 들고 와서 손으로 탄즉 사울이 상쾌하여 낫고 악령이 그에게서 떠나더라 (사무엘상 16:23)

악신 들린 사울

반면 사울은 하나님의 영이 떠나자 악신에 들려 상태가 점점 심각해진다. 그렇다. 하나님의 영이 임했던 자가 하나님의 영이 떠나면 그 자리에 악신이 임한다. 성령으로 충만하지 않으면 세상의 가치에 잡히고 만다.

> 그 이튿날 하나님께서 부리시는 악령이 사울에게 힘 있게 내리매 그가 집 안에서 정신 없이 떠들어 대므로 다윗이 평일과 같이 손으로 수금을 타는데 그 때에 사울의 손에 창이 있는지라 (사무엘상 18:10)

3. 골리앗과의 싸움(17장)

하나님을 조롱하는 골리앗

블레셋이 이스라엘을 공격하러 왔다. 다윗은 형들이 참전하고 있는 전쟁터에 나갔다가 할례받지 못한 골리앗이 할례받은 하나님의 백성과 하나님을 모욕하고 있는 것을 보고 참지 못한다. 왜일까? 하나님의 영광 때문이다. 골리앗이 하나님과 하나님 백성을 조롱하는 것을 견디지 못한 것이다. 할례 없는 백성이 하나님의 영광을 멸시하는 걸 견딜 수 없었다.

> 다윗이 곁에 서 있는 사람들에게 말하여 이르되 이 블레셋 사람을 죽여 이스라엘의 치욕을 제거하는 사람에게는 어떠한 대우를 하겠느냐 이 할례 받지 않은 블레셋 사람이 누구이기에 살아 계시는 하나님의 군대를 모욕하겠느냐 (사무엘상 17:26)

골리앗은 40일 동안 이스라엘과 하나님을 조롱하고 있다. 그런데 이상한 것은 40일 동안 이스라엘을 조롱만 할 뿐 공격하지 못하고 있다.

> 그 블레셋 사람이 사십 일을 조석으로 나와서 몸을 나타내었더라 (사무엘상 17:16)

여기에 중요한 메시지가 있다. 사탄의 세력은 우리를 향해 조롱하고 위협을 하지만 결코 구원받은 성도들을 이길 수 없다. 그 이유는 예수님이 우리를 보호하고 지키시기 때문이다.

사울의 갑옷이 아닌 물맷돌 5개로

다윗이 골리앗과 싸우겠다고 하자 사울이 다윗을 만나 자신의 갑옷과 창을 건네준다. 그러나 사울의 갑옷과 창은 다윗에게는 너무나 커서 맞지 않았다. 다윗에게는 평소 양을 공격하는 맹수와 싸울 때 사용했던 물맷돌이 더 강력한 무기였다. 그는 물맷돌 5개로 골리앗을 이긴다.

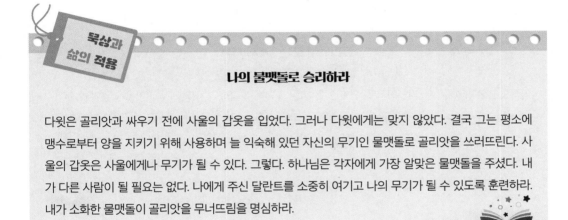

묵상과 삶의 적용

나의 물맷돌로 승리하라

다윗은 골리앗과 싸우기 전에 사울의 갑옷을 입었다. 그러나 다윗에게는 맞지 않았다. 결국 그는 평소에 맹수로부터 양을 지키기 위해 사용하며 늘 익숙해 있던 자신의 무기인 물맷돌로 골리앗을 쓰러뜨린다. 사울의 갑옷은 사울에게나 무기가 될 수 있다. 그렇다. 하나님은 각자에게 가장 알맞은 물맷돌을 주셨다. 내가 다른 사람이 될 필요는 없다. 나에게 주신 달란트를 소중히 여기고 나의 무기가 될 수 있도록 훈련하라. 내가 소화한 물맷돌이 골리앗을 무너뜨림을 명심하라.

칼과 창이 아닌 여호와의 이름으로

골리앗과의 싸움에 나가면서 했던 말이 다윗의 영성의 핵심이다.

다윗이 블레셋 사람에게 이르되 너는 칼과 창과 단창으로 내게 나아 오거니와 나는 만군의 여호와의 이름 곧 네가 모욕하는 이스라엘 군대의 하나님의 이름으로 네게 나아가노라 오늘 여호와께서 너를 내 손에 넘기시리니 내가 너를 쳐서 네 목을 베고 블레셋 군대의 시체를 오늘 공중의 새와 땅의 들짐승에게 주어 온 땅으로 이스라엘에 하나님이 계신 줄 알게 하겠고 또 여호와의 구원하심이 칼과 창에 있지 아니함을 이 무리에게 알게 하리라 전쟁은 여호와께 속한 것인즉 그가 너희를 우리 손에 넘

기시리라 (사무엘상 17:45-47)

다윗은 "이스라엘 군대의 하나님의 이름으로" 나아갔다. 그리고 "온 땅으로 이스라엘에 하나님이 계신 줄 알게 하겠고 또 여호와의 구원하심이 칼과 창에 있지 아니함을 이 무리에게 알게 하리라"라고 선포했다.

이때 다윗의 나이가 15살도 되지 않은 나이였다. 그는 여호와의 구원이 창과 칼에 있지 않고 여호와께 달려 있음을 굳게 확신했다. 다윗이 던진 물맷돌이 골리앗의 이마에 박혀 즉사했다.

골리앗을 보는 2가지 시선

골리앗은 3미터나 되는 거인이다. 반면 다윗은 어린 소년에 불과했다. 여기에 골리앗을 어떻게 보는가가 그 사람의 믿음을 가르는 척도가 된다. 골리앗을 3미터가 되는 거인으로만 보는 자는 골리앗이 두려움의 대상이겠지만, 다윗처럼 '골리앗이 3미터 거인이기 때문에 대충 던져도 맞겠구나. 더 잘 맞겠네'라고 생각하는 사람도 있는 것이다. 그렇다. 삶 속에 닥치는 수많은 골리앗을 보면서 2가지 반응이 있을 수 있다. 나는 어떤 시선을 가진 자인가?

골리앗을 무너뜨릴 이 시대의 다윗

골리앗의 뜻은 '포로'이다. 다윗은 '하나님을 사랑하는 자' 혹은 '하나님께 사랑받는 자'이다. 골리앗과 다윗의 싸움은 이 시대의 그리스도인의 싸움과 너무 잘 들어맞는다. 이 시대도 수많은 골리앗이 있다. 우리를 포로로 삼으려고 위협하는 게 많다. 돈, 명예, 정욕, 권력의 노예로, 포로로 삼으려고 공격한다. 이때 복음의 칼, 말씀의 칼을 가지고, 이 시대의 영적인 골리앗을 대적하며 하나님의 영광을 바로 세울 수 있는 이 시대의 다윗이 필요하다. 그러기 위해 나만의 물맷돌로 훈련된, 하나님의 영광을 지켜 낼 하나님의 거룩한 이 시대의 다윗들이 필요하다.

물맷돌 5개의 복선

그런데 다윗이 물맷돌을 왜 5개를 챙겼는지는 궁금하다. 성경은 하나님의 거룩한 말씀이자 동시에 문학작품이다. 그래서 복선을 깔아둔다. 사무엘하 21장 22절을 보면 다윗이 왜 물맷돌 5개를 들었는지 추측할 수 있다.

> 그 후에 다시 블레셋 사람과 곱에서 전쟁할 때에 후사 사람 십브개는 거인족의 아들 중의 삽을 쳐죽였고 또 다시 블레셋 사람과 곱에서 전쟁할 때에 베들레헴 사람 야레오르김의 아들 엘하난은 가드 골리앗의 아우 라흐미를 죽였는데 그자의 창 자루는 베틀 채 같았더라 또 가드에서 전쟁할 때에 그 곳에 키가 큰 자 하나는 손가락과 발가락이 각기 여섯 개씩 모두 스물 네 개가 있는데 그도 거인족의 소생이라 그가 이스라엘 사람을 능욕하므로 다윗의 형 삼마의 아들 요나단이 그를 죽이니라 이 네 사람 가드의 거인족의 소생이 다윗의 손과 그의 부하들의 손에 다 넘어졌더라 (사무엘하 21:18-22)

나중에 다윗의 손에 죽임을 당할 블레셋의 거인 장군들, 골리앗과 비슷한 장군 4명이 나온다. 골리앗과 이 네 사람을 잡으려고 준비한 5개의 물맷돌로 추측해 볼 수 있다.

하나님의 영광을 위한 열심을 가진 소년 다윗

내가 어느 지역에서 목회하고, 지역의 규모가 얼마나 되고, 내가 사는 곳이 촌 동네냐 아니면 대도시냐는 하나도 중요하지 않다. 문제는 '내 중심이 하나님의 마음에 쏙 들도록 하나님을 향한 불타는 영광과 하나님을 향한 사랑이 있느냐'라는 것이 가장 중요한 것이다. 그렇다면 하나님께서 반드시 들어 쓰신다. 하나님을 향한, 영광을 향한 열심과 질투가 있는가? 그 중심에 하나님을 향한 전심의 사랑이 있는가? 다윗이 살려고 나갔을까? 죽기로 나갔을까? 죽기를 각오하고 나간 이유가 무엇일까? 그것은 할례 없는 자가 하나님의 영광을 모욕하는 것을 도저히 참을 수 없었기 때문이다.

성경은 사울처럼 자기 영광을 취하는 자와, 내가 죽을지라도 할례 없는 백성이 하나님의 영광을 모욕하는 것을 못 견뎌서, 하나님의 영광이라면 내 목숨 하나 던지고 말겠다는 다윗, 이두 가지 영성을 대비해서 누가 하나님 마음에 합한 자인가를 말하고 있다.

4. 고난의 시작: 사울의 핍박(18~26장)

다윗은 평생 총 3번의 기름부음을 받는다. 다윗이 베들레헴에서 15살도 못 되어 1차 기름부음 받은 후에 시작된 것은 환란과 시련이다.

사울이 창을 던짐(18장)

다윗이 골리앗을 쓰러뜨리고 난 후 백성들은 다윗에게 노래를 불렀다. "사울은 천천이요, 다윗은 만만이라"고 말이다. 이것이 사울의 마음에 질투의 불을 일으켰다. 백성들이 다윗을 높이자 사울은 이것을 견딜 수가 없었다. 골리앗을 쓰러뜨리는 자에게 딸을 주겠다던 약속 때문에 다윗은 사울의 딸 미갈과 결혼을 하여 왕궁에 와 있던 시기다. 사울은 이미 질투와 시기의 용에 잡혀 있었기에 다윗에게 창을 던져 죽이려고 한다. 다윗은 미갈의 도움으로 도망을 친다. 이때부터 다윗은 약 15년간의 긴 고난의 삶을 살게 된다.

하나님께 받은 사명 때문에 시작된 고난과 연단

다윗은 사무엘에게 기름부음을 받고 골리앗을 쓰러뜨린 일로 인해 십수 년이 넘는 기간 동안 고난의 세월을 보내게 된다. 하나님이 다윗을 왕으로 기름을 부었지만, 바로 왕이 된 것이 아니라 그 후 수많은 세월 동안 죽음의 고비를 겪게 된다. 하나님은 고난을 통해 다윗을 연단해 가신다. 하나님의 사명이 임한 사람들은 고난과 연단을 겪게 되는데, 그것은 하나님이 쓰실 그릇을 만들기 위해 고난을 통해 연단해 가시기 때문이다. 기억하라. 고난은 나를 만들어 가시는 하나님의 손길이다. 고난이 많은가? 하나님의 계획이 있음을 믿으라. 성경 66권에서 하나님이 쓰신 사람들 가운데 단 한 사람도 고난과 연단의 과정 없이 쓰임 받은 사람은 없다.

하나님의 주권을 인정한 다윗(23, 26장)

사울은 다윗을 죽이기 위해 수천 명의 병사를 이끌고 다윗을 치러 온다. 그러다가 다윗이 숨어 있는 동굴로 들어와 용변을 보게 된다. 이곳이 엔게디 광야 동굴이다. 다윗은 사울을 죽일 수 있는 절호의 기회에도 불구하고 그의 옷자락만 살짝 베고 살려 보낸다. 왜냐하면 사울을 기름 부어 왕으로 세우신 하나님의 주권에 항복하고 있다. 사울을 세우시기도 하시고 폐하시기도 하는 것은 전적으로 하나님께만 달린 것임을 잊지 않았기 때문이다.

> 사울이 블레셋 사람을 쫓다가 돌아오매 어떤 사람이 그에게 말하여 이르되 보소서 다윗이 엔게디 광야에 있더이다 하니 사울이 온 이스라엘에서 택한 사람 삼천 명을 거느리고 다윗과 그의 사람들을 찾으려 들염소 바위로 갈새 길 가 양의 우리에 이른즉 굴이 있는지라 사울이 뒤를 보러 들어가니라 다윗과 그의 사람들이 그 굴 깊은 곳에 있더니 다윗의 사람들이 이르되 보소서 여호와께서 당신에게 이르시기를 내가 원수를 네 손에 넘기리니 네 생각에 좋은 대로 그에게 행하라 하시더니 이것이 그 날이니이다 하니 다윗이 일어나서 사울의 겉옷 자락을 가만히 베니라 그리 한 후에 사울의 옷자락 벰으로 말미암아 다윗의 마음이 찔려 자기 사람들에게 이르되 내가 손을 들어 여호와의 기름 부음을 받은 내 주를 치는 것은 여호와께서 금하시는 것이니 그는 여호와의 기름 부음을 받은 자가 됨이니라 하고 (사무엘상 24:1-6)

이런 일이 십 광야에서도 벌어졌다. 이때에도 다윗은 같은 이유로 사울을 살려 보낸다. 사울이 자고 있을 때 사울의 창과 물병을 가져와 증표로 삼는다. 죽일 수 있었는데도 말이다. 우리는 이런 다윗의 모습을 보면서 그가 얼마나 하나님의 주권을 높이고 하나님을 경외하고 살았는지 알 수 있다. 어차피 하나님께 버림받은 사울인데 다윗이 죽인들 큰 문제가 되었을까? 그러나 다윗은 그것마저도 하나님의 손에 맡긴다. 철저히 하나님의 계획과 권위에 복종하는 것이다.

아둘람에서 모여든 400명

다윗이 약 15년간을 사울의 위협을 피해 광야를 떠돌아다닐 때 많은 사람이 다윗에게로 몰려들었다.

그러므로 다윗이 그 곳을 떠나 아둘람 굴로 도망하매 그의 형제와 아버지의 온 집이 듣고 그리로 내려가서 그에게 이르렀고 환난 당한 모든 자와 빚진 모든 자와 마음이 원통한 자가 다 그에게로 모였고 그는 그들의 우두머리가 되었는데 그와 함께 한 자가 사백 명 가량이었더라 (사무엘상 22:1-2)

다윗이 있는 아둘람 굴에 '환난 당한 자, 빚진 자, 원통한 자들'이 몰려온다. 그 수가 400명이나 되었는데, 이 사람들은 다윗과 함께 모든 희로애락을 함께하게 된다. 나중에 다윗이 정권을 잡았을 때 이 사람들이 다윗과 함께 나라를 이끌어 가게 된다.

왜 다윗에게 환난 당한 자, 빚진 자, 원통한 자들이 몰려들었을까? 그것은 다윗이 환난 당하고 빚지고 원통해 보이니까 그런 비슷한 아픔을 겪고 있는 아픈 사람들이 몰려온 것이다. 그렇다. 결국 내가 겪은 고난은 무의미하지 않다. 누군가가 내게 오게 하기 위한 하나님의 도구다.

5. 다윗과 요나단의 사랑

사울에게는 요나단이라는 괜찮은 아들이 있었다. 요나단은 다윗을 사랑했는데, 그 사랑은 인간적 사랑이 아니라 하나님 안에서의 거룩한 사랑이다.

요나단은 다윗을 자기 생명 같이 사랑하여 더불어 언약을 맺었으며 (사무엘상 18:3)

요나단의 입장에서 보면 어떤 면에서는 다윗이 자신의 보위를 위협하는 정적이다. 그러나 요나단은 하나님의 다음 계획이 다윗에게 있음을 알았기에 자신이 왕이 될 권리를 기꺼이 포기하고 다윗을 온 마음으로 돕는다. 아버지 사울이 다윗을 죽이려는 계획도 미리 다윗에게 알려주기도 한다. 요나단의 모습에 예수님의 모습이 보인다. 하늘 영광을 다 버리고 우리를 위해 자신의 모든 것을 기꺼이 내어주신 예수님이 보인다.

다윗을 만든 진정한 영웅 요나단

필자가 보기에 사무엘상에서 빛나는 영성을 가진 인물은 다윗보다는 요나단이다. 요나단은 사울의 맏아들로 차기 왕권을 차지할 자이다. 그러나 요나단은 다윗을 정적으로 보지 않고 하나님의 뜻이 다윗에게 있다는 것을 알고 하나님의 뜻을 인정하고 다윗을 돕는다. 그는 자신의 모든 권리를 내려놓고 다윗을 사랑한다. 요나단의 권리 포기와 헌신이 없었다면 다윗은 절대 왕이 되지 못했을 것이다. 마치 바울이 바울 되기까지 바나바가 있었던 것처럼 말이다. 필자는 요나단이 좋다. 하나님의 뜻에 자신을 다 내려놓을 수 있었던 사람, 나보다는 다른 사람을 세워주기를 기뻐했던 사람 요나단은 이 시대에 우리가 갖추어야 할 진정한 영성의 모델이다.

6. 동역자들에게 죽음의 위협을 당하는 다윗(30장)

다윗과 그의 사람들이 사흘 만에 시글락에 이른 때에 아말렉 사람들이 이미 네겝과 시글락을 침노했는데 그들이 시글락을 쳐서 불사르고 거기에 있는 젊거나 늙은 여인들은 한 사람도 죽이지 아니하고 다 사로잡아 끌고 자기 길을 갔더라 다윗과 그의 사람들이 성읍에 이르러 본즉 성읍이 불탔고 자기들의 아내와 자녀들이 사로잡혔는지라 다윗과 그와 함께 한 백성이 울 기력이 없도록 소리를 높여 울었더라 (다윗의 두 아내 이스르엘 여인 아히노암과 갈멜 사람 나발의 아내였던 아비가일도 사로잡혔더라) 백성들이 자녀들 때문에 마음이 슬퍼서 다윗을 돌로 치자 하니 다윗이 크게 다급했으나 그의 하나님 여호와를 힘입고 용기를 얻었더라 (사무엘상 30:1-6)

다윗이 블레셋의 아기스 왕의 부름을 받아 잠시 시글락을 떠나 있게 되자 아말렉 사람들이 시글락에 머물던 다윗과 동역자 600명의 처자식을 사로잡아 가고 재물을 빼앗아 가버렸다. 이에 다윗과 광야에서 죽음의 위협을 함께 견디며 동고동락한 600명의 다윗의 군사들이 슬픔으로 인해 다윗을 돌로 치려고 했다. 그러나 다윗은 이 위기 속에서도 하나님을 힘입고 용기를 얻었다.

7. 사울의 최후(31장)

사울은 사무엘에 의해 하나님의 버림을 받았지만, 상당히 오랜 기간인 약 15년간 권좌에 앉아 있었다. 그러나 그는 결국 길보아산에서 블레셋과의 전투 중에 죽고 만다. 겸손함과 하나님의 영의 감동하심으로 시작한 사울의 마지막이 너무나 비참하기 이를 데가 없다.

8. 다윗에 대한 평가

하나님을 향한 전심

다윗 이야기는 사무엘상 16장부터 사무엘상 31장까지다. 흔히 사울과 다윗, 그리고 솔로몬을 평가하기를 사울은 하나님께 대해 무심, 다윗은 전심, 솔로몬은 반심이라고 한다. 필자가 보기에 다윗 한 사람만 하나님께 전심이었고, 사울과 솔로몬은 변심이다. 하나님을 향한 처음 마음을 잃어버리고 마음이 변하여 세상을 탐한 자들이었다고 생각한다.

하나님 마음에 합한 자

사도행전에 다윗을 향한 평가가 나온다. "하나님 마음에 합한 자요, 하나님의 뜻을 이룰 자"라고 말이다.

> 폐하시고 다윗을 왕으로 세우시고 증언하여 이르시되 내가 이새의 아들 다윗을 만나니 내 마음에 맞는 사람이라 내 뜻을 다 이루리라 하시더니 (사도행전 13:22)

신약성경은 왜 "다윗은 하나님 마음에 합했다"라고 평가할까? 사울과 다윗의 차이점은 뭘까? 사실 죄의 종류로 보면 다윗이 훨씬 나쁜 것 같다. 남의 아내 빼앗은 것도 모자라 밧세바가 임신한 것을 숨기려고 그녀의 남편인 우리아 장군을 전장의 제일 앞에 세워 전사하게 만들어 임신을 합법으로 만든다. 우리아 장군이 죽은 곳이 랍바성인데, 다윗이 이 랍바성에서 면류관을 만들어 쓰고 승전 기념식을 한다. 우리아가 죽은 성에서 말이다.

반면 사울은 간음, 살인교사, 불륜 이런 것은 하지 않았다. 그런데 다윗이 하나님의 마음이 합했다는 것은 무슨 의미일까? 죄의 질로 보면 다윗이 더 나쁜 죄를 지은 것 같은데 말이다.

다윗과 사울의 차이점은 하나다. 전심으로 돌이킨 회개인가, 회개할 생각이 없는가다. 다윗은 전심으로 회개했다. 반면 사울은 전혀 회개치 않았다. 다윗이 하나님의 마음에 합한 자라는 건 모든 행동이 맘에 들어서가 아니라 그가 하나님께서 지적하시면 침상을 눈물로 적실 정도로 돌이킬 수 있는 회개의 마음을 갖고 있어서다. 나는 회개하고 있는가?

14장

사무엘하: 하나님 나라 왕의 자세 2

사무엘하의 구조

다윗의 승리	다윗의 실패		
1-10장	11-12장	13-20장	21-24장
다윗의 치적	다윗의 범죄	다윗의 재난	다윗의 노래와 기도 인구조사와 번제

　사무엘하의 주요 내용은 다윗의 승리와 다윗의 실패로 이해하면 된다. 1장부터 11장까지는 다윗이 12지파의 왕이 돼서 이방 나라를 정복하고 나를 반석 위에 세우는 다윗의 승리와 치적을 말하고, 11장부터 24장까지는 다윗이 우리아 장군의 아내 밧세바를 취한 죄악으로 인해 하나님의 징계가 임하는 다윗의 실패를 다룬다. 그리고 24장에는 다윗이 사탄의 충동을 받아 자신의 힘을 자랑하려고 했던 인구조사 사건과 번제로 인한 용서와 회복 사건이 나온다.

다윗의 승리(사무엘하 1~10장)

1. 활의 노래(1장)

다윗은 사울이 죽었다는 소식을 듣고 그 유명한 활의 노래를 부르며 사울과 요나단의 죽음을 애도한다. 여기에 다윗의 귀함이 있다. 자기를 평생 죽이려고 했던 사울의 죽음을 보고 기뻐하거나 통쾌해하지 않고 오히려 슬퍼한다.

나를 힘들게 한 사람을 위해 눈물을 흘릴 수 있는가?

다윗은 자신을 그토록 미워하고 죽이려 했던 사울의 죽음을 듣고 활의 노래를 부르며 그의 죽음을 몹시 애도한다. 참 이해하기 어려운 반응이다. 우리는 어떠한가? 나를 괴롭히고 아프게 한 사람들이 고통을 겪을 때 어떤 반응을 보이는가? 당연하다 여기며 기뻐하는지? 아니면 다윗처럼 원수의 죽음을 안타까워하는지? 이것이 다윗의 영성이다. 원수까지도 용서할 줄 알았던 사람이다. 평소에 원수를 마음에서 용서하는 훈련을 하지 않으면 나올 수 없는 반응이다. 나는 나를 힘들게 한 사람, 나를 모욕하고 피해를 준 사람들을 용서하는 연습을 하고 있는가?

2. 왕의 기름부음(2장)

사울이 죽고 난 후 다윗은 헤브론에서 2차 기름부음을 받고 유다 지파의 왕으로 7년 6개월 동안 다스린다.

3. 하나님의 음성을 좇은 다윗

다윗은 하나님의 음성을 좇아 살았다. 헤브론에서 유다 지파의 왕이 되기 전에 다윗은 하나님께 묻는다. "유다 성읍으로 올라가리이까?" 이에 하나님은 "헤브론으로 올라갈지어다"라고 대답해 주셨다.

> 그 후에 다윗이 여호와께 여쭈어 아뢰되 내가 유다 한 성읍으로 올라가리이까 여호와께서 이르시되 올라가라 다윗이 아뢰되 어디로 가리이까 이르시되 헤브론으로 갈지니라 (사무엘하 2:1)

나중에 블레셋이 유다를 두 번이나 침공했을 때에도 다윗은 하나님께 "블레셋을 치러 올라가리이까, 마리이까?"라고 묻는다. 그러자 하나님은 "뽕나무 나무 꼭대기에 걸음 소리가 들리면 치라"라고 하신다. 즉 하나님의 인도를 받고 블레셋을 친다.

> 블레셋 사람들이 다시 올라와서 르바임 골짜기에 가득한지라 다윗이 여호와께 여쭈니 이르시되 올라가지 말고 그들 뒤로 돌아서 뽕나무 수풀 맞은편에서 그들을 기습하되 뽕나무 꼭대기에서 걸음 걷는 소리가 들리거든 곧 공격하라 그 때에 여호와가 너보다 앞서 나아가서 블레셋 군대를 치리라 하신지라 이에 다윗이 여호와의 명령대로 행하여 블레셋 사람을 쳐서 게바에서 게셀까지 이르니라 (사무엘하 5:22-25)

하나님의 음성을 먼저 들어야 한다

다윗은 무엇인가를 결정하기 전에 항상 하나님께 묻고 하나님의 음성을 듣고 움직였다. 이것은 다윗의 승리 비결이 군사적 능력이 아니라 하나님의 음성을 먼저 듣고 순종했던 것임을 보여준다. 그의 인생이 보주고 있듯 다윗은 순종의 종이다. 우리도 마찬가지다. 우리도 크고 작은 인생의 결정을 하기 전에 하나님께 기도하고 인도하심을 받고 움직여야 한다. 얼마나 많은 사람이 하나님께 묻지 않고 자기 뜻대로 결정했다가 시간과 인생을 낭비하는지 모른다. 먼저 하나님의 음성을 들어야 한다.

4. 12지파의 왕이 됨(5장)

다윗은 유다 지파의 왕이 남쪽을 다스릴 때 북쪽은 사울의 후손인 이스보셋이 아브넬 장군의 도움을 받아 왕이 되어 나머지 지파들을 다스리고 있었다. 그러나 이스보셋과 아브넬의 권력 싸움으로 인해 이스보셋 왕은 살해를 당하고 아브넬 장군이 다윗에게 찾아와 투항하다. 다윗은 유다 지파의 왕이 된 지 7년 6개월 후에 비로소 그의 나의 37세에 12지파의 왕으로 등극한다.

> 이스라엘 모든 지파가 헤브론에 이르러 다윗에게 나아와 이르되 보소서 우리는 왕의 한 골육이니이다 전에 곧 사울이 우리의 왕이 되었을 때에도 이스라엘을 거느려 출입하게 하신 분은 왕이시었고 여호와께서도 왕에게 말씀하시기를 네가 내 백성 이스라엘의 목자가 되며 네가 이스라엘의 주권자가 되리라 하셨나이다 하니라 이에 이스라엘 모든 장로가 헤브론에 이르러 왕에게 나아오매 다윗 왕이 헤브론에서 여호와 앞에 그들과 언약을 맺으매 그들이 다윗에게 기름을 부어 이스라엘 왕으로 삼으니라 다윗이 나이가 삼십 세에 왕위에 올라 사십 년 동안 다스렸으되 헤브론에서 칠 년 육 개월 동안 유다를 다스렸고 예루살렘에서 삼십삼 년 동안 온 이스라엘과 유다를 다스렸더라 (사무엘하 5:1-5)

비록 다윗과 이스보셋 간에 전쟁은 있었지만, 다윗은 하나님이 일하실 때까지 기다렸지 그가 스스로 욕심내어 무력으로 나머지 10지파를 통합하려 하지 않았다. 이스보셋과 아브넬의 자중지란으로 인해 10지파가 헤브론으로 와서 12지파의 통일왕국의 왕이 되어 달라고 할 때까지 그는 하나님 앞에 때를 기다렸던 사람이다. 우리도 마찬가지다. 하나님의 방법과 우리의 방법은 다르고 하나님의 때와 우리의 때가 다르다. 하나님의 때와 방법을 신뢰하며 기다리라. 하나님이 사용하실 때가 있을 것이다.

5. 점점 강성해지는 다윗

> 만군의 하나님 여호와께서 함께 계시니 다윗이 점점 강성하여 가니라 (사무엘하 5:10)

다윗은 이후 여부스 사람들이 사는 예루살렘을 정복하고 이 성을 다윗 성이라 한다. 그리고 만군의 여호와 하나님이 다윗과 함께하시므로 다윗은 점점 강성하게 된다.

6. 법궤에 대한 다윗의 열정(6장)

웃사의 죽음

다윗은 왕이 되자 가장 먼저 법궤를 성으로 옮겨온다. 언약궤는 이스라엘 백성의 신앙 중심이기 때문이다. 하나님의 말씀, 하나님의 임재가 있는, 하나님의 다스림이 있는 법궤를 수도로 옮김으로써 통치의 중심에 하나님을 모신 것이다. 이 언약궤는 예전에 엘리의 아들들이 블레셋과의 전쟁에서 빼앗겼다가 하나님이 블레셋의 신인 다곤 신상을 부수자 놀란 블레셋 사람들이 벧세메스로 옮겼다. 그 후 기럇여아림에 있는 아비나답의 집에 20년간 머물게 된다. 이제 다윗은 언약궤를 예루살렘성으로 가져오기 위해 많은 준비를 하고 아비나답의 집으로 온다.

> 다윗이 이스라엘에서 뽑은 무리 삼만 명을 다시 모으고 (사무엘하 6:1)

그런데 이 과정에서 아비나답의 아들 웃사가 죽는 일이 벌어진다.

그들이 하나님의 궤를 새 수레에 싣고 산에 있는 아비나답의 집에서 나오는데 아비나답의 아들 웃사와 아효가 그 새 수레를 모니라 그들이 산에 있는 아비나답의 집에서 하나님의 궤를 싣고 나올 때에 아효는 궤 앞에서 가고 다윗과 이스라엘 온 족속은 잣나무로 만든 여러 가지 악기와 수금과 비파와 소고와 양금과 제금으로 여호와 앞에서 연주하더라 그들이 나곤의 타작 마당에 이르러서는 소들이 뛰므로 웃사가 손을 들어 하나님의 궤를 붙들었더니 여호와 하나님이 웃사가 잘못함으로 말미암아 진노하사 그를 그 곳에서 치시니 그가 거기 하나님의 궤 곁에서 죽으니라 여호와께서 웃사를 치시므로 다윗이 분하여 그 곳을 베레스웃사라 부르니 그 이름이 오늘까지 이르니라 (사무엘하 6:3-8)

언약궤를 소에 싣고 이동하다가 소가 뛰는 바람에 언약궤를 웃사가 그만 손으로 잡았다가 죽는다. 여기서 드러난 것처럼 하나님의 임재가 있는 거룩한 언약궤를 부정한 손으로 만져서는 안 된다. 그렇기 때문에 하나님께서 언약궤는 반드시 제사장들이 어깨에 메고 운반하도록 명령하신 것이다. 그런데 다윗은 이 중요한 것을 지키지 않고 제사장들의 어깨가 아닌 수레로 운반하려고 했다. 이것 자체가 문제다. 민수기에 의하면 하나님은 법궤를 레위 자손 중 고핫 자손들이 어깨에 메고 운반하도록 하셨다. 어기면 죽임을 당하게 된다.

진영을 떠날 때에 아론과 그의 아들들이 성소와 성소의 모든 기구 덮는 일을 마치거든 고핫 자손들이 와서 멜 것이니라 그러나 성물은 만지지 말라 그들이 죽으리라 회막 물건 중에서 이것들은 고핫 자손이 멜 것이며 (민수기 4:15)

그럼에도 의문이 있다. 웃사가 소들이 뛰어 법궤를 잡은 것이 죽을 만큼 잘못된 것인가 하는 점이다. 물론 성물을 만지는 자는 죽임을 당할 것이라고 분명히 말씀하셨고 그에 따라 죽었다고 하면 할 말은 없지만, 이 본문은 그렇게 단순하지 않고, 영적인 의미를 담고 있다. 먼저 웃사는 말씀을 무시했다. 법궤는 반드시 제사장들이 어깨에 메고 운반해야 한다고 했지만, 웃사는 이것을 무시한 것이다. 또 웃사가 법궤를 붙잡는다고 할 때 단어가 아하즈(אָחַז)라는 단어인데, 그 뜻은 '붙잡다. 소유하다'이다. 이것은 단순히 급해서 붙잡은 것이 아니라 하나님의 법궤를 자기의 소유로 삼으려는 의도를 드러내는 동사이다. 웃사가 죽은 장소가 베레스 웃사인데, 이는 '하나님이 웃사를 치셨다'라는 뜻이다.

하나님은 우리의 소유물이 아니다

아하즈가 '소유하다'라는 뜻을 가지고 있다는 점을 적용해 보면 웃사의 죽음은 하나님의 축복과 능력을 자기의 소유 즉 사적인 사유물로 삼아 자기의 야망과 꿈을 이루고자 하는 잘못된 신앙을 가지면 안 된다는 것을 가르치는 것이다. 신앙의 본질은 하나님의 얼굴을 구하는 것이지, 하나님을 내 야망을 이루기 위한 소유물로 삼아 조정하면 안 된다. 하나님은 우리의 소유가 아니라 우리의 주인이고 왕이시다. 하나님이 우리를 소유하시고 다스리셔야 한다. 나도 웃사처럼 하나님을 소유하고 조종하고 있지는 않은가?

오벳에돔이 받은 축복

웃사의 사건으로 놀란 나머지 다윗은 언약궤를 3개월 동안 오벳에돔의 집에 머물게 한다. 그런데 하나님이 오벳에돔의 집에 복을 주신다. 여기서 이상한 점을 하나 발견하게 된다. 이 언약궤는 아비나답의 집에도 20년간 있었지만, 성경 어디에도 아비나답의 집이 복을 받았다는 이야기는 없다. 이에 비해 3개월간 있었던 오벳에돔의 집은 복을 받는다. 성경은 그것에 대해 답을 주지 않지만 저는 이렇게 생각한다. 이 해석은 웃사와 오벳에돔을 함께 살펴봐야 저자의 의도를 알 수 있다.

결론부터 말하면 하나님을 향한 두 집안의 태도 때문일 것이다. 아비나답과 웃사의 경우 '아하즈'라는 단어에서 알 수 있듯이 하나님을 자신의 소유물로 삼으려고 했기 때문에 20년간이나 집에 있었지만, 복이 임할 수 없었을 것이다. 반면 오벳에돔은 달랐다. 역대상 15장 18절을 보면 오벳에돔의 가문이 예루살렘에서 성전 문지기로 사는 것이 기록되어 있다.

그 다음으로 그들의 형제 스가랴와 벤과 야아시엘과 스미라못과 여히엘과 운니와 엘리압과 브나야와 마아세야와 맛디디야와 엘리블레후와 믹네야와 문지기 오벧에돔과 여이엘을 세우니 (역대상 15:18)

이 기록에서 엿볼 수 있듯이 아비나답과 웃사의 경우와는 완전히 다르게 하나님을 바라보고 있음을 알 수 있다. 오벳에돔은 복이 목적이 아니었다. 축복이 목적이었다면 3개월 만에 복을 받고 자기 고향에서 잘 살면 된다. 그런데 법궤가 예루살렘성으로 옮겨질 때 같이 이사를 가게 된다. 그리고 화려한 직분도 아닌 하나님 나라의 성전에 문지기로 살기를 만족했다. 여기에 오벳에돔의 신앙의 진심이 담겨 있는 것이다.

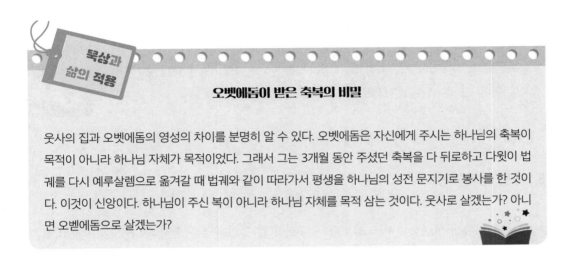

묵상과 삶의 적용

오벳에돔이 받은 축복의 비밀

웃사의 집과 오벳에돔의 영성의 차이를 분명히 알 수 있다. 오벳에돔은 자신에게 주시는 하나님의 축복이 목적이 아니라 하나님 자체가 목적이었다. 그래서 그는 3개월 동안 주셨던 축복을 다 뒤로하고 다윗이 법궤를 다시 예루살렘으로 옮겨갈 때 법궤와 같이 따라가서 평생을 하나님의 성전 문지기로 봉사를 한 것이다. 이것이 신앙이다. 하나님이 주신 복이 아니라 하나님 자체를 목적 삼는 것이다. 웃사로 살겠는가? 아니면 오벳에돔으로 살겠는가?

7. 성전 건축을 준비함(7장)

다윗이 성전을 짓는다고 했을 때 하나님이 막으신다. 나중에 솔로몬을 통해서 짓게 하시는데, 이유는 다윗이 "땅에 피를 많이 흘렸다"는 것이다.

> 여호와의 말씀이 내게 임하여 이르시되 너는 피를 심히 많이 흘렸고 크게 전쟁했느니라 네가 내 앞에서 땅에 피를 많이 흘렸은즉 내 이름을 위하여 성전을 건축하지 못하리라 (역대상 22:8)

다윗과 솔로몬은 사명 자체가 다르다. 다윗은 전쟁을 통해 나라를 세우는 전사의 사명이기 때문에 피를 흘렸다는 것은 그런 의미다. 그는 솔로몬이 성전을 지을 수 있도록 모든 것을 준비하는 사명이고, 솔로몬은 다윗이 준비한 재료들로 성전을 지을 사명인 것이다.

사명 따라 살면 된다

다윗은 성전 건축의 사명이 아니라 정복의 사명이다. 우리도 마찬가지로 자신의 사명과 달란트에 맞게 섬기면 된다. 다른 사람들과 비교해서 자신을 낮게 보거나, 반대로 우월하게 여겨서는 안 된다. 다윗과 솔로몬의 사명이 다르듯 나와 다른 사람들의 사명이 다를 뿐이다. 나의 사명은 무엇인가? 사명을 발견했는가? 사명 따라 사는 것이 가장 행복한 삶이다.

8. 다윗 언약(7장)

하나님을 위해 성전을 지어드리겠다는 다윗의 말에 하나님은 오히려 다윗을 위해 집을 지어주고, 그의 후손의 나라의 왕위를 영원히 견고케 해 주실 것을 약속하신다.

> 네가 가는 모든 곳에서 내가 너와 함께 있어 네 모든 원수를 네 앞에서 멸했은즉 땅에서 위대한 자들의 이름 같이 네 이름을 위대하게 만들어 주리라 내가 또 내 백성 이스라엘을 위하여 한 곳을 정하여 그를 심고 그를 거주하게 하고 다시 옮기지 못하게 하며 악한 종류로 전과 같이 그들을 해하지 못하게 하여 전에 내가 사사에게 명령하여 내 백성 이스라엘을 다스리던 때와 같지 아니하게 하고 너를 모든 원수에게서 벗어나 편히 쉬게 하리라 여호와가 또 네게 이르노니 여호와가 너를 위하여 집을 짓고 네 수한이 차서 네 조상들과 함께 누울 때에 내가 네 몸에서 날 네 씨를 네 뒤에 세워 그의 나라를 견고하게 하리라 그는 내 이름을 위하여 집을 건축할 것이요 나는 그의 나라 왕위를 영원히 견고하게 하리라 (사무엘하 7:9-13)

하나님은 다윗과 언약을 맺는데, "네 후손의 왕위가 영원할 것이라"고 말씀하신다. 다윗도 아마 자신의 육신적 왕국이 영원할 것이라고 생각했을 것이다. 그러나 다윗 왕국은 몇백 년 지나 유다가 멸망하고 마지막 왕 시드기야가 바벨론의 느부갓네살에 의해 두 눈이 뽑혀서 끌려가는 순간 다윗의 인간적인 혈통적인 왕위는 그때 끝나고 만다. 그렇기에 하나님이 말씀하시는 영원히 이어질 '왕위'는 예수 그리스도를 통한 하나님의 나라를 말하는 것이다.

사람의 매와 인생의 채찍

하나님은 다윗 왕국의 후손들이 하나님께 악을 행하면 사람의 매와 인생의 채찍으로 징계할 것을 말씀하신다. 그렇다. 하나님의 자녀들이 악을 행하면 하나님의 징계가 임한다. 하나님의 징계는 당신의 자녀들을 향한 하나님의 또 다른 사랑이다. 이때 하나님은 사람과 환경을 통해 하나님의 자녀들을 징계하고 훈련하신다. 나에게도 사람의 매와 인생의 채찍을 통해 나를 연단시키셨던 적이 있었는가?

9. 다윗의 승리 비결(8장)

다윗이 에돔에 수비대를 두되 온 에돔에 수비대를 두니 에돔 사람이 다 다윗의 종이 되니라 다윗이 어디로 가든지 여호와께서 이기게 하셨더라 (사무엘하 8:14)

다윗은 모든 전쟁에서 승리한다. 하나님이 다윗이 "어디로 가든지 이기게 하시더라"라고 말씀하신 대로 그가 어디로 가든지 하나님이 이기게 하셨다. 이기게 하시는 하나님이 함께하신 것이다. 우리에게도 '어디로 가든지 이기게 하시는 복'이 임하기를 바란다.

10. 요나단의 아들 므비보셋을 선대함(9장)

다윗은 자신의 정적이었던 사울의 손자요, 친구 요나단의 아들인 므비보셋을 선대한다. 므비보셋은 전쟁 통에 그만 장애를 입게 된 사람이다. 하지만 반란의 씨는 제거하는 것이 상례다. 그런데 그를 왕의 식탁에 초대하고 보살핀다. 친구 요나단과의 약속도 약속이지만, 원수의 후손까지도 용서하는 다윗의 면모가 드러난다.

다윗의 실패(사무엘하 11~24장)

1. 다윗의 실패(11장)

사명을 잊은 다윗과 정욕

다윗은 사무엘하 11장을 기점으로 내리막길을 걷는다. 다윗이 정욕을 이기지 못해 범죄하게 된다. 다윗이 무너진 장이 사무엘하 11장이고, 그 아들 솔로몬이 정욕으로 무너진 장이 열왕기상 11장이다. 신기하게도 공통점이 있다.

다윗은 어느 날 왕궁 높은 곳을 거닐다가 목욕을 하는 우리아 장군의 아내 밧세바를 보고 음욕을 품게 된다. 그는 밧세바를 자신의 왕궁으로 불러들여 성적인 범죄를 저지른다. 이 사건은 간음 사건이 아닌 권력을 이용한 성폭행이라고 생각한다. 절대 권력을 가진 왕의 명령을 남편이 없는 동안 밧세바가 어찌 거부할 수가 있었겠는가?

이 사건 이면에는 더 중요한 메시지가 있는데 그것은 사명의 자리를 떠나서는 안 된다는 것이다. 다윗은 본래 전쟁 사명이 있는 사람인데 어느 정도 나라가 안정됐다고 생각한 나머지 더 이상 전쟁터에 나가지 않는다. 그러다가 범죄하게 된 것이다.

> 그 해가 돌아와 왕들이 출전할 때가 되매 다윗이 요압과 그에게 있는 그의 부하들과 온 이스라엘 군대를 보내니 그들이 암몬 자손을 멸하고 랍바를 에워쌌고 다윗은 예루살렘에 그대로 있더라 저녁 때에 다윗이 그의 침상에서 일어나 왕궁 옥상에서 거닐다가 그 곳에서 보니 한 여인이 목욕을 하는데 심히 아름다워 보이는지라 (사무엘하 11:1-2)

우리아의 아내와 간음을 하고 임신 사실을 숨기기 위해 우리아 장군을 최전선으로 보내 결국 죽게 한다. 살인교사까지 한 사람이 바로 다윗이다.

아침이 되매 다윗이 편지를 써서 우리아의 손에 들려 요압에게 보내니 그 편지에 써서 이르기를 너희가 우리아를 맹렬한 싸움에 앞세워 두고 너희는 뒤로 물러가서 그로 맞아 죽게 하라 했더라 (사무엘하 11:14-15)

우리아의 아내는 그 남편 우리아가 죽었음을 듣고 그의 남편을 위하여 소리내어 우니라 그 장례를 마치매 다윗이 사람을 보내 그를 왕궁으로 데려오니 그가 그의 아내가 되어 그에게 아들을 낳으니라 다윗이 행한 그 일이 여호와 보시기에 악했더라 (사무엘하 11:26-27)

마태복음 1장 족보에 다섯 명의 여인이 나온다. 그중에 다윗과 밧세바도 나온다. 그런데 "다윗은 밧세바를 통해서 솔로몬을 낳고"가 아니라 "다윗은 우리아의 아내를 통하여 솔로몬을 낳다"라고 표현한다.

이새는 다윗 왕을 낳으니라 다윗은 우리야의 아내에게서 솔로몬을 낳고 (마태복음 1:6)

밧세바라는 실명이 있음에도 불구하고 우리아의 아내라고 굳이 기록하고 있다. 이것은 다윗이 남의 아내였던 여인을 빼앗아 정욕을 채운 죄인임을 드러내는 것이다. 그래서 다윗 마저도 은혜 없으면 안 되는 존재라고 못 박는 것이다. 나는 은혜가 아니면 안 되는 자임을 고백하는가?

사명의 자리가 생명의 자리다

다윗이 넘어진 원인은 단지 정욕의 문제가 아니다. 근본 원인은 그가 사명의 자리를 떠나 나태해져 있다는 것이다. 하나님의 사람이 그 사명의 자리를 떠나면 안 된다. 왜냐하면 그 자리를 떠났다고 끝나는 것이 아니기 때문이다. 사울에게 하나님의 영이 떠나고 하나님이 떠나는 것으로 끝나는 것이 아니라 악한 영에 들리는 것과 같은 이치다. 여러분에게 맡긴 사명을 놓으면 그냥 편하게 살 수 있을 것 같은가? 절대 그렇지 않다. 사명의 자리를 떠나면 반드시 사탄의 공격이 있다. 사명의 자리를 지키고 충성할 때 나를 지킬 수 있는 것이다. 나는 사명의 자리를 지키고 있는가?

2. 1년간의 무지와 나단의 책망(12장)

다윗은 자신이 간음과 살인교사를 저질렀는지도 모르고, 죄가 죄인 줄도 모른 채 1년을 지낸다. 이때 하나님의 종 나단 선지자가 다윗의 죄를 비유를 들어 책망한다. 가난한 자의 암양 한 마리를 뺏어서 착취한 부자의 예를 들자 다윗은 그 부자를 4배나 벌을 줘야 한다고 말한다. 나단은 그 사람이 바로 다윗 자신임을 지적한다.

> 그 부한 사람은 양과 소가 심히 많으나 가난한 사람은 아무것도 없고 자기가 사서 기르는 작은 암양 새끼 한 마리뿐이라 그 암양 새끼는 그와 그의 자식과 함께 자라며 그가 먹는 것을 먹으며 그의 잔으로 마시며 그의 품에 누우므로 그에게는 딸처럼 되었거늘 (사무엘하 12:2-3)

> 다윗이 그 사람으로 말미암아 노하여 나단에게 이르되 여호와의 살아 계심을 두고 맹세하노니 이 일을 행한 그 사람은 마땅히 죽을 자라 그가 불쌍히 여기지 아니하고 이런 일을 행했으니 그 양 새끼를 네 배나 갚아 주어야 하리라 한지라 나단이 다윗에게 이르되 당신이 그 사람이라 (사무엘하 12:5-7a)

어느 날 갑자기 무너진 것이 아니다

다윗이 어느 날 갑자기 무너진 것이 아니다. 성경에 다윗의 여자로 8명이나 이름이 나올 만큼 다윗은 수많은 여자가 있었다. 8번째가 밧세바이고 그 외 이름도 안 나오는 첩들도 많다. 다윗은 성경에 이름이 밝혀진 자식만 20명을 두었는데, 19명이 아들이고 1명이 딸(다말)이다. 밧세바를 통해 얻은 자녀 중 첫째 아들은 죽고, 다윗과 밧세바의 넷째 아들 솔로몬이 다윗을 이어 왕이 된다. 하나님은 솔로몬을 사랑하사, 그를 '여디디야(여호와께서 사랑하시는 자)'로 부르신다.

그렇다. 다윗이 여자로 인해 무너진 것은 어느 날 갑자기 무너진 것이 아니다. 그는 평생을 살면서 많은 여자를 아내로 삼았다. 성경에 이름이 밝혀진 아내만 8명이지만, 아마 그 외에도 더 많은 후궁을 두었을 것이다. 우리도 마찬가지다. 신앙이 어느 날 한순간에 무너지는 것이 아니라 죄를 용납하는 하루하루가 쌓여서 그 열매가 나타나게 되는 것이다. 내가 아무렇지도 않게 허용하고 있는 죄악은 무엇인가?

3. 다윗이 하나님 마음에 합한 이유: 회개하는 자세

다윗은 나단 선지자의 지적에 회개한다. 어쩌면 절대 권력자로서 자신의 허물을 폭로하는 나단 선지자를 그 자리에서 죽일 수도 있었을 것이다. 아마 사울은 그랬을지도 모른다. 하지만 다윗은 눈물로 회개한다. 여기에 다윗의 귀함이 있다. 그는 사울과 달리 자신의 죄를 인정하고 하나님께 회개하고 삶을 돌이킬 줄 아는 자다. 그래서 신약에서 그를 "하나님 마음에 합한 자"라고 하는 것이다. 죄를 안 짓는 자가 하나님 마음에 합한 자가 아니라 자신의 죄를 하나님 앞에서 통회하고 돌이킬 수 있는 자가 하나님 마음에 합한 자다.

밧세바와 낳은 세 번째 아들의 이름이 나단이다. 만일 다윗이 자신의 치부를 드러낸 나단 선지자에 대해서 악한 마음이 있었다면 아들을 낳고 이름을 절대 나단이라고 짓지 않았을 것이다. 이게 바로 다윗의 위대함이다. 이름에 대한 이야기가 나오니 압살롬의 딸 이름도 마음을 짠하게 한다. 압살롬의 자녀 중 첫 번째 딸의 이름이 바로 자신의 누이, 다윗의 유일한 딸인 '다말'이다.

4. 하나님의 징계(12장)

다윗이 나단의 비유에 발끈하여 스스로 선포대로 다윗의 가문에 4가지 하나님의 징계의 칼이 임한다.

> 다윗이 그 사람으로 말미암아 노하여 나단에게 이르되 여호와의 살아 계심을 두고 맹세하노니 이 일을 행한 그 사람은 마땅히 죽을 자라 그가 불쌍히 여기지 아니하고 이런 일을 행했으니 그 양 새끼를 네 배나 갚아 주어야 하리라 한지라 (사무엘하 12:5-6)

첫째, 암논이라는 아들이 다윗의 외동딸 다말을 강간한다(사무엘하 13장).

둘째, 다말의 친오빠 압살롬이 2년 동안 계획을 세워 자신의 여동생 다말을 강간한 이복형제 암논을 죽여 버린다(사무엘하 13장).

셋째, 도망가 살던 압살롬이 반란을 일으켜 아버지 다윗에게 칼을 들이댄다(사무엘하 15장).

넷째, 다윗의 사후 이복형제 아도니야가 솔로몬의 왕권을 인정하지 않고, 아버지 다윗의 후궁 아비삭을 요구한 일로 솔로몬이 아도니야를 처형한다. 왜냐하면 아버지의 첩들을 취하는 권리는 오직 그다음 왕의 고유 권한이었기 때문에 솔로몬은 이 요구를 자신의 왕권에 대한 반란으로 본 것이다(열왕기상 2장).

5. 압살롬의 반역과 죽음(15장)

다윗이 밧세바 사건으로 하나님의 징계를 받는 동안 정사를 돌보지 못했다. 그 틈에 4년을 준비한 압살롬이 모반을 준비하여 온 백성과 신하들의 마음을 얻어서 다윗에게 반란을 일으킨다.

> 사람이 가까이 와서 그에게 절하려 하면 압살롬이 손을 펴서 그 사람을 붙들고 그에게 입을 맞추니 이스라엘 무리 중에 왕께 재판을 청하러 오는 자들마다 압살롬의 행함이 이와 같아서 이스라엘 사람의 마음을 압살롬이 훔치니라 (사무엘하 15:5-6)

이 쿠데타는 거의 성공하는 듯했으나 하나님의 개입으로 인해 극적으로 회복한다. 압살롬이 자신의 책사 아히도벨의 조언을 듣지 않고, 오히려 다윗의 편이었던 후새의 조언을 받아들여 다윗을 더 이상 추격하지 않는다.

다윗은 전열을 다시 정비하고 이 반란을 진압한다. 이 과정에서 결국 압살롬이 죽게 되는데 그의 죽음이 사사하는 바가 있다. 압살롬이 말을 타고 가다가 상수리나무에 머리가 걸려 죽는다. 자기가 최고로 자랑하고 자부심을 갖고 있었던 머리가 올무가 되어 죽게 된 것이다.

> 압살롬이 다윗의 부하들과 마주치니라 압살롬이 노새를 탔는데 그 노새가 큰 상수리나무 번성한 가지 아래로 지날 때에 압살롬의 머리가 그 상수리나무에 걸리매 그가 공중과 그 땅 사이에 달리고 그가 탔던 노새는 그 아래로 빠져나간지라 (사무엘하 18:9)

자랑하면 죽는다

압살롬이 나중에 죽게 된 계기가 무엇인가? 압살롬의 자부심의 상징인 머리가 나무에 걸려 병사에게 죽는다. 그렇다. 하나님과 사람 앞에 자기가 제일로 자랑하는 것은 언젠가는 그것이 자신에게 올무가 되는 것이다. 하나님 이외에 자랑하는 것이 있다면 빨리 십자가에 못 박아야 한다. 오직 하나님 외에 자랑할 것이 없어야 한다.

6. 시므이의 조롱과 다윗의 대응(16장)

압살롬의 반란으로 인해 맨발로 쫓겨 도망가는 다윗에게 사울 가문 중 한 사람이었던 시므이가 다윗을 한껏 저주하고 조롱한다.

> 다윗 왕이 바후림에 이르매 거기서 사울의 친족 한 사람이 나오니 게라의 아들이요 이름은 시므이라 그가 나오면서 계속하여 저주하고 또 다윗과 다윗 왕의 모든 신하들을 향하여 돌을 던지니 그 때에

모든 백성과 용사들은 다 왕의 좌우에 있었더라 시므이가 저주하는 가운데 이와 같이 말하니라 피를 흘린 자여 사악한 자여 가거라 가거라 사울의 족속의 모든 피를 여호와께서 네게로 돌리셨도다 그를 이어서 네가 왕이 되었으나 여호와께서 나라를 네 아들 압살롬의 손에 넘기셨도다 보라 너는 피를 흘린 자이므로 화를 자초했느니라 하는지라 스루야의 아들 아비새가 왕께 여짜오되 이 죽은 개가 어찌 내 주 왕을 저주하리이까 청하건대 내가 건너가서 그의 머리를 베게 하소서 하니 왕이 이르되 스루야의 아들들아 내가 너희와 무슨 상관이 있느냐 그가 저주하는 것은 여호와께서 그에게 다윗을 저주하라 하심이니 네가 어찌 그리했느냐 할 자가 누구겠느냐 하고 또 다윗이 아비새와 모든 신하들에게 이르되 내 몸에서 난 아들도 내 생명을 해하려 하거든 하물며 이 베냐민 사람이랴 여호와께서 그에게 명령하신 것이니 그가 저주하게 버려두라 혹시 여호와께서 나의 원통함을 감찰하시리니 오늘 그 저주 때문에 여호와께서 선으로 내게 갚아 주시리라 하고 (사무엘하 16:5-12)

"네가 사울 왕을 죽일 때 알아봤어. 너도 자업자득이야. 너도 똑같은 꼴 당하는 거야"라는 조롱이다. 그러자 다윗의 심복 요압 장군이 "저 시므이를 목 베어 올까요?"라고 하자 다윗이 유명한 말을 한다.

"여호와께서 그에게 명령하신 것이니 그가 저주하게 버려두라 혹시 여호와께서 나의 원통함을 감찰하시리니 오늘 그 저주 때문에 여호와께서 선으로 내게 갚아 주시리라"(사무엘하 16:11b-12)

다윗은 시므이의 저주를 하나님의 명령으로 받아들였다. 여기에 다윗의 귀함이 있다. 시므이의 저주와 조롱을 하나님의 음성으로 들었고 자신의 삶을 돌이키는 기회로 삼았을 뿐만 아니라 나중에 압살롬 반란이 평정되고 난 후에도 시므이를 죽이지 않는다. 다윗이 용서의 사람으로, 긍휼의 사람으로 바뀌어 가고 있다.

스루야의 아들 아비새가 대답하여 이르되 시므이가 여호와의 기름 부으신 자를 저주했으니 그로 말미암아 죽어야 마땅하지 아니하니이까 하니라 다윗이 이르되 스루야의 아들들아 내가 너희와 무슨 상관이 있기에 너희가 오늘 나의 1)원수가 되느냐 오늘 어찌하여 이스라엘 가운데에서 사람을 죽이겠느냐 내가 오늘 이스라엘의 왕이 된 것을 내가 알지 못하리요 하고 왕이 시므이에게 이르되 네가 죽지 아니하리라 하고 그에게 맹세하니라 (사무엘하 19:21-23)

나를 모욕하고 쓴소리하는 사람을 품고 있는가?

다윗은 시므이가 자신을 저주할 때 그것을 하나님의 음성으로 소화했다. 다윗의 귀한 점은 다른 사람의 쓴소리를 품는 자라는 것이다. 우리도 쓴소리를 들을 때 자신을 돌아볼 줄 알아야 한다. 그래야 하나님이 사용하실 수 있기 때문이다. 나는 어떠한가? 나의 자존심을 건드리는 쓴소리를 하나님의 음성으로 소화하고 있는지? 아니면 그런 사람들을 미워하고 등지고 있는지? 사람은 쓴소리를 들을 때에 인격이 드러나게 된다. 하나님의 사람들은 자신을 향해 쓴소리하는 것을 들을 줄 알아야 한다.

7. 인구조사와 사탄의 충동(24장)

다윗은 그 통치 말년에 인구조사를 한다. 그렇게 아름다웠던 영성을 가졌던 다윗이 범죄하고 만다. 사무엘하는 다윗의 마지막 사건을 인구조사로 끝내는데 역대하 21장에 가면 이 인구조사를 '사탄이 다윗의 마음을 충동질했다'라고 표현한다. 즉 이 인구조사는 사탄이 다윗을 충동질한 사건이다.

사탄이 일어나 이스라엘을 대적하고 다윗을 충동하여 이스라엘을 계수하게 하니라 (역대상 21:1)

다윗의 영광을 드러내고 세력을 과시하려고 한 인구조사다. 하나님은 이 일을 악하게 보셨다.

하나님이 이 일을 악하게 여기사 이스라엘을 치시매 (역대상 21:7)

민수기 1장과 26장에서 한 인구조사는 사람의 영광을 드러내고, 세력을 확보하려고 센 숫자가 아니라 하나님 나라의 군대 수를 센 것이다. 그런데 똑같은 인구조사라 할지라도 사무엘하에서는 다윗이 자기 통치의 위대함과 자기 영광을 드러내기 위해, 자기만족을 위해 한 것이다.

성경이 이렇게 위대한 왕 다윗의 끝을 범죄와 넘어짐으로 끝내는 이유는 다윗마저도 하나님의 은혜가 없으면 안 되는 존재라는 것을 보여준 것이다. 그도 연약한 죄인이라는 것을 드러내고 사람이 영광을 구하면 안 되는 것을 알게 하기 위함이다.

사람이 영광을 구하려 한 사건이 사도행전 5장에 나온다. 아나니아와 삽비라가 헌금하려고 작정했던 부분에서 일부를 떼어내고 드렸다가 결국 죽음을 맞이한다. 이들 부부의 죽음은 작정한 헌금 전부를 드리지 못해서 맞이한 것이라고 단순하게 풀이하면 안 된다. 4장 끝에 나오는 바나바의 행동과 연계해서 풀어야 한다. 바나바는 자기의 모든 밭을 팔아 사도들 앞에 놓고 많은 사람의 칭찬을 받는다. 아나니아와 삽비라는 바나바가 받는 칭찬과 영광을 탐하다가 헌금의 일부까지 떼게 된 것이다. 그 결말은 죽음이었다.

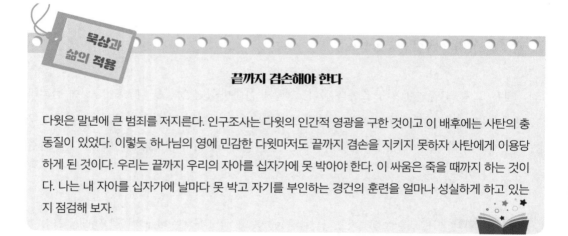

묵상과 삶의 적용

끝까지 겸손해야 한다

다윗은 말년에 큰 범죄를 저지른다. 인구조사는 다윗의 인간적 영광을 구한 것이고 이 배후에는 사탄의 충동질이 있었다. 이렇듯 하나님의 영에 민감한 다윗마저도 끝까지 겸손을 지키지 못하자 사탄에게 이용당하게 된 것이다. 우리는 끝까지 우리의 자아를 십자가에 못 박아야 한다. 이 싸움은 죽을 때까지 하는 것이다. 나는 내 자아를 십자가에 날마다 못 박고 자기를 부인하는 경건의 훈련을 얼마나 성실하게 하고 있는지 점검해 보자.

8. 다윗의 회개

> 다윗이 하나님께 아뢰되 내가 이 일을 행함으로 큰 죄를 범했나이다 이제 간구하옵나니 종의 죄를 용서하여 주옵소서 내가 심히 미련하게 행했나이다 하니라 (역대상 21:8)

하나님이 다윗을 너무 사랑하신다는 것은 다윗이 범죄할 때마다 선지자를 보내는 것으로 알 수 있다. 그때마다 다윗은 자신의 죄를 통회한다. 인구조사 후 하나님이 갓 선지자를 보내는데 다윗은 이번에도 통회하고 자복한다. 그래서 하나님 마음에 합한 다윗이라고 성경은 기록하고 있다.

하나님은 사울에게도 선지자를 보내 돌이킬 기회를 주었다. 하지만 사울은 듣지 않았다. 또한 솔로몬이 타락할 때는 하나님이 두 번이나 직접 나타나셔서 말씀하시지만 돌이키지 않는다. 그래서 다윗이 세 왕 중 가장 위대하다고 평가를 받게 된 것이다. 하나님의 책망을 듣고 돌이킬 수 있는 겸손한 귀와 낮아진 마음이 그를 위대하게 만든 것이다.

갓 선지자는 인구조사에 대한 하나님의 징계를 세 가지로 제시한다(역대상 21장). 7년 동안의 기근, 3년의 반란, 3일간의 전염병의 세 가지 중 하나를 선택하라고 한다. 그래서 제일 짧은 3일간의 전염병을 받아들이는데 이로 인해 백성 7만 명이 죽는 비극이 발생한다.

> 이에 여호와께서 이스라엘 백성에게 전염병을 내리시매 이스라엘 백성 중에서 죽은 자가 칠만 명이었더라 (역대상 21:14)

한 지도자의 죄로 인해 이토록 큰 고통을 백성이 겪어야 했다.

9. 오르난 타작 마당의 번제

7만 명이나 되는 백성이 전염병으로 죽자 하나님은 이 재앙을 내리신 것을 뉘우치사 천사로 하여금 징계의 칼을 거두게 하신다. 이렇듯 하나님은 긍휼의 하나님이시다.

> 하나님이 예루살렘을 멸하러 천사를 보내셨더니 천사가 멸하려 할 때에 여호와께서 보시고 이 재앙 내림을 뉘우치사 멸하는 천사에게 이르시되 족하다 이제는 네 손을 거두라 하시니 그 때에 여호와의 천사가 여부스 사람 오르난의 타작 마당 곁에 선지라 다윗이 눈을 들어 보매 여호와의 천사가 천지 사이에 섰고 칼을 빼어 손에 들고 예루살렘 하늘을 향하여 편지라 다윗이 장로들과 더불어 굵은 베를 입고 얼굴을 땅에 대고 엎드려 하나님께 아뢰되 명령하여 백성을 계수하게 한 자가 내가 아니니이까 범죄하고 악을 행한 자는 곧 나이니이다 이 양 떼는 무엇을 행했나이까 청하건대 나의 하나님 여호와여 주의 손으로 나와 내 아버지의 집을 치시고 주의 백성에게 재앙을 내리지 마옵소서 하니라

(역대상 21:15-17)

다윗이 거기서 여호와를 위하여 제단을 쌓고 번제와 화목제를 드려 여호와께 아뢰었더니 여호와께서 하늘에서부터 번제단 위에 불을 내려 응답하시고 여호와께서 천사를 명령하시매 그가 칼을 칼집에 꽂았더라 (역대상 21:26-27)

다윗은 오르난(Araunah [아라우나], 사무엘하 24:16)의 타작 마당에 여호와를 위해 번제와 화목제를 올려 드린다. 훗날 이곳에 솔로몬 성전이 세워진다. 또한 이곳은 예수님이 십자가에 달려 죽으실 골고다 언덕이 된다.

누군가의 생명값으로만 용서 받는다

다윗이 인구조사를 실시한 죄악으로 인한 하나님의 심판이 아리우나 타작 마당에서 드려진 번제와 화목제로 멈춘 것처럼 우리의 죄악에 대한 심판도 십자가에서 우리의 죄악을 대신 심판받으신 예수 그리스도로 인해 다 끝나게 된 것이다. 그렇다. 인간의 죄악은 반드시 누군가의 생명이 희생되어야만 용서받을 수 있는 것이다. 우리가 짓는 죄가 얼마나 무서운가 생각하며, 예수님의 피의 희생을 헛되게 하면 안 된다. 더 이상 죄와 타협하고 죄짓는 일을 우습게 여겨서는 결코 안 된다.

15장

열왕기상하: 하나님 나라 왕의 사명 1

율법에 대한 순종과 가르침, 공의로 통치하다

1. 왕정시대의 구조

왕정시대 인물별 구조

사무엘상				사무엘하		열왕기상		열왕기하		역대상		역대하	
엘리	사무엘	사울	다윗	다윗 승리	다윗 실패	솔로몬	왕국 분열	북이스라엘 멸망	남유다 포로	유다 족보	다윗 업적	솔로몬 왕국 분열	남유다 포로

왕정시대 역사서 6권의 주제별 구조

사무엘상하		열왕기상하		역대상하	
왕의 준비	왕의 통치	붕괴 과정	멸망 과정	왕의 사명 2(성전)	
		왕의 사명 1(율법)			
사무엘, 사울	다윗	1. 솔로몬 통치 (왕상 1~11장) 2. 왕국 분열	북이스라엘과 남유다(왕상 12장~ 왕하 25장)	다윗	솔로몬 → 남유다 왕
		엘리야(아합)	엘리야(여호람, 예후)		
		정치적		신앙적	
		선지자적		제사장적	
		예레미야		에스더	
		멸망하기 직전의 이스라엘		이스라엘의 포로 귀환	
		두 왕국		한 왕국(남유다)	

2. 열왕기상하의 구조

열왕기상하의 키아즘 구조[25]

열왕기상하										
A				X			A'			
단일(솔로몬) 왕국				분열 왕국			단일(유다) 왕국			
열왕기상 1~11장				열왕기상 12장~열왕기하 17장			열왕기하 18~25장			
왕위 갈등	솔로몬		왕위 갈등	열왕 기록	오므리 왕조 VS 엘리야 엘리사	열왕 기록 북왕국 멸망	히스기야	므낫세	요시야	유다 멸망
	순종	불순종								

A와 A'는 각각 단일 왕국 시대의 번성과 멸망을 묘사한다. A는 다윗과 솔로몬 시대의 축복과 번영, A'는 남유다 단일 왕국 시대의 비참한 멸망을 맞이한다. 왕국의 황금시대가 비참한 멸망으로 끝나는 이유는 중심축(X)에 있는 이스라엘의 언약 배반과 우상 숭배임을 구조적으로 명확히 드러내고 있다.

특히 중심축(X)의 내용 중 오므리 왕조와 엘리야와 엘리사의 대결은 왜 이스라엘이 멸망했는가를 보이고, 어떻게 다시 하나님의 은혜를 회복할 수 있는지를 제시한다.

북이스라엘과 남유다의 멸망은 정치적·군사적인 이유가 아니라 하나님과 맺은 언약과 율법을 배반한 결과, 즉 언약적 심판이다.

> 내가 너희를 여러 민족 중에 흩을 것이요 내가 칼을 빼어 너희를 따르게 하리니 너희의 땅이 황무하며 너희의 성읍이 황폐하리라 너희가 원수의 땅에 살 동안에 너희의 본토가 황무할 것이므로 땅이 안식을 누릴 것이라 그 때에 땅이 안식을 누리니 너희가 그 땅에 거주하는 동안 너희가 안식할 때에 땅은 쉬지 못했으나 그 땅이 황무할 동안에는 쉬게 되리라 (레위기 26:33-35)

---

25 박근범, 『New 성경의 파노라마』(서울: 쿰란출판사, 2004년), 184.

열왕기상하의 핵심 주제

· 하나님 나라의 대리 통치자인 왕의 사명은 무엇인가? 첫째는 하나님의 백성에게 율법을 가르치고 지키게 하는 것이고, 둘째는 공평과 정의로 하나님 나라를 다스리는 것이다. 왕의 사명은 하나님의 말씀을 지키고 순종하는 본을 보이고 백성으로 하여금 말씀을 지키게 하는 것이다. 따라서 왕의 타락은 곧 백성의 타락으로 이어지게 된다.

· 율법을 가르치는 제사장의 실패가 곧 하나님 나라의 실패다.

· 다윗의 길로 걸었는가? 아니면 여호보암의 길로 걸었는가?

통일 왕국 – 분열 왕국 – 멸망과 포로

사울(40년) → 다윗(40년) → 솔로몬(40년, B.C. 970년) →
솔로몬 죽음 및 분열(B.C. 931년) → 북이스라엘(10지파) / 남유다(2지파)

1) 북이스라엘: 여로보암(1대) → 호세아(19대)
   B.C. 722년, 앗수르에 의해 멸망

2) 남유다 : 르호보암(1대) → 시드기야(20대)
   B.C. 605년: 1차 포로, 바벨론 → B.C. 597년: 2차 포로 → B.C. 586년: 3차 포로
   B.C. 536년: 1차 귀환 → B.C. 458년: 2차 귀환 → B.C. 444년: 3차 귀환

열왕기상하[26]의 장별 구조

열왕기상 1~11장	열왕기상 12~22장
솔로몬의 40년 통치	두 왕국의 초기(80년)
1) 다윗 왕 죽음과 솔로몬 초기 통치(1-4장) 2) 성전과 왕궁 건축(5-8장) 3) 전성기(9-10장) 4) 타락(11장)	1) 르호보암(12장)과 여로보암(13장) 2) 남유다 왕들(14-22장) 북이스라엘 왕들(14-22장) 3) 엘리야와 엘리사 시대(17-22장)

---

26 열왕기하는 *Nelson's Complete Book of Bible Maps and Charts*(1993, Thomas Nelson, Inc.)에서 인용.

열왕기하 1-17장	열왕기하 18-25장
두 왕국의 후기(131년)	단일(유다) 왕국
1) 아하시야와 여호람 치하의 엘리사 사역 2) 10명의 이스라엘 왕과 8명의 유대 왕의 통치 3) 이스라엘 멸망	1) 히스기야 2) 므낫세 3) 요시야 4) 유다 멸망

왕정 시대의 키아즘 구조(열왕기상하)[27]

A	단일 (솔로몬) 왕국	열왕기상 1~11장	A	왕위 갈등	1-2장	아도니야, 요압 장군, 시므이 제거		
			X	축복받는 솔로몬	3:1-11:13	3	a	산당 제사, 축복의 꿈
						3~5	b	여인과 지혜, 부귀영화
						6~8	c	성전 건축, 순종
				몰락하는 솔로몬		9	a`	헌당 예배, 언약의 꿈
						9~10	b`	여인과 지혜, 부귀영화
						11:1~13	C`	산당 건립, 불순종
			A'	왕위 갈등	11:14-43	에돔하닷, 르손, 여로보암 대적		
X	분열 왕국	열왕기상 12장 ~ 열왕기하 17장	열왕 기록					
			오므리 왕조, 아합, 엘리야, 엘리사					
			열왕 기록, 북이스라엘 멸망					
A'	유다 왕국	열왕기하 18~25장	히스기야					
			므낫세					
			요시야					
			유다 멸망					

---

27 박근범, 『New 성경의 파노라마』(서울: 쿰란출판사, 2004년), 188.

솔로몬의 40년 통치(열왕기상 1~11장)

1. 솔로몬의 통치(열왕기상 1~10장)

다윗의 유언(2장)

다윗은 솔로몬에게 마지막 유언을 남긴다. "첫째, 대장부처럼 행하라. 둘째, 하나님의 말씀을 지키라. 셋째, 마음과 성품을 다해 하나님 앞에서 행하라"이다. 그러나 솔로몬은 아버지의 유언을 지키지 않았다.

아도니야와 요압의 반란(2장)

다윗의 넷째 아들인 아도니야는 스스로 높여 솔로몬을 대항하여 반란을 일으킨다.

> 그 때에 학깃의 아들 아도니야가 스스로 높여서 이르기를 내가 왕이 되리라 하고 자기를 위하여 병거와 기병과 호위병 오십 명을 준비하니 (열왕기상 1:5)

그는 그 당시 다윗의 아들 중에서 가장 서열이 높았다. 왜냐면 다윗의 장자 암논은 압살롬에 의해 살해되었고, 둘째는 일찍 죽었을 것으로 추정되며, 셋째 압살롬은 반란의 실패로 죽었기 때문이다. 자기보다 한 참 아래 서열인 솔로몬을 왕으로 인정하기가 쉽지 않았을 것이다.

아도니야는 솔로몬에게 아버지 다윗의 마지막 첩이었던 아비삭을 요구한다. 왕의 후궁들은 다음 왕이 승계하는 것이 왕권의 승계 절차 중 하나다. 따라서 다윗의 마지막 첩이었던 아비삭을 아도니야가 요구했다는 것은 단순히 아비삭이 예뻐서 달란 것이 아니다. 솔로몬이 아닌 자기가 적통성을 가진다는 일종의 쿠데타 사건이었기 때문에 솔로몬이 이복형제이지만 아도니야를 처형한다. 이 반란에 다윗을 평생 보필했던 요압 장군이 아도니야 편에 가담했다가 처형이 된다. 그리고 제사장 아비아달도 아도니야의 편에 섰다가 솔로몬에 의해 고향인 아나돗으로 쫓겨가게 된다. 이때부터 이스라엘은 사독 제사장 체제가 정착된다.

일천번제와 듣는 마음(3장)

이에 왕이 제사하러 기브온으로 가니 거기는 산당이 큼이라 솔로몬이 그 제단에 일천 번제를 드렸더니 기브온에서 밤에 여호와께서 솔로몬의 꿈에 나타나시니라 하나님이 이르시되 내가 네게 무엇을 줄꼬 너는 구하라 솔로몬이 이르되 주의 종 내 아버지 다윗이 성실과 공의와 정직한 마음으로 주와 함께 주 앞에서 행하므로 주께서 그에게 큰 은혜를 베푸셨고 주께서 또 그를 위하여 이 큰 은혜를 항상 주사 오늘과 같이 그의 자리에 앉을 아들을 그에게 주셨나이다 나의 하나님 여호와여 주께서 종으로 종의 아버지 다윗을 대신하여 왕이 되게 하셨사오나 종은 작은 아이라 출입할 줄을 알지 못하고 주께서 택하신 백성 가운데 있나이다 그들은 큰 백성이라 수효가 많아서 셀 수도 없고 기록할 수도 없사오니 누가 주의 이 많은 백성을 재판할 수 있사오리이까 듣는 마음을 종에게 주사 주의 백성을 재판하여 선악을 분별하게 하옵소서 솔로몬이 이것을 구하매 그 말씀이 주의 마음에 든지라 이에 하나님이 그에게 이르시되 네가 이것을 구하도다 자기를 위하여 장수하기를 구하지 아니하며 부도 구하지 아니하며 자기 원수의 생명을 멸하기도 구하지 아니하고 오직 송사를 듣고 분별하는 지혜를 구했으니 내가 네 말대로 하여 네게 지혜롭고 총명한 마음을 주노니 네 앞에도 너와 같은 자가 없었거니와 네 뒤에도 너와 같은 자가 일어남이 없으리라 내가 또 네가 구하지 아니한 부귀와 영광도 네게 주노니 네 평생에 왕들 중에 너와 같은 자가 없을 것이라 네가 만일 네 아버지 다윗이 행함 같이 내 길로 행하며 내 법도와 명령을 지키면 내가 또 네 날을 길게 하리라 (열왕기상 3:4-14)

솔로몬은 왕이 되고 기브온에서 일천번제를 드린다. 여기서 일천번제는 천 일 동안 제사를 드렸다는 것이 아니고 한 번의 제사에 천 마리의 제물을 드렸다는 것이다. 일천번제를 드린 솔로몬에게 하나님은 무엇을 줄까를 물으신다. 이에 솔로몬은 레브 쉐마(לב שמע) 곧, '듣는 마음'

을 구한다.

부귀와 영화를 구한 것이 아니라, 하나님의 소리와 백성의 소리를 들을 수 있는 마음을 가장 먼저 구한 것이다. 왜냐하면 하나님의 음성을 제대로 들어야 백성들을 공의로 심판하고 재판하여 바른길로 인도할 수 있기 때문이다. 솔로몬의 시작은 하나님이 중요했고, 백성이 중요했다. 솔로몬의 출발은 이렇게 아름다웠다.

더하여 주시는 하나님

하나님은 솔로몬의 구함을 기뻐하셔서 그가 구하지 않은 부귀와 영화까지 다 허락하여 주셨다. 그가 하나님의 나라를 구하니까 그 모든 것을 더하여 주신 것이다.

> 그런즉 너희는 먼저 그의 나라와 그의 의를 구하라 그리하면 이 모든 것을 너희에게 더하시리라 (마태복음 6:33)

우리가 정말 구하고 있는 것은 무엇인가? 하나님과 백성의 소리를 들을 수 있는 마음을 기도했던 솔로몬처럼 우리의 기도도 하나님의 음성을 들을 수 있는 듣는 마음, 순종할 마음을 구하여야 할 것이다.

하나님의 마음에 합한 기도를 드리라

솔로몬은 일천번제를 드리면서 하나님께 들을 수 있는 마음을 구했다. 그의 인생 초기에는 하나님의 마음, 백성의 마음이 가장 중요한 사람이었다. 부와 명예, 장수를 구하지 않았다. 그러나 하나님은 그에게 구하지 않은 것까지 허락하셨다. 우리의 기도도 먼저 하나님의 나라와 의를 구해야 한다. 그러면 다른 것을 더하여 주시는 복을 받을 것이다. 나의 기도를 점검해 보자.

솔로몬의 판결(3장)

솔로몬의 지혜에 대한 유명한 기록이 있다.

> 그 때에 창기 두 여자가 왕에게 와서 그 앞에 서며 한 여자는 말하되 내 주여 나와 이 여자가 한집에서 사는데 내가 그와 함께 집에 있으며 해산했더니 내가 해산한 지 사흘 만에 이 여자도 해산하고 우리가 함께 있었고 우리 둘 외에는 집에 다른 사람이 없었나이다 그런데 밤에 저 여자가 그의 아들 위에 누우므로 그의 아들이 죽으니 (열왕기상 3:16-19)

두 창녀가 한 집에서 각각 아들을 낳았는데, 한 여자가 그만 잠을 자다가 다른 여자의 아들을 죽게 한다. 이 창녀는 다른 여자의 아들을 자기 아들이라고 우기면서 이 사건이 솔로몬의 법정에까지 이르게 된다. 이 사건의 전모를 듣고 솔로몬은 그 아이를 둘로 쪼개서 나누어주라고 명령한다. 그러자 이 아이의 생모가 자기가 거짓말을 했다고 고백하며 이 아이를 살린다. 이 아이의 생모는 자기의 아들을 살리기 위해 자신의 권리와 자신의 목숨을 포기한 것이다.

이 판결에서 솔로몬의 지혜가 빛을 발한다. 그런데 솔로몬의 지혜는 솔로몬 안에 있는 하나님의 지혜였던 것이다.

> 온 이스라엘이 왕이 심리하여 판결함을 듣고 왕을 두려워했으니 이는 하나님의 지혜가 그의 속에 있어 판결함을 봄이더라 (열왕기상 3:28)

2. 성전 건축(열왕기상 6장)

봉헌 기도

솔로몬은 7년 동안 성전을 짓고, 13년간 왕궁을 건축한다. 그리고 열왕기상 8장에 보면 성전을 하나님께 봉헌한다. 이때 솔로몬은 하나님께 성전 봉헌 기도를 드린다.

주께서 전에 말씀하시기를 내 이름이 거기 있으리라 하신 곳 이 성전을 향하여 주의 눈이 주야로 보시오며 주의 종이 이 곳을 향하여 비는 기도를 들으시옵소서 주의 종과 주의 백성 이스라엘이 이 곳을 향하여 기도할 때에 주는 그 간구함을 들으시되 주께서 계신 곳 하늘에서 들으시고 들으시사 사하여 주옵소서 만일 어떤 사람이 그 이웃에게 범죄함으로 맹세시킴을 받고 그가 와서 이 성전에 있는 주의 제단 앞에서 맹세하거든 주는 하늘에서 들으시고 행하시되 주의 종들을 심판하사 악한 자의 죄를 정하여 그 행위대로 그 머리에 돌리시고 의로운 자를 의롭다 하사 그의 의로운 바대로 갚으시옵소서 만일 주의 백성 이스라엘이 주께 범죄하여 적국 앞에 패하게 되므로 주께로 돌아와서 주의 이름을 인정하고 이 성전에서 주께 기도하며 간구하거든 주는 하늘에서 들으시고 주의 백성 이스라엘의 죄를 사하시고 그들의 조상들에게 주신 땅으로 돌아오게 하옵소서 만일 그들이 주께 범죄함으로 말미암아 하늘이 닫히고 비가 없어서 주께 벌을 받을 때에 이 곳을 향하여 기도하며 주의 이름을 찬양하고 그들의 죄에서 떠나거든 주는 하늘에서 들으사 주의 종들과 주의 백성 이스라엘의 죄를 사하시고 그들이 마땅히 행할 선한 길을 가르쳐 주시오며 주의 백성에게 기업으로 주신 주의 땅에 비를 내리시옵소서 만일 이 땅에 기근이나 전염병이 있거나 곡식이 시들거나 깜부기가 나거나 메뚜기나 황충이 나거나 적국이 와서 성읍을 에워싸거나 무슨 재앙이나 무슨 질병이 있든지 막론하고 한 사람이나 혹 주의 온 백성 이스라엘이 다 각각 자기의 마음에 재앙을 깨닫고 이 성전을 향하여 손을 펴고 무슨 기도나 무슨 간구를 하거든 주는 계신 곳 하늘에서 들으시고 사하시며 각 사람의 마음을 아시오니 그들의 모든 행위대로 행하사 갚으시옵소서 주만 홀로 사람의 마음을 다 아심이니이다 그리하시면 그들이 주께서 우리 조상들에게 주신 땅에서 사는 동안에 항상 주를 경외하리이다 또 주의 백성 이스라엘에 속하지 아니한 자 곧 주의 이름을 위하여 먼 지방에서 온 이방인이라도 그들이 주의 크신 이름과 주의 능한 손과 주의 펴신 팔의 소문을 듣고 와서 이 성전을 향하여 기도하거든 주는 계신 곳 하늘에서 들으시고 이방인이 주께 부르짖는 대로 이루사 땅의 만민이 주의 이름을 알고 주의 백성 이스라엘처럼 경외하게 하시오며 또 내가 건축한 이 성전을 주의 이름으로 일컫는 줄을 알게 하옵소서 주의 백성이 그들의 적국과 더불어 싸우고자 하여 주께서 보내신 길로 나갈 때에 그들이 주께서 택하신 성읍과 내가 주의 이름을 위하여 건축한 성전이 있는 쪽을 향하여 여호와께 기도하거든 주는 하늘에서 그들의 기도와 간구를 들으시고 그들의 일을 돌아보옵소서 범죄하지 아니하는 사람이 없사오니 그들이 주께 범죄함으로 주께서 그들에게 진노하사 그들을 적국에게 넘기시매 적국이 그들을 사로잡아 원근을 막론하고 적국의 땅으로 끌어간 후에 그들이 사로잡혀 간 땅에서 스스로 깨닫고 그 사로잡은 자의 땅에서 돌이켜 주께 간구하기를 우리가 범죄하여 반역을 행하며 악을 지었나이다 하며 자기를 사로잡아 간 적국의 땅에서 온 마음과 온 뜻으로 주께 돌아와서 주께서 그들의 조상들에게 주신 땅 곧 주께서 택하신 성읍과 내가 주의 이름을 위하여 건축한 성전 있는 쪽을 향하여 주께 기도하거든 주는 계신 곳 하늘에서 그들의 기도와 간구를 들으시고 그들의 일을 돌아보시오며 주께 범죄한 백성을 용서하시며 주께 범한 그 모든 허물을 사하시고 그들을 사로잡아 간 자 앞에서 그들로 불쌍히 여김을 얻게 하사 그 사람들로 그들을 불쌍히 여기게 하옵소서 그들은 주께서 철 풀무 같은 애굽에서 인도하여 내신 주의 백성, 주의 소유가 됨이니이다 원하건대 주는 눈을 들어 종의 간구함과 주의 백성 이스라엘의 간구함을 보시고 주께 부르짖는 대로 들으시옵소서 주 여호와여 주께서 우리 조상을 애굽에서 인도하여 내실 때에 주의 종 모세를 통하여 말씀하심 같이 주께서 세상 만민 가운데에서 그들을 구별하여 주의 기업으로 삼으셨나이다 (열왕기상 8:29-53)

솔로몬의 성전 봉헌 기도에는 참으로 중요한 내용이 많이 있다. 먼저 솔로몬은 성전은 하나님께서 '내 이름이 거기 있으리라 하신 곳'이기에 이 성전을 향하여 비는 기도를 들으셔야 할 것을 기도한다.

또한 만일 주의 백성 이스라엘이 주께 범죄하여 적국 앞에 패하게 될 때, 만일 그들이 주께 범죄함으로 말미암아 하늘이 닫히고 비가 없어서 주께 벌을 받을 때, 만일 이 땅에 기근이나 전염병이 있거나 곡식이 시들거나 깜부기가 나거나 메뚜기나 황충이 나거나 적국이 와서 성읍을 에워싸거나 무슨 재앙이나 무슨 질병이 있든지 막론하고 한 사람이나 주의 온 백성 이스라엘이 다 각각 자기의 마음에 재앙을 깨닫고 이 성전을 향하여 손을 펴고 기도할 때 주는 하늘에서 들으사 주의 종들과 주의 백성 이스라엘의 죄를 사하시고 그들이 마땅히 행할 선한 길을 가르쳐 주시오며 주의 백성에게 기업으로 주신 주의 땅에 비를 내리시기를 기도한다.

다시 말해 하나님의 백성이 범죄하여 포로가 되거나, 기근을 당하거나, 전염병으로 고통을 당하거나 할 때, 이 백성이 회개하여 주께로 돌아온다면 백성들의 죄를 용서해 주시고 회복시켜 주실 것을 요청하는 것이다. 이 솔로몬의 기도는 신명기에서 맺은 언약에 기초한 기도다.

하나님의 응답

하나님은 이러한 솔로몬의 기도에 응답하신다.

솔로몬이 여호와의 성전과 왕궁 건축하기를 마치며 자기가 이루기를 원하던 모든 것을 마친 때에 여호와께서 전에 기브온에서 나타나심 같이 다시 솔로몬에게 나타나사 여호와께서 그에게 이르시되 네 기도와 네가 내 앞에서 간구한 바를 내가 들었은즉 나는 네가 건축한 이 성전을 거룩하게 구별하여 내 이름을 영원히 그 곳에 두며 내 눈길과 내 마음이 항상 거기에 있으리니 네가 만일 네 아버지 다윗이 행함 같이 마음을 온전히 하고 바르게 하여 내 앞에서 행하며 내가 네게 명령한 대로 온갖 일에 순종하여 내 법도와 율례를 지키면 내가 네 아버지 다윗에게 말하기를 이스라엘의 왕위에 오를 사람이 네게서 끊어지지 아니하리라 한 대로 네 이스라엘의 왕위를 영원히 견고하게 하려니와 만일 너희나 너희의 자손이 아주 돌아서서 나를 따르지 아니하며 내가 너희 앞에 둔 나의 계명과 법도를 지키지 아니하고 가서 다른 신을 섬겨 그것을 경배하면 내가 이스라엘을 내가 그들에게 준 땅에서 끊어 버릴 것이요 내 이름을 위하여 내가 거룩하게 구별한 이 성전이라도 내 앞에서 던져버리리니 이스라엘은 모든 민족 가운데에서 속담거리와 이야기거리가 될 것이며 이 성전이 높을지라도 지나가는 자마다 놀라며 비웃어 이르되 여호와께서 무슨 까닭으로 이 땅과 이 성전에 이같이 행하셨는고 하면 대답하기를 그들이 그들의 조상들을 애굽 땅에서 인도하여 내신 그들의 하나님 여호와를 버리고 다른 신을 따라가서 그를 경배하여 섬기므로 여호와께서 이 모든 재앙을 그들에게 내리심이라 하리라 하셨더라 (열왕기상 9:1-9)

하나님은 "이 성전을 거룩하게 구별하여 내 이름을 영원히 그곳에 두며 내 눈길과 내 마음이 항상 거기에 있으리니"라고 하신다. 그리고 다윗처럼 내 법도와 율례를 지킬 때의 복과 지키지 않고 우상을 섬길 때 심판을 경고하신다.

3. 솔로몬의 타락(11~22장)

다윗의 마음과 같지 않은 솔로몬

다윗이 사무엘하 11장에서 타락했던 것처럼 솔로몬도 열왕기상 11장에서 타락하게 된다. 성경은 "그의 마음이 아버지 다윗의 마음과 같지 않아서"라고 솔로몬의 영적 상태를 묘사한다.

솔로몬 왕이 바로의 딸 외에 이방의 많은 여인을 사랑했으니 곧 모압과 암몬과 에돔과 시돈과 헷 여인이라 여호와께서 일찍이 이 여러 백성에 대하여 이스라엘 자손에게 말씀하시기를 너희는 그들과 서로 통혼하지 말며 그들도 너희와 서로 통혼하게 하지 말라 그들이 반드시 너희의 마음을 돌려 그들의 신들을 따르게 하리라 하셨으나 솔로몬이 그들을 사랑했더라 왕은 후궁이 칠백 명이요 첩이 삼백 명이라 그의 여인들이 왕의 마음을 돌아서게 했더라 솔로몬의 나이가 많을 때에 그의 여인들이 그의 마음을 돌려 다른 신들을 따르게 했으므로 왕의 마음이 그의 아버지 다윗의 마음과 같지 아니하여 그의 하나님 여호와 앞에 온전하지 못했으니 이는 시돈 사람의 여신 아스다롯을 따르고 암몬 사람의 가증한 밀곰을 따름이라 솔로몬이 여호와의 눈앞에서 악을 행하여 그의 아버지 다윗이 여호와를 온전히 따름 같이 따르지 아니하고 (열왕기상 11:1-6)

다윗은 하나님을 전심으로 사랑했지만, 아들 솔로몬은 아니었다. 그의 시작은 아름다웠지만, 하나님보다 세상을 더 사랑한 왕이었다. 열왕기상하에 나오는 39명의 왕에 대한 평가 기준은 명확하다. 북왕국 왕들이든 남왕국 왕들이든 딱 두 가지 기준으로 평가한다. 그가 '다윗의 길로 걸었는가? 아니면 여로보암의 길을 걸었는가?'이다. 바로 다윗의 길이 기준이다.

천 명의 여인들

그런데 열왕기상 11장에 보면 솔로몬은 천 명의 아내를 두면서 타락하기 시작했다. 성경은 "솔로몬이 그들을 사랑했더라"고 말씀하고 있다. 그는 육신의 정욕을 제어하지 못하고 하나님이 두지 말라고 했던 이방 여인을 천 명씩이나 둔다. 후궁이 700명이고 첩만 300명이다. 또한 그는 온갖 우상들을 숭배했다.

하나님이 아닌 군대의 힘을 의지함

솔로몬은 신명기 17장에 나온 왕의 규례 중 많은 말과 병거를 들지 말라는 규례를 지키지 않고 병거 1,400대, 마병 12,000명을 두었다.

솔로몬이 병거와 마병을 모으매 병거가 천사백 대요 마병이 만 이천 명이라 병거성에도 두고 예루살

렘 왕에게도 두었으며 (열왕기상 10:26)

신명기 17장은 왕이 하지 말아야 될 3불(不)이 있다. 첫째, 아내를 많이 두지 말라. 둘째, 병거 많이 두지 말라. 셋째, 은금을 많이 두지 말라.

> 그는 병마를 많이 두지 말 것이요 병마를 많이 얻으려고 그 백성을 애굽으로 돌아가게 하지 말 것이니 이는 여호와께서 너희에게 이르시기를 너희가 이 후에는 그 길로 다시 돌아가지 말 것이라 하셨음이며 그에게 아내를 많이 두어 그의 마음이 미혹되게 하지 말 것이며 자기를 위하여 은금을 많이 쌓지 말 것이니라 그가 왕위에 오르거든 이 율법서의 등사본을 레위 사람 제사장 앞에서 책에 기록하여 평생에 자기 옆에 두고 읽어 그의 하나님 여호와 경외하기를 배우며 이 율법의 모든 말과 이 규례를 지켜 행할 것이라 (신명기 17:16-19)

지금 솔로몬은 이 모든 것을 어기고 있다. 하나님의 말씀을 떠난 것이다. 처음에는 하나님의 음성과 하나님의 말씀이 그토록 중요했던 자가 이제 말씀을 무시한다.

솔로몬과 다윗의 차이점

솔로몬이 이처럼 아내를 많이 두고, 수많은 병거와 군사를 두는 것은 그가 하나님이 아닌 세상적 힘으로 나라를 유지하려고 했기 때문이다. 아내를 천 명씩이나 둔 것도 단지 육신의 정욕만을 의미하지는 않는다. 이는 대부분 정략결혼이었으며 이를 통해 화친을 맺고 나라를 유지하려는 정치적인 의도가 다분한 것이었다.

그러나 아버지 다윗은 하나님을 힘 삼아 나라를 지켰다. 이방과의 결혼이나 군사력을 의지하지 않았다. 그런데 솔로몬은 아버지와 마음이 같지 않고 이방 민족의 딸들과 정략결혼을 맺으면서 나라를 정략으로 지키고자 했던 마음이 있었기에 많은 후궁을 둔 것이다. 그런데 문제는 이방 민족의 딸들이 솔로몬과 결혼할 때 자기들의 부족신, 즉 국가의 신들을 다 끌고 들어와서 온 나라를 우상 숭배로 빠져 들게 만들었다는 것이다. 그 원인을 제공한 자가 바로 솔로몬이며 하나님의 심판을 자초한 최초의 왕이다.

왕국 분열: 북이스라엘과 남유다

사울 왕이 집권한 것이 주전 1050년이다. 그리고 다윗의 집권이 주전 1010년, 이후 솔로몬의 집권이 주전 970년이다. 그리고 40년을 다스리고 주전 931년에 나라가 분열된다. 하나님의 말씀대로 솔로몬 사후에 통일 왕국 이스라엘은 둘로 나뉘게 된다.

북왕국 이스라엘의 왕들(19명)

북왕국 이스라엘은 이스라엘의 10지파가 세운 나라다. 북왕국 이스라엘은 주전 922년 1대 여로보암 1세로부터 19대 호세아 왕을 끝으로 주전 722년에 앗수르에게 멸망당했다. 북왕국 이스라엘은 솔로몬의 부하 관리였던 여로보암 1세가 솔로몬의 폭정에 반기를 들고 세운 나라이다. 북왕국 이스라엘은 그 초기부터 하나님이 싫어하시는 우상 숭배의 죄를 범했고, 정치적으로도 매우 불안한 나라였다. 총 19명이 왕위에 올랐으나 9번이나 쿠데타가 일어나 8명의 왕이 암살될 만큼 혼란한 나라였다.

북왕국 이스라엘을 오랫동안 지속적으로 괴롭혔던 나라 중 하나는 아람(수리아)이다. 아람의 벤하닷 1~3세 그리고 하사엘은 빈번하게 이스라엘을 침략했다. 훗날 앗수르가 강성해지자 므나헴(북왕국 이스라엘의 16대 왕)은 앗수르의 디글랏 빌레셀 왕에게 조공을 바침으로써 그의 종속국이 되었고, 결국 북왕국은 반 앗수르 정책으로 인해 주전 앗수르의 살만에셀 5세에게 멸망당했다. 이 모든 것은 하나님의 율법을 떠나 우상들을 숭배하고, 하나님이 요구하시는 인애와 공의를 실현하는 일에 실패한 것에 대한 하나님의 준엄한 심판이었다.

1. 1대 왕 여로보암 1세

북왕국 이스라엘의 초대 왕 여로보암 1세(22년 통치, 선지자 아히야가 사역)는 원래 솔로몬이 임명한 밀로 성의 건축 공사 감독이었다(열왕기상 11:26~27). 솔로몬 말기에 그의 무모한 건축 사업 때문에 백성들의 원성은 극에 달했고, 이에 따라 솔로몬 왕을 향한 불만이 높아져 갔다.

이 무렵 선지자 아히야는 옷을 찢은 후 10조각을 여로보암에게 줌으로써 여로보암이 10지파의 왕이 되리라는 예언한다(열왕기상 11:29).

이에 여로보암은 반란을 일으키려다가 발각되었고, 솔로몬의 살해 위협을 피해 애굽으로 망명했다(열왕기상 11:40). 애굽의 왕 시삭의 보호를 받았다. 후에 솔로몬이 죽자 여로보암은 다시 이스라엘로 돌아왔다. 건축 공사를 멈추고 쉬게 해달라는 북쪽 10지파들의 요청을 솔로몬의 아들 르호보암 왕(남유다 1대)이 거부하자, 르호보암이 임명한 공사 감독 아도람을 죽임으로써(열왕기상 12:14~18). 북쪽 10지파는 다윗 왕국과 단절을 했다. 이에 놀란 르호보암 왕은 예루살렘으로 도망했다.

북쪽 10지파는 여로보암 1세를 북왕국 이스라엘의 초대 왕으로 세웠다(열왕기상 12:20). 그는 22년간 북왕국을 통치했다(BC 922~901년). 그는 종교적으로 남왕국 유다로부터 독립하기 위해 금송아지 우상을 단과 벧엘에 세웠다. 우상 숭배는 하나님께 중대한 범죄였다. 이러한 죄로 말미암아 그의 왕조는 그의 아들 나답(2대 왕)이 그의 부하 바아사에게 살해됨으로써 2대로 끝나고 말았다.

세겜을 수도로 함

북왕국의 초대 수도는 세겜이다. 세겜은 신앙적으로 매우 중요한 장소이다. 이곳에서 아브라함과 야곱이 제단을 쌓았고(창세기 12:6~7; 33:18~20), 또한 여호수아가 이곳에서 언약(세겜 언약)을 체결했으며(여호수아 24장), 사사시대에는 언약궤가 있었던 곳이다. 이후 여로보암 1세는 브누엘을 건설하고 그곳으로 거처를 옮겼다가(열왕기상 12:25) 디르사로 다시 거처를 옮겼다(열왕기상 14:17).

우상 숭배

여로보암 1세는 집권 초기 3년은 여호와를 섬겼으나 그 이후 바로 타락하여 금 송아지 우상을 숭배했다. 이는 정치적 이유가 컸다. 북왕국 백성들은 남북 왕국의 분열 이후에도 남왕국 유다 땅의 예루살렘으로 성전순례를 계속했다(역대하 11:16). 이를 막기 위해 여로보암 1세는 국토의 북쪽과 남쪽인 단과 벧엘 두 곳을 북왕국의 국가적 성소로 지정하고 금송아지를 여호와로 섬기게 함으로써 예루살렘과 제의적 단절을 시도했다. 여로보암은 금송아지 신이 여호와를 상징하는 것이라고 하여 하나님을 우상화시켰으며, 백성들을 배도에 빠뜨렸다. 이후로부터 벧엘은 우상 숭배의 중심지가 되었다.

또한 여로보암 1세는 레위인이 아닌 일반 백성 가운데서 제사장을 임명하여 율법을 어겼다(열왕기상 12:31). 뿐만 아니라 그는 곳곳에 우상을 위한 산당을 건축하고 절기의 날짜를 임의로 바꾸기도 했다(왕상 12:31~33). 또한 장막절을 7월에서 8월로 변경했다(열왕기상 13:33~34). 이에 반발한 대부분의 레위인들은 여호와 신앙을 지키기 위해 남왕국으로 내려올 수밖에 없었다.

여호와의 진노

하나님은 유다에서 '하나님의 사람' 한 명을 벧엘로 보내어 북왕국의 우상 숭배를 책망하셨다. 하나님은 유다의 한 선지자에게 벧엘에 가면 아무것도 먹지도 마시지도 말라고 명하셨다. 그는 벧엘에서 여로보암이 제단에 분향하는 것을 보고 우상 숭배 제단에 대해 하나님의 진노를 전달했다. 그때 벧엘의 제단이 갈라지고, 분향하던 여로보암의 손이 마르게 되었다(열왕기상 13:1~4). 선지자는 다시 하나님께 기도하여 여로보암의 손을 회복시킨 후 길을 떠났다.

한 선지자의 죽음

그런데 벧엘의 늙은 거짓 선지자 하나가 유다의 한 선지자를 교묘하게 속여 음식을 먹게 했다. 이에 하나님은 당신의 명령대로 행하지 않고 거짓 선지자 말을 따른 '하나님의 사람'을 유다로 돌아가는 길에서 죽게 하셨다(열왕기상 13:19~24).

훗날 여로보암의 장자가 병이 들었을 때 여로보암의 아내가 신분을 감춘 채 실로의 선지자 아히야를 찾아갔다. 이때 하나님은 선지자 아히야를 통해 여로보암의 악행을 지적하시고, 여로보암에게 속한 남자를 모두 쓸어버리겠다고 말씀하셨다. 여로보암의 아들은 아히야의 예언대로 죽고 말았다(열왕기상 14:1~17).

북왕국과 남유다의 전쟁

여로보암 1세는 80만의 군대를 거느리고 남유다의 2대 왕인 아비야를 공격했다(역대하 13:2). 여로보암은 80만 대군으로 아비야의 40만 군대와 에브라임 산지에서 싸웠지만, 자신의 군사 50만 명이 죽고 참패했다(역대하 13:19). 남유다의 아비야는 북왕국 우상 성소인 벧엘을 점령하고, 에브라임 산지 일부를 남왕국에 편입시켰다. 이 전쟁의 패배는 여로보암에게 치명타가 되었다(열왕기상 15:6).

악한 왕의 대명사 여로보암 1세

여로보암 1세는 그가 저지른 악행 때문에 악한 왕의 대명사가 되었다. 성경은 악한 왕을 언급할 때마다 "여호와 보시기에 악을 행하여 이스라엘을 범죄하게 한 느밧의 아들 여로보암(1세)의 죄에서 떠나지 않았다"고 기록한다. 이후로 그는 북과 남왕국의 악한 왕의 최초 모델로 묘사된다(열왕기상 13:33; 22:52, 열왕기하 3:3; 14:24).

묵상과 삶의 적용

악한 왕의 영원한 모델이 되어버린 왕

북왕국 이스라엘의 1대 왕인 여로보암 1세는 선지자 아히야를 통해 약속하신 하나님의 축복을 우상 숭배로 날려 버린 사람이다. 그에게 허락된 하나님이 주신 기회를 인간적인 계산으로 망쳐버린 것이다. 그는 자신의 백성들이 절기 때마다 성전이 있는 남왕국 유다로 내려가는 것을 막기 위해 단과 벧엘에 하나님이 가증하게 여기시는 금송아지 제단을 세워 그것이 여호와라고 하여 북왕국이 우상 숭배에 빠지게 만든 왕이다. 이후 그는 성경에서 악한 왕의 모델처럼 묘사되고 있다. 반면 다윗은 하나님의 길을 따른 선한 왕의 모델로서 그려진다. 나는 가정과 교회와 직장에서 사람들에게, 자녀들에게 어떤 모델이 되고 있는가?

묵상과 삶의 적용

나는 혹시 여로보암의 길로 가고 있는가?

북왕국 이스라엘의 초대 왕 여로보암은 철저히 타락한 왕이었다. 그가 살았던 삶을 여로보암의 길이라고 하는데 이후의 모든 북왕국 왕들은 여로보암의 길로 걷게 된다. 그는 금송아지 우상 숭배를 시작했고, 제사를 타락시켰으며 자격도 없는 거짓 제사장들을 돈을 받고 임명했다.

오늘날도 마찬가지다. 하나님을 믿노라 하지만 하나님을 금송아지 신으로 여기며 자신에게 부귀영화를 보장해 주는 신으로 섬기고 있다. 이것이 여로보암의 길이다. 또한 돈 받고 가짜 제사장을 임명하는 것도 이 시대와 똑같다. 요즘도 제대로 신학교육을 이수하지 않은 자들을 불과 몇 개월 만에 목사 안수를 주는 일들이 있다. 돈으로 목사 직분을 사는 우리 시대와 여로보암 시대가 너무나 닮아 있지 않은가? 주의 종은 그렇게 졸속으로 만들어지지 않는다. 지적 훈련, 영적 훈련, 인격적 훈련을 제대로 받아야 한다. 혹시 여로보암의 길로 걷고 있는가? 그렇다면 빨리 회개하고 돌이켜야 한다.

2. 2대 왕 나답

여로보암 1세의 아들 나답(BC 901~900년, 2년 통치)은 북왕국의 2대 왕이 되었다. 그도 여로보암 1세의 길을 따라 악을 행했다(열왕기상 15:26) 나답은 통치를 시작한 지 2년도 못 되어 그의 부하이며, 잇사갈 지파 출신인 바아사 장군에게 살해되었고(열왕기상 15:27), 여로보암의 가문은 멸망당해 2대로 끝이 났다. 이는 아히야가 예언한 것이 성취된 것이다(열왕기상 14:14).

3. 3대 왕 바아사

여로보암 1세 가문 몰살

나답의 수하 장군 바아사(24년 통치, 선지자 예후가 사역함)는 자신의 주군인 2대 나답 왕을 암살하고 왕위에 올라 북왕국의 3대 왕(BC 900~877년)이 되어 24년간을 통치했다(열왕기상

15:33). 그러나 그도 여로보암 1세와 같은 악한 길을 걸었다(열왕기상 15:34).

아람의 침공

바아사는 북왕국 백성이 남왕국과 왕래하는 것을 차단하기 위해 유다로 통하는 라마에 성벽을 건설했다. 이에 불안을 느낀 유다의 3대 왕 아사(BC 913~873년)는 은과 금을 아람 벤하닷에 보내어 북왕국을 공격하게 했다(역대하 16:2). 이에 아람의 벤하닷 1세(BC 885~860년)는 이스라엘 북쪽 성들을 점령했다(역대하 16:4). 바아사는 할 수 없이 라마를 요새화하고자 한 계획을 중단하고 군대를 철수했다(역대하 16:4~6). 하나님은 선지자 예후를 통해 바아사와 그 집을 꾸짖으셨다(열왕기하 16:3~7). 선지자 예후는 하나님께서 바아사의 가문을 끊을 것을 예언했다(또한 선지자 예후는 남유다 3대 왕인 아사를 책망한 선지자이기도 하다. 그는 북이스라엘의 10대 예후 왕과는 다른 사람이다. 혼동하지 말라).

4. 4대 왕 엘라

바아사의 아들 엘라(2년 통치)는 아버지 바아사를 이어 북왕국 이스라엘의 4대 왕(BC 877~876년)이 되었다(열왕기상 16:6), 그도 여로보암 1세처럼 악한 길로 행했다(열왕기상 16:7). 엘라는 왕이 된 지 2년 되던 해에 블레셋과 전쟁하던 중 디르사에서 술판을 벌이고 술에 취해 있을 때 자신의 부하 시므리에게 살해되었다(열왕기상 16:10). 바아사의 온 집안은 시므리에 의해 멸망되었다(열왕기상 16:12). 이로써 선지자 예후의 예언이 성취되었고, 바아사 왕조도 2대로 끝이 났다.

5. 5대 왕 시므리

4대 왕 엘라를 살해한 시므리(7일 통치)는 백성들의 인정도 받지 못한 채 디르사에서 스스로 왕위에(BC 876년) 올랐다(열왕기상 16:10). 이 소식을 들은 백성은 분노하여 블레셋과 전쟁 중에 있던 군사령관 오므리를 왕으로 삼았다. 오므리의 군대가 시므리를 포위하자 시므리는 디르사궁에서 불로 자신을 태워 자살하고 말았다(열왕기상 16:18). 시므리는 단 7일간의 통치에도 악을 행한 왕으로서 여로보암 1세의 길로 행했다(열왕기상 16:19).

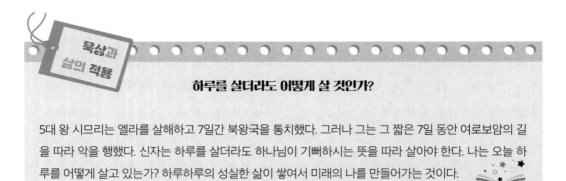

묵상과 삶의 적용

하루를 살더라도 어떻게 살 것인가?

5대 왕 시므리는 엘라를 살해하고 7일간 북왕국을 통치했다. 그러나 그는 그 짧은 7일 동안 여로보암의 길을 따라 악을 행했다. 신자는 하루를 살더라도 하나님이 기뻐하시는 뜻을 따라 살아야 한다. 나는 오늘 하루를 어떻게 살고 있는가? 하루하루의 성실한 삶이 쌓여서 미래의 나를 만들어가는 것이다.

6. 6대 왕 오므리

오므리 왕조

'오므리-아합-아하시야-요람(요호람)' 이렇게 5명의 왕이 다스린 시대를 오므리 왕조 시대라한다. 오므리(12년 통치)는 사마리아에 새로이 수도를 건설하고 이웃 국가와의 정략결혼 정책으로 북왕국을 안정시켰다. 특히 오므리의 아들 아합왕은 자신의 딸인 아달랴를 남왕국의 여호람(5대)과 결혼시켜 남왕국과 동맹을 맺고 남왕국에 영향력을 행사했다. 오므리와 아합은여호와께서 보시기에 매우 악한 왕들이었다. 훗날 오므리 왕조는 요람(9대, 오므리의 손자)이 예후에게 살해됨으로써 끝이 났다. 이는 온 나라에 우상 숭배를 끌어들인 오므리 왕조의 죄악에대한 하나님의 심판이었다.

시므리(5대)가 자신의 주군인 엘라(4대)를 살해하고 왕위를 빼앗은 데 분개한 이스라엘의백성들이 오므리를 왕으로 추대했다(열왕기상 16:16). 오므리가 왕으로 추대된 뒤에도 그는 북왕국 이스라엘의 또 다른 실권자 디브니와 6년간 전쟁을 벌였지만, 끝내 오므리가 승리했다. 디브니가 죽자 오므리는 6대 왕(BC 876~879년)이 되어 12년 동안 북왕국을 통치했다(열왕기상16:23). 오므리는 북왕국 최초의 강력하고 유능한 왕이 되었다. 그는 선대 왕들보다 더 악을 행했고 여로보암 1세의 길로 행했다(열왕기상 16:25~26).

사마리아로 수도를 옮김

오므리는 세멜에게 은 두 달란트로 사마리아산을 구입하여 화려한 궁을 짓고 수도를 디르사에서 사마리아로 옮겼다(열왕기상 16:24). 사마리아 성은 난공불락의 요새로 건축되었으며, 사마리아는 당대 최고 수준의 도시였다.

정략결혼을 통한 동맹

오므리는 자기의 아들 아합을 시돈 공주인 이세벨과 결혼시켰다. 오므리의 아들 아합 왕(7대)은 아내인 이세벨이 섬기던 바알과 아세라를 섬겼다(열왕기상 16:31). 아합은 바알 숭배를 공개적으로 국가 종교화한 왕이었다. 북왕국 이스라엘은 오므리의 등장으로 정치적 안정을 누리게 되었다. 그러나 오므리 왕은 여호와의 눈에 매우 악한 왕이었다. 성경은 오므리를 이전의 왕들보다 더 악한 왕으로 묘사한다(열왕기상 16:25).

신자여 세상과 섞이지 말라

오므리는 자신의 아들 아합과 바알 숭배의 근원지인 시돈의 공주 이세벨을 결혼시켰다. 정략결혼을 통해 나라의 안전과 부를 보장받으려는 것이었다. 이는 하나님을 의지하는 태도가 아니었기에 하나님의 진로를 촉발했다. 우상을 섬기는 이방 나라의 공주를 며느리로 삼은 그의 잘못 때문에 북왕국 이스라엘에 바알과 아세라 숭배가 만연하게 된다. 이는 아합의 잘못이라기보다 그의 아버지 오므리의 잘못이다. 아비의 잘못된 선택이 국가적 재앙을 불러일으켰다. 신자는 세상의 가치와 사상, 문화에 섞이지 말고 구별되어야 한다. 나는 하나님의 말씀으로 무장되어, 세상과 구별되어 있는가? 신자는 불신자와 멍에를 같이 하면 안 된다. 나는 불신자와의 결혼을 어떻게 생각하는가?

7. 7대 왕 아합

아합(22년 통치, 선지자 엘리야가 사역함)은 오므리를 이어 7대 왕위(BC 869~850년)에 올랐고, 22년 동안 통치했다(열왕기상 16:29). 아합은 정치적으로는 북왕국에서는 매우 유능한 왕이었다. 그의 통치하에서 이스라엘을 태평과 번영을 누렸다. 그는 여러 곳에 견고한 성읍을 세웠다. 북으로 베니게(Phoenicia [페니키아])까지 국토를 넓혔다. 또한 므깃도에 제2의 궁전을 건축했다.

그러나 그는 정치적으로 경제적으로 부강한 국가를 이루었지만, 신앙적으로는 여호와 신앙을 떠나 바알을 섬겨 하나님의 진노를 촉발했으며, 나봇의 포도원을 권력으로 강탈하기도 했다(열왕기상 21:19). 성경은 그를 이전 왕들보다 더 악한 왕으로 평가한다(열왕기상 16:36). 그는 여로보암 1세의 죄를 따라 하는 것을 가볍게 여겼다(열왕기상 16:31).

혼인 외교 정책

아합은 2명의 아들(아하시야와 요람)과 한 명의 딸(아달랴)을 두었다. 아합의 두 아들은 북왕국의 왕(7대와 8대)이 되었고, 딸 아달랴는 남왕국 유다의 5대 왕 여호람의 왕비가 되었다.

아합은 아버지 오므리처럼 정략결혼을 통해 동맹 관계를 맺었다. 그는 국제 정세에 눈이 밝은 인물이었다. 아합은 베니게의 항구 도시인 시돈의 엣바알 왕의 딸 이세벨과 결혼하여 베니게와의 동맹 관계를 유지했다(열왕기상 16:31). 이는 시돈과는 무역을 확대하여 경제적인 이익을 누리기 위함이었다. 그러나 이 결혼은 하나님 보시기에 악한 것이었다. 아내 이세벨을 통하여 바알 신앙이 합법적으로 이스라엘 전역에 침투함으로써 북왕국은 신앙적으로 배도의 길을 공식적으로 걷게 되었다.

아합은 또한 유다와도 결혼 동맹 관계를 맺었다. 아합은 그의 딸 아달랴를 유다 왕 여호사밧(남유다 4대)의 아들 여호람(남유다 5대)과 결혼시켰다(열왕기하 8:18).

바알과 여호와를 동시에 섬김

아합 왕은 자신의 아내 이세벨 왕비를 위하여 '바알 성소'를 사마리아에 세웠다. 아합은 여호와와 이방의 신들도 섬기는 혼합 신앙을 추구했다. 이는 유일신이신 여호와를 향한 배도이다. 그의 혼합주의 정책은 하나님의 진노를 사서 결국 북왕국의 멸망을 재촉했다. 바알 숭배에 물든 그는 여호와 신앙의 수호자인 엘리야 선지자와 지속적으로 대립했다.

엘리야와 바알(아세라) 선지자들 간의 갈멜산 전투

아합은 그의 바알 숭배 정책으로 인해 당시에 하나님의 선지자였던 엘리야의 혹독한 비난을 받았다. 엘리야는 아합의 배교를 호되게 비판하고 전국에 가뭄이 임박했다고 예언했다(열왕기상 7:1). 아합은 엘리야와 대면했을 때 이스라엘의 가뭄의 원인을 엘리야의 탓으로 돌리기도 했다. 엘리야는 이것에 대한 바알 성소가 있는 갈멜산에서 누가 참 하나님이신지를 대결할 것을 제안했다. 바알이 참 하나님인지, 여호와가 참 하나님인지를 증명하고자 함이었다. 갈멜산에 제단을 마련하여 기도하고 하늘에서 불로 응답하는 신이 바알인지, 여호와인지를 증명하자는 것이었다. 이는 바알 선지자들이 받아들이기에 매우 쉬운 제안이었다. 왜냐면 바알은 천둥과 번개, 비와 풍요의 신이었기 때문이었다.

엘리야는 갈멜산에서 홀로 바알 선지자 450명 및 아스다롯 선지자 400명과 영적 전투를 벌였다. 아합의 선지자들이 종일토록 바알과 아스다롯에게 부르짖어도 아무 일도 없었지만, 엘리야의 기도에는 단번에 하늘의 불이 내렸다(열왕기상 18:38). 영적 전투에서 승리한 엘리야는 아합의 선지자들을 기손 강가에서 모조리 살해했다(열왕기상 18:40).

나봇의 포도원을 탈취함

아합은 도덕적으로도 매우 나쁜 왕이었다. 나봇의 포도원이 욕심난 아합은 이세벨의 도움을 받아 나봇을 죽이고 그의 포도원을 빼앗았다. 하나님은 엘리야를 통해 이세벨과 아합의 죄악을 지적하고 "나봇의 피를 핥은 곳에서 개들이 네 몸의 피를 핥을 것"이라고 하심으로써 그들이 비참한 죽음을 당할 것을 예고하셨다. 그러나 아합이 회개하자 하나님은 심판을 잠시 미루셨다(열왕기상 21:27~29).

나의 욕심을 위해 남을 죽이는 시대에 사는 신자들

아합은 왕궁을 짓고 싶은 개인적인 탐욕 때문에 나봇의 포도원을 강제로 빼앗고, 그를 죽였다. 이 시대도 마찬가지다. 나의 욕심을 채우기 위해 남을 희생시키는 일이 가정, 교회, 직장, 사회에서 빈번하게 일어나고 있지만, 이것을 죄라고 생각하는 사람은 많지 않다. 나를 위해 남을 희생시키는 것은 기독교가 아니다. 오히려 나를 죽이고 희생시켜 남을 살리는 것이 우리가 믿는 예수 그리스도의 십자가 정신이다. 나는 어떠한가? 나는 아합처럼 살고 있지는 않은가?

아람과의 3차례 전쟁과 아합의 죽음

아합의 통치 당시 이스라엘 주변에는 강국인 아람의 벤하닷 2세(BC 860~841년)가 통치하고 있었다. 벤하닷은 이스라엘과 세 번의 전쟁을 치렀다. 1차 전쟁은 벤하닷 2세가 북왕국에게 은금과 여인을 공물(貢物)로 요구했고, 아합 왕이 거절하자 주전 858년경 아람은 사마리아를 포위했다. 그러나 이 전쟁은 무명 예언자의 예언처럼 이스라엘이 승리했다. 이스라엘 각 지방 청년 232명과 백성 7천 명이 아람 군대(벤하닷과 32명 왕의 동맹)를 물리쳤다(열왕기상 20:13~15).

2차 전쟁은 주전 854년경 벌어졌다(열왕기상 20:22~34). 1차 전쟁에서 패한 벤하닷 2세는 북왕국 이스라엘을 또다시 침공했다. 이 전쟁에서 아람 군대는 10만 명이 죽고 벤하닷 2세는 북왕국에게 항복하는 굴욕을 맛보았다. 항복의 조건으로 벤하닷 2세는 아람 국경 근방에 있는 성읍들을 이스라엘에 넘겨주고, 벤하닷 1세(BC 885~860년)가 바아사(3대)에게서 빼앗은 요단 동편의 길르앗 라못(역대하 16:4)을 북왕국에 반환하기로 했다. 아합은 벤하닷 2세를 약속의 대가로 살려주었다(열왕기상 20:34). 이것은 하나님의 뜻이 아니었고, 훗날 이것이 북왕국의 화근이 되었다. 1~2차 전쟁의 승리의 원인은 아합 군대의 강한 전투력 때문이 아니라 하나님께서 북왕국을 지키셨기 때문인 것을 아합은 몰랐던 것이다.

3차 전쟁은 벤하닷 2세가 3년 전에 체결한 조약을 파기하고 길르앗 라못을 이스라엘에게 돌려주지 않기 때문에 일어났다. 아합은 사돈 관계인 유다 왕 여호사밧(4대, BC 873~849년)과 군사동맹을 맺고 길르앗 라못을 되찾으려 했다. 거짓 선지자 시드기야와 아합의 왕궁 예언가들 400명은 아합의 승리를 예언했다. 그러나 하나님의 참 선지자 미가야는 이스라엘이 패전할 것이라고 예언했다. 이에 아합은 참 선지자 미가야를 옥에 가두어 버렸다. 북왕국의 아합과 남왕국의 여호사밧과 함께 길르앗 라못으로 출정했으나 미가야의 예언대로 이 전쟁에서 대패했다. 아합의 군대는 겨우 전멸을 면했고, 아합은 전쟁에서 입은 상처로 죽었고, 여호사밧은 겨우 예루살렘으로 돌아왔다(열왕기상 22장).

여리고 성 재건을 시도한 히엘

아합의 통치 시대에 '히엘'이라는 사람이 여호수아 시대에 무너진 여리고 성을 재건하려 했다. 오래전 여호수아는 여리고 성을 재건하려는 자는 맏아들과 막내아들을 잃어버릴 것이라고 저주했는데, 여호수아의 예언대로 히엘은 여리고 성의 터를 쌓을 때 맏아들 아비람을 잃어버렸고, 그 성문을 세울 때 막내아들 스굽을 잃었다. 이는 하나님의 말씀과 같이 된 것이다(여호수아 6:26, 열왕기상 16:34).

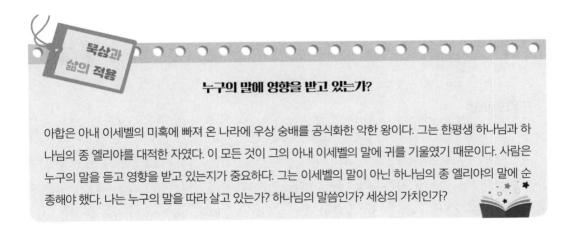

묵상과 삶의 적용

누구의 말에 영향을 받고 있는가?

아합은 아내 이세벨의 미혹에 빠져 온 나라에 우상 숭배를 공식화한 악한 왕이다. 그는 한평생 하나님과 하나님의 종 엘리야를 대적한 자였다. 이 모든 것이 그의 아내 이세벨의 말에 귀를 기울였기 때문이다. 사람은 누구의 말을 듣고 영향을 받고 있는지가 중요하다. 그는 이세벨의 말이 아닌 하나님의 종 엘리야의 말에 순종해야 했다. 나는 누구의 말을 따라 살고 있는가? 하나님의 말씀인가? 세상의 가치인가?

8. 8대 왕: 아하시야

아합의 아들 아하시야(2년 통치, 선지자 엘리야가 사역함)가 아합의 뒤를 이어 왕이 되었다(8대, BC 850~849년). 그는 악한 왕으로, 왕궁 다락 난간에서 떨어져 병이 들었는데, 자신의 병의 회복을 하나님께 묻지 아니하고, 블레셋의 에그론으로 사자를 보내 이방신 바알세붑에게 묻게 했다(열왕기하 1:2). 이때 엘리야는 아하시야의 죽음을 예언했다(열왕기하 1:6). 엘리야의 예언을 들은 아하시야가 엘리야를 잡으려고 갈멜산에 오십인 부대를 두 차례나 보냈지만, 그들은 하늘의 불로 몰살당했다. 아하시야가 세 번째로 오십인 부대를 보내자 엘리야는 아하시야를 직접 만나 똑같은 예언을 반복했다(열왕기하 1:13). 아하시야는 엘리야의 예언대로 회복되지 못하고 아들도 없이 죽었다(열왕기하 1:17).

묵상과 삶의 적용

누구에게 물어야 하나?

아하시야 왕은 자신의 병이 회복될지를 하나님께 묻지 않고, 이방 신에게 물었다. 이는 단순한 문제가 아니라 그가 여호와 하나님이 아닌 이방 신을 더 의지하고 있다는 증거이다. 신자는 모든 크고 작은 문제들을 하나님께 여쭙고 그 길을 인도함 받아야 한다. 그러나 실제 삶 속에서 하나님께 모든 것을 묻고 상의하는 신자들이 얼마나 될까? 문제들 앞에서 자신의 판단과 생각대로 결정하고 판단한다. 나는 모든 일에 늘 하나님께 묻는 자세가 있는가?

모압의 배반

아하시야는 여로보암 1세(1대)와 그의 아비인 아합의 전철을 그대로 밟아 여호와 보시기에 악을 행했다(열왕기상 22:52). 아하시야가 왕이 되자 모압이 북왕국을 배반했다(열왕기하 1:1). 아하시야는 결국 재위 2년 만에 죽고, 그의 동생인 요람(여호람)이 왕위를 계승하게 된다(열왕기상 22:51).

북이스라엘과 남유다 왕들의 이름이 겹치는 시대

북왕국 아합(북 7대)의 아들들인 아히시야(북 8대)와 여호람(북 9대)과 남왕국의 여호사밧(남 4대)의 아들 여호람(남 5대), 손자 아하시야(남 6대)는 거의 동시를 살아간 왕들이다. 이들은 또한 사돈을 맺고 동맹을 이루었다. 이들의 이름이 동일하다는 것은 단지 우연이 아니다. 하나님과 언약적 순결을 지켜야 할 역사적 정통성을 가진, 다윗의 후손인 남유다가 얼마나 악한 왕 아합과 섞여 있는지를 드러내는 것이다.

9. 9대 왕: 요람

요람(여호람, 12년 통치, 선지자 엘리사가 활동함)은 아합의 둘째 아들로, 형 아하시야(8대)가 아들 없이 죽었으므로 왕위를 물려받아(9대, BC 849~842년) 12년 동안 북왕국을 통치했다(열왕기하 1:17; 3:1). 그는 모압과의 전쟁 때 반란을 일으킨 부하 예후에게 살해되었다(열왕기하 9:24). 요람의 죽음으로 34년간 계속된 오므리 왕조도 끝이 났다. 요람은 바알의 주상을 제거하기도 했지만, 여로보암 1세의 길로 행하여 이스라엘을 범죄케 하는 악을 행했다(열왕기하 3:2).

모압과의 전쟁 승리와 엘리사

아합이 죽은 뒤 모압은 북왕국을 배반하고 조공 바치기를 거부했다(열왕기하 3:5). 이에 북이스라엘 요람(여호람, 9대)은 남유다 및 에돔과 동맹하여 모압 정벌에 나섰다(열왕기하 3장).

전쟁터는 에돔 광야였는데 그곳에는 전쟁에 물이 없었다. 동맹군은 엘리사에게 하나님의 뜻을 묻게 되었고, 엘리사는 골짜기에 개천을 많이 파라고 지시했다(열왕기하 3:16). 밤사이에 개천에 물이 고였다. 이 정도의 기적은 여호와께서 보시기에 오히려 작은 일이었다(열왕기하 3:17). 다음 날 아침 개천에 해가 비쳐 붉은 것을 보고, 모압군은 이것이 북왕국과 그 동맹군이 자중지란으로 서로 죽여 고인 핏물이라고 여겼다. 모압군은 방심하고 연합군 진영으로 달려오다가 연합군 손에 전멸을 당했다(열왕기하 3:5~26). 모압 왕은 참패를 통분히 여겨 자기 아들을 몰렉 신에게 인신 제물로 바쳤다(열왕기하 3:27).

도단 성 전쟁에서의 승리

요람(여호람) 통치 시대에 아람 왕(벤하닷 2세)이 전쟁 계획을 세울 때마다 선지자 엘리사는 이 계획을 미리 알고 요람 왕에게 이를 대비하게 했다(열왕기하 6:10). 이 사실을 안 벤하닷은 엘리사가 머무르던 도단성을 공격하고 포위했다(열왕기하 6:13). 이때 엘리사는 두려워하는 자신의 사환의 영의 눈을 열어 하나님의 불 말과 불 병거를 보여주셨다(열왕기하 6:17). 또한 엘리사는 기도하여 아람 군대의 눈을 어둡게 함으로써 사마리아 성으로 이끌어 갔다(열왕기하 6:18~23).

예후의 혁명과 요람의 죽음

길르앗 라못은 전략상 매우 중요한 곳이다. 아합이 이를 회복하고자 했으나 실패하여 여전히 아람의 수중에 있었다. 요람(여호람)은 이를 회복하기 위해 군대장관 예후를 대동하고 길르앗 라못(라마)에 출정하여 아람 왕 하사엘과 싸웠다. 남왕국의 아하시야(6대)도 전쟁에 참가했다(열왕기하 8:28). 이 전투에서 요람이 부상당하여 제2궁인 이스르엘궁으로 돌아와 치료를 받고 있을 때, 엘리사는 제자를 시켜 예후를 찾아가 기름을 붓고 요람을 치라고 전했다(열왕기하 9:3). 예후는 곧 부하들에게 왕으로 추대받았고, 이어 이스르엘궁으로 달려가 치료 중인 요람을 죽였다(열왕기하 9:24). 예후는 요람을 병문안하기 위해 방문한 남유다 왕 아하시야마저 므깃도까지 추격하여 죽였다(열왕기하 10:27). 요람의 죽음으로 오므리 왕조는 막을 내렸다.

10. 엘리야와 엘리사

엘리야(17~19장)

디셉 사람 엘리야(BC 869~850년)는 길르앗 라못 출신으로, 북왕국에서 아합 왕(7대)과 아하시야 왕(8대) 그리고 여호람 왕(9대) 때까지 사역했다. 엘리야가 주로 활동한 시기는 북왕국에서 우상 숭배가 만연하던 시기인 아합의 시대다. 그는 아합을 혹독하게 비판했다. 그는 북이스라엘의 우상에 대항하여 목숨을 걸고 싸웠으며, 갈멜산 전투에서 바알 선지자들과의 영적 전투에서도 승리했다.

이스라엘의 가뭄과 엘리야의 등장
엘리야는 아합의 왕비인 시돈 공주 이세벨이 북왕국에 퍼뜨린 바알 숭배와 한 평생을 싸웠다. 북왕국에 하나님의 심판으로 인한 가뭄이 극심하여 아합이 바알에게 제사를 행하고 있을 때 엘리야는 가뭄의 원인이 여호와를 버리고 바알을 숭배하는 데 있다고 주장하고 아합을 책망했다. 바알은 우상일 뿐, 땅에 내리는 비와 축복은 하나님의 은혜이며, 여호와만이 축복과 풍요를 주시는 유일한 하나님이심을 선포했다.

그릿 시냇가의 훈련과 사르밧 과부 집의 기적

아합에게 나타나 한동안 비가 내리지 않을 것을 선포한 엘리야는 하나님 명령을 따라 그릿 시냇가로 가서 살게 된다(열왕기상 17:5). 그곳에서 그는 까마귀가 가져다주는 떡과 고기를 주야로 먹으며 하나님의 훈련을 받는다. 그러나 곧 가뭄으로 인해 그릿 시내가 말라 버리자 하나님은 그에게 시돈 땅 사르밧의 과부 집으로 올라가라고 명하신다. 그는 이곳에서 그 집의 밀가루와 기름이 끊이지 않게 하는 기적으로 그 가정을 살린 것뿐만 아니라 훗날 과부의 죽은 아들도 다시 살리게 된다(열왕기상 17:8~24, 누가복음 4:26).

묵상과 삶의 적용

하나님의 사람들은 반드시 그릿과 사르밧의 단계를 겪게 하신다

엘리야가 거쳤던 장소인 그릿은 '잘라내다'이고, 사르밧은 '연단, 제련'이란 의미를 가지고 있다. 이는 엘리야가 갈멜산의 영적 전투에서 승리하기 전에 하나님께서 그를 훈련하기 위한 과정들이다. 그는 그릿 시냇가에서 자신의 계획과 생각을 다 잘라내고 오직 하나님의 때와 인도하심을 기다리며, 오직 하나님의 공급하심을 신뢰하는 훈련을 통과해야 했다. 또한 사르밧 과부의 집에서 그는 자신의 인간적 생각이 녹아 없어지는 연단(제련)의 과정을 겪어야만 했다. 한 끼의 식사밖에 없어서 먹고 죽으려고 했던 과부와 아들의 집에서 그는 그것을 자신에게 달라고 요구하는 몰상식한 요구를 해야만 하는 순종을 하나님께 드려야만 했다. 이렇듯 그릿 시냇가나 사르밧이나 엘리야에게는 도무지 이해할 수 없는 하나님의 요구였기 때문이다. 그러나 그는 순종을 통해 하나님의 일하심을 직접 경험했다. 이것이 그가 갈멜산에서 아합 왕과 바알과 아세라 선지자들 850명을 두려워하지 않았던 비결이다. 신자들은 엘리야처럼 누구나 '잘라냄'과 '연단'의 과정을 겪는다. 이는 신자로 하여금 각자의 갈멜산 전투에서 승리하기 위해 미리 준비시키시는 하나님의 인도하심인 것이다. 나는 '나의 그릿과 사르밧'에서 잘 이기고 견디고 있는가?

갈멜산 대결(18장)

아합 시대에 하나님은 엘리야를 통해 이스라엘에 3년간의 가뭄을 예언하셨다. 이것은 우상 숭배에 대한 심판이었다. 엘리야의 예언대로 사마리아에는 기근이 심했다. 엘리야는 아합을 만나 바알 성소가 있는 갈멜산에서 대결을 벌일 것을 제안했다. 대결은 양쪽 예언자들이 각각 자신의 신에게 기도한 뒤, 어느 쪽 제단에 하늘로부터 '불'이 임하는지 증명하는 것이었다.

바알의 선지자들이 종일토록 부르짖었으나 그들의 제단에는 불의 응답이 없었다. 그러나 엘리야가 기도한즉 엘리야의 제단에는 여호와의 불이 내렸다. 엘리야는 바알 선지자들을 기손 강가에서 모두 쳐 죽였다. 드디어 큰 비가 내리고 3년간의 가뭄이 그쳤다.

오늘날에도 갈멜산 전투는 계속되고 있다

엘리야와 바알 선지자들 사이에 벌어진 갈멜산 전투는 오늘날에도 일어나고 있는 신자의 연적 전투를 상징한다. 갈멜산 전투의 핵심은 바알이 참 하나님인가? 여호와가 참 하나님인가이다. 바알은 부와 번영을 주는 번개와 비의 신이다. 오늘날도 많은 사람이 자신에게 부와 번영을 주는 신들을 섬기면서 부귀영화를 꿈꾼다. 오늘날의 바알과 아세라는 맘몬(돈)의 신이다. 많은 사람이 돈을 사랑하고 추구한다. 돈이 참 행복과 만족을 준다고 착각한다. 돈은 살아가는 데 필요하지만, 돈을 사랑해서는 안 된다. 신자는 오직 하나님 한 분만 사랑하는 존재들이다. 나는 돈과 하나님, 바알과 하나님 중에 어떤 신이 우리의 참 하나님이라고 생각하나?

광야의 로뎀나무 아래에서

엘리야가 갈멜산에서의 영적 전투에서 승리하고 바알과 아세라 선지자들을 모두 죽인 일로 인해 매우 화가 난 아합의 왕비 이세벨은 그를 죽이려 했다. 엘리야는 이세벨이 자기를 죽이려는 것을 알고 유다 남부 브엘세바까지 도망했다(열왕기상 19:3). 그는 브엘세바에 사환을 남겨두고 광야로 하룻길을 더 들어가 로뎀나무 아래서 여호와께 죽기를 간청했다. 그런데 지쳐 쓰러진 엘리야에게 천사가 나타나 떡과 물을 먹이고 그가 여전히 여호와의 주권 아래 있음을 보여주었다(열왕기하 19:7). 엘리야는 힘을 얻고 40 주야를 걸어 광야 깊은 곳으로 들어갔다.

호렙산: 엘리야의 마지막 사명

엘리야는 마침내 호렙산(시내산) 바위 동굴에서 하나님의 세미한 음성을 듣는다. 그것은 엘리야가 해야 할 마지막 사명이었다. 하나님은 엘리야에게 아람(수리아)의 하사엘에 기름을 부어 아람의 왕이 되게 하고, 이스라엘의 예후에게 기름을 부어 이스라엘의 왕이 되게 하고, 그리고 엘리사에게 기름을 부어 엘리야의 후계자가 되게 하라고 명령하셨다(열왕기상 19:16). 하나님은 자신 홀로만 남았다고 탄식하는 엘리야에게 이스라엘 가운데 바알에게 무릎 꿇지 아니한 7,000명을 남아 있음을 말씀하시면서 엘리야를 위로하신다(열왕기상 19:18).

엘리야는 자신의 마지막 사명을 깨닫고 사밧의 아들 엘리사를 만나 기름 부어 후계자로 삼았다(열왕기상 19:19~21). 하사엘과 예후에 대한 하나님의 명령은 엘리야 대신 엘리사에 의하여 수행된다(열왕기하 8:13; 9:2~3).

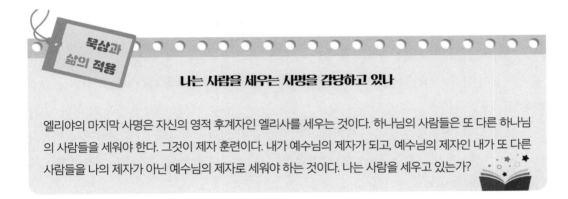

묵상과 삶의 적용

나는 사람을 세우는 사명을 감당하고 있나

엘리야의 마지막 사명은 자신의 영적 후계자인 엘리사를 세우는 것이다. 하나님의 사람들은 또 다른 하나님의 사람들을 세워야 한다. 그것이 제자 훈련이다. 내가 예수님의 제자가 되고, 예수님의 제자인 내가 또 다른 사람들을 나의 제자가 아닌 예수님의 제자로 세워야 하는 것이다. 나는 사람을 세우고 있는가?

나봇의 포도원 사건 규탄(21장)

아합은 이스르엘 평원 근처에 별궁을 세우고 싶었다. 그러나 그곳에는 나봇의 포도원이 있었다. 아합은 그 땅을 사려고 했다. 그러나 나봇은 이스라엘의 토지는 하나님의 것으로 사유재산이 아니므로 아합의 제안을 거절했다. 이는 나봇이 율법에 충실했던 것이다. 이 소식을 들은 왕비 이세벨은 거짓 증인을 매수한 뒤 나봇 일가를 모두 죽였다.

엘리야는 아합과 이세벨의 죄를 심하게 책망했다. 이 둘은 나봇의 포도원을 강제로 빼앗은 죄로 인해, 훗날 하나님의 심판을 받는다. 그 심판은 개들이 나봇의 피를 핥은 같은 자리에서 아합과 이세벨의 피를 핥는 것이다(열왕기상 21:19). 아합에 대한 그의 예언은 그대로 성취되었다(열왕기상 22:37~38).

아하시야(북왕국)의 죽음을 예언

아하시야 왕(8대)은 다락 난간에서 떨어져 병들었을 때 그의 병세를 하나님이 아닌 에그론 (블레셋)의 신 바알세불에게 묻게 했었다. 엘리야는 이때 왕이 죽으리라고 예언했고, 아하시야 는 예언대로 죽었다(열왕기하 1장).

여호람(남왕국)의 죽음을 예언

엘리야는 악을 행한 남왕국 여호람 왕(5대)이 창자에 생긴 중병으로 죽으리라고 예언했는 데 그대로 되었다(역대하 21:15~19).

엘리야의 승천과 갑절의 영감을 구한 엘리사

엘리야는 하늘로 승천하기 전에 그는 길갈-벧엘-여리고-요단까지 네 곳에서 후계자 엘리사 와 작별인사를 하게 된다(열왕기하 2:1~6). 엘리사는 엘리야에게 역사한 성령의 역사가 갑절이 나 자신에게 있기를 청하게 된다(열왕기하 2:9). 엘리야는 승천하는 자기 모습을 엘리사가 보면 원하는 것이 성취되리라고 했는데, 그때 불 수레와 불 말이 두 사람을 갈라놓았고 엘리사는 엘 리야가 회오리바람을 타고 승천하는 것을 보게 된다. 선지자 학교의 제자 50명도 멀리서 이 광 경을 보게 된다. 엘리사는 떨어진 엘리야의 겉옷을 주워 요단강의 물을 치자 갈라져서 엘리사 는 스승이 했던 것처럼 요단강을 마른 땅처럼 건넜다. 선지자 학교의 제자들은 엘리야의 시체 를 찾았으나 발견하지 못했다(열왕기하 2:7~15).

엘리사들아 일어나라

엘리사는 엘리야의 갑절의 영감을 구했다. 원래 장자는 아버지의 상속을 차자들보다 두 배를 받는다. 이는 엘리사가 엘리야의 후계자가 된다는 의미이다. 우리 조국의 기독교 역사상 엘리야와 같은 기라성 같은 많 은 영적 지도자들이 존재했다. 오늘날에 과거의 영적 지도자의 바통을 이어갈 오늘의 엘리사들이 일어나 야 한다. 스승의 영감의 갑절을 받기를 소원하며 대한민국의 영성을 이끌어갈 사람들이 필요하다. 당신이 바로 그 사람이기를 바란다.

엘리사

엘리사(BC 850~800년)는 농부 출신으로(열왕기상 19:19), 엘리야의 후계자가 되었다(열왕기상 19:16). 엘리야는 겉옷을 엘리사에게 던져 그를 후계자로 삼았다. 엘리사의 본격적인 활동 시기는 여호람(9대)과 예후(10대, BC 842~815년) 통치 시대다. 엘리사는 벧엘과 여리고와 길갈 등에 선지자 학교를 세웠다(열왕기하 2:3; 4:38; 6:1).

여리고의 샘물 치유

엘리사는 여리고의 질이 나쁜 샘물을 소금을 통해 좋은 물로 치유하여 소산이 풍성하게 하는 기적을 일으켰다(열왕기하 2:19~22).

암곰이 아이들을 죽임

벧엘로 올라가는 엘리사를 아이들이 대머리라고 두 번씩이나 조롱하자 엘리사가 아이들을 저주했고, 이때 수풀에서 나온 암곰이 아이들을 찢어 죽였다(열왕기하 2:23~25).

여호람이 모압과의 전쟁을 이기게 함

모압이 북왕국을 배반했으므로(열왕기하 3:5~6) 여호람(9대)은 남왕국의 여호사밧 왕(4대, 열왕기하 3:7), 에돔 왕(열왕기하 3:9)과 연합하여 모압을 응징하려 했다. 연합군이 난관에 처했을 때(열왕기하 3:10) 엘리사가 도와서 모압을 물리치게 된다.

제자의 과부를 도움

엘리사의 제자 중 한 선지자의 미망인 한 여인이 빚에 시달린다는 호소를 들은 엘리사는 그 미망인의 유일한 식량인 기름 한 그릇을 가지고 이적을 일으켜 이 가정의 경제를 풍요롭게 했다(열왕기하 4:1-7).

수넴 여인의 아들을 살림

엘리사가 수넴에 갈 때마다 자기를 선대하는 여인에게 아이가 없음을 알고 그녀가 아들을 얻게 했다. 그 후 그 아이가 병으로 죽자 엘리사는 아이를 다시 살리는 기적을 일으켰다(열왕기하 4:8~37).

선지자의 생도들을 해독(解毒)시킴

엘리사는 길갈에서 선지자들이 먹는 국물에 든 독을 해독시켰다(열왕기하 4:38~41).

나아만 장군의 나병 치유와 나병에 걸린 사환

아람 왕 벤하닷 2세(BC 860~841년)의 군사령관 나아만이 나병에 걸려 엘리사를 찾아왔다. 엘리사는 나아만이 요단강의 물에 일곱 번 들어가 씻으라고 명령한다. 이에 순종한 나아만의 나병은 치유가 되어 아기의 살과 같이 되는 기적을 맛보았다(열왕기하 5:1~14). 이 과정에서 엘리사의 사환 게하시는 엘리사 몰래 나아만에게 예물을 받았다가 나병에 걸렸다(열왕기하 5:27).

쇠도끼를 건져 줌

엘리사는 자신의 제자들이 요단 강가에서 나무를 베다가 물에 빠뜨린 쇠도끼를 건져주는 기적을 일으켰다(열왕기하 6:6).

아람의 1차 침입

북왕국 요람 왕(9대, BC 849~842년) 때에 아람 왕 벤하닷 2세는 자기의 작전계획이 매번 사전에 북왕국에 알려지자 그것이 엘리사 때문인 것을 알게 되었다. 아람 왕은 엘리사가 머물고 있던 도단성을 침공하여 그를 포위했다(열왕기하 6:12~14). 엘리사는 하나님께 기도하여 아람 군대의 눈을 어둡게 했다. 그리고는 그들을 북왕국의 수도인 사마리아로 유인했다. 여호람이 엘리사에게 아람 군대를 칠지 물었을 때 엘리사는 치지 말고 먹고 마시게 하여 돌려보내라고 했다(열왕기하 6:17~23).

아람의 2차 침입

1차 침략 때에 전멸의 위기를 넘기고 살아 돌아간 아람 군대는 그 은혜를 망각하고, 북왕국을 2차로 침공하여 사마리아 성을 포위했다(열왕기하 6:24). 사마리아 성에는 양식 부족으로 인해 물가가 폭등했다(열왕기하 6:24~25). 이때 엘리사가 하루 만에 아람 군대가 퇴각하고 물가는 정상화될 것이라고 예언했지만(열왕기하 7:1~2), 그 말을 들은 장관은 믿지 않았다. 그러나 하나님은 아람 병사들로 하여금 큰 군대의 병거 소리와 말소리를 듣게 했고, 아람 병사들은 대규모 군대가 자신들을 치러 온 것으로 착각하게 만들어서(열왕기하 7:6) 아람군이 전쟁 물자를 그대로 두고 도망쳤다. 이 사실을 4명의 나병 환자가 성에 알렸다(열왕기하 7:12). 아람 군이 남기고 간 전쟁물자로 양식문제가 해결되고 엘리사의 예언은 이루어졌고, 엘리야의 말을 믿지 않았던 장관은 백성들에게 밟혀 죽었다(열왕기하 7:20~21).

수넴 여인의 땅을 되찾아 줌(열왕기하 8:1~6)

엘리사를 극진히 대접하던 수넴 여인이 엘리사가 예언한 가뭄을 피해 7년 동안 블레셋에 가 있다가 고향으로 돌아왔다. 여인이 재산을 돌려받기 위해 왕에게 호소하러 갔을 때 왕은 엘리사의 사환 게하시로부터 엘리사의 많은 이적과 그녀와 관련된 행적을 듣고 그 여인에게 그녀의 재산을 돌려주게 했다(열왕기하 8:1~6).

하사엘의 등극 예언

엘리사가 아람의 수도 다메섹에 올라갔을 때 아람 왕 벤하닷 2세는 병이 들었었는데, 그가 부하 하사엘을 시켜 엘리사에게 병이 나을지 물어보게 했다. 엘리사는 왕의 병은 나을 것이나 죽게 되고, 하사엘이 왕이 될 것이라고 예언했다. 엘리사의 예언대로 하사엘은 벤하닷을 죽이고 왕위에 올랐다(열왕기하 8:7~15).

예후에게 기름부음

엘리사는 제자를 시켜 전쟁 중에 있는 북왕국 6대 왕 요람(여호람)의 군대 장관인 예후를 찾아가, 그의 머리에 기름을 붓고 예후를 북왕국의 왕으로 선포하게 했다. 그리고 예후가 아합의 집을 치라고 전했다(열왕기하 9:1~2).

요아스의 엘리사 임종 문병

엘리사가 말년에 병이 들자 북왕국 요아스 왕(12대)은 그를 문병하고 극진히 보살폈다. 엘리사는 이때 요아스가 아람을 세 번 쳐서 선왕(여호아하스)이 빼앗긴 영토를 다시 찾을 것이라 예언했다(열왕기하 13:14~25).

엘리사의 죽음

엘리사가 죽은 후 사람들이 시체를 엘리사의 묘실에 던졌는데, 그 시체가 엘리사의 뼈에 닿자 다시 살아나는 기적이 일어났다(열왕기하 13:20~21).

죽은 사람의 시체가 엘리사의 뼈에 닿자 다시 살아난 기적을 문자 그대로 해석해 누군가의 무덤에 손을 대고 기도하면 영적 능력이 임할 것이라 믿고 실제로 행한 사건이 최근에 미국에서 발생했다. 성경을 해석할 때, 상징적 의미로 해석해야 할 때와 문자적인 의미로 해석해야 할 때가 있다. 이 사건을 오늘날 문자적으로 해석하는 것이 옳은가? 결코 그렇지 않다. 성경을 해석하는 자들의 사명이 얼마나 막중한가?

11. 10대 왕 예후

예후 왕조시대

북왕국 10대 왕 예후(28년 통치, 선지자 엘리후가 활동함)로부터, 11대 여호아하스, 12대 요아스, 13대 여로보암 2세, 14대 왕 스가랴까지 97년간을 예후 왕조시대라 부른다. 예후 왕조는 13대 왕 여로보암 2세에 이르러 가장 강성한 나라가 되어 예전 다윗 시대의 영토를 거의 회복했고, 정치적 안정과 경제적 번영을 이루었다. 스가랴(14대)가 즉위 6개월 만에 살룸(15대)에게 피살됨으로써 예후 왕조는 끝이 나게 된다.

여호람과 예후의 반란

북왕국의 9대 왕인 요람(여호람, 9대)은 길르앗 라못에서 아람과 전쟁을 벌였다. 이때 요람의 군대 장관이었던 예후는 선지자 엘리사의 제자로부터 기름부음을 받고 반란을 일으켜 자신의 주군인 요람을 죽였다(열왕기하 9:13). 이때 여호람(요람)의 시체는 자신의 부모인 아합과 이세벨이 빼앗은 나봇의 밭에 던져졌다. 나봇의 포도원을 빼앗은 아합의 죄악을 하나님은 그의 손자인 요람에게도 갚으셨다. 하나님의 심판은 이토록 무섭다. 예후는 28년간(BC 842~815년) 통치했다.

예후가 아합 가문을 진멸함

쿠데타에 성공한 예후는 즉시 아합 가문과 관련자들을 숙청했다. 그는 먼저 아합 왕궁의 장로들과 왕의 자제를 교육하던 자들을 위협하여, 그들이 스스로 아합의 아들 70명을 죽이게 했다(열왕기하 10:9). 그는 남왕국 아하시야(5대)의 남은 형제 42명도 죽였다(열왕기하 10:13~14).

예후는 집권 초기에는 여호와 신앙에 철저한 레갑 족속(예레미야 35:2~10)의 여호나답과 손을 잡고 신앙 개혁을 진행했다. 여호나답은 아합에게 속한 자들을 모두 죽였다(열왕기하 10:15~17, 23). 그러나 예후는 금송아지 숭배를 그냥 두는 악을 범했다.

종교개혁

예후는 여호나답과 함께 바알 성소를 파괴하고 없애버렸으며, 전국의 바알 선지자와 제사장들을 속임수로 꾀어 모조리 죽였다(열왕기하 10:18~29). 그는 초기에 바알 우상을 철저하게 혁파했으며, 바알 숭배자들을 진멸했고(열왕기하 10:18~31) 바알 신당을 변소로 만들어 버렸다. 그러나 예후는 여로보암의 길, 즉 금송아지 숭배에서는 떠나지는 아니했다(열왕기하 10:31). 이것이 하나님 보시기에 악했다.

아람 하사엘의 침공

예후가 끝내 여로보암의 길을 따라 하나님을 배반하자 하나님은 예후 왕 말년에 아람의 하사엘을 시켜 북왕국의 영토를 빼앗게 만들었다(열왕기하 10:32). 아람의 하사엘(BC 841~801년)은 벤하닷 2세를 죽이고 왕위에 오른 자다(열왕기하 8:10~13). 하사엘은 예후 왕 말년에 비 무장한 북왕국 백성들을 무자비하게 죽이기도 했다. 그는 요단 동편 전 지역을 강탈했다(열왕기하 10:32~33). 북이스라엘은 아람의 침공으로 심각한 타격을 입었다. 결국 예후의 아들 여호아하스 때에 이르면 이스라엘이 아람의 속국과 다름이 없게 된다. 이 모든 것이 하나님을 배신한 결과로 당한 심판이다.

남유다와 동맹 관계가 깨짐

예후가 남유다 6대 왕 아하시야를 죽임으로 남왕국과의 동맹 관계도 깨어졌다.

예후의 죽음

예후는 28년 동안 북왕국을 통치했다. 그의 개혁은 반쪽의 개혁이었다. 그는 북왕국에서 바알 숭배를 금지시켰다. 그러나 금송아지 숭배를 용인하는 등 하나님의 율법을 전심으로 지켜 행하지 않았고(열왕기하 10:30~31), 무리한 숙청으로 대내적인 반목을 초래했다.

묵상과 삶의 적용

회개하려면 확실하게 하라

예후는 통치 초기에 여호나답(요나답)과 손을 잡고 바알 제단을 부수고, 바알 제사장들을 죽이는 등의 일을 하면서, 백성들을 여호와께로 돌이키는 신앙 개혁을 이끌었지만, 단과 벧엘에 있는 금송아지 제단은 없애지 않았다. 그러므로 그의 개혁은 반쪽의 개혁이었으며, 이에 실망한 여호나답의 이탈로 인해 살해하고 말았다. 신자도 마찬가지다. 회개하려면 어중간하게 하지 말고 확실히 회개해야 한다. 돌아서려면 확실하게 돌아서라. 세상과 하나님 사이에 머뭇거리거나 망설이지 말고 돌아서라. 나의 회개는 어떤가? 예후의 전철을 밟지 말라.

12. 11대 왕 여호아하스

예후가 죽은 후 아들 여호아하스(요아하스, 17년 통치, 선지자 엘리사가 활동함, BC 815~801년)는 북왕국 11대 왕이 되어 17년 동안 다스렸다(열왕기하 10:35; 13:1).

여호아하스가 기도함

여호아하스는 아람 왕 하사엘이 이스라엘을 학대하자 하나님께 간구했다. 하나님은 그의 간구를 들으시고 이스라엘을 하사엘의 손으로부터 잠시 벗어나게 하셨다(열왕기하 13:4). 이것이 가능했던 이유는 주전 803년에 앗수르가 아람의 다메섹을 침공했기 때문이다. 여호아하스가 아람의 손에서 잠시라도 벗어날 수 있었던 것도 세상 역사를 다스리시는 하나님의 섭리가 있었기 때문이다.

금송아지를 섬기는 여호아하스

여호아하스는 곧 금송아지를 섬기고 아세라 목상도 사마리아에 남겨 두었다(열왕기하 13:6). 아람 왕 하사엘은 다시 북왕국을 다시 속국으로 삼고 군사력까지 제한했다(마병 50명, 병거 10대, 보병 10,000명, 열왕기하 13:7). 우상 숭배를 버리지 못한 여호아하스에 대한 하나님의 심판이다.

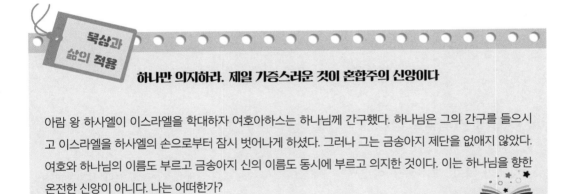

묵상과 삶의 적용

하나만 의지하라. 제일 가증스러운 것이 혼합주의 신앙이다

아람 왕 하사엘이 이스라엘을 학대하자 여호아하스는 하나님께 간구했다. 하나님은 그의 간구를 들으시고 이스라엘을 하사엘의 손으로부터 잠시 벗어나게 하셨다. 그러나 그는 금송아지 제단을 없애지 않았다. 여호와 하나님의 이름도 부르고 금송아지 신의 이름도 동시에 부르고 의지한 것이다. 이는 하나님을 향한 온전한 신앙이 아니다. 나는 어떠한가?

13. 12대 왕 요아스

여호아하스의 아들 요아스(여호아스, 16년간 통치, 선지자 엘리사가 활동함, BC 801~786년)는 왕위에 올라 16년간 북왕국을 다스렸다(열왕기하 13:10). 요아스는 예후(10대)의 손자로서 여로보암 1세의 모든 죄에서 떠나지 않고 악을 행했다(열왕기하 13:11).

엘리사 문병과 예언의 성취

요아스는 엘리사가 죽을 병이 들었을 때 그를 문병했다. 이때 엘리사는 요아스에게 화살로 땅을 치라고 했는데, 요아스가 세 번을 치니 엘리사는 요아스가 아람을 세 번 쳐서 이기리라고 예언했다(열왕기하 13:19). 당시 아람에서는 하사엘이 죽고 그의 아들 벤하닷 3세(BC 801~780년)가 즉위했다. 요아스는 이때 아람을 세 번 쳐서 선왕 여호아하스(11대)가 하사엘에게 빼앗겼던 성읍을 회복했다(열왕기하 13:24~25).

남왕국을 속국으로

당시 남왕국의 왕 아마샤(9대)는 에돔을 쳐서 이기고 북왕국에 도전을 해왔랏. 북왕국 이스라엘의 요아스가 아마샤를 만류했음에도(열왕기하 14:10) 아마샤가 전쟁을 선포하자 요아스는 벧세메스에서 아마샤를 대파하고 그를 사로잡았다. 그리고 예루살렘의 북쪽 성벽을 헐고 성전과 왕궁에 있는 금은보화를 약탈했다(열왕기하 14:14, 역대하 25:21~24).

14. 13대 왕 여로보암 2세

요아스가 죽자 그의 아들 여로보암 2세(41년 통치, 선지자 호세아, 아모스, 요나가 활동함, BC 786~746년)가 북왕국의 13대 왕이 되었다(열왕기하 14:23). 그는 이스라엘을 41년간 통치했다. 그는 북이스라엘 역사상 정치적, 경제적, 군사적으로 가장 강력한 나라를 만들었다. 이는 당시의 국제 정세는 북왕국에 매우 유리하게 전개되었기도 했지만, 근본적으로는 하나님의 은혜와 축복의 결과였다.

여로보암 2세 통치 당시 아람은 쇠퇴기에 접어들었고, 앗수르의 불인 디글랏 빌레셀 왕(BC 746~727년)이 등장하기 전이었다. 당시 앗수르의 왕 살만에셀 4세는 유약한 왕이라 앗수르의 국력이 약했다. 또 남유다의 강력한 왕인 웃시야(10대, BC 783~742년)와의 관계도 나쁘지 않았다.

이런 모든 원인이 여로보암 2세 통치 기간을 황금기로 만들었다. 그의 통치 기간에 이스라엘은 정치적 안정과 경제적 번영을 누렸다. 그러나 이 기간은 하나님 보시기에 가장 악한 시기였다.

영토의 확장과 경제적 번영

여로보암 2세는 이를 기회로 하맛 어귀로부터 아라바 바다에 이르는 이스라엘 옛 영토를 되찾았고(열왕기하 14:25), 다메섹과 하맛을 탈환하여(열왕기하 14:28) 다윗과 솔로몬 시대의 영토를 거의 회복할 수 있었다. 이는 하나님께서 "이스라엘을 도울 자가 없음을 불쌍히 보시고" 베푸신 전적인 은혜였다(열왕기하 14:25~27, 선지자 요나가 활동함). 그러나 그는 이런 하나님의 은혜를 알지 못하고 여호와 보시기에 악을 행했다(열왕기하 14:24).

종교적 사회적 부패

한편 여로보암 2세 시대의 정치적 안정과 경제적 번영으로 북왕국의 우상 숭배와 사회적 부패는 더욱 심해졌다. 사마리아 상류층은 행복에 도취해 사치와 방종에 젖었고, 사회 정의는 땅에 떨어져 가난한 자를 학대하고 인신매매를 하는 등 탐욕과 부도덕과 불법이 난무했다(호세아와 아모스를 보라). 선지자 아모스와 호세아가 등장하여 시대상을 신랄하게 비판한 것도 이 때문이다.

묵상과 삶의 적용

가장 번영을 누리는 때가 가장 영적인 암흑기라니…

여로보암 2세가 다스렸던 시대는 가장 북왕국이 번영을 누린 때였다. 그러나 이때가 가장 하나님을 떠난 영적 암흑기였다. 오늘날 대한민국과 전 세계의 영적 상태는 어떠한가? 과학의 발달과 첨단 기술의 발견으로 인해 인류는 역사상 가장 번영의 시대에 살고 있다. 그러나 지금 만큼 전 세계가 하나님의 뜻과 말씀을 대적한 시대도 없었다. 대한민국도 마찬가지이다. 지금처럼 부강한 삶을 살았던 때도 없지만, 지금처럼 교회가 하나님의 진리를 벗어나 타락한 시대도 없었다. 기복주의 신앙과 번영신학과 인본주의 설교가 넘쳐난다. 교회에는 말만 신자이지 실제로는 거듭나지 못한 가라지들이 가득하다. 나는 어떠한가?

15. 14대 왕 스가랴

여로보암 2세가 죽고 그의 아들 스가랴(6개월 통치, 선지자 호세아 활동, BC 746~746년, 귀환 시대의 스가랴 선지자와 다른 인물임)가 14대 왕이 되었으나 왕위에 오른 지 6개월만에 그의 부하 살룸에 의하여 암살되었다(열왕기하 15:8~9). 스가랴는 예후 왕조의 마지막 왕이 되었다. 그는 6개월 동안 통치하면서도 여로보암 1세의 죄의 길로 행했다.

16. 15대 왕 살룸

15대 살룸(1개월 통치, 선지자 호세아 활동함) 왕부터 16대 므나헴, 17대 브가히야, 18대 베가, 19대 호세아 왕까지는 북왕국 이스라엘의 말기 시대이다. 당시 앗수르는 이 시대에 근동의 패자로 등장하여 이스라엘 땅도 앗수르의 지배권 아래에 들어가게 되었다.

북왕국의 가장 강력했던 왕 여로보암 2세가 죽은 후부터 북왕국은 내리막길을 걸었다. 15대 살룸은 여로보암 2세의 아들 14대 스가랴 왕을 살해하고 왕이 되었으나, 살룸 또한 즉위 1개월 만에 므나헴에게 살해되었다. 친(親) 앗수르주의자였던 므나헴(16대)은 앗수르에게 조공을 바치면서 간신히 10년을 버티었다. 므나헴의 아들 브가히야(17대)를 살해하고 왕이 된 18대 베가는 반(反) 앗수르주의자로 아람과 연합하여 반 앗수르 동맹을 거부한 남왕국(12대 왕 아하스 때)을 침공했다. 북왕국은 남왕국의 도움 요청을 받은 앗수르의 공격을 받아 갈릴리를 빼앗기고 많은 백성을 앗수르에 포로로 보내야 했다. 19대 호세아 왕도 반(反) 앗수르 정책을 펴다가 결국 주전 722년에 앗수르에 의해 나라가 멸망당했다. 북이스라엘의 15대 왕 살룸은 예후 왕조 마지막 왕인 스가(14대)를 살해하고 북왕국의 왕(15대, BC 745)이 되었다. 그는 재위 1개월 만에 부하 장수 므나헴(16대)에게 죽임을 당했다(왕하 15:10, 13-14).

17. 16대 왕 므나헴

므나헴(10년 통치, 선지자 호세아 활동함, BC 745~738년)은 살룸을 살해하고 북왕국의 16대 왕이 되었다(열왕기하 15:17). 그는 10년 동안 이스라엘을 통치했다. 므나헴은 북왕국의 옛 수도인 디르사에서 아기를 가진 여인의 배를 가를 정도로 잔인했다(열왕기하 15:16). 그는 여로보암의 죄에서 평생 떠나지 않았다(열왕기하 15:16, 18).

앗수르는 근동의 패자로 부상하여 디글랏 빌레셀 3세(BC 746~727년)가 북왕국을 치려고 했다. 므나헴은 앗수르의 디글랏 빌레셀의 침략을 받았지만, 은 천 달란트를 조공으로 받침으로 위기를 모면했다(열왕기하 15:19). 그래서 그는 친 앗수르 정책을 취할 수밖에 없었다. 그는 바닥난 재정을 보충하려고 부자들과 백성들의 재물을 착취했다(열왕기하 15:19~20).

18. 17대 왕 브가히야

므나헴이 죽자 그의 아들 브가히야(2년 통치, 선지자 호세아 활동함, BC 738~737년)가 북왕국의 17대 왕이 되었다(열왕기하 15:22~23). 그도 친 앗수르 정책을 폈고 여로보암 1세의 죄를 반복했다. 그의 통치 2년 만에 군대장관 베가가 반역하여 브가히야를 죽이고 왕이 되었다.

19. 18대 왕: 베가

브가히야를 살해하고 왕이 된 베가(20년 통치, 선지자 호세아와 오뎃이 활동함)는 20년을 통치했다(열왕기하 15:27). 그는 므나헴과 브가히야와는 달리 강력한 반(反) 앗수르 정책을 폈다. 그는 강성해가는 앗수르 세력에 맞서기 위해 아람 왕 르신(BC 740~732년)과 군사 동맹을 맺었다.

이스라엘과 아람 연합군의 남왕국 침공, 아람의 멸망

남왕국 아하스(12대, BC 735~715년)를 북왕국과 아람 군사 동맹에 끌어들이려는 베가의 제안를 아하스가 거절하자 북왕국의 베가와 아람 왕 르신은 남유다를 침공했다(열왕기하 16:5). 이때 연합군의 침공을 받은 남유다의 아하스 왕은 이사야의 간곡한 만류에도 불구하고 앗수르 왕 디글랏 빌레셀 3세에게 막대한 조공을 바치고 원군을 요청했다(열왕기하 16:7). 앗수르는 이를 승낙하고 주전 732년경 출정하여 베가와 르신의 연합군을 쳤다. 먼저 아람을 쳐서 르신을 죽이고 아람을 멸망시켰고(열왕기하 16:9), 같은 해에 북왕국을 공격했는데, 앗수르는 이스라엘 북방을 수중에 넣었다. 이때 많은 주민이 포로가 되어 앗수르로 잡혀갔다(열왕기하 15:29). 갈릴리는 이제 앗수르에 의해 "이방의 갈릴리"가 되었다. 이 와중에 베가는 그의 부하 호세아(19대, BC 732~722년)에 의해 죽임을 당했다.

20. 19대 왕 호세아와 북왕국의 멸망

호세아(9년 통치, 선지자 호세아가 활동함)는 베가의 부하로서 베가를 살해하고 왕이 되어 앗수르에 의해 멸망할 때까지 9년간(BC 732~722년)을 다스렸다(열왕기하 17:1). 호세아는 북왕국 이스라엘의 마지막 왕이다.

호세아의 친 앗수르 정책

북이스라엘은 므나헴(16대) 때부터 사실상 앗수르의 지배를 받아 왔다. 호세아도 자신이 앗수르를 섬길 것을 앗수르의 왕에게 약속하고 나라의 멸망을 막았다. 그러기에 호세아는 당연히 친 앗수르 정책을 폈다.

호세아의 친 애굽 정책과 멸망

디글랏 빌레셀 3세의 뒤를 이은 살만에셀 5세(BC 727~722년)는 즉위하자마자 북이스라엘을 침공했다. 이때 호세아는 조공을 바치고 위기를 넘겼지만(열왕기하 17:3), 호세아는 곧 마음을 바꾸어 애굽과 동맹을 맺고 앗수르에 조공 바치기를 중단했다(열왕기하 17:4).

살만에셀 5세는 호세아의 배신을 응징하기 위해 주전 724년에 북이스라엘을 침공하여 호세아 왕을 옥에 억류했다(열왕기하 17:4). 앗수르는 사마리아를 3년 동안이나 포위했다. 이 과정에서 사마리아를 포위하고 있었던 앗수르의 살만에셀 5세가 죽고(BC 722년) 그의 아들 사르곤 2세(BC 722~705년)가 앗수르의 왕이 되었다.

사르곤 2세도 즉위하자마자 사마리아를 공격했고, 사마리아는 함락되고 말았다(BC 722년, 열왕기하 17:6). 이스라엘을 지원하기로 했던 애굽의 지원군은 오지 않았다. 이로써 주전 931년에 북 10지파가 남유다와 결별하고 세운 북왕국 이스라엘은 주전 722년에 멸망했다. 북이스라엘의 존속 기간은 209년이다.

앗수르(사르곤 2세)는 북이스라엘의 지도층 인사 27,290명을 포로로 끌고 갔다. 그 후에도 많은 북왕국 백성을 사로잡아 앗수르 성읍에 살게 했다(열왕기하 17:24; 18:11). 한편 많은 이방인을 북왕국으로 이주시켰다(열왕기하 17:24). 이는 이스라엘의 독립운동을 사전에 차단하기 위한 정책이었다. 이로써 사마리아는 이방인의 피가 섞이면서 히브리인의 혈통적 순수성은 사라졌다.

21. 북이스라엘 멸망에 관한 성경의 평가

북이스라엘은 열왕기상 17장에 앗수르에 의해 멸망당한다. 성경은 멸망의 원인을 세 가지로 분명하게 기록하고 있다. 첫째, 여호와만 경외하고 섬기라는 말씀을 듣지 않았다. 즉 목이 곧은 백성이었다는 것이다. 둘째, 하나님의 말씀을 버리고 우상을 숭배했다. 셋째, 여호와도 섬기고 자기 신들도 섬겼다. 여기서 놓치지 말아야 하는 것은 이스라엘 백성들이 하나님만 섬긴 게 아니라는 것이다. 이들은 여호와도 섬기고 동시에 바알도 섬긴 것이다. 이들의 혼합주의 신앙의 결말은 멸망임을 성경은 분명히 선포하고 있다.

묵상과 삶의 적용

혼합주의가 다른 이단보다 더 위험하다

북이스라엘의 멸망 원인은 혼합주의 신앙이다. 그들은 겉으로는 여호와를 섬기는 형식은 갖췄지만, 여호와도 섬기고 또한 바알과 금송아지도 동시에 섬겼다. 하나님과 바알, 하나님과 금송아지를 동시에 섬기는 혼합주의 신앙이 다른 이단들보다 더 위험하다. 왜냐하면 이단은 이단임을 알기에 조심하지만, 우리도 모르게 하나님과 바알을 동시에 섬기는 혼합주의 신앙은 분별하기가 쉽지 않기 때문이다. 돈과 하나님을 동시에 섬길 수 없듯이 바알과 하나님, 세상 사랑과 하나님 사랑을 동시에 추구할 수는 없는 것이다.

성경은 북이스라엘의 멸망 원인을 왕과 백성들이 하나님의 말씀을 듣지 않고, 오히려 우상을 숭배했으며, 여호와 하나님과 바알을 동시에 섬기는 혼합주의 신앙을 가졌기 때문이라고 말씀한다. 이에 하나님은 그들을 하나님 앞에서 쫓아내셨다(열왕기하 17:1~41).

이와 같이 그들이 여호와도 경외하고 또한 어디서부터 옮겨왔든지 그 민족의 풍속대로 자기의 신들도 섬겼더라 (열왕기하 17:33)

여호와의 율례와 여호와께서 그들의 조상들과 더불어 세우신 언약과 경계하신 말씀을 버리고 허무한 것을 뒤따라 허망하며 또 여호와께서 명령하사 따르지 말라 하신 사방 이방 사람을 따라 그들의 하나님 여호와의 모든 명령을 버리고 자기들을 위하여 두 송아지 형상을 부어 만들고 또 아세라 목상을 만들고 하늘의 일월 성신을 경배하며 또 바알을 섬기고 또 자기 자녀를 불 가운데로 지나가게 하며 복술과 사술을 행하고 스스로 팔려 여호와 보시기에 악을 행하여 그를 격노하게 했으므로 (열왕기하 17:15-17)

하나님의 말씀을 무시하고 떠나면 망한다

북왕국 이스라엘의 멸망은 하나님의 율법을 떠나 지키지 않았기 때문이다. 개인이나 가정이나 국가나 하나님의 말씀을 소홀히 하고 떠나면 망한다는 것이 성경의 가르침이다. 나는 하나님의 말씀을 꼭 붙들고 살고 있는가?

북왕국 이스라엘 왕들의 역사

역대 왕	통치	선지자	중요 내용
여로보암 1대	22년	아히야 익명	1) 아히야의 예언(왕상 11:26~43), 여로보암에게 옷을 찢어 10조각 줌 　→ 축복 약속, 솔로몬이 죽이려 함, 애굽 도망, 시삭왕의 보호 2) 세겜 10지파 반란, 단과 벧엘에 금송아지 우상 　**여로보암의 죄와 길: 하나님을 우상화함** 3) 레위 자손 아닌 일반 백성으로 제사장 삼음: 무자격 목회자 4) 팔이 마비됨, 아들 아비야 죽음, 여로보암이 회개치 않음(왕상 13:33~34), 　아비야 죽음(왕상 14:1~18) 5) 3년간만 하나님 섬김: 레위인과 제사장들 남유다로 망명 6) 여로보암 죽음: 22년 통치, 18명 아내와 60명 첩
나답 2대	2년		열왕기상 15:25~32 1) 여로보암의 아들, 2년 통치, 악행, 아버지 여로보암의 길(왕상 15:26) 2) 잇사갈 지파 바아사가 반란 일으킴 3) 여로보암 가문 진멸(왕상 15:29), 아히야 예언 성취(열왕기상 14:14)
바아사 3대	24년	예후	열왕기상 15:33~16:7 1) (역성혁명 1) 나답의 수하 장군, 24년 통치 2) 악행, 여로보암의 길(왕상 15:34) 3) 하나리의 아들 예후에게 하나님 말씀 임함 　(남유다 3대 왕 아사를 책망한 선지자), 바아사의 가문을 끊을 것(왕상 16:3)
엘라 4대	2년		열왕기상 16:8~14 1) 바아사의 아들, 2년 통치 2) 악행, 술 취하고 있을 때, 병거 부대 장관인 시므리의 반란 3) 바아사 가문 진멸
시므리 5대	7일		열왕기상 16:15~20 1) 엘라(4대 북왕)를 죽이고 왕위에 오름(역성혁명 2), 7일 통치 2) 엘라의 또 다른 군대 장관 오므리를 백성들이 왕으로 추대 3) 디르사 왕국 공격, 시므리가 왕궁을 불 지르고 자살 4) 악행, 여로보암의 길(왕상 16:19), 단 7일 동안에도 악을 행함
오므리 (오므리왕조 4대) 6대	12년		열왕기상 16:21~28 1) 시므리를 죽이고 디브니와 6년 전쟁에서 승리, 즉위(역성혁명 3) 2) 디르사 6년 통치 → 세멜에게 2달란트로 사마리아산을 사고 성읍 건축, 　세멜 이름 따서 사마리아로 불림(왕상 16:24) 3) 더욱 더 악함, 여로보암의 길(왕상 16:25~26)

역대 왕	통치	선지자	중요 내용
아합 (왕비 이세벨) 7대	22년	엘리야	열왕기상 16:29~22장 1) 오므리의 아들, 22년 통치 2) 이전 모든 사람보다 더 악함(왕상 16:36) 3) 여로보암의 죄를 따라 하는 것을 가볍게 여김(왕상 16:31) 4) 시돈 왕 엣바알의 딸 이세벨 아내로 삼음, 　바알 숭배, 바알 신전, 아세라 상 세움, 이스라엘의 바알 숭배 시작 6) 엘리야 선지자와 지속적 대립함 7) 나봇의 포도원 빼앗음, 엘리야 사망 예언: 　"나봇의 피를 핥은 곳에서 개들이 네 몸의 피도 핥을 것" 8) 아람과의 3차 전쟁에서 사망: 거짓 선지자 시드기야와 미가야의 대결 9) 여호수아 성 건축 시도한 히엘: 왕도 백성도 하나님의 말씀 무시
아하시야 8대	2년	엘리야	1) 아합의 아들, 2년 통치 2) 악을 행함(아버지의 길 + 어머니의 길 + 여로보암의 길) 3) 아들이 없어 동생 여호람(9대 북왕)에게 왕위 계승 4) 다락 난간에서 떨어져 병듦, 에그론 신 바알세불 우상 의지 　엘리야 죽음 예언, 군사 오십 명 파병(3번), 죽음(왕하 1장) 5) 여호사밧의 아들과 손자인 여호람과 아하시야가, 아합의 아들들인 아하시야 　와 여호람과 이름이 같음, 유다가 얼마나 아합과 섞여 있었는지 보여준다. 6) 유다 왕 여호사밧과 에시온게벨에서 배 건조, 엘리에셀 선지자 책망
여호람 (요람) 9대	12년	엘리사	열왕기하 3:1; 9:14, 역대하 22:5-7 1) 요람(여호람)은 아합의 둘째 아들, 12년 동안 북왕국을 통치(왕하 1:17; 3:1). 2) 모압과의 전쟁 때 반란을 일으킨 부하 예후에게 살해되었다(왕하 9:24) 3) 요람의 죽음으로 34년간 계속된 오므리 왕조도 끝이 남 4) 요람은 바알의 주상을 제거하기도 했지만, 여로보암 1세의 길로 행하여 이스 　라엘을 범죄하게 하는 악을 행했다(왕하 3:2).
예후 (예후왕조 5대) 10대	28년	엘리사	군대 장관 예후(역성혁명 4, 왕하 9-10장) 1) 예후왕조의 시작, 28년 통치(왕하 10:36) 2) 엘리사가 제자 선지자를 보내 기름 부음 3) 부상 중인 여호람(9대 북왕)과 병문안 중인 아하시야(6대 남왕)를 차례로 죽 　이고 왕위에 오름, 아합과 이세벨에게 죽임 당한 나봇 밭에 여호람의 시체를 　던짐. 나봇을 죽인 그곳에서 이세벨의 아들 여호람이 죽다. 4) 아합과 이세벨을 죽임 　아합: 아합의 피를 개가 핥음, 이세벨(왕하 9:30~37): 내시들이 창밖으로 던 　짐. 이세벨의 몸을 개들이 먹을 것이라는 예언 성취(왕상 21:23)

역대 왕	통치	선지자	중요 내용
예후 (예후왕조 5대) 10대	28년	엘리사	5) 아합의 가문 진멸 　① 아합의 가문 아들들 70명, 귀족들과 장로들이 살해(왕하 10:7) 　② 귀족/장로들까지 살해(왕하 10:11) 　③ 선대 왕 아하시야(8대 북왕)의 형제들 42명 살해(왕하 10:15-17) 6) 레갑의 아들 여호나답과 손잡음(왕하 10:15-17) 7) 바알 숭배자들을 진멸(왕하 10:18-31), 바알 신당을 헐고 변소로 만듦 8) 바알 숭배를 제거, 여로보암의 죄(금송아지)를 버리지 않음 9) 예후의 죽음(왕하 10:32~36)
여호아하스 11대	17년	엘리사	열왕기하 13:1-9 1) 예후(10대 북왕) 왕의 아들, 17년 통치, 여로보암의 죄, 아세라 섬김 2) 하나님의 진노, 아람왕 하사엘과 아들 벤하닷의 손에 넘김
요아스 12대	16년	엘리사	열왕기하 13:10-13 1) 여호아하스(11대 북왕)의 아들, 16년 통치 2) 여로보암의 모든 죄 3) 남유다 왕 아마샤(9대 남왕) 왕 전쟁 승리, 예루살렘 성전과 왕궁의 금은 기명을 탈취, 볼모로 잡음
여로보암 2세 13대	41년	호세아 아모스 요 나	열왕기하 14:23-29 1) 요아스(12대 북왕) 왕의 아들, 41년 통치 2) 악한 왕, 최고의 경제적·정치적 부흥기, 영토 회복: 앗수르의 정세, 요나의 활약으로 앗수르가 북이스라엘을 공격하지 않을 때 　☞ 앗수르 살만에셀 4세 때 국력 약화, 여로보암 2세 영토 확장 　☞ 요나의 회개 메시지를 받게 된 역사적 배경 3) 요나, 아모스, 호세아 선지자가 활동 예언 4) 영토 회복 예언, 요나(왕하 14:25) 　"하나님이 이스라엘을 도울 자가 없음을 불쌍히 보시고"
스가랴 14대	6 개월	호세아	열왕기하 15:8-12 1) 여로보암 2세의 아들이자, 예후 왕조 마지막 왕으로 6달 통치 2) 여로보암의 죄, 여호와 말씀이 성취됨(왕하 10:30, 왕하 15:12) 3) 살룸이 반란 일으켜 살해됨
살룸 15대	1개월	호세아	열왕기하 15:13-16 1) 예후 왕조 마지막 왕인 스가랴(14대 북왕)를 살해하고 왕위 차지 2) 1달 통치, 남유다 살룸은 3개월 통치 3) 부하 므나헴에 의해 살해

역대 왕	통치	선지자	중요 내용
므나헴 16대	10년	호세아	열왕기하 15:17-22 1) 살룸 왕을 살해하고 왕이 됨, 10년 통치 2) 여로보암의 죄에서 평생 떠나지 않음(왕하 15:18) 3) 앗수르의 불(디글랏 빌레셀 2세)의 침공, 은 천 달란트로 무마
브가히야 17대	2년	호세아	열왕기하 15:23-26 1) 므나헴(16대 북왕)의 아들, 2년 통치 2) 여로보암의 죄 3) 군대장관 베가의 반역으로 살해
베가 18대	20년	호세아	열왕기하 16:27-31 1) 브가히야(17대 북왕)의 장관으로 반역, 20년 통치 2) 여로보암의 죄 3) 므나헴(16대 북왕) 왕 때 침공한 앗수르 왕 디글랏 빌레셀 3세가 다시 침공 　백성을 포로로 잡아 앗수르로 끌고 감 4) 호세아의 반란으로 죽임 당함
호세아 19대	9년	호세아	열왕기하 17:1-6 1) 베가(18대 북왕)를 죽이고 왕위에 오름, 9년 통치 2) 악행, 이전 왕과 같지는 않음 3) 앗수르의 살만에셀 4세 침공 → 조공 → 배반 → 다시 침공 → 삼 년 포위 → 　사마리아 점령 → 북이스라엘 멸망
멸망	209 년 존속	앗수르에 의해 멸망 (BC 722년)	※ 북이스라엘 멸망에 대한 하나님의 총평(왕하 17:1-41) 1) 하나님의 말씀을 듣지 않음, 목이 곧음 2) 하나님의 말씀을 버리고 우상 숭배 3) 여호와도 섬기고 자기 신들도 섬기고(왕하 17:33) 4) 여호와만 경외하고 섬기라 → 듣지 아니했다(왕하 17:39) 5) 하나님 앞에서 쫓아내셨다(왕하 17:20)
포로시대			

남유다의 왕들(20명)

남유다는 솔로몬 사후 북쪽의 10지파를 제외한 유다 지파와 베냐민 지파로 구성되었다. 남유다는 주전 922년 솔로몬의 아들인 1대 왕 르호보암 왕으로부터 시작하여 주전 586년 바벨론에게 멸망할 때까지 336년간 지속했다. 남유다는 다윗의 자손들 20명의 왕이 통치했고, 역성혁명(易姓革命, 쿠데타)이 없었다.

선한 자는 아무도 없다

남왕국 유다는 르호보암부터 시드기야까지 20명의 왕이 다스린다. 보통 남유다의 왕들 가운데 하나님이 선하게 본 왕이 8명 또는 3명이라고 한다. 반면 필자는 아무도 없다는 관점이다. 그나마 16대 요시야 왕은 그렇게 볼 수 있지만, 요시야에게도 허물이 있다. 애굽 왕 바로 느고가 앗수르와의 전투를 위해 길을 내어달라고 할 때 요시야 왕이 므깃도에서 바로 느고와 싸우다가 그만 전사하게 된다. 이 사건에 대한 성경의 해석은 이렇다. "바로 느고를 통해서 하시는 하나님의 말씀을 그가 듣지 않았더라"이다. 요시야도 온전한 사람이 아니었다. 어떤 사람도 하나님 앞에 선하다고 할 수 없다. 굳이 따지자면 짧은 기록이지만 요담 왕에게는 아무 책망이 없다.

그렇다. 인간 왕 중에는 아무도 하나님 앞에서 온전하고 선한 자가 없기 때문에 온전하시고 실패하지 않는 왕이신 예수님이 오셔야 하며, 그래서 예수님을 왕으로 묘사하는 마태복음이 신약 제일 처음에 오는 것이다. 그분이 오셔서 영원한 왕국을 세워야 하는 것이다.

남왕국 유다도 하나님의 말씀을 버리고 우상 숭배의 죄를 범했다. 하나님은 이사야, 미가, 예레미야와 같은 수많은 선지자를 보내 회개를 촉구하셨지만, 끝내 하나님의 말씀을 거부하여 B.C. 586년 바벨론에 포로로 끌려가게 된다.

1. 1대 왕 르호보암

남왕국 유다의 초대 왕인 르호보암(41년 통치, 선지자 스마야가 활동함)은 솔로몬과 암몬 여인 나아마 사이에서 태어났다. 솔로몬이 죽자 그의 아들 르호보암(BC 922~915년)이 왕위를 계승 하여 17년 동안 유다를 통치했다.

르호보암은 수십 년간의 무리한 솔로몬의 성전 건축과 왕궁 건축으로 인한 고통을 멈추게 해달라는 북부 10개 지파들의 요구를 거부했고, 오히려 더 과중한 노역을 백성들에게 부과했 다. 그는 아버지의 허리보다 자신의 새끼손가락이 더 강력하다고 말함으로 자신을 과시했으 며, 아버지 솔로몬이 채찍으로 너희를 다스렸다면 자신은 전갈로 다스릴 것을 경고했다. 이런 르호보암의 폭정에 대해 북부 10지파가 반발하여 그와 결별하게 된다.

이런 위기 앞에서 르호보암은 나이든 노인들의 조언들 듣지 않고, 젊은 자들의 제안에 귀를 기울이는 어리석음을 보였다. 남왕국 초기 시대에는 북왕국과의 분쟁이 계속되었다. 훗날 르 호보암의 아들 아비야(2대)는 북왕국과의 전쟁에서 벧엘을 빼앗았다.

북이스라엘을 공격하려는 계획을 막으신 하나님

세겜에서 북부 10개 지파들에게 모욕을 당하고 죽음의 위기를 넘긴 르호보암은 급히 예루 살렘으로 피신한 후 10개 지파를 치기 위해 18만 명의 군사를 모았다. 그러나 하나님께서 선 지자 스마야를 통해 그 계획을 막으셨다(열왕기상 12:21~24). 이후 남유다의 르호보암과 북이스 라엘의 여로보암 사이에는 항상 전쟁이 있었다(열왕기상 14:30; 15:6).

북왕국의 레위인들이 남유다로 내려옴

북왕국 이스라엘의 초대 왕 여로보암은 집권 초기 3년만 여호와를 섬겼다. 그 이후에 그는 바알 우상을 숭배하고 레위 지파가 아닌 일반 백성들도 약간의 재물만 가져오면 제사장으로 임명했다. 이는 율법을 정면으로 무시한 정책이다. 그러므로 북왕국의 많은 제사장과 레위인들은 신앙의 정결을 지킬 수 있는 남유다의 예루살렘으로 이주하게 되었다(역대하 11:16).

일부다처와 우상 숭배

르호보암이 즉위한 후 몇 년 동안 그는 하나님 앞에서 경건하게 행했다(역대하 11:17). 그러나 얼마 가지 않아 그의 신앙은 점점 타락하여(열왕기상 14:22, 역대하 12:2) 아내를 많이 두지 말라는 율법을 어기고 아내 18명과 첩 60명을 거느렸고(역대하 11:21) 율법을 버리고 우상 숭배에 빠졌다(역대하 12:1). 그는 산당에 바알 상과 아세라 상을 세웠고, 또한 이 시대의 백성들은 율법에서 금하고 있는 남색(동성애)을 행하는 등 하나님께 가증한 일을 저질렀다(열왕기상 14:22~24, 역대하 12:1). 하나님은 르호보암의 죄악으로 인해 애굽의 시삭 왕으로 하여금 남유다를 침략하게 하셨다(역대하 12:5).

하나님의 징계와 애굽 시삭의 침입

르호보암의 통치 5년째에 애굽 왕 시삭은 남유다를 침공한다(역대하 2:2). 시삭은 애굽의 제22왕조를 연 자다. 그는 솔로몬에게 쫓겨온 여로보암(열왕기상 11:26b)에게 망명처를 제공한 자이다. 그는 남유다의 세력이 약한 것을 알고 주전 918년경 남유다와 예루살렘을 공격했다(역대하 12:4).

르호보암과 방백들은 생존의 위기를 맞아 예루살렘에 모여 하나님 앞에 자신들을 낮추었다. 이때 선지자 스마야가 "너희가 나를 버렸으므로 나도 너희를 버려 시삭의 손에 넘겼노라"는 여호와의 말씀을 전했다. 그러자 르호보암과 방백들이 스스로 겸비하여 회개하는 것을 보시고 여호와께서 노를 돌이키사 남유다를 다 멸하시지는 아니하셨다(역대하 12:1~12).

애굽 왕 시삭은 유다의 견고한 성읍들을 빼앗고 예루살렘의 성전과 왕궁을 약탈했다. 르호보암은 막대한 재물을 시삭에게 조공으로 바쳤고(열왕기상 14:25~26, 역대하 12:9~12), 시삭은 이에 만족하여 물러갔다. 이로써 르호보암은 겨우 나라를 지켰다. 이는 하나님께서 다윗에게 하신 약속을 지키셨기 때문에 가능한 일이었다.

백성들의 아픔에 관심도 없는 악한 목자인 르호보암

솔로몬의 아들이자 남왕국 유다의 1대 왕인 르호보암은 자신의 교만과 아집으로 오랜 노역으로 지칠 대로 지친 백성들의 마음과 아픔을 보듬을 생각조차 하지 않았다. 오직 자신의 주장만 고집했다. 나이든 장로들의 조언을 통한 하나님 마음과 백성들의 하소연에 귀 기울이지 않았다. 오늘날도 르호보암과 같은 목회자가 있을 수 있다. 자신의 업적과 성취에 혈안이 되어, 양 떼들의 고통과 아픔을 전혀 알지도, 알고 싶지도 않은 지도자들이 있다는 것은 양 떼들에게는 큰 불행이다. 양들에게는 좋은 목자가 꼭 필요하다. 나는 어떤 목자인가? 어떤 부모인가? 어떤 리더십을 행사하고 있는가? 섬기는 자인가, 군림하는 자인가?

2. 2대 왕 아비야

르호보암의 아들 아비야(아비얌, 3년 통치, BC 915~913년)는 남유다의 2대 왕으로, 3년을 다스렸다(역대하 12:16~13:1). 그는 악을 행한 자이지만, 하나님께서 다윗을 보시고 예루살렘을 견고하게 하셨다(열왕기상 15:4).

언약에 신실하신 하나님

아비야의 악행에도 불구하고 하나님은 남유다를 견고하게 하셨다. 이는 아비야 때문이 아니라 다윗 왕에게 하신 하나님의 언약 때문이다. 하나님은 인간의 불성실에도 불구하고 자신이 하신 언약(약속)에 충성을 다하는 신실하신 분이다. 나의 나 된 것은 나의 공로나 의가 아니다. 오직 약속을 지키시는 신실하신 하나님의 은혜가 있었기 때문임을 아는가?

북이스라엘과의 전쟁에서 승리함

아비야는 북이스라엘의 여로보암 1세와 전쟁에서 승리했다(열왕기상 15:7, 역대하 13:3~17). 남유다의 군대는 40만 명, 북이스라엘은 80만 명이었다. 하지만 남유다가 대승을 거두었고 북이스라엘의 군사 50만 명이 전사했다. 그리고 아비야는 북이스라엘 우상의 중심지인 벧엘을 점령했다(역대하 13:19).

3. 3대 왕 아사

아비야의 아들 아사(41년 통치, 선지자 아사랴와 하나니가 활동함, BC 913~873년)는 어린 나이에 왕이 되어 41년간 왕위에 있었다(열왕기상 15:9, 역대하 14:1). 그가 어렸을 때 그의 어머니인 마아가가 섭정을 했다. 아사는 하나님 보시기에 선한 왕이었다. 그는 하나님의 선과 정의를 행했다. 그의 시대에 10년 동안은 유다가 평안했다(역대하 14:1).

에티오피아(구스) 왕과의 전쟁에서 승리

나일강 상류에 있는 에티오피아(구스) 사람 세라가 100만 대군을 이끌고 남유다에 쳐들어왔다. 아사는 그들과의 전투에서 큰 승리를 거두었다. 블레셋 지역인 그랄까지 추격하여 그들을 도운 성읍들을 공격하고, 그들이 두고 간 많은 물건과 짐승들을 빼앗아 돌아왔다(역대하 14:9~15) 아사의 군대는 58만이나 되었다(역대하 14:3~5, 열왕기상 15:11~12, 역대하 14:7~8).

선지자 아사랴와 함께 신앙 개혁 운동을 벌임

아사 왕은 아사랴 선지자와 함께 신앙 개혁 운동을 시작했다. 우상을 혁파하고 남창을 제거했다. 이는 선지자 아사랴의 충고 때문이었다. 아사가 구스와의 승리를 만끽하고 있을 때 선지자 아사랴가 아사 왕을 향해 하나님의 경고를 선포했다. 즉 아사와 남유다 백성들이 하나님을 찾으면 축복을 받을 것이지만, 반대로 그를 버리면 하나님도 버리시리라는 것이었다(역대하

15:1~2).

아사랴의 진심 어린 충고를 들은 아사는 마음을 강하게 하고 개혁 운동을 다시 단행했다. 심지어는 자신의 조모인 마아가까지도 아세라 목상을 만들어 섬기었다는 이유로 태후의 자리에서 폐했다(열왕기상 15:11~14, 역대하 15:16). 그는 남왕국 백성들로 하여금 하나님의 율법과 명령을 행하게 했다(역대하 14:4). 이에 백성들도 그렇게 할 것을 맹세했다(역대하 15:8, 12). 북이스라엘의 에브라임, 므낫세, 시므온 지파 중에서도 아사의 개혁 운동에 호응하여 그에게 돌아오는 사람이 많았다(역대하 15:9).

혈연보다 하나님께 순종하는 것이 더 중요한가?

아사 왕은 다윗의 길로 걸었던 참으로 하나님께 신실한 왕이었다. 그는 이방 신 아세라를 섬기는 조모 마아가를 태후의 자리에서 쫓아냈을 만큼 하나님께 철저했다. 이것은 결코 쉬운 일이 아니다. 아무리 하나님의 뜻이 중요하더라도 자신의 할머니를 폐위시키는 일은 어려운 일이다. 나는 부모나 형제, 자녀들보다 하나님을 더 사랑하는가? 모든 일이 있어서 하나님이 가장 우선순위를 차지하고 있는가?

남북 간의 국경 분쟁

아사는 그의 통치 말엽에 하나님의 뜻을 무시한 정책으로 하나님의 징계를 받았다. 북왕국 이스라엘의 3대 왕 바아사(BC 900~877년)는 아사 왕 36년에 유다와의 국경에 있는 라마를 점령하고 요새를 건축했다. 이는 유다의 침입을 막고 북왕국 백성들이 남왕국 예루살렘 성전 제사에 참여하지 못하게 하려는 것이었다.

이에 아사는 하나님을 의지하지 않고 아람의 힘을 빌려 이를 해결하려 했다. 그는 아람 왕(벤하닷 1세, BC 885~860년)에게 뇌물을 주어 아람이 북왕국 이스라엘의 북부 성읍을 공격할 것을 요청했다. 벤하닷의 공격이 시작되자 북왕국의 바아사는 할 수 없이 라마에서 군대를 철수했다(열왕기상 15:16~19, 역대하 16장).

선지자 하나니의 책망

선지자 하나니는 아사 왕이 아람과 동맹하여 북이스라엘을 물리치고자 한 사건에 대해 아사 왕을 강력히 책망했다. 그는 아사 왕이 승산이 없는 구스와의 전쟁에서도 하나님이 함께하셔서 승리했던 사실을 잊고, 북왕국을 치기 위해 아람을 끌어들인 것을 비판했다.

선지자 하나니는 여호와의 눈은 온 땅을 두루 감찰하여 전심으로 자기에게 향하는 자에게 능력을 베푸신다는 것을 일깨우고, 인간의 힘을 빌려 일시적으로 승리했지만 이후 유다는 전쟁을 겪게 되리라고 예언했다.

> 여호와의 눈은 온 땅을 두루 감찰하사 전심으로 자기에게 향하는 자들을 위하여 능력을 베푸시나니
> 이 일은 왕이 망령되이 행했은즉 이 후부터는 왕에게 전쟁이 있으리이다 하매 (역대하 16:9)

그러나 아사 왕은 오히려 선지자 하나니를 옥에 가두었다. 하나님은 아사의 악에 대해 징계하셨다. 아사는 2년간 병으로 앓다가 죽게 된다(역대하 16:7~10). 그는 질병 중에도 여호와께 구하지 아니하고 의원들에게 구했다(역대하 16:12).

끝까지 겸손해야 한다

아사 왕은 하나님께 참으로 신실한 자였지만, 그 끝이 좋지 못했다. 하나님이 아닌 아람 왕과 동맹을 맺는 것을 책망한 선지자 하나니를 옥에 가두기도 했다. 그것은 하나님의 명령에 대한 불순종이었다. 하나님의 사람은 처음과 끝이 한결같아야 한다. 처음에는 겸손으로 출발하다가 끝에는 교만과 불순종으로 하나님의 심판을 받은 자들이 성경에 너무나 많이 있다. 사울 왕 또한 이와 같았다. 나는 어떠한가? 항상 하나님의 음성에 순종하고 있는가? 과거에 비해 나는 더 겸손해 지고 있는가? 조심하고 또 조심하라.

4. 4대 왕 여호사밧

여호사밧(25년 통치, 선지자 미가야와 예후 활동함)은 아사(3대)의 아들로 왕위에 올라(4대, BC 873~849년) 25년 동안 남유다를 다스렸다. 사람들은 여호사밧를 선한 왕으로 평가한다. 비록 약간의 실수도 있었지만, 다윗의 길로 걸은 선한 왕으로 그는 히스기야, 요시야와 더불어 유다의 3대 선왕으로 평가된다.

그러나 필자는 이런 주장에 동의하지 않는다. 왜냐면 여호사밧은 북왕국 아합의 딸 아달랴를 자신의 며느리로 받아들인 죄악이 있다. 아달랴는 남유다를 바알 숭배로 더럽힌 장본인이기 때문이다. 여호사밧의 정략결혼 정책은 그가 하나님만을 의지한 것이 아님을 드러낸다. 이렇듯 여호사밧은 자신의 며느리 아달랴를 통해 바알 숭배가 남유다에 본격적으로 퍼지게 만든 원인을 제공한 왕이었다.

산당을 제거하지 않음

여호사밧은 여호와 앞에서 정직히 행하여 그의 아버지 아사가 추진하던 신앙 개혁을 지속적으로 추진했다. 예를 들어 방백들(5명)과 레위인들(9명), 제사장들(2명)로 하여금 모든 성읍을 순회하면서 여호와의 율법(모세오경)을 가르치게 했다(역대하 17:6~9). 그러나 우상 숭배 장소인 산당은 제거하지 않았다(열왕기상 22:43).

116만의 대군을 거느림

여호사밧은 군대를 양성하여 116만에 달하는 대군을 보유했다(역대하 17:13~19). 선왕인 아사 때보다 2배 이상의 군사력을 보유했다.

남북 왕국 간 결혼 동맹

여호사밧은 북왕국과 좋은 관계를 유지하는 데에 애를 썼다(열왕기하 22:44). 그는 자기 아들 여호람(5대)을 아합 왕의 딸 아달랴와 결혼시킴으로써 북왕국 아합과 사돈 관계를 맺었다(역대하 18:1). 이것은 하나님을 향한 불신앙이다. 여호사밧이 북왕국과 결혼 동맹을 맺은 것은 정략 결혼으로 전쟁을 막고 평화를 유지하고자 하는 인간적인 노력이었다. 아합은 하나님이 보시기에 심히 악한 왕이었기 때문이다. 당시의 강국이었던 북왕국 아합이 요청했기 때문에 결혼 동맹이 유익하다고 판단했을 것이다. 이것은 여호사밧의 중대한 실수였다. 북왕국의 바알 숭배가 남유다에 그대로 유입되어 남왕국에서도 우상 숭배가 자행되면서 여호와 신앙을 버리는 결과를 가져왔다.

남유다에 바알 숭배의 문을 열어 준 여호사밧

여호사밧은 남유다의 20명 왕 중에서 히스기야(13대), 요시야(16대)와 더불어 남유다의 3대 선왕으로 평가될 만큼 하나님께 신실한 왕으로 알려져 있다. 그러나 그는 자기 아들 여호람을 북이스라엘의 아합 왕의 딸, 아달랴와 결혼을 시켜 정략결혼을 통한 평화유지에 힘쓴 왕이다. 아달랴는 바알과 아세라 숭배자인 이세벨의 딸로, 남유다를 우상 숭배로 더럽힌 장본인이다. 남유다가 바알 숭배에 빠져들어 간 이유 중 가장 큰 이유는 우상 숭배자인 아달랴를 자신의 정치적 목적을 위해 며느리로 받아들인 여호사밧의 악함이다. 그러므로 필자는 여호사밧이 하나님이 보시기에 선한 왕이었다는 사람들의 평가에 동의하지 않는다. 그는 하나님이 아닌 정략결혼을 통한 동맹을 더 의지한 자이다.

하나님의 선지자 미가야와 거짓 선지자 시드기야

당시 북왕국 아합 왕은 아람에게 빼앗긴 길르앗 라못을 탈환하기 위해 사돈 관계인 남왕국 여호사밧에게 대 아람 전쟁에 동참해 주기를 요청했고, 이에 남북 연합군을 형성되었다. 이때 아합의 선지자들과 여호와의 선지자 미가야 사이에 의견이 대립된다. 시드기야와 같은 아합의 선지자들은 모두 아합의 승전을 예언했지만, 오직 미가야만이 패전을 예언했다. 여호사밧과 아합은 미가야의 예언대로 아람과의 전쟁에서 대패했다. 아합은 전사하고 여호사밧만이 간신히 남왕국으로 귀환했다(열왕기상 22장, 역대하 18장).

오늘날에도 참 설교자와 거짓 설교자가 있다

하나님의 참 선지자 미가야는 남유다의 여호사밧 왕과 북이스라엘의 아합 왕이 힘을 합쳐 아람 군대를 치는 것이 실패할 것을 예언한다. 그러나 거짓 선지자 시드기야는 이 전쟁의 승리를 예언한다. 이는 하나님께 받은 것이 아니라 아합 왕이 듣기 좋은 예언을 하는 것이다.

오늘날에도 참 선지자와 거짓 선지자가 있다. 하나님의 뜻과는 상관없이 사람들이 듣기 좋아하는 말만 골라서 전하는 자들은 거짓 선지자들이다. 한편 사람들이 좋아하든 아니든 오직 하나님이 원하시는 말을 전하는 자들도 있다. 이들은 참 선지자들이다. 나는 어떤 설교자인가? 또한 나는 쓴소리라도 하나님의 책망을 들을 수 있는 겸손한 자세가 있는가? 듣기 좋은 메시지만 듣고자 하는 청중들이 거짓 설교자들을 만든다는 것을 아는가?

선지자 예후의 책망

전쟁터에서 귀환하는 여호사밧은 선지자 예후는 만나서 자신이 아합을 도운 것에 대해 혹독한 책망을 듣는다. 선지자 예후는 하나님의 진노와 징계를 예언했다(역대하 19:2). 그것은 모압과 암몬 연합군의 침략이다.

모압과 암몬의 연합군을 격파

여호사밧이 아합을 도운 것으로 인해 하나님은 모압과 암몬 연합군이 남왕국을 침공하게 하셨다. 여호사밧은 군사적인 해결책을 찾지 않고, 도리어 전국적으로 금식령을 선포하고 하나님만을 의지했다(역대하 20:3).

이때 하나님의 영에 감동된 레위인 야하시엘이 일어나 전쟁의 승리를 선포했다(역대하 20:17). 여호사밧은 노래하는 자들(찬양대)을 세워 전쟁터에서 찬송하게 했다. 그 사이 남왕국 군대는 매복했다가 연합군을 격파했다. 모압과 암몬 연합군은 자기들끼리 살육했고, 유다 군은 큰 승리를 거두었다(역대하 20:21~22).

아하시야와의 상업적 동맹

하나님을 버린 북왕국의 왕들과 남유다의 여호사밧이 어떤 식으로든지 동맹을 맺는 것은 하나님이 싫어하시는 일이었다. 그런데 여호사밧은 또다시 북왕국 아하시야 왕(8대)과 상업 동맹을 체결하여 다시스로 가는 배를 공동으로 만들었다. 그 목적은 무역에서 이득을 확보하려는 것이었다. 선지자 엘리에셀이 여호사밧에게 그가 악한 왕 아하시야와 교제하는 일로 인해 하나님께서 배를 부서뜨릴 것이라고 예언했고, 그 예언은 그대로 이루어졌다(역대하 20:35~37).

5. 5대 왕 여호람

여호사밧의 아들 여호람(요람, 8년 통치)이 여호사밧을 이어 왕위에(BC 849~842년) 올랐다. 그는 32세에 즉위하여 8년 동안 남왕국을 통치했다(열왕기하 8:17). 그는 악한 왕이었다. 그는 왕이 된 후 자기 아우 6명을 모두 죽였다. 그는 선지자 엘리야의 예언대로 창자병으로 죽었다(역대하 21:2~4, 15).

북왕국 아합의 딸 아달랴와의 결혼 동맹

여호람은 북왕국 아합의 딸 아달랴를 아내로 맞아들였다. 이는 자신의 선택이 아니라 부왕인 여호사밧의 결정이었을 것이다. 북왕국과 혼인동맹을 맺으면서 남왕국은 사실상 북왕국의 영향을 받았다. 여호람은 바알 숭배자인 아내 아달랴의 영향을 받아, 아합의 길을 추종하고 악을 행했다(열왕기하 8:18, 역대하 21:11). 그러나 하나님은 다윗과의 언약을 기억하여 그를 멸하기를 기뻐하지 않으셨다(열왕기하 8:19).

하나님의 징계: 실패한 에돔 징벌

여호람의 재위 중에 남유다의 속국이었던 에돔이 유다를 배반하고 독립했다(열왕기하 21:8~10). 때문에 여호람은 에돔을 쳤지만 실패했고 립나도 유다를 배반하고 독립했다(열왕기하 8:20~22). 이는 여호람의 우상 숭배에 대한 하나님의 심판과 징계였다.

블레셋과 아라비아 사람들의 침입

블레셋 사람들과 아라비아 사람들이 유다를 침입하여 재물을 빼앗고 여호람의 막내아들(아하시야)을 제외한 모든 아들을 살해했다(역대하 21:16~17). 이 또한 역시 하나님을 버리고 우상을 숭배한 남유다에 대한 하나님의 심판과 징계였다.

6. 6대 왕 아하시야

여호람이 죽자 그의 막내아들인 아하시야(여호아하스, 1년 통치)가 그 뒤를 이어 남왕국의 6대 왕이 되었다(BC 842년, 열왕기하 8:25~29, 역대하 22:1~9). 아하시야는 42세에 즉위했으나 겨우 1년을 통치했다(열왕기하 8:25). 그는 여호람과 아달랴와의 사이에서 태어난 7명의 아들 중 막내(북왕국 8대 왕 아하시야와 동명이인이다)로, 블레셋과 아라비아가 남왕국을 침범하여 여호람의 아들들을 죽일 때 유일하게 살아남았다.

아하시야도 외가인 아합 가에서 아내를 취하여 북왕국과의 정략적 동맹 관계를 유지했고(열왕기하 8:27), 여호와 보시기에 악을 행했다(역대하 22:4). 북왕국 요람 왕(여호람, 9대)이 길르앗 라못을 회복하기 위하여 아람(하시엘)과 전쟁을 벌였다. 아하시야도 이 전쟁에 참가했고,

부상당한 여호람을 병문안하기 위해 방문했다가 므깃도에서 예후(북왕국 10대)에게 살해되었다(열왕기하 9:27).

7. 7대 왕 아달랴

아달랴 여왕(6년 통치)은 남왕국 5대 왕 여호람의 아내이자 북왕국 아합 왕(7대)의 딸이며, 남왕국 6대 왕 아하시야 왕의 어머니다. 그녀는 남왕국을 6년간 다스렸다. 그녀는 자신의 아들 아하시야가 북왕국의 예후에게 살해되었다는 소식을 듣고, 자신이 남유다의 왕이 되고자 아하시야의 아들, 즉 자신의 손자들 70명을 모두 죽이고 권좌를 차지했다(열왕기하 11:3). 이 와중에서 하나님은 다윗 왕조의 씨를 보호하기 위해 제사장 여호야다를 통해 아하시야의 아들 중 요아스를 극적으로 살려내셨다.

아달라 남왕국을 6년을 통치하고 있을 즈음 제사장 여호야다는 반 아달랴 혁명을 일으켜 성공했고, 아하시야의 아들 중 유일하게 생존한 요아스를 남왕국 8대 왕으로 세웠다. 아달랴는 자신이 핍박했던 여호와의 제사장들에 의해 죽임을 당했다(열왕기하 11:16, 20). 그녀는 북왕국의 바알 숭배를 남왕국에 퍼뜨린 장본인이다.

묵상과 삶의 적용

아달라를 통해 역사한 간교한 사탄의 공격

아달라는 권력욕에 눈이 멀어 자신의 손자 70명을 다 죽이고 왕이 되었던 아주 악한 여왕이다. 권력 앞에서는 핏줄도 없는 것인가? 이 사건은 단지 한 여자의 권력욕 때문에 생긴 일이 아니라 다윗 왕조가 영원할 것이라는 다윗에게 하신 하나님의 언약을 무효화시키기 위한 사탄의 계략이 숨겨져 있는 것이다. 다윗의 후손들이 다 죽으면 이 약속은 무효가 되기 때문이다. 그러나 하나님은 아달랴의 손자 중 막내 요아스를 살려 놓으심으로 약속을 지키셨고, 다윗 왕조를 보호하셨다. 역사의 배후에는 하나님의 일하심과 사탄의 방해가 있다. 세상 역사 배후에 있는 영적인 싸움에 눈을 떠야 한다.

8. 8대 왕 요아스

끝까지 잘해야 한다

제사장 여호야다의 도움으로 남유다의 8대 왕이 된 요아스(40년 통치, 제사장 여호야다와 그의 아들 스가랴 활동함)는 초기에는 제사장 여호야다와 함께 선한 정치를 했으나 후기에는 타락하여 그의 잘못을 지적하는 여호야다의 아들 선지자 스가랴를 죽였고, 결국 자신도 부하들에게 살해되었다. 9대 왕 아마샤도 초기에는 바른 정치를 했으나 에돔과의 전쟁에서 승리한 후 교만해져서 우상을 숭배하고 악행을 저질렀다. 이에 하나님은 아마샤를 북왕국 이스라엘의 요아스 왕의 손에 15년간이나 포로로 잡혀 있도록 하셨다.

10대 왕 웃시야 역시 선한 정치를 베풀다가 후기에 제사장도 아닌 자신이 왕의 권력을 과신하여 성소에서 직접 분향을 함으로써 나병에 걸렸다. 다시 말해 요아스, 아마샤, 웃시야는 초심을 잃어버리고 말년에는 하나님의 진노를 사는 일들을 행했다. 처음만 좋은 것이 다가 아니다. 사람은 끝까지 초심을 잃지 않고 승리해야 한다.

8대 왕 요아스(BC 837~800년)는 아하시야(6대)의 아들 중 아달랴의 손에서 유일하게 생존한 아들로 7세에 왕위(8대)에 오른 후 40년 동안 유다를 통치했다. 아달랴(7대)가 아하시야(아달랴의 아들)의 아들(즉 아달랴의 손자들)을 모두 죽이고 자신이 왕위에 올랐을 때 아하시야의 누이 즉, 아달랴의 딸(친딸이 아니라 아하시야의 후궁의 딸일 수도 있다) 여호세바(요아스의 고모)는 요아스를 숨겨서 6년 동안 보호했다(열왕기하 11:2).

요아스가 7살이 되던 해에 여호세바의 남편이며(역대하 22:11), 제사장인 여호야다는 성전에서 요아스를 왕으로 세웠다(열왕기하 11:12). 아달랴는 궁중 밖으로 쫓겨나 죽임을 당했다(열왕기하 11:16). 제사장 여호야다는 요아스를 왕궁으로 인도하여 왕의 보좌에 앉게 했다(열왕기하 11:17~20, 역대하 23:16). 이로써 다윗 가문은 혈통이 단절되는 위기를 넘기고 계속 이어졌다. 다윗과의 약속을 반드시 지키시는 신실하신 하나님이다.

요아스의 선정(善政)

요아스는 7살에 왕위에 오른 후 제사장 여호야다의 지도를 받는 동안에는 여호와 보시기에 정직하게 행했다. 그는 성전을 수리하도록 지시했지만(열왕기하 12:4), 산당을 제거하지는 않았다(열왕기하 12:1~3).

요아스의 실정

제사장 여호야다가 죽은 뒤 요아스는 하나님이 아닌 사람들의 말을 따르면서 우상 숭배를 부활시켰다(역대하 24:15~18). 여호야다의 아들 스가랴가 백성들 앞에서 왕이 여호와의 명령을 거역한 것을 비난하자 요아스는 사람들을 시켜 그를 죽이게 했다(역대하 24:20~22).

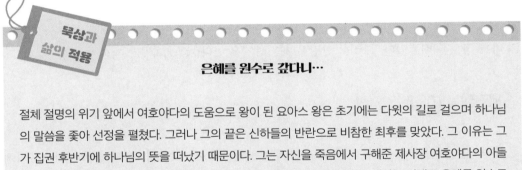

은혜를 원수로 갚다니⋯

절체 절명의 위기 앞에서 여호야다의 도움으로 왕이 된 요아스 왕은 초기에는 다윗의 길로 걸으며 하나님의 말씀을 좇아 선정을 펼쳤다. 그러나 그의 끝은 신하들의 반란으로 비참한 최후를 맞았다. 그 이유는 그가 집권 후반기에 하나님의 뜻을 떠났기 때문이다. 그는 자신을 죽음에서 구해준 제사장 여호야다의 아들인 선지자 스가랴를 죽이는 악행을 범했다. 그야말로 은혜를 원수로 갚았다. 신자는 절대로 은혜를 원수로 갚는 자가 되지 말아야 한다. 은혜를 은혜로 갚아야 한다. 나는 하나님께서 나에게 은혜를 주시는 통로로 쓰신 자들을 어떻게 대하고 있는가?

아람의 침공과 요아스의 피살

요아스는 말년에 아람 왕 하사엘(벤하닷 2세의 아들)로부터 침략을 당한다. 이것은 요아스가 하나님을 떠난 것에 대한 하나님의 징계였다. 아람의 하사엘은 블레셋의 가드를 점령하고 예루살렘으로 쳐들어 왔다. 요아스는 성전과 왕궁의 보물을 하사엘에게 주고 위기를 모면했지만(열왕기하 12:17~18, 역대하 24:23~24), 결국 요아스는 그가 여호야다의 아들 스가랴를 살해한 것 때문에 원한을 품었던 신하들의 반란으로 죽임을 당했다(열왕기하 12:20, 역대하 24:25). 하나님은 하나님의 선지자를 죽인 죄를 그냥 넘어가지 않으시고 보응하셨다.

9. 9대 왕 아마샤

요아스(아달랴의 손자)가 자신의 신하들에게 죽임을 당한 후 요아스의 아들 아마샤(29년 통치, 무명의 선지자들이 활동함)가 왕위를 이었다(열왕기하 12:21). 아마샤(BC 800~783년)는 25세에 왕이 되어 예루살렘에서 29년을 다스렸다(열왕기하 14:1~2, 역대하 25:1).

아마샤의 선정

아마샤는 왕이 되어 자신의 아버지 요아스를 죽인 신복들을 모두 죽였으나 "자녀가 아비의 죄를 대신할 수 없고 아비가 자녀의 죄를 대신할 수 없다"라는 모세의 율법에 따라(신명기 24:16) 그들의 자녀들을 죽이지는 않았다(열왕기하 14:6). 아마샤는 온전하지는 못했으나 비교적 바른 정치를 베풀었다. 그러나 산당은 제거하지 않았다(열왕기하 14:3~4).

에돔 정복과 하나님의 사람

아마샤는 에돔(세일) 정벌을 위해 유다에서 30만 군대를 확보하고, 북왕국의 에브라임에서 은 100달란트를 주고 용병 10만을 확보했다(역대하 25:6). 그러나 어떤 하나님의 사람이 에브라임 용병을 만류했으므로 용병은 취소하고 유다 군대만으로 에돔을 쳐 승리했다(역대하 25:7~11). 에돔 전쟁의 승리로 유다는 여호람 왕(5대) 때 독립한 에돔을 다시 지배했고, 아사랴(웃시야, 10대)가 아카바만(Gulf of Aqaba)에 있는 상업 중심지 엘랏(Elath, 엘롯) 항구(열왕기상 9:26)를 복구할 수 있었다(열왕기하 14:22, 역대하 26:2).

북왕국에서의 포로 생활

아마샤는 에돔과의 전쟁에서 승리한 후 교만해지고 세일의 우상을 가져다가 경배했다(열왕기하 14:10, 역대하 25:14). 그는 북왕국 요아스(12대)의 만류에도 불구하고 여세를 몰아 북왕국에 선전포고를 했다. 그러나 벧세메스에서 요아스에게 대패하고 예루살렘 성전과 왕궁의 금은 기명을 탈취당했으며(열왕기하 14:13~14), 그 자신은 15년간 북왕국의 포로로 되어 살다가 풀려났다(열왕기하 14:13). 그 후 그는 15년을 더 살았다.

아마샤의 죽음

아마샤 그의 통치 말년에 예루살렘에서 반란이 일어나 라기스로 도망했다가 그곳에서 살해되었다(열왕기하 14:19, 역대하 25:27).

교만을 무서워하라

아마샤는 통치 초기에는 비교적 선한 길로 행했다. 아마샤는 에돔(세일) 정벌을 위해 북왕국의 에브라임에서 은 100달란트를 주고 용병 10만 명을 확보했다. 하지만 하나님의 사람 한 명이 에브라임 용병을 만류하자 용병을 취소할 만큼 하나님께 순종했고, 이로 인해 에돔을 쳐서 승리했다. 그러나 에돔과의 전쟁에서 승리한 후 교만해지고 세일의 우상을 가져다가 경배했다. 이로 인해 그는 말년에 쿠데타를 당해 도망하다가 살해되고 말았다. 이렇듯 교만은 무서운 것이다. 하나님은 교만한 자에게 은혜를 거두시고, 그를 물리치신다. 나는 나에게 주신 작은 축복과 승리에 취해 스스로 교만해지고 있지는 않은가? 승리 다음이 더 중요하다. 더 자신을 낮추고 겸손해야 한다. 그래야 계속해서 하나님의 은혜가 부어지기 때문이다.

10. 10대 왕 웃시야

아마샤의 아들 웃시야(열왕기하에서는 아사랴로 기록됨, 52년 통치, 선지자 스가랴가 활동함)는 16세에 왕위에 올라(10대, BC 783~742년) 52년 동안 남왕국을 통치했다(열왕기하 14:21; 15:1~2, 역대하 26:1). 이때 북왕국은 여로보암 2세가 통치하고 있었다(13대, BC 786~746년). 이때 남북의 왕국은 과거 솔로몬 시대의 영토를 거의 다 회복할 만큼 번영을 누리고 있었다.

웃시야는 선지자 스가랴가 살아 있는 동안에는 여호와 보시기에 정직하게 행했다. 그러나 그도 산당은 헐지 않았다(열왕기하 15:3, 역대하 26:5). 그는 경제적으로 나라를 번성케 했다. 즉 예루살렘성에 망대를 세우고 물웅덩이를 많이 파서 농토가 기름지고 육축이 살지게 했다(역대하 26:9~10). 또한 웃시야 시대는 군사적으로도 강력했다. 그는 신무기들을 만들었고, 군비를 강화하여 강력한 군대를 가졌다. 그는 블레셋을 쳐서 국경선에 있는 성읍을 확보했으며(역대하 26:6~15), 아카바만에 있는 엘랏의 통행로를 구축하여 요새화했다. 또 암몬의 조공을 다시 받았다(열왕기하 14:22, 역대하 26:2~8).

웃시야의 교만과 나병

웃시야는 훗날 자신이 이룬 업적으로 인해 점점 교만해져서 제사장 아사랴(아사랴 왕과 동명이인)의 반대에도 불구하고 제사장만이 할 수 있는 성소에서의 분향을 자신이 직접 행하려다가 나병에 걸렸다(역대하 26:19). 웃시야의 나병 때문에 그의 아들 요담이 대리 통치를 했고, 자신은 죽을 때까지 별궁에서 살았다(역대하 26:21).

묵상과 삶의 적용

나의 사명에 충실하라

웃시야는 하나님의 은혜로 말미암아 경제적·군사적 풍요를 누렸다. 그는 선지자 스가랴가 살아 있는 동안에는 여호와 보시기에 정직하게 행했다. 그러나 그 이후에는 자신의 교만으로 하나님의 징계를 받고 나병에 걸렸다. 왕의 자리가 아닌 제사장의 자리를 탐했던 것이다. 그의 소명과 사명이 아닌 다른 자의 소명과 사명을 넘본 것이다. 이것이 그의 악행이었다. 나는 나의 소명(부르심)과 사명에 충실한가? 다른 사람들의 소명과 사명을 부러워하고 나의 소명과 사명을 가벼이 여기고 있지는 않은가?

11. 11대 왕 요담

웃시야가 죽자 그의 아들 요담(웃시야의 섭정, 16년 통치, 선지자 이사야와 미가가 활동함)이 25세에 왕위에 올라 16년 동안 남왕국을 다스렸다(11대, BC 742~735년, 열왕기하 15:32~33). 그는 여호와 보시기에 정직했다(역대하 27:2). 그는 웃시야의 교만을 제외한 아버지의 모든 선한 행위대로 행했다. 그의 통치하에 남유다는 점점 강해졌다(역대하 27:5~6). 그는 성전의 윗 문을 건축했다. 그러나 그도 산당은 제거하지 않았다. 웃시야와 그의 아들 요담은 조금의 실수가 있었지만, 대체로 하나님의 뜻을 좇은 선한 왕이었다.

알려지지 않았지만 가장 신실했던 요담 왕

요담은 유명하거나 잘 알려진 왕이 아니다. 그러나 필자가 보기에 남유다의 20명 왕들 중에서 가장 하나님께 신실했던 2대 왕 가운데 한 명이다(또 한 명은 요시야 왕이다). 그는 아버지 웃시야의 교만을 제외한 아버지의 모든 선한 행위대로 행했다. 하나님 나라에는 사람들에게 알려졌지만, 하나님께는 인정받지 못하는 자도 있고, 비록 사람들에게는 알려지지 않은 무명한 사람이지만, 하나님이 인정하시는 신실한 자들이 있다. 요담은 사람이 아닌 하나님께 인정받은 숨겨진 보물 같은 왕이다. 사람에게 알려지기보다 하나님께 알려지고 인정받기를 힘쓰라.

12. 12대 왕 아하스

요담의 아들 아하스(16년 통치, 선지자 이사야와 미가가 활동함)는 20세에 왕(BC 735~715년)이 되어 16년간 남왕국을 통치했다. 그는 여호와 보시기에 매우 악한 왕이었다. 그의 치세 동안 유다는 내내 앗수르의 지배를 받았다. 이 또한 하나님의 심판이다.

앗수르는 주전 8세기부터 메소포타미아 일대를 통일하고 메소포타미아와 근동에서 강대국으로 군림했다. 남왕국 유다의 아하스는 앗수르의 봉신국(封臣國, vassal state)이 되기를 자청했다. 그러나 그의 아들 히스기야(13대)는 앗수르의 영향권에서 벗어나기 위해 반 앗수르 정책을 펴다가 호된 공격을 받았으나, 하나님만 의지하여 앗수르의 공격으로부터 살아남았다. 히스기야의 아들 므낫세(14대)도 반 앗수르 정책 때문에 앗수르의 포로가 되었다가 풀려났다.

8세에 유다의 왕이 된 요시야(16대)는 하나님이 보시기에 다윗의 길로 걸은 가장 경건한 왕이었다. 그는 애굽, 앗수르, 바벨론과 같은 강대국들 사이의 세력 다툼 속에서 하나님만을 의지한 왕이었다. 그는 애굽의 바로 느고 2세의 앗수르 지원 원정길을 막다가 바로 느고에 의해 므깃도에서 죽고 말았다.

아람과 북이스라엘 연합군의 유다 침공

아하스 통치 시대에 앗수르는 소위 '불의 왕' 디글랏 빌레셀 3세(BC 746~727년)가 메소포타미아를 완전히 통일하여 강대국이 되었다. 위협을 느낀 아람 왕 르신은 북왕국 이스라엘의 베가 왕(18대)과 반 앗수르 동맹을 맺고 남왕국도 이에 동참할 것을 요구했다. 남왕국의 12대 왕 아하스가 이 동맹 제안을 거절하자 아람(르신)과 북왕국 이스라엘(베가) 동맹군은 남왕국 유다를 침공했다.

아람 군대는 남왕국의 용사 12만 명을 죽였고, 북왕국 군대는 남왕국 백성 20만 명을 사로잡아 갔다(역대하 28:2~8). 그러나 북왕국은 선지자 오뎃의 권고로 남왕국 포로를 돌려보냈다(열왕기하 28:8~15). 이때 에돔과 블레셋도 남왕국을 침공했다(역대하 28:17~18). 이 전쟁으로 남유다는 에돔 지역과 에시온게벨 항구를 비롯하여 웃시야(10대)가 획득했던 주변 영토의 대부분을 상실했다. 이로 인해 국가의 무역 수입에도 상당한 손실을 입게 되었다. 이 모든 것은 12대 왕 아하스가 하나님 여호와를 의지하지 않고, 앗수르를 의지하고, 이방 신들을 섬기며, 우상들에게 제사했던 것에 대한 하나님의 심판이었다.

앗수르의 속국

아하스는 이처럼 북왕국과 아람뿐만 아니라 에돔(열왕기하 28:17)과 블레셋(열왕기하 28:18) 등으로부터 침공을 받자 앗수르 왕 디글랏 빌레셀 3세에게 지원을 요청했다(열왕기하 16:7). 이때 선지자 이사야는 아하스에게 앗수르를 의지하지 말고 오직 하나님과 영원한 다윗 왕조에 대한 하나님의 약속만을 굳게 믿으라고 충고했지만(이사야 7:3~9, 10:24~27), 아하스는 이사야의 예언을 받아들이지 않고 앗수르의 봉신국을 자청하여 궁핍한 재정에서도 막대한 조공을 바쳤다(열왕기하 16:7~8).

그는 조공을 조달하려고 성전의 재물을 빼내지 않을 수 없었다. 디글랏 빌레셀 3세는 아하스의 요청에 따라 주전 732년 다메섹을 공격하여 아람 왕 르신을 죽이고 아람(수리아)을 멸망시켰다(열왕기하 16:9). 앗수르는 아람을 멸망시킨 후, 남유다까지 공격하고 재물을 빼앗아갔다(역대하 28:20~21). 이는 아하스가 하나님이 아닌 세상의 힘(앗수르)을 의지하는 것이 얼마나 어리석은 일인지를 교훈하고 있다.

다메섹의 신 몰록을 섬긴 아하스

아람의 수도 다메섹에 머물고 있던 앗수르의 왕 디글랏 빌레셀을 만나기 위해 다메섹에 간 아하스는 앗수르 신의 제단을 보고 예루살렘에 그와 같은 제단을 만들었다. 그는 인신 제사를 받은 몰록을 섬겼다(열왕기하 16:3). 그는 예루살렘 성전의 기구들을 부수고, 성전 문을 닫아버렸다(역대하 28:24). 훗날 아하스의 아들인 히스기야가 다시 성전 문을 열었다. 아하스는 하나님 보시기에 매우 악한 왕으로 열왕의 묘실에 들어가지 못했다(역대하 28:27).

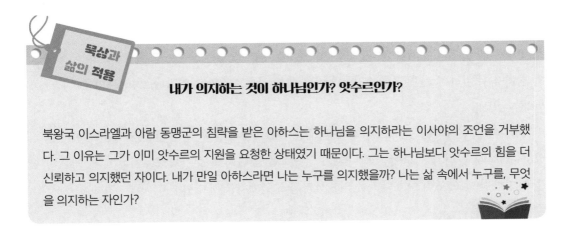

묵상과 삶의 적용

내가 의지하는 것이 하나님인가? 앗수르인가?

북왕국 이스라엘과 아람 동맹군의 침략을 받은 아하스는 하나님을 의지하라는 이사야의 조언을 거부했다. 그 이유는 그가 이미 앗수르의 지원을 요청한 상태였기 때문이다. 그는 하나님보다 앗수르의 힘을 더 신뢰하고 의지했던 자이다. 내가 만일 아하스라면 나는 누구를 의지했을까? 나는 삶 속에서 누구를, 무엇을 의지하는 자인가?

13. 13대 왕 히스기야

아하스의 아들 히스기야(여호와는 나의 힘, 29년 통치, 선지자 이사야와 미가가 활동함)는 25세에 왕위에 올랐다(13대). 히스기야는 29년 동안 남왕국을 통치했고, 그는 남 유대 16대 왕 요시야와 더불어 남왕국의 선한 왕으로 평가된다. 그는 다윗의 모든 행위와 같이 행했다.

신앙 개혁과 예배 회복

히스기야 통치 당시 남왕국 유다는 정치적, 종교적으로 앗수르의 지배 아래 있었고, 각종 우상들을 숭배하는 배도가 만연했다. 이에 히스기야는 남유다의 신앙을 여호와 신앙으로 개혁하고자 했다. 그는 신실하게 여호와를 의지했다(열왕기하 18:5). 그는 선왕들이 하지 못했던 산당들을 제거하고 우상을 혁파했다(열왕기하 18:4). 또 예루살렘 성전을 정결하게 하고 성전 문을 수리했다(역대하 27:3, 15~19). 그는 온 이스라엘을 위한 속죄제를 드렸고 모든 백성이 번제물을 자발적으로 바치게 했으며(역대하 29:21~24), 또한 유월절과 무교절을 전국적으로 지키게 했다(역대하 30장). 나아가 온 백성에게 레위인을 위한 십일조를 드리라고 명령했다. 그리고 십일조의 관리 방법과 레위인의 성전 관리 체계를 세웠다(역대하 31장).

대외 정책

남왕국은 이미 아하스(남유다 12대) 때부터 앗수르의 봉신국으로 전락해 있었다. 그러나 히스기야는 반 앗수르 정책을 폈다. 그는 앗수르에 대한 조공을 중단했고(열왕기하 18:7), 앗수르의 침략을 대비하여 기혼강 물줄기를 예루살렘성 안으로 끌어들였다(실로암 못, 열왕기하 20:20, 역대하 32:30).

이런 히스기야의 반 앗수르 정책에 격분한 사르곤 2세의 후임 왕인 산헤립은 남유다를 침공했다. 이때 선지자 이사야는 하나님이 앗수르를 심판하실 것이므로(이사야 10:5) 애굽의 힘을 의지하지 말고 오직 여호와만을 의지하라고 조언했다(이사야 31:1-3).

앗수르의 1차 침공과 히스기야의 굴욕적 항복

앗수르 왕 산헤립은 반 앗수르 동맹을 맺은 나라들을 차례로 정복했다. 두로(베니게)를 시작으로 시돈, 아스글론, 라이스 등을 정복해 들어왔다. 산헤립은 주전 701년 유다 성읍들을 점령케 했다(열왕기하 18:13). 다급해진 히스기야는 이사야의 만류에도 불구하고 산헤립에게 금 30달란트와 은 300달란트를 조공으로 바침으로(열왕기하 18:14~15) 잠시 위기를 넘길 수 있었다.

앗수르의 2차 침공

앗수르의 산혜립 왕은 히스기야의 조공에 만족하지 않고, 주전 689년에 다시 예루살렘을 포위했다(열왕기하 18:17). 히스기야는 그야말로 새장에 갇힌 새같이 신세가 되었다. 예루살렘을 포위한 산혜립 군대의 장군 랍사게는 유다 언어로 두 차례에 걸쳐 백성을 위협하고 여호와를 조롱했다(열왕기하 18:19, 28). 그러나 유다 백성은 히스기야의 명령에 따라 잠잠히 아무 응답도 하지 않았다(열왕기하 18:36).

히스기야는 이러한 위기 앞에서 옷을 찢고 베옷을 입고 하나님의 도움을 구했다(열왕기하 19:1). 그리고 이사야에게 편지를 보내어 기도를 부탁했다(열왕기하 19:2~4). 이사야는 편지를 성전에 펴놓고 간절히 기도한 후(열왕기하 19:14~19) "대저 내가 나를 위하여, 내 종 다윗을 위하여 이 성을 보호하며 구원하리라"(이사야 37:35)고 예언했다.

히스기야와 이사야의 기도를 들으신 하나님은 하룻밤 사이에 앗수르군 18만 5천 명을 죽이셨다(열왕기하 19:36). 이사야와 미가의 예언(미가 4:8)대로 하나님께서 구원을 베푸신 것이다. 예루살렘을 3개월 동안이나 포위하고도 정복하지 못한 산혜립은 설상가상으로 앗수르 본국에서 반란이 일어났다는 소문을 듣고 급히 회군했으나 그의 두 아들에 의해 살해되었다(열왕기하 19:37, 역대하 32:21~22, 이사야 37:38). 이는 여호와를 조롱한 산혜립의 교만과 죄악을 하나님이 심판하신 것이다.

히스기야의 발병과 회복

앗수르의 침공으로 인한 위기를 넘긴 후 히스기야 왕은 치명적인 병에 걸렸다(열왕기하 20장, 역대하 32장, 이사야 38장). 어떤 학자들은 히스기야의 발병이 앗수르의 1차 침략과 2차 침략 사이에 일어난 일이라고 보기도 하고, 어떤 학자들은 앗수르의 2차 침공 이후에 있었다고 보기도 한다.

히스기야는 벽을 보고 하나님께 치유를 위한 간절한 기도를 드렸고, 하나님은 이사야를 통해 "네 기도를 들었고, 네 눈물을 보았노라"고 하셨다. 이사야는 무화과 반죽을 히스기야의 상처 위에 발라 치료했고, 히스기야는 생명을 15년이나 더 연장 받았다(열왕기하 20:6). 이 과정에서 히스기야는 자신의 회복을 증표를 이사야에게 요구하자 이사야는 해 시계의 그림자를 10

도 뒤로 물러가게 했다.

나의 기도를 들으시고, 나의 눈물을 다 보고 계시는 하나님

히스기야 왕은 치명적인 병에 걸려서 죽을 위기에 처한 때에, 그는 벽을 보고 하나님께 치유를 위한 간절한 기도를 드렸고, 하나님은 그의 기도를 들으시며, 그의 눈물을 보시고 그를 치유하셨다. 하나님은 나의 기도를 항상 들으시고, 나의 눈물을 다 보고 계시는 분이심을 믿는가? 막다른 길(벽) 앞에서 절망하거나 포기하지 말고 눈물의 기도를 드리라. 기적을 경험할 것이다.

히스기야의 교만과 심판 예고

히스기야의 회복을 축하하기 위해 바벨론 므로닥발라단 왕이 보낸 사절단에게 히스기야는 왕궁의 보물과 성전의 기구들을 보여주었다. 선지자 이사야는 이 모든 보배들이 바벨론에게 빼앗겨 바벨론의 것이 되리라고 예언했다(열왕기하 20:12b). 이것은 히스기야가 자신의 능력을 자랑한 교만과 하나님을 의지하지 않고 바벨론과 동맹을 맺은 것 때문에 받은 하나님의 징계였다. 교만은 패망의 선봉이며, 거만함은 넘어짐의 앞잡이임을 잊지 말아야 한다(잠언 16:18).

모든 것이 은혜임을 항상 잊지 말라

히스기야는 다윗의 길로 걸은 선한 왕이지만, 그의 말년은 하나님이 보시기에 온전치 못했다. 그는 자신의 회복을 축하하기 위해 바벨론 므로닥발라단 왕이 보낸 사절단에게 왕궁의 보물과 성전의 기구들을 보여주었던 교만과 자랑의 죄악을 범했다. 마치 이 모든 것이 자신의 힘으로 이룬 것처럼 말이다. 이 모든 것이 다 하나님의 은혜였고, 축복하심이었던 것을 그는 망각하고 있었다. 나는 어떠한가? 내가 누리는 이 모든 것들이 다 하나님의 은혜와 도우심임을 항상 고백하며 살고 있는가?

14. 14대 왕 므낫세

히스기야의 아들 므낫세(55년, 선지자 이사야)는 12세에 왕위에 올라(열왕기하 21:1) 55년이나 남왕국을 통치했다. 이는 남북 왕조를 통틀어 가장 긴 기간이다(히스기야와 공동 통치한 10년).

배교

므낫세는 다윗의 길로 걸으며 하나님께 신실했던 아버지 히스기야(13대)와는 달리 할아버지 아하스(12대)의 길을 따라 하나님을 버렸다. 그는 히스기야가 혁파한 산당과 바알과 아세라 제단을 재건하고 "하나님의 이름을 두리라" 하신 예루살렘 성전에 우상을 세우고 일월성신을 숭배했다. 특히 조부 아하스와 같이 이방 신 몰렉에게 인신 제사를 바쳤다(열왕기하 21:2~7). 또한 무죄한 자의 피를 온 나라에 흘린 만큼 폭정을 일삼았다. 이에 하나님은 그를 그릇을 엎음같이 유다와 예루살렘을 원수에게 노략질당하게 하시겠다고 말씀하셨다(열왕기하 21:11~16).

> 그러나 여호와께서 유다를 향하여 내리신 그 크게 타오르는 진노를 돌이키지 아니하셨으니 이는 므낫세가 여호와를 격노하게 한 그 모든 격노 때문이라 여호와께서 이르시되 내가 이스라엘을 물리친 것 같이 유다도 내 앞에서 물리치며 내가 택한 이 성 예루살렘과 내 이름을 거기에 두리라 한 이 성전을 버리리라 하셨더라 (열왕기하 23:26-27)

그는 자신을 책망하는 많은 사람을 죽였다(열왕기하 21:6). 유대 문헌에 따르면, 선지자 이사야도 므낫세 집권 초기에 체포를 당해 톱으로 쓸려 순교했다고 전해진다. 그는 남왕국 유다의 왕들 중에서 가장 악한 왕이었다.

하나님의 심판: 므낫세가 앗수르에 의해 끌려감

앗수르 왕 산헤립의 후계자인 에살핫돈 왕(BC 681~668년)은 지중해 지역에서 앗수르의 세력을 확장시켜 두로를 앗수르의 속주로 합병했다. 남유다를 비롯한 주변 국가들은 동맹을 맺어 앗수르에 반기를 들었다. 므낫세는 결국 앗수르의 앗술바니팔(Asshurbanipal) 왕의 군대에게 결박당하여 포로로 끌려가는 신세가 되었다(역대하 33:10~11).

므낫세의 회개와 하나님의 긍휼

므낫세는 비로소 바벨론(당시 앗수르의 속국)에 끌려가 하나님께 눈물로 호소하며 회개했고(역대하 33:10~19), 하나님은 그의 기도를 들으사 은혜를 베푸서서 그가 석방되게 하셨다. 그는 예루살렘으로 돌아온 후에 겸비하여 율법을 준수하고, 우상을 타파하고 성전을 보수했다. 이러한 내용은 열왕기하에서는 전혀 나오지 않고 오직 역대하에서만 나온다.

열왕기서 저자는 므낫세의 회개를 언급하지 않고 그를 매우 극악한 왕으로만 묘사하나, 역대기 저자는 므낫세의 악함 뿐만 아니라 그의 회개하는 모습과 그를 향한 하나님의 은혜를 긍정적으로 묘사한다. 같은 사람에 대한 두 저자의 관점이 다른 이유가 있다.

열왕기서는 남북 왕국이 멸망하기 전 그들의 죄악을 책망하고 회개를 촉구하기 위해 선지자적 관점으로 기록된 책이며, 역대기는 죄악에 대한 대가로 이미 포로 생활을 경험하고 회개하여, 다시 새롭게 여호와 신앙을 회복하고자 하는 귀환 백성에게 용기와 위로를 주려고 한 제사장적 관점으로 쓰인 책이기 때문이다.

한량없는 하나님의 은혜와 긍휼 그리고 용서하심

남유다 왕 중에 14대 왕 므낫세는 가장 통치 기간이 길었던 왕이다. 무려 55년을 통치하는데 하나님 보시기에 가장 악했던 왕이다. 므낫세의 악행이 얼마나 심각했는지 하나님은 요시야의 신앙 개혁에도 불구하고 므낫세의 악행 때문에 남유다를 멸망시키는 것을 거두지 않는다. 그는 이사야 선지자를 통나무에 집어넣어서 통째로 톱으로 썰어 죽일 정도로 극악무도한 사람이었다. 그런데 므낫세가 앗수르에 끌려가서 그곳에서 눈물로 기도하자 하나님은 그를 용서하시고 석방시켜 주셨다. 물론 그의 기도가 참된 회개의 기도였는지는 의구심이 든다. 아무튼 하나님은 이런 악한 자라 할지라도 하나님을 찾고 기도하면 은혜와 긍휼을 기꺼이 베푸시는 분이시다.

그는 북왕국 이스라엘을 52년간 다스린 여로보암 2세보다 3년을 더 다스렸는데, 아이러니한 것은 세상 역사의 관점에서 보면 정치적으로 뛰어난 왕이었다. 다윗 시대 이후로 가장 부강한 나라를 만든 왕이기 때문이다. 그러나 하나님은 가장 악한 왕이라고 하신다. 그렇다면 이토록 악한 왕을 왜 그렇게 오래 통치하도록 허용하시고 살려 놓으셨을까? 가장 악한 왕이기에 바로 심판하셔야 함이 마땅하지 않을까?

여기에 하나님의 긍휼과 은혜와 자비가 드러난다. 그에게 회개할 기회를 주며 기다리고 계신 것이다. 므두셀라를 오래 살려두신 이유와 똑같다. 하나님은 악인도 품으시는 분이시다. 므낫세도 하나님이 기회를 주시는데 우리에게는 또 얼마나 기회를 주고 계시는 걸까? 므낫세를 품으셨던 하나님이 나를 품고 기다리셔서 오늘 내가 있는 것이다. 그렇다면 나도 그렇게 참고 품어야 하지 않을까?

15. 15대 왕 아몬

므낫세의 아들 아몬(2년 통치)은 20세에 왕위에 올라(BC 642~640년) 2년 동안 남왕국을 통치했다(열왕기하 21:18~19). 그는 자신의 아비 므낫세의 행함 같이 악을 행하고 우상을 숭배하여 하나님 보시기에 악한 왕이었다(역대하 34:22). 결국 그는 신복들의 반란으로 죽임을 당했다(역대하 33:23~24). 이에 백성들이 반란자들을 죽이고 아몬의 아들 요시야를 16대 왕으로 세웠다.

16. 16대 왕 요시야

아몬(15대)이 살해당해 죽자 그의 아들 요시야(31년 통치, 선지자 스바냐, 예레미야, 나훔이 활동함, BC 640~609년)가 8세의 나이로 왕(16대)이 되었다. 그는 31년을 통치했고, 애굽의 바로 느고와의 므깃도 전투(BC 609년)에서 전사했다(열왕기하 22:1). 그는 20명의 남유다 왕 중에서 하나님을 경외하여 다윗의 길로 행한 가장 위대한 왕이라 할 수 있다.

앗수르의 멸망

천하를 호령하며 남왕국과 북왕국을 거의 200년 가까이 괴롭혔던 앗수르 제국은 그 세력이 주전 7세기 중반부터 세력이 점점 약해져 갔다. 마침내 주전 612년에 자신의 속국이었던 바벨론의 나보폴라살(Nabopolassar)와 그의 아들 느부갓네살에게 수도 니느웨를 빼앗겼다. 이를 시작으로 앗수르는 주전 609년과 605년, 1차, 2차 갈그미스 전투에서 바벨론에게 패배하여 멸망하고 말았다.

남유다의 번영

따라서 요시야가 유다를 통치하던 시대(BC 640~609년)는 근동의 패권이 앗수르에서 바벨론으로 이동하던 과도기였다. 요시야는 이 기회를 잘 이용하여 정치적 독립과 경제적 번영을 이루어냈다. 그는 북쪽의 사마리아와 므깃도, 갈릴리 지방을 쳐서 유다에 합병시켰다.

1차 종교개혁: 우상 제거와 성전 정결

요시야는 16세 때에 하나님을 찾았고, 20세부터 온 나라의 신앙 개혁을 운동을 시작했다. 그는 다윗의 모든 길로 행했고, 좌로나 우로나 치우치지 않았다. 그는 선왕인 므낫세와 아몬 시대에 만연했던 우상들을 제거하고 성전을 정결하게 했고(역대하 34:3). 바알의 제단을 깨뜨렸으며, 태양신과 아세라 목상 등 우상들을 빻아 가루를 만들어 우상에 제사하던 자들의 무덤에 뿌렸으며, 그 제사장들의 뼈를 단 위에서 불살랐다(역대하 34:4~5).

성전은 요아스(8대)와 히스기야(13대) 때도 수리한 적이 있지만, 므낫세와 아몬의 통치 아래에서 성전은 우상으로 더럽혀졌다. 요시야는 대제사장 힐기야로 하여금 성전을 수리하도록 했다(역대하 22:4~7, 역대하 34:8~13).

2차 개혁 운동: 율법 책의 발견과 유월절 회복

성전 수리를 하던 중 대제사장 힐기야가 율법 책(신명기 두루마리로 추정)을 발견했다(역대하 34:14). 서기관 사반이 율법 책을 요시야 왕 앞에서 읽자 왕은 크게 회개했다(열왕기하 22:8~11, 역대하 34:14~19). 율법 책의 발견으로 요시야는 우상 숭배를 온 나라에서 척결하고자 했으며, 파괴되었던 하나님과의 언약을 다시 체결하고 신앙 개혁 운동을 했다.

여선지자 훌다의 예언

요시야 왕은 율법 책을 여선지자 훌다에게 보내어 율법을 떠난 남유다에 대한 하나님의 처방을 물어보도록 했다. 훌다는 백성들의 우상 숭배에 대하여 율법 책에 기록된 대로 모든 저주와 재앙이 내릴 것이나 요시야는 재앙을 보지 않고 죽으리라고 전했다(열왕기하 22:16~20, 역대하 34:24~28). 이처럼 요시야의 신앙 개혁 운동에도 남유다의 멸망예고를 돌이키지 않은 하나님의 진노는 전적으로 14대 왕 므낫세의 악행 때문이었다(열왕기하 23:26).

언약의 갱신

율법 책을 통해 경고를 받은 요시야는 유다의 모든 장로를 소집하여 율법 책의 규례대로 여호와께 순종할 것을 언약하게 했다(열왕기하 23:3, 역대하 34:29~33) 이는 남유다를 향한 하나님의 심판을 피하게 하려는 것이었다. 왜냐면 하나님은 회개하고 돌아오는 자에게 은혜를 베푸시는 분임을 요시야는 알고 있었기 때문이다.

이방 예배를 없앰

요시야의 개혁은 철저했다. 그는 우상을 철저히 파괴했다. 산당 제사를 주관하던 레위 제사장들의 직분을 박탈했다. 또한 아스다롯 숭배를 금지시켰고 사람을 제물로 바치던 암몬 신 밀곰과 모압 신 그모스의 신전을 모조리 부숴버렸다(열왕기하 23:13). 이런 신앙 개혁 운동이 전국적으로 실시되었고, 북왕국의 벧엘까지 실행되었다(열왕기하 23장). 그리고 신접한 점쟁이, 가문을 지켜준다는 가정의 신 드라빔을 제거했다. 또한 아세라 신을 위한 제사를 섬기던 남창의 집을 혁파했다.

유월절 규례의 준수

요시야는 언약 책을 연구하던 중 매해 유월절과 무교절을 지키라는 여호와의 말씀을 깨닫고, 재위 18년 되던 해에 유월절과 무교절을 성대하게 지켰다(열왕기하 23:21~23). 유월절과 무교절은 여호와 하나님의 구원의 은혜를 기념하는 절기다. 이 절기들은 하나님 백성의 정체성과 뿌리에 해당된다. 이런 절기를 오랫동안 지키지 않았다는 것은 하나님의 백성들이 그들의 정체성과 사명을 얼마나 철저히 잊고 살았는지를 드러내는 것이다.

하나님의 말씀으로 돌아가는 것이 진정한 신앙 부흥

남유다 왕들 가운데 하나님이 보시기에 가장 신실하고 위대한 왕이었던 요시야의 업적은 정치적, 군사적, 경제적 성과라기보다는 신앙 개혁을 주도한 것이다. 그는 우상 숭배에 빠져 있던 지도자들과 백성들을 여호와 하나님께로 돌이키기 위해 애를 썼다. 그의 신앙 개혁의 핵심은 하나님의 율법, 언약으로 돌아가자는 것이다. 오늘날도 마찬가지다. 진정한 회개와 부흥은 하나님의 말씀으로, 성경으로 돌아가는 것이다. 각자 자신들이 삶 속에서 은밀히 섬기고 있는 헛된 우상들을 다 부수고 버리고, 오직 하나님만 섬기며 그분의 말씀에 순종하는 것이다.

므깃도 전투와 요시야 왕의 죽음

바벨론에게 수도 니느웨를 빼앗긴 앗수르는 마지막 배수진을 갈그미스에 쳤다. 신흥 강국 바벨론을 견제하고 한 애굽의 바로 왕 느고 2세는 주전 609년 앗수르가 지원을 요청하자 앗수르 영토까지 자신의 세력을 확장할 수 있는 좋은 기회로 보고, 군대를 이끌고 므깃도를 통과하여 갈그미스로 가고 있었다(열왕기하 23:29, 역대하 35:20).

요시야는 근동 지역에서 애굽의 세력이 강화되는 것을 막기 위해, 또한 오랜 원수 나라인 앗수르의 부활을 막기 위해 주전 609년에 므깃도에서 바로 느고 2세와 전쟁을 했다. 이 므깃도 전투에서 그는 전사하고 말았다.

역대하 저자는 "하나님으로부터 말미암은 바로 느고의 충고를 요시야가 듣지 못했다"(역대하 35:22)라고 묘사하여 요시야와의 전쟁을 만류한 애굽의 바로 느고의 말이 곧 하나님의 음성이었음을 지적한다. 그러나 요시야는 마음과 뜻과 힘을 다해 백성들을 여호와께 돌이키고자 애를 쓴, 하나님이 보시기에 전무후무한 신실한 왕이었다.

애굽 왕 바로 느고는 앗수르와 연합하여 바벨론 군대과 싸웠으나 크게 패했다. 그러나 바로 느고는 요시야 사후 남유다에 영향력을 크게 행사하여 요시야 사후에 백성들이 세운 왕 여호아하스(17대, 요시야의 막내아들)를 퇴위시키고 여호야김(18대, 본명은 엘리아김, BC 609~598년, 요시야 왕의 둘째 아들)을 새로운 왕(18대)으로 세웠다. 그러나 주전 605년부터 바벨론이 남유다를 침공한 이후로는 남유다는 바벨론의 영향 아래 놓이게 되었다. 바벨론은 여호야긴(19대, 여호야김의 아들, 요시야의 손자)과 시드기야(20대, 요시야의 셋째 아들)를 왕으로 세웠다.

요시야의 신앙 개혁이 지금도 필요하다

요시야는 8세에 왕으로 등극한 후에 몰락해 가는 남유다를 살리기 위해 신앙 개혁 운동을 일으킨 왕이다. 그는 오랫동안 잊힌 하나님의 말씀을 다시 찾아내어 말씀으로 돌아가는 말씀 중심의 개혁, 하나님 중심의 개혁을 하고자 했다. 오늘날도 요시야의 신앙 개혁이 절실하다. 하나님의 말씀으로 돌아와 말씀 중심으로 우리의 삶을 조정해야 한다. 다시 복음으로 돌아와, 복음으로 다시 시작해야 한다.

완전한 사람은 하나도 없다

요시야 왕은 하나님께 신실한 가장 훌륭한 왕이었지만, 완전한 사람은 아니었다. 그도 실수가 있는 불완전한 사람일 뿐이다. 그는 바로 느고의 말을 통해 나오는 하나님의 말씀을 알아듣지 못해 결국 전투에서 죽임을 당했다. 요시야가 일찍 죽은 것은 참으로 안타까운 일이지만, 그것도 하나님의 주권이다. 그렇다. 사람은 다 넘어지고, 실수한다. 그러기에 모든 사람은 하나님의 은혜가 필요한 것이다.

국제 정세에 따른 남유다의 주요 사건과 연대

주전 612: 바벨론이 앗수르의 니느웨성 빼앗음

주전 609: 갈그미스 1차 전투(애굽과 앗수르 vs 바벨론)

　　　　　　 므깃도 전투, 요시야의 죽음. 여호아하스 즉위, 여호야김 즉위

주전 605: 갈그미스 2차 전투, 느부갓네살의 유다 침공(1차)

주전 597: 느부갓네살의 유다 침공(2차), 여호야긴 폐위, 시드기야 즉위

주전 589: 느부갓네살의 유다 침공(3차)

주전 586: 유다 멸망, 바벨론의 포로로 끌려감, 70년간의 포로 생활

주전 538(7): 바벨론으로부터 1차 귀환, 스룹바벨과 여호수아가 주도

주전 516: 스룹바벨 성전 완공

주전 458: 바벨론으로부터 2차 귀환, 학사 에스라가 주도

주전 444: 바벨론으로부터 3차 귀환, 느헤미야가 주도, 성벽 재건

요시야 왕 이후 남유다의 멸망 과정

17대 여호아하스로부터 18대 여호야김, 19대 여호야긴, 그리고 20대 시드기야까지 남유다의 말기 시대다. 남유다는 주전 609년 므깃도 전투에서 16대 요시야 왕이 애굽의 바로 느고 2세에 의해 전사하면서 급격히 국운이 기울었다.

요시야가 죽은 뒤 그의 막내아들 여호아하스(살룸, 17대)가 백성들에 의해 왕이 되었으나 3개월 만에 애굽의 바로 느고에 의해 쫓겨나 애굽으로 끌려갔고, 뒤를 이어 요시야의 둘째 아들 여호야김(엘리야김, 18대)이 애굽에 의해 왕이 되었다.

여호야김(18대)은 자신을 왕으로 세운 애굽을 가까이했고, 그가 11년간 남왕국을 통치하고 죽은 후(BC 597년) 그의 아들 여호야긴(여고냐, 19대)이 왕이 되어 3개월 동안 남왕국을 통치하다가 바벨론 왕 느부갓네살의 공격을 받고 바벨론으로 끌려갔다.

여호야긴(19대)을 포로로 끌고 간 바벨론의 느부갓네살은 요시야의 셋째 아들인 맛다니야를 시드기야(20대)로 개명하여 남유다의 왕으로 세웠다. 시드기야는 11년을 통치했고, 집권 초기에는 친 바벨론 정책을 펴다가 집권 후기에 친 애굽 반 바벨론 정책을 펴서 자신을 왕으로 세운 바벨론을 배반했다. 결국 남왕국 유다는 느부갓네살의 침공을 받고 1년 7개월 버티다가 예루살렘 성을 빼앗김으로써 주전 586년 멸망하고 말았다. 이때 성전도 불타고 훼파되었다.

17. 17대 왕 여호아하스

주전 609년 요시야(16대) 왕이 므깃도 전투에서 전사하자, 유다 지도자들과 백성들은 요시야의 넷째 아들 여호아하스(살룸, 3개월 통치, 선지자 예레미야와 하박국 활동함)를 왕으로 삼았다 (열왕기하 20:30~35, 역대하 36:1~4).

애굽의 바로 느고는 앗수르와 연합하여 바벨론을 치려고 했지만, 주전 609년 갈그미스 1차 전투에서 바벨론과 승부를 내지 못하고 애굽으로 돌아갔다. 바로 느고는 애굽으로 돌아가는 길에, 유다를 침공했고, 요시야 왕의 반 애굽 정책을 계승한 여호아하스 왕을 주전 609년에 폐위시켰다. 여호아하스는 애굽으로 끌려가 그곳에서 죽었다(열왕기하 23:34). 여호아하스의 통치 기간은 고작 3개월이다.

요시야-여호아하스-여호야김-여호야긴-시드기야

요시야 (16대)	여호아하스 (살룸, 17대)	여호야김 (18대)	여호야긴 (19대)	시드기야 (20대)
므깃도 전투 사망 약 41년	백성이 세움 **3달 통치** 바로 느고가 폐위 애굽 포로 후 사망	바로 느고가 세움 **11년 통치** 바벨론 느부갓네살 **1차 침공** 다니엘 포로 3년 바벨론 조공 친 애굽 정책 바벨론이 보낸 주변 군 대에 의해 살해	백성이 세움 **3달 통치** 바벨론 **2차 침공** 저항 없이 항복 여호야긴, 스룹바벨(손 자), 에스겔 등 1만 명 포로 37년 만에 바벨론 2대 왕 에윌므 로닥이 석방	바벨론이 세움 맛다니야(시드기야의 본 명) 후에 친 애굽 예레미야 말씀 거부, **바벨론 3차 침공** **11년 통치** 아들들 몰살당함 두 눈 뽑혀 포로 남유다 멸망(BC 586년)
요시야의 관계	요시야의 넷째 아들	요시야의 둘째 아들	요시야의 손자, 여호야김의 아들	요시야의 셋째 아들

18. 18대 왕 여호야김

여호아하스(17대)를 폐위시킨 바로 느고는 요시야의 둘째 아들 엘리야김을 여호야김(엘리야김, 11년 통치, 선지자 예레미야와 하박국 활동함)으로 개명하고 남유다의 18대 왕(BC 609~598년)으로 세웠다(열왕기하 23:34).

선지자 우리야를 죽임

여호야김은 하나님이 보시기에 악한 왕이었다(역대하 36:5). 애굽의 힘으로 왕이 된 여호야김은 유다 지도자들과 백성들을 착취하여 애굽에게 조공을 바쳤다. 여호야김(18대)은 이를 반대한 선지자 우리야를 죽였다(예레미야 26:20~23). 여호야김 왕은 선지자 예레미야의 경고를 전혀 듣지 않았고, 예레미야의 예언을 기록한 두루마리를 불살라버렸다(렘 36:20-23).

바벨론 느부갓네살의 1차 침공

바벨론 느부갓네살(BC 605~562년)은 주전 605년 갈그미스 2차 전투에서 앗수르와 애굽 연합군에 승리한 뒤 남유다 예루살렘을 침공했다. 이것이 바벨론의 1차 침공이다. 이것은 여호야김 재위 4년(BC 605년, 예레미야 46:2)에 일어난 사건이다. 바벨론의 1차 침공 때에 다니엘과 그의 세 친구를 포함한 상류층 인사들이 포로로 잡혀갔다. 이것이 바벨론 1차 포로이다(다니엘 1:1~6).

바벨론의 봉신국이 된 남유다의 여호야김은 처음 3년간 바벨론에게 조공을 바치면서 충성했다. 그러나 선지자 예레미야의 경고에도 불구하고 친 애굽파였던 여호야김은 다시 애굽과 동맹을 맺고 바벨론을 배반했다(열왕기하 24:1, 예레미야 25:1~9). 이에 바벨론의 느부갓네살은 남유다를 주변 국가를 움직여 다시 예루살렘을 침공했다. 이 과정에서 여호야김은 재위 11년 되던 해인 주전 598년에 죽었다고도 전해지며(열왕기하 24:6), 예레미야의 예언대로 여호야김의 시체가 성문 밖에 내던져졌다(예레미야 22:18~19). 그러나 역대기 저자는 여호야김 왕이 바벨론으로 잡혀가서 거기서 죽었다고 기록했다(역대하 36:6).

19. 19대 왕 여호야긴

여호야김(18대)의 사후 그의 아들 여호야긴(고니야 혹은 여고냐, 3개월 통치, 느부갓네살의 2차 침공)이 18세의 나이에 왕(19대, BC 598~597년)이 되었다(열왕기하 24:6). 그 또한 아버지를 따라 친 애굽 정책을 고수하자 바벨론의 느부갓네살은 주전 597년 다시 예루살렘을 공격했다(열왕기하 24:10). 이것이 바벨론의 2차 침공이다.

느부갓네살은 쓸모없는 자를 제외하고 남유다의 귀족 2천 명, 제사장과 왕자들, 전문기술자(요새 건축가) 1천 명, 훈련된 군사 7천 명 등 유다의 상류층과 관리들을 모두 잡아갔다. 이것이 바벨론 2차 포로다. 2차 포로 중에는 여호야긴(19대) 왕과 선지자 에스겔(에스겔 1:1~2) 등이 포함되어 있었다. 포로의 수는 모두 합하여 1만 8천 명이었다(열왕기하 24:10~17, 역대하 36:10). 반면 예레미야는 이때의 포로 수가 3,023명이라고 했다(예레미야 52:28).

느부갓네살은 예루살렘의 성전을 약탈당하고 성전 보물을 바벨론으로 옮겼다(열왕기하 24:13). 느부갓네살은 여호야긴 왕을 포로로 잡고 그 대신에 요시야의 셋째 아들 맛다니야를 시드기야로 개명하고 왕으로 세웠다.

한편 바벨론으로 끌려온 여호야긴은 37년 만에 감옥에서 풀려나와 왕의 지위가 복권되었다(열왕기하 25:27~30, 예레미야 52:30~34). 이것은 바벨론에 포로로 잡혀 온 남유다의 백성들이 훗날 다시 고국으로 돌아갈 수 있는 날이 올 것임을 말해 주는 일종의 복선과 같다.

20. 20대 왕 시드기야

남왕국 여호야긴 왕(19대)이 바벨론에 포로로 끌려간 후 요시야(16대)의 셋째 아들인 맛다니야가 주전 597년 느부갓네살에 의해 왕위에 올랐다. 그는 남유다 최후의 마지막 왕이다(열왕기하 24:17~18). 느부갓네살은 그의 이름을 시드기야(맛다니야, 느부갓네살의 3차 침공)로 바꾸게 하고 남유다를 바벨론 제국의 속주로 편입시켰다.

바벨론을 배신함

시드기야는 처음에는 바벨론에 충성을 맹세했다. 그러나 훗날 바벨론으로부터 독립하라고 요구하는 친 애굽파의 영향력에 굴복하여 친 애굽 정책을 펼쳤다. 그러나 이 당시 애굽은 바벨론으로부터 유다를 보호하기에는 너무 약했다. 선지자 예레미야는 시드기야와 정치 지도자들에게 그 시대 하나님의 도구인 바벨론에게 복종하라고 주장했으나(예레미야 27장) 친 애굽주의자들은 예레미야를 매국노로 매도했다(예레미야 27:29). 시드기야 왕은 처음에는 선지자 예레미야의 말을 경청하는 듯 보였지만, 결국 예레미야의 충고와 반대되는 결정을 내려 남유다의 멸망을 초래했다.

반 바벨론 동맹

마침내 시드기야는 바벨론과의 봉신 관계를 파기했다(열왕기하 24:20, 예레미야 52:3). 시드기야는 에돔, 모압, 암몬, 두로, 애굽 등과 반 바벨론 동맹을 맺고 예루살렘에 모여 반란을 모의했다(예레미야 27:3). 이는 시드기야가 남유다에게 군대를 보내주겠다는 애굽의 약속을 의지하고 있었기 때문이다.

바벨론의 3차 침공

느부갓네살은 주전 589년 다시 유다 원정길에 올랐다(열왕기하 24:20~25:11, 예레미야 52:4). 이것이 바벨론의 3차 침공이다. 침공 전쟁은 3년이나 계속되었고, 바벨론은 유다 전역을 제압했다. 바벨론은 요새와 모든 국가 방위 시설을 파괴하고 불태워버렸으며, 예루살렘성을 1년 7개월간 포위했다. 한편 애굽은 유다에게 원군을 보냈지만, 바벨론 군대에 의해 참패를 당하고 애굽으로 퇴각했다.

예루살렘성에 대한 포위가 1년 7개월이나 계속되자 성안의 주민은 기근과 전염병에 시달렸고, 결국 예루살렘성은 3년 만에(시드기야 11년) 함락되었다. 이것이 주전 586년 7월 29일의 일이었다(열왕기하 25장).

시드기야 왕은 예루살렘성을 몰래 나와 도망가던 중 여리고에서 바벨론군에게 붙잡혔다.

그는 느부갓네살이 주둔하고 있는 아람(수리아)로 호송되어 느부갓네살 왕이 보는 앞에서 자신의 자녀들이 죽어가는 모습을 봐야만 했으며, 그의 두 눈도 뽑히고 말았다(열왕기하 25:7). 시드기야는 쇠사슬에 묶여 바벨론으로 끌려가 그곳에서 죽었다.

세상을 바라보면 두 눈이 뽑힌다

남유다의 마지막 왕인 시드기야는 바벨론의 느부갓네살에게 포로로 잡혀 두 눈이 뽑힌 채로 끌려갔다. 두 눈이 뽑힌 경우는 시드기야 뿐만 아니라 삼손도 있다. 사사 시대의 마지막 사사인 삼손도, 분열 왕국의 마지막 왕인 시드기야도 두 눈이 뽑힌 점이 공통점이다. 이는 하나님이 아닌 세상을 의지하고 바라본 자들은 하나님을 볼 수 있는 영적인 눈을 잃게 된다는 것을 상징한다.

느부갓네살의 부하들은 성안에 남아 있던 백성과 대제사장과 성문지기, 왕의 시종들, 서기관 등을 포로로 끌고 갔다(열왕기하 25:7~21, 바벨론 3차 포로, 830명, 예레미야 52:29). 느부갓네살은 예루살렘 성전을 부수고 성전의 장식물과 집기들을 가져갔으며, 왕궁과 예루살렘 성벽을 모두 헐어 버렸다(열왕기하 25:9~10, 예레미야 52:12~14). 남왕국 유다의 존속 기간은 총 345년이다.

21. 남유다의 멸망

남유다가 멸망하고 바벨론의 포로가 된 것은 북왕국 이스라엘과 마찬가지의 이유다. 다윗 왕조의 정통성을 가지 남왕국 유다도 하나님의 율법을 철저히 버리고, 각종 우상을 숭배하면서도, 여호와께 마음이 떠난 형식적 제자로 일관했다. 그들은 탐욕으로 인해 보아도 보지 못하고, 들어도 듣지 못하는 영적 소경과 영적 귀머거리가 된 것이다.

그나마 먼저 멸망한 북왕국 이스라엘보다 136년을 더 지탱한 것은 첫째 다윗에게 하신 하나님의 약속 때문이며, 둘째로 20명의 왕 중에, 아사, 여호사밧, 웃시야, 요담, 요시야와 같은 하나님 보시기에 선한 왕들이 존재했었기 때문이었다.

남왕국 유다 왕들의 역사

역대 왕	통치	선지자	중요 내용
르호보암 1대	41년	스마야	열왕기상 14:21-31 1) 솔로몬과 나아마(암몬 여인)의 아들 2) 10지파의 반란, 노인의 자문(X) VS 젊은 자들과의 논의(O) 　① 아버지의 허리보다 내 새끼손가락이 더 강력하다. 　② 전갈 채찍으로 다스림 3) 하나님의 사람 스마야의 경고로 북왕국과 전쟁을 멈춤 4) 산당 우상들과 아세라 여신 숭배, 남창(왕상 14:24) 5) 통치 5년째 애굽 왕 시삭 침공 6) 르호보암과 여로보암에 사이 항상 전쟁(왕상 14:30)
아비야 2대	3년		열왕기상 15:1-8 1) 르호보암의 아들, 3년 통치 2) 악을 행함 3) 다윗을 보시고 예루살렘을 견고케 하심(왕상 15:4)
아사 3대	41년	아사랴 하나니	열왕기상 15:9-24: 선한 왕 1) 아비얌의 아들, 41년 통치 2) 여호와 보시기에 선한 왕(왕상 15:11-14) 3) 아사랴 선지자와 신앙 개혁, 우상 혁파, 남창 제거: 아사의 하나님 　조모의(미아가) 태후의 위를 폐함: 아세라 우상 숭배 4) 북이스라엘 바아사(3대 북왕)와 전쟁, 구스와 애굽과의 전쟁 → 아람 왕 벤 　하닷 도움 구함 → 하나니 선지자 책망 → 선지자 옥에 가둠 → 하나님의 징계 　2년의 병과 죽음(대하 16:7-10)
여호사밧 4대	25년	야하시엘 미가야 예후 엘리에셀	열왕기상 22:41-50, 역대하 17-20장 1) 율법을 전국에 가르침 2) 아합 가문과 사돈을 맺고 바알 숭배를 유다에서 시작하게 한 장본인 3) 아합과 군사 동맹, 아람을 공격, 시드기야와 미가야의 대결 4) 모압 연합군 전쟁 때 하나님을 의지하여 승리 5) 북이스라엘 아하시야와 배 건조 동맹
여호람 5대	8년	오바댜?	열왕기하 8:16-24 1) 여호사밧(4대 남왕)의 아들, 8년 통치, 아우들 몰살함 2) 북이스라엘 아합과 이세벨의 딸 아달랴와 결혼(왕하 8:18) 3) 남유다 최초로 북이스라엘 왕들의 길(왕하 8:18), 아합의 집같이 악행, 　바알 숭배의 근원인 아달랴를 아내로 맞음(왕하 8:18)

역대 왕	통치	선지자	중요 내용
여호람 5대	8년	오바댜?	4) 이 모든 것이 아버지 여호사밧의 잘못 5) 하나님이 유다 멸하기를 기뻐하지 않으심(왕하 8:19) 　　→ 다윗 언약을 기억하심(왕상 11:36) 6) 에돔의 반란 진압하는 과정, 오히려 목숨만 건짐 7) 에돔의 배반, 립나의 배반, 블레셋 예루살렘성 침략함, 우상 숭배의 결과 8) 창자에 중병에 걸려 사망(대하 21장) 　　→ 엘리야 예언 성취 　　→ 하나님 마음을 멍들게 하니 자신도 중병에 걸림
아하시야 6대	1년	오바댜?	열왕기하 8:25-29, 역대하 22:1-6 1) 여호람(5대 남왕)의 아들, 1년 통치, 아합의 사위 2) 아합의 아들 여호람(9대 북왕)과 아합의 사위 아하시야(6대 남왕)가 동맹 → 　　아람왕 하사엘과 전쟁 → 여호람(9대 북왕)의 부상 → 퇴각 → 　　아하시야(6대 남왕)가 병문안 하러 감 → 　　여호람의 군대장관 예후의 반란으로 인해 칼에 죽음 3) 여호와로 말미암은 일(대하 22:7)
아달랴 여왕 7대	6년	여호야다 제사장	열왕기하 8:18; 11:1, 역대하 22:1~23:2 1) 아들인 아하시야 왕(6대 남왕)이 죽자 자신이 손자들을 죽이고 왕위에 오름, 　　6년 통치: 남유다에 바알 숭배를 시작한 원흉 2) 남편 여호람(5대 남왕)의 후궁의 딸인 여호세바(제사장 여호야다의 아내)가 　　요아스 왕자를 숨김 3) 제사장 여호야다가 7년째에 아달랴를 죽이고 요아스(7대 남왕)를 　　왕으로 세움(열왕기하 11:12) 4) 바알 숭배를 들여온 아달랴가 여호와 신앙의 제사장의 손으로 죽임당함
요아스 8대	40년	여호야다 스가랴 요엘?	열왕기하 12:1-21, 역대하 24:1-16 1) 아하시야(6대 남왕) 왕의 아들로 7세에 왕이 되어 40년간 통치 2) 제사장 여호야다의 교훈 받음, 하나님이 보시기에 선한 왕 3) 솔로몬 성전 곳곳을 수리함 4) 아람 왕 하사엘 침공 시 성전과 왕궁의 금을 바쳐서 하사엘이 돌아감(왕하 　　12:18): 여호야다의 아들 스가랴의 책망 5) 신하들의 반란으로 죽음(암살), 여호야다의 아들 스가랴를 죽이고(마 23:35) 　　배반한 죄를 보응

역대 왕	통치	선지자	중요 내용
아마샤 9대	29년	무명1 무명2	열왕기하 14:1-22, 역대하 25:1-24 1) 요아스(8대 남왕)의 아들, 29년 통치 2) 부친 살해 신하들 죽였으나 자녀들은 살려둠. 모세 율법을 지킴 3) 북이스라엘 10만 모병. 무명 선지자 책망. 돌려보냄 4) 에돔 전쟁 승리로 교만. 세일 자손의 신 의지함. 북이스라엘 왕 요아스(12대 　북왕)와 전쟁 대패. 예루살렘 성전과 왕궁의 금은 기명 탈취당함. 　북이스라엘에 15년 포로. 돌아와 15년 더 생존함 5) 죽음: 반란이 일어나 라기스에서 살해당함(왕하 14:19)
웃시야 (아사랴) 10대	52년	스가랴	열왕기하 15:1-7, 역대하 26:1-23 1) 유다왕 아마샤(9대 남왕)의 아들, 16세 때 즉위, 52년 통치 2) 선한 왕: 스가랴 선지자가 살아 있는 동안만 3) 신무기 개발로 강성해짐. 말년에 교만으로 나병(역대하 26:16) 4) 아들 요담(11대 남왕)이 대리 통치. 별궁에서 죽음
요담 11대	16년	이사야 미가	열왕기하 16:32-38, 역대하 27:1-9 1) 웃시아 왕(10대 남왕)의 아들, 16년 통치 2) 선한 왕: 웃시야의 모든 행위대로 3) 성전의 윗문, 망대 건축 수리
아하스 12대	16년	이사야 미가	열왕기하 16:1-20, 역대하 28:1-27 1) 요담(11대 남왕)의 아들 16년 통치 2) 다윗과 같지 않음. 북이스라엘의 왕들의 길로 행함 3) 자기 아들로 이방 제사인 인신 제사 드림(왕하 16:3) 4) 북이스라엘 베가와 아람 왕 르신의 침공을 받자 앗수르의 왕 디글랏 빌레셀 　3세에게 성전과 왕궁의 은금을 바쳐 지원 요청 5) 디글랏 빌레셋 3세가 아람왕 르신 죽임. 아람 멸망(BC 732년) 6) 앗수르 신의 제단을 성전 안에 둠 　앗수르 왕을 두려워했음(왕하 16:18). 제사장 우리야의 태도 　앗수르 신을 의지함(대하 28:23) 7) 성전 기구들을 부수고 성전 문을 닫아버림(대하 28:24) 　그 아들 히스기야 왕이 다시 성전 문을 열게 됨
히스기야 13대	29년	이사야 미가	열왕기하 18-21장 1) 요아스(12대 남왕)의 아들, 29년 통치, 뜻: '여호와는 나의 힘' 2) 북이스라엘 왕 호세아 3년에 즉위 3) 다윗의 모든 행위와 같이 4) 남유다 왕 중 산당을 처음으로 제거 　우상 혁파, 모세의 놋 뱀 부숨(느후스단: 놋 조각)

역대 왕	통치	선지자	중요 내용
히스기야 13대	29년	이사야 미가	5) 하나님을 의지함, 전무후무 6) 하나님과 연합, 하나님을 떠나지 않음 7) 모세의 계명 준수, 하나님이 함께하심, 형통 8) 아하스가 닫은 성전 문을 열고 수리(대하 29:3-5) 　　아하스가 더럽힌 성전을 정결케 함 9) 앗수르 왕 산헤립의 침공 18만 5천의 군대를 이김 10) 히스기야의 병, 죽음(왕하 20:1-21, 대하 32:24-26, 이사야 38:1-8, 21-22) 　　면벽 기도: 늘 문제 앞에 기도한 사람 　　① 산헤립과 랍사게의 위협 앞에서 기도(왕하 19:1) 　　② 편지를 하나님 앞에 펴 놓고 기도(왕하 19:14) 　　③ 질병 앞에서 기도(왕하 20:2): '15년 연장, 3일 만에 회복되리라' 　　④ 무화과 반죽으로 상처 치유, 징조 : 해시계 그림자 10도 11) 교만의 죄 　　① 바벨론 왕 브로닥발라단(말둑 신이 주신 아들)의 사절단 방문 　　② 자신의 재물을 다 보여줌(왕하 20:13) 　　　　교만: 웃시야와 히스기야의 패망의 선봉은 교만이다(잠 16:18). 　　③ 이사야 심판 예언, 남유다의 멸망과 바벨론 포로 12) 최대 실수: 므낫세 출생
므낫세 14대	55년	이사야	열왕기하 21:1-18, 역대하 33:1-20 1) 히스기야(13대 남왕)의 아들, 55년 통치, 최장 기간 통치, 가장 악한 왕이지만, 　　하나님의 인내와 오래 참으심 2) 악행 　　① 이방 사람의 가증한 일 　　② 히스기야가 헐어버린 산당을 다시 세움 　　③ 북 아합 왕의 행위 따라 바알 제단, 아세라 목상 하늘의 일월성신 섬김 　　　　'하나님의 이름 두리라' 하신 성전에 우상, 일월성신 제단 세움 　　④ 조부 아하스 왕처럼(12대 남왕) 유아 제사(아들), 암몬 몰렉 신 　　⑤ 점/사술, 신점, 박수 신임, 백성이 이사야를 통한 하나님의 말씀을 　　　　듣지 않고 꾐에 빠짐 　　⑥ 이방 민족보다 더 악이 심해짐, 무죄한 자의 피를 온 나라에 흘림 3) 하나님의 심판과 므낫세 죽음(왕하 21:10-18) 　　하나님의 줄과 추로 재서 그릇을 엎음같이 　　원수에게 노략거리, 겁탈거리, 앗수르 침공(앗술바니팔 왕) 　　궁궐 동산에 묻히고 아들 아몬(15대 남왕)이 즉위

역대 왕	통치	선지자	중요 내용		
므낫세 14대	55년	이사야	4) 므낫세에 대한 평가의 차이		
			열왕기하 21:11-16		역대하 33:10-19
			극악한 왕, 남유다 멸망의 원인		징계 후에 회개함, 겸비함, 우상 타파
			☞ 기록 목적이 다름, 원독자 입장에서 보라. 　☞ 열왕기하는 바벨론 포로 전에 회개를 촉구하기 위함 　　☞ 역대하는 바벨론 포로 후 귀환 백성을 위로하기 위함		
아몬 15대	2년		열왕기하 21:19-26, 역대하 33:21-25 1) 므낫세(14대 남왕)의 아들, 2년 통치 2) 악행 　① 므낫세의 행함 같이 우상 숭배 　② 여호와 보시기에 악을 행함 　③ 여호와 버림, 하나님의 길을 버림 3) 죽음 　① 신복들의 반란으로 살해됨 　② 백성이 반란자들을 죽이고 　③ 아몬이 아들 요시야(16대 남왕)를 왕으로 세움		
요 시 야 (20대까지 요시야 세 아들과 한 명 손자) 16대	31년	나훔 스바냐 예레미야	열왕기하 22:1-23:30, 역대하 34:8-28 1) 아몬(15대 남왕) 왕의 아들, 8세 때 즉위, 31년 통치 　16세에 하나님을 찾음, 20세에 우상 혁파 2) 다윗의 모든 길, 좌우로 치우치지 않음 3) 즉위 18년째(26세), 성전 수리와 율법 책 발견 　① 대제사장 힐기야도 성전 수리 　② 대세사장 힐기야가 율법 책 발견 　　하나님 말씀이 성전에 감추어져 있었다. 　③ 하나님의 말씀을 읽고 옷을 찢음 　④ 여선지자 훌다의 예언(왕하 23:16-17) 　　가. 유다왕(요시야)이 읽은 대로 행하리라. 　　나. 하나님의 진노가 꺼지지 않을 것 　⑤ 요시야의 통곡 　⑥ 하나님의 응답: "네 시대에는 응하지 않으리라" 4) 이방 우상과 이방 제사 척결과 언약 체결(왕하 23:1-20) 　① 백성들로 하나님의 언약에 따르도록 언약 체결 　② 바알, 아세라, 일월성신 제단과 기구를 불태움		

역대 왕	통치	선지자	중요 내용
요 시 야 (20대까지 요시야 세 아들과 한 명 손자) 16대	31년	나훔 스바냐 예레미야	③ 유다 모든 성읍의 산당 혁파, 산당 제사장 폐함 　산당 : 솔로몬왕이 데려온 1,000명의 아내들의 신을 위해 이스라엘 전역에 　　세워진 제단들 ④ 성전 안에 아세라 신 제사를 위해 있던 남창의 집 혁파 ⑤ 힌놈의 아들 골짜기의 인신(유아) 제사를 혁파 ⑥ 태양신 제사 혁파 ⑦ 시돈의 신 아스다롯 산당, 모압의 신 그모신 산당, 　암몬의 신 밀곰 산당을 혁파 　모두 솔로몬 왕이 세운 것(왕하 23:13) ⑧ 여로보암의 제단(금송아지 우상) 혁파, 금송아지 제단 제사장들 다 죽임 5) 업적 3 : 유월절 회복(왕하 23:21-23), 백성들의 신앙 개혁 　① 언약 책 연구, 유월절을 지키라. 　② 신접 점쟁이, 드라빔(기정의 우상) 제거

성전 수리	율법 책 발견	우상 혁파	언약 체결	유월절	신접, 점쟁이 드라빔
교회 회복	말씀으로만	우상으로 돌이킴	말씀대로 살겠다는 헌신	구원	개개인의 거룩

6) 하나님의 반응
　① 마음과 뜻과 힘을 다해 여호와께로 돌이킨 왕
　② 전무후무의 평가
　　가. 히스기야: 하나님을 의지함에 대해
　　나. 요시야: 전심으로 하나님의 말씀대로 백성을 여호와께로 돌이킴에 대해
　③ 요시야의 회개 운동에도 하나님의 뜻(진노)을 돌이키지 않으심
　　므낫세의 죄 때문에(왕하 23:26)
　④ 하나님의 선언
　　"내가 택한 예루살렘과 내 이름을 두었던 성전을 버리리라"
　　→ 하나님의 이름이 더럽혀졌기에 더 이상 성전 존재 가치가 없어짐
　　→ 에스라/스룹바벨/느헤미야: 원래 성전의 존재 의미를 회복시키기 위해
　　　성전 건축
7) 요시야의 죽음
　① 애굽 왕 바로 느고가 앗수르 지역의 패권을 차지하기 위해 바벨론과 전쟁
　　하러 올라가던 중 므깃도에서 요시야를 죽임
　② 요시야 막내아들 여호아하스(일명 살룸)를 백성들이 급하게 왕으로 세움
　③ 하나님으로부터 말미암은 바로 느고의 충고를 무시했기 때문(대하 35:22)
　　☞ 이방 왕을 통해서도 하나님 음성이 들린다.

역대 왕	통치	선지자	중요 내용
여호아하스 (살룸) 17대	3개월	예레미야 하박국	열왕기하 23:31-35, 대하 36:2-4 1) 요시야(16대 남왕)의 막내아들, 3달 통치, 악함 2) 애굽 왕 바로 느고가 1차 갈그미스 전투 후(BC 609년 애굽 느고 VS 바벨론 나보폴라살) 여호아하스를 폐위시키고 애굽으로 끌고 감, 애굽에서 죽음 3) 여호아하스의 형, 요시야의 둘째 여호야김을 왕으로 세움 4) 여호야김이 은과 금을 느고에게 줌
여호야김 18대	11년	예레미야 하박국	열왕기하 23:36-24:7, 역대하 36:5-8 1) 여호아하스(17대 남왕)의 형, 요시야(16대 남왕)의 둘째. 11년 통치, 악함 2) 2차 갈그미스 전투에서 애굽에 승리한 바벨론의 느부갓네살이 예루살렘까지 공격함 3) 나보폴라살이 바벨론에서 죽자 그의 아들 느부갓네살이 급히 바벨론으로 귀국함. 여호야김이 바벨론 섬기고 조공, 바벨론 1차 포로(다니엘) 　→ 3년 바벨론 섬기다가 반역하고 자기를 세운 애굽으로 돌아섬 　→ 바벨론 왕이 주변 국가 군대의 파견으로 유다를 침 　→ 백성들이 여호야김(18대 남왕)의 아들 여호야긴(19대 남왕)을 세움 4) 하나님의 말씀이 성취되기 시작(3절): 므낫세의 죄 때문에 　: 바벨론에 반역하고 애굽으로 돌아설 때 예레미야가 "바벨론 왕을 섬기라" 　: 예레미야 핍박, 예레미야 예언대로 여호야김의 시체가 성문 밖에 내던져짐 　(렘 22:18-19)
여호야긴 19대	3개월	예레미야	열왕기하 24:8-17, 역대하 36:9-10 1) 여호야김 왕의 아들, 3달 통치 2) 바벨론 느부갓네살 왕의 2차 침공 3) 바벨론 2차 포로 　1만 명의 포로 잡아감, 왕족/귀족 2천/기술자 1천/훈련된 군사 7천(에스겔) 4) 여호야긴 왕도 바벨론 포로, 포로 끌려간 지 37년 만에 석방되어 대접받음 5) 느부갓네살이 여호야긴을 자기 손으로 세운 왕이 아니기에 폐하고 여호야긴의 작은아버지, 요시야의 셋째 아들 시드기야(20대 남왕)를 유다 왕으로 세움 6) 요시야왕의 아들 중 셋이 왕이 됨 7) 막내 살룸(여호아하스, 17대), 둘째 여호야김(18대), 손자 여호야긴(19대), 셋째 시드기야(20대)
시드기야 20대	11년	예레미야	열왕기하 25:18-20, 역대하 36:11-12, 예레미야 52:1-3 1) 여호야긴의 숙부, 바벨론 느부갓네살에 의해 세워짐, 11년 통치 2) 악행, 예레미야 경고를 무시하고 핍박 3) 시드기야가 바벨론을 배반(왕하 25:20)

역대 왕	통치	선지자	중요 내용
시드기야 20대	11년	예레미야	4) 시드기야 즉위 9년 해에 바벨론 느부갓네살 왕이 3차 침공 5) 1년 7개월간 예루살렘성 포위, 함락. 시드기야 눈 뽑히고 끌려감. 아들들이 시드기야 눈앞에서 살해당함. 6) 성전 파괴 　① 바벨론 느부사라단이 성전과 왕궁 불사름 예루살렘의 모든 집도 불사름 　② 예루살렘 성벽을 부숨 9) 비천한 자들 남겨두고(포도원 농부로) 다 포로로 끌고 감 10) 놋 기둥/놋받침/놋비 다 깨뜨림, 성전 기구들 다 가져감 11) "이와 같이 유다가 사로잡혀 본토를 떠났더라"(왕하 25:21) "땅이 안식을 누렸다"(대하 36:21)
멸망	345년 존속 BC 586	바벨론 느부갓세살에 의해 멸망	1) 바벨론 1차 침공(BC 605년, 여호야김 왕 때) 2) 바벨론 2차 침공(BC 597년, 여호야긴 왕 때) 3) 바벨론 3차 침공(BC 587년, 시드기야 왕 때) 　: 여호와와 여호와의 율법을 버림 　: 이방신들과 각종 우상들을 섬김 　: 성적 타락과 윤리적 타락 　: 제사장 나라 사명의 실패
포로시대			

16장

역대상하: 하나님 나라 왕의 사명 2

성전 회복과 예배의 회복

열왕기서와 역대기의 관점 비교

열왕기	역대기
말씀(율법) 회복하라	성전 제사 회복하라
	성전 신앙 회복하라
선지자적 관점(예레미야 선지자?)	제사장적 관점(에스라 제사장?)

· 열왕기상하가 주로 남왕국과 북왕국의 정치사에 초점을 맞추는 선지자적 시각으로 쓴 것이라면 역대기는 주로 남왕국의 신앙 회복과 성전 회복에 초점을 맞춘 제사장적 관점으로 쓴 것이다.
· 역대기는 주로 다윗/솔로몬의 치세와 업적에 중심을 둔다.
· 다윗/솔로몬의 죄악과 실패는 거의 언급이 없다.
· 29장 중 1~9장까지의 족보를 빼고는 11~29장까지 성전 건축을 향한, 예배 회복을 다윗의 열정을 중심으로 전개한다.

역대기와 다른 역사서의 내용적 중복

사무엘상	사무엘하	열왕기상하
	역대상	역대하
사울의 죽음 간략하게	다윗의 통치와 치적	솔로몬의 치적과 남왕국 왕들의 통치

역대기의 주제

열왕기의 핵심 주제가 왕의 사명이 말씀을 가르치고 백성을 공평과 정의로 다스리는 것이었다면 역대상하의 핵심 주제는 왕의 두 번째 사명으로써 성전 회복과 예배 회복을 다룬다.

역대기와 열왕기서의 원 독자의 차이점

역대기는 열왕기에 있었던 내용이 반복된다. 대신 원 독자의 시대와 상황, 청중이 다르기 때문에 한 사건과 인물에 대해서도 역대기와 열왕기서가 다른 관점일 수밖에 없다.

열왕기상하의 저자는 예레미야라고 알려져 있는데 그는 남유다의 마지막 왕인 시드기야가 바벨론에 포로가 되어 두 눈이 뽑히면서 끌려가는 것을 봤으며 남유다나 북왕국 왕들의 악행을 낱낱이 다 얘기한 선지자다. 왜냐하면 이스라엘 백성이 멸망하고 포로로 끌려가는 원인이 왕, 제사장, 선지자를 포함한 지도자들과 온 백성이 하나님의 율법을 떠나 우상 숭배에 빠졌기 때문이다. 게다가 지도자들은 인애와 공의로 백성을 다스리지 않고 되레 착취를 일삼았기 때문에, 당시 이스라엘 백성들에게 만연해 있는 사회의 부정직과 거짓된 삶의 문제 들을 고발할 수밖에 없었다. 그래서 예레미야는 두 왕국이 멸망하기 전에 회개할 것을 촉구한 것이다.

반면 역대상하는 에스라 제사장이 포로로 끌려간 지 70년 만에 귀환한 백성에게 유다 민족의 뿌리가 어디이며, 왜 성전을 회복해야 하는지, 예배(제사)와 율법을 회복해야 하는지, 또한 포로 생활로 인해 쌓인 상처와 아픔을 위로하고 미래에 대한 소망을 주려고 쓴 것이기에 관점 자체가 아예 다르다.

포로로 끌려간 이스라엘 백성들은 대부분 귀환하지 않고 바벨론에 눌러살았다. 10만이 조금 넘은 수의 백성만이 다시 하나님의 나라를 세우겠다고 돌아온 것이다. 이들은 이미 바벨론에서 고생할 만큼 하고 징계를 받고 다시 잘해 보고자 돌아온 사람들이다.

이런 사람들에게 에스라는 군이 자기 조상의 악행을 이야기할 필요가 없었다. 그래서 역대기에는 남왕국 왕들의 악행보다 치적이 자주 등장하는 것이다.

역대상

1. 역대상의 구조

역대상 1-10장 하나님 나라 백성의 족보	역대상 11-29장 다윗왕의 통치		
	11:1-9	11:10-12장	
	다윗왕 즉위	다윗을 도울 용사들	
1) 아담 → 야곱(1장)	13장	14장	15장
2) 야곱 열두 아들 중(2장) 유다 족보	법궤 옮김(오벧에돔)	블레셋 전투 승리	법궤 다시 옮김 (예루살렘)
	16장	17장	18~20장
3) 다윗 왕 → 시드기야 왕(3장)	다윗의 찬양	다윗 언약 (성전 건축 기도)	다윗의 승전 기록
4) 11지파 족보(4-8장)	21장	22장	23~27장
5) 포로 귀환 백성 족보(9장)	인구조사와 재앙	성전 건축 준비	① 레위 지파 및 제사장 정비(23-24장)
6) 사울 족보 및 백성 족보 (9:35-10장)			② 찬양대 정비 (25-26장)
	28-29장		
	성전 건축 지시/성전 건축 예물 드림/다윗의 마지막 기도		

2. 족보(1~10장)

1장부터 10장까지가 족보다. 매우 지루하게 느껴질 정도로 분량이 어마어마한데 에스라가 이토록 남유다의 족보에 치중하는 이유가 중요하다. 그것은 이 귀환 백성의 정체성이 다윗에게 있다는 것, 나아가 아담에게 있다는 것, 더 나아가 근원적으로 하나님에게 있다는 것을 밝히므로 그들이 하나님의 백성이라는 정체성을 심어주고자 한 것이다. '너희들의 뿌리는 강성했던 다윗이고, 아브라함이고, 아담이고, 하나님이다. 너희는 하나님이 세우신 민족이고 백성이다. 그러니 다시 시작하자'라고 위로와 용기를 주고 있다.

3. 다윗의 승리와 넘어짐(11~29장)

다윗의 승리 비결

에스라는 다윗왕의 통치와 업적을 자세히 기술한다. 다윗왕 때의 영광을 회복하도록 촉구하는 의미이다. 다윗이 이토록 위대한 나라를 세운 비결은 하나님의 도우심이었다.

> 다윗이 다메섹 아람에 수비대를 두매 아람 사람이 다윗의 종이 되어 조공을 바치니라 다윗이 어디로 가든지 여호와께서 이기게 하시니라 (역대상 18:6)

법궤를 다윗성으로 옮김(13, 15, 16장)

에스라는 사무엘하에 기록된 사건, 즉 다윗이 법궤를 예루살렘성으로 옮기는 일을 기록하고 있다. 이 일이 중요한 것은 다윗이 언약궤를 중심으로 나라를 통합하고 여호와 신앙으로 온 백성을 하나 되게 했던 것이 곧 제사장 에스라에게 있어 성전 회복과 예배 회복을 위해 중요한 부분이었기 때문이다.

언약궤를 예루살렘성의 중심에 옮긴다는 것은 다윗이 하나님과의 언약, 하나님의 임재, 예배를 통치의 중심으로 여겼다는 의미이기 때문이다.

하나님 중심적 삶

다윗은 법궤를 예루살렘으로 옮겨오는 데 많은 노력을 했다. 하나님을 국가의 중심으로 삼은 것이다. 우리도 다윗처럼 우리의 인생, 가정, 교회, 국가의 중심에 하나님과 하나님의 말씀, 예배를 두어야 한다. 특히 교회의 중심은 하나님과 하나님의 말씀이고 예배이다. 교회가 하나 되는 것은 말씀 안에서, 예배 안에서다.

다윗 언약(17장)

다윗은 자신이 하나님을 위해 성전을 짓겠다고 했지만, 하나님은 오히려 "내가 너를 위해 집을 짓겠다"라고 하신다. 그리고 다윗의 씨가 세울 왕국을 영원히 견고하게 하시겠다고 약속하신다. 이는 다윗의 육신적 혈통이 세울 왕국이 아니라 하나님의 아들 예수 그리스도가 세울 영적인 왕국 즉, 메시아 왕국을 의미하는 것이다.

> 또한 내 종 다윗에게 이처럼 말하라 만군의 여호와께서 이처럼 말씀하시기를 내가 너를 목장 곧 양 떼를 따라다니던 데에서 데려다가 내 백성 이스라엘의 주권자로 삼고 네가 어디로 가든지 내가 너와 함께 있어 네 모든 대적을 네 앞에서 멸했은즉 세상에서 존귀한 자들의 이름 같은 이름을 네게 만들어 주리라 (역대상 17:7-8)

> 네 생명의 연한이 차서 네가 조상들에게로 돌아가면 내가 네 뒤에 네 씨 곧 네 아들 중 하나를 세우고 그 나라를 견고하게 하리니 그는 나를 위하여 집을 건축할 것이요 나는 그의 왕위를 영원히 견고하게 하리라 나는 그의 아버지가 되고 그는 나의 아들이 되리니 나의 인자를 그에게서 빼앗지 아니하기를 내가 네 전에 있던 자에게서 빼앗음과 같이 하지 아니할 것이며 내가 영원히 그를 내 집과 내 나라에 세우리니 그의 왕위가 영원히 견고하리라 하셨다 하라 (역대상 17:11-14)

이방 나라 정복 기록(19~20장)

다윗이 정복한 이방 민족과 다윗 왕국의 영토, 그리고 승전 기록이 소개된다. 귀환 백성에게 다시 한번 다윗왕 시대의 영광을 기억나게 해서 그들을 위로하고 그때의 영광을 회복하기를 도전하고 있다.

우리도 십자가의 복음과 십자가의 섬김으로 나라 구석구석을, 땅끝 구석구석에 나가 어둠의 세력을 정복해야 한다. 그리고 내 안에 아직 주님의 통치를 거부하는 영역에 하나님의 통치와 다스림이 임하도록 내 안에서 먼저 영적 전쟁을 해야 한다.

15~20장까지의 단락의 흐름

15장	16장	17장	18-20장
법궤 옮김	성전 지을 마음 기도	하나님이 복을 약속하심	다윗의 승리 (어디로 가든지 이기게)
하나님 중심적 삶	교회 회복을 향한 마음	하나님의 기쁘심	어디로 가든지 이기게 하시는 하나님의 도우심

18~20장에 나오는 다윗의 이방 나라 정복은 그의 군사력으로 인한 것이 아님을 구조는 말하고 있다. 15장부터 이어지는 다윗의 하나님 중심적 삶, 성전을 향한 마음 등이 하나님을 기쁘시게 했고, 그 결과 하나님이 다윗이 어디로 가든지 이기게 하신 것이다.

다윗의 넘어짐(21장)

다윗은 말년에 넘어진다. 자신의 치세를 자랑하고 자기 영광을 구하기 위해 인구조사를 실시하는데, 이 사건의 배후에는 사탄의 충동질이 있었음을 밝히고 있다. 하나님의 영광을 위해 살았던 다윗이 초심을 잃고 자신의 영광을 구한 것이다. 이것을 하나님이 기뻐하지 않으셨다. 그래서 하나님의 심판이 임한다. 이 사건에 대해서는 이미 자세히 언급했기 때문에 여기서는 더 자세한 설명은 하지 않겠다. 그러나 한 가지 중요한 메시지가 있다.

왜 에스라는 다윗의 마지막 기사를 다윗의 넘어짐으로 마무리하고 있을까? 그것은 다윗도 어쩔 수 없는 연약한 존재이며 그도 역시 하나님의 은혜가 없으면 안 되는 사람임을 드러내고자 한 것이다. 그렇게 깊은 영성을 소유한 다윗도 한순간 사탄의 충동에 넘어지고 말았다. 그렇다면 우리는 얼마나 더 깨어 기도하며 마음을 사탄에게 빼앗기지 않도록 하나님 앞에 살아야 하겠는가?

다윗의 회복

하나님은 갓 선지자를 보내시어 뉘우칠 기회를 주셨다. 인구조사에 대한 하나님의 징계인 3일간의 전염병으로 인해 7만 명이 죽는 비극이 벌어지지만, 다윗이 죄악을 회개하고 번제를 드리자 천사가 심판의 칼을 멈춘다. 희생 짐승의 피와 생명이 다윗의 죄악을 씻게 한 것이다.

다윗이 드린 번제로 하나님의 심판이 멈춘 것처럼 우리를 위해 자신의 몸을 십자가에서 번제물로 드리신 예수 그리스도의 대속의 은혜로 인해 우리도 살게 된 것이다.

예배 회복을 위한 다윗의 열정(23~25장)

에스라의 사명은 성전 재건과 예배 회복이었기 때문에 특별히 다윗이 성전 준비를 어떻게 치밀하게 했으며, 솔로몬은 얼마나 치밀하게 성전을 지었는가를 기록한다. 다윗의 성전 건축 준비를 얼마나 열심히 했는지 성경은 "그가 많이 준비하고"를 7번이나 기록하고 있다.

또한 다윗이 성막의 예배를 위해 얼마나 많은 찬양대원들을, 레위인들을, 악기들을, 예배 사역자들을 동원해서 하나님께 예배드리는 데 힘썼던 왕이었는지 예배적 관점으로 그린다.

39,000명의 레위인 중 24,000명은 성전의 일을 맡은 자들이고, 6,000명은 관원과 재판관들이고, 4,000명은 문지기이고, 4,000명은 악기로 여호와를 찬송하는 자들이고, 여호와 찬송하기를 배워 노래에 익숙한 자 즉, 찬양 리더는 288명이다. 또한 레위 제사장들을 24반열로, 성가대를 24반열로, 성전 문지기를 24반열로 나누는 등 성전 예배의 조직을 치밀하게 정비한다. 다윗은 처음부터 예배자였다는 것을 잊으면 안 된다.

원저자인 에스라 입장에서 보면 백성들이 자신의 글을 읽고 다시 성전을 재건하고 예배를 회복하기를 원했기에 그 동기를 부여해야만 했을 것이다. 성전은 죄 사함이 시행되는 하나님의 은혜와 긍휼의 장소이다. 그런데 유다가 이 성전과 제사를 소홀히 하고 거룩한 성전을 우상으로 더럽히고 급기야 성전 문을 닫았다(아하스 왕)는 것은 죄인들이 하나님을 만나 죄 용서를 받아야 할 근원을 제거한 것이나 다를 바 없다. 신약적으로 말하면 은혜의 복음, 십자가의 복음을 부정했다는 것이다. 하나님의 '은혜의 구원'의 계시의 장소인 성전을 더럽히고 닫았기에 심판이 임한 것이다. 에스라는 그래서 더욱 성전을 재건하고 회복하려고 한 것이다.

오늘날 목회자의 사명도 마찬가지다. 에스라가 성전과 율법을 회복해 백성들이 은혜의 복음을 깨닫게 한 것처럼 이 시대의 목회자들도 교회를 회복하고 말씀을 회복해서 하나님의 은혜의 복음을 사람들이 깨닫도록 해야 하는 사명이 있는 것이다.

예배 회복의 열정

다윗은 예배 회복에 모든 것을 쏟았다. 수백 수천의 찬양 대원들과 악기 연주자들을 세웠다. 예배는 교회와 신앙의 심장이다. 사람도 심장에 문제가 생기면 심각한 것처럼 교회 공동체이든, 개인이든 예배는 생명이다. 그러기에 교회는 무엇보다도 예배를 회복해야 한다. 예배에 있어서 가장 중요한 것은 하나님의 임재인데 하나님의 임재가 없이 사람들끼리 모여 감동받고 기분을 내는 것이 무슨 의미가 있는가? 우리 교회의 예배는 어떠한가? 나의 예배는 어떠한가? 하나님의 임재가 있는가? 올바른 진리가 선포되고 있는가? 그 하나님의 임재와 진리 앞에 성령 안에서 순종으로 반응하며 그분의 은혜와 사랑을 높여드리는 합당한 찬양과 감사가 넘치는 예배인가?

하나님의 손이 그려준 대로(28장)

다윗이 성전의 복도와 그 집들과 그 곳간과 다락과 골방과 속죄소의 설계도를 그의 아들 솔로몬에게 주고 또 그가 영감으로 받은 모든 것 곧 여호와의 성전의 뜰과 사면의 모든 방과 하나님의 성전 곳간과 성물 곳간의 설계도를 주고 (역대상 28:11-12)

다윗이 이르되 여호와의 손이 내게 임하여 이 모든 일의 설계를 그려 나에게 알려 주셨느니라 (역대상 28:19)

하나님은 다윗에게 성전에 대해 직접 계시하신다. 그는 '하나님의 손이 그려준 대로' 성전의 밑그림을 그린다. 이는 솔로몬이 성전을 그대로 건축할 수 있도록 하기 위해서다. 개인의 삶, 가정, 교회, 국가도 하나님의 손이 그려준 대로, 하나님의 설계도대로 건축되어야 한다. 하나님의 손이 그려준 설계도는 바로 성경이다. 성경의 말씀대로만 우리의 인생과 가정과 교회와 나라를 세울 때 하나님의 복이 임하는 것이다.

드릴 힘이 주께로부터

> 나와 내 백성이 무엇이기에 이처럼 즐거운 마음으로 드릴 힘이 있었나이까 모든 것이 주께로 말미암았사오니 우리가 주의 손에서 받은 것으로 주께 드렸을 뿐이니이다 (역대상 29:14)

다윗은 솔로몬을 위해 성전 건축 재료들을 준비할 때 "드릴 힘이 주께로부터 나왔다"라고 고백한다. 다윗은 자신이 얻고 누리는 부귀영화가 다 주께로부터 온 것임을 잊지 않았다. 자신에게 주신 모든 것은 이웃에게 나누고 주께 드리기 위함임을 알았던 것이다.

통로의 사명에 눈을 떠라

다윗은 "드릴 힘이 주께로부터 나왔다"라고 고백한다. 그렇다. 우리가 가진 모든 것, 물질, 건강, 젊음, 재능, 지위, 학벌, 명예 등은 다 주님께로부터 온 것이다. 이것을 인정하고 고백하고 있는가? 아니면 마치 내 것인 것처럼 움켜잡고 소유하려고 하는가? 또한 이 모든 것은 다시 주님과 이웃을 위해 드려야 함을 인정하는가? 드릴 것이 있는 인생이 되도록 기도하자. 드리고 싶어도 못 드리는 사람이 많다.

역대하

역대하의 구조

솔로몬 통치와 성전 봉헌(1-9장)			남유다 왕들의 통치 및 멸망(9-36장)		
1-4장	5-7장	8-9장	10-13장	14-35장	36장
솔로몬 성전 건축	성전 봉헌 및 기도	솔로몬의 치적 부와 명성, 죽음	왕국 분열	남유다 왕들	남유다 멸망 귀환 명령

역대하의 특징

· 솔로몬의 통치와 성전 건축, 남유다 왕들의 역대 이야기, 그리고 예레미야 선지자 사역 소개, 남유다의 포로 됨과 고레스의 귀환 명령으로 끝난다.

· 남유다 왕들 모두를 언급하지 않고 주로 솔로몬, 아사, 여호사밧, 요아스, 히스기야 중심의 치적을 소개한다. 악한 왕들의 죄악들을 웬만하면 생략하고 있다.

· 성전으로 시작해서 성전으로 끝을 맺는다.

역대하 서두	역대하 결론	에스라 서두
성전 건축	성전 정화	성전 재건

1. 솔로몬의 통치와 성전 봉헌(1~9장)

일천번제와 듣는 마음(1장)

역대상 29장	역대하 1장
1,000(송아지), 1,000(숫양) 1,000(어린양) 번제	1,000마리 번제

역대상 마지막과 역대하 시작이 번제로 마무리되고 번제로 시작한다. 또 솔로몬의 통치로 시작한다. 이미 설명했지만, 솔로몬은 일천번제로 하나님의 마음을 기쁘시게 한 후 하나님의 소리를 들을 수 있는 '듣는 마음'을 구한다.

성전 건축 준비(2장)

솔로몬이 성전 건축을 위해 동원한 이방인들은 153,600명이다. 이 중에 짐꾼이 7만 명, 채석꾼이 8만 명, 감독은 3,600명이다. 그리고 성전의 주재료인 백향목, 잣나무, 백단목을 두로 왕 하람에게 공수하게 한다.

건축 시작(3장)

성전이 세워지는 곳은 오르난의 아라우나 타작 마당이다. 이곳은 다윗이 인구조사 때문에 임한 하나님의 심판을 멈추게 한 번제와 화목제를 드린 장소다. 인간의 죄악을 사하신, 짐승의 희생이 드려졌던 곳에 성전이 세워지게 되는데 이것은 동시에 아브라함이 이삭을 번제로 드린 모리아산이기도 하다.

성전 기둥(3:15~17)

솔로몬은 성전을 지탱하는 기둥을 두 개 세우는데 그 이름을 보아스와 야긴으로 짓는다. 보아스는 '그에게 능력이 있다'는 뜻이고, 야긴은 '그가 세우신다'는 뜻이다. 이 두 기둥은 예수 그리스도를 상징한다. 예수 그리스도는 우리를 구원하시는 '능력'이시고 예수 그리스도는 하나님 나라를 '세우시는' 분이다.

성막과 성전 비교

	성막	성전
물두멍	1개	10개
떡상	1개	10개
촛대	1개	10개
분향단	1개	1개
		놋 바다

성전 봉헌식과 기도(6~7장)

솔로몬이 성전을 하나님께 봉헌할 때 하나님께 기도하기를 "이 백성이 기근이나 전염병이나 전쟁이나 범죄하여 타락할 때 주와 주의 성전을 향하고 돌이켜 간구하고 기도하면 죄를 사하시옵소서"라고 8번이나 반복한다.

여호와의 불이 임함(7:1~8)

솔로몬은 7일간 낙성식(봉헌식)을 거행한다. 그리고 하나님의 불이 임하고 여호와의 영광이 성전에 가득하게 된다. 교회 안은 하늘의 불과 영광으로 가득해야 한다. 하나님이 기뻐하시는 교회로 세워지면 불과 영광이 임하게 된다.

하나님의 응답(7:9~22)

하나님은 솔로몬의 기도를 받으시고 몇 가지 약속하신다.

"내 백성이 악한 길을 떠나, 스스로 낮추고 기도하고, 내 얼굴을 찾으면 첫째, 하나님이 듣고 고치겠다.

둘째, 이 성전에 내 눈과 내 귀를 두리라.

셋째, 하나님의 명령과 규례를 지키라.

그러나 하나님과 율법을 버리고 우상 숭배하면 이 땅에서 뽑고 이 성전을 버리리라."

2. 20명의 남왕국 왕(10~36장)

하나님의 관점이 아닌 사람의 생각으로 볼 때 남유다 20명의 왕 중에 선한 왕은 2명 정도인 것 같다. 11대 요담과 16대 요시야이다. 웃시야의 아들 요담 왕은 악행이 없었고 신앙 개혁을 일으킨 요시야도 므깃도에서 죽기 전까지 다윗의 길로 걸은 선한 왕이었다. 19대 왕 여호야긴 은 바벨론에 끌려간 후 37년 만에 석방되는데 이미 언급한 것처럼 이것은 남유다가 바벨론에 서 해방될 것을 암시하는 것이다.

므낫세에 대한 다른 평가(33장)

므낫세에 대한 평가가 열왕기하와 역대하가 다르다. 열왕기하는 므낫세를 남유다 멸망의 근원으로 매우 부정적으로 묘사하지만, 역대하는 므낫세가 말년에 고난을 통해 회개하고 하 나님께 돌아온 것으로 긍정적으로 묘사한다.

> 유다와 예루살렘 주민이 므낫세의 꾀임을 받고 악을 행한 것이 여호와께서 이스라엘 자손 앞에서 멸 하신 모든 나라보다 더욱 심했더라 여호와께서 므낫세와 그의 백성에게 이르셨으나 그들이 듣지 아 니하므로 여호와께서 앗수르 왕의 군대 지휘관들이 와서 치게 하시매 그들이 므낫세를 사로잡고 쇠 사슬로 결박하여 바벨론으로 끌고 간지라 그가 환난을 당하여 그의 하나님 여호와께 간구하고 그의 조상들의 하나님 앞에 크게 겸손하여 기도했으므로 하나님이 그의 기도를 받으시며 그의 간구를 들 으시사 그가 예루살렘에 돌아와서 다시 왕위에 앉게 하시매 므낫세가 그제서야 여호와께서 하나님 이신 줄을 알았더라 (역대하 33:9-13)

므낫세에 대한 다른 평가

열왕기하 23:25-27	역대하 33:10-25
패역의 극치, 남유다 멸망의 원인	말년의 회개와 겸손, 하나님의 은혜

성경 해석의 원칙: 원독자 관점

므낫세에 대한 평가가 열왕기하와 역대기하가 다른 것은 원독자의 상황이 다르기 때문이다. 성경을 볼 때 중요한 해석 방법 중 하나가 바로 원독자 관점이다. 즉, 1차 저자가 1차 독자에게 의도했던 원래의 의도 (Original Intention)를 먼저 파악하는 것이 제일 중요하다. 원독자 관점을 가지면 성경 본문이 훨씬 더 깊이 보이기 때문이다. 이 부분을 더 자세히 알고 싶으면 본서 뒷부분에 실린 '특강 2: 성경을 보는 눈'을 읽어 보기 바란다.

바벨론 포로 70년의 의미(36장)

왜 하나님은 남유다의 포로 기간을 70년으로 정하셨을까? 여기에 담긴 깊은 의미를 이와 관련된 성경 구절을 통해 살펴보겠다.

> 이에 토지가 황폐하여 땅이 안식년을 누림 같이 안식하여 칠십 년을 지냈으니 여호와께서 예레미야의 입으로 하신 말씀이 이루어졌더라 (역대하 36:21)

> 너희가 원수의 땅에 살 동안에 너희의 본토가 황무할 것이므로 땅이 안식을 누릴 것이라 그 때에 땅이 안식을 누리리니 너희가 그 땅에 거주하는 동안 너희가 안식할 때에 땅은 쉬지 못했으나 그 땅이 황무할 동안에는 쉬게 되리라 (레위기 26:34-35)

위의 언급한 두 구절을 보면 왜 남유다 백성이 본토에서 쫓겨났는지 알 수 있는데, 그것은 안식년을 지키지 않았기 때문이다.

하나님은 땅이 7년에 한 번씩 안식을 누리도록 명령하셨다. 그런데 이스라엘 백성들이 하나님의 말씀을 듣지 않고 땅으로 쉬지 못하게 했다. 안식년법과 희년법을 안 지켰다는 뜻이다. 그렇다면 왜 70년 포로 생활을 했을까? 땅이 7년에 한 번씩 혹은 50년에 한 번씩 안식해야되는데, 하지 못했으므로 땅이 쉬지 못했던 연수를 되찾은 것이 70년이다. 그렇다면 그들은 최소 490년 이상 동안 한 번도 안식법과 희년법을 안 지켰다고 결론을 낼 수 있다.

레위기 18장 28절을 보면 "너희도 더럽히면 그 땅이 너희가 있기 전 주민을 토함 같이 너희를 토할까 하노라"라고 한다. 땅을 쉬게 하지 않고 더럽히면 반드시 그 땅은 그 주민을 토해버린다는 것이다. 그래서 이 땅이 자기 안식을 찾기 위해 그들을 토해버리고 안식한 것이다.

고레스의 마음을 감동시킨 하나님(36장)

바사의 고레스 왕 원년에 여호와께서 예레미야의 입으로 하신 말씀을 이루시려고 여호와께서 바사의 고레스 왕의 마음을 감동시키시매 그가 온 나라에 공포도 하고 조서도 내려 이르되 바사 왕 고레스가 이같이 말하노니 하늘의 신 여호와께서 세상 만국을 내게 주셨고 나에게 명령하여 유다 예루살렘에 성전을 건축하라 하셨나니 너희 중에 그의 백성된 자는 다 올라갈지어다 너희 하나님 여호와께서 함께 하시기를 원하노라 했더라 (역대하 36:22-23)

성경은 하나님이 "고레스의 마음을 감동시켰다"라고 말하고 있다. 이것은 하나님의 약속을 이루기 위한 것이었다. 남유다 백성을 멸망시킨 바벨론은 페르시아(메대와 바사)의 고레스에 의해 멸망했는데, 페르시아(바사)의 고레스는 남유다 백성에게 귀환 명령을 내린 사람이다. 그러나 이것은 사실 이사야가 179년 전에 이미 예언한 것이다. 즉 하나님은 이 예언의 성취를 위해 고레스의 마음을 감동시키신 것이다.

고레스에 대하여는 이르기를 내 목자라 그가 나의 모든 기쁨을 성취하리라 하며 예루살렘에 대하여는 이르기를 중건되리라 하며 성전에 대하여는 네 기초가 놓여지리라 하는 자니라 (이사야 44:28)

여호와께서 그의 기름 부음을 받은 고레스에게 이같이 말씀하시되 내가 그의 오른손을 붙들고 그 앞에 열국을 항복하게 하며 내가 왕들의 허리를 풀어 그 앞에 문들을 열고 성문들이 닫히지 못하게 하리라 (이사야 45:1)

세계사를 보면 대제국 바벨론을 무너뜨렸던 고레스는 그렇게 강국이 아니었다고 한다. 대제국을 무너뜨리고 난 다음 자기 스스로 힘을 가지고 제패할 수 없어서 바벨론이 잡고 있었던 것을 다 보내어 페르시아의 권위 아래 나름 종교와 언어를 인정해 주었다고 한다. 그러나 연방 체제에 들어와서 완충 지대가 필요했다는 세계사의 문헌들이 있다. 현실적인 필요가 바사의 초대 황제인 고레스에게 있었다는 것이다. 하나님이 그것을 십분 활용하셨다.

17장

에스라 – 느헤미야 – 에스더 서론

에스라 – 느헤미야 – 에스더의 시간적 구조[28]

에스라	에스더	에스라	느헤미야
1-6장	1-10장	7-10장	1-13장
1차 귀환	백성 보존	2차 귀환	3차 귀환
스룹바벨 성전	부림절	신앙 개혁	성벽, 신앙 개혁
고레스	아하수에로	아닥사스다	
BC 586년	BC 473년	BC 458년	BC 444년

1차 출애굽과 2차 출애굽

1차 출애굽 애굽 → 시내산/가나안 ① 성막 ② 율법	2차 출애굽 바벨론 → 본토 가나안 ① 성전 재건(예배 회복) ② 율법 회복(말씀 회복)

에스라

성전 재건과 말씀 회복에 관한 내용이다. 바벨론 포로 후에 1차 귀환을 이끌었던 스룹바벨이 무너진 성전을 재건하는 내용이 전반부이고, 2차 귀환을 이끌었던 에스라를 통해 말씀을 회복하는 과정이 후반부다.

스룹바벨이 재건한 성전이 진정한 성전이 되기 위해서는 그 성전 안에서 하나님의 말씀이 온전히 선포되고, 하나님의 말씀으로 가르쳐야 하는 것을 말한다. 하나님 나라의 상속자인 교회에 하나님의 말씀이 온전히 선포되고 가르쳐지는 일은 다른 무엇보다 중요한 것이다.

느헤미야

느헤미야서는 3차 귀환을 이끌었던 느헤미야와 백성들이 무너진 성벽을 재건하는 내용이

---

28 정경의 순서는 '에스라-느헤미야-에스더'이지만, 실제 역사적 시간의 순서는 '에스라-에스더-느헤미야'가 맞다.

다. 하나님 나라의 상속자인 교회가 정결함과 거룩함을 지키기 위하여 반드시 세워야 될 거룩한 벽들이 있는데, 그것은 십자가 복음과 진리의 벽이다. 이것을 바로 세워야 세속주의, 번영신학, 신비주의, 율법주의 등의 공격으로부터 보호할 수 있다. 하지만 이 성벽 재건의 사역에 반드시 도비야, 산발랏과 같은 영적인 세력들의 방해가 있음 또한 알고 잘 방어해야 한다.

에스더서는 하나님 나라의 백성들을 보호하고 보존하는 내용에 관한 것이다. 하나님은 몰살 위기에 몰린 이스라엘 백성을 에스더와 모르드개의 기도와 헌신으로 보존하여 나중에 이들의 일부 백성이 귀환하게 한다.

에스더서의 핵심 주제는 하나님 나라의 상속자는 하나님의 백성들이 하나님 나라에 들어갈 때까지 보호하고 보존, 양육하는 사명이 있으며 이것을 위해서는 반드시 누군가의 헌신과 희생이 필요하다는 것이다.

에스라, 느헤미야, 에스더의 개념 연결

하나님 나라의 상속자인 교회와 성도 들은 하나님 나라를 세우는 자들이며, 자신들이 성령이 거하시는 성전임을 알아 그 안에 하나님의 말씀을 세우는 자들이다. 또한 세상의 가치와 문화, 사탄의 공격을 막는 복음과 진리의 거룩한 벽을 재건하는 자이며, 더 많은 자가 하나님 나라에 들어가도록 그 백성들을 보호하고 보존하는 중보자의 사명을 감당하는 영광을 받은 자들이다. 이것을 그림으로 표현해 보면 다음과 같다.

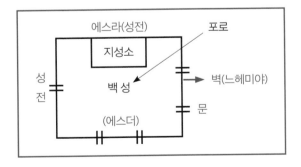

에스라서는 하나님 나라의 백성이 들어오는 성전을 재건하는 것이고 느헤미야는 그 백성이 들어오는 문과 벽을 재건하는 것이고 에스더는 그 성전에 들어와 살게 될 백성들을 보존하는

것이다.

솔로몬 성전이나 스룹바벨 성전은 앞으로 오실 진정한 성전이신 그리스도를 예표하는 것이다. 하나님 나라 상속자인 교회와 성도는 성전이신 예수 안에서 하나님을 만나 예배하고, 다른 자들을 예수 안으로 모으는 자들인 동시에 자신이 성전으로 지어져 가고 있는 사람이다.

18장

에스라: 하나님 나라의 재건1

성전 재건과 신앙 개혁

에스라의 구조

1차 귀환(스룹바벨, BC 536년) (1-6장)		2차 귀환(에스라, BC 458년) (7-10장)	
귀환(1-2장)	성전 완성(3-6장)	귀환(7-8장)	신앙 개혁
1) 고레스 칙령(1장) 2) 귀환 명단 약 5만 명 (2장)	1) 초막절 절기 번제 드림(3장) 2) 성전 건축(3장) 3) 성전 건축 방해(4장) 4) 성전 건축 재시작(5장) 5) 다리오 왕의 조서(6장) 6) 성전 봉헌(6장) 7) 유월절 지킴(6장)	1) 아닥사스다 왕 때 에스라 귀환(7장) 2) 아닥사스다 왕의 조서 (7장) 3) 귀환 명단 4,000명 (8장)	1) 에스라의 회개기도(9장) 2) 이방 아내와 소생을 쫓음 (10장)

에스라서의 주제는 성전 재건과 율법 회복이다. 오늘날의 예배 회복과 말씀 회복을 의미하는 것이다. 에스라는 1대 대제사장이었던 아론의 제16대손으로 학사 겸 제사장으로서 에스라서의 저자이며 2차 귀환을 주도하고 백성들의 신앙 부흥을 일으킨 자이기도 하다.

1차 귀환 및 성전 재건(에스라 1~6장)

1. 중요 사건 연대표

B.C. 609	갈그미스 1차 전쟁 | 요시야 죽음 | 여호아하스(살룸) 즉위/폐위 | 여호야김 즉위
B.C. 605	갈그미스 2차 전쟁 | 바벨론 1차 침공/포로(다니엘) | 나보폴라살 죽음 | 여호야김 죽음 | 여호야긴 즉위
B.C. 597	바벨론 2차 침공(에스겔) | 여호야긴 항복/포로 | 시드기야 즉위
B.C. 586	바벨론 3차 침공 | 멸망 | 시드기야 포로
B.C. 539	바벨론 멸망 | 바사 등장(고레스)
B.C. 537(6)	1차 귀환 | 스룹바벨, 여호수아 성전 건축
B.C. 534	건축 중단
B.C. 520	학개, 스가랴 선지자 | 다리오왕 1세 지원
B.C. 516	성전 완공
B.C. 473	에스더, 부림절(12월 14~15일) | 아하수에로 왕
B.C. 458	2차 귀환(에스더) | 아닥사스다 왕
B.C. 444	3차 귀환(느헤미야) | 성벽 재건 | 아닥사스다 왕
B.C. 333	바사 멸망(페르시아) | 다리오왕 3세 | 그리스 등장 | 알렉산더대왕(부왕 필립)
B.C. 323	알렉산더 죽음(병) | 4개로 분열(1. 카산드로스 왕조, 2. 리시마쿠스, 3. 프톨레미 왕조, 4. 셀레우쿠스 왕조)
B.C. 280	프톨레미 2세 | 70인역 성경 번역
B.C. 200	셀레우쿠스 왕조 통치
B.C. 169	안티모쿠스 | 에피파네스왕 성전
B.C. 167	마카비 혁명(맛다디아) | 더럽힘
B.C. 164	성전 정화(수전절) | 하누카(빛의 축제) | 유다(마카비: 쇠뭉치)
B.C. 146	로마 등장(포에니 전쟁)

1차 귀환은 주전 536년에 스룹바벨과 예수아의 주도로 이루어지며, 2차 귀환은 주전 458년에 에스라가 주도한다. 3차 귀환은 주전 444년에 느헤미야가 주도한다.

1차 귀환과 2차 귀환 사이에 중요한 사건들이 있다. 사마리아인들의 방해 때문에 534년에 성전 재건이 중단되는데 이때 등장한 사람인 학개와 스가랴가 성전 재건을 독려한다. 그들로 인해 자극을 받은 사람들은 다시 힘을 내어 14년 만에 성전을 재건한다. 때는 주전 516년이다.

주전 473년 정도에 에스더의 부림절 사건이 있다. 예레미야 29장에 가면 "너희들이 70년 만에 돌아올 것이다"라는 예언이 나온다. 그러면 3차 때 포로로 끌려갔는데 1차 때 귀환하면 50년밖에 안 된다. 언제부터 계산하면 70년이 되는가 하면, 1차 포로로 끌려간 주전 605년부터 1차 포로 귀환을 주전 536년을 계산하면 거의 70년이 나온다. 주전 586년에 성전이 완전히 파괴되었는데 정확히 70년 만인 주전 516년에 성전 재건이 완공된다.

2. 1차 귀환(1~2장)

신실한 하나님의 말씀

이제 유다 백성은 예레미야의 예언대로 70년 만에 고국으로 귀환(주전 536년, 주전 605년 1차 포로 후 70년 만에 1차 귀환)하게 된다.

> 여호와의 말씀이니라 칠십 년이 끝나면 내가 바벨론의 왕과 그의 나라와 갈대아인의 땅을 그 죄악으로 말미암아 벌하여 영원히 폐허가 되게 하되 (예레미야 25:12)

> 여호와께서 이와 같이 말씀하시니라 바벨론에서 칠십 년이 차면 내가 너희를 돌보고 나의 선한 말을 너희에게 성취하여 너희를 이 곳으로 돌아오게 하리라 여호와의 말씀이니라 너희를 향한 나의 생각을 내가 아나니 평안이요 재앙이 아니니라 너희에게 미래와 희망을 주는 것이니라 (예레미야 29:10-11)

바벨론에 의해 포로로 끌려갔지만, 그 사이 바벨론은 바사(페르시아)에 의해 멸망 받았다. 이

후, 바사의 고레스 왕은 유다 백성을 본토로 돌아가도록 귀환 명령을 내린다.

정치학적으로 보면 페르시아는 바벨론을 무너뜨릴 때 많은 준비를 못 했던 민족이다. 당시 페르시아는 강대국도 아니었는데 그런 상태에서 대제국을 이긴 것이다. 그러다 보니 다른 강대국들 같은 통치가 부족한 상태였다. 결국 그들이 생각한 정책은 자신들이 정복한 국가들의 종교, 행정 등을 자치적으로 어느 정도 인정해 주면서 연합국가 형태로 유지하는 것이었다. 하나님께서는 이러한 상황들을 이용하여 귀환 명령을 내리게 한 것이다. 다른 강대국의 침략의 완충지대를 확보해야 하는 필요와 점령 지역 통치의 현실적 어려움을 하나님이 사용하시는 것이다.

물론 세상 역사의 관점에서는 정치적, 군사적 역할 관계로 설명할 수 있겠지만 역사의 주인이신 하나님의 섭리 관점에서는 예레미야를 통해 하신 당신의 약속을 이루시기 위해 세상 나라를 세우기도 하시고 폐하시기도 하시는 하나님의 주권적 통치이다.

하나님은 약속을 이루시는 신실하신 분이시다. 그분의 말씀과 약속은 반드시 이루어진다. 따라서 나의 상황과 환경이 어떠할지라도 하나님을 신뢰하신다. 그분은 당신 자신의 약속에 신실하신 분이시기 때문이다.

고레스의 마음을 감동시킨 하나님(1장)

역대하 마지막 장과 에스라 1장의 내용이 똑같다. 고레스의 마음을 감동시킨 것도 하나님이시다.

> 바사 왕 고레스 원년에 여호와께서 예레미야의 입을 통하여 하신 말씀을 이루게 하시려고 바사 왕 고레스의 마음을 감동시키시매 그가 온 나라에 공포도 하고 조서도 내려 이르되 바사 왕 고레스는 말하노니 하늘의 하나님 여호와께서 세상 모든 나라를 내게 주셨고 나에게 명령하사 유다 예루살렘에 성전을 건축하라 하셨나니 (에스라 1:1-2)

에스겔서 1장에 2개의 수레바퀴가 나오는 환상이 기록되어 있다. 이것을 해석하면 겉에 있는 바퀴는 고레스를 의미하는데, 실제 수레바퀴를 움직이는 것은 하나님이시다. 즉 세상 역사를 움직이는 것은 겉 바퀴가 아니라는 것이다. 고레스의 마음을 움직인 것은 고레스 자신이 아니라 하나님이시다.

온 세계와 역사의 주인인 하나님을 아버지라 부른다

하나님은 페르시아 왕인 고레스의 마음을 움직이셨다. 그래서 남유다 백성이 본토로 귀환하게 된 것이다. 하나님은 교회 안에 만의 하나님이 아니다. 하나님이 우주와 역사를 움직이시는 주권자이시다. 그러므로 우리가 아버지라 부르는 하나님이 온 세상이 속해 있는 분이시고 그분이 온 세상을 다스리시는 통치자이심을 안다면 우리의 기도의 지경을 넓혀야 한다. 그리고 눈에 보이는 환경에 주눅 들지 말고 힘을 내야 한다. 우리 하나님은 온 세상의 주인이시기 때문이다.

스룹바벨과 예수아

유다 백성의 일부는 주전 536년에 1차 귀환을 한다. 1차 귀환을 주도한 사람은 스룹바벨과 예수아, 이렇게 두 사람이다. 스룹바벨은 여고냐(여호야긴)의 아들로서 왕족이다. 또한 예수아는 남유다의 마지막 대제사장의 손자다. 학개, 스가랴서에는 여호수아로 나온다.

유다와 관계된 바벨론 왕들

1대 고레스(BC 537년): 1차 귀환(스룹바벨)
2대 캄비세스 2세(BC 529년): 성전 중지시킴
3대 수메르디스(BC 523년)
4대 다리오 1세(BC 522년): 성전 건축 재개 허락
5대 아하수에로(BC 486년): 에스더 왕후
6대 아닥사스다 1세(BC 464년): 2차 귀환(에스라), 3차 귀환(느헤미야)
7대 다리오 2세(BC 424년)
8대 아닥사스다 2세(BC 404년)
9대 오커스(BC 359년)
10대 알세스(BC 338년)
11대 다리오 3세(BC 335~331년 멸망)

귀환 백성: 하나님께 감동 받은 자

고레스의 귀환 명령이 있었지만 모든 유다 백성이 귀환을 선택한 것은 아니었다. 성전 건축을 위해 실제 귀환한 백성은 불과 5만 명이 채 되지 않는다. 정확히 말하면 49,897명입니다. 이들만이 하나님의 영에 감동 받은 사람들이다.

> 이에 유다와 베냐민 족장들과 제사장들과 레위 사람들과 그 마음이 하나님께 감동을 받고 올라가서 예루살렘에 여호와의 성전을 건축하고자 하는 자가 다 일어나니 (에스라 1:5)

그렇다고 남은 자들을 비난할 수는 없다. 이방 땅에서 70년간 살았던 자신들의 안정된 삶을 다 버리고 미래가 불확실한 고국으로 돌아간다는 것은 결코 쉬운 일이 아니었을 것이다. 결단이 필요한 일이다. 하지만 이를 감내한 사람들이 있다. 귀환한 백성들은 편안히 살 수 있는 길을 포기하고 하나님을 찾은 자들이다.

귀환 명단이 2장에 나오는데 지도자인 스룹바벨, 예수아, 일반 백성, 제사장, 레위인, 찬양하는 자, 문지기, 성전 일꾼들로 구성되어 있다. 이들은 70년 전에 바벨론에 의해 빼앗긴 성전 기구들을 되찾아서 간다(5,400여 개, 스가랴 1:5~11).

헌신은 아무나 하나?

남유다 백성 중 실제로 귀환한 백성들은 약 5만 정도밖에 안 된다. 하나님의 영으로 감동 받은 자들만이 고국으로 돌아가 성전을 재건했다는 것이다. 그렇다. 헌신은 아무나 하는 것이 아니다. 왜냐하면 헌신은 절대 억지로 되지 않고 하나님의 영에 감동해야 되기 때문이다. 모든 백성이 감동했지만, 막상 순종함으로 헌신한 사람들은 소수이다. 하나님 당신의 일을 항상 소수의 헌신된 사람들을 통해 이루어 나가신다. 나는 하나님의 감동을 무시하는 자인가? 아니면 그 감동하심에 인생을 드려 헌신하는 자인가?

3. 성전 재건과 방해 그리고 완성(3~6장)

성전 재건(3장)

1차 귀환 백성은 고국으로 돌아와 초막절을 지킨다. 그리고 귀환 2년 후 주전 534년에 성전 건축을 시작한다.

건축 방해(4장)

주전 534년에 성전 재건을 시작하지만, 사마리아인이 방해하여 14년간 중단된다. 이들은 이방 민족과 피가 섞인 자들로 순수한 여호와 신앙이 아니며 오랜 기득권을 지키기 위해 귀환 백성의 성전 재건을 방해한다.

> 사로잡혔던 자들의 자손이 이스라엘의 하나님 여호와의 성전을 건축한다 함을 유다와 베냐민의 대적이 듣고 스룹바벨과 족장들에게 나아와 이르되 우리도 너희와 함께 건축하게 하라 우리도 너희 같이 너희 하나님을 찾노라 앗수르 왕 에살핫돈이 우리를 이리로 오게 한 날부터 우리가 하나님께 제사를 드리노라 하니 스룹바벨과 예수아와 기타 이스라엘 족장들이 이르되 우리 하나님의 성전을 건축하는 데 너희는 우리와 상관이 없느니라 바사 왕 고레스가 우리에게 명령하신 대로 우리가 이스라엘의 하나님 여호와를 위하여 홀로 건축하리라 했더니 이로부터 그 땅 백성이 유다 백성의 손을 약하게 하여 그 건축을 방해하되 (에스라 4:1-4)

사마리아인들이 성전 재건을 막으려고 바사 2대 왕인 캄비세스(Cambyses)에게 거짓 보고를 하여 캄비세스가 14년 동안 성전 재건을 중단시킨 것이다. 보고의 내용은 귀환 백성들을 통해 반역이 일어날 수 있다는 것이었다. 성전 건축은 바사 왕 다리오 2년 때까지 중단된다.

> 이에 예루살렘에서 하나님의 성전 공사가 바사 왕 다리오 제이년까지 중단되니라 (에스라 4:24)

부흥과 회복에는 반드시 방해가 있다

스룹바벨 성전 재건은 많은 방해와 위협을 받으며 진행됐다. 이렇듯 교회와 가정이 회복되고 성도가 회복되는 것은 아무런 방해 없이 순탄하게 이루어지는 것이 아니다. 반드시 사탄의 방해와 대적이 있음을 알아야 한다. 사탄은 하나님의 백성과 거룩한 교회가 부흥하고 회복되는 일을 죽도록 싫어한다. 그렇기 때문에 우리는 늘 깨어 기도하고 포기하지 말아야 한다. 끝까지 하나님을 붙들고 믿음으로 나아가면 반드시 부흥과 회복을 경험할 것이다.

하나님의 개입과 건축 재개(5장)

이런 고소가 접수되자 그 지역 책임자인 총독은 다리오 왕에게 서신을 보내게 되고, 다리오 왕은 이 사건을 조사하다 고레스 왕의 조서를 읽게 된다.

이에 다리오 왕이 조서를 내려 문서창고 곧 바벨론의 보물을 쌓아둔 보물전각에서 조사하게 하여 메대도 악메다 궁성에서 한 두루마리를 찾았으니 거기에 기록했으되 고레스 왕 원년에 조서를 내려 이르기를 예루살렘에 있는 하나님의 성전에 대하여 이르노니 이 성전 곧 제사 드리는 처소를 건축하되 지대를 견고히 쌓고 그 성전의 높이는 육십 규빗으로, 너비도 육십 규빗으로 하고 큰 돌 세 켜에 새 나무 한 켜를 놓으라 그 경비는 다 왕실에서 내리라 또 느부갓네살이 예루살렘 성전에서 탈취하여 바벨론으로 옮겼던 하나님의 성전 금, 은 그릇들을 돌려보내어 예루살렘 성전에 가져다가 하나님의 성전 안 각기 제자리에 둘지니라 했더라 (에스라 6:1-5)

선왕인 1대 왕 고레스의 성전 재건 칙령에 의해 유대 백성이 고향으로 가서 성전을 재건하는 것임을 뒤늦게 알게 된 다리오는 다시 성전 재건을 허락할 뿐만 아니라 오히려 왕실의 재정으로 성전 재건 비용을 공급하는 기적이 벌어진다(에스라 6:8). 방해가 오히려 전화위복이 된다.

하나님이 미리 아신 자들을 또한 그 아들의 형상을 본받게 하기 위하여 미리 정하셨으니 이는 그로

많은 형제 중에서 맏아들이 되게 하려 하심이니라 (로마서 8:29)

그렇게 하여 중단된 성전 재건이 다시 시작되는데 이때 성전 재건을 촉구했던 선지자가 학개와 스가랴다.

선지자들 곧 선지자 학개와 잇도의 손자 스가랴가 이스라엘의 하나님의 이름으로 유다와 예루살렘에 거주하는 유다 사람들에게 예언했더니 이에 스알디엘의 아들 스룹바벨과 요사닥의 아들 예수아가 일어나 예루살렘에 있던 하나님의 성전을 다시 건축하기 시작하매 하나님의 선지자들이 함께 있어 그들을 돕더니 (에스라 5:1-2)

학개는 "하나님의 전은 편벽한 상태로 있는데 너희들에게 부한 집이 있는 것이 가당하냐"고 하면서 성전 재건을 촉구한다. 그리고 이 성전이 지어지면 "나중 성전의 영광이 처음 성전의 영광보다 더 크리라" 하고 도전한다.

스가랴 선지자도 "이는 힘으로도 아니 되고, 능으로도 아니 되고 오직 성령으로 된다"라고 선포한다. 하나님께서도 "금도 내 것이요. 은도 내 것이라"라고 하시며 성전 재건을 촉구하신다.

묵상과 삶의 적용

역전의 하나님을 믿으라

사마리아인의 방해로 인해 성전 재건이 중단되었지만, 하나님의 기가 막힌 섭리로 상황이 오히려 역전된다. 모든 불리한 상황을 하나님이 다리오 왕을 통해 역전시키신 것이다. 그러니 하나님의 일을 하고 있을 때 당하는 많은 어려움과 난관 앞에 좌절하거나 포기하지 말자. 문제 앞에서 하나님의 계획은 더 크다. 하나님의 일에 필요한 모든 필요는 하나님이 스스로 준비하시니 걱정하지 말라. 물질도 하나님이 준비하신다.

성전 완공과 성전 파괴가 70년 만에(6장)

14년 동안 중단된 성전 재건은 다시 시작한 지 4년 만에 완성(BC 516년)된다. 주전 586년에 느부갓네살에 의하여 파괴된 성전이 주전 516년에 완성되면서 정확하게 70년 만에 성전이 재건되는 축복을 누린다.

이 스룹바벨 성전이 완공되자 백성들의 노랫소리와 통곡 소리가 함께 들린다. 통곡 소리는 나이 많은 족장들이 예전 솔로몬 성전을 기억하며 통곡했던 것이다(에스라 3:12). 막상 짓고 보니 옛날 솔로몬 성전보다 너무 초라한 모습에 장로들이 많이 울었다.

그렇다면 하나님이 학개를 통해서 "처음 성전보다 나중 성전의 영광이 더 크리라"고 했던 선포의 의미는 무엇일까? 그것은 눈에 보이는 스룹바벨 성전이 아니라 나중에 오실 참 성전인 예수 그리스도의 성전을 말하는 것이다.

유월절 지킴(6:19~20)

스룹바벨 성전이 완공된 후 유월절을 지킨다. 유월절을 지킨다는 것은 구원의 은혜를 기억하고 되새긴다는 의미를 갖는다. 이스라엘 역사에서 실제 유월절은 거의 지켜지지 않는데 이는 하나님의 은혜를 망각하고 있었다는 것이다. 이스라엘의 역사에서 유월절이 지켜진 것은 대략 6번 정도다.

· 출애굽 당시
· 시내산에서
· 여호수아 시대 길갈에서
· 히스기야 왕 때
· 요시야 왕 때
· 1차 귀환 후 성전 봉헌 후에

2차 귀환 및 신앙 회복(에스라 7~10장)

1차 귀환	2차 귀환	3차 귀환
땅과 백성의 회복 (스룹바벨, 여호수아)	주권의 회복 (에스라)	땅, 백성, 주권의 회복 (느헤미야)

에스라 6장	(58년)	에스라 7장
1차 귀환 스룹바벨 성전 재건	에스더서	2차 귀환 에스라의 신앙 개혁

에스라 6장과 7장 사이에는 약 58년의 시간 차이가 있다.

1. 율법을 연구한 에스라(7장)

아론의 16대손인 에스라는 학사 겸 제사장이다. 에스라 역시 바벨론 포로로 끌려왔지만, 그는 하나님의 말씀을 연구했던 자이다.

이 에스라가 바벨론에서 올라왔으니 그는 이스라엘의 하나님 여호와께서 주신 모세의 율법에 익숙한 학자로서 그의 하나님 여호와의 도우심을 입음으로 왕에게 구하는 것은 다 받는 자이더니 (에스라 7:6)

에스라가 여호와의 율법을 연구하여 준행하며 율례와 규례를 이스라엘에게 가르치기로 결심했었더

라 (에스라 7:10)

그는 세월을 한탄하고 한에 빠지거나 허송세월하지 않고 하나님께서 다시 자기 민족을 회복시킬 것을 믿고 말씀을 연구했다.

학설이 분분하지만 필자는 시편의 최종 편집자도 에스라라고 보고 있다. 만일 필자의 주장이 맞다면 그는 시편 1편부터 150편까지의 시들을 배열했던 장본인이기도 한 것이다.

그의 결단은 첫째, 말씀을 연구하리라. 둘째, 말씀을 준행하리라. 셋째, 말씀을 가르치리라. 이렇게 세 가지다. 여기서 더욱 중요하게 볼 것은 "말씀을 연구하고 가르쳤다" 사이에 "말씀을 준행했다"는 것이다. 그는 단지 말씀을 연구하고 가르치는 자가 아니고 실제로 말씀을 살아내려고 몸부림치는 자이다.

말씀 연구에 대한 결단

에스라는 포로 생활 속에서도 신세 한탄만 하고 허송세월하지 않았다. 그는 미래를 준비했다. 백성을 하나님의 말씀으로 다시 살리겠다는 비전을 품고 말씀을 연구하여 가르치리라는 결단을 한다. 그렇다. 이 시대도 에스라들이 필요하다. 이 나라를 하나님의 말씀으로 살려보겠다고 결단하며 말씀을 연구하고 가르치는 자들이 나와야 한다.

말씀을 살아내고자 하는 몸부림이 있는가?

에스더는 말씀을 연구하고 가르치기 전에 그 말씀을 준행하려고 몸부림치는 삶이 있었다. 말씀을 연구하는 자는 그 말씀을 연구하고 가르치기 전에 실제로 그 말씀대로 살아내려는 노력이 있어야 한다. 필자는 국내외를 다니며 성경 66권 가르치고 있다. 그런데 어느 날 필자의 마음에 이런 성령님의 음성이 또렷하게 들렸다. "강의하고 다닌다고 그렇게 살아낸다고 착각하지 말라" "말씀대로 살려는 몸부림이 네 삶에 있는지 불꽃처럼 볼 것이다"라는 감동을 주셨다. 강의 끝나고 개인의 삶 속에 어떻게 살아내고 있는지, 사람 영광 취하지 않고 하나님께 영광을 돌리는 최소한의 몸부림이 있는지를 보신다고 하신 것이다.

하나님이 일상을 보신다고 하시는 것 같았다. 내가 연구하고 준비한 말씀대로 준행하고자 하는 몸부림이 있어야 한다. 강의와 삶이 다르지 않아야 한다. 이 싸움이 얼마나 강렬하고 큰지, 어려운지 모른다. 그렇지만 싸워야 한다. 하나님이 높여주시는 만큼 또 그만큼 낮아지는 내공이 없다면 그것은 저주이다. 낮아지는 내공이 없는 높임은 결코 그 사람에게 축복이 아니다. 자기 싸움의 부인을 하지 않으면 그것은 더 이상 축복이 아니다.

2. 아닥사스다 왕과 2차 귀환 및 3차 귀환

페르시아의 6대 왕 아닥사스다의 때에 이스라엘 백성들의 2차 귀환(에스라), 3차 귀환(느헤미야)이 있었다. 왜 6대 아닥사스다 왕 때 2~3차 귀환이 있었을까? 5대 왕 아하수에로 왕의 아내는 에스더이다. 아닥사스다 왕은 에스더의 친자식은 아니었지만 어쨌든 태후의 민족을 돌려보내는 일에 협조적일 수밖에 없는 것이다. 하나님이 정치적 상황을 인도하셨음을 알 수 있다.

아닥사스다 왕은 유브라데강 서편 관리들에게 조서를 내려 귀환 백성과 에스라에게 필요를 공급하라고 한다. 이렇듯이 교회 회복에 필요한 모든 것을 하나님이 준비하시고 공급하신다. 바벨론 궁중 창고의 은금의 주인은 하나님이시다.

> 그 외에도 네 하나님의 성전에 쓰일 것이 있어서 네가 드리고자 하거든 무엇이든지 궁중창고에서 내다가 드릴지니라 (에스라 7:20)

귀환 명령

2차 귀환은 주전 458년이다. 남자 약 1,500명(전체 4,000명 추정)이 돌아오는데 처음에는 레위인들이 동참치 않았다가 나중에 레위인 40명이 동참한다. 성전 일꾼도 220명 동참하게 된다 (에스라 8:16~20).

3. 신앙 회복(9~10장)

백성들의 타락

귀환 백성은 성전 완성 후 58년 동안 신앙을 지키지 못하고 타락한다. 이유는 영적 지도자의 부재와 성전 재건 이후 아무런 영광이 임하지 않는 것에 대한 신앙적 회의였다. 왜냐하면 하나님의 성전이 건축되면 하나님의 영광이 더할 것이라는 학개의 예언이 있었기 때문이다. '이렇게 돌아와 살아도 나아지는 것이 없는가?'라는 회의가 들었던 것이다.

> 이 일 후에 방백들이 내게 나아와 이르되 이스라엘 백성과 제사장들과 레위 사람들이 이 땅 백성들에게서 떠나지 아니하고 가나안 사람들과 헷 사람들과 브리스 사람들과 여부스 사람들과 암몬 사람들과 모압 사람들과 애굽 사람들과 아모리 사람들의 가증한 일을 행하여 그들의 딸을 맞이하여 아내와 며느리로 삼아 거룩한 자손이 그 지방 사람들과 서로 섞이게 하는데 방백들과 고관들이 이 죄에 더욱 으뜸이 되었다 하는지라 내가 이 일을 듣고 속옷과 겉옷을 찢고 머리털과 수염을 뜯으며 기가 막혀 앉으니 이에 이스라엘의 하나님의 말씀으로 말미암아 떠는 자가 사로잡혔던 이 사람들의 죄 때문에 다 내게로 모여오더라 내가 저녁 제사 드릴 때까지 기가 막혀 앉았더니 저녁 제사를 드릴 때에 내가 근심 중에 일어나서 속옷과 겉옷을 찢은 채 무릎을 꿇고 나의 하나님 여호와를 향하여 손을 들고 말하기를 나의 하나님이여 내가 부끄럽고 낯이 뜨거워서 감히 나의 하나님을 향하여 얼굴을 들지 못하오니 이는 우리 죄악이 많아 정수리에 넘치고 우리 허물이 커서 하늘에 미침이니이다 (에스라 9:1-6)

이방 여인과의 통혼 금지(9:1~2)

이런 상황을 본 에스라는 귀환 백성의 타락에 대해 하나님께 회개하며 그들에게도 회개를 촉구한다. 하나님은 레위기 21장 19절에 이방 여인과의 결혼을 금지했다.

> 과부나 이혼 당한 여자나 창녀 짓을 하는 더러운 여인을 취하지 말고 자기 백성 중에서 처녀를 취하여 아내를 삼아 그의 자손이 그의 백성 중에서 속되게 하지 말지니 나는 그를 거룩하게 하는 여호와임이니라 (레위기 21:14-15)

하지만 귀환 백성은 이방 여인과 통혼을 한다. 에스라가 이방 여인을 아내로 취한 사람의 명단을 받아보니 주로 제사장과 레위인이었다.

> 제사장의 무리 중에 이방 여인을 아내로 맞이한 자는 예수아 자손 중 요사닥의 아들과 그의 형제 마아세야와 엘리에셀과 야립과 그달랴라 (에스라 10:18)

에스라는 이들에게 이방 여인을 내보낼 것을 촉구하고 결단을 받아낸다.

회개기도(9장)

다니엘 9장	에스라 9장	느헤미야 9장
회개기도	회개기도	회개기도

백성들의 회개와 거룩 회복(10장)

에스라의 회개 촉구를 들은 귀환 백성, 남녀와 어린아이의 큰 무리가 말씀대로 행할 것을 결단한다.

> 에스라가 하나님의 성전 앞에 엎드려 울며 기도하여 죄를 자복할 때에 많은 백성이 크게 통곡하매 이스라엘 중에서 백성의 남녀와 어린 아이의 큰 무리가 그 앞에 모인지라 엘람 자손 중 여히엘의 아들 스가냐가 에스라에게 이르되 우리가 우리 하나님께 범죄하여 이 땅 이방 여자를 맞이하여 아내로 삼았으나 이스라엘에게 아직도 소망이 있나니 곧 내 주의 교훈을 따르며 우리 하나님의 명령을 떨며 준행하는 자의 가르침을 따라 이 모든 아내와 그들의 소생을 다 내보내기로 우리 하나님과 언약을 세우고 율법대로 행할 것이라 (에스라 10:1-3)

> 제사장 에스라가 일어나 그들에게 이르되 너희가 범죄하여 이방 여자를 아내로 삼아 이스라엘의 죄를 더하게 했으니 이제 너희 조상들의 하나님 앞에서 죄를 자복하고 그의 뜻대로 행하여 그 지방 사람들과 이방 여인을 끊어 버리라 하니 모든 회중이 큰 소리로 대답하여 이르되 당신의 말씀대로 우

리가 마땅히 행할 것이니이다 (에스라 10:10-12)

에스라서 처음과 마지막 비교

2장: 1차 귀환 명단	10장: 이방 여인 취한 자 명단
하나님 나라 백성의 회복	하나님 백성의 타락

19장

에스더: 하나님 나라 백성의 보존

에스더의 구조

하나님 나라 백성의 위기 (1-4장)		하나님 나라 백성의 승리 (5-10장)	
에스더 왕후 (1-2장)	하만의 음모 (3-4장)	에스더와 모르드개의 승리(5-7장)	모르드개의 존귀와 부림절(8-10장)
1 와스디 왕후 폐위(1장) 2) 에스더 왕후 즉위(2장) 3) 모르드개가 반란을 고함(2장)	1) 하만의 분노와 음모(3장) 2) 에스더의 금식기도(4장)	1) 에스더의 전략 및 1차 잔치(5장) 2) 모르드개의 포상 및 2차 잔치(6장) 3) 하만의 처형(7장)	1) 모르드개의 등용(8장) 2) 유다인들의 원수 갚음(9장) 3) 부림절 제정(9장) 4) 모르드개의 존귀함(10장)

시간적 순서

에스라(1-6장)	에스더	에스라(7-10장)	느헤미야(1-13장)
성전 재축	하나님 나라 백성 보존 (2~3차 백성 귀환/ 디아스포라 보존)	율법 회복	성벽 재건/ 신앙 개혁

에스더의 사명은 하나님 나라의 백성을 보존하는 것이다. 에스더가 없었더라면 에스라, 느헤미야, 귀환 백성도 없었을 것이다. 왜냐하면 사탄이 하만을 통해 결국 하나님 백성들을 죽이려고 혈안이 되었기 때문이다. 에스더서의 핵심은 왕, 땅, 백성이라는 하나님 나라 3요소 중에 백성을 보존하는 역할을 가지고 있는 것이다.

1. 하나님 나라 백성의 위기(1~4장)

와스디 왕후의 폐위(1장)

아하수에로 왕은 자신의 권세를 드러내기 위해 잔치를 배설하고 예정에도 없이 와스디 왕후를 부른다. 그런데 와스디 왕후가 왕의 명령을 거역한다.

> 왕후 와스디를 청하여 왕후의 관을 정제하고 왕 앞으로 나아오게 하여 그의 아리따움을 뭇 백성과 지방관들에게 보이게 하라 하니 이는 왕후의 용모가 보기에 좋음이라 그러나 왕후 와스디는 내시가 전하는 왕명을 따르기를 싫어하니 왕이 진노하여 마음속이 불 붙는 듯하더라 (에스더 1:11-12)

이에 아하수에로 왕이 진노하여 와스디 왕후를 폐위시키는데 이것은 에스더를 왕후의 자리에 올리고자 하시는 하나님의 일하심이다. 더 나아가 하나님의 백성을 지키기 위한 하나님의 섭리이기도 하다.

에스더가 왕후의 자리에 오름(2장)

에스더와 삼촌 모르드개는 바벨론 2차 포로 시 여호야긴, 스룹바벨, 에스겔과 함께 끌려왔다. 에스더는 내시 헤개의 눈에 띄어 발탁되는데 모든 자에게 사랑을 받았다. 아하수에로 왕이 모든 여자보다 에스더를 더욱 사랑하여 왕후에 오르게 된다. 에스더는 별이라는 뜻이다.

> 아하수에로 왕의 제칠년 시월 곧 데벳월에 에스더가 왕궁에 인도되어 들어가서 왕 앞에 나가니 왕이 모든 여자보다 에스더를 더 사랑하므로 그가 모든 처녀보다 왕 앞에 더 은총을 얻은지라 왕이 그의 머리에 관을 씌우고 와스디를 대신하여 왕후로 삼은 후에 (에스더 2:16-17)

모르드개가 반란을 고함과 황제의 망각

모르드개가 대궐 문에 앉았을 때에 문을 지키던 왕의 내시 빅단과 데레스 두 사람이 원한을 품고 아

하수에로 왕을 암살하려는 음모를 꾸미는 것을 모르드개가 알고 왕후 에스더에게 알리니 에스더가
모르드개의 이름으로 왕에게 아뢴지라 조사하여 실증을 얻었으므로 두 사람을 나무에 달고 그 일을
왕 앞에서 궁중 일기에 기록하니라 (에스더 2:21-23)

에스더의 삼촌인 모르드개는 예전에 내시 빅단(빅다나)과 데레스의 반역 음모를 알고 밀고
한 일이 있다. 그런데 아하수에로 왕이 이 일을 기억하지 못하고 공을 세운 모르드개에게 어떠
한 보상도 하지 않았다. 이것마저도 하나님의 섭리인데 이때 높은 자리에 앉혔으면 아마 하만
이 모르드개를 손대지 못했을 것이고, 결과적으로 하만과 아말렉 족속의 심판은 없었을 것이
다. 마치 술 관원장이 요셉을 잊은 것처럼 말이다.

반란을 밀고한 일은 큰 상을 받을 만한 일이다. 그런데 아하수에로 왕은 이 일을 망각한다.
하나님이 잊게 하신 것이다. 왜냐하면 나중에 더 큰 계획이 있기 때문이다.

하나님의 보상을 기대하라

모르드개는 반란을 밀고했음에도 왕의 상을 받지 못했다. 이것도 하나님의 더 큰 계획이다. 어떤 일이 내
가 기대한 대로 펼쳐지지 않는다고 절대 실망하지 마라. 사람이 나의 수고를 알아주지 않는다고 상처받을
필요도 없다. 하나님이 응답을 미룰 때는 그만한 이유가 있는 것이다. 선하신 하나님을 신뢰하라. 하나님
이 기억하고 계시고 담아두고 계신다. 때가 되면 가장 좋은 것으로 갚아 주실 것이다. 모르드개는 나중에
더 큰 하나님의 보상을 받게 된다.

하만의 음모

그 후에 아하수에로 왕이 아각 사람 함므다다의 아들 하만의 지위를 높이 올려 함께 있는 모든 대신
위에 두니 대궐 문에 있는 왕의 모든 신하들이 다 왕의 명령대로 하만에게 꿇어 절하되 모르드개는
꿇지도 아니하고 절하지도 아니하니 대궐 문에 있는 왕의 신하들이 모르드개에게 이르되 너는 어찌
하여 왕의 명령을 거역하느냐 하고 날마다 권하되 모르드개가 듣지 아니하고 자기는 유다인임을 알

렸더니 그들이 모르드개의 일이 어찌 되나 보고자 하여 하만에게 전했더라 하만이 모르드개가 무릎을 꿇지도 아니하고 절하지도 아니함을 보고 매우 노하더니 그들이 모르드개의 민족을 하만에게 알리므로 하만이 모르드개만 죽이는 것이 부족하다고 생각하고 아하수에로의 온 나라에 있는 유다인 곧 모르드개의 민족을 다 멸하고자 하더라 (에스더 3:1-6)

하만은 에서의 후손인 아말렉 족속으로 아하수에로 왕 다음의 최고 실권자다. 그는 사울이 살려준 아각 왕의 후손이기도 하다. 하만의 조상 아말렉 족속은 이스라엘이 광야에서 행진할 때 뒤에서 공격해 괴롭힌 족속이다. 하나님이 "이 아말렉과 대대로 싸우리로다" 하신 자들이다.

이스라엘과 아말렉 전쟁

출애굽기	에스더
최초의 국가적 원수를 물리침	국가적 원수의 최후 멸망

아말렉은 이스라엘의 역사 초기에 여호수아에 의해 패배하고, 에스더와 모르드개에 의해 멸망한다. 아말렉은 하나님 나라를 대적하는 세상 나라를 상징한다. 지금 사탄은 아말렉 족속과 하만을 이용하여 하나님 나라 백성, 특히 그리스도의 탄생을 저지하려 하는 것이다.

하만은 왕의 다음 자리에 있는 자로서 모든 백성에게 자신에게 꿇어 절하게 하려 한다. 그러나 모르드개는 오직 하나님께만 경배하리라는 신앙적 결단을 하고, 이것이 하만을 분개하게 하여 모르드개와 유대인들을 멸절시키고자 한다. 그날을 제비(부르)를 뽑아 12월 13일로 정한 후 왕의 조서를 받아낸다. 그리고 모르드개를 매달아 죽이려고 나무까지 준비한다. 유다 백성이 멸절되면 그리스도가 오시는 길이 막히는 것이다.

당시 2인자였던 하만은 자기의 위상을 높이려고 모든 백성이 자기에게 절하는 법을 만들어서 왕에게 통과를 받으려고 하는데 모르드개만큼은 끝까지 절을 하지 않는다. 모르드개는 베냐민 출신이고 하만은 아말렉 출신이다. 예전에는 베냐민 출신 사울과 아각 왕이 붙었다. 이제는 그 후손인 모르드개와 하만이 붙고 있다. 하만은 자신의 조상 아각이 다윗 손에 죽었다는 것을 안다. 자기의 더 큰 조상인 아말렉이 여호수아의 손에 의해 패망했다는 것 또한 안다. 민족 대대로 원수지간인 유대 민족의 베냐민 족속의 모르드개 한 사람만 이인자인 자기에게 절을 하지 않는다. 이는 눈엣가시다. 그래서 모르드개를 장대에 매달아 죽이려고 시도하지만 결국 그 장대에 자기가 매달려 죽게 된다.

에스더의 금식 기도

이때를 위함이라

> 모르드개가 그를 시켜 에스더에게 회답하되 너는 왕궁에 있으니 모든 유다인 중에 홀로 목숨을 건지리라 생각하지 말라 이 때에 네가 만일 잠잠하여 말이 없으면 유다인은 다른 데로 말미암아 놓임과 구원을 얻으려니와 너와 네 아버지 집은 멸망하리라 네가 왕후의 자리를 얻은 것이 이 때를 위함이 아닌지 누가 알겠느냐 하니 에스더가 모르드개에게 회답하여 이르되 당신은 가서 수산에 있는 유다인을 다 모으고 나를 위하여 금식하되 밤낮 삼 일을 먹지도 말고 마시지도 마소서 나도 나의 시녀와 더불어 이렇게 금식한 후에 규례를 어기고 왕에게 나아가리니 죽으면 죽으리이다 하니라 (에스더 4:13-16)

모르드개는 에스더에게 이 위기를 알리고 "네가 잠잠하면 하나님이 다른 방법으로 구원하시겠거니와 네가 왕후가 된 것은 이때를 위함이라"라고 (청원)한다. 모르드개는 유다 백성을 향한 하나님의 보호를 절대 확신하지만, 에스더가 왕후가 된 것이 이때를 위함이었음을 일깨워 준 것이다. 소수의 포로 민족 출신인 에스더가 왕후의 자리에 오른 것은 기적이다. 그렇다. 하나님의 백성들을 위기에서 보호하기 위한 놀라운 하나님의 계획인 것이다.

묵상과 삶의 적용

이때를 위함이라

에스더가 왕후가 된 것은 위기의 때에 백성을 구원하기 위해서이다. 그렇다. 하나님이 내게 허락한 것들, 고난, 아픔, 재능, 경험, 지식 등은 언젠가는 "이때를 위함이라"고 쓰일 때가 있다. 하나님이 여러분에게 남다른 말씀의 은사를 주셨는가? 남다른 교세를 주셨는가? 남다른 찬양의 은사를 주셨는가? 남다른 고난과 아픔을 주셨는가? 다 하나님께서 쓰실 때가 있다. 다 쓰시기 위함이고, 누군가를 살리기 위해서이다.

아말렉과 이스라엘 간의 전쟁

1차 대결(사무엘상 15:8)		2차 대결(에스더)	
사울	아각 왕	모르드개	하만

에스더의 삼일 금식

에스더는 그 당시 아하수에로 왕을 30일이나 보지 못한 상태였다. 더군다나 당시에는 왕이 부르지도 않았는데 허락 없이 왕에게 나오는 자는 죽이도록 되어 있었다. 자기를 부르지도 않은 아하수에로 왕 앞에 나아가야 하는 에스더는 죽음을 각오해야 했다. 그래서 에스더는 삼 일을 금식하고 왕에게 나아간다. "죽으면 죽으리라(If I perish, I perish)"의 각오로 말이다.

2. 하나님 나라 백성의 승리와 보존(5~10장)

왕이 에스더를 사랑스럽게 봄

3일 금식을 한 후에 에스더는 아하수에로 왕 앞으로 나아간다.

> 왕후 에스더가 뜰에 선 것을 본즉 매우 사랑스러우므로 손에 잡았던 금 규를 그에게 내미니 에스더가 가까이 가서 금 규 끝을 만진지라 (에스더 5:2)

놀라운 일이 벌어진다. 왕의 눈에 3일간 금식한 에스더의 모습이 더 사랑스럽게 보인 것이다. 하나님께서 일하신 것이다.

에스더의 지혜

에스더는 하만을 잡기 위해 전략을 짠다. 아하수에로 왕과 하만을 자신의 잔치에 초대한다. 그리고 잔치 첫째 날에는 아무런 말도 하지 않고 하만을 안심시켰다. 하만은 왕후가 오직 자신만 초대했다는 착각과 교만에 빠져 있게 된다.

하나님이 에스더가 첫날 하만의 계획을 말하지 않게 하신 이유가 있다. 첫째 날 밤에 하실 일이 있었기 때문인데, 아하수에로 왕으로 하여금 역대 일지를 보게 하시기 위함이었다.

왕이 역대 일지를 읽음(6장)

잠이 오지 않는 왕이 역대 일지를 읽다가 과거 반란 사건과 모르드개의 공헌을 확인한다.

> 그 날 밤에 왕이 잠이 오지 아니하므로 명령하여 역대 일기를 가져다가 자기 앞에서 읽히더니 그 속에 기록하기를 문을 지키던 왕의 두 내시 빅다나와 데레스가 아하수에로 왕을 암살하려는 음모를 모르드개가 고발했다 했는지라 왕이 이르되 이 일에 대하여 무슨 존귀와 관작을 모르드개에게 베풀었느냐 하니 측근 신하들이 대답하되 아무것도 베풀지 아니했나이다 하니라 (에스더 6:1-3)

왕이 잠이 오지 않게 하신 것도 하나님이시고, 몇 년 전에 보상을 못 받도록 까먹게 하신 것도 하나님이시고, 이 일을 다시 생각나게 하신 것도 하나님이시다. 예전의 공로를 보상받지 못하게 하신 이유는 더 큰 보상과 하나님이 더 큰 계획을 준비하셨기 때문이다.

하만의 처형(7장)

에스더는 둘째 날 하만 앞에서 왕에게 모르드개의 공헌과 모르드개와 유대 민족을 멸절하려는 사람이 있음을 고한다. 왕이 잠시 용변을 보러 가자 하만이 에스더 옷자락을 잡으면서 살려달라고 한다. 바로 그때 아하수에로 왕이 돌아왔는데 하만이 에스더를 붙잡고 있는 것을 보고 강간하려는 줄 알고 분노하여 하만을 죽인다.

> 왕이 노하여 일어나서 잔치 자리를 떠나 왕궁 후원으로 들어가니라 하만이 일어서서 왕후 에스더에게 생명을 구하니 이는 왕이 자기에게 벌을 내리기로 결심한 줄 앎이더라 왕이 후원으로부터 잔치 자리에 돌아오니 하만이 에스더가 앉은 걸상 위에 엎드렸거늘 왕이 이르되 저가 궁중 내 앞에서 왕후를 강간까지 하고자 하는가 하니 이 말이 왕의 입에서 나오매 무리가 하만의 얼굴을 싸더라 왕을

모신 내시 중에 하르보나가 왕에게 아뢰되 왕을 위하여 충성된 말로 고발한 모르드개를 달고자 하여 하만이 높이가 오십 규빗 되는 나무를 준비했는데 이제 그 나무가 하만의 집에 섰나이다 왕이 이르되 하만을 그 나무에 달라 하매 모르드개를 매달려고 한 나무에 하만을 다니 왕의 노가 그치니라 (에스더 7:7-10)

하만은 모르드개를 매달려고 한 장대에 매달려서 자신이 처형되고 모르드개는 완전히 제2의 권력자가 된다. 모르드개의 명성이 전국적으로 선포되고 존귀케 된다. 왕은 모르드개에게 왕복을 입히고 말을 태워 성 중에 높임을 받게 한다.

모르드개의 존귀와 부림절(8~10장)

그 날 아하수에로 왕이 유다인의 대적 하만의 집을 왕후 에스더에게 주니라 에스더가 모르드개는 자기에게 어떻게 관계됨을 왕께 아뢰었으므로 모르드개가 왕 앞에 나오니 왕이 하만에게서 거둔 반지를 빼어 모르드개에게 준지라 에스더가 모르드개에게 하만의 집을 관리하게 하니라 (에스더 8:1-2)

왕은 자신의 반지를 모르드개에게 주어 중용하고 에스더에게 하만의 집을 준다. 그리고 모르드개는 아하수에로 왕의 다음 자리까지 높임을 받는다.

유다인 모르드개가 아하수에로 왕의 다음이 되고 유다인 중에 크게 존경받고 그의 허다한 형제에게 사랑을 받고 그의 백성의 이익을 도모하며 그의 모든 종족을 안위했더라 (에스더 10:3)

제사장(코헨) 나라

모르드개가 푸르고 흰 조복을 입고 큰 금관을 쓰고 자색 가는 베 겉옷을 입고 왕 앞에서 나오니 수산 성이 즐거이 부르며 기뻐하고 유다인에게는 영광과 즐거움과 기쁨과 존귀함이 있는지라 (에스더 8:15-16)

에스라 8장 16절을 보면 "본토 백성이 오히려 유대인이 되는 자가 많다"라고 말씀한다. 이것이 바로 하나님이 이스라엘 백성을 애굽에서 구원하신 진짜 목적이다. 이것을 제사장 나라의 사명, 코헨의 사명이라고 이미 언급했다.

부림절 제정(9장)

12월 14일과 15일은 하만이 부르(제비)를 뽑아 유대인을 죽이려고 한 날이다. 하지만 오히려 이스라엘 백성을 멸절하려고 했던 그 날 하만과 아말렉 족속이 멸망하게 된다. 모르드개는 수산성에 있는 하만 족속 580명을 죽이고, 하만의 12명의 아들을 죽이고, 하만의 시체를 매달게 된다. 각 지방에 있는 하만 족속 7만 5천 명을 죽이지만 그들의 재산에는 손대지 않는다.

> 왕이 그대로 행하기를 허락하고 조서를 수산에 내리니 하만의 열 아들의 시체가 매달리니라 아달월 십사일에도 수산에 있는 유다인이 모여 또 삼백 명을 수산에서 도륙하되 그들의 재산에는 손을 대지 아니했고 왕의 각 지방에 있는 다른 유다인들이 모여 스스로 생명을 보호하여 대적들에게서 벗어나며 자기들을 미워하는 자 칠만 오천 명을 도륙하되 그들의 재산에는 손을 대지 아니했더라 (에스더 9:14-16)

이는 하나님의 거룩한 전쟁이 탐욕으로 더럽혀지지 않아야 함을 교훈하는 것이다. 그리스도인은 물질에 욕심을 내는 순간 끝이 난다.

룻과 에스더 비교

룻	에스더
하나님 나라의 왕을 준비 이방 여인인 우리를 위해 고엘 되시는 그리스도	하나님 나라의 백성을 보존 구원받은 하나님의 백성들을 끝까지 지키시는 그리스도

하나님이 한 번도 등장하지 않는 성경, 에스더

성경 66권 중에 여호와나 하나님이라는 말이 들어가 있지 않은 성경이 있다. 그래서 성경학자들이 정경으로 넣어야 하는지를 심의했던 책이다. 바로 에스더서다. 그러나 첫날 잠 못 들게 한 것도 하나님이고 아하수에로가 모르드개의 공헌을 기억 못 하게 하신 것도 하나님이고 삼일 금식한 에스더가 예뻐 보이게 하신 이도 하나님이시고 모르드개가 달릴 장대에 하만을 달게 하신 이도 하나님이시고 백성을 보존하신 분도 하나님이시다. 에스더서에는 문자적으로는 하나님이란 단어가 없다. 우리의 삶 속에 하나님이 없으신 것 같다. 에스더서처럼 하나님이 안 계신 것 같다. 그러나 계신다. 하나님이 계신다. 안 보이는 것 같은 현실이어도 하나님이 역사하고 계시고 함께하고 계신다. 이것을 믿고 신뢰하여 승리하기를 바란다.

20장

느헤미야: 하나님 나라의 재건 2

성벽 재건과 신앙 개혁

느헤미야 구조

3차 귀환 및 성벽 재건(1-6장)		신앙 개혁(7-13장)		
3차 귀환(1-2장)	성벽 재건 (3-6장)	율법 선포와 언약 갱신 (7-10장)	봉헌식 (11-12장)	신앙 타락과 신앙 개혁(13장)
1) 느헤미야의 중보 기도(1장) 2) 3차 귀환 및 재건 준비(2장)	1) 재건 및 38명의 지도자(3장) 2) 재건 방해(4장) 3) 가난한 자들의 호소(5장) 4) 산발랏과 도비야의 방해 음모(6장) 5) 성벽 완공(6장)	1) 1차 귀환 명단(7장) 2) 율법 교육(8장) 3) 백성의 회개와 언약 갱신 체결 (9~10장)	1) 1차 귀환 계보(11장) 2) 레위인/제사장 명단(12장) 3) 성전 봉헌식(12장) 4) 레위인/ 제사장 분깃 정비(12장)	1) 1년간 바사로 떠남 2) 백성과 제사장들의 타락 3) 신앙 개혁

에스라와 느헤미야

에스라서	느헤미야서
1. 1차, 2차 귀환 2. 성전+말씀 회복 3. 고레스(1대), 아닥사스다 왕(6대) 4. 율법 갱신 5. 이방 아내 → 인간에게는 소망이 없다	1. 3차 귀환 2. 성벽+말씀 회복 3. 아닥사스다 왕(6대) 4. 율법 갱신 5. 이방 아내 → 인간에게는 소망이 없다

3차 귀환 및 성벽 재건(느헤미야 1~6장)

1. 느헤미야의 중보기도(1장)

느헤미야는 바사 왕인 아닥사스다의 신임을 받은 자다. 하나님은 느헤미야를 바사 제국의 핵심 요직에 올리셨는데, 어느 날 동생 하나니를 통해 예루살렘의 성벽이 훼파되었다는 것을 듣게 된다. 성벽이 다 훼파되어 짐승이 넘나들고 있어서 성전도 훼파되고 있다는 소식이었다. 그때부터 그는 넉 달간을 금식과 회개로 하나님께 기도한다.

> 그들이 내게 이르되 사로잡힘을 면하고 남아 있는 자들이 그 지방 거기에서 큰 환난을 당하고 능욕을 받으며 예루살렘 성은 허물어지고 성문들은 불탔다 하는지라 내가 이 말을 듣고 앉아서 울고 수일 동안 슬퍼하며 하늘의 하나님 앞에 금식하며 기도하여 이르되 하늘의 하나님 여호와 크고 두려우신 하나님이여 주를 사랑하고 주의 계명을 지키는 자에게 언약을 지키시며 긍휼을 베푸시는 주여 간구하나이다 (느헤미야 1:3-5)

> 옛적에 주께서 주의 종 모세에게 명령하여 이르시되 만일 너희가 범죄하면 내가 너희를 여러 나라 가운데에 흩을 것이요 만일 내게로 돌아와 내 계명을 지켜 행하면 너희 쫓긴 자가 하늘 끝에 있을지라도 내가 거기서부터 그들을 모아 내 이름을 두려고 택한 곳에 돌아오게 하리라 하신 말씀을 이제 청하건대 기억하옵소서 (느헤미야 1:8-9)

하나님이 다윗에게 하신 언약과 예레미야에게 하신 약속을 붙들고 기도한 것이다. 그래서 그는 훼파된 성벽을 다시 재건하리라 결심을 하게 된다. 성벽이 훼파됐다는 소식을 다니엘을 비롯하여 많은 백성이 들었는데, 울면서 기도했던 사람은 느헤미야밖에 없다.

중보기도자

성벽 훼파 소식을 듣고 금식하며 기도한 사람은 느헤미야뿐이다. 우리도 마찬가지이다. 이 나라가 무너지고 교회가 무너지고 다음 세대가 무너지고 있는데 이것을 보고 금식하며 하나님께 살려달라고 기도하는 사람은 거의 없다. 무너져 있는 현실을 보지도 못할 뿐더러 보아도 내 일이 아니라고 무관심한 사람들이 대부분이다. 우리도 느헤미야처럼 하나님 앞에 금식하며 기도하는 사람이 필요하다. 무너진 나라, 무너진 교회, 무너진 삶을 보고 기도하고 재건을 준비하는 이 시대의 느헤미야가 필요하다. 느헤미야는 행정가가 아니라 기도의 사람이다.

2. 귀환 및 성벽 재건 준비(2장)

느헤미야의 지혜

느헤미야의 얼굴빛이 좋지 않음을 본 아닥사스다 왕은 느헤미야에게 이유를 묻는다. 이때 느헤미야는 잠시 하나님께 기도한다.

> 왕이 내게 이르시되 그러면 네가 무엇을 원하느냐 하시기로 내가 곧 하늘의 하나님께 묵도하고 (느헤미야 2:4)

느헤미야는 행동하는 사람 이전에 기도의 종이다. 결정적인 순간에도 기도하고 기도하면서 때를 기다리는 종이다. 사무엘도 그렇고 에스라와 느헤미야도 그렇고 하나님이 쓰시는 종은 반드시 기도하는 종이다. 느헤미야의 소원을 들은 아닥사스다 왕은 느헤미야가 예루살렘에 가서 성벽을 재건하는 일을 허락한다. 이 일도 하나님의 선한 손이 도우셨기 때문이다.

> 또 왕의 삼림 감독 아삽에게 조서를 내리사 그가 성전에 속한 영문의 문과 성곽과 내가 들어갈 집을
> 위하여 들보로 쓸 재목을 내게 주게 하옵소서 하매 내 하나님의 선한 손이 나를 도우시므로 왕이 허
> 락하고 (느헤미야 2:8)

조직을 만드는 치밀함

주전 444년에 느헤미야의 주도로 3차 귀환이 이루어진다. 느헤미야는 예루살렘 도착 후 사
흘 동안 할 일을 계획하고 지도자와 백성들을 모은다.

> 내가 예루살렘에 이르러 머무른 지 사흘 만에 내 하나님께서 예루살렘을 위해 무엇을 할 것인지 내
> 마음에 주신 것을 내가 아무에게도 말하지 아니하고 밤에 일어나 몇몇 사람과 함께 나갈새 내가 탄
> 짐승 외에는 다른 짐승이 없더라 (느헤미야 2:11-12)

그는 기도의 종이지만 동시에 행정가요, 조직가이기도 하다. 하나님의 일을 장기적으로 이
루어가려면 조직과 리더십이 반드시 필요한 것이다.

방해와 하나님의 선한 손(2:19)

느헤미야와 백성들은 귀환해서 본격적으로 성벽을 재건한다. 그러나 하나님 나라의 일은
반드시 방해꾼이 있다. 산발랏, 도비야, 게셈이 비웃고 조롱한다. 그러나 느헤미야와 백성이
굴복하지 않자 본격적인 방해를 한다. 크게 분노하여 물리적 침공을 시도한 것이다. 느헤미야
는 하나님께 기도하고 파수꾼을 세우고 한 손엔 병기를 들고 한 손으로는 일을 한다. 그리고
하나님의 선한 손이 함께하시며 도우신다. 하나님의 선한 손은 에스라서와 느헤미야서에
자주 등장하는 표현으로(에스라 7:28; 8:18, 22, 31, 느헤미야 1:10; 2:8, 18) 총 7번이 나온다.

에스라서에서도 사마리아인들이 성전 재건을 방해했다. 느헤미야가 성벽 재건을 하자 이들은 또다시 방해하고 대적한다. 사탄은 절대 포기하지 않는다. 하나님의 나라는 저절로 세워지지 않는다. 반드시 대적이 있다. 교회 부흥의 역사가 있을 때 반드시 사탄의 역사가 있다. 이 방해를 뚫고 이겨야 하나님의 나라가 진행된다. 아직은 세상의 세력이 왕 노릇 하고 있다. 주와 그리스도의 나라로 되찾는 일을 시작했기에 순수하게 주의 나라로 넘겨주지 않는다. 제2, 제3의 산발랏, 도비야, 게셀은 언제든지 나타난다. 이럴 때마다 하나님의 선한 손을 의지하여 이겨야 한다.

3. 성벽 재건 시작 및 38명의 지도자(3장)

대제사장 엘리아십부터, 양문부터

성벽 재건을 시작하되 느헤미야는 대제사장과 양문부터 재건을 시작한다.

> 그 때에 대제사장 엘리아십이 그의 형제 제사장들과 함께 일어나 양문을 건축하여 성별하고 문짝을 달고 또 성벽을 건축하여 함메아 망대에서부터 하나넬 망대까지 성별했고 (느헤미야 3:1)

여기에 중요한 메시지가 있다. 양문은 제물로 쓰이는 양이 드나드는 문이고 대제사장은 제사를 섬기는 종이다. 이것은 신앙 부흥과 영적 각성은 가장 먼저 예배 회복부터 시작해야 함을 말하며, 하나님의 종들부터 회개하고 각성해야 함을 의미한다.

각자의 사명을 감당

또한 백성들은 자기가 맡은 영역에서 문짝, 자물쇠, 빗장을 달고 여러 개의 문을 세운다. 이것은 하나님 나라는 하나님의 백성들이 각자의 영역에서 각자의 사명을 감당할 때 세워질 수 있음을 의미한다.

물질 욕심에 깨끗하고 자기를 버리는 리더십

그런데 백성들 사이에 문제가 발생한다. 성벽 재건을 하느라 경제적으로 힘들어진 백성들의 고혈을 짜내는 자들, 곧 이자 받는 자들이 생겨나자 느헤미야가 크게 분노한다. 그는 깊이 생각한 후, 이자 수령을 금지하고 그들로 1/100을 돌려주게 한다. 또한 느헤미야는 12년간 녹을 받지 않았는데, 이 말은 물질을 탐하지 않았다는 말과도 동일하다.

> 또한 유다 땅 총독으로 세움을 받은 때 곧 아닥사스다 왕 제이십년부터 제삼십이년까지 십이 년 동안은 나와 내 형제들이 총독의 녹을 먹지 아니했느니라 (느헤미야 5:14)

에스더서에 나오는 모르드개도 하만의 잔당을 멸절시킬 때 그들의 재산에는 손을 대지 않았다. 모르드개도, 느헤미야도 물질에 욕심을 내지 않았다. 돈을 사랑함이 일만 악의 뿌리가 된다. 하나님이 쓰시는 종은 물질의 문제에서도 명확하고 투명해야 한다. 얼마나 많은 그리스도인이 물질의 탐욕 때문에 무너지고 있는지 이미 잘 알고 있을 것이다. 나는 물질의 탐욕을 날마다 십자가에 못 박고 있는지 점검해 보아야 한다.

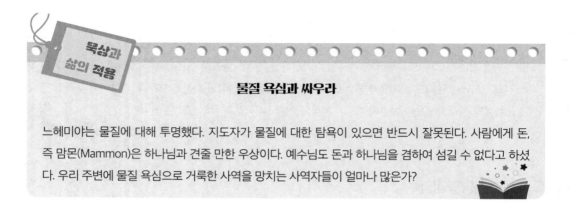

묵상과 삶의 적용

물질 욕심과 싸우라

느헤미야는 물질에 대해 투명했다. 지도자가 물질에 대한 탐욕이 있으면 반드시 잘못된다. 사람에게 돈, 즉 맘몬(Mammon)은 하나님과 견줄 만한 우상이다. 예수님도 돈과 하나님을 겸하여 섬길 수 없다고 하셨다. 우리 주변에 물질 욕심으로 거룩한 사역을 망치는 사역자들이 얼마나 많은가?

4. 느헤미야 살해 음모 실패(6장)

산발랏, 도비야, 게셈은 이제 느헤미야를 살해하기 위한 음모를 꾸민다. 거짓 선지자 스미야[29]와 거짓 여선지자 노아댜를 돈을 주고 매수하여 느헤미야에게 숨어야 한다고 미혹하지만, 이것은 느헤미야를 몰래 살해하기 위한 음모였다.

> 산발랏과 도비야와 아라비아 사람 게셈과 그 나머지 우리의 원수들이 내가 성벽을 건축하여 허물어진 틈을 남기지 아니했다 함을 들었는데 그 때는 내가 아직 성문에 문짝을 달지 못한 때였더라 산발랏과 게셈이 내게 사람을 보내어 이르기를 오라 우리가 오노 평지 한 촌에서 서로 만나자 하니 실상은 나를 해하고자 함이었더라 내가 곧 그들에게 사자들을 보내어 이르기를 내가 이제 큰 역사를 하니 내려가지 못하겠노라 어찌하여 역사를 중지하게 하고 너희에게로 내려가겠느냐 하매 그들이 네 번이나 이같이 내게 사람을 보내되 나는 꼭 같이 대답했더니 (느헤미야 6:1-4)

---

29 남유다 1대 왕 르호보암에게 충언을 한 스마야와는 다른 거짓 선지자다.

5. 성벽 완공(6:15~7:30)

드디어 성벽을 52일 만에 완공한다.

> 성벽 역사가 오십이 일 만인 엘룰월 이십오일에 끝나매 (느헤미야 6:15)

이것은 하나님의 도움과 백성의 헌신, 수고가 이루어낸 기적이다. 이로써 예루살렘 성과 성전은 보호를 받을 수 있게 되었다. 성벽이 재건되었기에 외부의 벽이나 짐승의 공격을 막을 수 있게 된 것이다.

오늘날에도 영적 성벽을 재건하는 일이 시급하다

오늘날도 마찬가지다. 교회를 향하여 세상 가치가 물밀듯 공격하고 있다. 기복주의, 형통주의, 번영신학, 극단적 신비주의, 포스트모더니즘의 사상, 세속의 물결이 교회 안에 밀고 들어오는데, 교회는 복음의 성벽, 진리의 벽이 점점 무너지고 있다. 오늘날에도 느헤미야처럼 복음을 들고 각자의 영역에 굳게 서서 세상 가치가 들어오지 못하도록 진리의 성벽을 세울 자가 필요하다. 하나님은 이 시대의 느헤미야를 찾고 계신다.

신앙 개혁(느헤미야 7~13장)

느헤미야는 52일 만에 성벽을 완공한 후 그 시대의 최고의 말씀 사역자인 학사 에스라와 함께 신앙 개혁을 한다. 느헤미야는 성전과 성벽이라는 외적인 하드웨어가 세워졌으므로 내적인 소프트웨어를 세우고자 한 것이다. 미리 귀환해 있었던 에스라 선지자와 동역하여 그가 백성에게 율법을 가르치게 한다.

1. 율법의 가르침과 언약 갱신(7~10장)

율법 교육

이스라엘 자손이 자기들의 성읍에 거주했더니 일곱째 달에 이르러 모든 백성이 일제히 수문 앞 광장에 모여 학사 에스라에게 여호와께서 이스라엘에게 명령하신 모세의 율법책을 가져오기를 청하매 일곱째 달 초하루에 제사장 에스라가 율법책을 가지고 회중 앞 곧 남자나 여자나 알아들을 만한 모든 사람 앞에 이르러 수문 앞 광장에서 새벽부터 정오까지 남자나 여자나 알아들을 만한 모든 사람 앞에서 읽으매 뭇 백성이 그 율법책에 귀를 기울였는데 (느헤미야 8:1-3)

에스라는 율법을 백성들에게 가르친다. 에스라 10장(에 기록된) 사역 이후 13년 만에 등장한 것이다. 제사장의 본질적인 사역은 백성들에게 율법을 가르쳐 깨닫게 하고 지키게 하는 것이다. 신앙 부흥은 하나님의 말씀으로부터 시작한다. 말씀의 부흥 없이 영적 부흥은 있을 수 없다. 율법을 읽고 통고하는 백성들에게 느헤미야는 여호와를 기뻐하는 것이 백성들의 힘이라고 권면한다.

> 느헤미야가 또 그들에게 이르기를 너희는 가서 살진 것을 먹고 단 것을 마시되 준비하지 못한 자에게는 나누어 주라 이 날은 우리 주의 성일이니 근심하지 말라 여호와로 인하여 기뻐하는 것이 너희의 힘이니라 하고 (느헤미야 8:10)

백성들의 회개와 언약 갱신(8~10장)

에스라에게 모여든 백성들은 율법에 따라 초막 절기를 지킨다.

> 그 이튿날 뭇 백성의 족장들과 제사장들과 레위 사람들이 율법의 말씀을 밝히 알고자 하여 학사 에스라에게 모여서 (느헤미야 8:13)

> 에스라는 첫날부터 끝날까지 날마다 하나님의 율법책을 낭독하고 무리가 이레 동안 절기를 지키고 여덟째 날에 규례를 따라 성회를 열었느니라 (느헤미야 8:18)

여호수아 이후로 초막절을 처음으로 지킨 것이다. 그리고 자신들이 너무 많이 하나님을 떠나 있었던 모습을 보며 울게 된다. 백성들은 금식하고 회개하고 다시 한번 말씀으로 돌아오겠노라고 언약을 갱신한다.

> 그 달 스무나흘 날에 이스라엘 자손이 다 모여 금식하며 굵은 베 옷을 입고 티끌을 무릅쓰며 모든 이방 사람들과 절교하고 서서 자기의 죄와 조상들의 허물을 자복하고 이 날에 낮 사분의 일은 그 제자리에 서서 그들의 하나님 여호와의 율법책을 낭독하고 낮 사분의 일은 죄를 자복하며 그들의 하나님 여호와께 경배하는데 (느헤미야 9:1-3)

> 우리가 이 모든 일로 말미암아 이제 견고한 언약을 세워 기록하고 우리의 방백들과 레위 사람들과 제사장들이 다 인봉하나이다 했느니라 (느헤미야 9:38)

다시는 이방 여인과 통혼하지 않겠다는 다짐을 하고 율법을 지키겠다고 하고 안식일을 지키겠다고 언약 갱신서에 서약을 한다. 언약의 내용은 첫째, 이방 아내와 절교, 둘째, 율법 순종, 셋째, 안식일, 성일, 안식년을 지키는 것이다.

제사장과 레위인의 분깃(12:44~47)

백성들은 레위인들에게 날마다 쓸 몫을 주어 레위인과 제사장들이 안심하고 말씀을 가르칠 수 있게 한다.

2. 구별(13장)

느헤미야는 성전 봉헌식 날에 이스라엘 총회에 섞인 이방 무리를 분리한다.

> 그 날 모세의 책을 낭독하여 백성에게 들렸는데 그 책에 기록하기를 암몬 사람과 모압 사람은 영원히 하나님의 총회에 들어오지 못하리니 이는 그들이 양식과 물로 이스라엘 자손을 영접하지 아니하고 도리어 발람에게 뇌물을 주어 저주하게 했음이라 그러나 우리 하나님이 그 저주를 돌이켜 복이 되게 하셨다 했는지라 백성이 이 율법을 듣고 곧 섞인 무리를 이스라엘 가운데에서 모두 분리했느니라 (느헤미야 13:1-3)

여기에는 영적인 메시지가 있다. 하나님의 백성들이 세상에 살지만, 세상 사람과 구별되어야 함을 의미하는 것이다. 하나님을 모르는 자들과는 다른 가치, 다른 목적, 다른 원리, 다른 자세와 태도를 가져야 한다는 것이다.

하나님은 우리가 세상을 도피하고 떠나서 사는 것을 원치 않으시지만, 또한 세상과 똑같이 사는 것도 원치 않으신다. 세상에 살되 세상과 구별되어 십자가의 사랑과 진리로 세상을 변혁시키는 사람들을 찾으신다.

3. 1년 만에 백성들이 타락하다

지도자 부재의 결과

느헤미야는 아닥사스다 왕의 부름을 받아 1년간 바사에 다녀오게 되는데, 그 사이 대적자인 도비야를 위해 성전에 방을 마련해 주는 일이 발생하고 백성들이 레위인들의 몫을 주지 않자 레위인들이 먹고살기 위해 자기 밭으로 도망하게 된다.

> 그 때에는 내가 예루살렘에 있지 아니했느니라 바벨론 왕 아닥사스다 삼십이년에 내가 왕에게 나아 갔다가 며칠 후에 왕에게 말미를 청하고 예루살렘에 이르러서야 엘리아십이 도비야를 위하여 하나 님의 전 뜰에 방을 만든 악한 일을 안지라 내가 심히 근심하여 도비야의 세간을 그 방 밖으로 다 내어 던지고 명령하여 그 방을 정결하게 하고 하나님의 전의 그릇과 소제물과 유향을 다시 그리로 들여놓 았느니라 내가 또 알아본즉 레위 사람들이 받을 몫을 주지 아니했으므로 그 직무를 행하는 레위 사 람들과 노래하는 자들이 각각 자기 밭으로 도망했기로 (느헤미야 13:6-10)

> 그 때에 내가 또 본즉 유다 사람이 아스돗과 암몬과 모압 여인을 맞아 아내로 삼았는데 (느헤미야 13:23)

또한 안식일에 매매를 하고 다시 이방인 여인을 아내로 삼는다. 어떤 한 제사장은 산발랏 가문의 사위가 되기도 한다.

> 대제사장 엘리아십의 손자 요야다의 아들 하나가 호론 사람 산발랏의 사위가 되었으므로 내가 쫓아 내어 나를 떠나게 했느니라 (느헤미야 13:28)

한 명의 지도자의 사명이 얼마나 중요한지를 알 수 있는 모습이다. 그러므로 지도자를 위해 서 기도해야 하는 것이다.

느헤미야의 책망

1년 만에 돌아온 느헤미야는 제사장들과 백성들을 책망하고 이방 아내들을 쫓아냈다.

> 내가 이와 같이 그들에게 이방 사람을 떠나게 하여 그들을 깨끗하게 하고 또 제사장과 레위 사람의
> 반열을 세워 각각 자기의 일을 맡게 하고 (느헤미야 13:30)

그러나 이것도 에스라와 느헤미야가 사역할 동안만 유지된다. 이후에 결국 백성들은 또다시 타락하고 만다. 느헤미야 시대 백성들의 영적 상태는 말라기서에 잘 나타나 있는데, 말라기 선지자도 느헤미야와 동시대에 활동했던 사람이다. 말라기 선지자의 책망과 탄식을 보면 당시 백성들의 타락이 얼마나 심각했는지 알 수 있다.

4. 역사서의 결론과 시가서, 선지서와 연결

· 수없는 하나님의 은혜와 용서, 선지자들의 호소에도 하나님의 백성들은 결국 하나님을 버리고 타락한다.
· 그러므로 인간에게 어떤 선도, 거룩도, 자격도, 소망도 전혀 없다.
· 결국 우리의 죄를 씻으시는 예수 그리스도와 우리에게 새 마음을 주시는 성령님이 오셔야 함을 암시한다.
· 역사서 12권(여호수아~에스더)은 하나님의 백성 이스라엘의 진행 역사다. 이 역사는 하나님 나라의 설계도(모세오경)대로 세워지기는커녕 오히려 정반대로 역행한다.
· 5권의 시가서(욥기~아가서)에서 하나님 백성의 정체성과 사명을 밝히고, 17권의 선지서(이사야~말라기)에서 선지자들은 이스라엘이 하나님의 설계도대로 세워지지 않았음을 책망하고 하나님께서 그 아들을 통해 영원히 무너지지 않을 하나님 나라를 세울 것이라고 예언한다.

모세오경과 역사서 12권을 정리하며

우리는 이제까지 모세오경과 역사서 12권의 큰 흐름을 하나님 나라와 상속자(동역자)의 관점으로 살펴보았다. 본서는 구약 17권의 역사적 사건을 큰 그림으로 보고자 했다. 그러나 단지 17권을 아무런 연결점도 없는 각기 분리된 17권이 아닌 하나님 나라의 시작과 설계도(모세오경), 그리고 하나님 나라의 진행도(역사서 12권)라는 통일성을 가지고 유기적으로 연결하여 살펴보았다. 필자는 이런 시도가 꼭 필요하다고 본다. 그야말로 관통이다.

하나님께서 모세오경에서 설계한 하나님 나라는 하나님이 왕이 되셔서 하나님 나라의 백성이 왕이신 하나님의 말씀에 사랑으로 순종할 때 그 땅에 복을 주셔서 땅이 풍성한 소출을 내어 백성이 풍성한 삶을 살고 생육하고 번성하고 땅에 충만하게 되는 것이다. 그러면 이 하나님 나라 백성의 풍성한 삶을 보고 열방과 이방이 하나님께 나오도록 하는 것이 하나님의 설계도였다.

이 설계도대로 이스라엘이 하나님 나라를 세워갔는지 아닌지가 여호수아부터 에스더서까지의 12권의 역사서이다. 여호수아서에서 땅을 정복함으로써 시작된 하나님 나라의 모형인 이스라엘은 하나님의 의도대로 하나님 나라를 세우지 못했다. 그 원인은 하나님 나라의 백성이 왕이신 하나님을 거부하고, 왕의 말씀을 떠나 불순종하며 우상 숭배했기 때문이다. 하나님은 이런 이스라엘을 앗수르와 바벨론에 의해 심판하셨고 그들이 70년 동안 포로 생활을 통해 과거의 죄악을 회개하자 다시 본토로 부르셔서 하나님 나라를 재건하도록 하셨다. 하나님은 에스라와 느헤미야를 보내셔서 다시 이 백성을 말씀으로 세우려고 했지만, 이들은 여전히 하나님의 법을 따르지 않고 세상 가치를 더 사랑함으로 하나님 나라를 재건하는 일에 실패한다. 그래서 하나님은 다시는 실패하지 않을 하나님 나라를 세우시기 위해 창세 전부터 준비하신 하나님의 아들 예수 그리스도를 보낼 준비를 400년간 하게 된다.

21장

창세기부터 에스더까지 17권을 한 권처럼 연결하기

Understanding The Bible As One Book

'하나님 나라와 동역자 삶'의 관점으로 17권을 한 권처럼 보기

창세기	출애굽기	레위기	민수기	신명기	여호수아
하나님 나라의 시작 천하 만민의 복	하나님 나라 백성 만들기	하나님 나라 백성의 거룩	하나님 나라 백성의 군대 훈련	하나님 나라의 왕권(말씀)	하나님 나라 땅 정복

사사기	룻기	사무엘상하	열왕기상하	역대상하
하나님 나라 무너짐 (왕이신 하나님 거부-본 백성의 타락)	하나님 나라 백성 자격 (이방인의 구원)	하나님 나라 왕 자세 (하나님 영광, 중심)	하나님 나라 왕 사명 1(율법, 공의)	하나님 나라 왕 사명 2(성전, 예배)

에스라	느헤미야	에스더
하나님 나라 성전 재건 신앙 개혁	하나님 나라 성벽 재건 신앙 개혁	하나님 나라 백성 보존 천하 만민의 복

필자는 지금까지 창세기에서 에스더까지 17권을 '하나님 나라와 동역자 삶'이라는 관점으로 살펴보았다. 마지막으로 간단하게 17권의 흐름을 연결하여 한 가지의 맥으로 정리해 보고자 한다.

창세기에서

하나님은 하나님 나라를 시작하셨다. 하나님은 당신의 나라를 동역자(대리 통치자, 상속자)를 통해 세워 가신다. 첫 번째 동역자인 아담과 하와는 하나님처럼 되고 싶은 교만으로 인해 그 사명에 실패한다. 이에 하나님 나라가 일시적으로 무너지는 것 같았지만, 하나님은 하나님 나라를 재건하시고자 노아, 아브라함, 이삭, 야곱, 요셉을 당신의 동역자로 부르신다. 그리고 이들에게 땅과 후손을 주실 것을 약속하시며, 천하 만민이 복을 받은 통로가 될 것을 약속하신다. 이를 위해 요셉을 통해 야곱 가문(70명)을 애굽에서 살게 하신다.

출애굽기에서

하나님은 애굽에서 400년 동안 노예로 살고 있었던 이스라엘 백성을 모세를 통해 구원하셔서 하나님 나라의 백성을 만드신다. 그리고 백성을 시내산으로 인도하신 후 하나님 백성의 3대 정체성과 사명을 선포하신다. 하나님 나라 백성은 첫째로, 하나님의 소유 둘째로, 제사장 나라 셋째로, 거룩한 백성이다. 이 중에서 가장 중요한 개념은 제사장 나라다. 제사장은 하나님을 누구인지 열방에 나타내는 자다. 그러기에 하나님의 백성은 하나님이 거룩하신 것처럼 거룩해야만 한다. 하나님은 백성의 거룩함을 위해 율법과 성막을 주신다.

레위기에서

하나님은 3대 정체성과 사명을 가진 당신의 백성들에게 거룩하라고 요구하신다. 거룩은 애굽의 가치, 가나안의 가치, 세상의 가치와 철저히 구별됨을 의미한다. 백성들은 각종 제사법, 정결 규례, 절기 들을 통해 거룩을 배워간다. 그러나 거룩은 그 자체가 목적이 아니다. 거룩을 통해 하나님과 교제하는 것이 목적이다. 그러므로 레위기는 하나님의 백성들이 하나님과 깊은 사귐을 나누기 위해 거룩하기를 요구한다.

민수기에서

하나님은 당신의 백성들을 하나님 나라의 군대로 훈련하신다. 1~2차 인구조사는 하나님 나라 군대를 계수한 것이다. 하나님이 이 백성에게 거룩을 요구하셨지만, 하루아침에 거룩이 나오지 않는다. 그러기에 하나님은 40년 동안 이 백성을 광야에서 훈련하신다. 그리고 백성 안에 있는 애굽 가치를 빼내신다. 40년 동안 내 힘이 아닌 하나님만을 의지하는 군대, 옛 자아를 부인하고 새 생명으로 사는 하나님의 영적 군대로 만드신다.

신명기에서

하나님은 모압 평지에 머물고 있는 출애굽 2세대에게 하나님의 말씀으로 무장시키신다. 왜냐하면 하나님 나라의 군대인 이스라엘은 3개월 후에 가나안 땅에 들어가 가나안의 세상 나라를 무너뜨리고 하나님 나라를 세워야 하기 때문이다. 싸우려면 무기가 필요한데 바로 말씀의 칼이 최고의 무기다. 또한 하나님은 당신의 백성에게 마음과 뜻과 힘을 다해 하나님만을 사랑하고 순종하라고 명령하신다. 순종하면 가나안 땅을 선물로 받는 복을 누릴 것이다. 사랑과 순종은 하나다. 사랑할 때 순종할 수 있다. 그러나 하나님께 불순종하면 화가 임한다.

여호수아에서

하나님은 당신의 군대인 이스라엘 백성을 통해 가나안 땅을 정복하심으로 아브라함에게 약속하신 땅에 대한 언약을 성취하신다. 이 전쟁은 백성이 자신들의 군사력을 의지하지 않고 오직 하나님만을 의지하고 순종할 때만 승리할 수 있다. 이렇게 창세기에서 시작된 하나님의 나라가 여호수아에서 일시적으로 완성이 된다. 여호수아는 백성들에게 가나안 땅에서 이방 민족을 몰아내고 그들의 신들을 섬기지 말고, 오직 하나님 한 분만을 섬길 것을 경고한다.

사사기에서

다시 하나님 나라가 다시 일시적으로 무너진다. 왜냐하면 백성이 왕이신 하나님을 거부하고 자신들의 소견대로 살며 자기 자신을 왕으로 삼았기 때문이다. 이 일로 인해 이 백성은 이방 민족을 통한 하나님의 징계를 받게 된다. 그러나 하나님은 12명의 사사를 세워 이 백성을 구원하신다. 그러나 백성들은 다시 타락한다. 이런 악순환이 반복된다.

룻기에서

모압이라는 이방 나라의 여인 '룻'은 하나님을 왕으로 고백하며 구원받아 하나님 나라의 새 백성이 된다. 이는 하나님 나라의 본 백성인 이스라엘이 왕이신 하나님을 거부하는 것과 구조적으로 대비된다. 룻기는 하나님 나라 백성의 자격은 유대인이든 이방인이든 오직 하나님의 언약을 붙드는 자들임을 말한다.

사무엘상하에서

하나님께서 원하시는 하나님 나라의 동역자인 왕은 어떤 자세를 가진 자인가를 말한다. 하나님은 사울처럼 사람의 영광을 구하는 자가 아니라 다윗처럼 하나님의 영광에 헌신된 자를 동역자로서 쓰시기를 기뻐하신다. 하나님은 사람의 외모를 보시지 않고 마음의 중심을 보시는 분이시다. 또한 다윗이 그러했듯 하나님의 사람들은 반드시 광야를 통해 빚으신 후에 사용하신다. 광야의 고난이 없었던 사울은 처음에는 겸손했지만, 나중에는 타락했다. 그러나 광야의 고난을 거친 다윗은 잠시 넘어질 때도 있었지만, 끝까지 승리할 수 있었다. 광야를 통과했는가 안 했는가는 너무나 중요하다.

열왕기상하에서

하나님의 동역자인 왕의 사명이 무엇인지를 말한다. 왕은 먼저 하나님의 말씀을 배워 순종하고, 백성들에게 말씀을 제대로 가르치는 자이어야 한다. 그리고 율법의 근본정신인 긍휼과 공의로 백성을 섬겨야 한다. 그러나 솔로몬과 39명의 남북의 왕들은 이 사명에 실패한다. 열왕기상, 열왕기하는 솔로몬의 시작과 타락, 왕국의 분열(북이스라엘, 남유다), 두 왕국의 패망과 그 원인을 적나라하게 지적한다.

역대상하에서

하나님의 동역자인 왕은 성전 건축과 제사 제도의 조직을 세우는 사명을 감당해야 한다. 70년 포로 후에 귀환한 백성들에게 쓰인 역대상, 역대하는 정치적 관점을 가진 열왕기서와는 달리 신앙적 관점으로 쓰인 것이다. 신약적 의미로 풀어보면 왕은 교회와 예배 회복을 위한 사명을 감당해야 한다.

에스라에서

하나님의 동역자들은(스룹바벨과 여호수아) 무너진 하나님 나라를 재건(성전)하고 타락한 백성을 영적으로 회복시키는 자들이다. 여기에는 수많은 영적인 방해와 공격이 있음을 알아야 한다.

느헤미야에서

하나님의 동역자(느헤미야)는 무너진 하나님 나라를 재건(성벽)하고 타락한 백성을 영적으로 회복시키는 자들이다. 이 시대에도 무너진 진리의 성벽을 다시 세워 교회를 보호하는 일은 반드시 필요하다.

에스더에서

하나님의 동역자들은 하나님의 백성을 공격하고 멸망시키려고 하는 원수의 공격과 위협으로부터 하나님의 백성들을 보호하고 보존하는 자들이다. 죽으면 죽으리라는 영적 절개로 하만이라는 우상에 절하지 않고 하나님을 향한 영적 순결을 지키는 자들을 통해 하나님은 당신의 나라를 지켜 가신다.

구약과 신약을 연결하는 맥

사무엘상하 → 느헤미야(동시대, 말라기 선지자)	마태복음
하나님의 동역자인 인간 왕들의 실패	실패치 않을 영원한 하나님 나라의 왕이신 그리스도가 오심

신약에서 정경의 순서로 마태복음이 가장 먼저 오는 이유가 무엇일까? 시기적으로 보면 4복음서 중에서 가장 먼저 쓰인 마가복음이 가장 처음에 와야 할 것 같지 않은가? 물론 4복음서 중에 마태복음이 가장 분량이 많아서일 것이다. 그러나 하나님 나라의 시작과 완성이라는 구조로 볼 때 정경의 순서 배열의 의도를 짐작할 수 있다. 구약의 역사서의 끝은 사무엘상에서부터 느헤미야서다. 선지서로서는 말라기서가 느헤미야와 동시대다. 그렇다면 사무엘상하, 열왕기상하, 역대상하, 에스더, 느헤미야, 에스라서까지는 하나님의 동역자로 부름받은 인간 왕

들의 실패를 다룬다. 인간이 세우는 하나님 나라는 언제나 불완전하며, 실패할 수밖에 없다는 것이 구약의 결론인 셈이다. 그렇다면 신약의 첫 권은 마태복음이 와야 한다는 것이 필자의 생각이다. 왜냐하면 인간이 세운 하나님 나라가 실패했기에 하나님의 아들이신 그리스도가 이 땅에 왕으로 오셔서 실패치 않을 하나님 나라를 세우셔야 하는 것이다. 마태복음은 하나님 나라의 왕으로 오신 그리스도를 주제로 한다.

이렇듯 구약의 끝과 신약의 처음은 하나님 나라의 왕이라는 주제를 연결고리로 이어져 감을 알 수 있다. 필자는 정경의 배열 순서에도 성령님의 간섭과 감동하심이 있다고 믿는다.

특강 2: 성경을 보는 눈

이 부분은 더 깊은 성경 연구를 갈망하는 분들을 위해 실제적인 성경 해석 방법론을 제시한 것이다. 신학교에서 배우는 이론적 학문이 아닌 목회 현장에서 고민하는 현장 설교자들과 말씀을 더 깊이 보고자 하는 분들을 위해 쓴 글이다. 읽어보시면 큰 유익이 있을 것이다.

1. 전체 구조를 먼저 파악하라

성경을 볼 때 먼저 성경의 큰 숲인 전체 구조를 봐야 한다. 숲이라는 전체 구조를 파악할 때 유용한 도구는 히브리식 문장 구조인 키아즘이다. 키아즘은 히브리 사람들이 문장을 구성하는 방식을 말하는 것으로 흔히 대칭 순환(병행) 구조라고도 한다. 강조하고 싶은 중심 메시지를 중앙에 놓고 양쪽으로 논리를 보강시킨 것을 말한다.

예를 들어 마태복음을 키아즘 구조로 보면 13개의 덩어리로 구성되어 있다. 5개의 설교와 8개의 예수의 행적이지요. 이 13개의 중심은 마태복음 13장이다.[30]

---

30 마태복음의 키아즘 구조를 더 자세히 알고 싶으면 필자의 마태복음 강해인 『포기치 않는 하나님의 사랑』 (경기: 목양, 2016년)를 참조하라

1 하나님 나라 사역 준비. 임마누엘(1-3장)
  2 하나님 나라 사역 개시(4장)
    3 하나님 나라 본질과 삶(산상설교)(5-7장)
      4 하나님 나라 도래 결과(10개 기적)(8-9장)
        5 하나님 나라 일꾼 파송 설교(10장)
          6 하나님 나라 배척(11-12장)
            7 하나님 나라 비유(13장): 중심 메시지
          6´ 하나님 나라 배척의 심화, 제자들의 수용(14-17장)
        5´ 하나님 나라의 큰 자(18-20장)
      4´ 하나님 나라의 적대자들(1주일 고난 주간 시작[21-23장])
    3´ 하나님 나라 백성의 종말론적 삶의 자세(24-25장)
  2´ 하나님 나라 사역 완성(십자가 죽음과 부활)(26장-28:15)
1´ 하나님 나라 사역 위임. 임마누엘(28:15-20)

마가복음의 키아즘 구조 [31]

A. 1:1~8:26
갈릴리 사역: 하나님 나라 복음의 통치
종결 기적: 벳새다 소경 치유

  B. 8:27~10:52
  갈릴리에서 유대까지의 여정
  종결 기적: 소경 바디매오 치유

A´ 11~16장
예루살렘에서의 사역: 하나님 나라 복음의 통치
십자가의 고난, 부활, 갈릴리에서 지상 명령, 승천

위의 구조를 통해 마가복음을 설명해 본다면 1장부터 8장 26절까지가 A 파트로, 예수님의

---

31 양용의, 『마가복음 어떻게 읽을 것인가』(서울: 성서유니온선교회, 2010년).

갈릴리 사역을 주요 내용으로 한다. 그리고 A 파트를 마무리하면서 종결 기적인 소경 치유 기적을 배치시킨 것이다. 이것은 마가의 의도적인 배치이다.

B 파트는 8장 27절에서 10장 52절까지로, 예수님이 갈릴리에서 예루살렘으로 가시는 여정을 그리고 있다. 이것도 종결 기적인 소경 바디매오 치유로 마무리된다. 이것도 의도적인 배치이다. A' 파트는 11장부터 16장까지로, 예수님이 예루살렘에서 십자가를 지시고 부활·승천하시는 장면까지다. 이렇게 먼저 큰 구조가 눈에 들어와야 한다.

2. 나무인 부분 구조를 봐야 한다

한 단어나, 한 구절을 살피기 전에 더 중요한 단락의 맥을 꼭 봐야 한다. 단락, 본문들이 다 연결되어야 부분 구조가 뚫리게 된다.

먼저 김상훈 교수의 글을 읽어보자.

한 단락을 다른 단락과의 연계 속에서 파악하는 것이다. 단락을 배열한 저자의 의도와 다른 단락 간의 네트워크에 주목하는 해설이다. 하나의 단락은 동떨어진 것이 아니라 의도가 있어서 묶은 것이다. 이것들을 찾아내야 한다. 그 이유를 찾는 것이 저자의 의도를 이해하는 의도가 된다…하나의 단락에 주목하면서, 동시에 그 단락을 넘어서는 의미의 네트워크를 파악해 낼 수 있는 해석의 눈을 기르는 데 도움이 될 것이라고 믿고 있다. 단편적 해석의 한계를 넘어서는 일이 될 것이다. 흔히 나무를 본다는 것을 한 구절이나 한 단어를 본다고들 말하지만, 그보다 더 중요한 것이 있다. 그것은 각 단락들(본문)을 하나의 흐름으로 보고 의미의 네트워크를 발견해 가는 것이다. 이것은 매우 중요한 것이다.[32]

필자는 마가복음 8장에 나오는 4개의 단락을 통해 종결 기적인 벳새다 소경 치유 본문을 어떻게 이해해야 하는지 살펴보고자 한다.

---

32 김상훈, 『숲의 해석』(서울: 총신대학교출판부, 2012), 7-9.

마가복음 8장 전체의 맥

8장 1~10절: 칠병이어의 기적
8장 12~13절: 바리새인들의 표적 요구
8장 14~21절: 바리새인의 누룩과 헤롯의 누룩 경고하심, 떡 가져오기를 잊은 제자들
8장 22~26절: 벳새다 소경 치유

마가복음 8장에는 네 개의 단락들이 연결되어 있다. 그냥 보면 아무런 상관없이 보이는 단락들이지만, 하나의 맥으로 흘러간다. 예수님은 당신의 십자가 사건을 예표하는 칠병이어 표적을 행하신다. 당신의 살이 찢기심으로 생명을 살리실 것이다. 그다음 단락은 바리새인들이 예수님께 헛된 표적을 요구하는 장면으로, 로마를 뒤집어엎을 정치적·군사적 메시아의 표적을 요구한 것이다. 그리고 다음 본문은 제자들에게 예수님이 바리새인과 헤롯의 누룩을 조심하라고 하시자 제자들은 아직도 깨닫지 못하고 떡 가져오기를 잊어서 예수님이 책망하신 것이라고 오해하는 장면이다. 그리고 마지막 본문인 벳새다 소경 치유다. 마가가 이 네 개의 단락 중에 소경 치유 본문을 마지막에 배치한 이유가 무엇일까?

예수님이 주실 표적은 십자가의 죽음이다. 당신의 대속의 죽음으로 생명을 살리실 것을 알리고 계신 것이다. 그런데 영적으로 소경인 바리새인들은 헛된 메시아의 표적을 계속 요구하고 있고, 예수님이 경고하신 것은 단순히 떡의 재료인 누룩이나 떡이 아니라 바리새인들과 헤롯당의 거짓된 교훈인데도, 제자들은 여전히 영적으로 소경이 되어서 예수님의 의도를 못 알아듣는 것이다. 표적을 요구하는 바리새인들도, 예수님의 경고를 못 알아듣고 있는 제자들도 영적으로는 소경임에 틀림없다. 그래서 마가는 벳새다 소경을 통해 이들이 영적으로 소경임을 드러내고 있는 것이고, 벳새다 소경을 치유하심으로 십자가와 부활을 통해 이들을 영적으로 눈뜨게 하실 것임을 말하고 있다. 이는 마가 안에 계신 기가 막힌 성령님의 단락 배치인 것이라고 필자는 확신한다. 또 다른 예를 들어보도록 하겠다.[33]

---

33 이 부분은 필자의 사도행전 강해인 『하나님의 말씀에 붙잡힌 사람들』에서도 언급한 부분이며, 독자들의 편의를 위해 다시 언급했다.

창세기 12장의 단락의 맥

A. 아브라함 소명과 3가지 약속(창세기 12:1~9)
B. 아브라함의 위기, 아내를 버림(창세기 12:10~20)

창세기 12장은 두 단락으로 구성돼 있다. 첫 단락은 하나님께서 아브라함을 부르시고, 3가지 약속을 하신 것으로 땅과 민족, 천하 만민의 복을 약속하신다. 그리고 12장의 두 번째 단락은 아브라함이 애굽의 바로 앞에서 자신의 생명을 지키려고 아내 사래를 누이동생이라 속이는 사건이 나온다.

흔히 아브라함의 실수라고들 하지만 필자가 보기에 이 사건은 아브라함이 원래 어떤 사람인지 적나라하게 드러내는 사건이다. 창세기의 원저자는 모세이고 원독자는 출애굽 1세대나 2세대다. 모세가 아브라함의 후손들에게 400년 전 자신들의 이야기를 쓸 때 자기의 조상이 범했던 죄악들은 되도록 쓰지 않아야 하는 것이 당연한 것이다.

그런데 모세는 조상 아브라함의 죄성을 그대로 기록했다. 저자인 모세의 의도가 있는 것이다. 창 12장에서 두 단락은 의도적으로 하나를 이야기하고 있다. 아브라함이 어마어마한 3대 축복을 받는 장면과 죽음의 위기 앞에서 자신이 살고자 아내를 누이라 속이는 장면을 바로 이어서 붙인 것은 모세 안에 계신 성령의 의도가 있는 것이다. 우리는 믿음의 조상 아브라함은 남달리 선택할 만한 조건이 있었던 사람이라고 생각한다. 하나님의 3대 언약을 받을 만한 자격이 아브라함 안에 있었다고 여긴 것이다.

그러나 성경의 의도는 다르다. 소명 단락 다음에 아브라함의 본질이 이런 모습임을 드러내는 단락을 연결해서 아브라함은 하나님의 은혜가 아니면 안 된다는 것을 강조하고 있다. 다시 말해 아브라함이 하나님이 말씀하신 3대 축복을 받을 만한 자격과 실력이 전혀 없었던 자요, 오직 하나님의 은혜로 허락하신 복이었음을 말하는 것이다. 이렇듯 성경은 단락의 맥을 상호 연계하여 살펴보고 난 다음 단어, 절, 원어, 점점 세부적으로 들어가야 한다. 단락의 맥으로 봐야 하는 절대적인 이유가 또 있다.

요한계시록의 10~12장을 살펴보도록 하겠다.

요한계시록 10~12장의 단락의 맥

A. 두루마리 환상(요한계시록 10장)
B. 성전 측량 환상(요한계시록 11:1~2)
C. 두 증인 환상(요한계시록 11:3~14)
D. 언약궤 환상(요한계시록 11:19)
E. 여자와 용의 싸움(요한계시록 12장)

계시록 10장에 가면 주님이 사도 요한에게 작은 두루마리를 먹으라고 말씀하신다. 먹었더니 입에는 달고 배에는 썼다고 기록한다. 그다음 11장은 세 환상이 나오는데 첫 번째는 성전 측량 환상이 나오고 두 번째는 교회를 상징하는 두 증인이 나온다. 세 번째는 지성소 안에 있는 언약궤 환상이다. 12장에 가면 사탄을 상징하는 용과 교회를 상징하는 여자가 싸운다. 구조를 통해 성령님께서 말하고 싶은 것이 있다.

두루마리를 먹으라는 것은 두 증인을 상징하고 있는 교회가 복음 전도의 사명을 감당하기 위해서는 복음을 먼저 먹어야 한다고 말하고 있다. 말씀으로 먼저 채워져야 한다. 말씀의 단맛에 감격하는 경험이 반드시 있어야 한다. 그다음은 성전 측량 환상이다. '측량하다'라는 단어는 헬라어로 '메트레오(μετρέω)'이다. '재다, 보호하다'라는 뜻으로. 무엇인가를 보호하기 위해 잰다라는 의미가 있다. 성전 안은 측량하고 성전 밖은 측량치 말라고 하신다. 이방인에게 42달을 짓밟히도록 하겠다고 하신 것이다. 왜 성전 안쪽은 측량하지 말라고 했을까? 첫 번째 해석은 성전 안의 측량은 마지막 때에 참 교회들은 보호할 것이로되 하나님이 인정하지 않는 거짓 교회들은 보호하지 않을 것이라는 해석이 있다. 또 다른 해석은 성전 안쪽 측량은 하나님께서 당신의 백성들의 신분과 운명과 위치를 보호하시되, 성전 바깥마당을 측량하지 않는 것은 하나님 백성의 외적인 삶은 고난당하도록 고난 가운데 두실 것이라는 것이다. 이 해석은 요한계시록 전체의 흐름과도 일치한다. 성도가 대환란 전에 휴거된다는 개념이 없다. 성경 전체에 하나님이 당신의 백성들을 환난에서 면제해 주신다는 것 또한 없다. 오히려 환난을 통해 그리스도의 신부답게 빚어 가시는 것이 하나님의 목적이다. 성전 측량 단락과 두 증인의 환상 단락이 연결되는 것은 당연한 것이다. 두 증인은 복음을 전하다가 세상의 미움을 받아 결국 죽게 된다. 그러나 하나님은 두 증인을 부활시켜 이들의 신분과 운명을 완벽하게 보호하신다.

그럼 성전 언약궤의 환상은 왜 들어가 있는 것일까? 12장에서 교회를 상징하는 여자는 사탄을 상징하는 용과 싸워야 한다. 그런데 이 두 증인이 용과 싸워야 하는 장면 앞에 언약궤를 보이신다. 하나님의 임재를 상징하는 언약궤를 보이신 것은 용의 세력이 아무리 강력해도 두려워하지 말라는 것이다. 구약에서 언약궤가 가는 곳마다 승리가 있었듯이 마지막 때에 용과의 싸움에서 반드시 승리하게 될 것임을 말하는 것이다. 이렇게 성경을 전체 구조, 부분 구조로 봐야 하고 그다음 절과 단어로 들어가야 한다(요한계시록에 대한 더 자세한 내용은 필자의 주해와 적용을 위한 요한계시록 강해서인 『큰 환란을 통과한 보석 같은 어린양의 신부들』을 참조하기 바란다).

3. 원독자 관점이 중요하다

원독자 삶의 정황을 알아야 한다. 1차 저자가 1차 독자들에게 처음에 의도했던 바(Original Intention)가 무엇인지 먼저 파악해야 오늘의 의미를 찾아낼 수 있는 것이다.

창세기 1장의 창조 기사에 대한 원독자 관점

원 독자란 원래 독자를 의미하는데, 그들은 이 글을 어떻게 느꼈을까? 하는 것이다. 예를 들어 모세가 쓴 창세기를 읽고 있는 최초의 독자들은 광야 모압 평지에서 가나안 정복 전쟁을 앞둔 모세의 죽음 직전에 있는 출애굽 2세대 청중들이 원래 독자가 되는 것이다. 창세기 1장에 하나님이 해, 달, 별을 만들었고 바다와 피조물들을 만들었다고 모세가 강변하고 있는 것은 400년간 태양이 신이라고 세뇌당했던 사람들에게 설교하고 있는 것이다.

이스라엘 백성이 가나안 땅에 들어가기 직전, 가나안 땅에도 우상 숭배가 있는 땅인데 이 애굽에서 400년 동안 태양신을 섬기고 있었던 독자들은 태양은 피조물이 아니고 신이라고 세뇌를 당해 왔다. 이제 요단강을 건너가 살아야 하는 그 가나안 땅도 피조물을 신이라고 섬기는 우상 숭배가 오랫동안 행해졌던 땅이다. 그러면 평생 살았던 땅과 앞으로 살아야 할 땅이 태양의 나라라면 모세의 입장에서 자기는 죽고 이제 곧 들여보내야 하는데 무엇을 말하겠는가?

"너희가 400년간 살아왔던 땅과 들어갈 그 땅이 섬기는 태양, 별, 소, 달 등 눈에 보이는 모든 피조 세계가 다 너희가 알고 있는 것처럼 신적 존재가 아니라 하나님이 손가락으로 만든 피조물에 불과하다! 이 피조물을 만든 진짜 창조주가 있다"라고 선포하고 깨뜨리고 들어가야 하는 것이다.

모압 평지에서 모세의 설교를 듣고 있는 사람들이 어떤 상태였고, 어떤 심정이었고 모세는 왜 이런 설교를 해야만 했었는지 원독자의 입장에서 창세기와 모세오경을 보면 충분히 열리는 것이다. 여호수아의 기도를 통해 하나님께서 태양을 멈춘 것은 이 땅이 우상 숭배의 땅이므로 이 사건을 통해서 이스라엘 백성에게 '태양은 하나님으로부터 통제받는 피조물에 불과하다'는 것이다.

'정복 후 안식' 하나님의 하실 일이 다 끝나야 안식이라는 표현을 쓴다. 이때 여호수아는 그들에게 안식이 임했다고 한다. 땅을 차지하는 정복 전쟁은 죄악을 심판하는 것인데 정복과 심판이 다 끝나야 백성의 안식과 하나님의 안식이 오는 것이다.

이 정복 전쟁은 민수기에서도 말한 것처럼, 칼과 창으로 싸워 이기는 전쟁이 아니라 이 전쟁의 승패의 핵심은 하나님과의 관계가 온전해야만 이길 수 있는 전쟁이라는 것이다.

요한계시록의 역사적 배경 이해의 중요성

계시록의 배경 시기는 도미티아누스 황제가 다스리고 있을 때다. 도미티아누스 황제는 로마의 11대 황제로 A.D. 81년에 집권해서 A.D. 96년까지 다스렸다. 주 후 94년, 95년경에 요한계시록이 써졌다고 본다. 로마 황제들이 60명인데 그중에 기독교를 악랄하게 핍박했던 황제들은 10명 정도이고 이것을 기독교 10대 박해라고 한다. 대표적으로 베드로와 사도 바울을 죽였던 5대 황제 네로, 요한계시록의 시대적 배경이 되고 있는 11대 황제인 도미티아누스 황제가 있다.

로마 황제 60명 중에 신격화된 황제는 36명쯤이다. 로마 황제의 친족 중에서도 황제가 아님에도 불구하고 신격화시켰던 사람이 27명 정도가 된다. 보통 황제가 신격화되는 것은 죽고 난 다음에 그 아들이 자기 아버지를 신으로 추앙하기 때문이다. 그리고 자기는 신의 아들로 등장한다. 그런데 살아 있을 때 스스로 자기를 신격화시켰던 사람이 세 사람이 있는데, 3대 황제 칼리굴라, 5대 황제 네로, 11대 황제 도미티아누스가 바로 그 사람들이다. 요한계시록은 도미티아누스의 신격화가 가장 극심했을 때 써졌다. 그러니 황제 숭배를 거부한 유일한 집단인 교회가 당한 핍박은 상상을 초월했을 것이다. 원독자의 상황을 이해하는 것이 요한계시록을 이해하는 데 필수적이다.

계시록에 나오는 표현들도 그 당시 황제 숭배와 관련되어 있다. 계시록 본문 안에는 "주 하나님"이라는 표현을 의도적으로 쓰고 있다. 24장로들과 천사들도 의도적으로 하나님을 "주 하나님"이라고 찬양한다.

그 당시 사람들은 경제적 활동을 하며 먹고살고 살아남기 위해서는 '길드'라는 상업 조직에 가입해서 그리스·로마 신들에게 제사하고, 무엇보다도 도미티아누스 황제를 사람이 아니고 '신이고 주'라고 고백해야 고난받지 않았다. 그러지 않으면 심지어 죽음까지도 당했다. 사도 요한은 24장로들의 찬양을 통해 이 고백은 오직 '하나님과 어린양이신 예수 그리스도만이 받아야 함'을 나타내고 있다.

또한 "이제 장차 오실 이"라는 문구는 그리스·로마의 신의 아버지 신인 제우스의 신전에서 사람들이 제우스 신에게 고백했던 문구이다. 요한은 이 고백을 진짜 받으셔야 할 분은 하나님과 어린양이신 예수 그리스도라고 말하고 있다.

이 편지를 받아보고 있는 원독자의 형편과 도미티아누스 황제 치하의 역사적 문화적 배경을 알아야 한다. 그래야 논쟁이 되고 있는 666의 의미는 무엇인가를 알 수 있기 때문이다. 666표가 1세기 독자들에게 무엇을 의미했는지를 먼저 원독자의 시각으로 객관적으로 봐야 한다.[34]

마태복음의 원독자 관점

마태복음을 이해하려면 이스라엘 백성에게 메시아가 될 수 있는 메시아 4대 조건을 알아야 한다.

첫 번째는 메시아는 '다윗의 자손'으로 와야 한다. 그래서 마태복음 1장부터 족보가 등장하는 것이고, "다윗의 자손"이란 표현이 마태복음에서 10번이나 나오는 것이다.

두 번째 조건은 반드시 '모세와 같은 선지자'여야 한다. 신명기 18장을 보면 나와 같은 선지자가 일어날 것인데 그의 말을 청종하라고 했다. 마태복음 17장의 변화산에서 하나님이 "그의 말을 청종하라"고 했을 때 그냥 하신 말씀이 아니다. 신명기 18장에 나오는 "나와 같은 선지자," 그 메시아의 말을 청종하라고 했던 것이 그대로 성취된 것이다. 예수님이 모세처럼 애굽

---

34 666의 1세기의 의미를 알고 싶으면 필자의 요한계시록 강해인 『큰 환란을 통과한 보석같은 어린양의 신부들』(경기: 목양, 2016년)을 참조하라.

에 갔다 나오고, 광야 시험을 겪으신 것도 이런 이유에서다. 마태복음 8장과 9장에 예수님이 10가지 기적을 일으키는 것은 10가지 재앙을 일으켰던 모세와 같이 예수님을 10가지 기적을 통해 새 출애굽을 이끄는 새 모세로 등장시키고 있다.

세 번째 조건은 메시아가 오시기 전에 '엘리야의 사역'이 있어야 한다. 엘리야를 상징하는 세(침)례 요한이 마태복음 3장에 등장하고 4장부터 예수님의 사역이 등장한다.

네 번째 조건은 '메시아 치유 사역'이 있어야 한다. 메시아가 치유하는 질병의 종류가 이사야 35장 6절의 말씀에 나오는데 그중 하나가 소경 치유다. 4복음서에서 그토록 자주 소경 치유 사건이 등장하는 이유를 알아야 한다.

이렇듯 메시아의 4대 조건을 이해하는 것은 마태복음을 이해하는 데 필수적이다. 원독자의 상황과 역사적, 문화적 배경을 이해하는 것은 너무나 중요하다.

고린도 도시에 대한 원독자 관점

항구 도시, 무역과 상업의 도시

고린도는 항구 도시요 무역 거래가 활발한 무역과 상업의 도시다. 이 말은 돈이 많다는 뜻이기도 하다. 또한 항구 도시라는 것은 유흥과 성적 타락이 많을 수밖에 없다는 것을 의미한다. 돈 많은 뱃사람이 많아 술도 많이 마실 뿐만 아니라, 성적 타락도 말도 못 했을 것이다.

아프로디테 신전의 창기 1,000명

고린도에는 만신전이 있었다. 그리스·로마의 모든 신을 모시고 제사를 드리는 곳이다. 여기에서 가장 유명한 두 곳 중 하나의 신전은 아프로디테 여신전이다. 여기에 여사제들이 있었는데, 무려 1,000명의 신전 창기가 있었다고 한다.

이 창기들이 공식적인 제사 시즌일 때는 신전을 찾은 사람들에게 몸을 팔고 제사했고, 축제 절기가 끝나면 먹고살기 위해 고린도 도시로 들어가서 몸을 파는 일을 생업으로 했다고 한다. 그렇다면 매춘으로 인한 성적 타락이 심각한 도시였음을 바로 알 수 있다.

디오니소스 신전

디오니소스는 주신이다. 이 신전은 여자 예언가들로 유명했다. 여사제들이 신비경, 황홀경에 빠져 이상한 언어를 사용해 가면서, 신탁(신의 계시)을 받았고, 머리를 풀어헤치면서 사람들의 미래 길흉을 예언하는 일들이 그렇게 많았다고 한다.

이것이 고린도를 이해하는 데 굉장히 중요하다. 바울이 여자에게 "너울을 쓰고 예언하라"는 표현을 한다. 바울은 예언 자체는 막지 않는다. 다만 "여자는 교회 안에서 잠잠하라"는 경고는 디오니소스 신전에서 여사제들이 황홀경에 빠져 신탁을 받았다는 식으로 이상하게 머리를 풀고 이상한 몸짓을 하고 예언을 하고 이런 비정상적인 일들을 한 것처럼 하지 말라는 것이다. 고린도 교회 여자 집사들 가운데 이렇게 디오니소스 신전에서 신비한 지식을 받아서 예언하고 있는 사람들처럼 여자 집사 권사들이 예배 도중에 예배 질서와 권위를 다 무시하고 '내게 성령이 임했어!' 하며 머리를 풀어헤쳐 디오니소스 신전의 여사제들이 했던 행동들을 교회 안에서 행했기 때문에 사도 바울이 그들처럼 하지 말라고 했던 것이다.

'거룩한 교회에서 너희들이 예언을 한답시고 머리를 풀어헤치고 몸을 이상하게 흔들어대는 행동을 한다면 거룩한 교회의 예배가 디오니소스 신전에서 드리는 이방 제사와 다른 것이 무엇인가?'라는 것이다. 거룩한 하나님 앞에 드려지는 예배는 달라야 한다고 하는 것이다. 이런 예배가 특별히 초신자들과 불신자들에게는 덕이 안 되기 때문이다. 예언의 자체가 문제가 아니라 예언의 방식이 정결해야 하고 질서 있어야 하고 거룩하게 해야 하고, 하나님 사람답게 해야 한다.

철학, 수사학의 도시

이 도시는 철학자와 수사학자들이 많았다. 고린도는 돈의 흐름이 빠른 항구 도시다. 그래서 당시 많은 철학자와 수사학자들이 자신의 철학과 도를 설파하러 이 도시에 몰려들어 와 학파를 만들었고, 따라서 자연스럽게 웅변술과 수사학을 가르치는 사람들도 많았다. 철학자와 수사학자들은 자신들의 학문으로 제자들을 만들고 자기의 도를 풀며 그것으로 생계를 유지한 것이다.

그래서 바울은 1장에서부터 세상의 지혜와 말의 지혜를 경고하고 있다. 말 잘하고 웅변 잘하는 사람들이 교회에 들어오기 시작한 것이다. 복음을 사람의 지혜와 말의 지혜로 설명하는 일들이 생겨난 것이다. 사도 바울은 말의 지혜, 세상 지혜로 하지 않고 십자가로 해야 함을 선포한다.

또한 바울은 말의 지혜, 능력으로 하지 않고 성령의 나타남으로 했다고 강력하게 말씀한다.

그 이유는 수사학을 배우고 웅변술을 배워서 뛰어나게 말 잘하고 세상 철학을 배웠던 자들이 교회의 중책 자리에 들어와 있었기 때문이다.

그런데 이 사람들이 자기들이 배웠던 수사학이나 웅변술이나 세상 철학으로 복음을 풀어내는데 사람들을 들었다 놨다, 울렸다 웃겼다 하는 것이다. 하는 것은 너무 잘하는데 문제는 이런 화려한 설교를 통해 거듭나고 변화되는 사람이 없다는 것이다. 그 설교를 듣고 삶이 바뀌고 낮아지고 십자가에 자기를 못 박는 자기 부인의 싸움을 해야 하는데, 이런 웅변적 설교자들을 통해서 교회가 점점 더 사나워지고 악해지고 점점 더 패당 지어지고 영망진창이 된 것이다.

4. 문법적 관찰

해당 본문의 문법적 연구는 필수다. 최소한의 단어 연구나, 용례, 동사의 시제와 태에 대한 관찰이 본문의 의미와 저자의 의도를 파악하는 데 유용하다. 이는 설교자에게는 필수이기도 하다.

예를 들어 마태복음 4장의 예수님의 선포에서 "하나님의 나라가 가까이 왔으니"에서 '가까이 왔다'는 현재완료형으로 이는 이미 하나님의 나라와 통치가 임했고, 그 영향력과 결과가 지금도 오늘날까지 계속되고 있다는 것을 의미한다. 이는 하나님의 나라가 예수 그리스도가 재림하실 때나 임하는 것이 아니라 이미 하나님의 통치가 임했음을 말해주는 것이다. 이는 많은 논란이 되고 있는 요한계시록 20장의 천년왕국이 미래적 사건인지 현재적 사건인지 알 수 있는 기준이 되는 것이다.

또한 요한계시록 2장에서 주님이 에베소 교회에게 하시는 말씀 중에 "일곱 별을 오른 손에 붙잡고 계시는"에서 '붙잡다'는 크라톤(κρατῶν)인데 이 단어는 단순히 '잡다'라는 것이 아니고 '한번 붙잡으면 놓지 않는다'는 뜻이다. 그런데 더 재미있는 것은 버가모 교회를 향한 주님의 책망 중에서 "발람과 니골라당의 교훈을 지키고"에서 '지키다'도 '크라툰타스(κρατοῦντας)'로 쓰였다는 것이다. 그렇다면 버가모 교회가 얼마나 세상 가치를 붙들고 놓지 않았는지를 알 수 있는 것이다.

이렇듯 문법적·원어적 연구는 성경 해석을 위해 필수적이다.

5. 성령님의 조명하심을 기도하라

① 성령님의 감동으로 성경 기자들이 하나님의 의도를 기록함.

② 성령님의 조명으로 비추셔야 하나님의 의도를 깨달을 수 있다.

③ 그래서 성령님의 조명의 은혜를 구하는 기도가 없으면 말씀을 깨달을 수 없다.

이로 말미암아 주 예수 안에서 너희 믿음과 모든 성도를 향한 사랑을 나도 듣고 내가 기도할 때에 기억하며 너희로 말미암아 감사하기를 그치지 아니하고 우리 주 예수 그리스도의 하나님, 영광의 아버지께서 지혜와 계시의 영을 너희에게 주사 하나님을 알게 하시고 너희 마음의 눈을 밝히사 그의 부르심의 소망이 무엇이며 성도 안에서 그 기업의 영광의 풍성함이 무엇이며 그의 힘의 위력으로 역사하심을 따라 믿는 우리에게 베푸신 능력의 지극히 크심이 어떠한 것을 너희로 알게 하시기를 구하노라 (에베소서 1:15-19)

바울은 하나님께서 지혜와 계시의 성령을 우리에게 주셔야 우리가 하나님을 알고 우리의 영적인 눈이 밝혀진다고 한다. 성령이 임하면 하나님을 알게 하신다는 것이다. 성령이 오시면 하나님이 어떤 분이신가를 우리에게 가르치시며 진리 가운데로 인도하시는데, 그러면 우리의 눈이 점점 열리게 되는데 이것이 진정한 영안(靈眼)인 것이다. 진정한 영안은 하나님이 어떠한 분이신가를 알아가는 진리를 보는 것이다.

진짜 마음의 눈, 영적인 눈이 열리면 부르심의 소망이 무엇인지, 즉, 창세 전에 이미 하나님의 작정이 있었고, 주님께서 재림하시고 나면 영원한 새 하늘 새 땅이 열리고, 창세 전에 주님께서 작성하신 것들이 완성되고 성취됨을 보는 것이다. 사도 바울이 기도하고 있는 것은 복음이 들어와 우리가 거듭나고 하나님의 자녀가 되었고 우리 안에 성령이 계시며, 또한 우리 안에 계신 성령께서 역사하시면 우리를 능력과 은사로 끌고 가기보다 하나님을 알게 하는 진리로 이끌어 가신다. 하나님이 어떤 분인지 알아가면서 우리의 영안이 열리기 시작하는데 영안이 열리면 이 땅의 삶이 힘들고 죽을 것 같아도 영원한 나라를 보기 시작한다.

내가 아버지께 구하겠으니 그가 또 다른 보혜사를 너희에게 주사 영원토록 너희와 함께 있게 하리니 그는 진리의 영이라 세상은 능히 그를 받지 못하나니 이는 그를 보지도 못하고 알지도 못함이라 그러나 너희는 그를 아나니 그는 너희와 함께 거하심이요 또 너희 속에 계시겠음이라 (요 14:16-17)

보혜사 곧 아버지께서 내 이름으로 보내실 성령 그가 너희에게 모든 것을 가르치고 내가 너희에게 말한 모든 것을 생각나게 하리라 (요 14:26)

성령이 우리에게 오는 것은 그냥 오시는 것이 아니라 예수님이 하나님께 구하셔서 보내시는 것으로 묘사한다.

그러나 진리의 성령이 오시면 그가 너희를 모든 진리 가운데로 인도하시리니 그가 스스로 말하지 않고 오직 들은 것을 말하며 장래 일을 너희에게 알리시리라 (요 16:13)

이처럼 예수님이 성령을 보내려고 하시는 것은 진리와 연결되어 있다.

이천 년 전 사도행전 8장의 간다게 내시의 탄식이 지금도 귀에 생생하게 들리는 듯하다. "깨닫게 해 줄 지도자가 없는데 어찌 깨달으리요?" 이 글을 읽고 있는 독자들과 설교자들에게 간절히 부탁드리고 싶다. 간다게 내시는 유대인의 절기를 지키려고 예루살렘으로 갔지만, 그가 그토록 궁금해하는 이사야 53장의 말씀을 아무도 명쾌히 해석해 주는 지도자가 없어 그냥 다시 고향으로 향하고 있다. 오늘날에도 말씀을 사모하지만 깨닫지 못해 여기저기 찾아 헤매는 수많은 간다게 내시들이 있다. 하나님과 굶주린 성도들은 성경의 말씀을 깨닫게 해 줄 말씀의 사역자를 애타게 찾고 계신다. 이 글을 읽고 있는 바로 여러분이 바로 그 사람이다. 이런 거룩한 소원을 가지고 준비하기를 바란다.

본문: 출애굽기 19장 4~6절

제목: 하나님이 보시는 나

오늘 여러분들과 말씀을 나누게 된 것을 정말 기쁘게 생각합니다. 먼저 주변의 분들에게 인사합시다. "하나님이 당신을 사랑하십니다." 오늘 저는 한 본문을 설교하지 않고, 창세기부터 여호수아까지 성경 6권을 전체적으로 살펴보고자 합니다. 오늘 저의 설교를 통해 하나님의 음성이 각자에게 들려지기를 기도합니다.

1. 성경의 주제, 하나님 나라

성경은 구약 39권과 신약 27권으로 구성되어 총 66권입니다.

여러분은 성경의 핵심 주제가 뭐라고 생각하십니까? 그것은 하나님 나라입니다. 정확하게 말하면 하나님이 예수님을 통해 세우시는 하나님 나라입니다.

성경은 66권으로 구성되어 있습니다. 그러나 저는 성경이 66권이 아닌 한 권이라고 생각합니다. 창세기부터 요한계시록까지가 하나님 나라의 시작과 완성이라는 하나의 주제로 잘 짜여진 한 편의 드라마와 같습니다. 1권의 성경 안에 66개의 장(Chapter)으로 잘 짜인 드라마와 같습니다. 그러니까 1장이 창세기, 2장이 출애굽기, 3장이 레위기, 4장이 민수기, 5장이 신명기, 6장이 여호수아입니다. 66장은 요한계시록입니다. 1장인 창세기에서 시작된 하나님 나라가 66장인 요한계시록에서 완성되는 것입니다.

하나님 나라는 성경의 핵심 주제일 뿐만 아니라 저와 여러분 인생의 주제이기도 합니다. 여러분의 인생도 이 하나님 나라를 위해 존재합니다. 여러분 중 단 한 사람도 그냥 의미 없이 태어난 사람은 없습니다. 여러분 한 사람 한 사람을 하나님이 창조하셨습니다. 여러분은 하나님의 소중한 작품입니다.

이 마이크도 목적이 있습니다. 귀로 들을 수 있는 아날로그 음성을 전기 신호로 바꾸는 역할입니다. 하물며 하나님이 직접 만드신 저와 여러분은 어떠하겠습니까? 하나님께서는 여러분 한 사람 한 사람을 향한 목적과 계획을 가지고 계십니다. 그것은 하나님 나라를 위한 목적과 계획이십니다.

여러분은 하나님의 작품이요, 예수님의 피로 값 주고 사신 사람들입니다. 그러니 함부로 살지 마십시오. 인생을 허비하지 마십시오. 망가지지 마십시오. 자신을 비하하지 마십시오. 다른 사람들과 비교하며 자책하지 마십시오. 열등감에 시달리지 마십시오. 여러분은 하나님의 소중한 자녀들입니다.

하나님 말씀을 사모하십시오. 하나님 말씀을 배우기를 즐거워하십시오. 성경의 말씀에 붙잡히면 인생이 달라집니다. 하나님은 우리를 말씀으로 치유하시는 분입니다.

2. 창세기

창세기의 핵심 주제는 하나님 나라의 시작입니다. 하나님은 하나님 나라의 땅인 에덴동산을 만드셨습니다. 하나님은 하나님 나라의 백성인 아담과 하와를 창조하시고, 에덴동산을 아담과 하와에게 맡기셨습니다.

여기에 중요한 교훈이 있습니다. 하나님은 하나님의 나라를 혼자 세우시지 않습니다. 반드시 동역자를 세워 하나님 나라를 세워 가십니다. 아담과 하와는 하나님 나라의 동역자들이었습니다.

우리도 마찬가지입니다. 하나님의 자녀들은 하나님 나라의 동역자입니다. 그러니 여러분은 대단한 사람들입니다. 하나님이 여러분을 통해 하나님 나라를 세워 가시기 때문입니다. 세상이 나를 우습게 여겨도, 남들이 나를 무시해도, 때로는 내가 봐도 내 모습이 초라하게 보여도 나는 소중한 사람임을 잊지 마십시오. 나를 쓸모없는 존재라고 속이고, 무가치한 존재라고 속이는 원수 마귀의 거짓말을 예수님의 이름으로 물리치십시오. 남들이 나를 어떻게 평가해도, 내가 나를 어떻게 평가해도 그것이 중요하지 않습니다. 하나님이 나를 어떻게 보시냐가 제일 중요합니다.

그리고 하나님은 아담과 하와에게 선악과를 따먹지 말라는 명령을 하심으로 하나님 자신이 왕이심을 선포하셨습니다. 선악과 금지 명령은 인간이 하나님 나라인 에덴에 왕이 아님을 의미합니다. 인간은 창조주도, 왕도 아닙니다. 인간은 왕이신 하나님께 순종하고 살 때 가장 복된 삶을 살 수 있습니다.

그런데 아담과 하와는 선악과를 따먹고 말았습니다. 그래서 하나님 나라가 무너졌습니다. 왕의 명령을 거부했기 때문입니다. 그러나 하나님은 포기치 않으십니다. 무너진 하나님 나라를 다시 시작하십니다. 그래서 다시 하나님 나라의 동역자를 부르시고 세우십니다. 하나님은 노아라는 사람을 부르십니다.

그런데 노아도 홍수 심판이 끝난 후에 술을 마시고 자신의 하체를 드러냄으로써 실패합니다. 하나님 나라가 다시 무너집니다. 그러나 이번에도 하나님은 포기치 않으시고 다시 하나님 나라를 시작하시기 위해 한 사람을 부르십니다. 그가 아브라함입니다. 아브라함은 하나님 나라를 세워가는 하나님 나라의 동역자입니다.

아브라함과 그 아들 이삭, 그 아들 야곱, 그 아들 요셉은 4대 족장이라고 합니다. 이 4명은 하나님 나라의 동역자입니다. 그런데 이 4명은 참으로 실수와 허물이 많은 사람입니다. 성경을 잘 보면 이 사람들은 결코 존경할 만한 사람들이 아닙니다. 참으로 당황스럽습니다.

① 아브라함과 이삭은 애굽(지금의 이집트)의 왕이 자신들의 아내를 빼앗아가려고 할 때,
② 자기만 살겠다고 아내를 여동생이라고 속여서 자신의 목숨을 건진 사람들입니다. 남편으로는 자격이 없는 사람들입니다.
③ 야곱은 자기 형을 속여서 형의 상속권을 빼앗은 사기꾼입니다.
④ 요셉은 자기 형들의 잘못을 아버지에게 고자질해서 형들의 분노를 일으킨 고자질쟁이입니다.

이렇듯 아담, 노아, 아브라함, 이삭, 야곱, 요셉 모두가 다 하나님 나라의 동역자로는 너무나 자격이 없는 사람들입니다. 그러나 하나님은 이런 부족한 사람들을 은혜로 부르셔서 당신의 나라를 세워나가셨습니다.

하나님은 잘나고 완벽한 사람들을 동역자로 부르시지 않았습니다. 못나고 도무지 자격 없는 사람들을 동역자로 부르셔서 하나님 나라를 세워 가십니다. 그러기에 저와 여러분에게도 소망이 있는 것입니다. 우리도 참으로 부족하지만, 하나님이 은혜를 주시면 새 인생을 살 수 있습니다. 하나님이 은혜 주시면 하나님 나라의 동역자로 하나님과 동역하는 멋진 인생을 살 수 있습니다.

또한 4대 족장들은 각각 신앙의 단계를 상징하기도 합니다. 첫째로 아브라함은 하나님의 은혜로 선택받아 하나님의 자녀가 된 것을 상징합니다. 둘째로 이삭은 하나님의 자녀가 순종을 통해 축복을 누리는 단계를 상징합니다. 셋째로 야곱은 하나님의 자녀 안에 있는 자아를 하나님께서 부수시는 고난의 단계를 상징합니다. 마지막으로 요셉은 하나님의 자녀들이 누군가를 살리기 위해 받는 고난, 사명 때문에 받는 고난의 단계를 상징합니다.

우리의 인생도 이러한 과정들을 겪으면서 성숙합니다. 하나님 나라의 동역자들에게는 훈련 과정이 있습니다. 고난도 겪어야 합니다. 이런 과정이 다 하나님께서 여러분을 동역자로 부르

시고 사용하시기 위함입니다.

3. 출애굽기

　출애굽기의 핵심 주제는 하나님 나라의 백성을 만드는 것입니다.

　4대 족장들의 후손인 이스라엘 백성은 애굽의 노예로 400년간을 살고 있었습니다. 하나님은 모세를 보내 이스라엘 백성을 애굽으로부터 구원하십니다. 왜냐하면 하나님 나라를 세우시기 위해 하나님 나라의 백성이 필요하시기 때문입니다. 그래서 출애굽기의 주제는 하나님 나라의 백성 만들기입니다.

　그래서 먼저 그들을 애굽에서 구원하시고 이스라엘 백성을 시내산으로 인도하십니다. 이 시내산에서 하나님은 이스라엘 백성에게 3대 정체성을 선포하십니다. 그것은 하나님의 소유, 제사장 나라, 거룩한 백성입니다. 저는 이 출애굽기 19장 5~6절이 구약에서 가장 중요한 성경 구절이라고 생각합니다.

　3대 정체성을 살펴봅시다.

　첫 번째로, 하나님의 소유라는 말은 히브리어로 '최고의 보물'이라는 뜻입니다. 이스라엘은 하나님에게는 최고의 보석과 같은 존재입니다. 우리도 마찬가지입니다. 구원받아 하나님의 자녀가 된 우리는 하나님이 아끼시는 보물들입니다. 그러기에 세상이 보는 내가 아닌, 내가 보는 내가 아닌 하나님이 보시는 나를 깨닫고 붙들어야 합니다.

　두 번째로, 이스라엘은 하나님에게는 제사장 나라입니다. 제사장은 성전에서 죄인들이 하나님께 나아와 죄 용서받는 제사를 드릴 때 그 일을 도왔던 사람들입니다. 즉 하나님과 사람들을 연결해 주는 다리와 통로와 같은 사람들입니다. 하나님은 이스라엘과 우리를 제사장 나라로 부르셨습니다. 이것이 우리 인생의 정체성이자, 살아가야 할 목적과 사명입니다. 우리는 우리만의 행복이나 성공을 위해 사는 자가 아닙니다.

하나님은 예수를 믿는 하나님 나라의 동역자들을 제사장으로 부르셔서 수많은 사람을 예수님에게 이끌어 오기를 바라십니다. 이런 제사장 나라의 정체성과 사명이 있기에 하나님은 우리를 최고의 보물이라고 하신 것입니다.

마지막으로 거룩한 백성입니다. 하나님의 자녀들은 거룩한 삶을 살아야 합니다. 왜냐하면 하나님의 소유, 즉 최고의 보물이고, 사람들을 예수님께로 인도하는 제사장이기 때문입니다. 거룩이란 말은 '구별되다'라는 뜻입니다. 세상의 가치와 기준으로부터 구별된 것입니다. 하나님은 예수 믿는 사람들에게 세상과 구별되라고 하십니다. 예수 믿지 않은 사람들과 다른 인생의 목적과 가치, 자세를 가지라고 하십니다.

여러분은 이 한국에 왜 오셨습니까? 여러분의 인생 목적이 무엇입니까? 왜 공부를 하십니까? 남들보다 잘 먹고 잘살기 위함입니까? 성공하기 위함입니까? 예수 믿는 하나님의 자녀들은 말과 행동, 목적과 가치가 세상 사람들과는 달라야 합니다. 세상 사람들의 꿈과 하나님의 자녀의 꿈은 달라야 합니다. 저는 여러분이 성공도 하고 잘살기를 바랍니다. 그러나 그 성공도 하나님 나라를 세우기 위한 도구임을 잊지 마시기를 바랍니다.

4. 레위기

레위기의 핵심 주제는 하나님 나라 백성의 거룩입니다. 레위기에는 많은 제사법이 나옵니다. 복잡한 규정들이 나오지만, 핵심은 거룩입니다. 제사들을 통해 하나님 나라 백성들은 거룩해져야 한다는 것입니다. "거룩하라"라는 하나님의 명령은 두 가지 목적이 있습니다. 하나는 하나님과의 교제 때문입니다.

왜냐하면 하나님이 거룩하시기에 우리가 더러우면 교제가 불가능하기 때문입니다. 사랑하는 여러분, 죄와 싸우십시오. 음란을 버리십시오. 교만을 버리십시오. 이기심과 욕심, 거짓말, 미움, 술 취함을 버리십시오.

거룩의 두 번째 목적은, 거룩한 삶을 통해 예수 믿지 않는 세상 사람들에게 거룩한 영향력을 끼쳐 그들이 우리가 믿고 있는 예수를 믿고 싶어 하게 하기 위함입니다. 우리의 말과 행동, 삶은 너무나 중요합니다. 사람들을 예수께로 이끌어 오는 통로이기 때문입니다. 나는 어떤 말과 행동, 삶을 살아가고 있습니까?

5. 민수기

민수기의 핵심 주제는 하나님 나라 백성의 광야 훈련입니다. 이스라엘 백성은 하루 만에 애굽을 빠져나왔지만, 그들 마음과 생각 안에는 애굽의 가치와 문화가 가득했습니다. 애굽은 모든 것을 신으로 섬기는 우상 숭배의 나라입니다. 이스라엘 백성도 400년간을 애굽에서 살았기에 애굽의 가치에 찌들었을 것입니다.

하나님은 이스라엘 백성들을 광야에서 40년간을 훈련하십니다. 40년 광야 훈련의 목적은 이스라엘 백성 안에 있는 애굽의 가치를 빼내는 것입니다. 이것은 하루아침에 되는 일이 아닙니다. 시간이 필요합니다. 우리가 구원받았다고 하루아침에 거룩해지지 않습니다. 시간을 통해 하나님의 훈련을 받으면서 하나님의 말씀과 기도, 회개의 삶으로 조금씩 거룩해져 나가는 것입니다. 그러므로 예수 믿고 구원 얻은 하나님 나라의 동역자들은 두 가지 일들을 끊임없이 해야 합니다.

내 안에 있는 세상의 가치를 계속해서 빼내고, 하나님의 말씀을 내 안에 계속해서 넣는 일을 해야 합니다. 그러니 하나님 나라의 가치를 내 안에 채우십시오. 그러려면 하나님의 말씀을 배우고 채우는 일에 게으르면 안 됩니다. 예배를 소홀히 하지 마십시오. 말씀을 사모하십시오.

6. 신명기

신명기의 핵심 주제는 말씀입니다. 신명기는 모세가 죽기 전에 했던 3번의 유언 설교를 묶어놓은 것입니다. 모세는 죽기 전에 이스라엘 백성에게 3번의 설교를 합니다. 왜냐하면 이스라엘 백성은 하나님이 약속하신 땅인, 가나안 땅으로 곧 들어갈 것이기 때문입니다.

가나안 땅은 지금의 팔레스타인입니다. 가나안 땅은 애굽과 마찬가지로 모든 것을 신으로 섬기는 우상 숭배의 땅입니다. 그러니 이스라엘 백성이 가나안 땅에 아무런 무기 없이 들어가면 안 됩니다. 하나님의 나라를 세우기는커녕 오히려 가나안의 우상 숭배의 문화에 빠져들 것이기 때문입니다.

그래서 하나님은 신명기의 말씀을 통해 이스라엘 백성을 말씀으로, 하나님 나라의 거룩한 가치로 무장시키시려고 하십니다. 예수 믿는 자들은 세상이라는 가나안 땅에 하나님 나라를 세우는 하나님 나라의 동역자들이요, 하나님 나라의 군대입니다. 군대는 무장해야 합니다. 우리는 영적 군대이기에 하나님 말씀으로 무장해야 합니다. 그래야 세상의 가치와 문화에 정복당하지 않고 오히려 세상을 정복하고 하나님 나라를 세울 수 있기 때문입니다. 말씀을 배우십시오. 말씀으로 무장하십시오. 사탄과 죄를 이기는 유일한 비결은 오직 말씀과 기도입니다.

7. 여호수아

여호수아서의 핵심 주제는 땅 정복입니다. 모세가 죽고 여호수아가 이스라엘의 새 지도자가 됩니다. 여호수아와 이스라엘 백성들은 이제 하나님이 아브라함에게 약속하신 가나안 땅에 들어가서 그 땅을 정복합니다. 그 땅은 이미 가나안 부족들이 살고 있던 땅이기에 전쟁을 해야 했습니다.

대표적 전투가 여리고성 전투입니다. 여리고성은 그 당시 난공불락의 성이었습니다. 성벽이 얼마나 크고 웅장했는지, 마차 두 대가 한 번에 다닐 수 있을 만큼 큰 성이었습니다. 그러나 이스라엘은 이 성을 무너뜨리고 정복합니다. 이스라엘의 힘과 군사력이 아니라 하나님의 능력으로 말입니다. 이스라엘이 한 일은 오직 하나님의 명령에 순종하여 여리고성을 13번 돈 것밖에 없습니다. 하나님의 백성이 순종하자 하나님이 여리고성을 직접 무너뜨리십니다.

사랑하는 여러분, 인생에서 승리하려면 하나님께 순종하십시오. 하나님의 말씀에 순종하십시오. 우리 앞에 놓인 모든 장애물은 우리가 하나님께 순종할 때에 하나님이 무너뜨려 주시는 것입니다.

창세기부터 여호수아까지가 하나님 나라의 완성입니다. 나라의 3요소인 왕, 백성, 땅이 완성되기 때문입니다. 다음 책인 사사기에는 하나님 나라가 다시 백성들의 불순종으로 인해 무너지는 사건들이 기록되어 있습니다.

8. 마무리

우리는 지금까지 창세기부터 여호수아까지 6권의 핵심 주제를 통해 하나님 나라가 어떻게 세워지는지, 하나님 나라의 동역자는 어떤 존재인지, 어떤 사명을 가지고 있는지 배웠습니다. 하나님은 하나님 나라를 이 땅에 세우시기를 원하십니다.

그래서 하나님은 하나님 나라의 동역자를 부르십니다. 그 동역자들은 참으로 자격이 없는 자들이지만, 오직 하나님의 은혜로 선택하시고 만들어 가십니다(창세기). 그리고 하나님은 그 동역자를 먼저 예수의 피로 구원하셔서 3대 정체성을 주십니다. 그것은 하나님의 보물이요, 거룩한 백성이요, 제사장 나라입니다. 제사장인 우리를 통해 세상 사람들을 하나님께로 부르십니다(출애굽기).

그리고 하나님 나라 동역자들에게 세상과 구별된 거룩한 삶을 요구하십니다(레위기). 그러나 우리 안에는 아직도 세상의 가치가 가득하기에 하나님은 우리를 훈련하셔서 세상의 가치를 빼내십니다(민수기). 빼내실 뿐만 아니라 하나님 나라의 새 가치로 채우십니다. 하나님 말씀으로 채우셔서서 하나님 나라의 군대로 무장하십니다(신명기). 그리고 하나님 말씀으로 무장한 하나님 나라의 군대인 우리를 세상으로 보내셔서 세상 나라를 정복하고 하나님 나라를 세우게 하십니다(여호수아).

사랑하는 여러분, 여러분 한 사람 한 사람은 너무나 소중한 보물입니다. 하나님이 하나님 나라를 이 땅에 세우시려고 이 땅 한국으로 부르셔서 공부하게 하시고, 훈련하고 계시고, 오늘저를 통해 이 말씀을 듣게 하고 계십니다. 제가 오늘 이 자리에 온 것도 그냥 온 것이 아닙니다. 모두 하나님이 여러분에게 하실 말씀이 있어서 보내셨다고 믿습니다.

오늘 하나님이 내게 들려주시는 음성이 있었을 것입니다. 그 음성을 기억하고 붙잡으십시오. 내가 살고 있는 작은 삶의 자리에서 하나님 나라를 세우는 동역자로 부르시는 것입니다. "하나님 나라를 세우시는 일에 나를 사용하소서. 부족하지만 저도 사용하소서. 제가 하나님 나라의 동역자가 되기 위해 남은 인생을 준비하기를 원합니다"라고 소원이 생기는 분들은 앞으로 나오십시오. 하나님이 부르시는 것입니다.

특강 3: 하나님 나라 상속자의 고난과 영광

1. 서론

필자는 본고에서 하나님의 사람들이 겪는 고난의 의미를 고민하고 생각을 나누고자 한다. 필자가 고난에 대해 글을 쓰는 몇 가지 이유가 있다.

첫째로, 목회 현장에서 하나님의 신실한 사람들이 끊이지 않는 고난을 겪는 것을 지켜보면서 왜 하나님의 신실한 자녀들이 고통을 당하고 그로 인해 신음해야 하는지다. 풀리지 않는 숙제와도 같았다. 그럴 때마다 필자는 수없이 하나님께 질문하곤 했다. 우리가 무엇을 잘못한 것이며, 무엇을 어떻게 해야 이 고난이 끝나는지 말이다.

오늘도 수많은 성도가 고난으로 인해 울부짖고 있다. 이러한 울부짖음에 대해 설교자는 무관심할 수 없다. 울고 있는 성도들을 위로해야 한다. 더 나아가 살아갈 소망을 말씀 안에서 제시해 주어야 한다. 앨리스터 맥그래스는 "고난은 우리가 하나님께로부터 버림받은 것이 아니라 그분께 더 가까이 가고 있는 것이며, 우리와 하나님 사이의 장벽을 깨뜨리는 것임을 깨닫게 해 주어야 한다"[35]라고 말했다.

둘째로, 교회 공동체 안에서 하나님의 사람들이 겪는 고난에 대한 해석과 시선이 너무 정죄하고 차갑다는 점과 이런 관점들을 성경적 고난관으로 바꿔야 한다는 절박감 때문이다. 실제로 필자의 목회 현장에서 고난당하고 있는 성도들을 향한 교회 지체들의 왜곡된 시선과 섣부

---

35 앨리스터 맥그래스, 『고난이 묻다, 신학이 답하다』(서울: 국제제자훈련원, 2010), 172.

른 조언이 오히려 상처를 주는 일이 많이 있었다. 고난 자체도 힘이 드는데, 지체들의 차갑고 싸늘한 율법주의적 정죄와 비난은 우리를 더 힘들게 한다. 한국 교회 안에서의 차가운 율법적 신앙과 정죄주의는 너무 뿌리가 깊다. 그래서 필자는 이러한 왜곡되고 차가운 관점들을 성경적 관점으로 바꾸어야 한다고 생각한다.

셋째로, 고난에 대한 성경적 관점을 제시하고자 하는 이유는 한국 교회의 신앙적 '치우침' 혹은 '쏠림' 현상이 너무 지나치기 때문이다. 필자가 말하는 '신앙의 치우침'이란 '하나님의 자녀됨의 축복 중 한쪽 면, 즉 이 땅의 성공, 부귀영화, 만사형통과 같은 면을 지나치게 추구하며 이것을 하나님 자녀됨의 유일한 증거인 양 믿고 가르치는 왜곡된 신앙관'을 말한다.

이러한 현상은 한국 교회에 너무 팽배하다. 이런 얄팍한 구원론으로는 성도들의 현실 속에 존재하는 고난의 문제를 풀기에는 턱없이 부족하다. 구원받은 하나님 자녀라는 자리는 이것보다 훨씬 깊고 넓고 높고 풍성하다. 필자는 오히려 '하나님의 자녀들이기에 고난이 있는 것'이라고 생각한다. 이 문제를 함께 고민하고자 한 것이다.

연구 방법

이승진은 "고난과 하나님의 섭리에 관한 설교"에서 신자들이 겪는 고난의 종류를 6가지로 분류한다. 첫째로, 징벌적인 고난 모델 둘째, 계획 모델 셋째, 교육적인 모델 넷째, 대속적인 고난 모델 다섯째, 신비적인 합일 모델 여섯째, 종말론적 전망 모델이다.[36] 필자는 이 6가지 고난 모델을 염두에 두고 주로 성경 인물을 통한 고난의 의미를 추적할 것이다. 서론에서 고난에 대한 왜곡된 시선들의 문제점을 지적하며 성경적 고난관을 정립해야 할 필요성을 제시했다.

본론에서는 구약 안에 서 나타난 고난관을 욥과 야곱, 요셉의 내러티브 안에서 살펴보고, 신약 안에서 나타난 고난관을 바울 서신을 가지고 살펴보고자 한다. 또한 고난을 단지 개인적 차원이 아닌 하나님 나라와 관련하여 '하나님 나라와 상속자'의 개념으로 풀어보고자 한다. 마지막으로 고난을 어떻게 인내하며 승리할 것인지를 제시하고자 한다.

---

36 이승진, "고난과 하나님의 섭리에 관한 설교", 「복음과 실천신학」 35호(2015년).

2. 본론

1) 구약에서 나타난 고난관

욥기 안에 나타난 고난에 관한 관점

우리 주변에는 끊이지 않는 고난으로 고통당하고 있는 참으로 신실한 믿음의 사람들이 많이 있다. 그들의 눈물과 아픔과 한숨과 절망을 곁에서 지켜보면서 때로는 성도들과 함께 아파하고 절망할 때도 많았다. 어떤 성도들은 하나님께서 자신들의 형편과 처지를 외면하신다고 불평하고, 어떤 성도들은 자신들의 기도에 하나님이 응답하지 않는다고 하면서 절망한다. 또 어떤 성도들은 자신의 죄 때문에 하나님이 벌을 주시는 것이라며 스스로 자책한다. 제각각 나름대로 자신들의 고난을 해석하지만, 그 어떤 것도 고난당하고 있는 하나님의 사람들을 위로하기에는 부족하다.

이런 목회적 현실 속에서 필자는 하나님의 백성들이 당하는 고난의 문제를 풀어내기 위해 성경 전체에서 고난의 문제를 어떻게 말씀하고 있는지를 살펴볼 수밖에 없었다. 특히 욥기 본문을 많이 읽고 설교했던 것 같다. 본고의 지면 관계상 욥기 전체에 나오는 수차례의 논쟁을 상술할 수는 없기에 필자가 이해한 욥의 세 친구(엘리바스, 빌닷, 소발)와 엘리후의 주장을 요약해 설명해 보고자 한다.

먼저, 욥의 세 친구는 욥의 고난은 "욥의 죄로 인한 고난이다"라고 정죄한다. 전형적인 '인과응보론'이다. 욥의 고난은 욥의 범죄로 인한 '하나님의 심판이다'라고 생각하고 욥에게 회개할 것을 강요한다. 차가운 율법주의 신앙관이다. 욥은 온몸으로 이들의 손가락질에 저항한다. 욥이 겪고 있는 고통과 고난은 단지 죄의 차원이 아니다.

우리는 이 세 친구를 보면서 우리 자신을 봐야 한다. 이러한 정죄의 시선이 우리에게 얼마나 뿌리 깊게 남아 있는지 필자 스스로 놀랄 때가 있다. 하나님의 자녀에게 허락되는 고난의 신비를 이해하지 못하면 우리는 늘 엘리바스요, 빌닷이요, 소발일 수밖에 없다.

둘째로, 엘리후가 등장한다. 엘리후의 고난에 대한 관점은 욥의 세 친구와는 조금 다르다.

필자가 이해한 엘리후의 고난관은 '욥을 위한 하나님의 교육과 훈련'이다.[37] 욥을 더 겸손하게 낮추시기 위한 교육이라는 관점이다.

> 하나님은 능하시나 아무도 멸시하지 아니하시며 그의 지혜가 무궁하사 악인을 살려두지 아니하시며 고난 받는 자에게 공의를 베푸시며 그의 눈을 의인에게서 떼지 아니하시고 그를 왕들과 함께 왕좌에 앉히사 영원토록 존귀하게 하시며 혹시 그들이 족쇄에 매이거나 환난의 줄에 얽혔으면 그들의 소행과 악행과 자신들의 교만한 행위를 알게 하시고 그들의 귀를 열어 교훈을 듣게 하시며 명하여 죄악에서 돌이키게 하시나니 만일 그들이 순종하여 섬기면 형통한 날을 보내며 즐거운 해를 지낼 것이요 만일 그들이 순종하지 아니하면 칼에 망하며 지식 없이 죽을 것이니라 (욥기 36:5-12)

필자는 고난을 통해 우리를 더 겸손하게 낮추시는 것은 우리를 사용하시기 위함이라는 설명을 많이 들어왔다. 그러나 우리를 낮추어 쓰시기 위해 고난을 주신다면 '우리는 그분의 소모품인가'라는 생각을 할 수밖에 없다. 이런 엘리후의 관점이 틀린 것은 아니지만, 고난당하고 있는 사람이 고난의 아픔을 이기기에는 부족해 보인다.

엘리후의 주장에도 욥이 자신의 의로움을 굽히지 않자 역시 욥에 대한 시선이 싸늘해지며 정죄하기도 한다. 고난은 하나님의 주권임을 주장한다. 필자가 보기에 욥의 세 친구나 엘리후나 욥을 정죄하는 차가운 율법주의 신앙이라는 측면에서는 동일한 것이다.[38] 엘리후의 주장은 일리는 있지만, 우리가 누구이기에 이런 고난을 통해 낮추어 쓰시려 하는지, 우리의 본질적 정체성에 대한 관점은 없는 것이다.

마지막으로 하나님은 욥의 고난의 배경과 이유를 직접적으로 설명하지 않으신다. 오히려 하나님의 창조 사역과 보존, 섭리에 대한 욥의 무지와 무능을 드러내신다. 언뜻 보면 욥의 고난에 대한 답을 하나님은 침묵하시는 것처럼 보이지만 38장부터 말씀하시는 내용을 잘 살펴보면 하나님의 의도가 숨겨져 있음을 알 수 있다.

필자의 생각이 정답일 수는 없지만, 필자는 다음과 같이 하나님은 욥에게 말씀하시는 것이라고 생각한다. "욥아, 내가 우주 만물을 창조하고 그들을 보호라고 섭리하는 일에 너희 지혜

---

37 강성두, 『욥기의 삶과 고난의 이해』(서울: 대한기독서회, 2006), 223.
38 최형묵, 『반전의 희망, 욥』(서울: 동연, 2009), 227.

나 힘에 아무런 상관없이 오직 나의 능력과 지혜로만 한 것이다. 하물며 모든 피조물 중에 가장 존귀한 존재로 만든, 나의 형상으로 지은 너희를 위한 나의 계획과 인도하심에 한 치의 오차나 실수가 있겠느냐? 다른 피조물에도 이토록 세심한 나의 간섭하심이 있는데 하물며 너는 얼마나 더 보호하고 지키고 간섭하겠니? 그런데도 너에게 이런 고난과 아픔이 있다면 나의 더 큰 목적과 계획이 있는 것이란다. 그러니 나를 신뢰하라"라고 말이다.

욥은 42장에서 이런 하나님의 의도를 깨닫고 '전에는 하나님을 귀로만 들었지만, 이제는 눈으로 보게' 됨을 고백한다. 이것이 야고보서 5장에 나오는 욥에게 주신 하나님의 결국이다.

> 보라 인내하는 자를 우리가 복되다 하나니 너희가 욥의 인내를 들었고 주께서 주신 결말을 보았거니와 주는 가장 자비하시고 긍휼히 여기시는 이시니라 (야고보서 5:11)

야곱과 요셉의 내러티브 안에 나타난 고난에 관한 관점

창세기에 나오는 족장 중에서 야곱만큼 인생의 굴곡이 많았던 사람도 없다. 야곱 스스로가 말하는 것처럼 그는 '험악한 세월'을 산 사람이다.

> 야곱이 바로에게 아뢰되 내 나그네 길의 세월이 백삼십 년이니이다 내 나이가 얼마 못 되니 우리 조상의 나그네 길의 연조에 미치지 못하나 험악한 세월을 보내었나이다 하고 (창세기 47:9)

왜 이처럼 야곱의 인생에 고난이 많았을까? 단지 야곱의 죄악 징계의 차원이었을까? 그는 장자권을 팥죽 한 그릇으로 강탈한 다음부터 수많은 고난을 겪게 된다. 하나님은 처음부터 에서가 아닌 야곱을 통해 언약을 이어갈 것을 말씀하셨다. 이런 속임수를 쓰지 않아도 그는 언약의 장자의 자리에 오를 수 있었을 것이다.

그는 하나님의 일을 자신의 방법과 지혜가 아닌 하나님의 방법과 지혜로 해나가야 함을 배워야 했다. 이것은 저절로 배워지는 것이 아니다. 많은 시행착오와 실수를 겪으면서 체득하는 것이다. 이 과정에서 하나님은 당신 자녀들에게 옛사람의 가치와 생각, 자아들을 부인할 것을 요구하신다. 그래서 고난이 동원되는 것이다. 사람은 스스로 자신을 버리지 않기 때문이다.

고난을 통해 우리는 자기만족과 자기기만이라는 겉치장을 벗겨버리는 것이다.[39]

야곱은 삼촌 라반을 통한 20년의 연단, 얍복강에서 허벅지 관절의 부러짐, 딸 디나의 강간 사건, 시므온과 레위의 살인, 사랑하는 아내 라헬의 죽음, 사랑하는 아들 요셉과 막내 베냐민을 잃음, 큰아들과 첩의 동침 사건 등등 참으로 험악한 세월을 보냈다. 이러한 고난과 연단의 과정을 통해 그는 하나님의 사람으로 빚어지고 있었던 것이다.

야곱은 하나님 나라를 세워가는 과정 중에 자신을 비우고 하나님을 자신 안에 채우는 법을 평생 훈련한 것이다. 야곱은 이처럼 성도의 자기부인의 과정을 상징하는 모델이다. 우리는 이 시대의 야곱으로 하나님 앞에 서야 한다.

네 번째 족장인 요셉도 수많은 고난 가운데 인생을 산 사람이다. 그러나 야곱의 고난과 요셉의 고난은 그 성격이 전혀 다르다. 야곱의 고난이 야곱 자신의 자아를 깨뜨리기 위한 자기부인적 성격의 고난이었다면 요셉의 고난은 누군가를 살리기 위한 사명적 고난의 성격을 가진다.

그가 17살에 하나님께 받은 꿈도(11개의 볏단, 해, 달, 별) 자기 야망의 성취가 아니다. 하나님 나라와 관련된 하나님의 꿈이었다. 그는 이 꿈을 꾼 후에 상상치 못한 고난의 길을 걷게 된다. 형들로부터 인신 매매를 당하고 10년은 보디발 장군의 종으로, 3년은 강간범이라는 죄명을 뒤집어쓰고 옥살이를 하게 된다. 총 13년이라는 모질고 힘든 고난과 연단을 통과한 후 30세에 총리 자리에 오르게 된다.

이 13년의 고난은 요셉의 어떤 특별한 범죄로 시작된 고난이 아니라 하나님께서 그를 애굽의 총리로 세워 자신의 가문뿐만 아니라 이방 나라들을 살리시기 위함이었다. 무엇보다도 요셉은 아브라함에게 약속한 언약, 즉 모래 수보다 더 많은 자손을 주시겠다는 자손 언약에 대한 성취 역사에 자궁 역할을 하게 된 것이다. 그러기 위해 애굽으로 팔려가 13년이라는 고난을 겪어야 했다. 다시 말해 사명 때문에 당하는 고난이었다.

물론 요셉이 인간적인 결점이 하나도 없는 완벽한 존재였다는 것을 말하는 것이 아니다. 그도 많은 연약함이 있었다. 특히 창세기 37장에 보면 자신의 꿈을 형들에게도 경솔히 말하고, 형들의 잘못을 아버지께 고자질하는 다듬어지지 않은 모습을 보인다. 요셉도 결코 완벽한 사람이 아니었다는 증거다. 그러나 구속사의 흐름 안에서 보면 그는 예수의 모형으로 보기에 충분한 자이다. 하나님은 요셉을 통해 예수를 그림자로 상징할 뿐만 아니라 그의 고난이 수많은

---

39 앨리스터 맥그래스, 『고난이 묻다, 신학이 답하다』(서울: 국제제자훈련원, 2010), 172.

생명을 살리는 대속적 고난이었음을 말씀하시는 것이다. 마치, 예수님의 고난처럼 말이다.

살펴본 것처럼 두 족장은 모두 험악한 인생을 살았지만, 야곱은 성도의 자아가 깨어지는 단계를 상징하고 요셉의 고난은 남을 살리기 위한 사명의 고난이 분명해 보인다. 이것은 신앙생활이 어떤 과정을 겪어야 될지 보여주는 좋은 모델들이다. 우리는 구원받고 난 후 우리의 기대와는 달리 고난과 연단의 과정을 겪게 된다. 그리고 이 과정에서 우리의 옛사람의 자아가 하나씩 깨뜨려지고 생명을 살릴 수 있는 통로로 준비되어 가는 것이다(야곱의 고난). 그리고 하나님의 방법과 하나님의 지혜로 우리를 세우셔서 많은 영혼의 영적 굶주림과 갈증을 채우고 해갈하는 사명자의 삶을 살게 되는 것이다(요셉의 고난).

우리는 야곱의 고난과 요셉의 고난을 다 겪고 있는 것이다. 우리의 고난 안에는 우리의 자아를 깨뜨리기 위한 고난과 누군가를 살려야 하기에 당하는 사명적 고난이 공존한다. 무엇이 더 큰 비중인가는 각 개인의 신앙 성숙에 따라 다르다. 야곱의 고난이 큰 사람이 있고 요셉의 고난이 큰 사람도 있는 것이다.

2) 신약(바울 서신)에 나타난 고난에 관한 관점

고난을 외면하는 지나친 개인주의적 신앙

오늘날 한국 교회는 세상으로부터 '개독교'라는 비난을 받을 만큼 교회에 대한 반감이 심한 시기를 지나가고 있다. 이것을 어찌 안티기독교 세력들의 탓으로만 돌릴 수 있겠는가? 예전에 비해 외형적으로는 교회의 규모와 힘이 커졌을지 몰라도 그것에 비해 교회와 그리스도인들을 향한 시선들은 결코 곱지 않은 것이 현실이다. 주님은 우리를 이방의 빛으로, 세상의 빛으로 부르셨는데 우리는 그 생명의 빛을 발하지 못하고 있는 것도 사실이기도 하다.

왜 이렇게까지 되었을까? 여러 가지 이유가 있겠지만 필자는 지금 우리의 신앙이(필자를 포함하여) 지극히 개인적이고 이기적인 '자기만족' '자기 행복' '자아실현'이라는 '자기 왕국'에 목적을 두었기 때문이라고 생각한다. 이런 개인화된 신앙은 고난을 피하고 싶어 함은 당연한 것이다. 하나님은 신자들을 이 세상에서 불러내어 모든 어려움이 사라진 안락한 기독교적 환경으

로 옮기시지 않는다. 신자는 세상에 남아 고난에 참여하도록 부름받았다.[40]

우리는 하나님의 구원을 너무 자기중심적으로 이해하고 싶어 한다. 나의 구원, 나의 행복, 나의 위로, 나의 형통을 위하여 일하시는 하나님이시기를 요구한다는 것이다. 물론 필자는 하나님께서 당신의 자녀들의 전인격적인 행복을 원하신다고 믿는다. 하나님은 우리가 육신을 가지고 구체적 환경 안에 살아야 하는 존재임을 너무나 잘 알고 계신다. 왜냐하면 예수님도 몸소 육신의 삶을 체휼해 보셨기 때문이다. 그래서 우리에게 건강, 물질, 가정, 직장, 지위, 안정, 관계 등이 필요하다는 것을 익히 잘 아신다.

그러나 우리에게 주신 구원이 이 땅의 성공과 형통만 위한 것이 아니다. 오히려 우리에게 건강, 물질, 가정, 직장, 지위, 안정, 관계 등 이 모든 것들은 하나님의 복음과 생명을 이 세상에 흘려보내라고 주신 사명이다. 하나님의 생명을 이 세상에 흘려보내라고 주신 사명이라는 것이다. 하나님의 구원 경륜의 깊이는 더 깊고 더 풍성하다. 세상이 그토록 추구하는 세상의 4가지 복, 즉 부귀영화, 만사형통, 만수무강, 호의호식을 교회와 하나님의 사람들마저도 부러워하고 이것이 전부 인양 추구하고 있다면 교회와 세상이 다를 바가 없다. 불신자와 신자의 삶의 목적과 가치와 원리와 자세가 하나도 다르지 않다.

필자는 이런 이 땅의 복만을 추구하는 지나치게 치우친 기복신앙과 삶을 회복시키기 위해 하나님 나라 중심의 목회, 신앙, 삶으로 전환해야 한다고 생각한다. 왜냐하면 하나님의 백성들은 왕 같은 제사장들이다. 하나님의 생명을 열방에 흘려보내도록 부르신 하나님의 비밀병기요, 천하 만민의 복의 통로다. 그렇기에 하나님 나라의 가치와 통치로 우리의 내면을 채우고, 하나님의 통치가 임한 자로서의 내용, 목적, 가치, 원리, 자세로 살아가는 하나님 나라의 백성들로 다시 세워져야 할 것이다.

성경의 핵심 주제: 하나님 나라

성경의 핵심 주제는 하나님 나라다. 예수님과 사도들의 선포들을 살펴보도록 하겠다.

① 예수님이 세례를 받으시고 난 후 공식적 사역의 첫 선포가 "회개하라 천국이 가까웠노

---

40 앨리스터 맥그래스, 『고난이 묻다, 신학이 답하다』(서울: 국제제자훈련원, 2010), 172.

라"이다.

요한이 잡힌 후 예수께서 갈릴리에 오셔서 하나님의 복음을 전파하여 이르시되 때가 찼고 하나님의
나라가 가까이 왔으니 회개하고 복음을 믿으라 하시더라 (마가복음 1:14-15)

또 부활하시고 승천하시기 전 40일 동안 머무시며 이 땅에서 하신 예수님의 마지막 사역도
하나님 나라의 일에 대한 것이다. 예수님의 첫 사역도, 마지막 사역도 하나님 나라였다.

그가 고난 받으신 후에 또한 그들에게 확실한 많은 증거로 친히 살아 계심을 나타내사 사십 일 동안
그들에게 보이시며 하나님 나라의 일을 말씀하시니라 (사도행전 1:3)

② 예수의 사역을 이어받은 사도들도 사역의 중심과 목적이 하나님 나라였다.
바울이 온 이태를 자기 셋집에 머물면서 자기에게 오는 사람을 다 영접하고 하나님의 나라를 전파하
며 주 예수 그리스도에 관한 모든 것을 담대하게 거침없이 가르치더라 (사도행전 28:30-31)

③ 계시록의 핵심 주제도 하나님 나라의 완성이다.
일곱째 천사가 나팔을 불매 하늘에 큰 음성들이 나서 이르되 세상 나라가 우리 주와 그의 그리스도
의 나라가 되어 그가 세세토록 왕 노릇 하시리로다 하니 (요한계시록 11:15)

예수님께서 이 땅에 오셔서 하신 사역의 모든 것이 하나님의 나라를 선포하시고, 세우시는
것이요, 그 하나님의 나라를 함께 유업으로 받아 다스릴 상속자들을 부르시고 훈련하고 준비
시키는 일이었다. 사도들도 하나님의 나라를 선포하고 가르쳤다. 마지막 때의 영적인 싸움의
목적도 그리스도가 왕이 되셔서 통치하시는 하나님 나라의 완성이다. 그러므로 성경 전체의
핵심 주제는 하나님의 나라이다. 그러므로 우리가 하는 사역이 어떤 사역이든지 각자의 영역
에서 각자의 부르심을 따라 하나님 나라를 세워야 한다.

하나님 나라와 고난

앨리스터 맥그래스는 "신약은 고난이라는 주제로 가득 차 있다. 십자가에서 예수님이 받은

고난, 하나님 나라의 백성이 그분을 증거하면서 받은 고난 등 그리스도인이 된다는 것은 고난을 받는 것이다"라고 말한다.[41] 바울은 많은 구절에서 예수를 믿는다는 것과 고난받는 삶을 연관시켜 이야기한다.

> 그러므로 너는 내가 우리 주를 증언함과 또는 주를 위하여 갇힌 자 된 나를 부끄러워하지 말고 오직 하나님의 능력을 따라 복음과 함께 고난을 받으라 (디모데후서 1:9)

> 그리스도를 위하여 너희에게 은혜를 주신 것은 다만 그를 믿을 뿐 아니라 또한 그를 위하여 고난도 받게 하려 하심이라 (빌립보서 1:29)

하나님이 우리에게 "은혜를 주신 것은 다만 그를 믿을 뿐 아니라 또한 그를 위하여 고난도 받게 하려 하심"이라고 못 박아 이야기하고 있을 뿐만 아니라 하나님 나라와 고난을 연관하여 말하고 있다.

> 제자들의 마음을 굳게 하여 이 믿음에 머물러 있으라 권하고 또 우리가 하나님의 나라에 들어가려면 많은 환난을 겪어야 할 것이라 하고 (사도행전 14:22)

이렇듯 하나님 나라 백성들의 삶에는 복음으로 인한 고난이 필연적임을 알 수 있다. 우리가 알고 있고 기대하는 복음의 내용과 얼마나 다른가?

하나님 나라와 상속자의 고난과 영광

① 하나님 나라의 상속자 개념

필자는 욥기뿐만 아니라 성경 전체에서 왜 하나님의 백성들에게 고난의 과정을 겪게 하시는지를 알기를 원했다. 필자는 하나님의 목적은 하나님 나라를 시작하시고 완성하시는 것이라고 이미 말한 바가 있다. 그 하나님의 나라를 함께 다스릴 하나님의 사람들을 선택하셔서 그

---

41 앨리스터 맥그래스, 『고난이 묻다, 신학이 답하다』(서울: 국제제자훈련원, 2010), 169

들을 통해 다스리시는데, 이러한 하나님 나라와 동역자라는 개념이 구약 전체에 흐르고 있다.

· 구약에서

하나님이 이스라엘을 '내 아들 내 장자'로 선택하신 것은 하나님 나라를 이어갈 자, 하나님을 대신하여 온 땅을 다스리며 왕 노릇 할 제사장 나라로 부르신 것이다.

> 너는 바로에게 이르기를 여호와의 말씀에 이스라엘은 내 아들 내 장자라 (출애굽기 4:22)

> 내가 애굽 사람에게 어떻게 행했음과 내가 어떻게 독수리 날개로 너희를 업어 내게로 인도했음을 너희가 보았느니라 세계가 다 내게 속했나니 너희가 내 말을 잘 듣고 내 언약을 지키면 너희는 모든 민족 중에서 내 소유가 되겠고 너희가 내게 대하여 제사장 나라가 되며 거룩한 백성이 되리라 너는 이 말을 이스라엘 자손에게 전할지니라 (출애굽기 19:4-6)

· 신약에서도 같은 말씀을 하신다

> 그러나 너희는 택하신 족속이요 왕 같은 제사장들이요 거룩한 나라요 그의 소유가 된 백성이니 이는 너희를 어두운 데서 불러 내어 그의 기이한 빛에 들어가게 하신 이의 아름다운 덕을 선포하게 하려 하심이라 (베드로전서 2:9)

> 성령이 친히 우리의 영과 더불어 우리가 하나님의 자녀인 것을 증언하시나니 자녀이면 또한 상속자 곧 하나님의 상속자요 그리스도와 함께 한 상속자니 우리가 그와 함께 영광을 받기 위하여 고난도 함께 받아야 할 것이니라 (로마서 8:16-17)

특히 로마서 8장을 읽으면서 필자는 하나님 자녀들의 고난의 이유와 목적이 무엇인지 깨닫게 되었다. 하나님 아버지께서 우리를 자녀로 삼으신 것은 하나님 나라의 후계자로 삼으신 것이다. 자녀인 동시에 곧 상속자(후사)인 것이다. 우리를 상속자로 삼았다는 것은 구원이 우리만의 왕국을 위해서가 아니라는 의미이다. 하나님 나라를 위한 동역자라는 것이다. 이러한 개념을 구약에서는 장자, 제사장 나라, 신약에서는 상속자(후사) 왕 같은 제사장이라고 쓰고 있다.

② 상속자의 고난 목적 1: 상속자답게 빚어 가시는 것

누군가를 상속자(후사)로 세웠다는 것은 그 아버지의 나라를 이어갈 자로, 그 아버지의 목적과 계획을 성취하여 아버지의 거룩한 뜻을 이어갈 자이다. 예를 들어보면, 작은 동네의 조그만 구멍가게를 물려주려고 하는 아버지가 그 후계자에게 요구하는 훈련의 내용과 우리나라 삼성과 같은 대그룹을 물려주려는 아버지가 후계자에게 요구하는 훈련의 내용과 과정이 같을 수 있겠는가? 당연히 다를 수밖에 없다.

욥의 고난을 바라보는 시선들을 이미 언급한 바가 있다. 첫째로 죄 때문에 당하는 징벌이라는 시각은 자기 의로 가득한 율법주의라는 차갑고 냉랭한 사람들의 관점이다. 그런데 우리들은 주변에 고난당하는 자들의 아픔을 같이 아파하기는커녕 이런 차갑고 사나운 말로 고난당하는 분들을 더 힘들게 하는 일들이 얼마나 많은지 모른다. 둘째로 하나님의 훈련이라는 엘리후의 주장도 일리는 있지만, 하나님의 훈련이란 것이 무엇을 목적하고 있는 훈련인지와 그런 훈련을 받아야 하는 욥의 정체성과 본질이 무엇인지를 설명치 못하고 있는 것이 맹점이다.

필자는 하나님의 자녀들이 겪고 있는 고난들이 어떤 것이든 간에 그것이 죄로 인한 것이라는 인과응보적 해석은 결코 하나님의 의도가 아니라고 생각한다. 또한 단순히 하나님이 쓰시기 위한 훈련으로써의 고난이라는 해석도 많이 부족하다고 생각한다. 좀 더 나아가 하나님의 나라를 중심으로 우리의 존재와 인생을 봐야 한다고 생각한다. 바울은 하나님 나라의 관점으로 자신과 성도들의 고난의 문제를 풀어간다. "자녀이면 또한 상속자 곧 하나님의 상속자요 그리스도와 함께한 상속자니 우리가 그와 함께 영광을 받기 위하여 고난도 함께 받아야 할 것이니라"라고 말이다.

오늘날의 한국 교회와 성도들은 하나님 자녀됨의 한 측면인 축복만을 지나치게 강조하는 메시지에 길들여져 있음을 부인할 수 없다. 이미 말했지만, 하나님 자녀들이 누릴 이 땅의 축복도 반드시 있다. 그런데 그 축복을 하나님 나라와 관련된 축복으로 보지 못하고 자기만의 유익을 위해 구하고 있는 것이 문제인 것이다. 하나님의 자녀는 곧, 예수님과 함께 하나님 나라의 공동 상속자이다. 예수님도 하나님 나라를 성취하시기 위해 이 땅에서 고난의 길을 걸으셨다. 이런 말이 좀 심하다고 생각하겠지만 고난이 없고 핍박이 없으면 상속자가 아닌 것이다. 그런데 우리가 생각하고 있는 상속자의 삶은 축복, 성공, 형통일 것이라고 기대하나 성경에서는 반드시 고난이 있을 것이라고 말씀하신다.

③ 상속자의 고난 2: 하나님 나라에 합당한 자로 여김받는 것

또 다른 바울의 선포를 살펴보도록 하자.

> 그러므로 너희가 견디고 있는 모든 박해와 환난 중에서 너희 인내와 믿음으로 말미암아 하나님의 여
> 러 교회에서 우리가 친히 자랑하노라 이는 하나님의 공의로운 심판의 표요 너희로 하여금 하나님의
> 나라에 합당한 자로 여김을 받게 하려 함이니 그 나라를 위하여 너희가 또한 고난을 받느니라 (데살
> 로니가후서 1:4-5)

바울은 데살로니가 교회 성도들의 박해와 환난을 위로하면서 이 환난과 박해를 하나님 나라의 관점으로 해석해 냈다. 고난받고 있는 성도들을 단순히 위로하는 것에 머물지 않고 오히려 고난과 인내가 하나님 나라에 합당한 자로 여김을 받게 되는 표라고 도전한다. 고난과 박해는 하나님 나라의 합당한 자임을 입증하는 일종의 자격증과 같은 것이라는 것이다. 그래서 고난이 없다면 하나님 나라에 합당한 자가 아니라는 관점이다.

사도행전에서도 같은 관점을 볼 수 있다.

> 그들이 옳게 여겨 사도들을 불러들여 채찍질하며 예수의 이름으로 말하는 것을 금하고 놓으니 사도
> 들은 그 이름을 위하여 능욕 받는 일에 합당한 자로 여기심을 기뻐하면서 공회 앞을 떠나니라 그들
> 이 날마다 성전에 있든지 집에 있든지 예수는 그리스도라고 가르치기와 전도하기를 그치지 아니하
> 니라 (사도행전 5:40-42)

사도행전 5장에서 예루살렘교회는 성령의 능력으로 수많은 자가 하나님께로 돌아오는 부흥을 경험한다. 그러나 이런 교회의 부흥을 시기하는 유대교의 공격이 본격화된다. 사도들은 공의회에 체포되고 많은 채찍을 당하고 가까스로 풀려나게 되는데, 풀려나오면서 사도들이 자신들이 당한 핍박과 조롱과 채찍을 어떻게 해석하는지를 보라. "사도들은 그 이름을 위하여 능욕 받는 일에 합당한 자로 여기심을 기뻐하면서 … 사도들은 채찍과 능욕받음을 드디어 하나님 나라의 상속자로서 인정받는 것이라 여겼다. 고난을 견디면 언젠가는 영광이 온다는 정도가 아니라 고난 그 자체가 하나님 나라의 기업을 이어받을 상속자라는 합당한 표시라고 여겨서 기뻐한 것이다."

④ 상속자의 고난의 목적 3: 그 아들의 형상을 본받게 하기 위함

하나님께서 우리에게 허락하실 나라는 어떤 나라인가? 우주보다 더 크고 광대한 하나님 나라이다. 그러한 나라를 책임질 공동 상속자인 성도들은 맏아들이신 예수 그리스도의 형상을 본받기 위한 과정을 반드시 겪게 된다.

> 우리가 알거니와 하나님을 사랑하는 자 곧 그의 뜻대로 부르심을 입은 자들에게는 모든 것이 합력하여 선을 이루느니라 하나님이 미리 아신 자들을 또한 그 아들의 형상을 본받게 하기 위하여 미리 정하셨으니 이는 그로 많은 형제 중에서 맏아들이 되게 하려 하심이니라 (로마서 8:28-29)

하나님은 하나님 나라의 공동 상속자라는 사명을 감당하도록 하기 위해 성도들을 고난과 환란을 통해 다듬으시고 만드시는 것이다. 그러나 연단의 과정에 주님이 함께하시고 이기고 감당할 힘을 주신다. 주님은 말씀하신다. "환란을 당하나 담대하라. 내가 세상을 이기었노라."

> 이것을 너희에게 이르는 것은 너희로 내 안에서 평안을 누리게 하려 함이라 세상에서는 너희가 환난을 당하나 담대하라 내가 세상을 이기었노라 (요한복음 16:33)

주님은 환난이 면제된다고 하지 않으셨다. 오히려 환난을 통해 보석 같은 신부들로 만들고 십자가의 삶을 통해 불신자들을 주님에게로 이끌게 될 것이라고 하셨다. 로마서의 말씀을 진지하게 묵상해 보자.

> 그러므로 우리가 믿음으로 의롭다 하심을 받았으니 우리 주 예수 그리스도로 말미암아 하나님과 화평을 누리자 또한 그로 말미암아 우리가 믿음으로 서 있는 이 은혜에 들어감을 얻었으며 하나님의 영광을 바라고 즐거워하느니라 다만 이뿐 아니라 우리가 환난 중에도 즐거워하나니 이는 환난은 인내를, 인내는 연단을, 연단은 소망을 이루는 줄 앎이로다 (로마서 5:1-4)

"우리가 믿음으로 의롭다 하심을 받았으니 우리 주 예수 그리스도로 말미암아 하나님과 화평을 누리자(칭의)"와 "하나님의 영광을 바라고 즐거워하느니라(영화)" 사이에 신자의 삶은 무엇으로 채워 가시는가? 환란과 인내, 연단이다.

예수님을 제대로 믿는다는 것은 결코 만만한 것이 아니다. 제대로 믿는다는 것은 좁은 길을 가는 것이기 때문에 이 좁은 길을 걷는 자들이 많지 않을 것을 주님은 경고하셨다. 이것은 우리의 의지로 되는 것이 아니다. 가지는 포도나무에 붙어 있어야 된다고 하셨다. 주님이 우리 안에서 일하셔야 맺는 열매인 것이다.

고난 중 사탄의 공격

성령이 임하시면 가장 먼저 우리의 자녀 됨을 확신케 하신다. 그러나 사탄은 반드시 우리의 자녀 됨에 대한 확인과 신뢰를 깨뜨리려 한다. 특히 고난 가운데에 있을 때 더더욱 이런 공격을 한다. '하나님이 아버지라면 너에게 환란과 역경과 고난을 줄 수가 있는가?'
마태복음 4장에서 사탄은 예수님께도 같은 공격을 한다.

> 사십 일을 밤낮으로 금식하신 후에 주리신지라 시험하는 자가 예수께 나아와서 이르되 네가 만일 하나님의 아들이어든 명하여 이 돌들로 떡덩이가 되게 하라 (마태복음 4:2-3)

'네가 정말 하나님의 아들이라면 왜 이런 고난의 현실 속에 너를 방치하고 외면하고 있냐? 정말 하나님이 너를 사랑하시는 것이 맞냐?'는 것이다. 예수님을 공격한 사탄이 우리를 같은 방식으로 넘어뜨리려고 하는 것은 당연한 일이다.
고난이 닥칠 때 하나님이 고난을 허락하시는 의도에 눈을 뜨지 않고 하나님의 마음을 모르면, 고난당할 때 그 고난을 이길 힘을 상실하게 된다. 그러나 하나님 나라의 상속자에게 주시는 고난의 의미를 깨달으면 힘들지만 견디고 인내할 수 있게 된다.

고난의 유익

① 악한 길에서 돌이키는 하나님의 도구
고난 당하기 전에는 내가 그릇 행했더니 이제는 주의 말씀을 지키나이다 (시편 119:67)

왜 고난당함이 유익인가? 바로 고난을 통해 그른 길에서 돌아올 수 있었기 때문이다.

② 하나님의 말씀에 청종케 됨

고난 당한 것이 내게 유익이라 이로 말미암아 내가 주의 율례들을 배우게 되었나이다 주의 입의 법이 내게는 천천 금은보다 좋으니이다 (시편 119:71-72)

③ 그리스도와 동역하는 길

나는 이제 너희를 위하여 받는 괴로움을 기뻐하고 그리스도의 남은 고난을 그의 몸된 교회를 위하여 내 육체에 채우노라 (골로새서 1:24)

고난 중 승리

① 말씀의 능력으로

주의 법이 나의 즐거움이 되지 아니했더면 내가 내 고난 중에 멸망했으리이다 내가 주의 법도들을 영원히 잊지 아니하오니 주께서 이것들 때문에 나를 살게 하심이니이다 (시편 119:92-93)

② 기도의 능력으로

그들을 떠나 돌 던질 만큼 가서 무릎을 꿇고 기도하여 이르시되 아버지여 만일 아버지의 뜻이거든 이 잔을 내게서 옮기시옵소서 그러나 내 원대로 마시옵고 아버지의 원대로 되기를 원하나이다 하시니 천사가 하늘로부터 예수께 나타나 힘을 더하더라 예수께서 힘쓰고 애써 더욱 간절히 기도하시니 땀이 땅에 떨어지는 핏방울 같이 되더라 (누가복음 22:41-44)

김경진은 "고난 중에 기도로 승리하시는 주님"이라는 글에서 "고난은 그리스도인의 아름다운 삶의 특징이다. 고난 앞에서의 기도는 고난을 극복하는 가장 효율적인 방법이며, 고난에 대처하는 가장 좋은 비결은 기도이다"라고 말한다.[42]

③ 인내함으로

이는 너희 믿음의 시련이 인내를 만들어 내는 줄 너희가 앎이라 인내를 온전히 이루라 이는 너희로

---

42 김경진, "고난 중에 기도로 승리하시는 주님", 「그 말씀」(서울: 두란노, 2016년 3월호), 93~96.

온전하고 구비하여 조금도 부족함이 없게 하려 함이라 (야고보서 1:3-4)

④ 상속자의 영광을 소망함으로
자녀이면 또한 상속자 곧 하나님의 상속자요 그리스도와 함께 한 상속자니 우리가 그와 함께 영광을 받기 위하여 고난도 함께 받아야 할 것이니라 생각하건대 현재의 고난은 장차 우리에게 나타날 영광과 비교할 수 없도다 (로마서 8:17-18)

하나님 나라의 상속자들에게 고난만 있는 것은 아니다. 고난 뒤에는 영광이 있다.

생각하건대 현재의 고난은 장차 우리에게 나타날 영광과 비교할 수 없도다 (로마서 8:18)

비교할 수 없는 장차의 영광이 있기에 현재의 고난을 견디는 것이다. 십자가가 의미가 있는 것은 부활이 있기 때문이다. 물론 이 영광은 이 땅의 영광을 말하는 것이 아니라 하늘의 신령한 복으로서의 영광을 말하는 것이다.

바울의 서신서나 구약을 보면 '고난과 영광'이 함께 묶여 나오는 구조로 쓰였다. 구약은 고난과 영광을 문자적인 것은 아니지만 사건으로 말하고 있다. 요셉의 예를 들어보자. 하나님 나라의 꿈을 받았을 때 요셉에게 시작된 것은 고난과 연단이었다. 13년이란 긴 고난과 연단의 시기를 지나 총리의 자리에 오른다. 물론 총리의 영광은 요셉 자신의 왕국을 위한 것이 아니라 하나님 나라를 위한 영광이었다. 많은 생명을 살리기 위한 사명 때문이었다.

⑤ 지체들의 위로로
두 사람이 한 사람보다 나음은 그들이 수고함으로 좋은 상을 얻을 것임이라 혹시 그들이 넘어지면 하나가 그 동무를 붙들어 일으키려니와 홀로 있어 넘어지고 붙들어 일으킬 자가 없는 자에게는 화가 있으리라 또 두 사람이 함께 누우면 따뜻하거니와 한 사람이면 어찌 따뜻하랴 한 사람이면 패하겠거니와 두 사람이면 맞설 수 있나니 세 겹 줄은 쉽게 끊어지지 아니하느니라 (전도서 4:9-12)

3. 결론

이상으로 필자는 필자의 개인적인 삶과 목회적 환경 속에서 고난의 이유와 목적을 성경 안에서 해석해 보고자 했다. 욥의 고난에 대한 4명의 견해를 통해 고난의 신비를 알지 못하면 얼마나 무서운 인과응보식의 정죄관에 빠지는지를 살펴보았고, 야곱과 요셉의 내러티브를 통해 '자기 깨어짐'으로서의 야곱의 고난과, '생명을 살리는 사명을 위한 고난'으로서의 요셉의 고난 사이의 차이점도 고찰했다. 또한 바울 서신을 통해 고난의 개인적 차원이 아닌 하나님 나라의 상속자이기에 받는 하나님 나라의 고난임을 살폈다. 우리가 겪는 고난은 무의미한 것이 아니다. 우연히 찾아온 불행도 아니다. 우리의 자아를 부수고, 우리를 겸손케 하며, 우리를 하나님 나라 상속자답게 만들고, 우리 안에 그리스도의 형상을 이루게 하는 하나님의 축복의 도구이다. 마지막으로 본고가 고난 가운데 있는 많은 하나님의 사람들을 위로할 수 있기를 바란다. 또한 많은 성도들이 하나님 나라의 상속자로서의 정체성을 새롭게 깨닫고, 겪고 있는 고난의 현실을 바라보는 새로운 눈이 열려서 고난을 이길 힘이 생기기를 바란다. 그리고 각자에게 허락하신 사명지에서 하나님 나라의 상속자로서의 특권과 책임을 감당해야 할 것이다.